指引办案思路的新型工具书

# 6

# 民商事典型疑难问题适用指导与参考

## 公司企业纠纷卷

主编 / 黄俊亚

◎ 疑难问题汇总
◎ 典型案例参考
◎ 办案依据集成

中国检察出版社

图书在版编目(CIP)数据

民商事典型疑难问题适用指导与参考. 公司企业纠纷卷/黄俊亚主编.
—北京：中国检察出版社，2013.2
ISBN 978-7-5102-0754-9

Ⅰ.①民⋯ Ⅱ.①黄⋯ Ⅲ.①公司-经济纠纷-民事诉讼-审判-中国 Ⅳ.①D925.118.2

中国版本图书馆 CIP 数据核字（2012）第 255929 号

## 民商事典型疑难问题适用指导与参考
## 公司企业纠纷卷

主　编/黄俊亚

| | |
|---|---|
| 出版发行： | 中国检察出版社 |
| 社　　址： | 北京市石景山区鲁谷东街 5 号（100040） |
| 网　　址： | 中国检察出版社（www.zgjccbs.com） |
| 电　　话： | (010)68630385（编辑）　68650015（发行）　68636518（门市） |
| 经　　销： | 新华书店 |
| 印　　刷： | 三河市燕山印刷有限公司 |
| 开　　本： | 720 mm×960 mm　16 开 |
| 印　　张： | 44.75 印张 |
| 字　　数： | 821 千字 |
| 版　　次： | 2013 年 2 月第一版　2014 年 9 月第二次印刷 |
| 书　　号： | ISBN 978-7-5102-0754-9 |
| 定　　价： | 98.00 元 |

检察版图书，版权所有，侵权必究
如遇图书印装质量问题本社负责调换

# 出版说明

近十余年来，在合同、侵权、婚姻家庭、金融等民商事领域的司法实践中，出现了很多新情况、新问题，其中不乏具有典型性、疑难性的法律适用问题，针对这些问题，急需进行归纳总结，并得出具有参考和借鉴价值的处理和认定思路。基于上述现实需求，我们倾力组织法学专家、资深法官、检察官及律师等编撰并推出《民商事典型疑难问题适用指导与参考丛书》。

本丛书分为婚姻家庭继承纠纷卷、物权纠纷卷、合同纠纷卷、知识产权与竞争纠纷卷、劳动争议与人事争议卷、公司企业纠纷卷、金融纠纷卷、侵权纠纷卷、土地房地产与建设工程纠纷卷共九卷。各卷紧密结合各地司法实践，归纳提炼出百余个司法典型疑难问题并作出精准解析，同时附以具有权威性的指导、参考案例对同类案件的案情、诉辩情况、裁判结果、裁判理由等核心要素加以介绍，以帮助读者寻求破解疑难问题的办案思路、标准和尺度。各卷还提供了各类型纠纷全面、准确的办案依据。《民商事典型疑难问题适用指导与参考丛书》所提炼的问题凸显典型性、疑难性，解答思路具有很强的指导、参考和专业性，参考案例具有真实性、权威性，办案依据提供了便捷查询的通道，特别适合公检法人员、律师等法律专业人士使用。

受时间和能力所限，丛书在编撰过程中难免出现不足或错漏，敬请读者批评指正，以便我们在再版时予以修订。

编 者

2013 年 1 月

# 目　　录

## 第一章　与企业有关的纠纷

**一、企业出资人权益确认纠纷** …………………………………（1）

1. 第三人与个人独资企业的业主签订合资协议，是否可以因此对该个人独资企业享有所有者权益？…………………（1）
2. 隐名出资人的股东资格如何认定？ ……………………（3）

📖 办案依据集成 …………………………………………（9）

**二、侵害企业出资人权益纠纷** …………………………………（13）

3. 企业的法定代表人为企业筹资的行为能否视为对企业的出资？……（13）
4. 一方以另一方的资金设立合伙企业，但未将另一方登记为合伙人，且双方对出资份额、盈余分配、责任分担等内容均无约定，该方能否以另一方是隐名合伙人为由拒绝还款？………（17）

📖 办案依据集成 …………………………………………（25）

**三、企业公司制改造合同纠纷** …………………………………（27）

5. 企业改制与一般的资产出售有何区别？ ……………………（27）
6. 当事人为了达到产权转让的目的而贿赂有决定权的国家机关工作人员，所签订的国有资产转让合同是否有效？………（27）

📖 办案依据集成 …………………………………………（42）

**四、企业股份合作制改造合同纠纷** ……………………………（43）

7. 企业进行股份合作制改造后，职工由于辞职、退休等原因离开公司的，是否可以要求公司退还认缴的股款？…………（43）

📖 办案依据集成 …………………………………………… (45)

**五、企业债权转股权合同纠纷** ………………………………… (47)

    8. 如何确定国家中央级"拨改贷"、"基本建设经营性基金"等债务转为国家对企业的出资及行使出资人职能的主体？ …… (47)

    📖 办案依据集成 …………………………………………… (53)

**六、企业分立合同纠纷** ………………………………………… (56)

    9. 企业分立后，一方的股东认为资产和债权债务的分配不均需要调整的，能否以自己的名义对另一方的股东提起诉讼？ …… (56)

    📖 办案依据集成 …………………………………………… (61)

**七、企业租赁经营合同纠纷** …………………………………… (63)

    10. 国有企业的主管部门能否作为出租人签订企业租赁经营合同？ … (63)

    📖 办案依据集成 …………………………………………… (68)

**八、企业出售合同纠纷** ………………………………………… (72)

    11. 国有企业出售时，未依照有关行政规章的规定办理审批手续，也未事先征求企业职工代表大会的意见，所签订的企业出售合同是否有效？ …………………………………………… (72)

    📖 办案依据集成 …………………………………………… (83)

**九、挂靠经营合同纠纷** ………………………………………… (85)

    12. 被挂靠人违反挂靠协议约定致使挂靠人经营中断的，是否应当承担损害赔偿责任？ ………………………………… (85)

    13. 双方约定的挂靠期限届满，一方明确表示不再续签挂靠合同，但未能办理有关手续的，挂靠方是否需要继续向对方缴纳挂靠费用？ …………………………………………… (88)

    📖 办案依据集成 …………………………………………… (93)

**十、企业兼并合同纠纷** ………………………………………… (97)

    14. 承债式兼并完成后，被兼并方能否保留独立的法人资格？ …… (97)

📖 办案依据集成 ……………………………………………………（102）

## 十一、联营合同纠纷 ………………………………………………（104）

16. 如何认定企业之间的联营合同？………………………………（104）
16. 联营合同中关于企业之间借款的条款是否有效？……………（104）
17. 联营企业从原来的非法人企业变更为法人后，联营各方关于对外负债承担连带责任的约定是否仍然有效？…………（111）
18. 如何确定作为第三方的银行对联营资金的监管义务？………（116）

📖 办案依据集成 ……………………………………………………（127）

## 十二、企业承包经营合同纠纷 ……………………………………（131）

19. 从合同中未约定争议解决方式，是否适用主合同中约定的争议解决方式？…………………………………………………（131）
20. 当事人为了实现合作目的，同时签订了多个合同，但仅在其中一个合同中约定了仲裁条款的，对于因为未约定仲裁条款的合同产生纠纷，人民法院是否有管辖权？……………（133）
21. 当事人在合同中约定管辖地后，又在其他地点签订补充协议的，如何确定合同纠纷的管辖地？………………………（145）
22. 承包人与第三人共同经营承包企业的，第三人是否应当向原发包人承担承包责任？………………………………………（148）
23. 行政机关的行政行为是否属于不可抗力？……………………（149）
24. 企业改制后，未列入改制后企业的应收款项的财产如何追缴？国有资产监管部门是否是适格的原告？…………………（153）
25. 发包人将违章建筑提供给承包人经营的成本合同的效力如何认定？……………………………………………………………（160）
26. 违章建筑被拆迁后，发包人是否应该向承包人承担违约责任？……………………………………………………………（160）

📖 办案依据集成 ……………………………………………………（164）

十三、中外合资经营企业合同纠纷 ……………………………………（178）

  27. 当事人在履行中外合资经营企业合同过程中达成对原合营合同进行修改的补充协议，且该补充协议未经原审批机关批准，如何认定补充协议的效力？ ……………………（178）

 📖 办案依据集成 ……………………………………………（202）

## 第二章 与公司有关的纠纷

一、股东资格确认纠纷 ………………………………………（205）

  28. 公司股东的形式特征和实质特征的法律效力如何认定？ ……（205）
  29. 隐名出资人的股东资格如何认定？ ……………………（208）
  30. 如何认定隐名股东的身份？ ……………………………（214）
  31. 外籍人士根据与中国公民签订的隐名投资协议进行的投资是否有效？ ……………………………………………（217）
  32. 外商投资企业的股东身份及其出资额应当如何确定？ ……（222）
  33. 如果公司和隐名出资人对出资事实没有争议，有关登记手续应当如何办理？ …………………………………………（222）
  34. 职工持股会与职工之间是什么关系？ …………………（226）
  35. 会员以职工持股会为被告起诉的，职工持股会在诉讼中的性质和地位是什么？ ………………………………………（228）
  36. 法定代表人的意思表示与公司股东会决议之间的冲突如何解决？ ……………………………………………………（234）
  37. 股东资格的认定标准是什么？ …………………………（234）

 📖 办案依据集成 ……………………………………………（238）

二、股东名册记载纠纷 ………………………………………（240）

  38. 国有企业经过公司制改造变为有限责任公司后，是否会影响其作为其他公司股东的持股关系？ ……………………（240）

📖 办案依据集成 …………………………………………（244）

## 三、股东出资纠纷……………………………………（245）

39. 作为出资投入的房产，如果房产所有权证上记载的面积与约定投入的面积不相符，出资人的出资是否实际到位？……（245）

40. 出资人投入房地产，如果被投资人已经取得了土地使用权，但土地使用证的类型为划拨用地，则出资人的出资是否实际到位？…………………………………………………（245）

41. 股东的出资存在瑕疵，公司起诉要求股东补齐出资时，能否要求股东赔偿公司的可得利益损失？………………（245）

42. 如何认定股东抽逃出资行为？股东抽逃出资的举证责任如何分配？…………………………………………………（249）

43. 夫或妻一方代理对方所为的处置重大资产或承担巨额债务的行为是否当然有效？…………………………………（253）

📖 办案依据集成 …………………………………………（261）

## 四、股东知情权纠纷…………………………………（264）

44. 享有股东知情权的前提是什么？………………………（264）

45. 如何认定外商投资企业股东的资格？…………………（264）

46. 法律要求必须在公司专职执业的股东从公司离职后，是否立即失去股东身份？……………………………………（270）

47. 如何界定股东正当地行使知情权？……………………（273）

48. 应如何认定股东查阅公司会计账簿目的的正当性？…（276）

49. 公司在法律规定的期限内尚未对股东查阅公司会计账簿的请求作出书面答复，股东即向法院提起诉讼，是否违反了法律规定的前置程序？…………………………………（279）

50. 如果股东与公司的诉讼相对人关系密切，公司能否以怀疑股东为诉讼相对人收集对公司不利的证据为由，主张股东查阅账簿具有不正当目的？………………………………（279）

51. 股东在起诉后、判决作出前丧失股东资格的，能否继续主张丧失股东资格之前的知情权？……………………（289）

    办案依据集成 ……………………………………………（295）

**五、请求公司收购股份纠纷** ……………………………………（296）

52. 公司"转让主要财产"的情形应该如何认定？…………（296）

    办案依据集成 ……………………………………………（302）

**六、股权转让纠纷** ………………………………………………（303）

53. 企业产权转让中通过产权交易所向不特定主体公开发布的挂牌信息公告的法律性质是什么？………（303）

54. 股权转让未经工商登记能否对抗善意第三人？…………（305）

55. 未履行出资义务的股东转让其股权的法律效力如何认定？…（308）

56. 股份公司发起人在限售期内与他人签订的远期股权转让协议是否有效？……………………………………（311）

57. 假冒其他股东签名与自己签订的《股权转让协议》是否有效？……………………………………………………（323）

58. 假冒其他股东签名，并在股东会上形式通过的股东会决议是否有效？……………………………………………（324）

59. 夫妻一方处置夫妻共同共有的重大财产，对夫妻另一方是否有约束力？……………………………………………（326）

60. 如果股权转让合同中既约定了合同生效的程序，又约定了实际履行后生效的条款，则两个条款之间有什么关系？……（327）

61. 股份公司的章程能否对公司股份的转让作出限制性规定？…（340）

62. 公司将其在子公司的股份转让给第三人的，公司股东能否以自己的名义直接对公司提起诉讼？……………（344）

63. 公司的股东在向公司外部的第三人转让公司股份时，是否应当积极向对方披露其知晓的公司经营情况？如果未能披露信息，对股权转让的效力有何影响？……………（346）

64. 公司股东向第三人转让公司的全部利益及法定资质时,如果未告知资质证书已经逾期且无法更正的事实,是否构成实质违约? …………………………………………………………………（354）

65. 提前收回出资条款与保底条款有何区别?股权转让合同是否因订有提前收回出资条款而无效? ………………（361）

66. 如果股权的转让按照法律规定需要办理审批手续,股份转让合同是否因未办理审批手续而无效? …………………（361）

67. 中外合作企业的一方出资人向其他人转让出资,转让合同在经有关机关批准前的效力如何认定? ………………（361）

68. 外商投资企业的投资方未在法定期限内实际投资资金,能否将该外商投资企业转让给第三人? ……………………（378）

69. 股权转让合同中未明确约定股权转让的对价,且当事人不能达成补充协议的,是否导致股权转让合同不成立? ……（383）

70. 股权收购与资产收购的区别何在? ………………………（388）

71. 有限责任公司的董事会能否违反股东会决议将公司股份转让给第三人? ……………………………………………（395）

72. 公司采取欺诈手段将其持有的其他公司的股权转让给第三人,是否应当向第三人承担法律责任? …………………（400）

73. 股权转让双方完成股权变更登记手续后,能否以受让方未支付价款、实为代转让方持股为由对抗第三人? …………（407）

74. 无权处分人擅自处分他人股权的,受让人能否以善意为由取得该股权? ……………………………………………（414）

75. 国有法人股的转让应当在什么交易场所,采取什么交易方式进行? …………………………………………………（421）

76. 在法院主持的诉讼调解程序中,由有限责任公司全体股东召开股东会会议,就股权转让、公司债权债务及资产处置达成的股东会决议,能否作为各方股权交易的依据? ……（428）

办案依据集成 ………………………………………………（451）

## 七、公司决议纠纷 (452)

77. 出资不到位的股东在行使股东权利时是否应受到限制？ (452)
78. 若公司不设股东会，且在章程中规定公司的一切重大事项均由董事会以特定多数决定，则公司的出资人是否可以召集全体出资人会议更换董事会成员？ (457)
79. 部分股东在其他股东未出席股东会的情况下，伪造其签名作出的股东决议是否无效？ (466)
80. 绝对控股股东利用控制公司的便利，未经实际召开股东会而根据个人意志作出的股东会决议是否有效？ (469)
81. 公司法定代表人超越权限对外提供的担保是否有效？ (475)
82. 银行在与保证人签订担保合同时，对保证人提交的董事会决议或者股东会决议应当如何履行审查义务？ (475)

**办案依据集成** (484)

## 八、公司盈余分配纠纷 (485)

83. 人民法院可以根据股东的申请对公司的盈余分配问题作出判决吗？ (485)
84. 股东分取红利权的实现条件是什么？ (487)
85. 股东能否向公司的其他股东（如控股股东）主张公司盈余分配权？ (487)

**办案依据集成** (493)

## 九、损害股东利益责任纠纷 (494)

86. 如何确定股东行使股东会召集权的权利范围？ (494)
87. 如何确定司法介入公司内部管理事务的限度？ (494)
88. 非上市股份公司在审议公司合并事项时，如果在公告通知各股东后，仅有关联股东出席股东大会，则该关联股东作出的关于合并事项的决议是否有效？ (498)

**办案依据集成** (502)

## 十、损害公司利益责任纠纷 ……………………………………（503）

89. 现行《中华人民共和国公司法》第 152 条与第 153 条有什么区别？………………………………………………………（503）

90. 公司的高级管理人员经公司盖章确认后，设立与本公司相竞争的其他公司是否违反对公司的忠实义务？在经本公司法定代表人同意后，公司高级管理人员利用所设立的公司与本公司进行交易的行为是否有效？………………（507）

91. 公司高级管理人员在企业改制过程中，违反国有资产评估管理办法的规定，未履行审批和评估手续而将重大国有财产转让给第三人的交易是否无效？…………………（514）

92. 公司监事会根据股东的请求对侵害公司利益的董事、高级管理人员等提起诉讼时，是以公司的名义还是以公司监事会的名义？…………………………………………………（528）

93. 公司高级管理人员未执行董事会决议，从而给公司造成损害时，公司能否以自己的名义对该高级管理人员提起诉讼？……（531）

94. 公司被工商行政管理机关吊销营业执照后，如果未成立清算组对公司清算，公司的股东能否以自己的名义直接对侵害公司利益的其他股东提起诉讼？……………………（536）

95. 股东对侵害公司利益的行为提起代表诉讼后，如果各方当事人在诉讼过程中自愿达成调解协议，法院能否以调解的方式结案？……………………………………………（540）

📖 办案依据集成 ……………………………………………（549）

## 十一、股东损害公司债权人利益责任纠纷 ………………（550）

96. 数个关联公司的人、财、物相互混同的，是否应当对债权人承担连带清偿责任？………………………………………（550）

97. 公司在设立过程中存在瑕疵，是否应当否定公司的独立人格而判令股东对公司债务承担连带责任？…………………（563）

98. 法人人格否定制度的适用应当具有什么条件？……………（570）

📖 **办案依据集成** ·················································· (583)

**十二、公司关联交易损害责任纠纷** ······························· (584)

99. 公司的法定代表人未经股东会决议为公司股东或者实际控制人提供担保的行为是否有效？如果担保合同无效，公司应当对债权人承担什么责任？ ·················· (584)

📖 **办案依据集成** ·················································· (589)

**十三、公司合并纠纷** ············································· (590)

100. 公司的吸收合并与资产转让有何区别？ ······················ (590)

📖 **办案依据集成** ·················································· (595)

**十四、公司增资纠纷** ············································· (596)

101. 公司股东大会在部分股东反对的情况下，以多数表决的方式通过由第三人认购公司新增股本的决议是否有效？ ········ (596)

102. 股东行使优先认股权的合理期限应当如何确定？ ············ (596)

📖 **办案依据集成** ·················································· (610)

**十五、公司解散纠纷** ············································· (611)

103. 股东依照《中华人民共和国公司法》第183条的规定提起公司解散之诉应当符合什么条件？ ························· (611)

104. 在公司解散之诉中，公司陷入僵局的标准是什么？ ·········· (614)

105. 对公司进行司法判决解散的法律要件是什么？ ··············· (617)

106. 公司股东被公司免职后，能否以无法参与公司的经营管理为由提起公司解散之诉？ ······························ (630)

107. 提起公司解散之诉的股东在诉讼过程中由于公司增资，持有的股权降至10%以下，已经提起的解散之诉是否应继续审理？ ··············································· (638)

📖 **办案依据集成** ·················································· (641)

## 十六、申请公司清算 …… （643）

108. 公司因吸收合并而解散时，是否必须对公司进行清算？ …… （643）

109. 公司解散后逾期不清算的，公司股东是否可以申请人民法院对公司进行强制清算？ …… （645）

110. 关联公司合并破产清算的适用条件是什么？ …… （648）

111. 公司被吊销营业执照后，能否不通过清算程序而将公司财产转让给第三人？ …… （650）

📖 办案依据集成 …… （657）

## 十七、清算责任纠纷 …… （659）

112. 公司清算完毕后，公司的股东是否应当对公司存续期间的债务承担清偿义务？ …… （659）

113. 公司被吊销营业执照后未依法组织清算而擅自处分公司财产的，公司股东对公司债权人是否应当承担赔偿责任？ …… （669）

114. 集体企业性质的公司解散后而未进行清算的情况下，债务如何承担？ …… （672）

115. 公司解散后，清算义务人未在法定期限内组织清算组对公司债权债务进行清算，其赔偿责任的范围如何确定？ …… （676）

116. 清算义务人如果怠于履行清算义务，应对公司债权人承担什么法律责任？ …… （678）

117. 在清算过程中，清算义务人违反债权清算顺序分配公司资产，是否应当承担赔偿责任？ …… （680）

118. 清算义务人以虚假的清算报告骗取公司登记机关办理法人注销登记的，是否应当对债权人承担赔偿责任？ …… （683）

📖 办案依据集成 …… （687）

# 第三章 与破产有关的纠纷

119. 双方约定以债务人的动产抵债但未实际转移动产占有的，
债务人破产后，债权人能否行使破产取回权？……………（690）
　　📖 办案依据集成 ……………………………………………（695）

# 第一章 与企业有关的纠纷

## 一、企业出资人权益确认纠纷

> **1. 第三人与个人独资企业的业主签订合资协议，是否可以因此对该个人独资企业享有所有者权益？**
>
> 个人独资企业并非有限责任公司，故第三人向个人独资企业主张其基于有限责任公司的股东身份而享有的股权缺乏法律依据。

**典型疑难案件参考**

林其坤与上海幽默公众电脑屋企业出资人权益确认纠纷上诉案〔〔2008〕沪二中民三（商）终字第732号〕

**基本案情**

上海幽默公众电脑屋（以下简称电脑屋）于2002年7月17日注册成立，投资人为肖宝康，企业类型为个人独资企业。2005年4月1日，林其坤与电脑屋投资人肖宝康签订《协议书》一份，约定双方共同承租上海市嘉定区曹安路1685号好乐广场三楼用于经营网吧，共同投入资金130万元（本文币种均为人民币），其中林其坤投资占82.5%，肖宝康投资占17.5%，经营期限为2005年4月1日至2012年3月31日，双方资金到位后按比例享有网吧的所有财产。现林其坤认为肖宝康退租、转让电脑设备以及要将电脑屋转让给他人的行为侵害了林其坤的合法权益，故向上海市嘉定区人民法院提起诉讼，请求确认林其坤对电脑屋享有82.5%的股权。

**一审裁判结果**

上海市嘉定区人民法院经过审理，作出〔2008〕嘉民二（商）初字第965号民事判决，驳回林其坤要求确认其享有上海幽默公众电脑屋82.5%股权的诉讼请求。一审案件受理费1862.50元，减半收取计931.25元，由林其坤负担。

### ▶一审裁判理由

上海市嘉定区人民法院认为，股权是有限责任公司或股份有限公司股东所享有的权利。电脑屋注册成立于2002年7月17日，系个人独资企业。林其坤、电脑屋于2005年4月1日签订的《协议书》，系个人与企业之间的合伙协议。林其坤认为电脑屋的性质已转变为两个股东的企业，其基于增加股份而取得股东身份，但由于双方在签订《协议书》后，没有对个人资本的情况及投资人身份进行工商变更登记，且林其坤、电脑屋也没有订立过公司章程，内部没有股东名册，法院难以确认林其坤在电脑屋的股东身份，因此对林其坤要求确认享有电脑屋82.5%股权的诉讼请求，不予支持。

### ▶二审诉辩情况

上诉人林其坤上诉称：其与电脑屋投资人肖宝康签订的《协议书》中约定了"双方按投资比例的资金到位后，即按投资比例共同拥有电脑屋的所有财产（包括电脑屋所有有效证件）"。根据该协议，林其坤取得的是电脑屋股东的权利和义务。原审法院以没有进行工商变更登记、没有订立公司章程，没有股东名册为由，对林其坤的诉请予以驳回令人困惑，该判决对于投入大量资金的林其坤的权益根本无从保障，对协议约定的经营至2012年3月31日的权利的保障更无法体现，肖宝康更将会有恃无恐地将电脑屋转让给他人。故上诉请求撤销原判，改判支持林其坤的原审诉请，一、二审案件受理费由电脑屋投资人肖宝康承担。

被上诉人上海幽默公众电脑屋答辩称：林其坤与肖宝康签订《协议书》后，林其坤自行解除了与承租方的租赁合同，且在双方在场的情况下对当时电脑屋的设备进行了变卖，故终止协议是双方的合意。电脑屋是个人独资企业，不存在林其坤享有股权的事实，双方从未以协议或口头方式将电脑屋变更为有限责任公司或其他组织形式，且双方对当初达成的协议也在事后以林其坤退租、双方共同变卖电脑设备的方式予以终止。故不同意林其坤的上诉请求，请求法院驳回其上诉。

### ▶二审裁判结果

二审法院依照《中华人民共和国民事诉讼法》第153条第1款第1项之规定，判决如下：

驳回上诉，维持原判。

二审案件受理费1862.50元，由上诉人林其坤负担。

本判决为终审判决。

**二审裁判理由**

二审法院经审理查明的事实与原审法院认定事实相一致。

二审法院认为：所谓股权，是指有限责任公司的股东基于股东资格而享有的、从公司获得经济利益并参与公司经营管理的权利。股东资格的原始取得则分为公司设立时参与公司设立而取得与公司成立后增资时加入公司而取得两种。本案中，林其坤主张确认其具有电脑屋82.5%的股权，实质是确认其在电脑屋的股东身份及其因实际出资而享有的股东权利。经查，电脑屋是由肖宝康个人投资、于2002年设立的个人独资企业。《中华人民共和国个人独资企业法》第2条规定："本法所称个人独资企业，是指依照本法在中国境内设立，由一个自然人投资，财产为投资人个人所有，投资人以其个人财产对企业债务承担无限责任的经营实体。"从前述规定可见，电脑屋并非有限责任公司，故林其坤向个人独资企业主张确认其基于有限责任公司的股东身份而享有的股权缺乏法律依据。另外，林其坤与肖宝康虽在《协议书》中约定共同出资经营电脑屋以及资金到位后按比例享有电脑屋的所有财产（包括所有证照），但双方既未订立过公司章程，也无证据表明双方曾约定将电脑屋的企业性质变更为有限责任公司，更未见双方办理过工商变更登记手续，故虽在电脑屋设立两年多后林其坤对电脑屋进行了投资，但仅凭协议中"按比例享有电脑屋的所有财产（包括所有证照）"的约定，即主张对电脑屋享有股权缺乏事实依据。综上所述，原审认定事实清楚，判决并无不当。

## 2. 隐名出资人的股东资格如何认定？

公司中登记的股东与实际股东不一致的现象时有发生，但现行法律并没有对此问题作出明确规定。对于隐名投资人的股东身份，应以其是否直接以股东名义行使权利作为定性的参考标准。如果隐名投资人已经直接以股东的名义行使权利的，则以隐名投资人为股东。

在本案中，江铁忠自2000年11月17日进入增源公司后任董事长，对公司人员职责进行分工，并参与经营管理，其在与潘记谦签订的公司清理账目方案中明确增源公司账目清理后所产生的利润由其与潘记谦平均分享、增源公司账目清理后所产生的债

> 务由其与潘记谦平均分担。虽然，江铁忠未向工商部门申请公司股东登记，但其在增源公司实际上享有股东资产受益、参与决策和进行管理的权利，应认定其自2000年11月17日起为增源公司的事实股东。

## 典型疑难案件参考

### 潘记谦诉江铁忠经营合同纠纷案

**基本案情**

2000年4月，广州市增源电源有限公司（以下简称增源公司）经工商部门核准成立，股东为徐玉长、潘记谦。注册资本为50万元，其中徐玉长出资额为30万元。潘记谦出资额为20万元，徐玉长任公司法定代表人，营业期限自2000年4月11日至2003年6月30日。2000年5月26日，潘记谦、徐玉长、卢志方签订了一份股东会议纪要，内容为：增源公司因经营不善，出现亏损，法定代表人徐玉长于2000年5月23日召集股东卢志方、潘记谦在厂部召开会议，经讨论研究，同意将厂归潘记谦继续经营，徐玉长、卢志方退出股份。根据现行经营状况，公司总亏损16.8万元，原每股东投入15万元，按三股东分摊亏损，即每股东承担亏损5.6万元。徐玉长、卢志方原投入的股金实际每股剩余9.4万元，股东同意在现有现金中退还徐玉长股金9.4万元，退还卢志方股金9.4万元，剩余的资产包括机械、汽车、仓库物资，所有债权均属潘记谦所有，所有债务由潘记谦承担。徐玉长、卢志方退出经营后不再享受工厂经营成果，债权及债务与徐玉长、卢志方无关。潘记谦自主经营，也可以另谋合作伙伴。企业法人变更为潘记谦，原公章停止使用，由潘记谦另刻新公章。股东同意签字后作为终止经营协议书，股东不得反悔。2000年9月25日，增源公司向工商部门申请变更企业法定代表人，经工商部门核准变更登记潘记谦为公司的法定代表人，公司股东仍登记为潘记谦和徐玉长。

2000年11月17日，江铁忠作为董事长全权代表授权人出具一份增源公司任职文稿，内容为：江铁忠董事长（全权委托总经理）、潘记谦总经理（负责全厂全面工作）、黄炳新任厂长（负责生产车间全面工作）、黄灼洪任出纳（负责财务工作）等。2003年3月15日，潘记谦与江铁忠签订了一份增源公司方案，内容为：（1）由潘记谦抓厂的生产、技术、质量、人员组织安排、财务材料签批收、兼管账及后勤工作。（2）由江铁忠抓业务材料货源供应、发送货、财务收支、财务材料签批付、厂内外供应工作。（3）方案前的财务保留待查。方案后财务要清楚，每季度见账一次，年终结账，总结企业盈亏等情况。以上经双方协商决定执行，长期有效。同年9月8日，江铁忠与潘记谦签订一份增源公司清理账目方案，内容为：（1）本次清理账目是为公司经济利益，有利于团结，更利于同心协力使公司业务更上一层楼。为防止清理账目发生吵闹，双方坦诚清算好账目，所以双方签字为证，签字后清查账目，不签字为弃权处理。（2）本次清理账目内容由2000年11月至2003年9月暂止，清查每年每月收入、支出情况，收支是否平行；对比账目，有无错漏账目；总结几年来公司收支情况、盈亏情况。（3）本次清查账目由潘记谦全权做清理账目见证人，负责账目核实核对、调查账目、抽查对证账目、内外对账目调查责任人，有法律的效力。（4）江铁忠作为理财责任人，应提供公司多年来账目数据，配合清查账目，诚心实意地把这次账目结妥，在清理过程中，如确实有些账目失去依据，无法查对，按抽查中确实的按月平均值计算累计数字及金额。由江铁忠承担财务金额的经济责任，承担法律责任。（5）本次清查账目日期：自2003年9月15日至2003年10月31日（清结账完为止），清理期间双方配合。2003年10月11日潘记谦致函江铁忠：你交来2001年、2002年收支账我初步查看了，数量与金额有出入，请你尽快复查有否错漏数，否则，金额及数字按清理方案执行。要在2~3天内给我方案。江铁忠在该函写道：好！21日以后停产清账。2003年10月21日，江铁忠与潘记谦签订一份增源公司清理账目方案（补充），内容为：（1）本次清理账目后经潘记谦、江铁忠双方签字确定责任生效后，取消增源公司名下的所有证照。如有一方要求保留增源公司名下的所有证照继续经营时，应一次性付给对方人民币3万元。清账结束后处理。（2）账目清理后所产生的利润由潘记谦、江铁忠平均分享。（3）账目清理后所产生债务由潘记谦、江铁忠平均分担。并按结完账目后的实际数字承担法律责任。（4）对于本公司账目清理后所产生的结果，潘记谦、江铁忠双方家属不得借故取闹和推翻。（5）本公司所有不动产均由潘记谦、江铁忠双方签字处理。单方处理无效。现存一切材料应及时退回各货主，促以减轻公司债务负担。

  2003年6月28日，江铁忠立下字据证明：收客户由2003年1月1日至2003年6月21日止货款共计1288595元。江铁忠、潘记谦在该字据上签名。同日，江铁忠还立下另一字据证明：江铁忠收往年欠货款现金款如下：2003年6月21日止共280571元。江铁忠、潘记谦在该字据上签名。江铁忠经手收取货款合计：1569166元。江铁忠在庭审质证中主张其收取货款已投入公司经营，但未能提供证据证明。

黄灼洪任增源公司出纳，负责公司财务工作。潘记谦主张由江铁忠保管公司账册，但未能提供证据证明。

2005年10月28日，增源公司因未按规定申报年检被工商部门吊销营业执照，已停止经营活动。

### 诉辩情况

原告潘记谦认为：增源公司于2000年4月21日注册成立，经营期限为2000年4月21日至2003年6月30日，原股东为潘记谦、徐玉长。2000年9月30日，徐玉长退股，由潘记谦个人经营，但未到工商行政部门办理变更登记手续。现该公司已被吊销营业执照。2000年11月17日，徐玉长与潘记谦协商，以50%股权的股东身份参与到增源公司经营，由江铁忠为公司董事长，主管公司聘任总经理及其工作人员、业务经营、管理现金、做现金日记账等。潘记谦为总经理、生产厂长、负责车间生产、公司支出、收入凭证进行审核等。实际运作中也是江铁忠掌握公司现金日记财务账、现金。江铁忠参与经营后至2003年10月21日实际终止经营增源公司为止，其能履行好股东、董事长的义务，但后来未能履行好相应义务，放任公司由其聘请的人员侵占公司资产携款潜逃，又拒绝将公司经营的相应财务账交由潘记谦审查，拒绝将公司经营所得利润的50%分配给潘记谦，双方于2003年10月16日商定自2003年10月21日起全面停止增源公司的经营活动，约定清算析产。但江铁忠至今不交出财务账核查清算，没有支付相应利润给潘记谦，侵犯潘记谦作为一名股东应享有的权利，侵犯其应得财产、利润分配权。为此，请求判令：（1）确认被告江铁忠，自2000年11月17日起为增源公司事实股东。第三人徐玉长自2000年11月17日起仅是公司名誉股东，对增源公司自2000年11月17日起由原告、被告共同经营过程中产生的盈利不享有权利，对相应的债务不承担义务；（2）被告江铁忠将2000年11月17日至2003年10月21日期间增源公司财务账交出对账清算，履行原告与被告双方于2003年9月8日、10月16日、10月21日达成的对增源公司进行清算的义务；（3）被告江铁忠支付2000年11月17日至2003年10月21日期间增源公司应分配给原告的利润2000000元（准确数额以清算或法院查实认定为准）；（4）被告江铁忠承担诉讼费用。

被告江铁忠辩称：原告的诉讼请求没有事实依据，请求法院驳回原告起诉。被告曾经在2000年到增源公司工作，为了监督收回借款，才由原告聘任为厂长，并不是事实上股东，所以原告不能要求被告承担责任。

第三人徐玉长述称：我自2000年11月17日起仅是增源公司名誉股东，

对该公司自 2000 年 11 月 17 日起由原告、被告共同经营中盈利不享有权利，对相应的债务不承担义务。增源公司原由我、卢志方、潘记谦三人合股成立，因经营不善，我于 2000 年 5 月 26 日在厂部召开股东会议，决定：公司由潘记谦继续经营，我和卢志方退出股份。我和卢志方不再享受工厂经营成果，债权债务与我和卢志方无关。

第三人卢志方未提出陈述意见。

第三人广州市增源电池有限公司述称：企业已经注销，作为股东的原告与被告应依法对企业进行清算。

### 裁判结果

广东省增城市人民法院于 2006 年 9 月 26 日作出〔2005〕增法民二初字第 2399 号判决，依照《中华人民共和国民事诉讼法》（1991 年）第 130 条、《最高人民法院关于民事诉讼证据的若干规定》第 2 条、《中华人民共和国公司法》* 第 4 条、第 181 条、第 185 条、第 186 条、第 187 条之规定，判决如下：

一、确认被告江铁忠自 2000 年 11 月 17 日起为第三人广州市增源电池有限公司股东；

二、原告潘记谦与被告江铁忠应于本判决生效之日起 15 日内成立清算组，依照《中华人民共和国公司法》第 185 条、第 186 条、第 187 条的规定对第三人广州市增源电池有限公司自 2000 年 11 月 17 日至 2003 年 10 月 21 日期间财务进行清算；

三、原告潘记谦与被告江铁忠对第三人广州市增源电池有限公司自 2000 年 11 月 17 日至 2003 年 10 月 21 日期间财务清算后的剩余财产，由原告潘记谦、被告江铁忠各按 50% 的比例进行分配；

四、驳回原告潘记谦的其他诉讼请求。

宣判后，原告与被告均未在法定的期间内提出上诉，该判决已发生法律效力。

### 裁判理由

增城市人民法院经审理认为：本案争议的焦点为：（1）江铁忠是否是增源公司事实股东问题。江铁忠自 2000 年 11 月 17 日进入增源公司后任董事长，对公司人员职责进行分工，并参与经营管理，其在与潘记谦签订的公司清理账

---

\* 以下如无注明，本书所引即为现行《中华人民共和国公司法》（2005 年 10 月 27 日修订，2006 年 1 月 1 日起施行）。

目方案中双方明确增源公司账目清理后所产生的利润由其与潘记谦平均分享、增源公司账目清理后所产生的债务由其与潘记谦平均分担。虽然，江铁忠未向工商部门申请公司股东登记，但其在增源公司实际上享有股东资产受益、参与决策和进行管理的权利，应认定其自2000年11月17日起为增源公司的事实股东。（2）是否对增源公司于2000年11月17日至2003年10月21日期间财务进行清算问题。《中华人民共和国公司法》第181条规定，公司因依法被吊销营业执照而解散。增源公司于2005年10月28日被工商部门吊销营业执照，并已停止经营活动，增源公司因被吊销营业执照而解散，增源公司登记股东和事实股东本应组成清算组对公司财产进行清算，但鉴于本案为潘记谦与江铁忠在共同经营增源公司的一定期间内财产清算和分割产生的纠纷，因此，应由潘记谦与江铁忠成立清算组依照《中华人民共和国公司法》第185条、第187条的规定对增源公司自2000年11月17日至2003年10月21日期间财务进行清算。故潘记谦要求对公司自2000年11月17日至2003年10月21日期间财务进行清算的诉讼请求符合法律规定，予以支持。（3）江铁忠是否应分配给潘记谦2000000元利润问题。潘记谦与江铁忠于2003年10月21日签订的清理账目方案（补充）是双方当事人真实意思表示，内容不违反法律强制性规定，应为合法有效。双方约定账目清理后所产生的利润平均分享，所产生债务平均分担。《中华人民共和国公司法》规定：公司财产在未依法进行清偿公司债务前，不得分配给股东。因此，潘记谦与江铁忠作为在一定期间内共同经营增源公司的股东，对双方共同经营增源公司期间进行清算并清偿公司债务后，才享有按所持股份对公司的剩余财产进行分配权利。故潘记谦要求江铁忠分配利润2000000元的诉讼请求无事实依据，本院不予支持。（4）徐玉长、卢志方对潘记谦与江铁忠共同经营增源公司期间利润与亏损是否享有权利和承担义务问题。徐玉长在工商部门登记为增源公司股东，卢志方为增源公司事实股东，徐玉长、卢志方对潘记谦与江铁忠共同经营增源公司期间财产权并不主张权利，且徐玉长、卢志方对增源公司的债务是否承担责任属另一法律关系，故对潘记谦提出徐玉长对其与江铁忠共同经营增源公司期间产生盈利不享有权利，对相应的债务不承担义务的诉讼请求，本案不作处理。徐玉长、卢志方经本院合法传唤，无正当理由拒不到庭参加诉讼，本院依法缺席判决。

# 企业出资人权益确认纠纷办案依据集成

**1. 中华人民共和国物权法**（2007年3月16日主席令第62号公布）（节录）

第五十五条 国家出资的企业，由国务院、地方人民政府依照法律、行政法规规定分别代表国家履行出资人职责，享有出资人权益。

第六十七条 国家、集体和私人依法可以出资设立有限责任公司、股份有限公司或者其他企业。国家、集体和私人所有的不动产或者动产，投到企业的，由出资人按照约定或者出资比例享有资产收益、重大决策以及选择经营管理者等权利并履行义务。

**2. 中华人民共和国公司法**（2005年10月27日修订）（节录）

第十五条 公司可以向其他企业投资；但是，除法律另有规定外，不得成为对其所投资企业的债务承担连带责任的出资人。

第六十五条 国有独资公司的设立和组织机构，使用本节规定；本节没有规定的，适用本章第一节、第二节的规定。

本法所称国有独资公司，是指国家单独出资、由国务院或者地方人民政府授权本级人民政府国有资产监督管理机构履行出资人职责的有限责任公司。

**3. 中华人民共和国中小企业促进法**（2002年6月29日主席令第69号公布）（节录）

第六条 国家保护中小企业及其出资人的合法投资，及因投资取得的合法收益。任何单位和个人不得侵犯中小企业财产及其合法收益。

任何单位不得违反法律、法规向中小企业收费和罚款，不得向中小企业摊派财物。中小企业对违反上述规定的行为有权拒绝和有权举报、控告。

**4. 国有资产监督管理暂行条例**（2003年5月27日国务院令第378号公布）（节录）

第五条 国务院代表国家对关系国民经济命脉和国家安全的大型国有及国有控股、国有参股企业，重要基础设施和重要自然资源等领域的国有及国有控股、国有参股企业，履行出资人职责。国务院履行出资人职责的企业，由国务院确定、公布。

省、自治区、直辖市人民政府和设区的市、自治州级人民政府分别代表国家对由国务院履行出资人职责以外的国有及国有控股、国有参股企业，履行出资人职责。其中，省、自治区、直辖市人民政府履行出资人职责的国有及国有控股、国有参股企业，由省、自治区、直辖市人民政府确定、公布，并报国务院国有资产监督管理机构备案；其他由设区的市、自治州级人民政府履行出资人职责的国有及国有控股、国有参股企业，由设区的市、自治州级人民政府确定、公布，并报省、自治区、直辖市人民政府国有资产监督管理机构备案。

国务院，省、自治区、直辖市人民政府，设区的市、自治州级人民政府履行出资人职责的企业，以下统称所出资企业。

**第十条** 所出资企业及其投资设立的企业，享有有关法律、行政法规规定的企业经营自主权。国有资产监督管理机构应当支持企业依法自主经营，除履行出资人职责以外，不得干预企业的生产经营活动。

**第二十三条** 国有资产监督管理机构决定其所出资企业的国有股权转让。其中，转让全部国有股权或者转让部分国有股权致使国家不再拥有控股地位的，报本级人民政府批准。

**第二十四条** 所出资企业投资设立的重要子企业的重大事项，需由所出资企业报国有资产监督管理机构批准的，管理办法由国务院国有资产监督管理机构另行制定，报国务院批准。

**第三十九条** 所出资企业中的国有独资企业、国有独资公司未按照规定向国有资产监督管理机构报告财务状况、生产经营状况和国有资产保值增值状况的，予以警告；情节严重的，对直接负责的主管人员和其他直接责任人员依法给予纪律处分。

## 5. 最高人民法院关于审理与企业改制相关的民事纠纷案件若干问题的规定（2003年1月3日 法释〔2003〕1号）（节录）

**第四条** 国有企业依公司法整体改造为国有独资有限责任公司的，原企业的债务，由改造后的有限责任公司承担。

**第五条** 企业通过增资扩股或者转让部分产权，实现他人对企业的参股，将企业整体改造为有限责任公司或者股份有限公司的，原企业债务由改造后的新设公司承担。

**第六条** 企业以其部分财产和相应债务与他人组建新公司，对所转移的债务债权人认可的，由新组建的公司承担民事责任；对所转移的债务未通知债权人或者虽通知债权人，而债权人不予认可的，由原企业承担民事责任。原企业无力偿还债务，债权人就此向新设公司主张债权的，新设公司在所接收的财产范围内与原企业承担连带民事责任。

**第七条** 企业以其优质财产与他人组建新公司，而将债务留在原企业，债权人以新设公司和原企业作为共同被告提起诉讼主张债权的，新设公司应当在所接收的财产范围内与原企业共同承担连带责任。

### 三、企业股份合作制改造

**第八条** 由企业职工买断企业产权，将原企业改造为股份合作制的，原企业的债务，由改造后的股份合作制企业承担。

**第九条** 企业向其职工转让部分产权，由企业与职工共同组建股份合作制企业的，原企业的债务由改造后的股份合作制企业承担。

**第十条** 企业通过其职工投资增资扩股，将原企业改造为股份合作制企业的，原企业的债务由改造后的股份合作制企业承担。

**第十一条** 企业在进行股份合作制改造时，参照公司法的有关规定，公告通知了债权人。企业股份合作制改造后，债权人就原企业资产管理人（出资人）隐瞒或者遗漏的债务起诉股份合作制企业的，如债权人在公告期内申报过该债权，股份合作制企业在承担民事责任后，可再向原企业资产管理人（出资人）追偿。如债权人在公告期内未申报过该债权，则股份合作制企业不承担民事责任，人民法院可告知债权人另行起诉原企业资产管理人（出资人）。

四、企业分立

第十二条　债权人向分立后的企业主张债权，企业分立时对原企业的债务承担有约定，并经债权人认可的，按照当事人的约定处理；企业分立时对原企业债务承担没有约定或者约定不明，或者虽然有约定但债权人不予认可的，分立后的企业应当承担连带责任。

第十三条　分立的企业在承担连带责任后，各分立的企业间对原企业债务承担有约定的，按照约定处理；没有约定或者约定不明的，根据企业分立时的资产比例分担。

五、企业债权转股权

第十四条　债权人与债务人自愿达成债权转股权协议，且不违反法律和行政法规强制性规定的，人民法院在审理相关的民事纠纷案件中，应当确认债权转股权协议有效。

政策性债权转股权，按照国务院有关部门的规定处理。

第十五条　债务人以隐瞒企业资产或者虚列企业资产为手段，骗取债权人与其签订债权转股权协议，债权人在法定期间内行使撤销权的，人民法院应当予以支持。

债权转股权协议被撤销后，债权人有权要求债务人清偿债务。

第十六条　部分债权人进行债权转股权的行为，不影响其他债权人向债务人主张债权。

六、国有小型企业出售

第十七条　以协议转让形式出售企业，企业出售合同未经有审批权的地方人民政府或其授权的职能部门审批的，人民法院在审理相关的民事纠纷案件时，应当确认该企业出售合同不生效。

第十八条　企业出售中，当事人双方恶意串通，损害国家利益的，人民法院在审理相关的民事纠纷案件时，应当确认该企业出售行为无效。

第十九条　企业出售中，出卖人实施的行为具有合同法第五十四条规定的情形，买受人在法定期限内行使撤销权的，人民法院应当予以支持。

第二十条　企业出售合同约定的履行期限届满，一方当事人拒不履行合同，或者未完全履行合同义务，致使合同目的不能实现，对方当事人要求解除合同并要求赔偿损失的，人民法院应当予以支持。

第二十一条　企业出售合同约定的履行期限届满，一方当事人未完全履行合同义务，对方当事人要求继续履行合同并要求赔偿损失的，人民法院应当予以支持。双方当事人均未完全履行合同义务的，应当根据当事人的过错，确定各自应当承担的民事责任。

第二十二条　企业出售时，出卖人对所售企业的资产负债状况、损益状况等重大事项未履行如实告知义务，影响企业出售价格，买受人就此向人民法院起诉主张补偿的，人民法院应当予以支持。

第二十三条　企业出售合同被确认无效或者被撤销的，企业售出后买受人经营企业期间发生的经营盈亏，由买受人享有或者承担。

第二十四条　企业售出后，买受人将所购企业资产纳入本企业或者将所购企业变更为所属分支机构的，所购企业的债务，由买受人承担。但买卖双方另有约定，并经债权人认可的除外。

第二十五条　企业售出后，买受人将所购企业资产作价入股与他人重新组建新公司，所购企业法人予以注销的，对所购企业出售前的债务，买受人应当以其所有财产，包括在新组建公司中的股权承担民事责任。

第二十六条　企业售出后，买受人将所购企业重新注册为新的企业法人，所购企业法人被注销的，所购企业出售前的债务，应当由新注册的企业法人承担。但买卖双方另有约定，并经债权人认可的除外。

第二十七条　企业售出后，应当办理而未办理企业法人注销登记，债权人起诉该企业的，人民法院应当根据企业资产转让后的具体情况，告知债权人追加责任主体，并判令责任主体承担民事责任。

第二十八条　出售企业时，参照公司法的有关规定，出卖人公告通知了债权人。企业售出后，债权人就出卖人隐瞒或者遗漏的原企业债务起诉买受人的，如债权人在公告期内申报过该债权，买受人在承担民事责任后，可再行向出卖人追偿。如债权人在公告期内未申报过该债权，则买受人不承担民事责任。人民法院可告知债权人另行起诉出卖人。

第二十九条　出售企业的行为具有合同法第七十四条规定的情形，债权人在法定期限内行使撤销权的，人民法院应当予以支持。

### 七、企业兼并

第三十条　企业兼并协议自当事人签字盖章之日起生效。需经政府主管部门批准的，兼并协议自批准之日起生效；未经批准的，企业兼并协议不生效。但当事人在一审法庭辩论终结前补办报批手续的，人民法院应当确认该兼并协议有效。

第三十一条　企业吸收合并后，被兼并企业的债务应当由兼并方承担。

第三十二条　企业进行吸收合并时，参照公司法的有关规定，公告通知了债权人。企业吸收合并后，债权人就被兼并企业原资产管理人（出资人）隐瞒或者遗漏的企业债务起诉兼并方的，如债权人在公告期内申报过该笔债权，兼并方在承担民事责任后，可再行向被兼并企业原资产管理人（出资人）追偿。如债权人在公告期内未申报过该笔债权，则兼并方不承担民事责任。人民法院可告知债权人另行起诉被兼并企业原资产管理人（出资人）。

第三十三条　企业新设合并后，被兼并企业的债务由新设合并后的企业法人承担。

第三十四条　企业吸收合并或新设合并后，被兼并企业应当办理而未办理工商注销登记，债权人起诉被兼并企业的，人民法院应当根据企业兼并后的具体情况，告知债权人追加责任主体，并判令责任主体承担民事责任。

第三十五条　以收购方式实现对企业控股的，被控股企业的债务，仍由其自行承担。但因控股企业抽逃资金、逃避债务，致被控股企业无力偿还债务的，被控股企业的债务则由控股企业承担。

## 二、侵害企业出资人权益纠纷

### 3. 企业的法定代表人为企业筹资的行为能否视为对企业的出资？

企业的法定代表人为企业筹集资金可视为企业行为，不等于法定代表人对企业的出资。对企业的出资必须要有明确的协议，才能在法律上予以认定。如果企业的性质是集体所有制企业，验资证明反映的资金来源为上级拨款，且企业的法定代表人没有任何有效证据证明其是企业的实际出资人，则不能认定其对企业享有股权。

**典型疑难案件参考**

朱吉华与上海人民水泵厂有限公司、上海广达投资管理有限公司侵害企业出资人权益纠纷〔上海市第二中级人民法院〔2008〕沪二中民三（商）终字第687号〕

**基本案情**

1992年8月8日，上海人民水泵厂经工商行政管理部门核发企业法人营业执照后设立。依据工商登记资料所反映的上海人民水泵厂设立时的基本情况为：（1）上海人民水泵厂为集体所有制企业，法定代表人朱吉华，注册资金为人民币5万元（以下所涉币种均为人民币），住所地为上海市广粤路550号，主营加工、制造工业及民用水泵；上级主管单位为上海市虹口区唐山路街道民政企业管理所；（2）上海市虹口区唐山路街道民政企业管理所于1992年7月19日向朱吉华发出聘书，聘书载明：朱吉华同志是唐山街道民政管理所工作人员，现聘任他为上海人民水泵厂法定代表人，时间为3年；（3）1992年7月10日企业验资报告反映的注册资金总额为5万元，系货币资金，资金来源为"自筹"，后以画线方式改写为"上级拨款"；（4）上海市广粤路550号经营场所系上海市虹口区唐山路街道民政企业管理所向广中街道民政企业管理所租借。1995年5月15日，企业住所地变更为上海市海门路449号，系企业向案外人华志良租赁，而工商登记资料显示，企业上级主管单位已变更为上海爱尔工贸公司。1995年12月14日，企业注册资金变更至30万元，验资证明书反映的注册资金来源为：上级拨款5万元、自筹资金25万元。2000年4

月20日，企业申请变更法定代表人为卢昌飞，上级主管单位上海爱尔工贸公司对此表示同意，并向朱吉华发出解聘通知，工商机关亦核准了上述变更事宜并进行了登记。2001年12月30日，上海宏大资产评估有限公司对上海人民水泵厂作出整体资产评估，经评估企业净资产为负63851.34元。2002年6月17日，上海市虹口区集体资产管理办公室确认了该评估结果。2002年6月，上海广达投资管理有限公司（以下简称广达公司）与卢昌飞签订协议，对上海人民水泵厂进行有限责任公司的改制，注册资金增加至880万元，股东由广达公司、卢昌飞、王喜明组成，以原厂名为改制后公司的名称，作为无形资产回报，卢昌飞同意上缴广达公司37万元作为该公司的入股资金。同时，上海人民水泵厂向工商登记机关申请改制为私营的有限责任公司，并制定了公司章程，股东为卢昌飞、王喜明、广达公司，股份比例分别为90%、6%、4%。2002年7月3日，工商机关核准上海人民水泵厂上述改制内容，并颁发"上海人民水泵厂有限公司"的营业执照。

2002年9月6日，朱吉华因不服工商登记机关核准变更其上海人民水泵厂法定代表人的具体行政行为，向上海市虹口区人民法院提起行政诉讼。上海市虹口区人民法院以朱吉华超过起诉期限为由，裁定驳回了朱吉华的起诉。为此，朱吉华向上海市第二中级人民法院提出上诉。2002年12月23日，上海市第二中级人民法院作出裁定，维持原审裁定。

2008年5月15日，朱吉华以上海人民水泵厂实际由其个人投资经营并自负盈亏为由，向上海市虹口区人民法院提起本案诉讼。请求判令：上海人民水泵厂有限公司、广达公司向其返还"上海人民水泵厂"企业名称所有权，并支付自2002年7月2日起至2008年5月15日止的"上海人民水泵厂"品牌使用费37万元；本案案件受理费由上海人民水泵厂有限公司、广达公司负担。

一审审理中，广达公司将有关上海人民水泵厂的上级主管单位的沿袭情况陈述为：上海市虹口区唐山路街道开办有上海爱尔工贸公司，上海爱尔工贸公司是唐山福利工场的上级，唐山福利工场是上海人民水泵厂的上级。1996年7月，上海市虹口区唐山路街道与新港路街道合并成立了新的新港路街道，经街道指定由广达公司作为街道所属集体企业的上级主管单位。上海人民水泵厂改制后，这层隶属关系也就不存在了。

在一审审理中，朱吉华申请案外人潘旗华（朱吉华朋友，上海人民水泵厂设立时的从业人员）、顾雅芳（曾经担任唐山福利工场场长、上海市虹口区唐山路街道鸿兴里弄支部书记）、黄巧珍（曾经为上海市虹口区唐山街道经济联合党支部书记）到庭作证，为了证明：上海人民水泵厂设立时是由朱吉华自行筹集企业的注册资金，朱吉华是挂靠于集体企业经营，故实际系朱吉华个人在进行经营，上海人民水泵厂自主经营、自负盈亏，并为街道解决部分残疾人员就业，同时向上级主管单位缴纳管理费，上级单位并不提供企业的经营资金。

### ▶一审裁判结果◀

一审法院判决：对朱吉华的诉讼请求不予支持。一审案件受理费3425元由朱吉华负担。

### ▶一审裁判理由◀

一审法院经审理后认为：上海人民水泵厂设立时系集体所有制性质企业，从企业开办时的验资证明可反映5万元注册资金为上级拨款，而之后亦是通过企业自筹方式增加注册资金到30万元。朱吉华为企业筹措资金或者垫付资金并不等同于其出资，朱吉华作为企业法定代表人对外筹措资金可视为是企业行为，之后完全可通过企业经营予以返还。出资人的出资行为与筹措资金是不同的概念，经营者也不等同于所有权人，为企业运作筹集资金的行为与所有权没有必然关系。法律上界定出资行为需要明确的协议来认定，而朱吉华没有任何协议或者其他有效证据证明其是企业的实际出资人并享有出资人的权利。根据相关单位的评估报告及政府有关部门的确认，该企业净资产在改制前为负值，故朱吉华要求上海人民水泵厂有限公司、广达公司返还投资及支付投资收益也不成立。至于朱吉华要求返还"人民水泵厂"无形资产所有权，与朱吉华是否存在筹集注册资金的事实没有关联，因为"上海人民水泵厂"转制前属于集体企业法人，其厂名属于集体企业的法人财产，在没有协议约定的前提下，朱吉华即使借用过该企业名称进行过一定时间的经营，也不能认为该企业名称就属于朱吉华。2002年7月3日工商部门已经依法颁发了"上海人民水泵厂有限公司"营业执照，朱吉华并未就企业产权问题主张权利，而仅就变更法定代表人一节提出行政诉讼且被法院驳回，上海人民水泵厂经过改制已经成为有限责任公司，出资均系现股东注入，与朱吉华无关，故朱吉华不享有现企业的任何权利。

### ▶二审诉辩情况◀

原审判决后，朱吉华不服，向上海市第二中级人民法院提起上诉称：（1）原审判决对上海人民水泵厂的产权界定存在错误。上海人民水泵厂实际为其个人投资设立的私营企业，企业设立时的注册资金5万元由其负责筹措。当时，因政策原因企业挂靠在上海市虹口区唐山路街道民政企业管理所，并在形式上由该所聘任其担任上海人民水泵厂的法定代表人。但事实上，上海人民水泵厂由其自主经营及负责筹措企业的经营资金，并自负盈亏，而其每年只需上缴街道民政企业管理所相应管理费用和解决部分残疾人员的工作。（2）2001年12月30日，上海宏大资产评估有限公司对上海人民水泵厂所作出的整体资产评估结论，实际并没有对其原始的投资金额及相关收益进行甄别。其中，有关其在1998年8月结束对上海人民水泵厂的承包经营并抽回有关经营资金的评估结论，亦不具有相应的事实依据。（3）原审判决存在适用法律不当的问题。依据1996年国家经济贸易委员会、财政部、国家税务总局联合下发的《城镇集体所有制企业、单位清产核资产权界定暂行办法》的规定，本案应适用"谁投资、谁拥有产权"的产权界定原则。综上，请求法院撤销原审判决，改判支持朱吉华的原审诉请。

被上诉人上海人民水泵厂有限公司辩称：该公司是经合法改制设立的有限责任公司。2001年12月30日，上海宏大资产评估有限公司对上海人民水泵厂进行整体资产评估，结论为企业净资产为负63851.34元。2002年6月17日，上海市虹口区集体资产管理办公室确认了该评估结果。2002年6月，上海人民水泵厂上级主管单位广达公司与卢昌飞签订协议，对上海人民水泵厂进行有限责任公司的改制，注册资金增加至880万元，出资股东分别为卢昌飞、王喜明、广达公司。改制之前的上海人民水泵厂究竟如工商登记资料所反映的为集体所有制性质企业，还是由朱吉华实际筹资设立私营企业，与现在的上海人民水泵厂有限公司不具有任何民事的权利义务关系。故本案朱吉华对该公司所主张的诉讼请求，不具有事实和法律依据。请求法院维持原审判决，驳回朱吉华的上诉请求。

被上诉人广达公司辩称：上海人民水泵厂设立时就系集体所有制性质的企业，从企业开办时的验资证明可反映5万元注册资金为上级拨款。对此，朱吉华并未有证据证明该5万元注册资金为其个人所出资。1992年7月19日，经上海市虹口区唐山路街道民政企业管理所聘任，朱吉华担任上海人民水泵厂的法定代表人。2000年4月20日，经上海人民水泵厂上级主管机关的同意，上海人民水泵厂的法定代表人变更为卢昌飞，并为此向朱吉华发出了解聘通知。之后，上海人民水泵厂改制为有限责任公司。在改制过程中，广达公司作为上海人民水泵厂的上级主管单位被上海市虹口区人民政府指定具体参与该厂的有限责任公司改制事宜，并享有改制后公司的部分股权。综上，朱吉华以上海人民水泵厂实际为其投资设立的私营企业为由，提起本案诉讼，主张上海人民水泵厂有限公司、广达公司向其返还"上海人民水泵厂"企业名称所有权，并支付自2002年7月2日起至2008年5月15日止的"上海人民水泵厂"品牌使用费37万元，显然缺乏事实依据。要求法院维持原审判决，驳回朱吉华的上诉请求。

▶ 二审裁判结果

上海市第二中级人民法院依照《中华人民共和国民事诉讼法》第153条第1款第1项之规定，判决如下：

驳回上诉，维持原判。

二审案件受理费6850元，由上诉人朱吉华负担。

本判决为终审判决。

▶ 二审裁判理由

二审法院经审理查明：原审查明的事实属实，本院予以确认。

二审法院认为：依据相关工商行政管理部门的企业登记资料反映，上海人民水泵厂设立时系集体所有制性质企业，而从上海人民水泵厂开办时的验资证明可反映企业设立时的注册资金5万元为上级拨款，之后通过企业自筹方式增加注册资金至30万元。2002年6月，上海人民水泵厂经资产评估和上级主管部门同意后改制为有限责任公司，成立上海人民水泵厂有限公司，公司注册资金增加至880万元，股东由广达公司、卢昌飞、王喜明组成，以原厂名用为改制后公司名称，作为无形资产价值的回报，卢昌飞同意上缴广达公司37万元并用作广达公司对改制后公司的全部出资。2002年7月3日，工商行政管理部门核准上海人民水泵厂改制内容，并颁发"上海人民水泵厂有限公司"的营业执照。基于此，朱吉华现在未经合法确认其对上海人民水泵厂享有全部投资权益，以及上海人民水泵厂的企业改制对其构成侵权的情况下，提起本案诉讼，要求上海人民水泵厂有限公司、广达公司向其返还"上海人民水泵厂"企业名称所有权，并支付其自2002年7月2日起至2008年5月15日止的"上海人民水泵厂"品牌使用费37万元，显然事实和法律依据不足，本院难以支持。况且，企业名称本身是用于企业开展社会经营活动，故依法应归属于企业法人自身所享有，而不应由投资股东以个人名义主张权利。综上，原审判决结果并无不当，本院予以维持。

---

**4. 一方以另一方的资金设立合伙企业，但未将另一方登记为合伙人，且双方对出资份额、盈余分配、责任分担等内容均无约定，该方能否以另一方是隐名合伙人为由拒绝还款？**

所谓隐名合伙，是指当事人的一方对另一方的生产、经营出

> 资，不参加实际的经济活动，而分享营业利益，并仅以出资额为限承担亏损责任的合伙。出资的一方称为隐名合伙人；利用隐名合伙人的出资以自己的名义进行经济活动的一方称为出名营业人。隐名合伙是隐名合伙人与出名营业人之间的一种合同。隐名合伙人负出资义务，出名营业人负营业及分派利益的义务，双方互为义务，且互为对价。如果双方虽曾有过建立合伙企业的意向，但由于对出资份额、盈余分配、责任承担等均无明确约定，出资的一方实际并未享受到应有的出资人权利，则未出资一方占用其资金构成不当得利，应当予以返还。

## 典型疑难案件参考

余海涛因与越谷金属株式会社等出资纠纷上诉案（北京市高级人民法院〔2008〕高民终字第928号）

### 基本案情

越谷金属株式会社（以下简称日本越谷）拟在中国投资运作产业废物资源化处理有关的项目，为此需要在中国国内投资设立与该项目有关的法人实体。2004年年初，日本越谷经人介绍认识余海涛，双方达成投资设立合伙企业的意向。2004年7月，日本越谷给付余海涛5000万日元。2005年2月16日，合伙企业北京越谷国际资源循环利用技术开发中心（以下简称北京越谷开发中心）成立，注册资金人民币100万元，由余海涛担任执行合伙人，登记的合伙人为余海涛、刘宁、韩京磊。在要求登记为北京越谷开发中心北京越谷开发中心的合伙人而遭到拒绝后，日本越谷于2006年6月诉至北京市第一中级人民法院要求余海涛和北京越谷开发中心返还上述款项。

### 一审诉辩情况

原审原告日本越谷向北京市第一中级人民法院起诉称：2004年年初，我方准备在中国投资运作产业废物资源化处理有关的项目并拟在中国国内投资设立与该项目有关的法人实体。经人介绍认识余海涛。余海涛称在中国国内设立公司手续较为复杂，其可以帮助办理有关手续。因此，我方于2004年7月9日给付余海涛5000万日元。2005年2月16日，由余海涛担任执行合伙人的北京越谷开发中心成立，注册资金为人民币100万元，合伙人为余海涛、刘宁、韩京磊。北京越谷开发中心成立后，我方了解到该开发中心没有将我方登记为合伙人，严重侵害了实际投资人即我方的合法权益。我方要求变更北京越谷开发中心的合伙人为我方，但余海涛拒绝办理。为此，我方于2006年6月诉至北京市第一中级人民法院要求余海涛和北京越谷开发中心返还上述款项。在庭审中余海涛承认并确认用我方给付的5000万日元款项成立了北京越谷开发中心，并确认刘宁及韩京磊等人均为挂名合伙人，二人均未实际出资。我方认为，虽然我方不是北京越谷开发中心在工商登记中的合伙人，但北京越谷开发中心全部注册资金为我方出资，我方作为北京越谷开发中心的实际出资人的身份应该得到法律的承认。根据《中华人民共和国合伙企业法》（1997年施行，现已被修订）第57条"出现法律、行政法规规定的合伙企业解散的其他原因"，合伙企业应当解散，以及第9条"合伙人应当为具有完全民事行为能力的人"的规定，在我方实际出资人的身份未得到确认的前提下，我方无法成为北京越谷开发中心的合伙人，北京越谷开发中心应当依法解散，在解散的基础上应对北京越谷开发中心的财产进行清算，并依法将财产返还我方。请求法院判令：（1）依法确认日本越谷为北京越谷开发中心全部注册资金的实际出资人；（2）余海涛、刘宁、韩京磊对北京越谷开发中心进行清算，并在清算的基础上将北京越谷开发中心的剩余财产返还日本越谷；（3）由余海涛、刘宁、韩京磊承担诉讼费用。此后，日本越谷变更诉讼请求。其称：依据新的《中华人民共和国合伙企业法》（2006年修订）第14条规定，设立合伙企业应当有两个以上合伙人。因北京越谷开发中心的实际出资人为日本越谷，该请求一旦被确认，北京越谷开发中心作为合伙企业的主体资格也随之消失。此外，根据新《中华人民共和国合伙企业法》（2006年修订）第108条规定，外国法人作为合伙人的管理办法由国务院另行规定。而国务院没有发布相关的行政法规，导致事实上和法律上外国法人无法成为合伙企业的合伙人。此时，余海涛、刘宁、韩京磊作为北京越谷开发中心的名义合伙人继续占有该笔资产应属不当得利，应当返还。且因相关资产登记在余海涛、刘宁、韩京磊名下，且其已经受益，这种受益是以日本越谷利益受损为前提的，故余海涛、刘宁、韩京磊应当连带向日本越谷返还资产。日本越谷的诉讼请求变更为：（1）依法确认日本越谷为实际出资人；（2）判令余海涛、刘宁、韩京磊返还日本越谷人民币100万元出资款；（3）余海涛、刘宁、韩京磊承担诉讼费用。

原审被告余海涛答辩称：（1）日本越谷的诉讼请求缺乏法律支持。日本越谷以股东权纠纷为由提起诉讼，要求确认其为北京越谷开发中心全部注册资金的实际出资人。同时，要求余海涛、刘宁、韩京磊返还人民币100万元。首先，两个诉求存在法律上的冲突，日本越谷主张自己为北京越谷开发中心的实际出资人，实际是要从所谓的幕后走到台前，直接掌控北京越谷开发中心；如其诉求得以实现，日本越谷也没有理由要求余海涛、刘宁、韩京磊向其支付人民币100万元。其次，根据北京越谷开发中心成立当时有效的《中华人民共和国合伙企业法》（1997年施行，现已被修订）、《中华人民共和国合伙企业登记管理办法》（1997年施行，现已被修订）规定，合伙人对合伙企业承担无限责任，合伙企业登记时有出资权属证明即可，没有注册资金及对注册资金验资的要求。因此，本案中北京越谷开发中心注册资金为零，并不意味着没有实际出资。我方认为，不论是现行还是当时有效的《中华人民共和国合伙企业法》都不存在"实际出资人"的概念，日本越谷更没有解释通过该法律如何得出其希望的诉讼请求。最后，日本越谷主张其为北京越谷开发中心的实际合伙人，但其引用的《中华人民共和国合伙企业法》（2006年修订）第108条是外国企业成为合伙企业合伙人须按照国务院有关规定，而相关规定目前尚未出台；日本越谷主张其为北京越谷开发中心的实际股东，就必须说明其与目前北京越谷开发中心合伙人的法律关系，这也是其诉求获得支持的前提，简单地说就是双方对此项目如何协商并进行制度性的安排，对此日本越谷也避而不谈。我方认为，现日本越谷的主张又使双方争议绕回"代理关系"上，对此北京市第一中级人民法院〔2006〕一中民初字第9043号民事裁定书已有了法律结论。在没有任何新证据的情况下，以同一请求另起一诉，是对社会法律资源的无端消耗。（2）北京越谷开发中心是合伙组织，合伙以契约为特征。日本越谷以实际出资人的身份向三个合伙人主张独占权，即使合伙企业法对外国法人加入合伙作出了规定，其主张合伙权利一人独占时，合伙已经不可能存在了，故日本越谷的主张在法律上不成立。（3）日本越谷所主张的人民币100万元不当得利的返还，只能是债权。但双方都承认，北京越谷开发中心是为运作整个项目而成立的，在总体关系与账目上不作全面的清结，日本越谷不能证明其与余海涛、刘宁、韩京磊间存在人民币100万元的债权债务关系。综上所述，日本越谷的诉讼请求与事实不符，于法无据，不应得到支持。请求法院驳回日本越谷的诉讼请求。

原审被告刘宁未答辩，亦未出庭参加诉讼。

原审被告韩京磊在原审答辩称：（1）韩京磊并未实际出资，也未参与公司经营管理和分红。但从日本越谷提供的证据表明北京越谷开发中心注册资金为零，因此，韩京磊不清楚该中心注册资金是人民币100万元还是零注资，也不清楚日本越谷与余海涛是什么关系。（2）依据旧《中华人民共和国合伙企业法》第14条和新《中华人民共和国合伙企业法》第19条的规定，合伙人依据合伙协议享有权利、履行义务，韩京磊与日本越谷之间没有任何协议，所以不同意日本越谷的诉讼请求。(3) 日本越谷起诉书中所提到的事实过程，韩京磊不知情，与日本越谷也没有过任何关系，故不同意日本越谷的诉讼请求。

### 一审裁判结果

一审法院依据《中华人民共和国民法通则》第84条、第92条之规定，判决如下：

一、余海涛于判决生效后10日内返还日本越谷人民币100万元。

二、驳回日本越谷对刘宁及韩京磊的诉讼请求。

如果余海涛未按判决指定的期间履行给付金钱义务，应当依照《中华人民共和国民事诉讼法》（1991年施行，现已被修订）第232条之规定，加倍支付迟延履行期间的债务利息。

### 一审裁判理由

原审法院判决认为：根据最高人民法院《关于贯彻执行〈中华人民共和国民法通则〉若干问题的意见（试行）》第46条规定："公民按照协议提供资金或者实物，并约定参与合伙盈余分配，但不参与合伙经营、劳动的，或者提供技术性劳务而不提供资金、实物，但约定参与盈余分配的，视为合伙人。"审理中，日本越谷提出其是北京越谷开发中心的实际出资人，余海涛等认为日本越谷是北京越谷开发中心的隐名合伙人。法院认为：第一，所谓隐名合伙，是指当事人的一方对另一方的生产、经营出资，不参加实际的经济活动，而分享营业利益，并仅以出资额为限承担亏损责任的合伙。出资的一方称为隐名合伙人；利用隐名合伙人的出资以自己的名义进行经济活动的一方称为出名营业人。隐名合伙是隐名合伙人与出名营业人之间的一种合同。隐名合伙人负出资义务，出名营业人负营业及分派利益的义务，双方互为义务，且互为对价。本案中，就本案目前现有证据，日本越谷与余海涛只是存在一个合作意向，至于双方合作的形式、目的、日本越谷是否参与盈余分配、如何分配以及责任的分担等，余海涛均无证据证明。第二，2006年4月13日，余海涛《关于北京越谷国际利用有限公司（废物资源化处理项目）北京越谷国际资源循环利用技术研发中心成立情况的说明》表明，此前作为合作方的日本越谷，因不便以实际投资人的身份在国内运作该项目并办理工商注册手续，经双方协商，全权委托余海涛及其推荐人以自然人的名义，先后成立了北京越谷开发中心和北京越谷国际资源循环利用有限公司，并由余海涛出任该公司的法定代表人。现余海涛本人自愿对公司成立期间及该说明书签署之日前的日方投资款项负有安全保障义务，并愿对该项目前期运作及推进负责。在此期间若发现本人做出有损公司利益之事，本人愿承担一切法律责任。由此，在余海涛收取了日本越谷5000万日元注册成立了北京越谷开发中心，日本越谷是北京越谷开发中心的实际出资人。余海涛、韩京磊及刘宁成为该中心的合伙人，享有合伙人的权利，而日本越谷出资后并没有享受其应有的权利。在余海涛没有证据证明其与日本越谷关系的情况下，余海涛占用日本越谷资金、享受合伙人权利的行为构成不当得利。关于日本越谷要求刘宁及韩京磊返还人民币100万元的诉讼请求，虽然刘宁、韩京磊作为合伙人的权利系日本越谷出资之后所得，但该二人的权利义务系余海涛使用日本越谷的资金产生，故刘宁及韩京磊对日本越谷不负有返还人民币100万元出资的义务。余海涛应当向日本越谷承担人民币100万元的返还责任。

### 二审诉辩情况

余海涛不服原审判决，向北京市高级人民法院提起上诉，其主要上诉理由是：原审法院的逻辑是余海涛与日本越谷的合作仅为意向，并未真正形成协议，故余海涛收取日本越谷资金没有合法依据，构成不当得利，而我方认为我方并未构成不当得利。综观原审判决认定的事实，余海涛取得款项是基于双方的合作（抑或说是意向），故余海涛收取款项时存在合法依据，所以本案不符合法律规定的构成不当得利的基本要件，且不论双方合作的最终结果如何都不能改变日本越谷支付的款项性质。综上，请求撤销原审第一项判决，维持第二项判决，驳回日本越谷的诉讼请求。

日本越谷服从原审法院判决，其同意原审判决的认定和处理。

原审被告刘宁二审未出庭，亦未陈述答辩意见。

原审被告韩京磊同意原审判决的意见。

### 二审裁判结果

北京市高级人民法院依照《中华人民共和国民事诉讼法》第130条、第153条第1款第1项之规定，缺席判决如下：

驳回上诉，维持原判。

一审案件受理费13850元，由余海涛负担（于本判决生效后7日内缴纳）。二审案件受理费13850元，由余海涛负担（已缴纳）。

本判决为终审判决。

### 二审裁判理由

北京市高级人民法院经审理查明，日本越谷拟在中国投资运作产业废物资源化处理有关的项目，为此需要在中国国内投资设立与该项目有关的法人实体。2004年7月9日，日本越谷交付余海涛5000万日元。2004年11月25日，余海涛、刘宁、韩京磊签订私营企业合伙协议。2004年12月10日，北京越谷开发中心成立，注册资金人民币100万元，合伙人余海涛出资人民币60万元、韩京磊出资人民币30万元、刘宁出资人民币10万元。日本越谷、余海涛、刘宁及韩京磊均承认刘宁、韩京磊未向北京越谷开发中心实际入资。北京越谷开发中心的作用为研发机构。日本越谷参与了北京越谷开发中心的实际经营。

2006年4月13日，余海涛《关于北京越谷国际利用有限公司（废物资源化处理项目）北京越谷国际资源循环利用技术研发中心成立情况的说明》的主要内容为：（1）日本越谷为便于在中国投资运作废物资源化处理相关项目投资一亿五千万日元，作为项目前期开办投入费用……鉴于目前项目运作情况及资金实际需要，日方决定追加投资5亿日元并将于本说明确认后20日至30日之内投资到位。（2）此前作为合作方的日本越谷，因不便以实际投资人的身份在国内运作该项目并办理工商注册手续，经双方协商，全权委托余海涛及其推荐人以自然人的名义，在北京市海淀区工商局申报并注册，先后成立了北京越谷开发中心和北京越谷国际资源循环利用有限公司，并由余海涛出任该公司的法定代表人。现该中心与该公司正式成立，并合法取得企业法人营业执照。（3）现余海涛本人自愿对公司成立期间及该说明书签署之日前的日方投资款项负有安全保障义务，并愿对该项目前期运作及推进负责。在此期间若发现本人做出有损公司利益之事，本人愿承担一切法律责任。

2006年4月25日，日本越谷聘请律师致余海涛律师函，主要内容为：根据余海涛在2006年4月13日函中所确定的事实，北京越谷开发中心及北京越谷国际资源循环利用有限公司的实际出资人为日本越谷，余海涛仅为日本越谷的代理人；日本越谷要求余海涛从两种选择任选其一：向日本越谷给付上述两家公司的出资，总计1.5亿日元，或自行与日本越谷推荐的股东候选人签署相应的股权转让协议。

另查，2006年6月，日本越谷曾以委托代理纠纷起诉余海涛及北京越谷开发中心，北京市第一中级人民法院作出〔2006〕一中民初字第9043号民事裁定，驳回了日本越谷对余海涛、北京越谷开发中心的起诉。

以上事实有〔2006〕一中民初字第9043号民事裁定书、《关于北京越谷国际利用有限公司（废物资源化处理项目）北京越谷国际资源循环利用技术研发中心成立情况的说明》、2006年4月25日律师函、工商登记情况及当事人庭审笔录等证据在案佐证。

本院认为：根据〔2006〕一中民初字第9043号民事裁定认定的事实和本案查明的事实，余海涛与日本越谷之间确有合作建立北京越谷开发中心的意向，但双方对于合作中心的股权构成、盈余分配、责任分担等重要内容并无明确约定，余海涛亦无证据证明双方对此有过约定，故余海涛主张日本越谷是隐名合伙人的理由不成立，本院不予支持。在日本越谷支付余海涛5000万日元的情况下，余海涛与刘宁和韩京磊注册成立了北京越谷开发中心，而日本越谷在北京越谷开发中心中并不是合伙人，亦未享有任何权益，故其请求余海涛返还款项是适当的，本院予以支持。刘宁、韩京磊虽然是北京越谷开发中心的合伙人，但与日本越谷之间并未发生直接的债权债务关系，故刘宁、韩京磊不负有返还款项的责任。综上，原审法院判决认定事实清楚，适用法律正确，应予以维持。

## 侵害企业出资人权益纠纷办案依据集成

**1. 中华人民共和国物权法**（2007年3月16日主席令第62号公布）（节录）

**第五十五条** 国家出资的企业，由国务院、地方人民政府依照法律、行政法规规定分别代表国家履行出资人职责，享有出资人权益。

**第六十七条** 国家、集体和私人依法可以出资设立有限责任公司、股份有限公司或者其他企业。国家、集体和私人所有的不动产或者动产，投到企业的，由出资人按照约定或者出资比例享有资产收益、重大决策以及选择经营管理者等权利并履行义务。

**2. 中华人民共和国公司法**（2005年10月27日修订）（节录）

**第十五条** 公司可以向其他企业投资；但是，除法律另有规定外，不得成为对所投资企业的债务承担连带责任的出资人。

**第六十五条** 国有独资公司的设立和组织机构，适用本节规定；本节没有规定的，适用本章第一节、第二节的规定。

本法所称国有独资公司，是指国家单独出资、由国务院或者地方人民政府授权本级人民政府国有资产监督管理机构履行出资人职责的有限责任公司。

**3. 中华人民共和国中小企业促进法**（2002年6月29日主席令第69号公布）（节录）

**第六条** 国家保护中小企业及其出资人的合法投资，及因投资取得的合法收益。任何单位和个人不得侵犯中小企业财产及其合法收益。

任何单位不得违反法律、法规向中小企业收费和罚款，不得向中小企业摊派财物。中小企业对违反上述规定的行为有权拒绝和有权举报、控告。

**4. 国有资产监督管理暂行条例**（2003年5月27日国务院令第378号公布）（节录）

**第五条** 国务院代表国家对关系国民经济命脉和国家安全的大型国有及国有控股、国有参股企业，重要基础设施和重要自然资源等领域的国有及国有控股、国有参股企业，履行出资人职责。国务院履行出资人职责的企业，由国务院确定、公布。

省、自治区、直辖市人民政府和设区的市、自治州级人民政府分别代表国家对由国务院履行出资人职责以外的国有及国有控股、国有参股企业，履行出资人职责。其中，省、自治区、直辖市人民政府履行出资人职责的国有及国有控股、国有参股企业，由省、自治区、直辖市人民政府确定、公布，并报国务院国有资产监督管理机构备案；其他由设区的市、自治州级人民政府履行出资人职责的国有及国有控股、国有参股企业，由设区的市、自治州级人民政府确定、公布，并报省、自治区、直辖市人民政府国有资产监督管理机构备案。

国务院，省、自治区、直辖市人民政府，设区的市、自治州级人民政府履行出资人职责的企业，以下统称所出资企业。

**第十条** 所出资企业及其投资设立的企业，享有有关法律、行政法规规定的企业经营自主权。国有资产监督管理机构应当支持企业依法自主经营，除履行出资人职责以外，不得干预企业的生产经营活动。

**第二十三条** 国有资产监督管理机构决定其所出资企业的国有股权转让。其中，转让全部国有股权或者转让部分国有股权致使国家不再拥有控股地位的，报本级人民政府批准。

**第二十四条** 所出资企业投资设立的重要子企业的重大事项，需由所出资企业报国有资产监督管理机构批准的，管理办法由国务院国有资产监督管理机构另行制定，报国务院批准。

**第三十九条** 所出资企业中的国有独资企业、国有独资公司未按照规定向国有资产监督管理机构报告财务状况、生产经营状况和国有资产保值增值状况的，予以警告；情节严重的，对直接负责的主管人员和其他直接责任人员依法给予纪律处分。

**5. 最高人民法院关于审理与企业改制相关的民事纠纷案件若干问题的规定**（2003年1月3日　法释〔2003〕1号）（节录）

**第十一条** 企业在进行股份合作制改造时，参照公司法的有关规定，公告通知了债权人。企业股份合作制改造后，债权人就原企业资产管理人（出资人）隐瞒或者遗漏的债务起诉股份合作制企业的，如债权人在公告期内申报过该债权，股份合作制企业在承担民事责任后，可再向原企业资产管理人（出资人）追偿。如债权人在公告期内未申报过该债权，则股份合作制企业不承担民事责任，人民法院可告知债权人另行起诉原企业资产管理人（出资人）。

**第三十二条** 企业进行吸收合并时，参照公司法的有关规定，公告通知了债权人。企业吸收合并后，债权人就被兼并企业原资产管理人（出资人）隐瞒或者遗漏的企业债务起诉兼并方的，如债权人在公告期内申报过该笔债权，兼并方在承担民事责任后，可再行向被兼并企业原资产管理人（出资人）追偿。如债权人在公告期内未申报过该笔债权，则兼并方不承担民事责任。人民法院可告知债权人另行起诉被兼并企业原资产管理人（出资人）。

## 三、企业公司制改造合同纠纷

**5. 企业改制与一般的资产出售有何区别？**

在单纯的资产转让中，出让方的主要义务是交付资产，受让方的主要义务是支付对价，一般不涉及职工安置问题。而企业改制则有多种不同的形式。根据最高人民法院《关于审理与企业改制相关的民事纠纷案件若干问题的规定》，企业改制的主要途径有：（1）公司制改造，具体包括：国有企业整体改造为国有独资公司、通过增资扩股或转让部分产权整体改造为有限责任公司、以部分财产和相应债务与他人组建新公司等；（2）股份合作制改造，具体包括：由企业职工买断企业产权整体改造为股份合作制企业、向职工增资扩股而整体改造为股份合作制企业、转出部分产权与职工共同组建新的股份合作制企业等；（3）企业分立；（4）企业债权转股权；（5）以协议转让方式出售企业；（6）企业兼并，包括吸收兼并和新设兼并。国有企业改制需要遵守国务院颁布的与改制有关的规定，并妥善处理好职工安置问题。如果双方签订的合同虽然名为资产转让，但对合同双方在新公司的资产收益权、经营管理权及民事责任的享有和承担等均作了明确规定，并且对职工安置问题也作了约定且编制职工安置方案交由职工代表大会讨论，则应当认定其为国有企业改制协议。

**6. 当事人为了达到产权转让的目的而贿赂有决定权的国家机关工作人员，所签订的国有资产转让合同是否有效？**

企业的国有资产属于国家所有，分别由国务院和地方人民政府分别代表国家履行出资人职责，享有所有者权益。如果当事人为了达到国有资产产权转让的目的而贿赂有决定权的国家机关工作人员，产权的转让不仅不能实现国有资产的保值增值，反而导致国有资产的变相流失，则应当根据《中华人民共和国合同法》第52条第2项中关于"恶意串通，损害国家、集体或者第三人利益"的规定，认定产权转让合同无效。

## 典型疑难案件参考

广东粤林林产化工有限公司等与藤县龙源国有资产营运有限公司企业改制合同纠纷上诉案（广西壮族自治区高级人民法院〔2008〕桂民四终字第4号）

### 基本案情

2003年3月，藤县人民政府提出在2003年对县水力系统进行改制实现减员增效，开始着手三个电站的招商引资工作，并将其列入了2004年度梧州市三百项目大会战招商项目。2003年12月26日藤县人民政府（甲方）与广东英德市粤林林产化工有限公司（乙方，以下简称英德粤林公司，代表为谭林）签订《协议书》，约定：（1）乙方同意按照甲方关于出让交口电站国有企业产权的要求参与竞买；（2）乙方在购买交口电站后，再投资3000万元以上建设一间不锈钢厂，建设期为一年，投产后一年内税收不少于500万元，并且安排就业人数不少于500人；（3）甲方同意乙方在应付购买交口电站中标款中暂缓支付1800万元，以后用乙方不锈钢厂上缴税款按规定时间逐年予以抵扣偿还；（4）甲方同意在乙方购买交口电站之日起6年（含建设期）内用不锈钢厂上缴的税款中县政府所得部分全部予以抵扣偿还。同时还约定，本协议在乙方成功竞买交口电站之日起自动生效，若乙方不能成功竞买交口电站，本协议自动失效。2004年3月18日双方又签订一份《补充协议书》，该协议约定：（1）原协议第一条款修改补充为：乙方同意按照甲方关于出让国有企业产权要求，同时参与竞买藤县交口电站、和平电站、三江电站共三个电站；（2）乙方在购买三个电站后，再投资5000万元以上分期建设一间年产5万吨的大型不锈钢企业；（3）以委托拍卖的三个电站的拍卖底价为基准，甲方同意乙方在中标后应付三个电站的中标款中超过拍卖底价的部分款项暂缓支付，即超过拍卖底价部分缓交款不低于1800万元，但最高不超过2500万元。以后在不锈钢厂上缴增值税、所得税中的县财政所得部分分5年（不含建设期一年）予以抵扣偿还。2004年9月9日，原告藤县龙源国有资产营运有限公司（以下简称藤县龙源公司）在藤县人民政府授权下，对藤县汇能电力有限公司（以下简称藤县汇能公司）三个电站资产总额中非公益性资产的70%进行公开对外转让，并于2004年9月12日委托广西玉林市宇信拍卖有限责任公司（以下简称宇信公司）进行公开拍卖。2004年11月27日，在梧州大酒店举行第二次拍卖会，确定拍卖底价6638万元（即生产性资产9483万元的70%），7个竞买人参加，经过96次举牌，最终由被告广东粤林林产化工有限公司（以下简称粤林公司）以8910万元人民币竞得，成交价格比起拍价高出了2272万元。《参拍须知》特别声明：成交日后至买受人付清全部拍卖价款及佣金前，拍卖标的权属由委托方继续享有；拍卖成交后，买受人须当场签署《拍卖成交确认书》及在拍卖笔录上签字，买受人凭《拍卖成交确认书》与委托人签订《转让合同》。同日，被告广东粤林公司与宇信公司签订《拍卖成交确认书》。该确认书主要内容：买受人广东粤林公司于2004年11月27日上午10时在广西梧州大酒店三楼会议厅参与宇信公司举行的拍卖会上以最高价人民币8910万元竞得拍品并签订成交确认书。（1）买受人竞得的拍品为藤县汇能公司属下的交口、三江、和平三电站的70%产权；（2）买受人必须在拍卖成交日后，合同执行之日起5个工作日内将成交价款30%即人民币2673万元支付到委托人指定账户，余款一年内付清；（3）买受人在付清首期成交款后，应凭本确认书与藤县汇能公司签订资产转让合同。2004年12月29日，原告藤县龙源公司（甲方）与被告广东粤林公司（乙方）签订《藤县汇能电力有限公司转让70%资产合同书》。该合同约定的主要内容有：（1）合同标的。从资产评估总额中扣除水利灌溉工程、非生产性设施及职工生活区、土地等暂不转让部分的资产共40958134.77元和评估报告书中所列债权5627626.74元后所得资产总额94829221.49元为转让资产总额。以转让资产总额的70%为合同标的。（2）付款方式。①乙方应支付甲方转让资产拍卖底价款的付款方式（暂按6638万元计）。合同开始执行之日起5个工作日内由乙方支付甲方1991.4万元（按6638万元的30%计算），合同开始执行之日起一个月内支付1327.6万元（6638万元的20%），剩余的转让资产拍卖底价款由乙方在合同开始执行之日起一年内全部付清；②乙方应支付甲方转让资产溢价款（超出拍卖底价款部分）2272万元的付款方式。乙方应支付甲方转让资产溢价款2272万元由乙方以其拥有的资产作为担保，甲方同意在乙方交清转让拍卖资产底价款6638万元后的3年内付清，每年由乙方支付给甲方7573333元，乙方支付给甲方的款项由乙方统一汇入甲方指定账户，并由双方委托银行监管。（3）合同生效与期限。本合同经双方签字盖章后生效，并于2005年4月1日开始执行。另合同对双方的权利义务等作了详细规定。2005年1月5日，原告藤县龙源公司（甲方）与被告广东粤林公司（乙方）、谭林（丙方）签订《关于"藤县汇能电力有限公司转让70%资产合同书"的补充合同》。约定：（1）甲方同意广东粤林公司和谭林共同购买"藤县汇能公司转让70%资产6638万元"，其中广东粤林公司占500万元，谭林占6138万元；（2）谭林同意甲、乙双方2004年12月29日签订的合同书条款，并愿意承担合同书的所有义务和权利。2005年5月1日，原告通知藤县汇能公司从即日起将三个电站经营权、收益权转移给两被告，并用广西华能电力有限公司名义经营三个电站。电站移交后，由于各种因素，三个电站出现经营混乱、职工集体罢工、上访等情况，被告无法经营下去。2006年10月原告已收回三个电站的经营权及收益权。

一审查明，2004年11月26日，被告缴了三个电站竞拍保证金100万元，2005年4月7日至22日被告先后分7次汇入三个电站购买价款共1600万元到原告藤县龙源公司账户，此后就没再付款。

▶ 一审裁判结果 ◀

梧州市中级人民法院依照《中华人民共和国合同法》第52条第1款第4项、第58条的规定，并经本院审判委员会2007年8月30日第二十八次会议讨论决定，判决：

一、确认原告藤县龙源国有资产营运有限公司与被告广东粤林林产化工有限公司于2004年12月29日签订的《藤县汇能电力有限公司转让70%资产合同书》（以下简称《转让合同》）及2005年1月5日原告藤县龙源国有资产营运有限公司与被告广东粤林林产化工有限公司、谭林签订的《关于"藤县汇能电力有限公司转让70%资产合同书"的补充合同》（以下简称《补充合同》）无效。

二、被告广东粤林林产化工有限公司、谭林应将藤县交口水电站、和平水电站和三江水电站的经营权和收益权返还给原告藤县龙源国有资产营运有限公司。

三、原告藤县龙源国有资产营运有限公司应返还被告已支付的电站购买款1700万元给被告广东粤林林产化工有限公司和被告谭林。

案件受理费495967元，其他诉讼费99193元，合计595160元，由原告负担357096元，被告负担238064元。

▶ 一审裁判理由 ◀

梧州市中级人民法院一审认为：

一、关于2004年12月29日《转让合同》及2005年1月5日《补充合同》是否有效的问题

2004年12月29日原告、被告签订的《藤县汇能电力有限公司转让70%资产合同书》，应依据2004年11月27日经过公开竞买成交而当场签署的《拍卖成交确认书》来签订，该《拍卖成交确认书》第3条明确规定"买受人在付清首期成交款后，应凭本确认书与藤县汇能公司签订资产转让合同书"。但是，该合同违反了有关规定，导致合同无效。首先，该《转让合同》损害了

藤县汇能公司的利益，因为三个电站是藤县汇能公司的下属企业，该公司是独立的企业法人单位，其资产处置理应由其进行，但藤县龙源公司替代了藤县汇能公司，剥夺其处置权，直接委托拍卖，并与买受人签订资产转让合同，侵害了藤县汇能公司的利益。其次，该合同违背了《拍卖成交确认书》的规定，并对该《拍卖成交确认书》的主要条款即在付款方式、付款时间和内容等方面作了重大的变更，违反了国务院国资委、财政部第3号令《企业国有产权转让管理暂行办法》第20条第2款的规定："转让价款原则上应当一次付清。如金额较大、一次付清确有困难的，可以采取分期付款的方式。采取分期付款方式的，受让方首期付款不得低于总价款的30%，并在合同生效之日起5个工作日内支付；其余款项应当提供合法的担保，并应当按同期银行贷款利率向转让方支付延期付款期间利息，付款期限不得超过1年。"然而该《转让合同》将拍卖成交的价款分为拍卖底价款和转让资产溢价款（减去拍卖底价款部分）两部分分别约定不同的付款方式。对拍卖底价款6638万元部分约定合同执行之日起5个工作日内由乙方支付甲方1991.4万元（拍卖底价6638万元的30%，而按照《企业国有产权转让管理暂行办法》的规定，应当是8910万元的30%应为2673万元），一个月内支付1327.6万元（拍卖底价6638万元的20%），剩余拍卖底价款在一年内全部付清。而溢价款2272万元部分则在付清6638万元后的3年内付清。如此约定大大降低了购买方的支付金额，同时也将总价款的付款期限变成了4年，远远超出了"付款期限不能超过一年"的规定。同时合同约定购买方要在价款付清前将其拥有的资产作为担保，但合同履行过程中购买方从未提供过可用于担保的财产提供担保，而且出让方在没有获得任何担保，资金没有按约定到位的情况下，过早地将电站的经营权和收益权交给购买方，无形之中造成了国有资产的重大流失，损害了社会公共利益。最后，在三个电站进行拍卖之前藤县人民政府就与被告签订了两份协议书，约定超过拍卖底价款的部分款项暂缓支付，以后在其所开办的不锈钢厂应上缴的增值税、所得税中的县财政所得部分分5年予以抵扣偿还，损害了国家利益；同时也说明双方在拍卖前存在有协议，使得被告广东粤林公司在拍卖过程中毫无顾虑地提高报价最终出价8910万元，比拍卖价高出2272万元竞买所得，违反了公平公开的原则，损害了其他参与竞买人的合法权益。综上所述，依据《中华人民共和国合同法》第52条的规定，该《转让合同》应确认为无效。

由于主合同无效，那么作为从合同的《补充合同》当然是无效，况且该《补充合同》在增加购买主体和变更股份方面也违反了国家有关法律法规的规定。

2. 关于被告应否返还三个电站的经营权和收益权给原告的问题

由于双方签订的《转让合同》因损害社会公共利益被确认无效，被告就应将三个电站的经营权和收益权交还原告。

3. 关于被告应否返还其经营期间的电费收入608.930037万元给原告的问题。

被告所收取的电费608.930037万元是在广西华能电力有限公司（以下简称华能公司）经营期间获得的，涉及该公司及其股东的权益，原告要求被告退还其所收取的电费的主张，应属另一法律关系，本案不宜合并审理。

综上所述，原、被告于2004年12月29日签订的资产转让合同，在付款时间、付款方式和内容等方面对《拍卖成交确认书》的主要条款作了重大的变更，违反了国务院《关于出售国有小型企业中若干问题意见的通知》和《企业国有产权转让管理暂行办法》的规定，损害了社会公共利益；特别是在拍卖之前签订的协议书约定将超过拍卖底价款的部分暂缓支付，并约定由被告在以后所办的不锈钢厂应上缴的增值税、所得税中的县财政所得部分分5年予以抵扣偿还，造成国有资产的流失；同时原告在没有获得任何财产担保，资金没有按约定到位的情况下，过早地将电站的经营权交给购买方，无形之中也给国有资产的流失造成重大风险，损害了社会公共利益。因此，该《转让合同》应认定为无效。至于2005年1月5日签订的《补充合同》，因主合同无效，作为从合同的《补充合同》当然无效，况且又增加购买人和变更股份，违反了国家有关法律的规定。造成合同无效，当事人双方均有过错，但主要的过错责任应在原告方。原告请求确认合同无效的主张，理由充分，本院予以支持；被告提出合同有效的抗辩理由，证据不够充分，本院不予支持。根据《中华人民共和国合同法》第58条规定的"合同无效双方返还"的处理原则，被告应将三个电站的经营权和收益权返还给原告；原告也应将被告购买电站的到位资金1700万元（含拍卖保证金100万元）返还给被告。至于损失方面的问题，因双方均未具体提出，况且损失计算很复杂，涉及多个主体，几个法律关系，本案不宜合并审理；原告提出被告应退回其在经营期间所收取的电费608.930037万元的问题，由于三个电站是以华能公司的名义经营，诉讼主体不一致，因此应另案处理。其要求被告返还电费的主张，本院也不予支持。第三人对本案原、被告讼争的《转让合同》及《补充合同》是否有效没有独立的请求权，应作为无独立请求权的第三人参加本案诉讼，其要求作为有独立请求权的第三人参加诉讼的主张，本院也不予支持。

### 二审诉辩情况

上诉人广东粤林公司、谭林不服一审判决上诉称：

1. 原判认定事实不清，证据不足。表现在：（1）认为《转让合同》违反国务院《关于出售国有小型企业中若干问题意见的通知》，实际是因为原判决错误地认定拍卖标的物是国有小型企业即三个电站。其实本案出售的标的物不是企业（电站），而是三个电站部分资产。（2）原判决错误地认定三个电站处置权属于汇能公司。藤县人民政府下达的文件，曾经将三个电站经营管理权划给汇能公司，但处置权一直都是归藤县人民政府的。县政府授权龙源公司行使三个电站处置权并没有剥夺汇能公司的处置权。（3）错误地认定转让合同损害社会公共利益。英德粤林公司和广东粤林公司是两个不同的法人，藤县人民政府与英德粤林公司签订的协议内容，在转让合同中并没有反映。拍卖是公开进行的，没有损害其他竞买人合法权益，也没有损害社会公共利益。（4）错误地认定转让合同损害国家利益，造成国有资产流失。溢价款的内容是双方自愿约定的，没有违反法律或行政法规的强制性规定；转让合同对广东粤林公司担保事宜也没有明确规定；原判认为资金没有到位，不切合实际，广东粤林公司已通过各种方式支付近3000万元；按照转让合同，藤县人民政府应先安置职工，政府没有安置职工，广东粤林公司享有先履行抗辩权。（5）一审查明2006年10月龙源公司已收回三个电站的经营权和收益权，却判令广东粤林公司将三个电站的经营权和收益权返还给龙源公司，前后矛盾。

2. 原判决适用法律错误。根据合同法司法解释的规定，确认合同无效，应当以全国人大及其常委会制定的法律和国务院制定的行政法规为依据，不得以地方性法规、行政规章为依据。一审适用的《关于出售国有小型企业中若干问题意见的通知》和《企业国有产权转让管理暂行办法》属于部门行政规章，不能作为认定合同无效的依据。且本案出售的是资产，也不应适用前述两个文件。原判以转让合同损害社会公共利益为由认定合同无效亦不当。

3. 原判决遗漏当事人，违反法定程序。只有藤县人民政府才享有三个电站处置权，其委托龙源公司处置三个电站，应作为被代理人参加诉讼，对代理人龙源公司的行为承担责任。原审判决认为拍卖违反公平公正的原则，还认为转让合同对《拍卖成交确认书》的主要条款作了重大的变更，那么还应追加宇信公司和藤县公证处作为第三人参加诉讼。请求撤销原判，发回重审或查明事实后改判，确认《转让合同》及《补充合同》有效。

被上诉人藤县龙源公司答辩称：1.《转让合同》及《补充合同》是上诉人通过行贿的手段与藤县时任书记秦国明、县长李军平恶意串通后签订的，三个电站的经营权、收益权也是通过行贿获得移交的。《转让合同》将总价款的付款期限变成了4年，大大减少了上诉人的支付金额，并且对未付款部分，没有按照规定要求上诉人提供合法的担保，也没有要求上诉人支付利息，显然损害了国家利益，造成国有资产流失，因此，两份合同均是无效的。

2. 三个电站产权转让行为违反国家对企业国有产权转让的程序规定，其转让行为无效。（1）本案三个电站以产权转让方式进行改制，事前没有经过内部决策程序，职工安置方案也没有经过职工讨论通过，违反《企业国有产权转让管理暂行办法》（以下简称《办法》）第11条的规定。（2）三个电站拍卖之前，以谭林为代表的英德粤林公司就与藤县人民政府签订两份协议书，约定由其购买三个电站的产权，超过拍卖底价款部分的款项暂缓支付，以后在其所办的不锈钢厂应上缴的增值税、所得税中县财政所收部分分5年予以抵扣偿还。双方暗箱操作，损害了其他竞买人的合法权益，也违反了前述《办法》第20条的规定。（3）本案中，改制未经债权人金融机构的同意，金融债务未落实，违反《关于规范国有企业改制工作意见》第1条第8款的规定。（4）本案在签订《转让合同》后，三方又签订《补充合同》增加谭林为电站购买人，调整了谭林和广东粤林公司产权比例。谭林根本不符合《拍卖须知》对竞买人的要求，却未按照规定程序重新报批，违反前述《办法》第31条规定。

3. 藤县人民政府下达藤政发〔2004〕55号文件，实际上是授权龙源公司代表其行使对三个电站资产的处置权，龙源公司对三个电站的转让行为实际上是政府行为，藤县龙源公司享有三个电站财产处置权，是本案适格当事人，藤县人民政府不应作为本案当事人。请求驳回上诉，维持原判。

一审第三人谭铸骅、香港精盈国际有限公司、苏健明述称：本案产权转让合同应认定有效，并表示同意上诉人上诉意见。

### 二审裁判结果

广西壮族自治区高级人民法院依照《中华人民共和国民事诉讼法》第153条第1款第1项的规定，并经本院审判委员会讨论决定，判决如下：

驳回上诉，维持原判。

二审案件受理费495967元，由上诉人广东粤林公司、谭林共同负担。

本案债务，义务人应在本判决送达之日起10日内履行完毕，逾期则应加倍支付迟延履行期间的债务利息。权利人可在本判决规定的履行期限的最后一日起两年内向一审人民法院申请执行。

本判决为终审判决。

### 二审裁判理由

广西壮族自治区高级人民法院经审理查明：一审判决认定事实基本清楚，

证据充分，本院予以确认。

广西壮族自治区高级人民法院另查明：

《转让合同》第5.1.5条规定甲方（藤县龙源公司）"负责广西藤县汇能电力有限公司原有职工的安置，并由甲方按照藤县人民政府关于国有企业改制若干规定编制职工安置方案，经职工代表大会讨论通过，报藤县人民政府批准后实施。如因职工安置不妥善，而给乙方造成损失的，由甲方造成的实际损失给予乙方赔偿"；第6.7条规定"甲方应该在2005年4月1日前完成职工安置工作。若不能按时完成，则从2005年4月1日由甲方负担除乙方所聘用人员外的闲置人员工资或由乙方代为发放，再从应付受让款中扣除此部分金额，并由甲方承担违约责任"。由汇能公司拟定的职工安置方案多次下发到职工当中进行讨论：2004年2月，《藤县和平、交口、三江三个电站产权制度改革和职工身份转换实施方案》下发到三个电站，提交了职工进行讨论；2005年5月修改完善的职工安置方案再次下发到电站职工当中；2005年11月20日，藤县汇能公司召开了职工大会，由于到会人数未达法定人数，职工安置方案无法进行表决；2005年12月20日，汇能公司再次召开职工大会对职工安置方案表决，但由于赞成票仅2票，职工安置方案未能通过。

《转让合同》第1.3条规定"2005年1月1日之后甲、乙双方可以以转让资产总额为注册资金成立新公司"；第1.4条规定"在成立新公司时，甲方所拥有转让资产总额的30%交由新公司经营管理，在2005年4月1日起新公司必须每年支付40万元给甲方作为固定回报"；第4.2.1条规定"乙方支付甲方款项达3319万元（含乙方在本合同执行之日起一个月内所清偿的债务数额）之后，新公司法人代表由乙方派员担任，甲方不参加管理"；第4.2.2条规定"乙方对新公司的资产享有与其投入资金所占比例相等所有权"；第5.2.3条规定乙方"以其对新公司投资的出资额为限负有限责任"；第7.5条规定"乙方在经营管理甲方拥有的30%产权时自负盈亏，同时所产生的债权债务与甲方无关"。2005年3月30日，华能公司注册成立，注册资本为人民币一亿元，股东藤县汇能公司、广东粤林公司、谭林以交口、和平、三江电站的发电机组各一套、交口电站发电厂房两座和三江电站5.6公里的发电引水渠道作价一亿元作为实物出资，出资的比例为藤县汇能公司30%，广东粤林公司5%，谭林65%。因华能公司未在规定期限内办理2005年度企业年检手续，且在规定的补办期限内仍未办理，藤县工商局于2006年12月1日作出藤工商企个处〔2006〕第77号行政处罚决定书吊销该公司营业执照。

藤县交口水电站1989年7月20日成立，注册资金1454.6万元；藤县和平水电站1989年7月20日成立，注册资金283万元；藤县三江水电站1989

年8月7日成立，注册资金588万元。本案《转让合同》签订、履行后，三个电站一直没有吊销也没有注销，从成立至今一直具备法人资格，其企业性质均为国有，主管部门是藤县水电局。汇能公司成立于2003年4月1日，交口、和平、三江电站为该公司股东，公司性质为有限责任公司，注册资本6929.32万元，2006年11月28日该公司吊销。

2003年4月11日，藤县人民政府下发《藤县人民政府关于成立藤县龙源国有资产营运有限公司的通知》（以下简称《藤政发〔2003〕19号》文），决定成立藤县龙源公司负责全县行政事业单位、国有企业的国有资产管理营运。2003年6月6日，藤县龙源公司经核准成立，公司性质为有限责任公司，注册资本1000万元，经营范围为经营管理县政府授权的国有资产。2003年10月15日，藤县人民政府下发《藤县人民政府关于把交口等电站资产划归县龙源国有资产营运有限公司管理的通知》（藤政发〔2003〕68号），决定将县交口、和平、三江电站所有资产划归藤县龙源公司管理。2004年9月10日，藤县人民政府下发《藤县人民政府关于将交口水电站等三个水电站划归藤县汇能电力有限公司统一经营管理的批复》（以下简称《藤政函〔2004〕70号》文），决定将本案三个水电站的人、财、物统一划归藤县汇能公司管理。2004年10月28日，藤县人民政府下发《藤县人民政府关于县汇能电力有限公司部分国有资产转让有关事项的通知》（藤政发〔2004〕55号），决定由藤县龙源公司委托有资质的交易中介机构在有关媒体上对《藤县汇能电力有限公司部分国有资产转让公告》进行公告。2008年1月25日，藤县人民政府出具《关于由龙源公司经营管理三个电站国有资产的说明》（以下简称《说明》），称其以藤政发〔2004〕55号文件授权龙源公司委托拍卖，并作为签订转让合同的主体，并再次明确授权龙源公司处置三个水电站资产，由该公司作为转让合同主体及诉讼当事人并承担相应的民事责任。同日，藤县国有资产管理办公室（以下简称藤县国资办）亦出具与前述《说明》内容相同的《证明》。

2004年11月28日，广东粤林公司与谭铸骅签订《关于共同收购、经营广西藤县交口、和平、三江三座电站合作协议书》，主要内容为：以广东粤林公司的名义竞买的交口、和平、三江三座电站成交后的所有权归双方共同所有；收购该三座电站按实际应到位资金各负责50%，并按到位资金比例持股、共担风险、共享利润。2005年2月23日，广东粤林公司与谭铸骅又签订《共同收购、经营藤县三座电站合同书》，主要内容为：双方共同出资（各50%）收购、经营藤县三座电站。在2004年11月27日拍卖会上以广东粤林公司的名义获得藤县汇能公司转让资产70%的买受权，双方已支出前期调研费、保证金共160万元，其中广东粤林公司35万元，谭铸骅125万元。并以藤县汇能公司转让资产总额为注册资金成立华能公司……为了简化手续，收购、转让和预注册公司等都是以广东粤林公司和谭林名义，没有出现谭铸骅，而实际上是广东粤林公司和谭铸骅双方共同出资收购三座电站资产，双方共同所有、共同经营、共担风险、共享收益；双方各负责收购三座电站实际出资的50%，并拥有相同比例的所有权；以广东粤林公司和谭林名义注册的占有70%股份的华能公司，实际上是双方各占有该公司35%的股份。2005年3月18日，广东粤林公司、谭铸骅、香港精盈国际有限公司、苏健明签订《共同收购、经营藤县交口、和平、三江水电站合同书》，主要内容为：在2004年11月27日拍卖会上四方委托并以广东粤林公司的名义获得藤县汇能公司转让资产70%的买受权，四方已支出前期资金2200万元，其中广东粤林公司600万元，谭铸骅600万元，香港精盈国际有限公司800万元，苏健明200万元……为了简化手续，收购、转让和预注册公司等都是以广东粤林公司和谭林名义，没有出现谭铸骅、香港精盈国际有限公司、苏健明，而实际上是四方共同出资收购三座电站资产，共同所有、共同经营、共担风险、共享收益；四方共同负责收购该三座电站实际出资，四方占有华能公司70%股份的比例为：广东粤林公司31%，谭铸骅31%，香港精盈国际有限公司26%，苏健明12%；为充分享受国家优惠政策，四方商定成立中外合资企业"梧州市亿能水电投资有限公司"，将华能公司70%股份转让给该公司。四方实际拥有该公司的股份比例仍为广东粤林公司31%，谭铸骅31%，香港精盈国际有限公司26%，苏健明12%。

2006年4月5日藤县龙源公司代华能公司垫付了2005年7月1日至2006年3月31日养老保险金、2005年5月至2006年3月失业保险金、2005年和2006年大病救助保险金、2005年11月至2006年3月基本医疗保险金、2005年5月至2006年3月工伤、生育保险金。2006年6月23日，藤县龙源公司代华能公司垫付了2006年6月30日前欠交的基本险和工伤生育险保险金、2005年5月至2006年6月失业保险金、养老保险金。

广东粤林公司、谭林提交2005年6月21日金额为110万元以及2005年6月30日金额为60万元和100万元的农行藤县支行收贷凭证共三张共270万元，凭证上记载的付款人为藤县交口水电站，但备注栏注明"粤林公司、谭林代汇能公司还交口电站借款"。而藤县龙源公司提交的2005年6月21日金额为110万元和2005年6月30日金额为160万元的农行藤县支行联行来账凭证记载的付款人均为华能公司。

本院〔2007〕桂刑终字第21号刑事判决书对秦国明收受谭林贿赂款90万元人民币的事实认定如下：2004年9月，藤县人民政府欲将藤县交口、和平、三江等三个国有水电站70%的产权进行拍卖转让，广东粤林公司于2004年11月通过拍卖取得了三个水电站70%产权。为了能及时签订资产转让合同以及解决水电站产权的转移、债权债务、职工安置等问题，该公司董事长谭林多次找到时任藤县县委书记的秦国明，要求秦国明出面协调。为了得到秦国明的帮忙和关照，谭林分别在2004年至2006年五次送给秦国明共90万元人民币。其中：（1）2004年12月2日，谭林在广州市天河区黄埔华苑酒家送给秦国明10万元人民币；（2）2004年12月28日，谭林在藤县人民政府大院秦国明宿舍送给秦国明30万元人民币；（3）2005年4月4日，谭林在藤县县委秦国明办公室送给秦国明30万元人民币；（4）2005年中秋节前，谭林在岑溪市送给秦国明10万元人民币；（5）2006年春节前，谭林在岑溪市送给秦国明10万元人民币。

梧州市纪律检查委员会以梧纪〔2007〕5号《关于给予李军平开除党籍的处分决定》开除李军平党籍，并认定：2004年11月至2005年3月时任藤县县委副书记、县长李军平在广东粤林林产化工有限公司中标藤县三个水电站70%的股份后，该公司总经理考虑为了尽快签订正式合同和日后在藤县投资企业过程中得到李军平的关照和帮助，先后三次送给李军平人民币共25万元。

综合诉辩各方的意见，本案的争议焦点为：被上诉人藤县龙源公司是否是本案适格原告；转让三个电站资产是不是一般的资产出售，是否属于企业改制；《转让合同》和《补充合同》是否有效。

本院认为：

1. 关于被上诉人藤县龙源公司是否是本案适格原告的问题

根据《藤政发〔2003〕19号》文，藤县龙源公司有权管理营运全县行政事业单位、国有企业的国有资产。虽然藤县人民政府于2004年9月10日下发《藤政函〔2004〕70号》文将本案三个电站的人、财、物统一划归藤县汇能公司管理，但三个电站属国有资产，藤县人民政府仍代表国家对该资产行使出资人的监督管理职责，有权监管三个电站资产的处置。藤县人民政府出具《说明》以及藤县国资办出具的《证明》，表明藤县人民政府和藤县国资办将三个电站资产处置权划归藤县龙源公司，同意该公司作为诉讼当事人并承担相应的民事责任，并且藤县龙源公司是以自己名义签订《转让合同》和《补充合同》的。因此，藤县龙源公司是本案适格原告。藤县人民政府的授权是将三个电站资产处置权划归藤县龙源公司，而不是委托藤县龙源公司作为其代理人行使处置权，且藤县龙源公司以自己的名义与上诉人广东粤林公司、谭林签订并履行《转让合同》和《补充合同》，故上诉人广东粤林公司、谭林关于藤县龙源公司不是本案适格原告，藤县人民政府才是本案适格原告，应当追加藤县人民政府参加诉讼的上诉主张缺乏事实和法律依据，本院不予支持。

2. 关于转让三个电站资产是不是一般的资产出售，是否属于企业改制的问题

本案转让的是三个电站的部分资产，《转让合同》规定双方以转让的资产总额成立新公司，第1.3条、第1.4条、第4.2.1条、第4.2.2条、第5.2.3条、第7.5条对合同双方对新公司资产所有权的享有，双方如何行使新公司经营管理权及承担新公司民事责任等内容作了规定。在实际履行中，广东粤林公司、谭林以受让的资产与藤县汇能公司共同组建了华能公司。无论从合同关于以转让的资产总额成立新公司的内容还是从华能公司成立的情况分析，本案的资产转让均符合最高人民法院《关于审理与企业改制相关的民事纠纷案件若干问题的规定》第7条所规定的企业公司制改造这一企业改制类型中以企业部分改造为公司的形式进行的改制。另外，《转让合同》对职工安置问题亦作出约定，第5.1.5条、第6.7条规定藤县龙源公司于2005年4月1日前负责安置原有职工，按县政府国企改制的规定编制职工安置方案，经职工代表大会讨论通过后报批实施。而单纯的资产转让出让方的主要义务是交付资产，受让方的主要义务是支付对价。只有与国企改制有关的规定如《关于规范国有企业改制工作的意见》等才对职工安置问题专门作出规定。如果本案仅是与国企改制无关的资产转让，不涉及职工安置问题，《转让合同》没有必要在诸多条款中规定职工安置事宜。综上，本案三个电站资产转让并非一般的资产出售，而属于以企业部分改造为公司形式对三个电站进行的国企改制。上诉人广东粤林公司、谭林认为本案仅仅是出售资产，而不是企业改制，不应适用企业改制的有关规定，与事实不符。

3. 关于《转让合同》和《补充合同》是否有效的问题

虽然本案《转让合同》的当事人是广东粤林公司和藤县龙源公司，秦国明、李军平不是《转让合同》的当事人，但三个电站属藤县的国有资产，根据《企业国有资产监督管理暂行条例》第4条"企业国有资产属国家所有。国家实行由国务院和地方人民政府分别代表国家履行出资人职责，享有所有者权益"的规定，藤县人民政府代表国家行使对本案三个电站的出资人职责，享有所有者权益。在本案三个电站资产转让的过程中，秦国明、李军平利用其作为时任县委书记、县长的特殊职务和影响力，幕后操控三个电站的产权转让，其意见直接影响并最终决定《转让合同》的内容。秦国明、李军平才是三个电站的实际控制人。虽然《转让合同》名义上以藤县龙源公司作为转让方，但事实上藤县龙源公司根本无法独立自主地作出意思表示。因此，谭林才会动用巨资行贿秦国明、李军平。

根据《关于规范国有企业改制工作的意见》第1条第7项规定,"转让国有产权的价款原则上应当一次结清。一次结清确有困难的,经转让和受让双方协商,并经依照有关规定批准国有企业改制和转让国有产权的单位批准,可采取分期付款的方式。分期付款时,首期付款不得低于总价款的30%,其余价款应当由受让方提供合法担保,并在首期付款之日起一年内支付完毕。"《企业国有产权转让管理暂行办法》第20条规定:"企业国有产权转让的全部价款,受让方应当按照产权转让合同的约定支付。转让价款原则上应当一次付清。如果金额较大、一次付清确有困难的,可以采取分期付款的方式。采取分期付款方式的,受让方首期付款不得低于总价款的30%,并在合同生效之日起5个工作日内支付;其余款项应当提供合法的担保,并应当按同期银行贷款利率向转让方支付延期付款期间利息,付款期限不得超过1年。"根据本案事实,《转让合同》将转让款分为底价款和溢价款并对两部分款项规定了不同的付款期限,合同仅按底价款而不是按转让款的总额计算首期付款金额,约定的首期付款金额1991.4万元大大低于按照前述规定应付的首期付款2673万元(总价款8910万元的30%);根据前引规定上诉人广东粤林公司应当为首期付款金额以外暂未支付的价款提供合法担保,但《转让合同》仅要求其为溢价款提供担保,且没有要求广东粤林公司支付延期付款期间利息;《转让合同》关于除第一、第二期底价款之外的剩余底价款可在合同执行之日起1年内付清,以及溢价款可在底价款付清3年内付清的规定,实际将付款期限延长为4年。因此,《转让合同》关于首期付款金额、暂未支付的余款的担保、转让款支付期限的内容均违反《关于规范国有企业改制工作的意见》和《企业国有产权转让管理暂行办法》的前述规定,降低了对广东粤林公司的付款要求,减少了其首付金额,免除了延期付款期间的利息,大大延长了国企产权转让款回收的期限,其后果是无法实现国有资产保值,造成国有资产变相流失,损害了国家利益。而该《转让合同》正是作为广东粤林公司法定代表人的谭林通过行贿三个电站的实际控制人秦国明、李军平,双方恶意串通而形成的。所以,根据《合同法》第52条第2项关于恶意串通,损害国家利益的合同无效的规定,本案《转让合同》应认定无效。

《补充合同》增加谭林为共同受让人,但当事人的其他权利义务仍按《转让合同》执行,基于前述原因,该合同亦应确认无效。

综上所述,《转让合同》、《补充合同》均为无效合同。根据《中华人民共和国合同法》第58条关于合同无效后,因该合同取得的财产应当予以返还的规定,双方应相互返还财产。藤县龙源公司应将1700万元转让款返还给广东粤林公司、谭林;三个电站经营权、收益权亦应返还给藤县龙源公司。虽然藤县龙源公司已于一审起诉前收回了三个电站经营权、收益权，但一审法院仍作出广东粤林公司、谭林返还该权利的实体判决，实际上是鉴于合同无效后，对藤县龙源公司收回三个电站经营权、收益权这一行为的合法性予以确认，该项判决内容并无不当。对于合同无效，双方都有过错，且双方均没有举证证明己方的损失并要求对方予以赔偿，故本案对合同无效的损失问题不予认定和判决。至于藤县龙源公司主张退回广东粤林公司、谭林经营电站期间的电费损失，因该电费是广东粤林公司、谭林经营三个电站期间以华能公司名义收取的，华能公司并不是本案当事人，且该电费的返还问题属于另一个法律关系，一审法院认为该损失应另案处理是恰当的。一审第三人谭铸骅、香港精盈国际有限公司、苏健明与广东粤林公司之间属内部合作关系，与藤县龙源公司之间不存在直接的法律关系，故一审第三人在本案中不享有权利，也不承担义务。关于广东粤林公司、谭林上诉称已付转让款3000多万元，但除本案已认定的1700万元外，广东粤林公司、谭林没有提交证据证实其支付了其余转让款。广东粤林公司、谭林提交有关部门对洪灾损失的鉴定材料只能证明洪灾造成电站损失的情况，但其没有提交证据证明其为修复因灾受损的机器设备投入了资金。况且，即使广东粤林公司、谭林投入了资金，藤县龙源公司也未认可其投入的款项可扣减转让款。另外，在双方提交的银行单据记载的付款人不一致的情况下，尚不能认定270万元系广东粤林公司、谭林自行归还的还是其以华能公司经营三个电站期间用收取的电费归还的，故广东粤林公司、谭林称其已还的该270万元应抵扣转让款，缺乏事实和法律依据。广东粤林公司、谭林没有证据证明农行藤县支行同意三个电站资产转让，其主张农行藤县支行接受其还款应视为金融债权人已同意将三个电站资产向其转让，如前所述，其理由不成立。广东粤林公司、谭林称应追加拍卖人和拍卖的公证人参加本案诉讼，于法无据，本院亦不予支持。关于藤县龙源公司以《转让合同》签订前藤县人民政府与广东英德粤林公司就电站转让签订两份私下协议为由主张《转让合同》存在恶意串通的问题，经查，虽然英德粤林公司与广东粤林公司当时的法定代表人和股东均是谭林，但两公司是两个各自独立的法人，且该两份协议的内容也没有体现在《转让合同》和《补充合同》中，故藤县龙源公司据此主张《转让合同》存在恶意串通，本院不予支持。一审判决适用法律正确，实体处理得当，但对部分事实的认定有遗漏，本院予以补正。

# 企业公司制改造合同纠纷办案依据集成

**1. 中华人民共和国全民所有制工业企业法**（2009年8月27日修正）（节录）

第二条 全民所有制工业企业（以下简称企业）是依法自主经营、自负盈亏、独立核算的社会主义商品生产的经营单位。

企业的财产属于全民所有，国家依照所有权和经营权分离的原则授予企业经营管理。企业对国家授予其经营管理的财产享有占有、使用和依法处分的权利。

企业依法取得法人资格，以国家授予其经营管理的财产承担民事责任。

第十八条 企业合并或者分立，依照法律、行政法规的规定，由政府或者政府主管部门批准。

**2. 全民所有制工业企业转换经营机制条例**（2011年1月8日修正）（节录）

第二条 企业转换经营机制的目标是：使企业适应市场的要求，成为依法自主经营、自负盈亏、自我发展、自我约束的商品生产和经营单位，成为独立享有民事权利和承担民事义务的企业法人。

第十四条 企业享有留用资金支配权。

企业在保证实现企业财产保值、增殖的前提下，有权自主确定税后留用利润中各项基金的比例和用途，报政府有关部门备案。

企业可以将生产发展基金用于购置固定资产、进行技术改造、开发新产品或者补充流动资金，也可以将折旧费、大修理费和其他生产性资金合并用于技术改造或者生产性投资。

企业有权拒绝任何部门和单位无偿调拨企业留用资金或者强令企业以折旧费、大修理费补交上交利润。国务院有特殊规定的，从其规定。

**3. 最高人民法院关于审理与企业改制相关的民事纠纷案件若干问题的规定**（2003年1月3日 法释〔2003〕1号）（节录）

第四条 国有企业依公司法整体改造为国有独资有限责任公司的，原企业的债务，由改造后的有限责任公司承担。

第五条 企业通过增资扩股或者转让部分产权，实现他人对企业的参股，将企业整体改造为有限责任公司或者股份有限公司的，原企业债务由改造后的新设公司承担。

第六条 企业以其部分财产和相应债务与他人组建新公司，对所转移的债务债权人认可的，由新组建的公司承担民事责任；对所转移的债务未通知债权人或者虽通知债权人，而债权人不予认可的，由原企业承担民事责任。原企业无力偿还债务，债权人就此向新设公司主张债权的，新设公司在所接收的财产范围内与原企业承担连带民事责任。

第七条 企业以其优质财产与他人组建新公司，而将债务留在原企业，债权人以新设公司和原企业作为共同被告提起诉讼主张债权的，新设公司应当在所接收的财产范围内与原企业共同承担连带责任。

## 四、企业股份合作制改造合同纠纷

**7. 企业进行股份合作制改造后，职工由于辞职、退休等原因离开公司的，是否可以要求公司退还认缴的股款？**

企业进行股份合作制改造时，可以在公司章程中约定职工离开公司时收回其股份的办法。对此，国家体改委《关于发展城市股份合作制企业的指导意见》规定，股份合作制企业"不吸收本企业以外的个人入股。职工离开企业时其股份不能带走，必须在企业内部转让，其他职工有优先受让权"。公司章程规定用公司自有资金收购这些股份的，可视为公司自愿处分其权利，此时离职的职工可以要求公司按照公司章程的规定收回其股份。

### 典型疑难案件参考

李井旺诉北京市房山区房山汽车修理厂企业股份合作制改造合同纠纷案（北京市房山区人民法院〔2009〕房民初字第6557号）

#### 基本案情

原告李井旺原系被告北京市房山汽车修理厂职工。原告于2000年9月21日向被告缴纳股金3000元。2001年11月14日，被告进行股份合作制改造，并与包括原告在内的多名职工签订公司章程，内容为：被告为股份合作制企业；原告为被告的股东；股东以其出资额对企业债务承担有限责任……职工个人股遇到股东调出、辞退、除名、退休、亡故等情况，可由企业暂用公积金收购这些股份；该章程同时还约定了双方的其他权利义务。后原告于2005年办理失业手续。被告至今未向原告收购上述股份。

#### 诉辩情况

原告李井旺诉称：原告原系被告职工。2000年，被告进行股份合作制改造，让职工以现金入股。原告当时入股3000元，被告向原告开具了收据。原告于2005年办理了失业手续，但是被告并未将股金退还。被告退还了部分职工的股金，但并未退还原告的股金。故诉至法院，请求判令被告退还股金3000元，诉讼费由被告承担。

被告汽车修理厂未到庭应诉,亦未提交答辩状。

### 裁判结果

北京市房山区人民法院依照《中华人民共和国民法通则》第6条、国家体改委《关于发展城市股份合作制企业的指导意见》第5条、《中华人民共和国民事诉讼法》第130条之规定,判决如下:

被告北京市房山区汽车修理厂于本判决生效后10日内给付原告李井旺股金3000元。

如果未按判决指定的期间履行给付金钱义务,应当依照《中华人民共和国民事诉讼法》第229条之规定,加倍支付迟延履行期间的债务利息。

案件受理费25元,由被告北京市房山区汽车修理厂负担(于本判决生效后7日内缴纳)。

### 裁判理由

北京市房山区人民法院认为:原告与被告签订的公司章程系双方当事人真实意思表示,内容不违反法律规定,应为合法有效。在原告办理失业手续后,依据公司章程的规定,被告应收购原告持有的股份。同时被告出具的证明,可视为被告同意收购原告持有的股份,该行为系被告自愿处分其权利,本院对此不持异议。原告要求被告退还股金的诉讼请求,理由正当,本院予以支持。被告经本院合法传唤,无正当理由未到庭参加诉讼,应视为其放弃答辩和对证据进行质证的权利,本院依法缺席判决。

# 企业股份合作制改造合同纠纷办案依据集成

**1. 中华人民共和国公司法**（2005年10月27日修订）（节录）

**第一百三十八条** 股东持有的股份可以依法转让。

**第一百三十九条** 股东转让其股份，应当在依法设立的证券交易场所进行或者按照国务院规定的其他方式进行。

**第一百四十条第一款** 记名股票，由股东以背书方式或者法律、行政法规规定的其他方式转让；转让后由公司将受让人的姓名或者名称及住所记载于股东名册。

**2. 轻工集体企业股份合作制试行办法**（1993年3月1日轻工业部、全国手工合作社总社发布）（节录）

**第二条** 股份合作制是按照合作制原则，吸收股份制形式，兼有劳动联合和资金联合的一种企业经营组织形式。

**第三条** 股份合作制企业（以下简称企业）是劳动群众自愿组合，自筹资金，并以股份形式投入，财产属于举办该企业的劳动群众集体所有与按股所有相结合，实行集体占有，共同劳动，民主管理，按劳分配，按股分红的社会主义集体所有制经济组织。

**第四条** 本办法适用于改组为股份合作制的轻工集体企业和新组合的股份合作制企业。

**第八条** 企业可以采取改组或组合的方式设立。

（一）改组：轻工集体企业经过资产评估，确认产权，划分股份，设置股权，职工入股成为股份合作制企业。

（二）组合：劳动群众自愿组合，以资金、或以实物、技术等作为股金入股，成为股份合作制企业。

企业可以根据发展需要，确定职工出资额和吸收外来投资。

**第三十一条** 企业股金分红，按股权设置的名目比例进行分配：

（一）国家股所得的股红，按国家有关规定处理。

（二）职工集体股所得的股红，转增职工集体股若企业将职工历年劳动积累部分划股到职工的，股红可按所划股比例和份额分配给职工，不计入工资、奖金总额。

（三）联社股所得的股红，按联社规定上交联社或转增联社股。

（四）法人股所得的股红由法人收取或转增法人股。

（五）个人股所得的股红由投股人收取，或转增个人股。

**3. 农民股份合作企业暂行规定**（1997年12月25日农业部令第39号修订）（节录）

**第二条** 本暂行规定所称农民股份合作企业是指，由三户以上劳动农民，按照协议，以资金、实物、技术、劳力等作为股份，自愿组织起来从事生产经营活动，接受国家计划指导，实行民主管理，以按劳分配为主，

又有一定比例的股金分红，有公共积累，能独立承担民事责任，经依法批准建立的经

济组织。

**4. 国家体改委关于发展城市股份合作制企业的指导意见**（1997年8月6日）（节录）

四、股份合作制企业是独立法人，以企业全部资产承担民事责任，主要由本企业职工个人出资，出资人以出资额为限对企业的债务承担责任。

五、职工投资入股。在自愿的基础上，鼓励企业职工人人投资入股，也允许少数职工暂时不入股。未投资入股的职工可以在企业增资扩股时投资入股。职工之间的持股数可以有差距，但不宜过分悬殊。不吸收本企业以外的个人入股。职工离开企业时其股份不能带走，必须在企业内部转让，其他职工有优先受让权。

六、职工个人股和职工集体股应在总股本中占大多数。企业应当设置职工个人股，还可根据情况设置职工集体股、国家股、法人股。职工个人股是职工以自己合法财产向本企业投资所形成的股份。职工集体股是本企业职工以共有的财产折股或向本企业投资所形成的股份。国家股、法人股是国家、法人单位已经投入的资产折股或新增投资入股所形成的股份。股东不能退股。企业是否设置国家股、法人股和职工集体股，国家股、法人股的出资人如何保障投资收益，由企业出资人协商议定。

**5. 最高人民法院关于审理与企业改制相关的民事纠纷案件若干问题的规定**（2003年1月3日　法释〔2003〕1号）（节录）

第八条　由企业职工买断企业产权，将原企业改造为股份合作制的，原企业的债务，由改造后的股份合作制企业承担。

第九条　企业向其职工转让部分产权，由企业与职工共同组建股份合作制企业的，原企业的债务由改造后的股份合作制企业承担。

第十条　企业通过其职工投资增资扩股，将原企业改造为股份合作制企业的，原企业的债务由改造后的股份合作制企业承担。

第十一条　企业在进行股份合作制改造时，参照公司法的有关规定，公告通知了债权人。企业股份合作制改造后，债权人就原企业资产管理人（出资人）隐瞒或者遗漏的债务起诉股份合作制企业的，如债权人在公告期内申报过该债权，股份合作制企业在承担民事责任后，可再向原企业资产管理人（出资人）追偿。如债权人在公告期内未申报过该债权，则股份合作制企业不承担民事责任，人民法院可告知债权人另行起诉原企业资产管理人（出资人）。

## 五、企业债权转股权合同纠纷

**8. 如何确定国家中央级"拨改贷"、"基本建设经营性基金"等债务转为国家对企业的出资及行使出资人职能的主体？**

中央级"拨改贷"、"特种拨改贷"及"基本建设经营性基金"转为国家对企业的出资，系分别根据原国家计委和财政部相关实施办法，通过用款单位申请、原国家计委和财政部批复的方式进行的，并未体现代行国家资本金出资人职能的单位和被出资单位的意志，不同于普通债权人和债务人之间发生的债权转出资，其性质属于政策性债权转出资。故上述债务能否转为国家出资、由谁代行国家资本金出资人职能、转为对谁的出资等问题，均属于国家有关行政主管机关行使行政职权的内容，不属于人民法院受理民事诉讼的范围。当事人之间因上述问题发生纠纷，应当通过有关行政主管机关协调解决；对有关行政主管机关协调解决的具体行政行为存在异议的，可以根据行政法的有关规定寻求救济。

### 典型疑难案件参考

耀县水泥厂与中国建材集团公司、陕西省建材总公司债权转出资纠纷案（《最高人民法院公报》2006年第10期，总第120期）

#### 基本案情

1985年至1998年耀县水泥厂为其扩建五号窑工程先后使用国家中央级"拨改贷"资金825万元、"特种拨改贷"资金2500万元、"基本建设经营性基金"1400万元，该三项资金，耀县水泥厂未予偿还。

1996年10月，国家发展计划委员会（以下简称国家计委）、财政部制定并下发了《关于中央级"拨改贷"资金本息余额转为国家资本金的实施办法》，耀县水泥厂据此于1997年1月21日以陕耀泥政发〔1997〕006号《耀县水泥厂关于将中央级"拨改贷"资金本息余额转为国家资本金的请示》，向国家建筑材料工业局（以下简称国家建材局）财务与国有资产监督司申请将其使用的中央级"拨改贷"资金825万元及"特种拨改贷"资金2500万元本息转为国家资本金。国家计委、财政部于当年以计投资〔1997〕2586号文件，将国家建材局中央级"拨改贷"资金本息余额转为国家资本金，暂由国家建材局作为出资人。关于"特种拨改贷"资金转为国家资本金的申请，因当时尚无政策依据，而未得到批复。1999年10月7日，国家计委、财政部根据中央有关企业脱钩工作的精神以及中国建材集团公司（以下简称集团公司）《关于将部分国家建材局中央级"拨改贷"资金本息余额转为国家资本金授权集团公司经营管理的申请》和国家建材局《关于申请授权集团公司经营管理部分中央级"拨改贷"资金本息余额转为国家资本金的函》，以计投资〔1999〕1999号文件批复同意集团公司作为部分建材企业中央级"拨改贷"资金（含耀县水泥厂825万元"拨改贷"资金及利息2322300.83元）转国家资本金的出资人。

1998年5月，国家计委、财政部制定并下发了《关于中央级基本建设经营性基金本息余额转为国家资本金的实施办法》。2000年4月21日，国家计委、财政部以计投资〔2000〕444号文件批复同意将25个企业使用的中央级基本建设经营性基金委托贷款转为集团公司的国家资本金，由该公司代行出资人的职能，其中包括耀县水泥厂所欠本金1400万元，利息2817427.34元。

1999年12月，财政部制定并下发了《关于中央级"特种拨改贷"资金本息余额转为国家资本金的实施办法》。2000年1月14日，陕西省秦达水泥厂（以下简称秦达水泥厂）以陕秦水政发〔2000〕001号《秦达水泥厂关于将中央级"特种拨改贷"资金本息余额转为国家资本金的请示》，向国家建材局企事业改革司申请将其前身耀县水泥厂五号窑扩建处（以下简称五号窑扩建处）所贷中央级"特种拨改贷"资金2500万元本息转为国家资本金。同年4月3日财政部以财基字〔2000〕64号函，批复国家建材局、集团公司，同意将原国家建材局所属18家企业的"特种拨改贷"资金本息转为集团公司的国家资本金，由该公司代行出资人职能。该函附件集团公司中央级"特种拨改贷"资金本息余额情况表中注明"秦达水泥厂（耀县水泥厂）本金2500万元，利息8265631.70元"。

另查明：本案所涉三项资金的借款，均用于耀县水泥厂扩建工程——五号窑工程。五号窑工程于1993年年底竣工，并在此基础上成立了五号窑分厂（非企业法人，以下简称五号窑分厂）。1998年6月1日，陕西省建材总公司（以下简称建材总公司）以陕建材总资发〔1998〕116号《关于秦达水泥厂国有资产产权界定及核实国家资本金的请示》向陕西省国有资产管理局（以下简称陕西省国资局）申请对投入到分立五号窑分厂而成立的秦达水泥厂的国有资产进行产权界定并核实国家资本金。陕西省国资局批复同意五号窑分厂实行分立，成立秦达水泥厂。2003年3月20日，秦达水泥厂向其上级建材总公司提交了秦达政发〔2003〕002号《关于"拨改贷"、"特种拨改贷"、"经营性基金"转增国家资本金的报告》，称：该厂相继转增国家资本金6066万元（即本案所涉三项资金），出资人为集团公司。建材总公司据此向陕西省财政厅申请将耀县水泥厂建设五号窑生产线时使用的中央级"拨改贷"、中央级"特种拨改贷"、中央级"基本建设经营性基金"共计60651359.24元，其中本金47250000元，利息13401359.24元转为秦达水泥厂的国家资本金，由集团公司代行出资人职能。陕西省财政厅以陕财办企〔2003〕86号《关于秦达水泥厂中央级"拨改贷"、"特种拨改贷"、"经营性基金"转为国家资本金的通知》批准了建材总公司的申请。

2004年4月21日，集团公司以耀县水泥厂和建材总公司未按照国家计委和财政部计投资〔1999〕1999号、计投字〔2000〕444号和财基字〔2000〕64号有关同意集团公司作为本案所涉三笔款项转为国家资本金的出资人的批复办理相应的变更登记手续为由，诉至陕西省高级人民法院，请求判决确认集团公司为耀县水泥厂的出资人，出资额为60651359.24元；由耀县水泥厂和建材总公司办理有关登记手续；并由耀县水泥厂和建材总公司承担案件受理费。

### 一审裁判结果

陕西省高级人民法院依据《中华人民共和国民法通则》第84条、第106第1款，最高人民法院《关于审理与企业改制相关的民事纠纷案件若干问题的规定》第14条第2款之规定，判决：

一、确认集团公司为耀县水泥厂的出资人，出资额为60651359.24元；

二、耀县水泥厂与建材总公司应于该判决生效后30日内办理集团公司为耀县水泥厂出资人的登记手续。

案件受理费313266元，由耀县水泥厂与建材总公司各半负担。

### 一审裁判理由

陕西省高级人民法院经审理认为：本案当事人争议的焦点为集团公司是否应为耀县水泥厂出资人的问题，其关键在于耀县水泥厂是否为本案所涉三项资金借款的债务人问题。耀县水泥厂与建材总公司虽然抗辩认为，三项资金的借款人为秦达水泥厂的前身五号窑扩建处，而非耀县水泥厂，且所借三项资金亦用于建设五号窑分厂，五号窑扩建处、五号窑分厂与耀县水泥厂各自独立，故三项资金借款的债务人应为秦达水泥厂。但是集团公司提供的国家计委、财政部关于将三项资金转为国家资本金，由集团公司代行出资人职能的文件附件则显示，本案所涉三项资金的债务人均为耀县水泥厂。由于本案中以五号窑扩建处名义所借三项资金均用于耀县水泥厂的扩建工程——五号窑工程，而五号窑扩建处与五号窑分厂并未进行工商登记，依法不享有独立的民事主体资格，二者仅为耀县水泥厂的内设机构。显而易见，三项资金系耀县水泥厂借用。不仅如此，耀县水泥厂申请将本案所涉三项资金转为国家资本金的行为亦表明耀县水泥厂已明确认可了其债务人的地位，故耀县水泥厂应为本案所涉三项资金的债务人。两被告辩称耀县水泥厂不是三项资金借款的债务人的理由，不能成立。

至于陕西省财政厅行文确认集团公司为秦达水泥厂出资人一节，由于本案所涉三项资金为中央级资金，属中央财政债权，地方政府无权处置，且国家计委、财政部对此三项资金转化为国家资本金，已下发文件，代表国家将对耀县水泥厂的出资授权予集团公司代行出资人职能，故被告提供的陕西省财政厅的有关确认文件，不能作为确认集团公司是何企业出资人的依据。

综上，集团公司依据国家计委、财政部有关文件请求确认其为耀县水泥厂出资人的理由，事实依据充分，亦符合国家政策和法律，该院予以采信。集团公司主张的60651359.24元出资额，对方当事人并无异议，该院亦予以确认。建材总公司作为耀县水泥厂的上级主管单位，理应与耀县水泥厂一同在合理期限内为集团公司办理耀县水泥厂出资人的登记手续。

### 二审诉辩情况

耀县水泥厂不服陕西省高级人民法院的上述民事判决，向最高人民法院提起上诉称：本案涉诉的三笔资金，借款人均是秦达水泥厂的前身五号窑扩建处。五号窑扩建处从立项到实际建设和投入运营，都完全独立于耀县水泥厂。在项目建成后成立的五号窑分厂是有独立财产和实收资本，并依规定属于自负盈亏、自主纳税、在资不抵债时可按《破产法》实行破产的事实上的独立民事主体。国家建材局认可秦达水泥厂系五号窑分厂更名而来，三笔资金的债权人耀县建行亦认可秦达水泥厂为债务人。国家建材局和财政部批准秦达水泥厂提出的转增国家资本金的申请，且国家已将其中的2500万元"特种拨改贷"资金直接确定为秦达水泥厂的国家资本金。所转增的国家资本金亦被登记为秦达水泥厂持有的国有资产，秦达水泥厂应为三笔资金转为国家资本金后的被出资人。原审判决错误确认五号窑扩建处和五号窑分厂系耀县水泥厂的内设机构，并确认耀县水泥厂为被出资人。尤其是其中2500万元"特种拨改贷"资金是由秦达水泥厂申请国家将其转为自己的国家资本金，国家亦已批准将其转为秦达水泥厂的国家资本金。集团公司的请求以及案件的处理结果与秦达水泥厂有法律上的利害关系，依法应当通知秦达水泥厂作为第三人参加诉讼。一审法院未通知秦达水泥厂参加诉讼，致使秦达水泥厂依法登记的国家资本金通过人民法院的判决成为耀县水泥厂的国家资本金，否定了财政部依据国家政策确定的被出资人，使秦达水泥厂的合法利益悬空。因此，原审判决认定事实不清，违反法定程序，请求撤销原审判决，驳回集团公司的诉讼请求；案件受理费由集团公司负担。

被上诉人集团公司答辩称：（1）本案所涉三笔款项的原始债务主体应为耀县水泥厂。五号窑扩建处和五号窑分厂均不是独立的法人，而是耀县水泥厂的内设机构，耀县水泥厂对其内设机构签订的借款合同不持异议，而且也接受了合同对方当事人履行合同的行为，故合同的权利义务均应由耀县水泥厂承担。秦达水泥厂是一个全新的民事主体，与五号窑扩建处和五号窑分厂没有任何法律上的关系，不存在秦达水泥厂和耀县水泥厂与生俱来的"发展演变"关系，并不导致两个法人主体之间产生权利义务的承继关系。（2）对于上述耀县水泥厂债务转国家资本金的事实，财政部和国家计委计投资〔1999〕1999号文件、财基字〔2000〕64号文件和计投资〔2000〕444号文件均作出了明确的批复，耀县水泥厂关于财政部和国家计委的上述三个文件对国有资产的处分错误、者陕西省地方行政机关的决定可以对抗国家财政部和国家计委的决定、陕西省国有资产管理机构可以处置中央级国有资产等上诉理由均是错误的。我国国有资产管理的基本原则是分级管理，中央级国有资产由中央管理，地方只能管理地方的国有资产。本案争议的债权属于中央级国有资产，财政部和国家计委的上述三个文件应为认定的有效证据，而陕西省财政厅陕财办企〔2003〕86号文处分属于中央的国有资产，显然属于越权行为，不应予以采信。（3）虽然财基字〔2000〕64号文件显示使用该项资金的项目名称为"秦达水泥厂（耀县水泥厂）"，但亦应认定耀县水泥厂为该笔资金转为国家资本金后的被出资人。耀县水泥厂是三笔资金的实际使用人，三笔资金虽然名称不同，但具有不可分割的属性，根据财政部和国家计委的文件，三种资金转为国家资本金的处理方式是一致的，亦不可分；2000年1月14日，秦达水泥厂虽然以自己的名义向国家建材局申请将特种拨改贷资金转为在秦达水泥厂的国家资本金，但财政部文件表述的却是"秦达水泥厂（耀县水泥厂）"，与秦达水泥厂的要求截然不同；耀县水泥厂曾于1997年以自己的名义向国家申请将该笔资金转为国家资本金，表明其认可自己是该笔资金的债务人；耀县水泥厂的出资人建材总公司亦承认该三笔资金的使用人是耀县水泥厂，而非秦达水泥厂。故请求驳回上诉，维持原判。

原审被告建材总公司在二审期间向法院提交的书面说明载明，根据陕国企改办发〔2005〕006号《关于省属部分国有企业下划铜川等四市一区管理有关问题的通知》，建材总公司已于11月4日与铜川市委、市政府就耀县水泥厂的下划工作办理了移交手续,其已丧失了诉讼出庭资格,有关事宜请与铜川市国资委联系。

### ▶ 二审裁判结果

最高人民法院依据《中华人民共和国民事诉讼法》第 108 条、第 140 条第 1 款第 3 项和第 158 条,以及最高人民法院《关于适用〈中华人民共和国民事诉讼法〉若干问题的意见》第 186 条的规定,裁定如下:

一、撤销陕西省高级人民法院〔2004〕陕民二初字第 7 号民事判决;
二、驳回中国建筑材料集团公司的起诉。
一、二审案件受理费各 313266 元,均由中国建筑材料集团公司负担。
本裁定为终审裁定。

### ▶ 二审裁判理由

最高人民法院经审理认为:本案集团公司起诉要求确认其为耀县水泥厂的出资人,并由耀县水泥厂和建材总公司办理相应的登记手续,而非要求耀县水泥厂偿还本案所涉三笔债务,故本案争议的焦点是集团公司是否为耀县水泥厂的出资人,而不是债权债务纠纷,耀县水泥厂是否为所涉三笔资金的债务主体非为本案审理的范畴。原审法院将耀县水泥厂是否为本案所涉三笔资金借款的债务人问题作为案件审理的关键,并以确认耀县水泥厂为该三笔借款的债务人为前提,对集团公司为耀县水泥厂的出资人的认定不当。

本案三笔债务转为国家对企业的出资,系分别根据国家计委和财政部关于中央级"拨改贷"资金、"特种拨改贷"资金和"基本建设经营性"基金本息余额转为国家资本金的实施办法,通过用款单位申请、国家计委和财政部批复的方式转化的,并未体现代行国家资本金出资人职能的集团公司和被出资人耀县水泥厂或秦达水泥厂的意志,不同于普通债权人和债务人之间的债权转出资,性质上属于政策性债权转出资。故对于企业的债务是否可以转为国家对其的出资、具体由谁代行国家资本金出资人职能以及究竟转为对哪个企业的出资等问题,均属于国家有关行政主管机关行政权力行使的内容,而非人民法院受理民事诉讼的范围。故对于本案三笔债务转为国家资本金过程中存在的争议,应当通过有关行政主管机关协调解决。如果对于有关行政机关的具体行政行为存在异议的,可以根据行政法的有关规定寻求救济。由于本案集团公司提起的诉请不属于人民法院受理民事诉讼的范围,原审法院按照民事案件受理本案不当,本院依法予以纠正。

# 企业债权转股权合同纠纷办案依据集成

**1. 金融资产管理公司条例**（2000年11月10日国务院令第297号公布）（节录）

第十六条 金融资产管理公司可以将收购国有银行不良贷款取得的债权转为对借款企业的股权。

金融资产管理公司持有的股权，不受本公司净资产额或者注册资本的比例限制。

第十七条 实施债权转股权，应当贯彻国家产业政策，有利于优化经济结构，促进有关企业的技术进步和产品升级。

第十八条 实施债权转股权的企业，由国家经济贸易委员会向金融资产管理公司推荐。金融资产管理公司对被推荐的企业进行独立评审，制定企业债权转股权的方案并与企业签订债权转股权协议。债权转股权的方案和协议由国家经济贸易委员会会同财政部、中国人民银行审核，报国务院批准后实施。

第十九条 实施债权转股权的企业，应当按照现代企业制度的要求，转换经营机制，建立规范的公司法人治理结构，加强企业管理。有关地方人民政府应当帮助企业减员增效、下岗分流，分离企业办社会的职能。

第二十条 金融资产管理公司的债权转股权后，作为企业的股东，可以派员参加企业董事会、监事会，依法行使股东权利。

第二十一条 金融资产管理公司持有的企业股权，可以按照国家有关规定向境内外投资者转让，也可以由债权转股权企业依法回购。

第二十二条 企业实施债权转股权后，应当按照国家有关规定办理企业产权变更等有关登记。

第二十三条 国家经济贸易委员会负责组织、指导、协调企业债权转股权工作。

**2. 国家计委、财政部关于中央级"拨改贷"资金本息余额转为国家资本金的实施办法**（1996年12月5日）（节录）

三、中央级"拨改贷"资金转为国家资本金后，即作为中央对企业的投资。由于确立出资人的工作尚未进行，为简化审批手续，可暂按下述办法处理，待出资人代表问题统一研究确定后，再按规定办理。

（一）凡未改制的企业，中央级"拨改贷"资金本息余额转为国家资本金后，可暂由原下达中央级"拨改贷"投资计划的单位代行出资人职能。其中，对原建设银行总行专用投资室代管的包干补助地方项目（以下简称专用投资室项目），暂由财政部专用投资室代行出资人的职能。

（二）已改制的企业，其中央级"拨改贷"资金本息余额的出资人，在审批时另行确定。

**3. 国家经贸委、中国人民银行关于实施债权转股权若干问题的意见**

（1999年7月30日　国经贸产业〔1999〕727号）（节录）

四、金融资产管理公司与企业的关系

1. 金融资产管理公司在债权转股权后，即成为企业的股东，对企业持股或控股，派员参加企业董事会、监事会，参与企业重大决策，但不参与企业的日常生产经营活动。

2. 企业按照《中华人民共和国公司法》规定进行改制，并认真建立规范的法人治理结构，重新进行工商注册登记。

3. 金融资产管理公司持有的股权，可按有关规定向境内外投资者转让，也可由债权转股权企业依法回购；符合上市条件的企业，可以上市。关系国计民生且国家必须控股的企业，在转让或上市时，要保证国家控股。

**4. 金融资产管理公司资产处置管理办法**（2008年7月9日财政部修订）（节录）

第十六条　资产公司可通过追偿债务、租赁、转让、重组、资产置换、委托处置、债权转股权、资产证券化等多种方式处置资产。资产公司应在金融监管部门批准的业务许可范围内，探索处置方式，以实现处置收益最大化的目标。

第十八条　资产公司在资产处置过程中，根据每一个资产处置项目的具体情况，按照公正合理原则、成本效益原则和效率原则确定是否评估和具体评估方式。

资产公司对债权资产进行处置时，可由外部独立评估机构进行偿债能力分析，或采取尽职调查、内部估值方式确定资产价值，不需向财政部办理资产评估的备案手续。

资产公司以债转股、出售股权资产（含国务院批准的债转股项目股权资产，下同）或出售不动产的方式处置资产时，除上市公司可流通股权资产外，均应由外部独立评估机构对资产进行评估。国务院批准的债转股项目股权资产，按照国家国有资产评估项目管理的有关规定进行备案；其他股权资产和不动产处置项目不需报财政部备案，由资产公司办理内部备案手续。

资产公司应参照评估价值或内部估值确定拟处置资产的折股价或底价。

第二十一条　资产公司以出售方式处置股权资产时，非上市公司股权资产（含国务院批准的债转股项目非上市股权，下同）的转让符合以下条件的，资产公司可采取直接协议转让的方式转让给原国有出资人或国资部门指定的企业：

（一）因国家法律、行政法规对受让方有特殊要求的；

（二）从事战略武器生产、关系国家战略安全和涉及国家核心机密的核心重点保军企业的股权资产；

（三）资源型、垄断型等关系国家经济安全和国计民生行业的股权资产；

（四）经相关政府部门认定的其他不宜公开转让的股权资产。

第二十二条　资产公司直接协议转让非上市公司股权资产的，除以下情形外，转让价格不得低于资产评估结果：

（一）资产公司向国务院批准的债转股项目原国有出资人转让股权的，经财政部商国资委审核后，可不进行资产评估，以审计的每股资产净值为基础，由双方依商业原则协商确定收购价格，不得低于最近一期经审计的资产净值。

（二）国务院批准的债转股项目原股东用债转股企业所得税返还购买资产公司持有的债转股企业股权，无须经过处置公告和资产评估，双方应根据企业经审计的每股净资产在协商的基础上确定转让价格，不得低于最近一期经审计的资产净值。

**5. 最高人民法院关于审理与企业改制相关的民事纠纷案件若干问题的规定**（节录）

第十四条　债权人与债务人自愿达成债权转股权协议，且不违反法律和行政法规强制性规定的，人民法院在审理相关的民事纠纷案件中，应当确认债权转股权协议有效。

政策性债权转股权，按照国务院有关部门的规定处理。

第十五条　债务人以隐瞒企业资产或者虚列企业资产为手段，骗取债权人与其签订债权转股权协议，债权人在法定期间内行使撤销权的，人民法院应当予以支持。

债权转股权协议被撤销后，债权人有权要求债务人清偿债务。

第十六条　部分债权人进行债权转股权的行为，不影响其他债权人向债务人主张债权。

## 六、企业分立合同纠纷

**9. 企业分立后,一方的股东认为资产和债权债务的分配不均需要调整的,能否以自己的名义对另一方的股东提起诉讼?**

企业分立时,原企业的资产和负债应当由分立后的企业承受,企业是权利义务的承受主体。在分立后的企业间因多占或少得资产而需调整时,主张获取该部分资产的权利主体与支付该部分资产的义务主体均应是分立后的企业,而非企业的股东。因此,两公司之间为平衡资产而需进行调整的,其权利主体及义务主体均应系分立后的公司,而公司股东既不是直接享有调整部分资产的权利主体,也不是支付该部分调整资产的义务主体。

### 典型疑难案件参考

陈伟民等 27 人与熊欣等企业分立纠纷上诉案(浙江省高级人民法院〔2006〕浙民二终字第 39 号)

#### 基本案情

陈伟民等 27 人与熊欣、张益和均系(原经营地在云和县)的浙江桑尼电子有限公司(以下简称云和桑尼公司)股东(因云和桑尼公司还全额出资设立了宁波和本电子有限公司〈以下简称和本公司〉,云和桑尼公司股东会和董事会实际上行使对两公司的管理权,故为表述方便,对云和桑尼公司与和本公司整体统称为桑尼公司)。2002 年 3 月,云和桑尼公司股东会决定对桑尼公司股权进行重组。为此成立了资产评估小组,对桑尼公司的资产进行了内部评估,并制作了《资产评估报告书》。同年 5 月 6 日,云和桑尼公司董事会通过了《资产重组建议方案》,决定将云和桑尼公司与和本公司按地域及股东比例进行分割,并对股东间资产平衡的方式及评估中预提费用处理作了约定。同年 5 月 10 日,陈伟民和熊欣作为双方股东代表签订了《宁波、云和双方就资产重组后有关事项的协议》。嗣后,以陈伟民为代表的云和方股东于 6 月 19 日设立了云和县鑫通电子有限公司(以下简称云和鑫通公司)。同年 10 月 21 日,云和桑尼公司召开了第三届股东会第四次会议,决定将桑尼公司分立为浙江桑尼电子有限公司(以下简称浙江桑尼公司)和云和鑫通公司,分立时点以

2002年10月20日资产负债表为准。10月23日，云和桑尼公司提出公司变更登记申请，注册资本从1000万元减少至500万元，股东变更为熊欣、张益和两人，即为浙江桑尼公司。10月25日，云和鑫通公司提出公司变更登记申请，更名为浙江鑫通电子有限公司（以下简称浙江鑫通公司），注册资本从100万元增加至548万元。两公司的验资报告均由云和树信会计师事务所出具。嗣后，云和桑尼公司名下的所有的房地产变更为浙江鑫通公司所有。

### ▶一审诉辩情况◀

2004年11月18日，陈伟民等27人向原审法院起诉，请求判令：（1）熊欣、张益和向陈伟民等27人支付公司财产分割应付款2321950.65元；（2）宁波桑尼公司对上述债务承担连带支付责任；（3）诉讼费用由熊欣、张益和宁波桑尼公司负担。

熊欣、张益和、宁波桑尼公司共同辩称：2002年3月，桑尼公司欲以一个总公司下辖两个公司的方式进行重组，为此由公司自行组成评估小组对公司资产进行了内部评估，因对评估中的有些事项有分歧，重组工作未完成。2002年10月21日，云和桑尼公司股东会作出决议，桑尼公司分立为浙江桑尼公司和云和鑫通公司，因桑尼公司的资产在半年多的时间里发生了实质性的变化，故分立以2002年10月20日的资产负债表为准。决议作出后，桑尼公司所有的资产和债务均已依约进行了分割，并已得到审计部门审验确认，熊欣、张益和、宁波桑尼公司已不欠陈伟民等27人任何企业分立的款项。

### ▶一审裁判结果◀

依照《中华人民共和国民事诉讼法》（1991年施行，现已被修订）第64条的规定，原审法院于2005年12月5日判决：驳回陈伟民等27人的诉讼请求。案件受理费21620元，由陈伟民等27人负担。

### ▶一审裁判理由◀

原审法院认为：桑尼公司从开始的准备股东重组到后来的实际分立，经过了一个较长的过程，相互之间很难截然分开。但于2002年10月21日召开的公司第三届股东会第四次会议，以决议的形式明确载明"分立时点以2002年10月20日资产负债表为准"，因此，公司分立的时间点应认定为2002年10月20日；根据分立过程中先前形成的有关方案和协议，在公司股东间应进行资产平衡，依据中介部门出具的验资报告书和公司工商注册变更登记材料足以证明股东间的资产已通过注册资本金的增减在账面上得到平衡，因此，陈伟民提出的要求熊欣、张益和、宁波桑尼公司支付公司财产分割应付款的诉讼主张,缺乏事实依据,不予支持。但股东间的资产平衡均是通过宁波桑尼公司和浙江鑫通公司进行的,至于两公司是否已全部支付或取得了平衡资产,因浙江鑫通公司非本案诉讼主体,故不予审查。

### ▶ 二审诉辩情况

宣判后,陈伟民等27人不服,向浙江省高级人民法院提起上诉称:2002年10月21日并未召开过云和桑尼公司第三届股东会,所谓的股东会决议没有真实性,该决议涉及的2002年10月20日《资产负债表》并没有真实反映云和桑尼公司资产状况,也未包含和本公司的资产,该资产负债表不应作为桑尼公司分立资产、平衡资金的依据。桑尼公司分立时的资产应以2002年4月30日的《资产评估报告书》为依据进行确定,双方需平衡的资金应以2002年5月6日的《资产重组建议方案》与2002年5月10日的《宁波、云和双方就资产重组后有关事宜的决议》为准。云树会验〔2002〕55号、59号《验资报告》所依据的账面数据虚假,不具有法律效力,且账面资金平衡并不等于实际已平衡,熊欣、张益和、宁波桑尼公司并未付清平衡资金。请求二审法院予以改判。

熊欣、张益和、宁波桑尼公司书面答辩称:桑尼公司的分立时点应为2002年10月20日,同日的《资产负债表》真实地反映了桑尼公司的资产状况与分立情况。此前,和本公司已经向云和桑尼公司注入了大量资金,宁波、云和两方的资产已经得到平衡,资金平衡在桑尼公司分立时已经完成,2002年10月21日以后,只存在资产交付的问题。云和树信会计师事务所云树会验〔2002〕55号、59号验资报告及云和桑尼公司名下房地产过户给浙江鑫通公司的事实表明,其已完成资产交付义务。原判正确,请予维持。

二审中,各方当事人均未提供新的证明材料。

### ▶ 二审裁判结果

浙江省高级人民法院依照《中华人民共和国民事诉讼法》(1991年施行,现已被修订)第153条第1款第1项之规定,判决如下:

驳回上诉,维持原判。

二审案件受理费21620元,由陈伟民等27人负担。

本判决为终审判决。

### ▶ 二审裁判理由

浙江省高级人民法院经审理查明:原审法院认定2002年5月6日的《资产重组建议方案》对股东间资产平衡的方式及评估中预提费用处理作了约定有误,应为《资产重组建议方案》对桑尼公司分立为云和、宁波两个企业及企业间的股本设置比例及评估中预提费用处理作了约定。云和桑尼公司董事会于2002年3月9日形成的会议纪要载明：对宁波、云和两公司的资产评估后予以资产重组，转换经营机制，建立一个总公司下辖两个子公司的经营机制，子公司独立承担民事责任。2002年11月18日，云和树信会计师事务所出具云树会验〔2002〕59号验资报告，云和鑫通公司的注册资本由100万元增至548万元，增资的来源为桑尼公司分立而转入的陈伟民等人的实收资本4478050元和陈伟民现金投入1950元。二审中，双方当事人确认，因和本公司系云和桑尼公司全资设立，企业分立时将云和桑尼公司与和本公司的资产看作是一个公司（即前述桑尼公司）的资产，由云和桑尼公司股东会或董事会代表两公司的利益决定企业分立事项；分立后，云和桑尼公司的名称仍为浙江桑尼公司，但股东仅为熊欣、张益和两人。2003年8月，和本公司并入已迁至宁波的浙江桑尼公司，变更为现宁波桑尼公司。本院二审查明的其余事实与原审法院认定的事实一致。

本案双方当事人的争议焦点在于：原桑尼公司分立时的资产以2002年4月30日的《资产评估报告书》为依据，还是以2002年10月20日的《资产负债表》为依据；企业分立需平衡的资金是以《资产重组建议方案》与《宁波、云和双方就资产重组后有关事宜的决议》为准，还是以2002年10月21日的云和桑尼公司第三届董事会第四次会议决议为准；该平衡资金有无支付完毕。但本案纠纷为企业分立纠纷，企业分立时，原企业的资产和负债应当由分立后的企业承受，企业是权利义务的承受主体。在分立后的企业间因多占或少得资产而需调整时，主张获取该部分资产的权利主体与支付该部分资产的义务主体均应是分立后的企业，而非企业的股东。本案中，云和桑尼公司董事会2002年3月9日的会议纪要、5月6日的《资产重组建议方案》以及同年5月10日熊欣、陈伟民为代表签订的《宁波、云和两方就资产重组后有关事项的协议》等证据均表明，将桑尼公司的资产按云和、宁波两地进行分立，云和方设立独立法人的企业承接分立所得的资产；在陈伟民确认由其本人签字的2002年10月21日的云和桑尼公司第三届董事会第四次会议决议中，还明确写明了桑尼公司分立为浙江桑尼公司和云和鑫通公司。虽然云和鑫通公司在云和桑尼公司第三届董事会第四次会议之前已成立，但云和树信会计师事务所云树会验〔2002〕59号验资报告表明，云和鑫通公司的注册资本由100万元增至548万元，增资的来源就是桑尼公司分立而转入的陈伟民等人的实收资本；原为云和桑尼公司的房地产也过户给了由云和鑫通公司更名后的浙江鑫通公司，因此，浙江鑫通公司是承继桑尼公司分立资产的权利主体之一；而作为桑尼公司一部分的和本公司的资产已并入宁波桑尼公司，故桑尼公司的另一权利义务承继者为宁波桑尼公司。如两公司之间为平衡资产,需进行调整,其权利主体及义务主体均应系公司而非股东。陈伟民等 27 人不是直接享有调整部分资产的权利主体,宁波桑尼公司的股东熊欣、张益和也非支付该部分调整资产的义务主体。因此,陈伟民等 27 人提出的由熊欣、张益和支付企业分立应付款 2321950.65 元的主张,没有事实和法律根据,不予支持。鉴于此,双方当事人在本案中的争议焦点已无评析的必要,对争议焦点所涉的事实与法律问题,本院不作认定和评判。原审法院认为陈伟民等 27 人的诉讼主张不能支持的理由虽然不当,但实体处理正确,应予维持。

# 企业分立合同纠纷办案依据集成

**1. 中华人民共和国民法通则**（2009年8月27日修正）（节录）

**第四十四条** 企业法人分立、合并或者有其他重要事项变更，应当向登记机关办理登记并公告。

企业法人分立、合并，它的权利和义务由变更后的法人享有和承担。

**2. 中华人民共和国合同法**（1999年3月15日主席令第15号公布）（节录）

**第七十条** 债权人分立、合并或者变更住所没有通知债务人，致使履行债务发生困难的，债务人可以中止履行或者将标的物提存。

**第七十九条** 债权人可以将合同的权利全部或者部分转让给第三人，但有下列情形之一的除外：

（一）根据合同性质不得转让；

（二）按照当事人约定不得转让；

（三）依照法律规定不得转让。

**第八十条** 债权人转让权利的，应当通知债务人。未经通知，该转让对债务人不发生效力。

债权人转让权利的通知不得撤销，但经受让人同意的除外。

**第八十一条** 债权人转让权利的，受让人取得与债权有关的从权利，但该从权利专属于债权人自身的除外。

**第八十二条** 债务人接到债权转让通知后，债务人对让与人的抗辩，可以向受让人主张。

**第八十三条** 债务人接到债权转让通知时，债务人对让与人享有债权，并且债务人的债权先于转让的债权到期或者同时到期的，债务人可以向受让人主张抵销。

**第八十四条** 债务人将合同的义务全部或者部分转移给第三人的，应当经债权人同意。

**第八十五条** 债务人转移义务的，新债务人可以主张原债务人对债权人的抗辩。

**第八十六条** 债务人转移义务的，新债务人应当承担与主债务有关的从债务，但该从债务专属于原债务人自身的除外。

**第八十七条** 法律、行政法规规定转让权利或者转移义务应当办理批准、登记等手续的，依照其规定。

**第八十八条** 当事人一方经对方同意，可以将自己在合同中的权利和义务一并转让给第三人。

**第八十九条** 权利和义务一并转让的，适用本法第七十九条、第八十一条至第八十三条、第八十五条至第八十七条的规定。

**第九十条** 当事人订立合同后合并的，由合并后的法人或者其他组织行使合同权利，履行合同义务。当事人订立合同后分立的，除债权人和债务人另有约定的以外，由分立的法人或者其他组织对合同的权利和义务享有连带债权，承担连带债务。

**3. 中华人民共和国全民所有制工业企业法**（2009年8月27日修正）（节录）

第十八条　企业合并或者分立，依照法律、行政法规的规定，由政府或者政府主管部门批准。

**4. 全民所有制工业企业转换经营机制条例**（2011年1月8日修正）（节录）

第三十一条　企业可以通过转产、停产整顿、合并、分立、解散、破产等方式，进行产品结构和组织结构调整，实现资源合理配置和企业的优胜劣汰。

第三十五条　经政府批准，企业可以分立。企业分立时，应当由分立各方签订分立协议，明确划分分立各方的财产和债权债务等。

**5. 最高人民法院关于审理与企业改制相关的民事纠纷案件若干问题的规定**（2003年1月3日　法释〔2003〕1号）（节录）

第十二条　债权人向分立后的企业主张债权，企业分立时对原企业的债务承担有约定，并经债权人认可的，按照当事人的约定处理；企业分立时对原企业债务承担没有约定或者约定不明，或者虽然有约定但债权人不予认可的，分立后的企业应当承担连带责任。

第十三条　分立的企业在承担连带责任后，各分立的企业间对原企业债务承担有约定的，照约定处理；没有约定或者约定不明的，根据企业分立时的资产比例分担。

## 七、企业租赁经营合同纠纷

**10. 国有企业的主管部门能否作为出租人签订企业租赁经营合同？**

根据《全民所有制小型工业企业租赁经营暂行条例》第6条的规定，国有企业租赁经营合同的出租方应当是企业所在地方人民政府委托的部门。因此，国有企业的主管部门有权代表国家行使企业的出租权。

### 典型疑难案件参考

武汉中鑫化工有限公司与恩施济隆贸易有限责任公司等兼并合同、租赁合同纠纷上诉案（湖北省恩施州中级人民法院〔2004〕恩中民终字第157号）

#### 基本案情

恩施自治州农药厂（以下简称州农药厂）是原恩施州科委（恩施土家族苗族自治州科学技术局，以下简称州科技局）于1992年开办的国有企业，因企业经营不善，2001年5月，其上级主管部门州科委决定对该厂进行企业改制，并得到了州直企业改制领导小组的批准，改制方案中决定将企业无形资产即"三证"（农药登记证、生产许可证、技术标准证）作价6万元卖给全体职工，由于职工筹资困难，无形资产未能变现，以致这一方案未能实际操作，州科技局在征求职工意见后决定对外寻找合作伙伴。2001年12月，武汉中鑫化工有限公司（以下简称中鑫公司）获悉后有意与州农药厂合作，经商定，在州农药厂继续拥有使用权的前提下，州农药厂将"三证"的使用权以8万元的价格转让给中鑫公司，双方分别于2001年12月13日、14日及2002年1月5日签订了关于企业兼并及收购州农药厂厂牌及产品"三证"的协议书三份。2002年1月5日的协议书载明：中鑫公司兼并州农药厂以现有无形资产（厂名和产品"三证"）作价8万元，州农药厂经州科技局批准加入中鑫公司。州农药厂加入中鑫公司后，继续以州农药厂的名义对外承担原有的债权债务，但必须停止以州农药厂的名义从事生产经营活动。州农药厂改制结束后将可用的有效资产整理成册，经双方认可后，以有效资产折股投资的方式，与中鑫公司共同组建有限责任公司。如果组建有限责任公司的条件不成熟，则以租赁的形式组建公司。2002年1月24日，州科技局以恩施州科〔2002〕1号文件下发

《关于同意州农药厂被兼并的通知》，通知称："经州科技局党组会议研究决定，同意州农药厂接受中鑫公司承债式兼并。"2002年1月25日，恩施州农药厂与中鑫公司依据前述三份协议签订了《关于三证使用的协议书》，约定由州农药厂将"三证"交给中鑫公司，由中鑫公司到省和国家有关部门办理更名手续，同时约定州农药厂有使用更名后"三证"的权利。中鑫公司依据与州农药厂签订的兼并协议于2002年6月21日到国家经贸委中国农药工业协会办理原州农药厂名下的农药生产"三证"的更名手续。同年7月9日，恩施济隆贸易有限责任公司（以下简称济隆公司）的法定代表人文大山与州农药厂厂长胡业刚一同到中鑫公司商谈农药生产合作事宜，中鑫公司的董事长李水清就"三证"过户情况给文、胡二人进行了通报。

2002年10月25日，济隆公司与州科技局签订了州农药厂租赁合同，中国农业银行红庙开发区支行（以下简称红庙农行）因州农药厂欠其贷款300余万元而作为合同丙方在双方的租赁合同上签了字，合同约定州科技局将州农药厂整体（包括厂房、宿舍、设备、农药生产"三证"使用权）租赁给济隆公司生产经营，租期自2002年10月25日至2012年10月25日，租金为前5年每年3万元，以后年份是否增加，双方再行协商，租金中州科技局应保证给红庙农行1万元。同年10月28日，济隆公司与州科技局签订补充协议，约定由济隆公司于同年11月5日前借款17.5万元给州科技局用于安置职工，同时在第三条中约定济隆公司获得农药厂的经营"三证"使用权，需先支付5.3万元赎金。合同签订后济隆公司给州科技局支付了5.3万元赎金、17.5万元的借款。州农药厂将厂房、宿舍、设备交给济隆公司，但未提供农药生产"三证"的使用权，济隆公司接收后对厂房等进行了维修改造，并与湖北科达植保公司、南京卓高科贸公司签订了两份销售农药的订单。州科技局因州农药厂已将农药生产"三证"使用权过户给中鑫公司，遂于2002年12月25日下文致函省石化行业管理办公室，要求收回恩施州农药厂产品"三证"，但未获批准。次年1月济隆公司和州科技局的法定代表人一同前往省石化行业管理办公室了解州农药厂农药生产"三证"的具体情况，被告知州农药厂原农药生产"三证"已过户到中鑫公司名下，州农药厂无生产农药的资格。济隆公司因州科技局不能提供农药生产"三证"而与其发生纠纷，并于2003年5月20日向恩施州中级人民法院申请诉前财产保全，恩施州中级人民法院于2003年5月21日作出〔2003〕恩中立保字第3号民事裁定，对州科技局位于红庙辖区的12.38亩空地予以查封。一审中，第三人坚持认为双方签订的兼并协议合法有效，被告也认可第三人间的协议。

▶ 一审裁判结果 ▶

恩施市人民法院根据《中华人民共和国合同法》第52条、第58条、《农药管理条例》第12条、第15条、第42条的规定，判决：

一、原、被告签订的租赁合同有效，双方继续履行，其租赁期限调整为5年。

二、第三人恩施州农药厂与中鑫公司签订的兼并协议无效，因该协议取得的财产，双方予以返还。限在本判决生效后10日内履行。

三、驳回原告要求被告赔偿255万元损失的诉讼请求。

▶ 一审裁判理由 ▶

恩施市人民法院一审认为：原、被告2002年10月25日签订的州农药厂租赁合同，是双方的真实意思表示，且不违反法律、法规禁止性规定，应为合法有效。同时双方已依约办理了除农药生产"三证"使用权以外的财产移交，故原告要求继续履行合同的请求，本院应予支持。由于原、被告间租赁合同所涉农药生产"三证"，已被第三人恩施州农药厂按照兼并协议过户给第三人中鑫公司，此行为是否合法对于本案有直接关系，故本院依法对第三人的兼并协议进行了审查。州农药厂属于州科技局下属的国有企业，其兼并应取得州政府主管部门即被告州科技局的批准，被告州科技局在给第三人州农药厂的通知中，明确要求州农药厂接受中鑫公司承债式兼并，但第三人间所签订的四份兼并协议，主要内容是如何将"三证"过户到武汉中鑫公司，明显违背了州科技局的通知要求。兼并协议中明确约定，州农药厂加入中鑫公司后，继续以州农药厂的名义从事生产经营活动，名为兼并，实为买卖"三证"，是以合法形式掩盖其买卖"三证"的目的，致使州农药厂成为空壳企业，债务悬空，损害了债权人的合法权利，故依据《中华人民共和国合同法》的规定，第三人间签订的四份兼并协议无效，因该合同取得的财产应当予以返还。第三人武汉中鑫公司依据无效的兼并协议获取的"三证"应予恢复更名。

对于原、被告双方约定的租赁期限，因违反了《全民所有制小型企业租赁经营暂行条例》第8条的规定，应调整为5年，到期后双方可再行协商。

关于原告要求被告赔偿因迟延交付"三证"所造成的经济损失255万元的诉讼请求，因原告签订租赁合同后，并不当然取得经营农药的资格，还须按照《农药管理条例》第13条的规定办理相关的批准手续后，才能取得生产经营农药的资格，加之与原告签订订单的南京卓高科贸公司亦无经营农药的资格，故原告与湖北科达植保公司、南京卓高科贸公司签订的订单因违反《农药管理条例》的相关规定而无效。原告以此依据主张赔偿显然不符合法律规定，本院不予支持。

至于原告要求被告偿还借款15.8万元的诉讼请求，不是必要共同诉讼，应另案判决。

### 二审诉辩情况

上诉人中鑫公司不服原审法院的上述判决，向恩施州中级人民法院提起上诉称：

1. 济隆公司与州科技局之间的租赁合同无效。其理由是：（1）州科技局无权代理第三人州农药厂与被上诉人济隆公司签订租赁合同，因为至今州农药厂仍然是具有独立民事行为能力的民事主体。（2）被上诉人济隆公司依法不能租赁农药企业进行生产经营。因为济隆公司不具有农药生产经营的资质，而且不被许可从事农药的生产经营，故济隆公司作为合同方签订租赁合同是非法的。

2. 上诉人中鑫公司与州农药厂之间的兼并协议是有效合同，应当依法予以认定有效。其理由是：（1）一审判决对本案的三个关键事实认定错误。其一，上诉人并非与州农药厂买卖农药生产"三证"，"三证"的更名实际上是兼并过程的一个环节。其二，"加入"不等于"兼并"，在上诉人与州农药厂办完合并手续之前，上诉人没有接受承债的义务。其三，"承债式兼并"也不等于"包债式兼并"，只要双方合并后，州农药厂的主体身份不再存在，新的企业就必须承担经评估后与其接收的有效资产相应的债务。（2）上诉人的兼并行为的有效性一直得到了州农药厂及州科技局的认可。

综上，请求撤销原审判决，依法认定上诉人与州农药厂之间的兼并协议合法有效。

被上诉人济隆公司答辩称：（1）州农药厂法定代表人签发的财产移交清单不但确认了租赁合同，而且还证明其行使了财产处分权，符合法律规定。（2）中鑫公司提供的2002年1月5日的协议第2条明确约定了兼并之后已经注销的农药厂继续承担原债务，显然是抹掉了300万元银行贷款。

被上诉人州科技局答辩称：（1）州科技局与济隆公司签订的租赁合同，是附条件的合同，即以州农药厂的"三证"取回为生效条件，现州农药厂的"三证"未取回，故该合同的生效条件未成就，双方当事人的租赁合同未生效。（2）中鑫公司与州农药厂的兼并协议是有效的，一审认定双方"名为兼并，实为买卖'三证'"不实。

原审第三人州农药厂述称：（1）州农药厂与中鑫公司并非买卖农药生产

"三证","三证"的更名实际上是兼并过程中的一个环节,这一行为已经得到了上级主管部门的认可。(2)州农药厂与中鑫公司的兼并是承债式兼并,没有违背州科技局的通知要求。(3)州农药厂与中鑫公司的兼并行为的有效性一直得到主管局即州科技局的认可。(4)原审判决要求将已过户给中鑫公司的"三证"恢复更名不当,因为"三证"的批准是行政行为,民事判决无权对此作出判定。

### 二审裁判结果

恩施州中级人民法院经审判委员会讨论决定,根据《中华人民共和国民事诉讼法》(1999年施行,现已修订)第153条第1款第1项的规定,判决如下:

驳回上诉,维持原判。

二审案件受理费23550元,其他诉讼费用8690元,均由上诉人中鑫公司负担。一审案件受理费及其他诉讼费用按一审判决执行。

本判决为终审判决。

### 二审裁判理由

恩施州中级人民法院经审理查明,原审法院查明的事实属实。

恩施州中级人民法院认为,被上诉人济隆公司与州科技局签订的州农药厂租赁合同,是双方的真实意思表示,不违反法律、法规的禁止性规定。州农药厂虽然是独立的法人,但州科技局是其主管部门,根据《全民所有制小型工业企业租赁经营暂行条例》第6条的规定,州科技局有权行使州农药厂的出租权。且租赁合同签订后,州农药厂法定代表人胡业刚参与了除农药生产"三证"使用权以外的财产移交,胡业刚还在移交清单上签了字。因而,济隆公司与州科技局所签订的租赁合同有效,济隆公司要求州科技局继续履行合同的诉讼请求应予支持。中鑫公司上诉称济隆公司不具备农药生产资格,并以此主张二被上诉人之间的租赁合同无效,该上诉理由缺乏法律依据,因此不能成立。中鑫公司与州农药厂签订的兼并协议明显违背了州科技局要求中鑫公司承债式兼并州农药厂的意见,损害了国家利益。且以兼并为名非法转让农药生产"三证",违反了《农药管理条例》的规定,故中鑫公司与州农药厂之间的兼并协议无效,双方因此而取得的财产应各自返还给对方。一审判决认定事实清楚,程序合法,适用法律正确,应予维持。

# 企业租赁经营合同纠纷办案依据集成

**1. 中华人民共和国合同法**（1999年3月15日主席令第15号公布）（节录）

**第四十四条** 依法成立的合同，自成立时生效。

法律、行政法规规定应当办理批准、登记等手续生效的，依照其规定。

**第四十五条** 当事人对合同的效力可以约定附条件。附生效条件的合同，自条件成就时生效。附解除条件的合同，自条件成就时失效。

当事人为自己的利益不正当地阻止条件成就的，视为条件已成就；不正当地促成条件成就的，视为条件不成就。

**第四十六条** 当事人对合同的效力可以约定附期限。附生效期限的合同，自期限届至时生效。附终止期限的合同，自期限届满时失效。

**2. 全民所有制小型企业租赁经营暂行条例**（1990年2月24日国务院令第50号修订）（节录）

**第三条** 本条例所称租赁经营，是指在不改变企业的全民所有制性质的条件下，实行所有权与经营权的分离，国家授权单位为出租方将企业有期限地交给承租方经营，承租方向出租方交付租金并依照合同规定对企业实行自主经营的方式。

**第四条** 实行租赁经营必须兼顾国家、企业、职工和承租方的利益。

**第五条** 出租方和承租方必须执行国家的方针政策、法律法规，接受人民政府有关部门的监督。

**第六条** 国家授权企业所在地方人民政府委托的部门为出租方，代表国家行使企业的出租权。

**第七条** 按照本条例规定承租经营企业的为承租方。

承租方可以采取下列形式承租经营企业：

（一）1个人承租经营企业（以下简称个人承租）；

（二）2至5人合伙承租经营企业（以下简称合伙承租）；

（三）本企业全体职工承租经营企业（以下简称全员承租）；

（四）一个企业承租经营另一个企业（以下简称企业承租）；

（五）国家允许的其他租赁经营形式。

**第八条** 租赁期限每届为3至5年。承租方不得将企业转租。

**第九条** 承租经营者是指承租经营企业的个人，或者合伙承租、全员承租确定的厂长，或者承租企业派出的厂长。承租经营者是企业租赁期间的法定代表人，行使厂长职权，对企业全面负责。

**第十条** 承租经营者必须具备国家规定的厂长条件。

**第十一条** 承租方必须提供下列担保：

（一）个人承租的，必须出具与租赁企业资产成一定比例的个人财产（其中应当有一定比例的现金）做为担保，现金必须专款存入银行，并有不少于两名有相应财产可资担保的保证人；

（二）合伙承租、全员承租的承租成员必须出具与租赁企业资产成一定比例的个人财产（其中应当有一定比例的现金）作为担保，现金必须专款存入银行；

（三）企业承租的，必须出具与租赁企业资产成一定比例的留用资金作为担保，并存入银行。存入银行后，除征得出租方同意可作为流动资金参加周转外，不得挪作他用。

前款各项担保财产与租赁企业的资产的具体比例，由出租方所在地方人民政府根据具体情况确定。

第十二条 出租方在企业出租前必须会同有关部门对企业进行清产核资、清理债权债务、评估资产（包括有形资产和无形资产），根据行业和本企业资金利润率确定标底。

第十三条 出租方选择承租方的步骤：

（一）公布招标通告，进行招标登记，对招标登记者进行资格审查，确定投标者；

（二）组织投标者进厂考察，由投标者编制投标书，提出治厂方案；

（三）组织投标者公开答辩，对投标者进行综合考评，征求职工代表大会（职工大会）的意见，确定中标者。

第十四条 企业、事业单位的干部或者职工按照国家有关规定参加租赁企业投标的，其所在单位应当允许，并支持中标者到租赁企业任职。

第十五条

出租方选定承租方后，出租方与承租方必须订立租赁经营合同，按照国家有关规定办理法人变更登记手续。

第十六条 租赁期满，出租方同意承租方继续承租的，必须重新订立合同并按照国家有关规定办理法人变更登记手续。

租赁期满前6个月，出租方和承租方应当互相明确是否继续租赁关系。

第十七条 租赁经营合同应当采用书面形式。订立租赁经营合同的双方必须坚持自愿、平等、协商的原则。

租赁经营合同依照本条例订立，即具有法律约束力。

第十八条 租赁经营合同应当具备下列条款：

（一）标的；

（二）租赁经营合同的生效条件和有效期限；

（三）租赁期内经营总目标及年度经营目标；

（四）租金数额、交付期限及计算办法；

（五）承租方的收益及企业各项基金的分配比例；

（六）企业租赁前债权债务及遗留亏损的处理；

（七）租赁双方的权利和义务；

（八）担保的形式和要求；

（九）合同的变更、解除及合同纠纷处理办法；

（十）违约责任；

（十一）租赁期满后资产返还和验收；

（十二）租赁双方约定的其他条款。

**第十九条** 未经协商同意，任何一方不得擅自变更、解除租赁经营合同。

**第二十条** 有下列情况之一，使租赁经营合同无法履行时，允许变更或者解除合同：

（一）由于不可抗力，或者由于一方当事人虽无过失但无法防止的外因；

（二）由于承租方经营管理不善达不到合同规定的年度经营目标；

（三）由于一方违约；

（四）由于合同规定的其他变更或者解除合同的条件出现。

**第二十一条** 租赁经营合同一方要求变更或者解除合同时，应当及时以书面形式通知对方，双方未达成书面协议以前，原合同仍然有效。

租赁经营合同一方接到另一方要求变更或者解除合同的书面通知后，应当自收到书面通知之日起15日内作出书面答复，逾期未作出答复的，即视为默认。

**第二十二条** 租赁经营合同双方发生纠纷，应当协商解决。协商不成的，可以根据合同规定向工商行政管理机关申请调解或者仲裁。租赁经营合同任何一方对仲裁机关的仲裁决定不服的，可以在接到仲裁决定书之日起10日内向上一级仲裁机关申请复议。上一级仲裁机关作出的决定，即为终局裁决。逾期未申请复议，发生法律效力的仲裁决定，即为终局裁决。

租赁经营合同任何一方可以根据租赁经营合同规定直接向人民法院起诉。

租赁经营合同未规定纠纷处理办法，但当事人在合同订立后或发生纠纷时达成申请工商行政管理机关仲裁的书面协议的，由工商行政管理机关依法受理该仲裁案件。

当事人一方在规定期限内不执行已经发生法律效力的调解书、裁决书的，另一方可以申请人民法院强制执行。（1990年2月24日修订）

**第二十三条** 出租方的权利：

（一）监督承租方遵守国家方针政策、法律法规，完成国家下达的计划；

（二）监督租赁企业的财产不受损害；

（三）收取承租方按照合同规定交付的租金。

**第二十四条** 出租方的义务：

（一）按照合同规定保障承租方的经营自主权，依法维护企业租赁前享有的各项优惠待遇；

（二）为租赁企业的生产发展提供必要的服务；

（三）根据承租方的要求，会同有关部门协助租赁企业解决经营活动中的困难。

**第二十五条** 承租方的权利：

（一）享有国家规定的厂长权利；

（二）任免厂级行政副职，并报有关部门备案；

（三）决定企业脱产人员编制；

（四）根据市场需求，调整企业的经营方向，并按照国家有关规定办理变更登记手续。

**第二十六条** 承租方的义务：

（一）履行国家规定的厂长职责；

（二）执行价格政策，维护用户和消费者的利益；

（三）维护职工的合法权益；

（四）维护租赁经营企业资产，保证设备完好，办理企业财产保险；

（五）按期交付租金。

**第二十七条** 承租经营者作为承租方的代表享有和履行本条例第二十五条、第二十六条规定的权利和义务。

**第二十八条** 出租方可视企业技术改造任务情况，将承租方交付租金的全部或者一部交给企业，用于生产发展和技术改造，或者清偿企业租赁前的债务及遗留亏损。

**第二十九条** 租赁经营企业实现的利润依法纳税后，分为承租方的收入（含租金）、企业生产发展基金、职工集体福利基金、职工奖励基金四部分，按照合同规定的比例进行分配。

**第三十条** 租赁经营企业可以在规定的工资总额（包括奖励基金）范围内，自主确定企业内部分配的制度、形式和方法，并依法纳税。

**第三十一条** 企业租赁经营前的债权债务及遗留亏损的处理办法，按照租赁经营合同规定办理。

**第三十二条** 自租赁经营合同生效之日起，停发承租经营者及合伙承租成员的工资、奖金、预支生活费。承租经营者及合伙承租成员的收入可以按照本条例第三十三条的规定分年度结算或者租赁期满一次结算。

承租经营者及合伙承租成员的原工资和租赁期间按照国家规定应当调整的工资，记入档案，作为承租期满后恢复工资的依据。

全员承租的承租成员的工资收入，企业承租的收入，由租赁双方协商确定。

**第三十三条** 承租经营者的收入，原则上不超过本企业职工平均工资（含奖金）的五倍。其他承租成员的收入应当低于承租经营者的收入。

承租方个人所得收入按月平均超过个人收入调节税起征标准的部分，应当照章纳税。

**第三十四条** 承租方按照租赁经营合同规定的比例取得的收入，在交付租金和实际支付给承租成员以后仍有余额的，应当作为企业的风险保证金留存。

**第三十五条** 租赁经营合同解除时，出租方应当会同有关部门对承租方经营成果进行审查。凡达到租赁经营合同规定的经营总目标并按照租赁经营合同规定交付租金的，出租方应当根据企业的经营情况，商得职工代表大会（职工大会）的同意，从企业的风险保证金中按照承租方担保现金数额的一至五倍支付给承租方。承租方在租赁期内达不到租赁经营合同规定的经营总目标或者欠交租金时，应当以企业的风险保证金、预支的生活费（或承租成员的年度收入）抵补，不足部分，由承租方、保证人提供的担保财产抵补。保证人以其保证财产抵补后，有权向承租方追偿。

**第三十六条** 个人承租的承租经营者对保证人的风险补偿，应当从个人收入中支付并订立书面协议。

## 八、企业出售合同纠纷

**11. 国有企业出售时，未依照有关行政规章的规定办理审批手续，也未事先征求企业职工代表大会的意见，所签订的企业出售合同是否有效？**

根据1999年10月1日实施的《中华人民共和国合同法》及其司法解释的规定，只有在违反法律、行政法规的强制性效力规范时才能确认合同无效。如果合同未按照地方性法规或者行政规章的有关要求办理行政审批手续，从而违反了地方性法规或行政规章的强制性规定，则除非该合同的内容同时侵害了社会公共利益，否则不能认定该合同内容无效，而应当责令合同当事人按照地方性法规或者行政规章的要求办理审批手续。

### 典型疑难案件参考

法律出版社诉中国华兴河北实业发展公司企业出售合同案（河北省高级人民法院〔2001〕冀经一终字第3号）

### 基本案情

法律出版社印刷厂隶属于法律出版社，系全民所有制企业。1993年8月6日，法律出版社与华兴河北实业发展公司（以下简称华兴河北公司）签订关于将法律出版社印刷厂有偿转让给中国华兴公司河北公司的契约，约定法律出版社所属印刷厂经财政部、司法部批准，以300万元的转让款转让给华兴河北公司。转让费自签约后分三次付清。于1993年8月31日前付100万元；于1994年8月31日前付100万元；于1995年8月31日前付100万元。契约生效之日起，法律出版社的资产及债权、债务转归华兴河北公司，在册职工（包括离退休职工）由华兴河北公司负责妥善安置与管理。契约附有六份附件：（1）财政部批文；（2）司法部发往财政部的函；（3）司法部计划财务司发往法律出版社的函；（4）关于法律出版社印刷厂转让中国华兴公司河北公司之后法律出版社继续提供印刷任务的备忘录；（5）关于尽快成立中国法律图书公司河北公司的备忘录；（6）关于原法律出版社印刷厂偿还法律出版社纸款的协议。其中财政部批文载明：同意将法律出版社印刷厂转让，但应对该厂的财产物资进行全面、彻底的清查，并将清查结果于该厂转让前书面报该部，收回的资金仍用于新印刷厂的建设，专款专用。附件（4）载明：原高等学校法学教材的纸型或软片，仍交由该厂承印，不因印刷厂的转让而改变，并根据印刷厂生产能力、设备及技术水平发展状况，在各方面条件同等情况下，法律出版社可以优先提供教材以外的其他图书的印刷任务，印制教材和图书的数量，大体保持在近两年以来的平均数（约一万令纸左右）。1993年9月28日，国家国有资产管理局向司法部发文，同意司法部对法律出版社印刷厂的资产评估结论，确认该印刷厂的总资产为10593200元，负债为1988900元，净资产为8604300元。

契约签订后，华兴河北公司接收了印刷厂及全部职工，1993年9月12日，将该印刷厂变更为河北华兴印刷厂，后将该厂部分设备出售。华兴河北公司于1993年11月、1995年2月两次共给付法律出版社转让费150万元，尚欠150万元。法律出版社自1995年3月至1996年5月先后从印刷厂扣纸款125705.53元，尚有219294.47元余额。1995年8月15日，华兴河北公司将河北华兴印刷厂转让给河北省专利经济技术开发公司。河北华兴印刷厂遂更名为河北省科技印刷厂。

▶ 一审诉辩情况 ◀

原告法律出版社（反诉被告）诉称：原、被告于1993年8月6日在石家庄签订了有偿转让我社印刷厂的契约，约定华兴河北公司应于1995年8月31日前给付我社300万元转让费。双方还签订了华兴河北公司应于1994年2月底前偿还法律出版社34.5万元纸款的协议。以上两笔款共计334.5万元，华兴河北公司已偿还150万元，尚欠184.5万元，后经多次催要未果。请求法院判令被告偿还拖欠原告150万元的印刷厂转让费和34.5万元纸款共计184.5万元及利息，并赔偿因拖欠该款给原告造成的经济损失20万元，本案诉讼费由被告承担。

被告华兴河北公司（反诉原告）辩称：双方于1993年8月6日签订关于将法律出版社印刷厂有偿转让给中国华兴公司河北公司的契约，同时法律出版社向我方出具了关于向转让后原法律出版社印刷厂继续提供印刷任务的备忘录。我方接收印刷厂后，按约支付了150万元转让费，但对方违背契约附件中所作的承诺，只提供了少量的印刷任务，使我方在接收印刷厂后，因印刷任务不到位，不能正常营业，累计停工5个多月，损失达1812263.45元，由于对方违约，我方才未付清转让费。原告关于我公司欠纸款34.5万元的陈述，与事实不符。另外，根据国家体改委〔1990〕32号《关于变更全民所有制企业隶属关系的审批办法的通知》，该印刷厂转让应当报经有关部门批准，未经批准,转让契约无效。因此请求法院对该契约的效力作出判决,判令对方赔偿我方经济损失 1812263.95 元并承担本案全部诉讼费。

法律出版社针对华兴河北公司的反诉辩称:契约是经过相关部门审批后才签订的,具有法律效力。备忘录只是一份意向书,不具合同效力,我方已履行了备忘录中的有关业务,造成印刷厂亏损是因被告管理不善,转租、转卖印刷厂的设备,致使印刷质量差,任务无法完成,责任应由被告自行承担。

### ▶一审裁判结果◀

石家庄市中级人民法院根据《中华人民共和国民事诉讼法》(1991 年施行,现已被修订) 第 126 条,《中华人民共和国民法通则》第 84 条,《中华人民共和国经济合同法》(1992 年施行,现已废止) 第 6 条之规定,判决如下:

一、被告(反诉原告)华兴河北公司偿付原告(反诉被告)法律出版社转让费 150 万元,并从 1995 年 9 月 1 日起至付款之日止按银行同期贷款利率支付利息。

二、驳回法律出版社关于要求华兴河北公司支付纸款 34.5 万元及利息的诉讼请求。

三、驳回法律出版社关于要求华兴河北公司赔偿经济损失 20 万元的诉讼请求。

四、驳回华兴河北公司关于将法律出版社印刷厂有偿转让给华兴河北公司的契约无效及要求法律出版社赔偿 1812263.95 元的反诉请求。

本案诉讼费 28800 元,法律出版社承担 7688 元,华兴河北公司承担 21120 元。反诉费 28800 元由华兴河北公司承担。

### ▶一审裁判理由◀

石家庄市中级人民法院经审理认为:原、被告所签订的关于将法律出版社印刷厂有偿转让给中国华兴河北公司的契约是双方真实意思的表示,不损害他人及社会公共利益,不违背法律规定,系有效合同。合同签订之后,原告将法律出版社印刷厂转让给被告并办理了变更注册登记,印刷厂隶属关系的变更,是原告履行契约的标志。原告履行合同义务后,被告不能按约定全部支付转让费,系违约行为,依法应承担违约责任。原告关于要求被告支付转让费 150 万元及利息损失的请求合法、有理,本院予以支持。契约附件(6)是原、被告就法律出版社印刷厂偿还原告纸款而达成的协议,原告主张让被告偿还纸款,证据不足。关于让被告赔偿 20 万元的请求,因没有相应的证据,故不予支持。

被告(反诉原告)所诉契约违反体改委〔1990〕32 号《关于变更全民所

有制企业隶属关系的审批办法的通知》，未经有关部门审批而无效一节，本院认为：该通知调整的是在有计划的商品经济条件下，国务院各部门与地方之间，各省、自治区、直辖市之间和国务院各部门之间无偿划转企业，改变企业隶属关系的情况，而本案是企业之间的有偿转让，不适用该通知的规定。另外，该项转让是双方在平等协商的基础上，根据企业的具体情况而达成的契约，转让前已报经财政部批准，财政部的批文也已抄送国家国有资产管理局，国家国有资产管理局并未提出异议，鉴于当时财政部与国家国有资产管理局业务存在一定交叉，而财政部的批文又无不当之处，因此，应视为国家国有资产管理局已认可此项转让的效力。华兴河北公司要求法律出版社赔偿1812263.95元损失的请求，证据不足，本院不予支持。

### 二审诉辩情况

上诉人华兴河北公司诉称：原审判决歪曲了上诉人的诉讼主张，回避了诉辩双方争议的焦点，在错误的基础上，得出了一个错误的判决结果。首先，本案纠纷的性质是国有小型企业的有偿转让纠纷，诉辩双方对此并没有任何争议。而原判将上诉人的观点归纳认定为上诉人"主张契约的性质是企业隶属关系的单纯变更"，原判就此进行批驳并得出结论认定上诉人该"主张"不成立，歪曲上诉人的观点。其次，印刷厂转让契约属无效协议，原审作出有效认定是错误的。法律出版社本身并没有权力决定是否转让和以什么价格转让印刷厂，在转让行为中它只是一个签约人，而协议核心内容，即转让价格只能由财政部门和国有资产管理部门确定，否则即构成对国有资产的侵犯，并违反了国家体改委、财政部、国家国有资产管理局于1989年2月19日制定的体改经〔1989〕39号《关于出售国有小型企业产权的暂行办法》，及与其配套的于1989年8月26日发布的财政部《关于出售国有小型企业产权财务处理的暂行规定》，因此该契约应属于无效协议。最后，原审判决认定原、被告之间的契约有效的依据有两点：一是在平等协商的基础上达成的；二是此项转让之前得到了财政部门的批准，国家国有资产管理局也默认。上诉人认为，转让国有企业整体产权的协议不同于一般的民事合同，代表被出售企业签约的一方并不享有对企业的实体处分权，企业是否出售和以怎样的价格出售须经有处分权的财政部门和国有资产管理部门批准和确认，仅有平等协商是不够的。财政部的批文仅仅是同意出售企业，但出售给谁，出售价格是多少，财政部和国有资产管理部门并不知情。为此，财政部财国字〔1998〕168号文件明确地指出此项交易的实际转让价并未报经国家国有资产管理局确认，而原审判决认定国家国有资产管理局已认可此项转让的效力，没有事实根据。

被上诉人法律出版社辩称：原审判决准确地查明了事实，正确地适用了法律，应予维持。上诉人曲解事实与法律，纯系无理纠缠，其上诉请求根本不成立。请求依法驳回其上诉。

### ▶ 二审裁判结果

河北省高级人民法院根据《中华人民共和国民事诉讼法》（1991年施行，现已被修订）第153条第1款第3项之规定，判决如下：

一、维持河北省石家庄市中级人民法院〔1999〕石知初字第120号民事判决第二项、第三项，即驳回法律出版社关于华兴河北公司支付纸款34.5万元及利息、赔偿经济损失20万元的诉讼请求。

二、撤销河北省石家庄市中级人民法院〔1999〕石知初字第120号民事判决第一项、第四项。

三、法律出版社于本判决生效后60日内补办印刷厂出售的相关行政确认手续和国有资产产权变动手续，华兴河北公司予以协助。

四、在本判决第三项所规定的期限完成补办手续后10日内由华兴河北公司给付法律出版社转让费150万元。

一审案件受理费28800元，由双方各负担14400元，反诉费28800元由华兴河北公司负担，二审案件受理费28800元亦由双方各负担14400元，上诉人华兴河北公司预交的上诉费不再退还，由被上诉人法律出版社将其应承担的14400元付上诉人华兴河北公司。

### ▶ 二审裁判理由

河北省高级人民法院经审理查明：法律出版社于1992年12月25日向司法部呈报《关于法律出版社印刷厂转让及合资另建的请示报告》，称其于1983年在财政部支持下拨款270万元买下了河北省石家庄地区印刷厂，并将其更名为法律出版社印刷厂，此后，财政部又先后拨款400万元给该厂用于购买机器设备及流动资金，自1983年至1987年11月，国家拨款给该印刷厂共计670万元。但近几年来，该印刷厂因地处石家庄、管理不便、揽活困难、开工不足、人才匮乏等原因，经济效益逐年滑坡，而且所承印图书均得附加运费，成本高，不利于竞争，全厂600多名职工，今年（1992年）离退休职工已达207人，占全厂职工总数30%左右，到1992年11月底各项亏损已达3 596 100元。该厂背着如此沉重的包袱，已难以为继，必须寻找出路。为600名职工长远利益打算，应将该厂转让给具有各方面优势的企业经营。目前解放军1202印刷厂为扩大经营，有意购买我社印刷厂，这样我们可以一举两得，既能把该厂救活,使职工生活有保障,又能把国家先后所拨资金一大部分收回来,还可以用收回的资金与北京丰台区印刷厂合作,在北京另建一小型印刷厂,请批示。1993年1月13日,司法部以《关于法律出版社石家庄印刷厂转让的函》请示财政部:我部法律出版社石家庄印刷厂是在贵部支持下买下的原河北省石家庄地区印刷厂;贵部近十年来已拨款670万元买厂房、购设备及流动资金。但该厂地处石家庄、管理不便、揽活困难,离退休职工占30%,职工队伍不稳定,企业领导束手无策。为扭转这种困境,减少国有财产损失并为职工利益着想,拟同意法律出版社将该厂转让并利用回收资金在北京另建一小型印刷厂,请贵部予以核准。1993年2月5日,财政部以〔93〕财文字第9号《关于法律出版社石家庄印刷厂转让事宜的复函》批复司法部:经研究同意你部将该厂转让,同时请你部做好以下几项工作:(1)严格按照国务院清产核资领导小组国清〔1992〕4号《关于印发〈国家行政事业单位财产清查登记工作方案〉的通知》,对该厂的财产物资进行全面彻底清查,并将清查结果于该厂转让前书面报我部。(2)对该厂转让后收回资金要专款专用,仍用于印刷厂的建设,若改变用途须报我部审批。(3)另建新厂所需资金财政不再增拨经费。该复函尾部注明抄送国家国有资产管理局。1993年4月5日,司法部致函法律出版社:根据财政部〔93〕财文字第9号文件,财政部已同意你社转让印刷厂,为此,请你社尽快办理印刷厂的有关转让手续。1993年5月25日至6月15日,中发国际资产评估公司接受法律出版社的委托对印刷厂的资产进行评估。1993年9月16日,国家国有资产管理局资产评估中心对中发国际资产评估公司所作出的印刷厂资产评估报告(评估基准日为1993年3月31日)进行审核验证,认为评估印刷厂净收入资产860.43万元的结果基本合理,1993年9月28日,国家国有资产管理局以国资评〔1993〕405号《对法律出版社印刷厂有偿转让项目资产评估结果的确认通知》致函司法部:同意该评估结论,资产评估后,法律出版社印刷厂的总资产为1059.32万元;负债为198.89万元,净资产为860.43万元。上述过程表明,财政部、国家国有资产管理局对司法部的请示予以批复时并未同意将法律出版社印刷厂定向出售,更未经有关行政部门确认和同意以300万元将印刷厂卖给华兴河北公司。而法律出版社、华兴河北公司却于1993年8月6日达成了印刷厂有偿转让契约。

1989年财政部《关于出售国有小型企业产权财务处理的暂行规定》规定,经审核批准被出售的企业,由同级国有资产管理部门委托公证性、权威性资产评估组织对出售企业的固定资产、流动资产、专项资产、无形资产进行评估,评估资产值由国有资产管理部门核准确认。被出售企业的产权出售底价,应以核准确认的评估资产价值为依据并综合考虑经土地管理机关批准有偿转让的国有土地使用权、经房管部门同意一并出卖的国有房产、被出售企业职工等因素合理核定,被出售企业的产权出售成交价,应以被出售企业的产权出售底价为基础,在公开竞争中形成,禁止私下交易或贱价甩卖,被出售企业的产权出售底价和产权出售成交价须经国有资产管理部门确认。

1993年8月6日,法律出版社与华兴河北公司(中国华兴集团公司的全资子公司,为中央直属企业)达成印刷厂有偿转让契约,法律出版社在契约中进行了不实陈述,"法律出版社印刷厂……经财政部、司法部批准,以300万元人民币将该厂转让给华兴河北公司",该合同还约定:(1)转让费300万元;(2)转让费分三次付清,1993年8月31日前付100万元,1994年8月31日前付100万元,1995年8月31日前付100万元;(3)契约生效之日起,法律出版社印刷厂的资产及债权、债务转归华兴河北公司;(4)契约生效之日起,法律出版社印刷厂现有在册职工(包括离退休职工)由华兴河北公司负责妥善安置与管理。双方勾去了第5条,即"法律出版社负责提供办理产权和土地使用权之转移手续所需批文(附后)"。该合同附件有"关于法律出版社印刷厂转让给华兴河北公司后法律出版社继续提供印刷任务的备忘录",该备忘录约定:"为帮助转让后的印刷厂能维持正常的生产经营,仍将继续提供印刷任务给该厂:(1)原有高等学校法学教材纸型或软片,仍交由该厂继续承印;(2)在同等条件下,法律出版社可以优先提供教材以外的其他图书的印刷任务。印刷教材和图书的数量,大体保持在近两年来的平均数(约一万令左右);(3)为保证教材和图书的出版周期,印刷厂应优先安排并保证产品质量必须达到中国印刷公司所规定的合格品要求。"

1993年8月24日,转让的印刷厂被华兴河北公司命名为河北华兴印刷厂,同时向工商行政管理局以"隶属关系转变"为由进行企业主体的变更登记,隶属关系变为华兴河北公司,名称为河北华兴印刷厂,企业法人资格未变,房屋、设备等资产未进行过户登记、企业未进行国有资产产权变动登记。

关于1990年7月12日,国家体改委、国家计委、财政部、国家国有资产管理局以体改经〔1990〕32号发布的《关于变更全民所有制企业隶属关系的审批办法的通知》,国家体改委办公厅于1996年8月20日针对司法部的咨询复函:该通知的适用范围是当时有计划的商品经济条件下国务院各部门与地方之间,各省、自治区、直辖市之间和国务院各部门之间无偿划转企业,改变隶属关系,而不适用于企业之间的有偿转让。国有小型企业有偿转让适用《关于出售国有小型企业产权的暂行办法》。1997年3月10日,国家国有资产管理局针对司法部的咨询以国资法规函发〔1997〕3号文答复:法律出版社将其所属印刷厂转让给华兴河北公司,你部当时已报财政部批准,虽然未按《关于出售国有小型企业产权的暂行办法》到我局履行批准手续，但财政部的批准文件已抄送我局，我局并未提出异议，我局承认财政部对此项产权转让批文的效力。经查，该答复中所叙述的印刷厂转让的申请审批内容及过程不实，财政部批文只是批准同意转让印刷厂，并未确定受让对象。当时不是针对出售给华兴河北公司而是其他主体。国家国有资产管理局于1995年以国资产发〔1995〕54号《关于加强企业国有产权转让监督管理工作的通知》规定，出售国有小型企业要严格按照《关于出售国有小型企业产权的暂行办法》执行，转让企业国有产权，必须严格按照《国有资产评估管理办法》（1991年11月16日国务院第91号令）的规定对全部企业资产统一进行评估，评估价值要经过国有资产管理部门确认并据此作为转让底价；允许成交价在底价基础上有一定幅度的浮动，如果浮动价低于评估价的90%，要经同级国有资产管理部门批准，凡未按规定进行评估的，一律不予办理产权变更登记。1997年10月30日，国家国有资产管理局针对原审法院的请示以国资评便字〔1997〕56号文复函：我局1995年发布的《关于加强企业国有产权转让监督管理工作的通知》，对于1993年发生的产权变动行为不具追溯力，以此判断当时成交价格是否合理是不妥的，我局确认的资产评估价值是企业经济行为中的参考依据，具体成交价格需根据交易时的实际情况，由交易双方具体协商确定，如果成交价偏离评估值过多，则须报有关部门批准，国资法规函发〔1997〕3号文件认定转让审批手续完备，因此，原法律出版社印刷厂转让过程中成交价是合法的。该函是以国家国有资产管理局评估中心的名义而不是以国家国有资产管理局名义发布的。1998年5月15日，财政部以财国字〔1998〕168号《关于原法律出版社印刷厂产权转让法规问题咨询的复函》答复原审法院：法律出版社整体转让其印刷厂产权（即出售企业）事先已报经财政部下文批准（〔93〕财文字第9号），国资法规函发〔1997〕3号文件重申了财政部批文的效力，并由国家国有资产管理局下文确认了对该厂资产的评估结果（评估值约为860万元），但法律出版社与华兴河北公司合同约定的300万元实际转让价并未报经国家国有资产管理局确认。

另外，1990年1月2日，国务院发布的《关于加强国有资产管理工作的通知》（国发〔1990〕38号文件）规定，各级政府要组织国有资产管理部门和其他有关部门对企业所占用的国有资产进行产权登记，建立、健全管理制度。1990年12月5日，国家国有资产管理局、财政部、国家工商行政管理局以国资综字〔1990〕第66号发布《国有资产产权登记办法（试行）》，规定：凡是占有、使用国有资产的企业都必须按照本办法办理产权登记手续，企业分立、合并、迁移、撤销应向国有资产管理部门申请办理产权变动登记。1992

年，上述三部门以国资综发〔1992〕20号文件发布《国有资产产权登记管理试行办法》，规定：国有资产产权登记是国家管理部门代表国家对国有资产进行登记，确认国家对国有资产的所有权以及企业单位占有、使用国有资产的法律行为，企业的经济性质、主管单位需要变动以及资产额发生超过一定比例的变化，应在向国有资产管理部门申办变动产权登记后向工商行政管理机关申请办理相应的变更登记和改变隶属关系的备案手续，国有资产产权未办理相应的产权变动登记、注销产权登记的，工商行政管理机关不予办理相应的登记。

已查明，双方于1993年8月6日达成印刷厂转让契约后，华兴河北公司于1993年8月24日仅以"隶属关系转变"为由，由工商行政管理局核准仅进行了工商管理的变更登记。

印刷厂转让契约达成后不久，华兴河北公司对印刷厂的情况进行摸底：该厂处于半停产状态，设备过于陈旧，在职和退休职工工资、医疗费没有着落。于是华兴河北公司派李太学到印刷厂帮助工作（其在法定代表人许振章离位后继任厂长即法定代表人）。因印刷厂仍保持原独立法人资格，企业法人财产权一直未能变动，华兴河北公司购买印刷厂产权曾设想对该地块进行综合开发，但印刷厂职工反对华兴河北公司购买及其开发行为，不同意华兴河北公司的房地产开发计划。

按印刷厂转让契约附件关于印刷厂转让后法律出版社继续提供印刷任务的备忘录的约定，自1993年至1995年3年间，法律出版社应提供约定的印刷任务（如继续执行原来的高校法学教材的承印任务、法律出版社优先提供教材以外其他图书的印刷任务等），但法律出版社违反其承诺未提供约定的任务，以致转让后的印刷厂仍揽活不足，无活可干。

1993年11月、1995年2月，华兴河北公司共给付法律出版社转让费150万元，按转让契约约定尚欠150万元未付。由于印刷厂职工抵制华兴河北公司对印刷厂地块进行开发，华兴河北公司确定由印刷厂自主经营、生产自求的方针，此期间华兴河北公司已给予印刷厂近百万元的资金、实物等，用以支付印刷厂拖欠职工的工资、医疗费及注入部分生产流动资金和一辆日产客货车。华兴河北公司作为上级法人未收取过印刷厂上缴利费，并未占有印刷厂的设备并出售给他人。

1995年8月15日，华兴河北公司未经与法律出版社协商，即与河北省专利技术经济开发公司（以下简称专利公司）将印刷厂交给专利公司，并约定由该公司直接向法律出版社给付尚欠的150万元转让费。

河北省高级人民法院经审理认为：1993年8月6日，双方所订的印刷厂转让契约的性质是国有小型企业整体产权的有偿转让，即国有企业出售，不是在政府部门上下级之间上收或下放无偿划转企业变更其行政隶属关系,因此,1993年8月24日印刷厂进行工商管理变更登记时以"隶属关系转变"为由不当。而关于国有企业出售等国有企业改制问题我国目前还未制定相应的法律规定,当时我国调整国有企业出售的仅有两个部门规章,即1989年2月19日国家体改委、财政部、国有资产管理局联合发布的体改委经〔1989〕39号《关于出售国有小型企业产权的暂行办法》及与此配套的由财政部于1989年8月26日发布的〔1989〕财工字第134号《关于出售国有小型企业产权财务处理的暂行规定》。体改委经〔1989〕39号文件规定:国有小型企业的产权(包括整体产权)原则上都可以出售,出售国有企业产权,应由各级政府的国有资产管理部门负责,尚未建立国有资产管理部门的地方,按企业隶属关系,由财政部门会同企业主管部门报同级政府作出决定,事先应征求企业经营者和职工代表大会的意见,做好职工的思想工作,减少不必要的震荡和损失。对被出售企业,由资产所有者代表提出出售底价,被出售企业产权价格的确定,要在公开竞争中形成,禁止私下交易。要妥善安置被出售企业的退休职工,其中一种安置办法为买方以接受全部退休职工为条件,在确定底价时考虑这一因素;对在职职工实行双向选择,职工或走或留应在成交过程中达成协议。企业出售成交后,买卖双方要签订契约,办理产权和土地使用权转移手续,契约内容包括退休及在职职工安置办法等事项。财政部〔1989〕财工字第134号文件规定,财政部门负责提出是否同意企业被出售的意见,国有资产管理部门办理是否同意企业被出售的审批手续时,应考虑财政部门的审查意见,经审核批准被出售的企业,在由专门小组进行资产评估后,评估资产价值由国有资产管理部门核准确认。被出售企业的产权出售底价,应以核准确认评估资产价值为依据,并综合考虑经土地管理机关批准有偿转让的国有土地使用权、经房管部门同意一并出卖的国有资产、被出售企业职工等因素合理核定。被出售企业的产权出售成交价,应以被出售企业的产权出售底价为基础,在公开竞争中形成,禁止贱价甩卖。被出售企业的产权出售底价和产权出售成交价须经国有资产管理部门确认。1990年国务院发布国发〔1990〕38号文件《关于加强国有资产管理的通知》,要求企业所占有的国有资产必须进行产权登记,后于1992年5月11日国家国有资产管理局、财政部、国家工商行政管理局发布《国有资产产权登记管理试行办法》,1996年1月25日国务院发布《企业国有资产产权登记管理办法》,并相应地由国家国有资产管理局制定《企业国有资产产权登记管理办法实施细则》。企业国有资产产权登记是指国有资产管理部门代表政府对占有国有资产的各类企业资产、负债、所有者权益等产权状况进行登记,依法确认产权归属关系的行为。按上述有关规定,企业发生名称变更或企业组织形式、国有资本额、国有资本出资人发生变动的,应当在向工商行政管理部门申请变更登记前,向原产权登记机关办理变动产权登记,其中国有产权出售给国有企业的,对被出售企业应当申办出资人变动的变动产权登记。

依据上述规定,虽然双方当事人于1996年前就将印刷厂出售成交,但土地使用权、房产权未办理有关的行政审批手续,亦未办理国有资产变动产权的登记,而且法律出版社出售印刷厂事先应征求企业职工代表大会的意见,以使华兴河北公司的购买行为免遭印刷厂职工的抵制,因此,该产权转让契约规避了行政规章,违反了行政规章的强制性规定而致未能依约履行,双方自1995年发生纠纷至今。1999年10月1日实施的《中华人民共和国合同法》及其司法解释规定,合同不违反法律、行政法规强制性规定的不认定为无效,华兴河北公司主张合同无效,现依照合同法的规定不能成立。根据双方在契约中约定"自契约生效之日起,法律出版社印刷厂资产及债权、债务转归买方",法律出版社有义务进行产权的变更登记,但至今,房地产权过户及整体国有资产产权变动登记尚未完成,法律出版社没有完全履行移交该企业的法律手续。法律出版社起诉请求给付尚欠150万元转让费不能支持。关于华兴河北公司反诉请求的损失赔偿,原审判决驳回其该项索赔请求后,其并未上诉,故本院对此不再处理。

# 企业出售合同纠纷办案依据集成

**1. 国家经济体制改革委员会、财政部、国家国有资产管理局关于出售国有小型企业产权的暂行办法**（1989年2月19日）（节录）

二、出售国有企业产权，应由各级政府的国有资产管理部门负责。在目前尚未建立国有资产管理部门的地方，哪些小企业产权需要出售，应按照企业隶属关系，由财政部门会同企业主管部门报同级政府作出决定。事先应征求企业经营者和职工代表大会的意见，做好职工的思想工作，减少不必要的震荡和损失。

四、国有小企业的产权原则上都可以出售。当前，出售的重点是下列三种类型的企业产权：

1、资不抵债和接近破产的企业；

2、长期经营不善，连续多年亏损或微利的企业；

3、为了优化结构，当地政府认为需要出售产权的企业。

已经实行承包或租赁的企业，一般应在承包或租赁期满后再行出售产权。对经营不善或确有必要出售的承包或租赁企业，应按法律程序，先中止承包或租赁合同，再进行出售。

**2. 最高人民法院关于人民法院在审理企业破产和改制案件中切实防止债务人逃废债务的紧急通知**（2001年8月10日 法〔2001〕105号）（节录）

七、人民法院审理涉及企业公司制改造、股份合作制改造、债权转股权、国有小型企业出售、企业兼并及分立等国有企业改制的纠纷案件，应当严格适用法律与国家改制政策。有关法律、行政法规无明文规定的，可适用改制行为发生时国务院有关主管部门的规范性文件；违反法律、行政法规和国务院规定的政策的有关地方性改制文件，不能作为办案依据。

八、人民法院审理国有企业改制案件，凡是改制行为发生时国务院有关主管部门的规范性文件明确规定须履行审批手续，对未履行审批手续，且事后又未补办审批手续的，或者当事人双方恶意串通，损害国家或债权人利益的，应当依法确认有关协议无效；在小型企业出售中，出售方借出售企业逃废债务，受让人知情的，对债权人撤销企业出售合同的主张，应当依法予以支持。

**3. 最高人民法院关于审理与改制相关的民事纠纷案件若干问题的规定**（2003年1月3日 法释〔2003〕1号）（节录）

第十七条 以协议转让形式出售企业，企业出售合同未经有审批权的地方人民政府或其授权的职能部门审批的，人民法院在审理相关的民事纠纷案件时，应当确认该企业出售合同不生效。

第十八条 企业出售中，当事人双方恶意串通，损害国家利益的，人民法院在审理相关的民事纠纷案件时，应当确认该企业出售行为无效。

第十九条 企业出售中，出卖人实施的行为具有合同法第五十四条规定的情形，买受人在法定期限内行使撤销权的，人民法院应当予以支持。

**第二十条** 企业出售合同约定的履行期限届满，一方当事人拒不履行合同，或者未完全履行合同义务，致使合同目的不能实现，对方当事人要求解除合同并要求赔偿损失的，人民法院应当予以支持。

**第二十一条** 企业出售合同约定的履行期限届满，一方当事人未完全履行合同义务，对方当事人要求继续履行合同并要求赔偿损失的，人民法院应当予以支持。双方当事人均未完全履行合同义务的，应当根据当事人的过错，确定各自应当承担的民事责任。

**第二十二条** 企业出售时，出卖人对所售企业的资产负债状况、损益状况等重大事项未履行如实告知义务，影响企业出售价格，买受人就此向人民法院起诉主张补偿的，人民法院应当予以支持。

**第二十三条** 企业出售合同被确认无效或者被撤销的，企业售出后买受人经营企业期间发生的经营盈亏，由买受人享有或者承担。

**第二十四条** 企业售出后，买受人将所购企业资产纳入本企业或者将所购企业变更为所属分支机构的，所购企业的债务，由买受人承担。但买卖双方另有约定，并经债权人认可的除外。

**第二十五条** 企业售出后，买受人将所购企业资产作价入股与他人重新组建新公司，所购企业法人予以注销的，对所购企业出售前的债务，买受人应当以其所有财产，包括在新组建公司中的股权承担民事责任。

**第二十六条** 企业售出后，买受人将所购企业重新注册为新的企业法人，所购企业法人被注销的，所购企业出售前的债务，应当由新注册的企业法人承担。但买卖双方另有约定，并经债权人认可的除外。

**第二十七条** 企业售出后，应当办理而未办理企业法人注销登记，债权人起诉该企业的，人民法院应当根据企业资产转让后的具体情况，告知债权人追加责任主体，并判令责任主体承担民事责任。

**第二十八条** 出售企业时，参照公司法的有关规定，出卖人公告通知了债权人。企业售出后，债权人就出卖人隐瞒或者遗漏的原企业债务起诉买受人的，如债权人在公告期内申报过该债权，买受人在承担民事责任后，可再行向出卖人追偿。如债权人在公告期内未申报过该债权，则买受人不承担民事责任。人民法院可告知债权人另行起诉出卖人。

**第二十九条** 出售企业的行为具有合同法第七十四条规定的情形，债权人在法定期限内行使撤销权的，人民法院应当予以支持。

## 九、挂靠经营合同纠纷

**12. 被挂靠人违反挂靠协议约定致使挂靠人经营中断的,是否应当承担损害赔偿责任?**

依法成立的合同对合同双方均有拘束力。挂靠人和被挂靠人均应当严格按照挂靠协议的约定履行各自的义务。挂靠人违反了相应的法律法规,是否应当接受相关行政管理机关的行政管理需要有关行政机关决定,这也是与挂靠关系不同的另一种法律关系。被挂靠人也不得擅自以挂靠人违法经营为由违反挂靠协议的约定。

### 典型疑难案件参考

乌鲁木齐玺德振安运输服务有限公司与周行权挂靠经营合同纠纷上诉案(新疆维吾尔自治区乌鲁木齐市中级人民法院〔2012〕乌中民二终字第77号)

#### 基本案情

上诉人(原审被告)周行权与乌鲁木齐玺德振安运输服务有限公司(以下简称运输公司)于2011年1月25日签订了一份经营协议书,双方在合同中约定:由运输公司给周行权新A1E767号车提供合法、有效的营运证、线路牌,从事乌鲁木齐市至克拉玛依市的市际客运班线小轿车业务;营运期限为2009年9月30日至2013年9月29日;自合同签订之日,周行权须每月向运输公司缴纳1420元班线管理服务费;在营运期间内,周行权有按时到运输公司指定的维护单位做定期二级维护及年审的责任,若违反一次则罚款200元,因逾期而造成管理部门对运输公司罚款及一切后果的,由周行权承担全部责任,发生两次不做二级维护的,同意运输公司解除本协议,收回线路经营权。

合同签订后,双方依约履行合同。新A1E767号车按照规定应于2011年2月4日进行二级维护,周行权未按照维护卡上记载的日期对车辆进行二级维护。同年3月14日,运输公司下发通告一份,要求周行权交回营运证及线路牌,并到公司接受调查。运输公司于同日将新A1E767号车的营运证、线路牌收回。同月28日,运输公司登报通告,要求周行权到公司解决问题。

又查,周行权经营的乌鲁木齐市至克拉玛依市的市际客运班线车是出租车,核载5人。按照乌鲁木齐市税务部门核定该种车辆月收入为7000元。新

A1E767车于2011年3月16日和6月3日发生车险并到保险公司理赔。

## 一审裁判结果

一审法院判决：

一、运输公司于判决生效之日交付周行权乌鲁木齐市至克拉玛依市营运证及线路牌；

二、运输公司赔偿周行权营运损失32666.67元（7000元÷30天×140天）。

## 一审裁判理由

一审法院认为：周行权与运输公司签订的挂靠经营车辆协议书，不违反法律规定，双方应依约全面履行合同。双方在合同中约定原告周行权未做二级维护两次，运输公司才有权解除合同，收回线路经营权。但从本案案情可知，周行权只有一次未做二级维护，运输公司便收回了线路牌及营运证，违反了合同约定。故对周行权要求运输公司交付营运证及线路牌的诉讼请求，一审法院予以支持。运输公司辩称因案外人与周行权有纠纷，且周行权未付清车款，所以收回了线路牌及营运证，但未进行有效举证，且车款与本案无关联性，故对运输公司的辩称意见，一审法院不予采信。运输公司违反合同约定收回线路牌及营运证，造成周行权无法营运的损失，应给予赔偿。但周行权计算依据不当，一审法院予以纠正，参照税务部门对该种车辆定额的月收入7000元，计算周行权的损失较妥。故对周行权要求运输公司赔偿损失的合理部分，原审法院予以支持。运输公司辩称周行权在营运证被收后，仍然在营运，并发生车险，但其未充分举证证明周行权正常营运，且是在营运过程中发生的车险，故对其辩称意见，一审法院不予采信。

## 二审诉辩情况

一审宣判后，上诉人运输公司不服一审判决向乌鲁木齐市中级人民法院上诉称：第一，原审法院依据双方签订的《协议书》第13条第6款的约定认定周行权两次不按期进行二级维护我公司才有权收回线路牌及营运证，其认定的事实是错误的。我公司暂扣周行权车辆的营运证及线路牌是由于周行权未按《道路运输管理条例》、《道路安全法》及其他法规的规定按期对营运车辆进行二级维护，暂扣营运证及线路牌，责令其尽快按规定进行二级维护，并没有解除合同、收回营运权的意思表示；第二，依据法律、法规的规定，周行权有义务做好车辆的维护工作，我公司亦有权暂扣周行权的营运证及线路牌；第三，周行权没有按照国家强制性规定按期对车辆进行二级维护，非法经营，何谈其营运收入损失？营运收入损失必须是建立在合法经营的基础上，法律仅保护合法权益。综上，原审法院认定事实错误，适用法律错误，请求二审法院查清事实，公正判决，支持我公司的上诉请求。

被上诉人周行权答辩称：第一，我确实是有一次逾期进行二级维护了，但原因是我的二级维护卡被运输公司一并收走了，导致我无法进行二级维护；第二，运输公司收回线路牌的真正原因不是我逾期二级维护，而是运输公司想将此车的营运证进行倒卖；第三，我和运输公司在协议中对收取营运证及线路牌的情形进行了约定，运输公司收回我的营运证及线路牌是不符合合同约定的；第四，我和运输公司之间是有合同约定的，我按照约定缴纳了管理费，运输公司收回营运手续，给我造成的损失，应当承担赔偿责任。综上，原审法院认定事实清楚，适用法律正确，请求二审法院维持一审判决。

### 二审裁判结果

乌鲁木齐市中级人民法院依照《中华人民共和国民事诉讼法》第153条第1款第1项之规定，判决如下：

驳回上诉，维持原判。

二审案件受理费616.67元，由乌鲁木齐玺德振安运输服务有限公司负担（运输公司已交）。

本判决为终审判决。

### 二审裁判理由

乌鲁木齐市中级人民法院认为：依法成立的合同，对当事人具有法律约束力。当事人应当按照约定履行自己的义务。

本案中，周行权与运输公司签订的《经营协议书》系双方当事人的真实意思表示，内容合法，依法为有效合同。合同双方当事人周行权及运输公司均应按照合同约定履行合同义务、享有合同权利。《经营协议书》第13条第6款对周行权二级维护义务进行了约定：周行权有按时到运输公司指定的维护单位做定期二级维护及年审的责任，若违反一次则罚款200元，因逾期而造成管理部门对运输公司罚款及一切后果的，由周行权承担全部责任。发生两次不做二级维护的，同意运输公司解除本协议、收回线路经营权。本案中，周行权和运输公司对周行权应于2011年2月4日对运营车辆进行二级维护、周行权逾期没有进行二级维护的事实均无异议。故按照经营协议书的约定，周行权在一次逾期进行二级维护的情形下，运输公司无权收回周行权的线路营运手续。运输公司于2011年3月14日将周行权的营运证及线路牌收回，其行为已经构成违约，运输公司应承担相应的违约责任，其违约行为给周行权造成的损失，运输公司应当承担赔偿责任。

上诉人运输公司上诉主张周行权没有按期进行二级维护，违反了相应的法律法规，其公司有权暂扣周行权的营运手续。对此，本院认为，周行权没有按照合同约定按期履行车辆二级维护义务，合同相对方运输公司享有的合同权利亦应当按照生效合同来行使，合同对此进行了明确的约定。周行权逾期对车辆进行二级维护，是否应当接受相关行政管理机关的行政管理，系另一法律关系，与本案无关。

综上，上诉人运输公司的上诉请求没有事实及法律依据，本院不予支持。原审法院按照双方当事人的合同约定，判令运输公司向周行权交付乌鲁木齐市至克拉玛依市营运证及线路牌正确，本院对此予以维持。原审法院依据乌鲁木齐税务部门核定的相关收入标准判令运输公司赔偿周行权营运损失32666.67元（7000元÷30天×140天，自2011年3月14日至2011年7月31日）并无不当，本院予以维持。

### 13. 双方约定的挂靠期限届满，一方明确表示不再续签挂靠合同，但未能办理有关手续的，挂靠方是否需要继续向对方缴纳挂靠费用？

挂靠费用的缴纳应当按照双方的协议进行。在合同约定的挂靠期限届满前，一方已明确表示不再续签挂靠合同，但未能为解除挂靠关系办理有关手续的，除非协议约定在完成办理挂靠手续前挂靠关系继续存在，并且被挂靠方对未能办理解除手续没有过错，否则挂靠关系已经不存在，挂靠方无须继续向对方缴纳挂靠费用，被挂靠方应当协助办理解除手续。

**典型疑难案件参考**

北京顺达昌盛运输有限公司与李光亮挂靠经营合同纠纷上诉案（北京市第二中级人民法院〔2012〕二中民终字第00181号）

**基本案情**

2008年7月20日，李光亮与北京顺达昌盛运输有限公司（以下简称顺达公司）签订了一份自由组合协议。该协议约定：李光亮将自有的福田汽车一辆（车牌号为京Y75809）挂靠在顺达公司名下，车辆所有权归李光亮所有；协议有效期3年，自2008年7月20日至2011年7月19日止；在挂靠期间，顺达公司每年一次性收取李光亮手续费1500元，为李光亮办理车辆营运证、印花税、二级保养（两次）、等级鉴定等手续；如协议到期继续挂靠的，双方另签协议，如到期不再挂靠的，由顺达公司协助李光亮办理车辆的过户手续，过户费由李光亮承担。协议签订后，李光亮与顺达公司双方履行了各自义务。2011年7月协议期满后，李光亮要求顺达公司办理车辆的过户手续，但双方未能达成一致意见，故李光亮诉至法院要求解决。

### 一审诉辩情况

李光亮在一审中起诉称：2008年7月20日，李光亮与顺达公司签订了一份自由组合协议。协议约定李光亮将自有的福田汽车一辆（车牌号为京Y75809）挂靠在顺达公司名下，但所有权仍属于李光亮。李光亮每年交挂靠手续费1500元，顺达公司为李光亮办理其他相关的手续和保险等。挂靠期限3年，如协议到期继续挂靠的，双方另签协议。如到期不再挂靠的，由顺达公司协助李光亮办理车辆的过户手续。协议签订后，李光亮严格按协议约定履行了义务缴纳了管理费。2011年7月协议期满后，李光亮要求顺达公司为李光亮办理车辆的过户手续，但顺达公司却违反协议约定，不予办理。故起诉请求人民法院：（1）判令顺达公司立即为李光亮办理车辆过户手续；（2）判令顺达公司退还车船税240元。一审审理过程中，李光亮放弃要求顺达公司退还车船税240元的诉讼请求。

顺达公司在一审中答辩称：在李光亮补交拖欠顺达公司的费用后，顺达公司可以为其办理车辆过户手续。

同时，顺达公司在一审中反诉称：2008年7月20日，顺达公司与李光亮达成自由组合协议，约定李光亮将其自行购置的福田汽车（京Y75809）挂靠在顺达公司名下，由顺达公司为其办理车辆运营的相关手续和代办保险等，李光亮为此需要向顺达公司每年缴纳服务费1500元，协议有效期为3年。但是自从协议签订后，李光亮仅缴纳过2年的服务费，至今尚欠管理费3000元、车船使用税480元。现在李光亮要求将车辆过户至其名下，顺达公司认为，依据协议的约定，李光亮已经违约，故反诉请求人民法院判令李光亮给付服务费3000元（包括2008年7月20日至2009年7月20日的服务费1500元、2011年7月20日至2012年7月20日的服务费1500元）、车船使用税480元，违约金50%，合计5220元。一审审理过程中，顺达公司放弃要求李光亮给付车船使用税480元的反诉请求。

李光亮在一审中针对顺达公司的反诉答辩称：第一，2008年7月20日至2009年7月20日的管理费1500元李光亮已经缴纳，否则顺达公司也不可能为李光亮提供相应服务。第二，即使李光亮未缴纳2008年度的管理费，顺达公司现在主张也已超过诉讼时效。第三，合同于2011年7月到期后，李光亮没有必要再缴纳2011年7月20日至2012年7月20日的服务费。第四，李光亮已经按照合同约定缴纳了各项费用，李光亮没有违约，而且合同也没有约定50%的违约金。综上，请求驳回顺达公司的反诉请求。

### 一审裁判结果

一审法院依照《中华人民共和国合同法》第6条、《中华人民共和国民法通则》第135条之规定，判决如下：

一、北京顺达昌盛运输有限公司于判决生效后立即协助李光亮办理京Y75809车辆的过户手续，过户费由李光亮承担；

二、驳回北京顺达昌盛运输有限公司的反诉请求。

### 一审裁判理由

一审法院判决认定：李光亮与顺达公司之间签订的自由组合协议于2011年7月19日到期后，双方未再续签合同，合同自然终止。李光亮要求顺达公司办理车辆过户手续，符合协议约定，法院予以支持。对于顺达公司主张的2008年度的服务费（管理费）1500元，李光亮虽未能提交2008年度管理费的收据，不能证明李光亮已缴纳2008年度管理费的事实，但根据自由组合协议，李光亮应每年一次性缴纳当年的管理费，顺达公司现在主张2008年度的管理费已超过2年的诉讼时效，故法院对顺达公司此反诉请求不予支持。对于顺达公司主张的2011年7月20日至2012年7月20日的服务费（管理费）1500元，因在协议期满后，李光亮已明确表示不再续签合同，故法院亦不予支持。由于双方在自由组合协议中并未约定50%的违约金，故法院对顺达公司主张的50%违约金不予支持。

### 二审诉辩情况

顺达公司不服一审法院上述民事判决，向北京市第二中级人民法院提起上诉。其主要上诉理由是：一审判决认定事实不清，判决错误。顺达公司与李光亮之间所签订的挂靠协议约定：李光亮将车牌号码为Y75809福田汽车挂靠在顺达公司名下，车辆所有权归李光亮，挂靠期限为3年。即2008年7月29日至2011年7月19日，在挂靠期间李光亮需向顺达公司缴纳每年挂靠费用1500元，本约定合理合法，理应受法律保护。但李光亮并未如实交付挂靠费用的行为构成了严重违约，理应承担违约赔偿责任，并支付2008年7月29日至2011年7月20日期间拖欠的挂靠费用及违约金，合计5220元。一审法院判决认为2008年的管理费已过诉讼时效，与事实不符，该费用是持续发生的，不存在时间的失效问题。综上，一审法院判决违反事实，适用法律错误，请求二审法院撤销该判决，依法改判支持顺达公司反诉请求。

李光亮服从一审法院判决，其针对顺达公司的上诉理由答辩称：一审法院判决认定事实清楚、适用法律正确，应当予以维持。顺达公司所述拖欠管理费是不真实的，2008年的管理费已经在签订挂靠合同时交给顺达公司。顺达公司主张的2011~2012年的管理费没有依据，不应缴纳。合同的期限是3年，合同到期后，顺达公司不为李光亮办理过户手续，致使李光亮的车辆仍在顺达公司名下，故李光亮不应缴纳管理费。

### 二审裁判结果

北京市第二中级人民法院依照《中华人民共和国民事诉讼法》第153条第1款第1项之规定，判决如下：

驳回上诉，维持原判。

一审案件受理费25元，由北京顺达昌盛运输公司负担（于本判决生效后7日内交至一审法院），反诉案件受理费25元，由北京顺达昌盛运输公司负担（已缴纳）。

二审案件受理费25元，由北京顺达昌盛运输公司负担（已缴纳）。

本判决为终审判决。

### 二审裁判理由

北京市第二中级人民法院认为：李光亮与顺达公司之间签订的自由组合协议于2011年7月19日到期后，双方未再续签合同，合同自然终止。李光亮要求顺达公司办理车辆过户手续，符合协议约定，本院予以支持。对于顺达公司主张的2008年度的服务费（管理费）1500元，根据自由组合协议李光亮应每年一次性缴纳当年的管理费，顺达公司现在主张2008年度的管理费已超过2年的诉讼时效，故本院对顺达公司此项请求不予支持。双方签订的自由组合协议约定的合作期限为2008年7月20日至2011年7月19日，协议期满后，李光亮已明确表示不再续签合同，故顺达公司主张的2011年7月20日至2012年7月20日的服务费（管理费）1500元，缺乏事实和法律依据，本院不予支持。关于480元车船使用税，顺达公司已在一审中明确放弃该反诉请求，其在二审中再提出该请求没有法律依据，本院不予支持。关于违约金，由于双方在自由组合协议中并无相关约定，顺达公司此项请求缺乏事实和法律依据，本院亦不予支持。综上所述，一审法院判决认定事实清楚，适用法律正确，程序合法，处理并无不当，应予维持。

# 挂靠经营合同纠纷办案依据集成

**1. 财政部、国家工商行政管理局、国家经济贸易委员会、国家税务总局关于清理甄别"挂靠"集体企业工作的意见**（1998年3月24日 财清〔1998〕9号）（节录）

**一、切实提高对清理甄别工作意义的认识**

由于历史原因，在我国城镇集体企业群体中，一些非集体所有制的企业（单位）、社会团体或个人，在投资举办企业初期或发展过程中，为享受国家有关集体企业的优惠政策，或为取得有关的生产和经营资格，或为保持在生产经营活动中的信誉，或为便于获取有关证明材料，或因原主管部门及单位取消、变更等原因，在各地区、各部门形成了数量较多的"挂靠"集体企业。"挂靠"集体企业虽在工商行政管理部门登记注册为集体性质，但不少企业仅与主管部门、企业（单位）、社会团体之间采取自愿委托、任意划转或互相协商的松散管理方式，未纳入正常的集体经济管理范围。"挂靠"集体企业的长期存在，导致集体企业户数的虚增和资产总量的失真，影响了国家对不同公有制经济性质企业的正确判定，以及影响财会制度和税收政策的规范执行。为此，在1998年全国全面开展城镇集体企业清产核资中，将认真组织清理甄别"挂靠"集体企业作为重要工作内容之一，其必要性是：

（一）有利于准确摸清我国城镇集体企业的数量和资产状况，保证城镇集体企业清产核资工作的全面彻底。

（二）有利于促进集体企业改革和发展，促使集体企业加强管理，规范经营行为，切实减轻企业负担。

（三）有利于明晰企业产权关系，消除发生产权纠纷的隐患，维护各投资者的合法利益。

（四）有利于推动各类所有制企业公平竞争，维护经济正常管理秩序。

**二、清理甄别"挂靠"集体企业的工作范围**

根据全国城镇集体企业清产核资的有关规定，凡在各级工商行政管理部门登记注册为城镇集体企业，但资本来源主要为个人或国有企业（单位）投资、合资、合作，其现有财产构成不属于集体性质为主，采取上交一定管理费（挂靠费）名义上由有关主管部门、企业（单位）、社会团体临时管理、委托管理或"挂靠"管理等企业，均属此次清理甄别工作的范围。其包括：

（一）登记注册为集体但实际为私营（或个体）的企业。

（二）登记注册为集体但实际为国有的企业。

（三）登记注册为集体但实际为私营投资者共同投资举办和经营的个体联营或合伙业。

（四）登记注册为集体但实际为非国有经济与国有企业或单位投资举办的国有合资、合作或联营企业。

（五）登记注册为集体但已名存实亡，有关"挂靠"主管部门、企业单位、社会团体未督促在工商行政管理部门办理注销登记手续,仍对其承担管理责任的企业。

(六)登记注册为集体但不具有企业法人资格的各类"挂靠"社会团体或经营单位。

(七)登记注册为集体但因原主管部门、企业(单位)、社会团体撤销、合并、变更或划转其他单位临时"代管"的"挂靠"企业。

(八)登记注册为集体但其财产关系不清的各类"民营"等企业,以及其他类型的"挂靠"企业。

### 三、清理甄别"挂靠"集体企业的主要任务

各级清产核资机构在会同工商行政管理、经贸、税务等部门组织进行清理甄别"挂靠"集体企业的工作时,要认真完成下列工作任务:

(一)明晰企业财产归属。各级清产核资机构在初步判定企业性质后,要按照清产核资产权界定的有关规定,对企业资本来源及现有财产的产权,各投资者应占有的份额,或政府有关部门、企事业单位在"挂靠"企业中的投资、借款的数量予以具体明确,要查清"挂靠"企业享受国家优惠政策所形成的资产数量。

(二)对企业性质进行甄别。企业的所有制性质是企业法人登记制度中的一项重要内容,根据不同的财产所有权、资金来源及分配形式,核准企业不同的所有制或不同的经济性质是一项严肃的法律确认行为,各级清产核资机构要在户数清理的基础上,根据企业登记注册时的有关投资的原始凭证和历史资料,对企业性质做出准确判定,明确企业所有制性质。

(三)规范企业经营行为。对经清理甄别后认定为非集体性质的企业,各级清产核资机构要督促"挂靠"集体企业及时向工商行政管理、税务等部门申报有关文件和资料,变更企业性质。

### 四、清理甄别"挂靠"集体企业的基本方法

清理甄别"挂靠"集体企业要按照国家现行的城镇集体所有制企业条例、企业登记管理有关规定和城镇集体企业清产核资的工作要求进行,其主要内容和基本方法是:

(一)按照城镇集体企业清产核资户数清理、核查的具体要求,认真确定工作范围和对象,并将各类"挂靠"企业全部纳入清理甄别的工作范围,为全面铺开工作奠定基础。

(二)认真组织企业搜集、核实企业原始投资凭证和资金来源渠道,摸清现有财产数量、企业分配关系及享受的国家优惠政策等实际情况,为判定企业性质创造条件。

(三)按照城镇集体企业清产核资产权界定的政策规定,对企业现有资产、负债、权益进行认真界定,由各投资方签署界定文本文件,据此由清产核资机构出具产权界定的法律文件,划清投资来源或出资人,明确财产归属关系。

(四)对清理甄别后的各类"挂靠"集体企业应采取不同方式进行处理:

1. 对经核实为集体性质或集体资产与职工个人股权占绝对控股或相对控股的企业,纳入本部门、本地区清产核资工作范围,组织企业按照清产核资规定的工作内容,继续完成价值重估、资金核实、产权登记,并按规定填报完成集体企业各类统计报表;甄别结果和产权界定的文件应向工商行政管理、税务等部门备案。

2. 对经核实为国有性质的企业,经地市级人民政府批准作为国有企业。这些企业要按

照国有企业清产核资的有关规定，补课完成清产核资各项工作，单独填制报表汇总上报，并在清产核资后纳入国有资产统计范围。由各级清产核资机构出具有关证明材料，并由工商行政管理，税务等部门责令其限期办理变更企业经济性质和税务登记。

3. 对经核实属于集体与私营国有企业联营性质的集体企业，要按照集体企业对外投资的有关规定，查清各类对外投资及投资收益，对集体资产与职工个人资产控股的企业，要及时纳入集体企业财务和资产统计范围；对集体资产与职工个人资产不控的企业，由各级清产核资机构出具有关证明材料，由工商行政管理、税务等部门责令其限期办理变更企业经济性质或组织形式和税务登记。

4. 对经核实为私营或个人性质的企业，由各级清产核资机构出具有关证明材料，工商行政管理、税务等部门限期办理变更企业经济性质和税务登。

（五）各级清产核资机构要对清理甄别的"挂靠"集体企业的总体情况，包括集体企业总户数、清理甄别户数清理工作结果等，单独形成单位工作报告，并做好分类统计工作。

**五、清理甄别"挂靠"集体企业的有关要求**

清理甄别"挂靠"集体企业是一项十分复杂的工作任务，政策性强，涉及企业、部门等方方面面的既得利益，各级清产核资机构会同工商行政管理、经贸、税务等部门在组织开展此项工作时，要严格按照国家统一规定的产权界定政策进行，具体按下列规定办理：

（一）"挂靠"集体企业与主管单位之间，其产权关系有法律依据或约定的从其规定或约定，无约定的按照投资、借款或扶持性投入协商处理。

（二）对本企业职工以外的个人投入所占比重较大（50%以上）的企业，有明确国家对集体企业各项优惠政策在该企业所形成的集体资产份额后，可按原始投资比例确定其投资权益。

（三）为促进企业的稳定和发展，对经产权界后明确为私人资产的部分，经所有者同意仍留在企业使用并不变现的资产，按税法规定应缴纳个人所得税部分，可留作集体资产用于原企业的生产与发展。

（四）对原主办单位和主要经营者均未出资，主要靠贷款、借款所形成的资产，因企业的原因至今尚未归还贷款、借款的，按原实际担保人或承担连带责任的企业、单位的产权性质确定产权归属；企业已经归还贷款、借款或因债权方原因至今尚未归还贷款、借款的，经企业职工（代表）大会同意，确定归企业劳动者集体所有。

（五）认真按照本规定进行清理甄别的非集体企业，其资产损失和资金挂帐，允许比照城镇集体企业清产核资的有关优惠政策和财务规定处理；对经核实实收资本低于注册资本金的企业，由工商行政管理部门限期补足，逾期不补足的，按实收资本重新核定注册资本金。

## 2. 国家药品监督管理局关于取缔以挂靠形式开办药品经营企业的批复

（1999年10月15日　国药管市〔1999〕325号）（节录）

辽宁省医药管理局：

你局"关于解除挂靠企业问题的请示"（辽药〔1999〕102号）收悉。文中所述，你局一些直属企业"通过挂靠形式，使一些不具备医药批发资格的单位和个人开办了药品批发企业"的行为，违反了《中华人民共和国药品管理法》及"国务院关于进一步加强药品管理工作的紧急通知"（国发〔1994〕53号）的有关规定。对上述挂靠单位和个人，不存在股份制合作和股份制改造的问题，更不允许其保留医药批发资格，必须坚决依法予以取缔。

**3. 对外贸易经济合作部、国家税务总局关于重申规范进出口企业经营行为严禁各种借权经营和挂靠经营的通知**（2000年9月7日 外经贸发展发〔2000〕第450号）（节录）

一、各类进出口企业不得让其它企业以进出口企业名义对外签订进出口合同或以挂靠经营的方式从事进出口业务，对已经挂靠的企业要立即解除挂靠关系，不得继续经营。

二、各级外经贸主管部门要加强对各类进出口企业的政策宣传和法制教育，要求企业自觉遵守国家的法律、法规，牢固树立守法经营的观念。对存在借权经营和挂靠经营问题的企业，要采取有效措施，坚决制止，责令其进行整顿并立即终止借权经营和挂靠经营。

三、各级税务部门要严格执行《财政部、国家税务总局关于出口货物税收若干问题的补充通知》（财税字〔1997〕14号）的有关规定，并严格审查办理的出口退税是否符合规定，对属于借权、挂靠经营的企业不得办理出口退税。

四、从事进出口代理业务的企业要严格执行《对外贸易经济合作部、海关总署、国家外汇管理局关于印发〈规范进出口代理业务的若干规定〉的通知》（〔1998〕外经贸政发第725号）的有关规定，切实履行进出口业务代理人的职责，坚决杜绝以"四自三不见"的方式从事借权经营和挂靠经营。

**4. 最高人民法院关于原北京市北协建设工程公司第三工程处起诉北京市北协建设工程公司解除挂靠经营纠纷是否受理问题的复函**（2003年8月28日〔2003〕民立他字第3条）

北京市高级人民法院：

你院京高法〔2002〕306号《关于原北京市北协建设工程公司第三工程处起诉北京市北协建设工程公司解除挂靠经营纠纷是否受理问题的请示》收悉。经研究认为，原北京市北协建设工程公司第三工程处符合最高人民法院《关于适用〈中华人民共和国民事诉讼法〉若干问题的意见》第四十条第（9）项规定的"其他组织"的条件，其作为原告起诉北京市北协建设工程公司解除挂靠经营关系，人民法院应予受理。

## 十、企业兼并合同纠纷

**14. 承债式兼并完成后，被兼并方能否保留独立的法人资格？**

承担债务式兼并，即在被兼并企业的资产与负债等价的情况下，兼并企业以承担被兼并企业的债务为条件接受其资产。承债式兼并属于吸收合并，其结果是被兼并企业所有资产整体归入兼并企业，法人主体资格丧失。

### 典型疑难案件参考

成都华纳化工有限公司与成都仁新化工厂等兼并纠纷上诉案（四川省成都市中级人民法院〔2008〕成民终字第1330号）

### 基本案情

成都仁新化工厂（以下简称仁新厂）原为乡镇集体所有制企业，2000年12月25日，郫县乡镇企业改制工作领导小组出具的郫改办改〔2000〕39号批复确定仁新厂已改制为私营企业，并同意仁新厂被成都正光化工实业有限公司（以下简称正光公司）兼并。2001年2月26日，正光公司与仁新厂、杨仁新及成都正光实业股份有限公司签订了一份《兼并协议》，约定兼并方式为承债式及正光公司承担仁新厂职工安置费用的方式，兼并总价款为185万元（其中84万元的债务、101万元的职工安置费）。支付方式为：（1）正光公司代仁新厂向中国农业银行郫县支行偿还借款本金84万元，协议生效之日起至款项付清之日止的资金利息由正光公司承担，正光公司该项义务履行完毕之日，仁新厂的国有土地使用证即可解除抵押关系，仁新厂及杨仁新应配合正光公司办理该证的过户手续；（2）正光公司应在协议生效后5日内，向仁新厂支付30万元；（3）正光公司应于2001年6月30日前向杨仁新支付20万元；（4）正光公司应于2001年12月31日前向杨仁新支付51万元；（5）《兼并协议》生效之日起10日内，仁新厂应向正光公司交付仁新厂名下的所有资产（包括但不限于机器、设备、厂房及划拨性质的土地使用权等资产），并应在资产移交后全力配合正光公司办理该等资产产权手续和仁新厂的工商变更登记手续。合同签订后，仁新厂向正光公司移交了《兼并协议》中约定的有关财产，正光公司于2001年3月26日向仁新厂支付了兼并款30万元，又于2001

年4月28日至2004年3月31日期间分次向仁新厂支付了兼并款120万元，以上合计150万元。之后正光公司则再没有向仁新厂及杨仁新支付任何款项，至今尚欠35万元。另外，从资产移交至今，仁新厂从未作任何工商变更登记，对此，原审原告华纳公司在起诉之前也从未向仁新厂及杨仁新提出过异议。另查明，正光公司已于2006年4月26日变更为华纳公司。

### 一审裁判结果

成都市郫县人民法院依照《中华人民共和国民事诉讼法》第128条、第64条，最高人民法院《关于民事诉讼证据的若干规定》第2条的规定，判决驳回华纳公司的诉讼请求。本案受理费18300元，由华纳公司承担。

### 一审裁判理由

成都市郫县人民法院认为，华纳公司与仁新厂、杨仁新及成都正光实业股份有限公司签订的《兼并协议》合法、有效，应受到法律保护，各方都应自觉履行合同约定的义务。虽然仁新厂及杨仁新在庭审中提出仁新厂是集体所有制企业，郫县乡镇企业改制工作领导小组无权对华纳公司与仁新厂兼并进行批准，郫改办改〔2000〕39号批复及《兼并协议》均是无效的，但在没有相关证据证明且未经相关程序推翻郫改办改〔2000〕39号批复效力的情况下，只能推定该批复合法、有效。因此，华纳公司与仁新厂、杨仁新依据郫改办改〔2000〕39号批复而签订的《兼并协议》也是合法有效的。仁新厂及杨仁新还提出仁新厂的厂房和土地已抵押给了中国农业银行郫县支行，兼并事项并未通知该行，故兼并协议是无效的，但仁新厂、杨仁新的该主张缺乏证据证明，法院也不予支持。华纳公司在庭审中提出要求法院依法确认仁新厂已被华纳公司兼并，其所有权归华纳公司所有，该厂全部债权债务由华纳公司享有和承担。但本案中，华纳公司至今未付清兼并款，兼并并未完成，因此，华纳公司的该诉讼请求缺乏事实依据，法院不予支持。虽然，华纳公司在庭审中提出其未付清余款是因为怕仁新厂转移资产而行使的不安抗辩权，但并未提交相关证据证明其主张，因此对华纳公司的该主张，法院不予支持。华纳公司提出要求杨仁新将仁新厂的全部证照及印鉴交付给华纳公司的诉讼请求，法院认为，华纳公司对仁新厂的兼并至今没有完成，华纳公司的这一诉讼请求没有任何合同依据，法院不予支持。另外，华纳公司称杨仁新及仁新厂拒绝协助其办理仁新厂的工商变更登记，请求法院判令二者协助将仁新厂的法定代表人变更为华纳公司指定的自然人（顾雪宇），但华纳公司的这一诉讼请求缺乏事实依据，法院不予支持。

### 二审诉辩情况

宣判后，原审原告华纳公司不服，向成都市中级人民法院提起上诉，其上诉请求：（1）撤销原判决；（2）依法改判支持上诉人的一审诉讼请求；（3）本案一、二审全部诉讼费用由被上诉人承担。其上诉事实和理由为：（1）一审法院认定上诉人并未完成兼并被上诉人仁新厂事项，属认定事实严重不清。本案大量证据显示：仁新厂事实上已被上诉人兼并，其所有权依法应归上诉人所有；一审中，上诉人没有支付余下少部分兼并款是因为其多次要求被上诉人办理相关过户手续和相关工商变更登记手续均未果，上诉人为保护其合法权益而依法行使的不安抗辩权。（2）一审法院认定从资产移交至今，被上诉人"仁新厂"从未做任何工商变更登记，对此，上诉人在起诉之前也从未向两被上诉人提出过异议，属认定事实不清。一审开庭中上诉人陈述其在起诉前曾多次要求被上诉人办理相关过户手续和相关工商变更登记手续，但被上诉人均不履行该合同义务，而非一审法院认定的上诉人起诉前对此从未提出过异议；一审法院作出的该事实认定没有任何证据予以证明。（3）一审法院以"仁新厂"的兼并至今没有完成为由，认为上诉人要求被上诉人杨仁新交付"仁新厂"全部证照及印鉴的请求没有合同依据，属于认定事实严重不清。上诉人及被上诉人签订的《兼并协议》即为上诉人该部分诉讼请求的合同依据；被上诉人交付资产、证照之义务是其交付资产这一合同主要义务所衍生出来的附随义务，该主要义务已切实履行。（4）一审法院认为上诉人请求判令被上诉人协助将"仁新厂"的法定代表人变更为上诉人指定的自然人（顾雪宇）的诉请没有事实根据，一审法院认定该事实不清。法定代表人的变更登记属工商变更登记的内容之一，上诉人与被上诉人签订的《兼并协议》中明确约定合同当事人应办理相关工商变更登记，且该《兼并协议》现已经一审法院确认合法有效，故被上诉人应履行该合同约定的义务；如前所述本案兼并协议的主要义务已履行，兼并事实已不可逆转，上诉人与被上诉人应继续全面履行该协议约定的义务。（5）一审法院适用法律错误。一审法院判决适用法律前后严重不一致，认定上诉人与被上诉人签订的《兼并协议》合法有效的同时，对因实际履行合同而产生的本案纠纷具体如何处理却未依照《中华人民共和国合同法》之相关规定作出判决，仅适用程序法；本案应依照《中华人民共和国合同法》相关规定，判决支持上诉人的一审诉讼请求。（6）在一审的审判程序方面，上诉人认为也存在相当多的错误。审限超过6个月，通知当事人到庭参加宣判，却又取消。

被上诉人仁新厂口头辩称，原判决处理正确，仁新厂是乡镇集体所有制企业，其兼并事项未经职代会讨论通过，兼并协议无效，对方也有大量的义务没有履行，兼并协议无法实际履行。

被上诉人杨仁新口头辩称，同意仁新厂的答辩意见，兼并的目的无法实现。

### ▎二审裁判结果▎

成都市中级人民法院依照《中华人民共和国民事诉讼法》第153条第1款第2项、《中华人民共和国合同法》第60条、第90条之规定，判决如下：

一、撤销成都市郫县人民法院〔2007〕成郫民初字第750号民事判决；

二、成都华纳化工有限公司与成都仁新化工厂所签兼并协议有效，成都仁新化工厂应于本判决生效之日30日内向成都华纳化工有限公司协助提供其全部证照及印鉴（包括营业执照、税务登记证、组织机构代码证、国有土地使用证、公章、财务专用章等）。

三、驳回成都华纳化工有限公司的其余诉讼请求。

本案案件受理费18300元，被上诉人仁新厂负担16470元，上诉人华纳公司负担1830元。一审诉讼费的负担方式照此执行。

本判决为终审判决。

### ▎二审裁判理由▎

成都市中级人民法院二审查明事实与一审一致。且双方当事人对原审查明事实均无异议，故本院予以确认。

成都市中级人民法院认为：本案争议的焦点是案涉兼并协议的效力。由于乡镇集体所有制企业与私营企业在兼并时适用法律不同，直接影响对兼并协议效力的认定，因此必须先确认被兼并企业仁新厂的企业性质。上诉人华纳公司主张，应按照郫县乡镇企业改制工作领导小组颁发的郫改办改〔2000〕39号《关于同意成都仁新化工厂被兼并的批复》认定被兼并企业的性质为私营企业。两被上诉人则辩称，企业的性质应以工商登记的乡镇集体所有制企业为准。本院认为，仁新厂的性质虽然工商登记为乡镇集体所有制企业，但与郫县乡镇企业改制工作领导小组的批复内容矛盾。该批复载明仁新厂于1999年12月15日通过郫县乡镇企业改制办批准，已改制为私营企业，并同意其被兼并。为此，仁新厂应该到工商行政管理部门办理相应变更登记，而其未履行相关手续，责任应归咎于仁新厂。鉴于我国部分改制企业目前不尽规范的现状，以及结合当时改制的历史背景，仁新厂的企业性质应据实认定为私营企业，而国家法律、法规对私营企业的兼并在程序上并无特别规定。因案涉兼并协议是各方真实意思表示，其主要内容并不违反国家有关法律、法规的禁止性规定，故兼并协议合法有效。仁新厂以其仍属乡镇集体所有制企业性质，兼并未经集体成员讨论通过而无效的抗辩主张不能成立，本院不予支持。

华纳公司认为一审认定兼并协议有效，却未对因实际履行合同产生的纠纷如何处理作出判决。鉴于在协议签订后，仁新厂已向华纳公司移交了协议中约定的有关财产，华纳公司也支付了150万元兼并款，从诚信和维护交易安全的角度出发，兼并协议应继续履行。本案双方在兼并协议中约定兼并方式为承债式，属于吸收合并。吸收合并的结果是吸收方发生资产上的变动，被吸收方丧失法人资格，其资产包括负债由兼并企业继承。因此，吸收合并本质上不允许虽是吸收合并，但仍保留被吸收企业的主体地位，故上诉人华纳公司在被兼并企业仁新厂理应注销的情况下，要求两被上诉人协助办理仁新厂法定代表人的工商变更登记手续的诉讼主张本院不予支持。由于本案兼并协议并未履行完毕，仁新厂也未注销法人资格登记，华纳公司应通过工商行政管理部门依法办理仁新厂注销登记，通过仁新厂的注销登记实现资产和负债由华纳公司享有和承担的主张。在华纳公司办理上述手续中，仁新厂应协助提供所需的证照。综上，原判认定事实清楚，审判程序合法，但仅以兼并事项未完成，全部驳回华纳公司的诉讼请求不当，应予纠正。

## 企业兼并合同纠纷办案依据集成

**1. 全民所有制工业企业转换经营机制条例**（2011年1月8日修正）（节录）

第十六条 企业享有联营、兼并权。

企业有权按照下列方式与其他企业、事业单位联营：

（一）与其他企业、事业单位组成新的经济实体，独立承担民事责任、具备法人条件的，经政府有关部门核准登记，取得法人资格；

（二）与其他企业、事业单位共同经营，联营各方按照出资比例或者协议的约定，承担民事责任；

（三）与其他企业、事业单位订立联营合同，确立各方的权利和义务。联营各方各自独立经营、各自承担民事责任。

企业按照自愿、有偿的原则，可以兼并其他企业，报政府主管部门备案。

**2. 国家经济贸易委员会、中国人民银行关于试行国有企业兼并破产中若干问题的通知**（1996年7月25日 国经贸企〔1996〕492号）（节录）

六、企业兼并要本着自愿有偿的原则，严禁"拉郎配"。凡已清产核资的企业进行兼并，不再进行资产评估。兼并中的土地增值税按照财政部、国家税务总局《关于土地增值税一些具体问题规定的通知》（财税字〔1995〕48号）的规定免收。不改变土地使用用途的，土地出让金原则上暂不征收。

**3. 最高人民法院关于审理与企业改制相关的民事纠纷案件若干问题的规定**（2003年1月3日 法释〔2003〕1号）（节录）

第三十条 企业兼并协议自当事人签字盖章之日起生效。需经政府主管部门批准的，兼并协议自批准之日起生效；未经批准的，企业兼并协议不生效。但当事人在一审法庭辩论终结前补办报批手续的，人民法院应当确认该兼并协议有效。

第三十一条 企业吸收合并后，被兼并企业的债务应当由兼并方承担。

第三十二条 企业进行吸收合并时，参照公司法的有关规定，公告通知了债权人。企业吸收合并后，债权人就被兼并企业原资产管理人（出资人）隐瞒或者遗漏的企业债务起诉兼并方的，如债权人在公告期内申报过该笔债权，兼并方在承担民事责任后，可再行向被兼并企业原资产管理人（出资人）追偿。如债权人在公告期内未申报过该笔债权，则兼并方不承担民事责任。人民法院可告知债权人另行起诉被兼并企业原资产管理人（出资人）。

第三十三条 企业新设合并后，被兼并企业的债务由新设合并后的企业法人承担。

第三十四条 企业吸收合并或新设合并后，被兼并企业应当办理而未办理工商注销登记，债权人起诉被兼并企业的，人民法院应当根据企业兼并后的具体情况，告知债权人追加责任主体，并判令责任主体承担民事责任。

**第三十五条** 以收购方式实现对企业控股的,被控股企业的债务,仍由其自行承担。但因控股企业抽逃资金、逃避债务,致被控股企业无力偿还债务的,被控股企业的债务则由控股企业承担。

## 十一、联营合同纠纷

### 15. 如何认定企业之间的联营合同？

根据《中华人民共和国民法通则》第52条规定，企业之间或者企业、事业单位之间联营，共同经营、不具备法人条件的，由联营各方按照出资比例或者协议的约定，以各自所有的或者经营管理的财产承担民事责任。在本案中，原、被告签订的《饲料厂合作合同》约定的合作方式是由原告以自有的生产车间、厂房设备，被告以各种饲料商标、市场销售、具体生产经营管理、配方技术共同出资，合同虽然约定饲料厂日常的经营管理由被告负责，但同时也约定了原告派出财务人员到饲料厂担任会计和出纳，即原告实际上也参与了饲料厂的经营管理。原、被告均是具备独立主体资格的企业法人，其以合同约定双方共同投资、并实际上也共同经营管理了饲料厂，故原、被告签订的《饲料厂合作合同》性质上是联营合同。

### 16. 联营合同中关于企业之间借款的条款是否有效？

根据最高人民法院《关于对企业借贷合同借款方逾期不归还借款的应如何处理的批复》的规定，企业借贷合同违反有关金融法规的规定，属于无效合同。合同期满后，借款方逾期不归还本金，当事人起诉到人民法院的，对自双方当事人约定的还款期满之日起，至法院判决确定借款人返还本金期满期间内的利息，应当收缴，该利息按借贷双方原约定的利率计算，如果双方当事人对借款利息未约定，按同期银行贷款利率计算。在本案中，原、被告签订的《饲料厂合作合同》约定了500万元是借款，且《饲料厂合作合同》中约定原告对饲料厂投资的方式是生产车间、厂房设备，并未包括该500万元。而且后原、被告双方签订的《借款证明》也确定了被告收到了该500万元借款。因企业借贷合同属于无效合同，故原、被告约定的借款500万元，按照上述司法解释的规定计算所得的利息应当依法予以收缴，而非由被告向原告支付利息。

## 典型疑难案件参考

### 广州陆仕水产企业有限公司诉广州鹭业水产有限公司联营合同纠纷案

#### 基本案情

原告广州陆仕水产企业有限公司与被告广州鹭业水产有限公司于2001年12月19日签订了一份《饲料厂合作合同》，原告为甲方，被告为乙方。合同约定：（1）甲方同意用位于炭步镇社岗村陆仕路一号的自有饲料厂生产车间厂房、设备与乙方合作经营，作生产饲料用。合作期由2002年1月1日起至2007年12月31日止，甲方应于2002年1月1日前交付给乙方使用，并保证自有饲料厂生产车间厂房、设备交付的完好。（2）合作期间，饲料厂实行内部独立核算，独立建账，并就饲料厂款项于银行设专户专款专用，所有饲料厂营运收支均用乙方名义在前述专户中支取。安全生产、经营管理均由乙方负责，乙方以自己的名义生产、销售饲料，以乙方名义纳税。由乙方承担合作项目的权利和义务。（3）合作期间，甲方同意将500万元人民币无息借给乙方作生产经营专用。甲方应于2002年3月15日前将产品、原材料等共计500万元人民币移交乙方，并由乙方开立收据为凭。500万元人民币的计算方式为：尚存于饲料厂的半成品及原材料的折价，但折价须经双方同意并签名于清单，折价不足500万元人民币的部分甲方须以金钱补足。（4）合作期间，乙方负责厂房、设备的保管、保养、维修和安全使用。若有人为损坏，应及时修复，费用由合作项目之专户支取。承包期满，乙方应当把上述厂房设备完好交还给甲方，但设备自然老旧、耗损等非人为损失，乙方不负责。（5）……（6）上述借款乙方应当专款专用，在厂内盈利时应当先行安排归还甲方，最迟应当在2005年1月15日前归还。为保证上述借款的使用安全，使用上述借款期间，饲料厂凡有逾期3个月应收账款未收回的，乙方应于10日内以等值自有资金先予垫付。（7）合作期间，由甲方向饲料厂派驻两名财务监督员，兼任厂会计和出纳，工资由乙方支付。财务监督员负责监督厂的生产经营和资金的使用。（8）乙方应于2005年1月15日前以合作项目的税后获利返还甲方500万元人民币，若无力偿还该款则合约自然终止。合作期间，每年1月份，双方共同或共同委托会计师事务所对饲料厂上一年度的生产经营进行审计。税后获利优先返还甲方，原则上由甲方分配80%，乙方分配20%，但自500万元人民币返还完毕之日起税后获利由甲方分配60%，乙方分配40%。（9）合作期间，甲方另向乙方提供饲料厂内25亩的土地给乙方使用，使用期与合作期相同。甲方应于 2002 年 1 月 1 日前将土地移交给乙方。(10) 上述土地使用费每年 2.5 万元，乙方应于每年 1 月 1 日前向甲方缴纳。合同还约定了其他条款和违约责任。其中违约责任的第 2 条约定，乙方违反本合同第 6 条的约定，在 2005 年 1 月 15 日前不能向甲方归还全部借款的，甲方可单方面解除合同；第 3 条约定，乙方违反本合同第 8 条、第 10 条的约定，每延迟一天应向甲方支付应付金额的万分之五的延付金。逾期一个月以上的，甲方有权解除合同并由乙方承担赔偿责任。合同由双方盖章并由双方法定代表人签名。

此后，双方对厂房、设备及工作人员进行了移交，双方于 2001 年 12 月 30 日及次日分别于《饲料厂移交清单》上盖章并由法定代表人签名。2002 年 3 月 28 日，原、被告的法定代表人签订了一份《账务处理协议书》，协议书内容共有 10 项，包括：原告现有库存之原料、包装物价值计 1697045.97 元及 2002 年 1～2 月被告业已领用 224201.26 元，合计 1921247.23 元，依其购入单价开立发票给被告；2002 年土地使用费 25000 元及 1～2 月原告代付之水电费等计 15395.11 元（附明细），依其原价开立发票给被告；桑塔纳等四辆轿车、货车以 208000 元出售给被告并即开立发票。（牌照号 A70009、A00388、A71137 三辆车过户费收据 2518 元还给被告做账）；原告向被告购入鳗鱼料以每吨 6800 元计价；被告养殖场及厦门鹭业（广州）进料之单价依据下列方式计价：(1) 亲鱼料及候补亲鱼料：依照一般罗非鱼料之最低价格计价，如有添加其他配方时再依各配方之成本价加入；(2) 其他料依照经销商之最低价格计价；原告现有成品库存请被告全部以每吨 800 元代为出售；原告每月须依照饲料厂账上设备、厂房计提折旧；被告如有获利，分配给原告之利润，原告应开立出售配方之发票给被告；依照合作合同中原告出售应收账款给被告计 2000 万元，请被告签盖形式上函证（陈总查询财务顾问后再议）；往后原告如有代被告支付各项费用，应于当月开立发票给被告清款。

2002 年 12 月 7 日，双方签订了一份《借款证明》，证明内容主要是原告依合作条约应贷予被告的 500 万元周转金，已全数借予被告。借款证明上有原告的盖章及法定代表人的签名和印章，盖有被告的财务专用章并由被告法定代表人签名。500 万元的构成包括：现金 1477323 元、原物料折款 1831383.77 元、鱼塘租金 1250151 元、柴油款 209616.78 元、车辆折款 209430 元、土地使用费 25000 元、其他 78265.49 元，扣除原告领饲料款 81800 元，共计 4999370.04 元。

在经营过程中，该饲料厂未办理工商登记手续，对外经营均以被告的名义进行。后双方发生矛盾，原告诉诸广州市花都区人民法院成讼。饲料厂自 2004 年 8 月停产至今。

法院受理该案后，依原告的申请并提供担保，法院作出了〔2004〕花法民二初字第427号民事裁定书，查封了被告价值5620000元的财产。因查封的财产部分的饲料原材料属易损耗物，法院要求原、被告对其进行变卖处理未成，经双方于2004年9月21日协商并达成协议，以5万元价格由被告购得，所得款项存入法院代管款账户，作为财产保全的替代款。后被告于2004年8月13日提出管辖权异议，法院依法以〔2004〕花法民二字初第427号民事裁定书作出裁定，驳回被告对本案管辖权提出的异议。之后，被告不服本院裁定，上诉于广州市中级人民法院，广州市中级人民法院以〔2004〕穗中法立民终字第1443号民事裁定书驳回上诉，维持原裁定，于2005年1月10日向原、被告双方送达裁定书完毕，并于2005年1月17日重新指定举证期限。

诉讼中，原告于2005年1月28日以为查明饲料厂的实际经营情况、利于本案的审理为由向法院提出申请，要求对饲料厂账务进行审计，内容包括：饲料厂的实际经营情况、真实财务状况，及被告对500万元借款的使用情况（实际是盈利还是亏损）等，饲料厂的资金流向、现有资产的情况（含应收款及应付款债权凭证等）。审计账目的起止时间为自原告借款之日起至2005年1月28日止。法院于2005年2月4日经摇珠选定，于2005年2月8日委托广州市安正达会计师事务所对饲料厂的账册进行审计。会计师事务所于2005年4月14日向法院提交审计报告，审计报告的审计情况包括：（1）饲料厂2002年1月8日至2005年1月8日的经营总支出为35712842.55元，经营总收入为36673900.67元，经营利润为961058.12元；（2）饲料厂2002年1月8日至2005年1月31日账列向原告借入资金5256453.85元；等等。法院于2005年4月26日将审计报告送达与原、被告，后双方对审计报告提出书面意见，法院要求会计师事务所进行重新审计和说明，该所于2005年5月13日提交说明。对一些尚待明确的问题，法院要求会计师事务所再次进行补充审计，该所于2005年7月5日就有关问题再次提交补充说明。

▶ 一审裁判结果

广州市花都区人民法院根据《中华人民共和国民法通则》第52条，《中华人民共和国合同法》第52条第5项、第56条、第93条第2款，最高人民法院《关于审理联营合同纠纷案件若干问题的解答》第7条第2款的规定，判决如下：

一、原告广州陆仕水产企业有限公司与被告广州鹭业水产有限公司于2001年12月19日签订的《饲料厂合作合同》中关于原告借款500万元给被告的条款无效。

二、被告广州鹭业水产有限公司自本判决生效之日起 10 日内返还借款本金 500 万元给原告广州陆仕水产企业有限公司。

三、解除原告广州陆仕水产企业有限公司与被告广州鹭业水产有限公司于 2001 年 12 月 19 日签订的《饲料厂合作合同》。

四、被告广州鹭业水产有限公司于本判决生效之日起 10 日内支付 2003 年至 2004 年度土地使用费 50000 元给原告广州陆仕水产企业有限公司。

五、被告广州鹭业水产有限公司于本判决生效之日起 10 日内将位于广州市花都区炭步镇社岗村陆仕路一号的饲料厂厂房、设备及占用的土地返还给原告广州陆仕水产企业有限公司。

六、驳回原告的其他诉讼请求。

案件受理费 37860 元，由原告承担 2600 元，由被告承担 35260 元；财产保全费 28370 元，由被告承担；审计费用 63000 元，由原告承担 31500 元，由被告承担 31500 元。

### 一审裁判理由

广州市花都区人民法院认为：关于本案审计的法律关系，根据原、被告签订的《饲料厂合作合同》的约定，原告以自有的生产车间厂房、设备，被告以各种饲料商标、市场销售、具体生产经营管理、配方技术共同出资，合同虽约定经营管理由被告负责，但同时约定原告派出财务人员，负责监督饲料厂的经营管理和资金的运作，则原告实际上亦参与经营管理。双方约定成立的饲料厂不具备法人资格，因此，该合同应为联营合同。关于《饲料厂合作合同》约定的 500 万元借款条款的效力问题。根据我国金融法规的规定，企业之间的借贷行为无效。现原、被告在《饲料厂合作合同》中约定，由原告借款 500 万元给被告，虽然该借款除部分现金外，还包括原材料折款、鱼塘租金、柴油款、车辆折款、土地使用费等，但双方事后签订了《借款证明》，被告承认已收到原告借款 500 万元，所以原、被告之间的借款事实成立。虽在借款明细表上，借款实际金额为 4999370.04 元，但双方在《借款证明》中确定金额为 500 万元，故法院认定借款金额为 500 万元。但因合同中该约定违反了法律和行政法规的强制性规定，故借贷关系无效。双方签订的《饲料厂合作合同》第 1 条已明确，原告用于联营的资产为自有饲料厂生产车间及厂房、设备，并未包括其他资金和资产；而从借款构成中可以看出，该借款包括被告自身拖欠原告的鱼塘租金等，且被告亦已开具《借款证明》；审计报告亦可证明，该款项并非全部用于双方联营的饲料厂。故法院认定该借款的主体为被告。至于被告借款后用于饲料厂的部分，则属饲料厂与被告之间的另一法律关系。被告称该借款系原告向联营饲料厂的投资及借款主体为联营的饲料厂的答辩意见与事实不符,法院不予采纳。因双方关于借款500万元的约定无效,故应按无效合同处理,被告应返还500万元借款给原告。因双方的借款关系无效,故原告要求支付利息,法院不予支持。合同部分无效,并不影响其他部分的效力。《饲料厂合作合同》经原、被告协商而签订,其内容是双方的真实意思表示,除关于500万元借款的条款无效外,其余条款有效。本案中,原告虽为中外合资企业,但与被告联营的饲料厂并不具备法人资格,也并非在结果层面表现为设立中外合资或者中外合作经营企业,合同其他条款并不违反《中华人民共和国中外合资经营企业法》和《关于外商投资企业境内投资的暂行规定》的强制性规定,故原告认为合同其他条款无效的理由缺乏法律依据,不予采纳。关于土地使用费问题,因合作合同约定了被告应于每年1月1日向原告缴纳土地使用费25000元,从借款明细表中可以看出,原、被告已将2002年土地使用费25000元纳入借款500万元中,足以证明原告已将合同约定的土地交付与被告。现原告要求被告支付2003年和2004年年度土地使用费5万元,被告不能提供证据证明其已经缴纳该笔费用,故对原告的该诉讼请求,予以支持。关于是否解除合同的问题,合同法规定,当事人可以约定一方解除合同条件。解除合同的条件成就时,解除人可以解除合同。合作合同第18条违约责任第3款约定,"乙方违反合同第八条、第十条的约定,每延迟一天应向甲方支付应付金额的万分之五的延付金。逾期一个月以上的,甲方有权解除合同并由乙方赔偿损失"。现被告逾期支付土地使用费已超过1个月以上,根据合作合同的约定和法律的规定,被告已构成违约,原告有权解除合同。且原、被告因本案所涉诉讼而产生矛盾,已缺乏联营基础,饲料厂亦至今停业,双方订立合同目的无法实现。故原告要求解除《饲料厂合作合同》的诉讼请求,本院予以支持。关于原告要求支付水电费和住宿费的问题。合作合同第14条约定了合作期间,被告必须按月规定缴纳水电费,但并不能明确被告应向原告缴纳水电费,合同中亦未约定被告应支付员工宿舍住宿费。故原告要求支付水电费和住宿费88286.30元的诉讼请求,不予支持。关于饲料厂的清算问题。对原、被告成立的联营体进行清算,包括清理联营体财产、处理与清算有关的联营体未了事务、清缴所欠税款、清理债权债务、处理联营体清偿债务后的剩余财产等方面,因此,其清算应由原、被告自行进行。现原告以联营合同纠纷向法院提起诉讼,法院仅对合同效力、是否终止合同、违约责任等作出判决。故原告提出由本院组织清算没有法律依据。根据合作合同第4条的约定,承包期满,被告应当把上述厂房设备完好地交还给原告。现法院判决解除合同,根据最高人民法院《关于审理联营合同纠纷案件若干问题的解答》第7条第2款关于"在清退联营投资时,联营各方原投入的设备、房屋等固定资产,原物存在的,返还原物"的规定,现饲料厂的厂房、设备及土地均在,饲料厂的原有厂房、设备及土地应返还给原告。

### 二审诉辩情况

一审判决后,被告广州鹭业水产有限公司以一审法院未查明事实,避开审计结论,适用法律错误为由,上诉至广州市中级人民法院。

### 二审裁判结果

广州市中级人民法院依照《中华人民共和国民事诉讼法》(1991年施行,现已被修订)第153条第1款第1项,判决如下:

驳回上诉,维持原判。

二审案件受理费37860元,由上诉人负担。

本判决为终审判决。

### 二审裁判理由

广州市中级人民法院审理认为,双方当事人依据《饲料厂合作合同》约定被上诉人派员参与管理,营利按比例分配,上述约定符合联营合同的特征,原审判决对合同性质的认定正确。《饲料厂合作合同》第3条明确约定500万元系借款,合同约定了还款期限,上诉人还向被上诉人开具了《借款证明》,上述事实充分证明500万元的性质系借款。上诉人主张该款系联营投资款,理由不成立,法院不予采纳。《饲料厂合作合同》第9条约定上诉人租赁的是被上诉人工厂内的土地,工厂已经交付上诉人经营,厂内土地应当一并交付,上诉人认为未交付的,上诉人应当举证证实。上诉人不能举证证实,法院认定被上诉人已经交付合同约定租赁的土地。在《借款证明》中有2.5万元的土地使用费冲作借款,由此可见,上诉人已经给付过部分土地使用费,由此可认定上诉人已经在使用该地。上诉人主张对方当事人未交付土地,理由不充分,法院不予支持。合同一经生效,合同当事人不得任意解除合同,除非有法定或意定的事由。《饲料厂合作合同》第18条第2项的约定,赋予了被上诉人合同解除权,上诉人未按约定归还500万元借款,被上诉人有权解除《饲料厂合作合同》。由于本案系合同型联营,没有形成联营体,因此也就没有独立的民事主体资格,也就不存在联营体清偿债务的问题。本案处理的是联营双方当事人之间的合同关系,联营对外债务应由债权人主张,未主张的权利,法院不予调处。因此,上诉人主张先清偿债务,后处分财产的理由不成立,法院不予支持。综上所述,原审判决认定事实清楚,适用法律及处理正确,可予维持。上诉人上诉理由不充分，应予驳回。

> **17. 联营企业从原来的非法人企业变更为法人后，联营各方关于对外负债承担连带责任的约定是否仍然有效？**
>
> 　　不具备法人资格的合伙型联营经工商登记变更为有限责任公司的，原合伙型联营各方的关系变成有限责任公司股东之间的关系。原合伙型联营各方关于联营体对外债务负连带责任的约定，在变更后的有限公司股东之间并不必然具有约束力。

### 典型疑难案件参考

广州市花都区田美村发展公司诉广州机电厂联营合同案

▶ **基本案情**

　　原告广州市花都区新华镇田美村经济发展公司与被告广州电机厂于1988年12月8日签订了一份《协议书》，约定由双方各投资160万元成立联营体，新购设备价款由联营体向当地银行贷款（由原告联系解决），按投资股比例分摊，联营体的流动资金向当地银行贷款。原、被告依约于1989年1月申请成立了联营体田美分厂进行经营。1989年10月11日，双方又签订一份《横向联合补充协议》，约定田美分厂向当地银行借贷款项如到期不能偿还，则由原、被告共同负责还清，各承担50%。1992年6月6日，田美分厂更名为广州电机厂（新华）特殊电机电器制造公司（以下简称电器制造公司），1997年2月26日再次更名为广州电机厂（新华）特殊电机制造有限公司（以下简称为新华电机公司），企业性质由集体合伙型联营变更为有限责任公司（法人型联营）。新华电机公司于2000年3月至12月期间向广州市新华农村信用社（以下简称新华信用社）借款464万元，并由原告提供保证担保。后来，新华信用社以新华电机公司未能清偿到期贷款为由，向广州市花都区人民法院提起诉讼，广州市花都区人民法院依法作出〔2001〕花法经初字第782号至790号民事判决书，判决新华电机公司清偿借款本金及利息，承担该系列案件诉讼费，并由原告承担连带清偿责任。现原告以其已履行连带清偿责任，依据《横向联营补充协议》，诉请被告对上述欠款本息及诉讼费承担50%的责任。

　　另〔2001〕花法经初字第782号至790号9案查明以下事实：新华电机公司的借款申请报告及股东会议决议反映上述9笔借款为新借款，股东会议决议承诺以新华电机公司销售收入偿还贷款本息,并由原告提供连带保证担保。新华信用社在系列案件判决生效后,申请强制执行。2002年12月,原告向新华电机公司在新华信用社开设的账户上转账4761290元。此后,新华信用社从新华电机公司的账户上划出5061290元用于归还贷款本息及诉讼费〔其中包括原告转入新华电机公司账户上的4761290元(含系列案的诉讼费75290元)〕。2003年1月23日,广州市花都区人民法院委托广东省古今拍卖有限公司将新华电机公司的建筑物及土地使用权进行拍卖,并由原告出价1126860元(其中拍卖佣金为53660元,拍卖款为1073200元)竞买购得,由此,扣减原告应向新华电机公司支付的拍卖款1073200元,原告实际偿还欠款3688090元。

### 一审诉辩情况

原告诉称:1988年12月8日,原、被告签订了一份《协议书》,约定双方投资合营成立广州电机厂田美分厂(以下简称田美分厂)。双方依约于1989年1月成立了联营体田美分厂。1989年10月11日,双方又签订了《横向联合补充协议》,约定田美分厂向当地银行的贷款,如到期不能偿还,则由双方共同负责还清,各承担50%。后来,田美分厂更名为电器制造公司,又更名为新华电机公司。该联营体在2000年3月至12月共向新华信用社借款464万元,并由原告提供连带保证担保。2001年8月,新华信用社以新华电机公司未能清还到期贷款为由,向广州市花都区人民法院提起诉讼,该院受理后依法作出〔2001〕花法经初字第782号至790号民事判决,新华信用社依生效判决申请强制执行,该院于2003年1月23日将新华电机公司建筑物及土地使用权进行委托拍卖,拍得价款1073200元偿还了部分欠款。其后由原告偿还了余下贷款本息及案件诉讼费,合计3867800元,新华电机公司的债务全部清偿完毕。原告多次要求被告承担清偿银行贷款本息的50%,均遭无理拒绝,故诉诸法院请求判令:被告支付原告已经垫付新华电机公司的银行贷款本息及系列案件受理费的各50%共计1933900元给原告;由被告承担本案诉讼费。

被告辩称:(1)无证据证明原告已代联营体向新华信用社清偿了贷款,原告不具备起诉的主体资格;(2)原、被告签订的《协议书》、《横向联合补充协议》,是针对联营体当初成立时因购买设备而向银行贷款的清偿责任认定和分摊进行的约定,但系列案件中所涉及联营体向新华信用社的借款,是新华电机公司在2000年以后的流动资金贷款,不是设备贷款,与上述协议约定分摊承责的贷款用途不同;1989年至2000年,田美分厂变更为独立法人,原告为新华电机公司向新华信用社多次借款提供担保的行为未经被告同意。另外,新华电机公司已于2001年停止经营,但未经清算,原告仍控制联营体60多万元的现金，而未用于归还银行借款，所以原告目前亦不完全具备法律意义上的代位求偿权，故原告无资格亦无权利行使本案的诉权，请求法院驳回原告的诉讼请求。

### 一审裁判结果

一审法院依照《中华人民共和国民法通则》第106条第1款、第108条的规定，作出如下判决：

一、被告广州电机厂在本判决发生法律效力之日起10日内偿还1844045元给原告。

二、驳回原告的其他诉讼请求。

本案受理费19680元由原告负担450元，被告负担19230元。

### 一审裁判理由

一审法院认为，原、被告签订的《协议书》及《横向联合补充协议》依法成立有效，对双方均具有法律约束力。原告诉请被告承担的款项为新华电机公司向新华信用社所借的款项，该债务已经本院生效判决予以确定，并经强制执行。庭审中，原告提供证据证明其履行连带清偿责任向新华电机公司在新华信用社开设的账户上转账4761290元，该款项由新华信用社划出用于偿还上述9笔贷款本息及系列案件诉讼费，以上事实有新华信用社出具的复函及银行贷款传票（回单）相印证。由此，本院确认原告共为新华电机公司偿付欠款4761290元，扣除原告竞投新华电机公司建筑物及土地使用权应支付的拍卖款1073200元，原告实际履行担保责任，偿还欠款3688090元。现原告要求被告对新华电机公司不能偿还的借款3688090元承担50%的清偿责任，合理合法，本院予以支持。被告理应支付1844045元给原告。至于原告诉称其另行偿还的20多万元借款，因无证据证明，本院不予支持。被告辩驳原告不具备本案的诉讼主体，因被告未提供证据证明，辩驳无理，本院不予采信。被告辩驳原告控制新华电机公司60多万元现金没有用于归还借款，不具备完整的追诉权，因被告提供的《新华电机公司现有财务状况表》，未经新华电机公司盖章确认，只是被告单方制作，原告不予确认，故该证据不具有法律效力，此辩驳无理，本院不予采信。

### 二审诉辩情况

被告不服一审判决，上诉称：（1）双方签订的《协议书》、《横向联合补充协议》在当时是合法有效的，但其业已失效，不能对2000年所发生的贷款行为具有约束力。双方在上述协议中约定的借款者是田美分厂，而2000年的借款者是新华电机公司。工商登记资料表明，田美分厂已于1995年自然消亡，并被改制为电器制造公司，二者的企业性质截然不同，而1996年7月以后成立的新华电机公司，则是一个独立法人性质的有限责任公司，对外债务承担的法律责任与原田美分厂明显不同。（2）被上诉人代联营体清偿债务是因为其为新华电机公司的贷款提供了保证担保，该保证责任与补充协议约定的责任分担是两种性质截然不同的法律关系。（3）原审认定被上诉人已经代为清偿债务的事实缺乏依据，同时原审判决对被上诉人至今非法占有联营体60多万元款项的证据判断错误。故上诉人要求撤销原审判决，驳回被上诉人的一审所有诉讼请求。

被上诉人答辩称：（1）双方签订的《横向联合补充协议》未约定限制条款，对联营体在整个联营期间的贷款均有约束力。被上诉人为联营体担保贷款也是为了双方的利益。双方合资联营体两次变更名称，并没有改变联营主体、联营地点、联营项目，仍为同一企业，因此联营体仍应承担变更前的对外债务。（2）《横向联合补充协议》实际已对被上诉人承担担保责任后的追偿作出了约定，被上诉人承担责任后享有向联营体的追偿权，故依双方约定各须承担50%。（3）原审查明的事实，证据确凿，被上诉人已经代联营体清偿了贷款。请求驳回上诉人的上诉请求。

### 二审裁判结果

二审法院依照《中华人民共和国民法通则》第36条、第48条、第51条、第52条、《中华人民共和国公司法》第3条、《中华人民共和国民事诉讼法》(1991年施行，现已被修订)第153条第1款第2项的规定，作出如下判决：

一、撤销广州市花都区人民法院〔2003〕花法民二初字第310号民事判决；

二、驳回被上诉人广州市花都区新华镇田美村经济发展公司的诉讼请求。

一、二审案件受理费各19680元，均由被上诉人负担。

本判决为终审判决。

### 二审裁判理由

除一审认定的事实和证据，二审还查明以下事实：1989年1月，上诉人与被上诉人向工商行政管理部门申请办理田美分厂设立登记，并领取了营业执照，该营业执照载明田美分厂的经济性质为集体（联营）。1990年9月25日，田美分厂申请成立为企业法人，并于同年12月28日领取了企业法人营业执照，该企业法人营业执照载明其注册资金为196万元，经济性质为集体联营联营双方仍为上诉人、被上诉人。1992年6月6日，田美分厂更名为电器制造公司。1996年8月，上诉人与被上诉人申请办理新华电机公司的设立登记，并签订了《新华电机公司章程》，该章程约定，公司的注册资金为200万元，由双方各出资100万元，公司股东以其出资额为限对公司债务承担责任。据广州花都会计师事务所于1996年12月18日出具的验资报告，新华电机公司是由电器制造公司更名而来，更名后的注册资金为200万元，由上诉人与被上诉人各出资100万元，新华电机公司承诺全部接收电器制造公司的资产及承担其债权债务。1997年2月26日，工商行政管理部门核发了新华电机公司的企业法人营业执照。该执照载明新华电机公司的注册资本为200万元，企业类型为有限责任公司。

二审法院审理认为：上诉人与被上诉人于1988年12月8日签订《协议书》后设立的联营体田美分厂不具备法人资格，故上诉人与被上诉人之间的联营为合伙型联营。其后双方所签《横向联合补充协议》关于对田美分厂不能偿还的银行贷款各承责50%的约定，符合《中华人民共和国民法通则》第52条关于合伙型联营各方承担民事责任的规定，因此，该约定系针对不具备企业法人资格的田美分厂在其存续期间向当地银行所借款项的清偿责任分担。1990年12月28日，田美分厂经工商行政管理部门核准成立为企业法人，注册资金也发生变更，经济性质仍为集体联营，故此时及在田美分厂更名为电器制造公司时，上诉人与被上诉人之间的联营已由合伙型联营变更为法人型联营。1997年2月26日，电器制造公司再经核准成立为有限责任公司即新华电机公司，此时上诉人与被上诉人之间是有限责任公司股东之间的关系。双方之间的联营变更为法人型联营时，未就法人型联营体对外债务所负民事责任作特别约定，而根据《中华人民共和国民法通则》关于法人制度和法人型联营的规定，法人型联营体以其所有的资产对其债务独立承担民事责任，联营各方以其出资额为限对联营体承担责任。上诉人与被上诉人之间的法律关系变更为有限责任公司股东之间的关系，双方依公司章程约定以各自的出资额为限对公司债务承担责任。《中华人民共和国公司法》亦规定有限责任公司的股东以其出资额为限公司承担责任，公司以其全部资产对公司的债务承担责任。因此，上述《横向联合补充协议》对已成为企业法人的田美分厂、电器制造公司及新华电机公司并没有约束力。被上诉人诉请的借款债务是因新华电机公司向新华信用社借款而发生的，故被上诉人要求上诉人按照上述《横向联合补充协议》的约定对该借款债务的50%承担民事责任，没有事实和法律依据，本院不予支持。此外，根据广州市花都区人民法院关于该借款债务所作出的生效民事判决，被上诉人对该借款债务承担民事责任是因其对该借款债务提供了连带保证担保,而并非根据上述《横向联合补充协议》的约定。综上所述,上诉人称其对新华电机公司的借款债务不承担民事责任的上诉理由成立,其上诉请求本院予以支持。上诉人的其他上诉理由不成立,被上诉人称上诉人应对其已经承担连带责任的债务的50%承担民事责任的答辩不成立,本院均不予采纳。

### 18. 如何确定作为第三方的银行对联营资金的监管义务?

银行对储户资金的监管义务主要来源于两方面,一是法律、法规以及规章制度的规定;二是储户与银行的特殊约定。根据《中华人民共和国商业银行法》第30条、中国人民银行《银行账户管理办法》(银发〔1994〕255号,现已废止)第11条等规定,开户人对一般结算账户内的资金有自主支配权,银行对该账户内的资金无法定的监管职权或义务。在符合监管条件且银行能够进行监管的情况下,银行应当根据法律法规或者与当事人的约定,对资金的使用履行形式审查义务。如果银行怠于履行监管义务,导致联营一方以联营项目名义擅自支取联营资金,应承担相应的违约责任。

**典型疑难案件参考**

枣庄矿业(集团)有限公司柴里煤矿与华夏银行股份有限公司青岛分行、青岛保税区华东国际贸易有限公司联营合同纠纷案(《最高人民法院公报》2010年第6期,总第164期)

**基本案情**

2004年3月16日,青岛保税区华东国际贸易有限公司(以下简称华东公司)、枣庄矿业(集团)有限公司柴里煤矿(以下简称柴里煤矿)与华夏银行股份有限公司青岛分行(以下简称华夏银行)三方签订了一份《合作经营印尼木材协议》,主要约定:柴里煤矿同华东公司合作经营印尼木材;华东公司承担国外进口风险,国内销售风险由柴里煤矿和华东公司共同负担;柴里煤矿负责提供资金人民币1000万元,于2004年3月18日前按华东公司的要求将该笔资金汇往华夏银行,由华东公司办理国际贸易信用证开证申请。在办理国际贸易信用证开证申请时须同时有柴里煤矿负责人温忠诚的书面同意意见,华夏银行见到温忠诚的书面同意意见后，按照华东公司和柴里煤矿共同申请的条款办理信用证开证事宜；木材到港后，华夏银行按相关信用证条款付款，木材销售款统一汇往华东公司和柴里煤矿在华夏银行新设立的共同账户上，由华夏银行负责监管；经营资金交易周期为90天；木材销售后的营利由华东公司与柴里煤矿各分成50%，华东公司于木材销售完成后7日内向柴里煤矿一次性返还1000万元资金及应得的营利分成；柴里煤矿与华东公司任何一方违约，对方有权终止合同，由违约方承担对方总资金额20%的违约金等。

合同签订后，柴里煤矿于2004年3月18日派其工作人员李洪亮给华东公司送去两张银行汇票（付款人李洪亮，收款人华东公司），共计金额1000万元人民币。3月19日，华东公司给柴里煤矿写下收据，注明："今收到柴里煤矿（李洪亮）投资款项，共计1000万元人民币。"同日，华东公司将上述两张汇票承兑1000万元后存入其2004年1月16日在华夏银行开立的一般结算账户上。此后，华东公司于2004年3月22日开始从该一般结算账户支取该笔资金，至2004年9月21日止，该账户中还剩余70.905万元。

2004年9月22日，柴里煤矿致函华夏银行称："2004年3月16日经贵行、华东公司及柴里煤矿友好协商，顺利签订了《合作经营印尼木材协议》。根据合作协议第8条约定，本次合作经营资金交易周期早已届满。我方原提供的开具信用证条款信函中除保留动用资金前必须有我方温忠诚先生的签字条款外，其余条款相应自动失效。除先期付出的300万元资金外，其余700万元资金的使用和支配，拜望严格依合作协议的约定即资金的使用和支配前必须有我方负责人王玉海先生或温忠诚先生的书面同意意见方可。"同日，华夏银行当时的客户经理陈刚在该函上签注："请双方按2004年3月16日签订的联营协议执行。"2005年1月27日，陈刚致函柴里煤矿矿长王玉海称：关于联营协议一事，只要木材一到港，我将及时将到港地及时间告知您。此后，华东公司一直未办理进口木材事项，并继续以支票形式同城提出资金转账给自己。至2005年3月17日，上述一般结算账户中还剩余227.7元，此后再未发生业务。

► 一审诉辩情况

2005年5月23日，柴里煤矿向山东省滕州市人民法院提起诉讼称：2004年3月16日其与华东公司、华夏银行签订《合作经营印尼木材协议》，约定：柴里煤矿同华东公司合作经营印尼木材；柴里煤矿负责提供资金人民币1000万元，于2004年3月18日前按华东公司的要求将该笔资金汇往华夏银行，由华东公司办理国际贸易信用证开证申请；在办理国际贸易信用证开证申请时须同时有柴里煤矿负责人温忠诚的书面同意意见，华夏银行见到温忠诚的书面同意意见后，按照双方共同申请的条款办理信用证开证事宜；木材销售后的营利由华东公司与柴里煤矿各分成50%；任何一方违约，对方有权终止合同，由违约方承担对方总资金额20%的违约金。合同签订后，柴里煤矿于2004年3月19日向华东公司交付了1000万元汇票，由华东公司存在其一般结算账户上。后华东公司擅自挪用该1000万元，构成根本违约。华夏银行擅自同意华东公司动用该款，也构成违约。故请求判令解除《合作经营印尼木材协议》，华东公司返还柴里煤矿货款1000万元、承担违约金200万元，华夏银行对货款1000万元承担连带清偿责任。在一审法庭辩论中，柴里煤矿变更诉讼请求，主张华夏银行对700万元资金承担补充赔偿责任。此后，柴里煤矿又将请求华夏银行承担补充赔偿责任的资金范围由700万元变更为1000万元。

华东公司辩称：同意解除《合作经营印尼木材协议》，但对柴里煤矿提出的200万元违约金不能接受。华东公司没有收到柴里煤矿一分钱出资，只收到案外人李洪亮汇入的1000万元，其与李洪亮之间的法律后果与原、被告之间无任何法律关系。

华夏银行辩称：柴里煤矿所诉不实。华夏银行仅对《合作经营印尼木材协议》中承诺的事项承担义务，而该事项由于柴里煤矿自己的原因并未发生。故柴里煤矿对华夏银行的诉讼请求，既无事实依据，也无法律依据，应予驳回。

### ▶一审裁判结果

山东省滕州市人民法院于2005年11月21日作出〔2005〕滕民初字第2716号民事判决，判决：

一、解除《合作经营印尼木材协议》；

二、华东公司退还柴里煤矿联营出资款1000万元；

三、华东公司支付给柴里煤矿约定违约金200万元；

四、华夏银行对华东公司退还给柴里煤矿的联营出资款1000万元负退还不能时的赔偿责任。

案件受理费70010元，其他诉讼费用69000元，均由华东公司负担。

### ▶一审裁判理由

山东省滕州市人民法院一审认为：柴里煤矿与华东公司、华夏银行所签订的《合作经营印尼木材协议》没有违反我国法律及行政法规的强制性规定，应为有效。华东公司给柴里煤矿的收据载明收到投资款1000万元，足以认定柴里煤矿履行了《合作经营印尼木材协议》约定的出资义务。华东公司收取柴里煤矿资金后,没有按合同约定使用该笔资金,不履行进口木材义务,构成根本违约。柴里煤矿主张解除合同、退回出资款、承担违约责任的诉讼请求合法有据,予以支持。《合作经营印尼木材协议》约定,华东公司以柴里煤矿1000万元资金作担保办理国际贸易开证申请时,华夏银行须审查是否有柴里煤矿负责人温忠诚的书面意见。因此,华夏银行在柴里煤矿和华东公司联合经营印尼木材过程中,应起到一种监督资金使用的作用。华夏银行不是联营合同的当事人,柴里煤矿的出资不宜直接汇给华夏银行,只能由柴里煤矿或华东公司存入华夏银行。柴里煤矿提供的给华夏银行的声明函及陈刚的书信,表明华夏银行明知柴里煤矿1000万元出资资金到位。在华东公司动用该笔资金时,华夏银行知道而且也应当知道华东公司动用的是柴里煤矿所提供准备开具信用证的担保资金,但却并没有阻止华东公司擅自动用,致使柴里煤矿期求的合作目的受阻。华夏银行不尽监督审查义务,构成了对柴里煤矿的违约,应对柴里煤矿承担补充赔偿责任。

### 二审诉辩情况

华东公司与华夏银行均不服一审判决,向山东省枣庄市中级人民法院提起上诉。

华东公司上诉称:(1)原判认定事实错误。在双方合作过程中,由于柴里煤矿违约,使协议无法继续履行,应由其承担赔偿责任。(2)原判适用法律错误。原判确认的合同标的额20%的违约金远远超出损失,属显失公平。

华夏银行上诉称:(1)一审程序存在错误。柴里煤矿在一审庭审中变更其诉讼请求,要求华夏银行承担700万元资金的补充责任,但原判却判令其对1000万元资金承担责任,违反了法律规定。(2)原判认定事实错误。根据《补充协议》,联营协议应认定无效;三方协议中华夏银行所承诺的事项没有发生,华夏银行不存在违约行为,原判认定该行明知柴里煤矿1000万元出资资金到位有误。柴里煤矿资金未收回,与其自身存在违法、违规操作有关,应自负其责。故请求依法改判驳回柴里煤矿对华夏银行的诉讼请求。

柴里煤矿答辩称:(1)其虽推迟一天交款,但华东公司无异议且接受,应视为华东公司已予以认可。华东公司给其造成巨大损失,应承担违约责任。(2)代理人在一审中确曾表达过免除华夏银行对300万元赔偿责任的意思,但华夏银行对该陈述予以否认,依据《证据规则》,该陈述不能作为证据使用。《补充协议》没有解除联营协议的效力。华夏银行明知1000万元资金的来源、特定用途和特定用款程序而不进行监管,应承担违约责任。李洪亮代表柴里煤矿付款是职务行为,华夏银行对此是明知的,该行为并不能导致损失的发生。

### 二审裁判结果

枣庄市中级人民法院二审判决驳回上诉，维持原判，二审案件受理费 70010 元，由华夏银行、华东公司各负担 35005 元。

### 二审裁判理由

枣庄市中级人民法院对一审法院查明的事实予以确认。另查明：2004 年 4 月 16 日，陈刚两次给柴里煤矿张怀富发送关于从印尼进口的木材近期将要发出等手机短信息。

该院二审认为：华东公司、华夏银行与柴里煤矿签订的《合作经营印尼木材协议》，应确认有效。华东公司与柴里煤矿签订的《补充协议》，未经华夏银行同意，没有起到解除《合作经营印尼木材协议》的效力。《合作经营印尼木材协议》是规范、约束本案各方当事人权利义务的唯一生效依据。华东公司收取柴里煤矿资金后，没有按合同约定使用该笔资金，构成了根本违约，应承担违约责任。《合作经营印尼木材协议》约定华夏银行在华东公司办理国际贸易开证申请时须审查是否有柴里煤矿负责人温忠诚的书面同意意见，因此，华夏银行在柴里煤矿和华东公司联合经营木材过程中，负有对柴里煤矿提供的 1000 万元资金进行监督使用的责任。华夏银行的工作人员陈刚直接参与合同谈判、签订、实际执行，使用手机发送短信息以掩饰资金被动用的事实，还在柴里煤矿提供给华夏银行的声明函上签发意见，这些行为表明华夏银行及其履行职务行为的工作人员明知 1000 万元资金的来源和特定用款程序并负有向华东公司提示按合同规定使用该款的责任。华夏银行不仅没有向柴里煤矿说明事实真相，反而在华东公司动用该笔资金时，采取了虚构事实及掩盖事实真相的手段，不履行监管义务，应承担责任。

### 再审诉辩情况

华夏银行不服枣庄市中级人民法院二审判决，于 2006 年 9 月 12 日向山东省高级人民法院申请再审。2008 年 6 月 11 日，山东省高级人民法院作出〔2007〕鲁民监字第 123 号民事裁定，对本案进行提审。

### 再审裁判结果

2008 年 7 月 13 日，山东省高级人民法院经院审判委员会讨论决定，作出〔2007〕鲁民再字第 123 号民事判决，判决：

一、撤销山东省枣庄市中级人民法院〔2006〕枣民四终字第 105 号民事判决；

二、维持山东省滕州市人民法院〔2005〕滕民初字第 2716 号民事判决第一、二、三项；

三、变更山东省滕州市人民法院〔2005〕滕民初字第 2716 号民事判决第四项为：驳回柴里煤矿对华夏银行的诉讼请求。

### 再审裁判理由

山东省高级人民法院对先前查明的事实予以确认。另查明：自 2004 年 3 月 22 日起，华东公司在华夏银行中山路支行的一般结算账户上分别存入 230 万元、770 万元和 500 万元，共计 1500 万元。2004 年 3 月 22 日至 2004 年 11 月 29 日该账户陆续向外支出款项，其中 2004 年 4 月 21 日以支票形式支出 350 万元，2004 年 4 月 23 日以支票支出 300 万元，收款人为华东公司，该两笔资金的转账凭证上资金用途栏均注明为"木材开证"。2005 年 3 月 17 日之后，该账户未发生业务。目前账户金额为 227.60 元。双方约定的进口木材、申请开立信用证事项均未实际发生。本案原一审庭审时，柴里煤矿当庭陈述华东公司于 2004 年 4 月 23 日动用的 1000 万元中的 300 万元经过了该矿负责人温忠诚的授权，请求判令华夏银行对 700 万元承担补充赔偿责任，但华夏银行否认收到授权。二审中，柴里煤矿否定其在一审中的上述陈述。

山东省高级人民法院再审认为：本案争议的焦点是华夏银行应否承担华东公司退还 1000 万元联营出资款的补充赔偿责任问题。（1）关于各方当事人的权利义务。根据《合作经营印尼木材协议》约定，华夏银行的义务限于柴里煤矿直接将 1000 万元汇入华夏银行交由华东公司申请办理信用证时，负责审查是否有柴里煤矿的书面同意，然后再行对外开证，并对未来回收的货款进行监管。在实际履行中，柴里煤矿并未按约定将 1000 万元开证保证金直接汇入华夏银行，而是将银行汇票直接交给了华东公司。华东公司收取该汇票后，将汇票款存入了其在华夏银行开立的一般结算账户上，但未明确告知华夏银行款项的性质。因此，华夏银行无法对该款尽监管义务。本案柴里煤矿 1000 万元无法收回的原因，一是柴里煤矿未按协议约定将该款汇入华夏银行，未进入开证保证金账户；二是华东公司违反合同约定，擅自动用了该款。综上，华夏银行履行监管义务的条件并未成就。（2）关于华夏银行是否知道该款项的保证金性质。柴里煤矿为证明华夏银行知道该款的性质，提供了相应证据：一是陈刚两次致柴里煤矿的函件、短信；二是柴里煤矿工作人员的陈述；三是注明用途为"木材开证"的款项流转凭证。首先，陈刚两次致柴里煤矿的函件所反映的内容与争议款项并无直接联系，陈刚转发的短信内容虽然涉及了木材一事，但以此证明华夏银行知晓该款是保证金性质，证明力不足。其次，柴里煤矿工作人员的陈述表明在将银行汇票交给华东公司时，陈刚在场，并一起到银行存款。但该证据从形式上应视为当事人的陈述，证明力较弱，且陈刚否认，故不能据此认定陈刚参与了存款过程。最后，两笔转出支票上虽标有"木材开证"字样，但因该款存在华东公司的一般结算账户上，并非在保证金账户上，不能据此认定华夏银行明知该款为保证金而不监管。综上，这些证据不足以证明陈刚实际参与了资金的存入和明知该款是开证保证金，也不足以证明华夏银行明知该款项的性质而不尽监管义务。

**终审诉辩情况**

柴里煤矿不服山东省高级人民法院〔2007〕鲁民再字第123号民事判决，向最高人民法院申请再审称：（1）华夏银行对柴里煤矿1000万元资金的使用负有监督义务。按照《合作经营印尼木材协议》约定，由柴里煤矿提供联营资金1000万元，存到华东公司在华夏银行的资金账户上，以备开证时作为担保金使用。该款作为专项资金汇入华夏银行后，华夏银行不得允许华东公司随意动用和支取。因此，华夏银行对该1000万元资金的使用负有不可推卸的监管责任，而并非仅在华东公司申请开证时才负有监管责任，其他时候概不负责。否则，与协议特别约定专款专用的目的不符。（2）华夏银行对本案1000万元资金的使用进行监管的条件已经成就。柴里煤矿提供的1000万元资金已到位，华夏银行无权要求柴里煤矿将1000万元资金直接汇给华夏银行。开证前，该1000万元尚不具有信用证保证金性质，华夏银行以该资金未存入专用账户为由主张无法尽监管义务无事实和法律依据。华夏银行作为专业金融服务机构，如果认为该款项必须存入专用账户，应在签订《合作经营印尼木材协议》时，最迟于该款项存入时向柴里煤矿予以说明和告知，华东公司自然也就无法擅自动用该款。正因为该1000万元尚不属于信用证保证金性质，《合作经营印尼木材协议》才约定华夏银行对该资金的使用负有监管的义务。（3）华夏银行怠于履行其所负的监管义务，具有重大过错。首先，华夏银行明知1000万元资金的出入、使用及特定用途。华夏银行客户经理陈刚始终参与了三方联合经营印尼木材的谈判，十分清楚1000万元资金的特定用途是用于木材开证；陈刚与柴里煤矿的往来信函也说明了其对于该1000万元资金专款专用的特定用途是清楚和明知的。在这种情况下，华夏银行在华东公司挪用该款项时，不遵守承诺，甚至恶意隐瞒该账户内资金被华东公司擅用的情况，致该账户上木材开证专用款荡然无存，给柴里煤矿造成了无法挽回的巨大损失。综上，依据《中华人民共和国民事诉讼法》第179条第1款第2、6项之规定，申请再审。

华夏银行答辩称：柴里煤矿的申诉违背基本事实，庭审过程中作了大量的虚假陈述。柴里煤矿在历次庭审过程中力图推定华夏银行的义务，是违背法理的。义务的确定必须依据法律或约定，《合作经营印尼木材协议》中对华夏银行义务的约定明确，文义表述清楚，柴里煤矿单方提出的"推定"义务不能成立。本案中，华夏银行对1000万元款项没有监管义务，三方约定的唯一监管义务是对印尼进口木材在国内的销售款（必须存入新设的账户）进行监管。而实际上，印尼木材业务根本没有发生，所以华夏银行不存在履行监管义务的问题。《合作经营印尼木材协议》中约定的事实（业务）没有发生，华夏银行履行义务的前提不存在，监管的客观条件不成就。因此，柴里煤矿主张华夏银行承担法律责任，没有法律依据。

华东公司答辩称：华东公司、柴里煤矿、华夏银行三方于2004年3月16日签订的《合作经营印尼木材协议》不是当事人真实意思表示。在签订该协议的当天，华东公司、柴里煤矿又签订了《补充协议》，确认《合作经营印尼木材协议》没有法律约束力。后来华夏银行也追认该协议无效。基于华东公司与柴里煤矿及枣庄矿业（集团）公司存在合作开发印尼煤矿的客观事实，因此柴里煤矿给付华东公司的1000万元只能是前期投资款，而非合作经营木材用于国际贸易信用证开证的"保证金"。所以华东公司与柴里煤矿都没有按照《合作经营印尼木材协议》的约定，履行办理国际贸易信用证开证的相关手续，华夏银行的监管义务无从谈起。因此，原一、二审及再审判决认定《合作经营印尼木材协议》有效及1000万元为开证保证金是错误的。故请求最高人民法院依法撤销山东省高级人民法院〔2007〕鲁民再字第123号民事判决以及山东省枣庄市中级人民法院〔2006〕枣民四终字第105号民事判决、山东省滕州市人民法院〔2005〕滕民初字第2716号民事判决，驳回再审被申请人柴里煤矿起诉，一、二审诉讼费由柴里煤矿承担。

### 终审裁判结果

最高人民法院认为，华夏银行应对华东公司以"木材开证"名义而擅自支取的350万元承担监管责任，山东高院原再审判决认定华夏银行不承担责任有误，应予以纠正。本院根据《中华人民共和国民事诉讼法》第186条第1款、第153条第1款第3项以及《中华人民共和国合同法》第94条第4项、第107条、第114条、最高人民法院《关于民事诉讼证据的若干规定》第74条的规定，判决如下：

一、撤销山东省高级人民法院〔2007〕鲁民再字第123号民事判决、山东省枣庄市中级人民法院〔2006〕枣民四终字第105号民事判决；

二、维持山东省滕州市人民法院〔2005〕滕民初字第2716号民事判决第一、二、三项；

三、变更山东省滕州市人民法院〔2005〕滕民初字第2716号民事判决第四项为：华夏银行股份有限公司青岛分行对青岛保税区华东国际贸易有限公司应返还给枣庄矿业（集团）有限公司柴里煤矿的1000万元联营出资款在350万元范围内承担返还不能时的赔偿责任。

上述给付义务应自本判决送达之日起15日内履行完毕。逾期给付，给付人应按照《中华人民共和国民事诉讼法》第229条之规定，加倍支付迟延履行期间的利息。

一审案件受理费70010元、其他诉讼费69000元按一审判决由华东公司负担；二审案件受理费70010元，由华东公司负担35005元，华夏银行负担12252元，柴里煤矿负担22753元。

本判决为终审判决。

### 终审裁判理由

最高人民法院对原审查明的事实予以确认。

最高人民法院再审认为，本案争议的焦点为：华夏银行应否对柴里煤矿1000万元出资损失承担补充赔偿责任。

解决这一争议焦点，关键在于认定华夏银行是否对本案1000万元资金具有监管义务。如果其负有监管义务且能够监管，但却怠于履行义务，则应当承担由此产生的法律后果；如其并无监管义务，则不应承担责任。

银行对储户资金的监管义务主要来源于两方面：一是法律、法规以及规章制度的规定；二是储户与银行的特殊约定。本案诉争的1000万元性质上为开证保证金的备付金，由柴里煤矿交华东公司存于华东公司的一般结算账户上。根据《中华人民共和国商业银行法》第30条、中国人民银行《银行账户管理办法》第11条等规定，开户人对一般结算账户内的资金有自主支配权，任何单位包括银行不得任意限制、冻结和扣划，否则即构成对开户人的侵权。因此，华夏银行对涉讼1000万元并无法定的监管职权或义务。《合作经营印尼木材协议》第3条约定："乙方（即柴里煤矿）负责为本次合作提供资金（人民币1000万元），于2004年3月18日前按甲方（即华东公司）的要求将该笔资金汇往丙方（即华夏银行），由甲方办理国际贸易开证申请。但在办理国际贸易开证申请时须同时有柴里煤矿负责人温忠诚的书面同意意见，丙方见到温忠诚的书面同意意见后，按照甲乙申请的条款办理信用证开证事宜。"据此可以认定，当华夏银行为华东公司办理开具信用证的相关事宜时，应审查是否有柴里煤矿负责人温忠诚的书面同意意见。只有经温忠诚书面同意后，华夏银行才能为华东公司办理开证的相关事宜，包括办理以开证为目的的款项支取事宜。如未经温忠诚的书面同意，华夏银行即准许华东公司以开证用途而支出该笔款项，则属于没有履行协议约定的监管义务，应承担违约责任。

上述协议没有明确约定华东公司以申请开证以外的其他用途支取该笔资金时，华夏银行是否具有监管义务，属于合同约定不明。对该约定不明事项，当事人存在争议。柴里煤矿主张其签订三方协议的目的在于保障专款专用和出资安全，按照目的解释，应认定《合作经营印尼木材协议》第3条已使华夏银行对该1000万元资金负有了不可推卸的监管责任和使用审查义务，无论华东公司是否用于开证，华夏银行均应负责监管。本院认为，对合同约定不明而当事人有争议的合同条款，可以根据合同目的等多种解释方法，综合探究当事人的缔约真意。但就目的解释而言，并非只按一方当事人期待实现的合同目的进行解释，而应按照与合同无利害关系的理性第三人通常理解的当事人共同的合同目的进行解释，且目的解释不应导致对他人合法权益的侵犯或与法律法规相冲突。本案中，柴里煤矿确曾对其出资的安全存有隐忧，而且还专门为此与华东公司、华夏银行订立合同条款。但在三方对柴里煤矿出资何时监管、如何监管已有明确约定和安排的情况下，仅根据柴里煤矿一方的效果意思和缔约目的，即推定合同相对人华夏银行和华东公司须另行承担约定义务之外的义务，则难谓符合当事人共同的合同目的。从实践上分析，该1000万元存在华东公司一般结算账户上，与账户上的其他资金相混同，华夏银行事实上也无法将其区分出来单独实施全面监管。如果根据目的解释推定华夏银行负有此项义务，只能导致华夏银行对华东公司一般结算账户内所有混同资金均予限制使用，这无疑会侵犯华东公司对其一般结算账户上所存资金的自主支配权。这是与法律法规相违背的。因此，本院认为，华夏银行对华东公司非以开证用途而从其一般结算账户上支取该笔资金并无监管义务。

2004年9月22日，柴里煤矿致函华夏银行称：对其提供的1000万元，"除先期付出的300万元资金外，其余700万元资金的使用和支配，拜望严格依合作协议的约定即资金的使用和支配前必须有我方负责人王玉海先生或温忠诚先生的书面同意意见方可"。该函对先前三方协议中约定的华夏银行的开证监管义务进行了变更，扩大了华夏银行的资金监管范围，性质上应视为一种新要约。对此，华夏银行当时的客户经理陈刚在该函上签注："请双方按2004年3月16日签订的联营协议执行。"这实际上表明华夏银行并未同意柴里煤矿提出的变更三方协议的请求。而且，该要约亦未征得华东公司的同意。因此，柴里煤矿的函并不能单方改变三方协议的约定。

综上，本院认为，根据《合作经营印尼木材协议》第3条的约定，华夏银行应对华东公司因申请开证用途而支取该1000万元资金负有监管义务。除此之外，并无其他监管义务。

从华东公司对该1000万元的支出情况看，2004年4月21日、23日分别支出的350万元、300万元，在转账支票上款项用途栏均注明为"木材开证"。虽然华东公司并未将上述款项实际用于木材开证，但当其以申请开证名义而支取该两笔款项时，已经符合了《合作经营印尼木材协议》第3条约定的华夏银行的监管条件，华夏银行负有审查该事项是否经过了温忠诚书面同意之义务。柴里煤矿在庭审中自认，对4月23日支出的300万元"木材开证"款经过了温忠诚的书面同意，但辩称其同意华东公司支出该款是用于申请开证，然而华东公司并未实际申请开证，故对此损失华夏银行仍应承担责任。但根据《合作经营印尼木材协议》，华夏银行只负有对华东公司因申请开证而动用该款的形式审查义务，即当华东公司为开证用途而支取该款时，只要有柴里煤矿负责人温忠诚的书面同意，华夏银行即可放款，至于华东公司支取该款后是否实际用于开证，抑或如何使用，则非华夏银行所能干涉。故柴里煤矿的上述理由不能成立。最高人民法院《关于民事诉讼证据的若干规定》第74条规定："诉讼过程中，当事人在起诉状、答辩状、陈述及其委托代理人的代理词中承认的对己方不利的事实和认可的证据，人民法院应当予以确认，但当事人反悔并有相反证据足以推翻的除外。"因柴里煤矿未能提供相反证据推翻其自认的华东公司支取300万元业经其同意的事实，故本院对此项事实予以确认，并据此免除华夏银行对该300万元的监管责任。但华夏银行在符合监管条件且能够进行监管的情况下，违反三方协议约定，怠于履行监管义务，致华东公司以"木材开证"名义擅自支取350万元，显然已构成违约，应承担相应的违约责任。

# 联营合同纠纷办案依据集成

**1. 中华人民共和国民法通则**（2009年8月27日修正）（节录）

第五十一条 企业之间或者企业、事业单位之间联营，组成新的经济实体，独立承担民事责任、具备法人条件的，经主管机关核准登记，取得法人资格。

第五十二条 企业之间或者企业、事业单位之间联营，共同经营、不具备法人条件的，由联营各方按照出资比例或者协议的约定，以各自所有的或者经营管理的财产承担民事责任。依照法律的规定或者协议的约定负连带责任的，承担连带责任。

第五十三条 企业之间或者企业、事业单位之间联营，按照合同的约定各自独立经营的，它的权利和义务由合同约定，各自承担民事责任。

**2. 中华人民共和国合法企业法**（2006年8月27日主席令第55号修订）（节录）

第九十七条 合伙人对本法规定或者合伙协议约定必须经全体合伙人一致同意始得执行的事务擅自处理，给合伙企业或者其他合伙人造成损失的，依法承担赔偿责任。

第九十八条 不具有事务执行权的合伙人擅自执行合伙事务，给合伙企业或者其他合伙人造成损失的，依法承担赔偿责任。

第九十九条 合伙人违反本法规定或者合伙协议的约定，从事与本合伙企业相竞争的业务或者与本合伙企业进行交易的，该收益归合伙企业所有；给合伙企业或者其他合伙人造成损失的，依法承担赔偿责任。

第一百条 清算人未依照本法规定向企业登记机关报送清算报告，或者报送清算报告隐瞒重要事实，或者有重大遗漏的，由企业登记机关责令改正。由此产生的费用和损失，由清算人承担和赔偿。

第一百零一条 清算人执行清算事务，谋取非法收入或者侵占合伙企业财产的，应当将该收入和侵占的财产退还合伙企业；给合伙企业或者其他合伙人造成损失的，依法承担赔偿责任。

第一百零二条 清算人违反本法规定，隐匿、转移合伙企业财产，对资产负债表或者财产清单作虚假记载，或者在未清偿债务前分配财产，损害债权人利益的，依法承担赔偿责任。

第一百零三条 合伙人违反合伙协议的，应当依法承担违约责任。

合伙人履行合伙协议发生争议的，合伙人可以通过协商或者调解解决。不愿通过协商、调解解决或者协商、调解不成的，可以按照合伙协议约定的仲裁条款或者事后达成的书面仲裁协议，向仲裁机构申请仲裁。合伙协议中未订立仲裁条款，事后又没有达成书面仲裁协议的，可以向人民法院起诉。

**3. 全民所有制工业企业转换经营机制条例**（2011年1月8日修正）（节录）

第十六条 企业享有联营、兼并权。

企业有权按照下列方式与其他企业、事业单位联营：

（一）与其他企业、事业单位组成新的经济实体，独立承担民事责任、具备法人条件的，经政府有关部门核准登记，取得法人资格；

（二）与其他企业、事业单位共同经营，联营各方按照出资比例或者协议的约定，承担民事责任；

（三）与其他企业、事业单位订立联营合同，确立各方的权利和义务。联营各方各自独立经营、各自承担民事责任。

企业按照自愿、有偿的原则，可以兼并其他企业，报政府主管部门备案。

**4. 最高人民法院关于审理联营合同纠纷案件若干问题的解答**（1990年11月12日 法（经）发〔1990〕27号）

根据《中华人民共和国民法通则》和其他有关法律、法规，现就人民法院在审理联营合同纠纷案件中提出的一些问题，解答如下：

一、关于联营合同纠纷案件的受理问题

（一）联营各方因联营合同的履行、变更、解除所发生的经济纠纷，如联营投资、盈余分配、违约责任、债务承担、资产清退等纠纷向人民法院起诉的，凡符合民事诉讼法（试行）第八十一条规定的起诉条件的，人民法院应予受理。

（二）联营各方因联营体内部机构设置、人员组成等管理方面的问题发生纠纷向人民法院起诉的，人民法院不予受理。

二、关于联营合同纠纷案件的管辖问题

（一）联营合同纠纷案件的地域管辖，因不同的联营形式而有所区别：

1. 法人型联营合同纠纷案件，由法人型联营体的主要办事机构所在地人民法院管辖。

2. 合伙型联营合同纠纷案件，由合伙型联营体注册登记地人民法院管辖。

3. 协作型联营合同纠纷案件，由被告所在地人民法院管辖。

（二）由联营体主要办事机构所在地或联营体注册登记地人民法院管辖确有困难的，如法人型联营体已经办理了注销手续，合伙型联营体应经工商部门注册登记而未办理注册登记，或者联营期限届满已经解体的，可由被告所在地人民法院管辖。

三、关于联营合同的主体资格认定问题

（一）联营合同的主体应当是实行独立核算，能够独立承担民事责任的企业法人和事业法人。

个体工商户、农村承包经营户、个人合伙，以及不具备法人资格的私营企业和其他经济组织与企业法人或者事业法人联营的，也可以成为联营合同的主体。

（二）企业法人、事业法人的分支机构不具备法人条件的，未经法人授权，不得以自己的名义对外签订联营合同；擅自以自己名义对外签订联营合同且未经法人追认的，应当确认无效。

党政机关和隶属党政机关编制序列的事业单位、军事机关、工会、共青团、妇联、文联、科协和各种协会、学会及民主党派等，不能成为联营合同的主体。

**四、关于联营合同中的保底条款问题**

（一）联营合同中的保底条款，通常是指联营一方虽向联营体投资，并参与共同经营，分享联营的盈利，但不承担联营的亏损责任，在联营体亏损时，仍要收回其出资和收取固定利润的条款。保底条款违背了联营活动中应当遵循的共负盈亏、共担风险的原则，损害了其他联营方和联营体的债权人的合法权益，因此，应当确认无效。联营企业发生亏损的，联营一方依保底条款收取的固定利润，应当如数退出，用于补偿联营的亏损，如无亏损，或补偿后仍有剩余的，剩余部分可作为联营的盈余，由双方重新商定合理分配或按联营各方的投资比例重新分配。

（二）企业法人、事业法人作为联营一方向联营体投资，但不参加共同经营，也不承担联营的风险责任，不论盈亏均按期收回本息，或者按期收取固定利润的，是明为联营，实为借贷，违反了有关金融法规，应当确认合同无效。除本金可以返还外，对出资方已经取得或者约定取得的利息应予收缴，对另一方则应处以相当于银行利息的罚款。

（三）金融信托投资机构作为联营一方依法向联营体投资的，可以按照合同约定分享固定利润，但亦应承担联营的亏损责任。

**五、关于在联营期间退出联营的处理问题**

（一）组成法人型联营体或者合伙型联营体的一方或者数方在联营期间中途退出联营的，如果联营体并不因此解散，应当清退退出方作为出资投入的财产。原物存在的，返还原物；原物已不存在或者返还确有困难的，折价偿还。退出方对于退出前联营所得的盈利和发生的债务，应当按照联营合同的约定或者出资比例分享和分担。合伙型联营体的退出方还应对退出前联营的全部债务承担连带清偿责任。如果联营体因联营一方或者数方中途退出联营而无法继续存在的，可以解除联营合同，并对联营的财产和债务作出处理。

（二）不符合法律规定或合同约定的条件而中途退出联营的，退出方应当赔偿由此给联营体造成的实际经济损失。但如联营其他方对此也有过错的，则应按联营各方的过错大小，各自承担相应的经济责任。

**六、关于联营合同的违约金、赔偿金的计算问题**

根据民法通则第一百一十二条第二款规定，联营合同订明违约金数额或比例的，按照合同的约定处理。约定的违约金数额或比例过高的，人民法院可根据实际经济损失酌减；约定的违约金不足补偿实际经济损失的，可由赔偿金补足。联营合同订明赔偿金计算方法的，按照约定的计算方法及实际情况计算过错方应支付的赔偿金。联营合同既未订明违约金数额或比例，又未订明赔偿金计算方法的，应由过错方赔偿实际经济损失。

**七、关于联营合同解除后的财产处理问题**

（一）联营体为企业法人的，联营体因联营合同的解除而终止。联营的财产经过清算清偿债务有剩余的，按照约定或联营各方的出资比例进行分配。

联营体为合伙经营组织的，联营合同解除后，联营的财产经清偿债务有剩余的，按照联营合同约定的盈余分配比例，清退投资，分配利润。联营合同未约定，联营各方又协商不成的，按照出资比例进行分配。

（二）在清退联营投资时，联营各方原投入的设备、房屋等固定资产，原物存在的，返还原物；原物已不存在或者返还原物确有困难的，作价还款。

（三）联营体在联营期间购置的房屋、设备等固定资产不能分割的，可以作价变卖后进行分配。变卖时，联营各方有优先购买权。

（四）联营体在联营期间取得的商标权、专利权，解除联营合同后的归属及归属后的经济补偿，应当根据《中华人民共和国商标法》、《中华人民共和国专利法》的有关规定处理。商标权应当归联营一方享有。专利权可以归联营一方享有，也可以归联营各方共同享有。联营一方单独享有商标权、专利权的，应当给予其他联营方适当的经济补偿。

## 八、关于无效联营收益的处理问题

联营合同被确认无效后，联营体在联营合同履行期间的收益，应先用于清偿联营的债务及补偿无过错方因合同无效所遭受的经济损失。

当事人恶意串通，损害国家利益、集体或第三人的合法利益，或者因合同内容违反国家利益或社会公共利益而导致联营合同无效的，根据民法通则第六十一条第二款和第一百三十四条第三款规定，对联营体在联营合同履行期间的收益，应当作为非法所得予以收缴，收归国家、集体所有或者返还第三人。对联营各方还可并处罚款；构成犯罪的，移送公安、检察机关查处。

## 九、关于联营各方对联营债务的承担问题

（一）联营各方对联营债务的责任应依联营的不同形式区别对待：

1. 联营体是企业法人的，以联营体的全部财产对外承担民事责任。联营各方对联营体的责任则以各自认缴的出资额为限。对抽逃认缴资金以逃避债务的，人民法院除应责令抽逃者如数缴回外，还可对责任人员处以罚款。

2. 联营体是合伙经营组织的，可先以联营体的财产清偿联营债务。联营体的财产不足以抵债的，由联营各方按联营合同约定的债务承担比例，以各自所有或经营管理的财产承担民事责任；合同未约定债务承担比例，联营各方又协商不成，按照出资比例或盈余分配比例确认联营各方应承担的责任。

合伙型联营各方应当依照有关法律、法规的规定或者合同的约定对联营债务负连带清偿责任。

3. 联营是协作型的，联营各方按照合同的约定，分别以各自所有或经营管理的财产承担民事责任。

（二）农业集体经济组织以提供自己所有的土地使用权参加合伙型联营的，应当按照联营合同的约定承担联营债务，如合同未约定债务承担比例的，可参照出资比例或者盈余分配比例承担。

（三）以提供技术使用权作为合伙型联营投资的联营一方，应当按照联营合同的约定承担联营债务，如其自己所有的或者经营管理的财产不足清偿联营债务的，可以一定期限的技术使用权折价抵偿债务。

## 十二、企业承包经营合同纠纷

> **19. 从合同中未约定争议解决方式，是否适用主合同中约定的争议解决方式？**
>
> 双方在从合同中约定从合同是主合同不可分割的一部分，主、从合同之间如有抵触以从合同为准的，如果从合同未对争议解决方式作出约定，而主合同中约定了明确有效的仲裁条款，则由于主从合同之间有关争议解决的约定不存在抵触，因此，双方由于从合同而发生的争议应当适用主合同中约定的仲裁条款。

### 典型疑难案件参考

香港富世国际集团有限公司与内蒙古黄河化工集团有限责任公司承包合同纠纷上诉案（最高人民法院民事裁定书〔2004〕民四终字第17号）

#### 基本案情

1996年3月5日，原告香港富世国际集团有限公司（以下简称富世公司）与被告内蒙古黄河化工集团公司签订《合资经营中国内蒙古富世化工有限公司合同》一份（以下简称合资合同）。1997年10月21日，双方又签订《合同书》一份（以下简称承包合同），约定由内蒙古黄河化工集团公司承包经营合资企业内蒙古富世化工有限公司，承包期6年3个月。合同签订后，被告没有按合同约定全部履行给付承包利润款的义务，截至2004年3月1日共欠款2560.13万元。2004年3月24日，富世公司起诉至内蒙古高级人民法院，请求判令内蒙古黄河化工集团公司偿还所述承包费。

原审法院审理过程中，内蒙古黄河化工集团有限责任公司在提交答辩状期间内提出管辖权异议，以合资合同订有仲裁条款为由，认为本案应通过仲裁解决。

#### 一审裁判结果

内蒙古高级人民法院根据《中华人民共和国民事诉讼法》（1991年施行，现已被修订）第108条第4项、第140条第3项的规定，裁定驳回原告富世公司的起诉。

### 一审裁判理由

内蒙古高级人民法院认为，富世公司与内蒙古黄河化工集团公司于1996年3月5日签订了合资合同，该合同中订立了"凡因执行本合同所发生的或与本合同有关的一切争议，双方应通过友好协商解决；如果协商不能解决，应提交中国北京中国国际经济贸易仲裁委员会，根据该会的仲裁程序暂行规则进行仲裁"的条款。1997年10月21日，原告与内蒙古黄河化工集团公司又签订一份承包合同，约定由内蒙古黄河化工集团公司承包经营合资企业内蒙古富世化工有限公司，承包期6年零3个月。合同第4条约定，该合同是合资合同不可分割的一部分，与原合同具有同等效力，有抵触之处以该合同为主，未尽事宜由双方协商解决。根据《中华人民共和国仲裁法》第5条"当事人达成仲裁协议，一方向人民法院起诉的，人民法院不予受理，但仲裁协议无效的除外"的规定，因此，本案不属于人民法院的受案范围。

### 二审诉辩情况

富世公司不服原审裁定，向最高人民法院提起上诉称：原审裁定将合资合同中的仲裁条款适用于承包合同是错误的。首先，承包合同与合资合同是性质上独立的两个合同，相互之间没有法律上的内在联系；其次，承包合同没有改变合资者的出资义务和对外承担有限责任的义务；最后，虽然承包合同约定该合同是合资合同不可分割的一部分，但两个合同不存在包含关系，合资合同的仲裁条款不能直接适用于承包合同。承包合同没有对争议解决事项进行约定，没有订立排除诉讼的仲裁条款，承包合同签订后也没有达成书面仲裁协议，因此原审裁定适用法律错误，请求裁定由原审法院对本案行使管辖权。

内蒙古黄河化工集团有限责任公司答辩称：（1）内蒙古黄河化工集团有限责任公司和内蒙古黄河化工集团公司是两个各自独立的法人，上诉人据以起诉的承包合同的签订主体是内蒙古黄河化工集团公司而非内蒙古黄河化工集团有限责任公司；（2）本案争议的解决方式应当从双方约定；（3）承包合同第4条的约定意味着合资合同关于争议解决方式的约定同样适用于解决承包合同的争议，即通过仲裁方式解决争议。

### 二审裁判结果

最高人民法院依据《中华人民共和国民事诉讼法》（1991年施行，现已被修订）第38条、第151条、第154条、第158条的规定，裁定如下：

驳回上诉，维持原裁定。

二审案件受理费50元，由上诉人香港富世国际集团有限公司负担。

### 二审裁判理由

最高人民法院认为，本案是因承包合同纠纷而引起的管辖权异议案件。对于有关人民法院主管权的管辖权争议，应当根据当事人的意思表示来确定。在本案中，富世公司和内蒙古黄河化工集团公司在合资合同中约定有仲裁条款，在承包合同中则明确约定该合同是合资合同不可分割的一部分，与合资合同具有同等效力，如有抵触，以承包合同为准。由于承包合同并未就争议解决方式作出约定，因此本案两份合同之间不存在有关争议解决方式的抵触之处。因此，有关承包合同争议的解决方式应当受合资合同中的争议解决方式条款的约束。鉴于合资合同中约定有明确有效的仲裁条款，因此对于有关本案合资合同和承包合同的争议，人民法院没有管辖权，富世公司的起诉应予驳回。原审法院适用法律正确，应予维持。至于内蒙古黄河化工集团有限责任公司答辩中所称，内蒙古黄河化工集团有限责任公司和内蒙古黄河化工集团公司是两个各自独立的法人一节，因被上诉人已经以自己的名义应诉且从未在原审法院审理过程中提出此项异议，也没有对已列其为被告的原审裁定提出上诉，因此本院对此不再予以审查。而且上诉人的起诉既已被本院驳回，则被上诉人（原审被告）的任何权益都将不受本案影响。

## 20. 当事人为了实现合作目的，同时签订了多个合同，但仅在其中一个合同中约定了仲裁条款的，对于因为未约定仲裁条款的合同产生纠纷，人民法院是否有管辖权？

如果当事人为了实现合作目的，同时签订了多个合同，但仅在一个合同中约定了仲裁条款，则在因约定了仲裁条款的合同产生的争议经仲裁后，当事人又因其他未约定仲裁条款的合同产生的争议向人民法院提起诉讼，法院对该诉讼有管辖权，且法院对不涉及仲裁条款约定事项进行审理不违反"一事不再理"原则。

### 典型疑难案件参考

华建电子有限责任公司、华建机器翻译有限公司与广州科技风险投资有限公司、谢雄平、张贺平、仇绍明、黄若浩合作协议纠纷案（《最高人民法院公报》2011年第3期，总第173期）

### 基本案情

2003年12月25日，华建电子有限责任公司（以下简称华建电子公司）、华建机器翻译有限公司（以下简称华建翻译公司）共同作为甲方与谢雄平、黄若浩、张贺平、仇绍明及广州科技风险投资有限公司（以下简称科技公司）共同作为乙方签订一份《合作协议》约定：甲、乙双方就股权转让和投资事宜达成合作意向，甲方拟收购乙方持有的广州市旷世科技发展有限公司（以下简称旷世公司）的全部股权，同时，乙方拟作为甲方之海外拟上市公司的风险投资者；甲方承诺乙方关联公司可以按照《框架协议》的条款，获得甲方拟在香港创业板上市的子公司股份；为了甲方有关上市工作需要，乙方同意在此协议签订后，开始按甲方要求对旷世公司进行工商变更，但甲方承诺，至上市前旷世公司的实际控制人仍为乙方，其实际所有者权益在上市前不作任何改变；如因各种原因导致甲方重组上市未果，则终止本协议、《股权转让协议》和《框架协议》。对已经履行的部分，双方同意尽可能地恢复原状，包括（但不限于）返还协议价格，恢复旷世公司股权架构，重新进行相应工商变更登记等，对由此给双方造成的损失，双方同意按照公平原则各自承担。

上述协议签订的同一天，华建电子公司作为甲方与谢雄平、张贺平、黄若浩、仇绍明、科技公司作为乙方签订一份华建电子公司引进风险投资者的《框架协议》约定：甲方拟将业务重组并在香港创业板上市，甲方保证乙方在股份转让后进行股权置换，即股权置换后乙方拥有开曼华建8%的股权，但最终乙方拥有开曼华建的股权比例由该公司在发行招股时的总市值及经甲、乙双方最终确认的可供乙方认购的市值数来确定；甲、乙双方每股转让价格为开曼华建于香港创业板上市时的发行价格；甲方保证以开曼华建在香港创业板上市，如因各种原因而上市未果，则终止甲、乙双方签订的《合作协议》，并按《合作协议》中约定的方式返回乙方业已支付的全部款项等条款。

上述两份协议签订的当天，谢雄平、黄若浩、张贺平、仇绍明及科技公司共同作为甲方与华建电子公司、华建翻译公司共同作为乙方签订一份《股权转让协议》，约定甲方持有旷世公司的股权95%转让给乙方，其中科技公司将其所持有的旷世公司25%的股权全部转让给华建电子公司；如有争议，提请北京仲裁委员会解决。鉴于旷世公司注册资本为1200万元，科技公司向华建电子公司转让的注册资本额为300万元。以上股权转让后，旷世公司的股本结构是，谢雄平的出资金额为60万元，占注册资本5%，华建电子公司的出资金额为1080万元，占90%，华建翻译公司的出资金额为60万元，占5%，双方依法办理了股权变更登记。2004年2月2日，华建电子公司、华建翻译公司及谢雄平召开股东会，决定同意谢雄平将其5%即共60万元的出资转让给华建翻译公司，并办理了工商变更登记手续。

2003年2月5日，中国证券监督管理委员会以国合函〔2001〕112号批准同意受理华建电子公司重组境外上市申请，并要求该公司按照有关法律、法规和规则的要求，抓紧各项准备工作，履行有关审批手续。

2004年下半年，由于公司业绩、上市时机等多方面的考虑，上市进程出现一定程度的推后。2005年年初，经多方面考虑后，华建电子公司与旷世公司的原股东达成了共识，认为短期内上市存在困难，同意解除已经签署的协议，并签署相应的终止协议，将旷世公司恢复原状。2005年3月中旬，旷世公司召开董事会（即原股东及股东代表），集体讨论恢复旷世公司股权架构事宜，当时，科技公司代表杨林、沈塈也出席了会议，经协商一致，全体同意恢复事宜，并决定由旷世公司向华建电子公司发函，要求其配合办理工商变更手续。2005年4月30日，华建电子公司将其起草的终止协议及相应文件通过电子邮件发给黄若浩。2006年2月13日，黄若浩、张贺平向华建电子公司、华建翻译公司出具一份声明及保证书称：2003年12月，华建电子公司、华建翻译公司与谢雄平、科技公司、黄若浩、张贺平、仇绍明签订的《合作协议》、《框架协议》及《股权转让协议》（含95%、100%、5%股权转让）不论是否有效，我们声明自2006年2月13日起终止履行该三份协议，同时，我们保证不依据该三份协议向华建电子公司和华建翻译公司主张履行该三份协议所约定的任何义务。谢雄平亦向华建电子公司、华建翻译公司出具保证书称：我们保证不依据该三份协议向华建电子公司、华建翻译公司主张履行该三份协议所约定的任何义务。

2005年12月12日，科技公司根据《股权转让协议》中的仲裁条款，向北京仲裁委员会申请仲裁，请求裁决华建电子公司支付股权转让款300万元及利息。仲裁庭经审理认为，鉴于《框架协议》和《合作协议》没有约定由北京仲裁委员会仲裁解决双方相关争议，仲裁庭曾建议双方当事人考虑将《框架协议》和《合作协议》项下纠纷交由仲裁庭一并审理，但双方当事人未能就此达成一致意见，据此，仲裁庭对双方基于《框架协议》和《合作协议》而可能存在的争议，不予审理。仲裁庭还指出，《中华人民共和国合同法》第125条规定解释合同时应当考虑合同目的，但基于约定仲裁规则的存在，即使查知双方签订《股权转让协议》时还有其他复杂的商业目的，仲裁庭亦无权单独依据合同目的作出越权裁判。遂于2006年5月16日作出〔2006〕京仲裁字第0474号裁决书，裁决内容如下：（1）华建电子公司向科技公司支付股权转让费300万元；（2）华建电子公司向科技公司支付逾期付款利息440000元及从2005年12月1日起至股权转让款清偿完毕之日止的逾期付款利息（按日万分之二点一计算）。科技公司依据〔2006〕京仲裁字第0474号裁决，向北京市海淀区人民法院申请强制执行，北京市海淀区人民法院依法扣划了华建电子公司48000元。

### 一审诉辩情况

2006年8月8日，华建电子公司、华建翻译公司起诉至广东省广州市中级人民法院称：2004年下半年，由于旷世公司业绩不理想及香港股市低迷等原因，华建电子公司、华建翻译公司的海外子公司上市进程搁浅。经多方面考虑，2005年年初，华建电子公司、华建翻译公司与科技公司、谢雄平、张贺平、仇绍明、黄若浩达成了共识，认为短期内上市存在困难，同意根据《合作协议》的约定，终止已经签署的三份协议，即《合作协议》、《股权转让协议》及华建电子公司引进风险投资者的《框架协议》，将旷世公司恢复原状。但是科技公司以种种理由屡次拖延办理旷世公司股权恢复原状的工商变更手续。2005年年底，科技公司更是不顾已经达成的关于终止合作、恢复股权架构的合意，利用尚未恢复原状的旷世公司的股权工商登记现状，单独以《股权转让协议》为依据，申请仲裁。由于仲裁条款仅仅在《股权转让协议》中进行了约定，而科技公司又拒绝对作为一个整体合作项目下的《合作协议》、《框架协议》达成仲裁合意，最终导致北京仲裁委员会裁决华建电子公司承担支付股权转让金及利息责任的不利后果。根据华建电子公司、华建翻译公司与科技公司、谢雄平、张贺平、仇绍明、黄若浩签订的《合作协议》第3条第15项的约定，如因各种原因华建电子公司重组上市未果，则终止本协议、《股权转让协议》和《框架协议》。对已经履行的部分，双方同意尽可能恢复原状，包括（但不限于）返还协议价格，恢复旷世公司股权架构，重新进行相应工商变更等，对由此给双方造成的损失，双方同意按照公平原则各自承担。科技公司割裂《合作协议》、《框架协议》和《股权转让协议》的整体关系，隐瞒股权转让的真实背景，申请仲裁的行为严重违反了《合作协议》第3条第15项的约定，该行为直接导致华建电子公司、华建翻译公司为还原事实真相、维护自身合法权益，不得不提起本案诉讼，给华建电子公司、华建翻译公司造成了严重的经济损失。请求人民法院：(1)确认《合作协议》合法有效；(2)判令终止《合作协议》，将华建电子公司名义上的90%的旷世公司股权分别变更登记由谢雄平持有36.11%、黄若浩持有14.33%、张贺平持有14.31%、仇绍明持有0.25%、科技公司持有25%，将华建翻译公司名义上的10%的旷世公司股权变更登记由谢雄平持有；(3)判令科技公司赔偿因其违约给华建电子公司、华建翻译公司造成的额外经济损失166435.3元，包括仲裁律师费5万元，北京市海淀区人民法院执行仲裁裁决已扣划的款项48000元，华建电子公司承担的仲裁费51630元，往返广州调查取证的费用16805.3元；（4）本案诉讼费用由科技公司承担。

科技公司答辩称：《合作协议》是双方的真实意思表示，合法有效，但是《合作协议》并没有实际履行，这只是双方合作的意向，对双方没有具体的约束力；科技公司不同意华建电子公司、华建翻译公司的第2项诉讼请求，其并没有请求终止《合作协议》，所以华建电子公司、华建翻译公司没有依据请求科技公司按照《合作协议》第3条第15项履行，在没有终止《股权转让协议》的前提下，其提出的第2项诉讼请求不能成立。

谢雄平、张贺平、仇绍明一审共同答辩称：同意科技公司的答辩意见，即《合作协议》只是双方的意向书，双方并没有实际履行，真正履行的是《股权转让协议》、《合作协议》无论是否合法有效，都与变更股权架构没有联系，华建电子公司、华建翻译公司诉称没有参加经营策划，但旷世公司的董事都是由华建电子公司、华建翻译公司任命。

### ▶一审裁判结果

广州市中级人民法院于2007年8月23日作出〔2006〕穗中法民二初字第220号民事判决：

一、解除华建电子公司、华建翻译公司与谢雄平、黄若浩、张贺平、仇绍明、科技公司于2003年12月签订的《合作协议》。

二、谢雄平、黄若浩、张贺平、仇绍明、科技公司在判决发生法律效力之日起一个月内协助华建电子公司、华建翻译公司，将华建电子公司、华建翻译公司各自持有的90%和10%旷世公司股权变更登记在科技公司、谢雄平、张贺平、仇绍明、黄若浩名下，分别由谢雄平持有46.11%，黄若浩持有14.33%，张贺平持有14.31%，仇绍明持有0.25%，科技公司持有25%。

三、科技公司在判决发生法律效力之日起10日内返还48000元给华建电子公司。

四、驳回华建电子公司、华建翻译公司的其他诉讼请求。

案件受理费70842元，由华建电子公司、华建翻译公司共同负担690元；由谢雄平、黄若浩、张贺平、仇绍明、科技公司按各自持股比例负担70152元。

### ▶一审裁判理由

广州市中级人民法院认为：华建电子公司、华建翻译公司与谢雄平、黄若浩、张贺平、仇绍明、科技公司签订的《合作协议》是各方当事人的真实意思表示，协议的内容没有违反法律、法规的强制性规定，属有效协议。各方当事人应当严格依约履行各自义务。该协议约定："如因各种原因甲方重组上市未果，则终止本协议、双方签订的股权转让协议、VC投资协议。对已经履行的部分，双方同意尽可能地恢复原状，包括（但不限于）返还协议价格，恢复旷世公司股权架构、重新进行相应工商变更等，对由此给双方造成的损失，双方同意按照公平原则各自承担。"《合作协议》签订后，华建电子公司依约将谢雄平持有的旷世公司46.11%的股权，黄若浩持有的14.33%，张贺平持有的14.31%，仇绍明持有的0.25%，科技公司持有的25%的股权全部变更登记为华建电子公司持有90%、华建翻译公司持有10%的股权。华建电子公司签订上述协议及进行股权变更登记，目的是为了履行中国证券监督管理委员会的要求，抓紧各项准备工作，履行有关审批手续。由于公司业绩、上市时机等多种原因，华建电子公司以间接方式在境外上市没有完成。对于上市未果，华建电子公司已通知旷世公司原股东，并要求终止《合作协议》。科技公司、谢雄平、张贺平、仇绍明、黄若浩没有依约协助华建电子公司、华建翻译公司履行工商变更登记义务，恢复旷世公司的股权原状，其行为已经构成违约，应当承担相应的违约责任。因此，华建电子公司、华建翻译公司以科技公司、谢雄平、张贺平、仇绍明、黄若浩没有履行《合作协议》约定的义务为由，要求将其各自持有旷世公司90%和10%的股权全部变更登记在谢雄平、黄若浩、张贺平、仇绍明、科技公司的名下，应予以支持。

华建电子公司、华建翻译公司与科技公司、谢雄平、张贺平、仇绍明、黄若浩签订的《股权转让协议》约定了仲裁条款，且经过北京仲裁委员会的仲裁，该裁决已经发生法律效力。因华建电子公司须将其持有的25%旷世公司股权变更登记在科技公司名下，因此，科技公司取得股权转让款48000元失去合法的依据，科技公司应将该款返还给华建电子公司。华建电子公司、华建翻译公司主张科技公司违约给其造成的额外经济损失包括仲裁律师费5万元，华建电子公司应承担的仲裁费51630元、往返广州调查取证费用16805.3元，共计118435.3元，因上述损失与本案没有必然的因果关系，华建电子公司、华建翻译公司要求赔偿该损失的理由不能成立，不予以支持。

### 二审诉辩情况

科技公司不服一审判决，上诉称：（1）《合作协议》所约定的终止条件为非真正条件，原审判决认定条件成就的依据不足，判令解除《合作协议》没有事实依据。（2）原审判决无视已生效的仲裁裁决，在《股权转让协议》没有解除、撤销或被确认无效的情况下，径行裁决恢复股权，严重违反"一事不再理"的原则，该判决一旦生效将出现与仲裁裁决冲突的严重结果，有损司法的权威。终止《合作协议》无法产生恢复股权比例的法律后果，原审判决判令恢复股权没有法律依据。北京仲裁委员会作出的〔2006〕京仲裁字第0474号裁决已经认定了以下事实：实际履行的是《股权转让协议》（转让95%的股权），该协议合法有效，科技公司有权要求继续履行即有权要求华建电子公司支付股权转让款300万元及违约金。华建电子公司向北京市第二中级人民法院申请撤销该仲裁裁决，已被驳回。而本案中，华建电子公司、华建翻译公司提出的请求事项是终止《合作协议》并恢复股权，而根据《合作协议》第3条第15项之约定，只有在同时终止《合作协议》、《股权转让协议》和《框架协议》的前提下，才产生股权恢复的法律后果，而不是履行《合作协议》的法律后果，《合作协议》本身并没有涉及股权转让的具体事宜，仅仅终止《合作协议》无法产生恢复股权比例的法律后果。而原审法院在一审判决中未涉及《股权转让协议》（转让95%的股权），或确认该协议无效，却径行判令恢复股权比例并要求科技公司返还依照生效仲裁裁决取得的款项是完全错误的判决。

张贺平不服一审判决，上诉称：（1）原审判决割裂《合作协议》、《股权转让协议》及《股东转让出资合同书》之间的联系。华建电子公司、华建翻译公司的诉讼请求为终止《合作协议》，将华建电子公司名下的36.11%的股权及华建翻译公司的10%股权变更至张贺平名下，但华建电子公司、华建翻译公司并没有同时请求解除《股权转让协议》及《股东转让出资合同书》，而《合作协议》仅是张贺平与华建电子公司、华建翻译公司之间的一份合作意向书，具体明确双方权利、义务的是双方所签订的《股权转让协议》及《股东转让出资合同书》。双方在工商行政管理部门办理登记备案的是《股东转让出资合同书》，而不是《合作协议》。张贺平在2003年、2004年是依据与华建电子公司、华建翻译公司签订的《股东转让出资合同书》，将持有的涉案公司46.11%的股权转让给华建电子公司、华建翻译公司，而华建电子公司、华建翻译公司并没有要求解除《股权转让协议》和《股东转让出资合同书》，因此，自然不能根据《合作协议》将股权返还给张贺平。（2）原审判决适用法律不当，引用法律自相矛盾，其判决内容超过华建电子公司、华建翻译公司的诉讼请求。华建电子公司、华建翻译公司请求终止《合作协议》而不是解除该协议，而原审判决超过了华建电子公司、华建翻译公司的诉讼请求。（3）北京仲裁委员会作出并生效的〔2006〕京仲裁字第0474号仲裁书，裁决华建电子公司、华建翻译公司支付300万元的股权转让款给科技公司，且该裁决已生效并已执行,但原审判决却以判决内容推翻上述仲裁裁决,严重违反法律。综上所述,原审判决认定事实不清,适用法律不当,请求二审法院撤销原审判决第一、第二项,驳回华建电子公司、华建翻译公司的诉讼请求。

谢雄平、仇绍明也不服原审判决,提起上诉,其上诉请求和上诉理由与张贺平相同。

华建电子公司、华建翻译公司二审共同答辩称:原审判决认定事实清楚,适用法律正确,科技公司、谢雄平、仇绍明、张贺平的上诉均没有依据,请求二审法院驳回其上诉请求。

### 二审裁判结果

广东省高级人民法院于 2008 年 6 月 3 日作出〔2007〕粤高法民一终字第 315 号民事裁定:

一、撤销广州市中级人民法院(2006)穗中法民二初字第 220 号民事判决;

二、驳回华建电子公司、华建翻译公司的起诉。

一、二审案件受理费各 50 元,由华建电子公司、华建翻译公司负担。

### 二审裁判理由

广东省高级人民法院经审理查明:原审法院对本案所查明的事实基本属实,该院予以确认。

另查明:2003 年 12 月,科技公司、谢雄平、张贺平、仇绍明、黄若浩与华建电子公司、华建翻译公司签订了《股权转让协议》,约定科技公司、谢雄平、张贺平、仇绍明、黄若浩将旷世公司的全部股权转让给华建电子公司、华建翻译公司,华建电子公司、华建翻译公司支付股权转让费 1200 万元给科技公司、谢雄平、张贺平、仇绍明、黄若浩。

华建电子公司认为北京仲裁委员会作出的〔2006〕京仲裁字第 0474 号仲裁裁决认定事实错误,向北京市第二中级人民法院申请撤销〔2006〕京仲裁字第 0474 号仲裁裁决,北京市第二中级人民法院于 2006 年 10 月 27 日作出〔2006〕二中民特字第 12426 号民事裁定,驳回华建电子公司的撤销仲裁裁决申请。

广东省高级人民法院认为,华建电子公司、华建翻译公司与科技公司、张贺平、谢雄平、仇绍明、黄若浩就旷世公司的股份转让问题签订了《合作协议》、《框架协议》、《股权转让协议》。上述协议均是当事人之间的真实意思表示,没有违反法律、法规的强制性规定,旷世公司的股份也已经办理到华建电子公司、华建翻译公司的名下，因此，上述合同均为有效合同，对当事人各方具有法律上的约束力。

上述合同签订后，科技公司、张贺平、谢雄平、仇绍明、黄若浩依照合同的约定将其在旷世公司的股份转让给华建电子公司、华建翻译公司并将相关股权登记到华建电子公司、华建翻译公司的名下。科技公司以华建电子公司违反《股权转让协议》约定，以未向科技公司支付股权转让款为由，于2005年12月12日向北京仲裁委员会申请仲裁，北京仲裁委员会于2006年5月16日作出〔2006〕京仲裁字第0474号裁决书，裁决华建电子公司向科技公司支付股权转让费300万元、逾期付款利息440000元及从2005年12月1日起到股权转让款清偿完毕之日止的逾期付款利息。华建电子公司不服该仲裁裁决，向北京市第二中级人民法院提起撤销该仲裁裁决的申请，被驳回。现华建电子公司、华建翻译公司依照《合作协议》向人民法院起诉科技公司、张贺平、谢雄平、仇绍明、黄若浩，请求终止《合作协议》并将旷世公司的股份办理到科技公司及张贺平、谢雄平、仇绍明、黄若浩的名下。尽管当事人在《合作协议》与《框架协议》中约定，如华建电子公司的海外子公司在香港上市未果，则应终止《合作协议》及《框架协议》，并将旷世公司的股份恢复到科技公司及张贺平、谢雄平、仇绍明、黄若浩的名下，但仲裁机构没有对《合作协议》和《框架协议》进行裁决。在本案中，《合作协议》、《框架协议》及《股权转让协议》属于不可分割的整体，人民法院应对上述协议一并审理，因仲裁机构已依据《股权转让协议》的约定裁决华建电子公司向科技公司支付股权转让费300万元及逾期付款利息，因此人民法院受理华建电子公司、华建翻译公司要求终止《合作协议》并将旷世公司的股份办理到科技公司及张贺平、谢雄平、仇绍明、黄若浩名下的起诉必然涉及《股权转让协议》，而仲裁机构对《股权转让协议》已作出裁决，因此华建电子公司、华建翻译公司的诉讼请求势必与仲裁裁决相冲突。原审法院解除《合作协议》并将旷世公司在华建电子公司、华建翻译公司名下的股份恢复办理到科技公司及张贺平、谢雄平、仇绍明、黄若浩的名下的判决与涉案仲裁裁决的内容相矛盾，实质上将仲裁机构所裁决的内容再次进行裁判，违反"一事不再理"的原则。原审法院受理华建电子公司、华建翻译公司的起诉并作出实体判决不当，依法予以纠正。

**再审诉辩情况**

华建电子公司、华建翻译公司申请再审，请求撤销广东省高级人民法院〔2007〕粤高法民一终字第315号民事裁定书，维持广东省广州市中级人民法院〔2006〕穗中法民二初字第220号民事判决书。主要理由如下：（1）华建电子公司、华建翻译公司的起诉符合法律规定的条件，且提起诉讼所依据的两份合同均未约定仲裁条款，人民法院应予受理并进行实体审理。广东省高级人民法院依据《民事诉讼法》第111条第2项的规定驳回华建电子公司、华建翻译公司的起诉，适用法律错误。（2）人民法院审理本案与北京仲裁委员会的裁决并不矛盾。各方根据《合作协议》和《框架协议》就旷世公司股权结构恢复原状的纠纷与各方根据《股权转让协议》就旷世公司股权转让款项支付的纠纷系不同法律关系，不符合"一事不再理"原则规定的情形，广东省高级人民法院在二审裁定书中适用该原则明显属于适用法律错误。（3）华建电子公司、华建翻译公司依有效的《合作协议》、《框架协议》起诉被人民法院驳回，仲裁庭在审理《股权转让协议》时又不涉及《合作协议》与《框架协议》，这就导致华建电子公司、华建翻译公司的合法权益没有途径得到保护。

科技公司答辩认为：人民法院确实有权审理《合作协议》及《框架协议》。然而，由于本案中《合作协议》中所约定的协议终止条件并不成就，人民法院不能据此认定《合作协议》及相关协议应当终止，更不能据此直接作出恢复股权结构的判决。

谢雄平、张贺平答辩认为：虽然人民法院对《合作协议》、《框架投资协议》拥有管辖权，但是如果人民法院认定《合作协议》第3条第15项为有效约定，那么判决结果必然和生效的仲裁裁决相冲突，违反"一事不再理"的原则。

▶ **再审裁判结果**

最高人民法院依据《中华人民共和国民事诉讼法》第186条第1款、第153条第1款第1项之规定，判决如下：

一、撤销广东省高级人民法院〔2007〕粤高法民一终字第315号民事裁定。

二、维持广东省广州市中级人民法院〔2006〕穗中法民二初字第220号民事判决。

本判决为终审判决。

▶ **再审裁判理由**

本院再审查明的事实与一、二审法院查明的事实相同。

本院认为，根据当事人申请再审的理由以及答辩情况，本案争议的焦点如下：

1. 关于本案是否归人民法院主管的问题。

广东省高级人民法院依据《中华人民共和国民事诉讼法》（1991年施行，现已被修订）第111条第2项的规定驳回华建电子公司、华建翻译公司的起诉。华建电子公司、华建翻译公司申请再审认为，其提起诉讼所依据的两份合同均未约定仲裁条款，人民法院应予受理并进行实体审理。本院开庭审理后，被申请人科技公司、谢雄平、张贺平也认为人民法院对本案具有管辖权。

本院认为，华建电子公司、华建翻译公司提起本案诉讼的依据是《合作协议》、《框架协议》，这两份协议并没有仲裁条款。仲裁裁决书明确指出："仲裁庭对双方基于《框架协议》和《合作协议》而可能存在的争议，不予审理。"据此，本案属于人民法院主管。广东省高级人民法院认为本案不属于人民法院主管，适用法律错误，本院依法予以纠正。

2. 关于《合作协议》第3条第15项的约定是否无效、其约定的终止条件是否成就的问题。

科技公司认为，《合作协议》第3条第15项关于"如因各种原因甲方重组上市未果，则终止本协议、双方签订的股权转让协议和VC投资协议"的约定应属于附条件终止协议条款，但所附条件"如因各种原因甲方重组上市未果"为非真正条件，该约定无效。华建电子公司、华建翻译公司认为，该约定不违反法律的强制性规定，应为有效。

本院认为，认定合同或者合同约定的条件无效，其依据是《中华人民共和国合同法》第52条的规定。《合作协议》第3条第15项约定的条件，并不违反《合同法》第52条关于合同无效的规定，依法应当认定为有效。既然合同有效，就应当严格按照《合作协议》第3条第15项的约定内容履行。"因各种原因甲方重组上市未果"这一条件如果已经成就，那么就应当"终止本协议、双方签订的股权转让协议和VC投资协议"。本案中，虽然经过双方当事人特别是华建电子公司的一系列运作，但是华建电子公司的海外子公司最终未在香港上市是客观事实，符合双方的约定即"因各种原因甲方重组上市未果"，故终止《合作协议》等合同的条件已经成就。因此，一审法院关于"对于上市未果，华建电子公司已通知旷世公司原股东，并要求终止合作协议。五被告没有依约协助两原告履行工商变更登记义务，恢复旷世公司的股权原状，其行为已经构成违约，应当承担相应的违约责任。因此，两原告以五被告没有履行合作协议约定的义务为由，要求将其各自持有旷世公司90%和10%的股权全部变更登记在被告谢雄平、黄若浩、张贺平、仇绍明、科技公司的名下，本院予以支持"的认定，符合双方的约定和法律规定，本院依法予以维持。根据《合作协议》的约定，双方对已履行的《股权转让协议》进行恢复原状，华建电子公司将其持有的25%旷世公司股权退还给科技公司，科技公司将取得转让该股权的对价，包括48000元返还给华建电子公司。

3. 关于一审法院股权恢复原状的判决是否违反了"一事不再理"的原则、是否与仲裁裁决矛盾的问题。

科技公司和谢雄平、张贺平都认为，仲裁裁决书已经裁决：（1）华建电子公司向科技公司支付股权转让费300万元；（2）华建电子公司向科技公司支付逾期付款利息440000元及从2005年12月1日起至股权转让款清偿完毕之日止的逾期付款利息（按日万分之二点一计算）。如果人民法院再判决股权恢复原状，则违反了"一事不再理"的原则，与仲裁裁决矛盾。华建电子公司、华建翻译公司认为，各方根据《合作协议》和《框架协议》就旷世公司股权结构恢复原状的纠纷与各方根据《股权转让协议》就旷世公司股权转让款项支付的纠纷系不同法律关系，不符合"一事不再理"原则规定的情形，人民法院审理本案与北京仲裁委员会的裁决并不矛盾。

本院认为，一审法院股权恢复原状的判决并没有违反"一事不再理"的原则。理由是：由于"重组上市未果"，华建电子公司、华建翻译公司请求根据《合作协议》第3条第15项的规定就旷世公司股权结构恢复原状的纠纷与双方根据《股权转让协议》就旷世公司股权转让款项支付的纠纷系不同法律关系，是各方基于不同的法律事实提出的不同请求。从《合作协议》的约定来看，该协议的履行分为两个阶段，第一阶段是为了华建电子公司的海外子公司重组上市成功，进行旷世公司股权转让并支付股权转让款；第二阶段是如果"重组上市未果"，则恢复旷世公司股权结构并返还转让款。为履行第一阶段的约定事项，各方又签订了《股权转让协议》，并约定了仲裁条款，排除了人民法院的管辖权。该纠纷已经过北京仲裁委员会仲裁。但为履行第二阶段的约定事项，即"如因各种原因甲方重组上市未果，则终止本协议、双方签订的股权转让协议和VC投资协议。对已经履行的部分，双方同意尽可能地恢复原状，包括（但不限于）返还协议价格，恢复旷世科技股权架构、重新进行相应工商变更等，对由此给双方带来的损失，双方同意按照公平原则各自承担"，华建电子公司依据该约定提起诉讼，本案解决的正是履行《合作协议》第二阶段发生的纠纷。由于一审法院处理本案的依据并不是《股权转让协议》，而是《合作协议》第3条第15项，而仲裁所依据的是《股权转让协议》，并不是《合作协议》第3条第15项，基于仲裁裁决所依据的协议与一审法院处理本案所依据的协议不同，即一审法院并没有处理双方履行《股权转让协议》所发生的争议，仲裁裁决也明确表示不将《合作协议》纳入仲裁范围，也就是说，仲裁裁决所处理的"一事"即《股权转让协议》所发生的纠纷，人民法院并没有处理，所以一审法院股权恢复原状的判决并没有违反"一事不再理"的原则。

在一审法院股权恢复原状的判决并没有违反"一事不再理"的原则的情况下，就谈不上判决与仲裁裁决是否矛盾的问题。即使仲裁裁决的结果是履行《股权转让协议》，而判决的结果是恢复旷世公司的股权结构，判决是根据《合作协议》第3条第15项的约定作出的，该约定仍然是双方当事人包括科技公司及张贺平、谢雄平、仇绍明、黄若浩的真实意思表示。也就是说，一审判决与仲裁裁决都是根据当事人的真实意思表示作出的，都是当事人履行双方协议的必然结果。换言之，当事人的真实意思表示就是，为了重组上市，先要进行旷世公司的股权变更，而且实际上也进行了股权变更。但是，如果上市未果，已经变更的股权就应恢复原状。在上市未果的情况下，一审法院判决恢复旷世公司的股权架构，依法应予维持。

**21. 当事人在合同中约定管辖地后，又在其他地点签订补充协议的，如何确定合同纠纷的管辖地？**

当事人签订合同时，如果明确选择该合同的签订地法院作为合同纠纷的管辖法院，又在之后的其他地点对原合同签订补充协议，但未对管辖条款进行任何修改，原合同中的管辖条款中双方当事人具有约束力，因原合同及补充协议发生的纠纷均应由原合同的签订地法院管辖。

### 典型疑难案件参考

德国亚欧交流有限责任公司与绥芬河市青云经贸有限公司合作协议纠纷案（《最高人民法院公报》2007年第6期，总第128期）

#### 基本案情

2004年6月30日，绥芬河市青云经贸有限公司（以下简称青云公司）与德国亚欧交流有限责任公司（以下简称德国亚欧公司）在中国山东省青岛市签订《"德国科隆中国商品批发市场D座"合作协议》一份，约定双方就"德国科隆中国商品批发市场D座"的招商代理项目进行合作。该协议第8条第4项约定"甲、乙双方如因本协议及本协议涉及项目产生纠纷，由双方协商解决，协商不成时，由协议签署地法院管辖仲裁"；第5项约定"甲、乙双方因本协议产生的纠纷，解决依据的法律为中国法律"。2005 年 1 月 26 日，青云公司与德国亚欧公司在中国黑龙江省绥芬河市签署《"德国科隆中国商品批发市场 D 座"合作协议的补充协议》一份，就有关合作项目的商务考察签证和进场费等问题进行了约定。

### ▶ 一审诉辩情况 ◀

2005 年 10 月 27 日，青云公司向黑龙江省高级人民法院提起诉讼，请求解除其与德国亚欧公司之间签订的《"德国科隆中国商品批发市场 D 座"合作协议》，并请求判令德国亚欧公司返还进场费 22400735.37 元人民币、赔偿项目运作费用 220482.94 元人民币。

德国亚欧公司对管辖权提出异议，认为本案系涉外案件，争议协议的履行地、被告住所地、争议涉及的不动产所在地及协议约定的管辖地均不在黑龙江省，依据《中华人民共和国民事诉讼法》第 243 条之规定，原审法院对本案没有管辖权，请求将本案移送有管辖权的法院审理或驳回起诉。

### ▶ 一审裁判结果 ◀

一审法院依照《中华人民共和国民事诉讼法》第 38 条规定，裁定：驳回德国亚欧公司的管辖异议。

### ▶ 一审裁判理由 ◀

一审法院审查认为：根据《中华人民共和国民事诉讼法》（1991 年施行，现已被修订）第 244 条之规定："涉外合同或者涉外财产权益纠纷的当事人，可以用书面协议选择与争议有实际联系的地点的法院管辖。"本案纠纷所涉合作协议中，双方约定："如因本协议及本协议涉及项目产生纠纷，……由协议签署地法院管辖仲裁。"该约定为双方当事人对协议管辖的真实意思表示，不违反中华人民共和国法律规定，合法有效。因此，因合作协议产生的纠纷应由该协议签署地法院管辖。本案双方当事人在山东省青岛市签订合作协议后，又在黑龙江省绥芬河市签订合作协议的补充协议，该补充协议属于合作协议的组成部分，故青岛市和绥芬河市均属于合作协议的签署地。因此，本案纠纷黑龙江省高级人民人民法院有管辖权。双方当事人约定管辖不违反级别管辖的规定，故该院管辖此案并无不当。综上，被告德国亚欧公司对本案管辖提出的异议没有事实和法律依据。

### ▶ 二审诉辩情况 ◀

德国亚欧公司不服原审裁定，向最高人民法院提起上诉称：（1）原审裁定认定事实不清，合作协议的签署地为青岛市，但合作协议的补充协议的签署地并不在绥芬河市。2004年11月3日，双方当事人的法定代表人在上海市就合作协议的起止时间等问题签订了《补充协议（一）》，该《补充协议（一）》的签署地为上海市。2005年1月24日，双方当事人在绥芬河市就进场费等问题进行了协商并达成一致，由于德国亚欧公司法定代表人未带公章，遂于1月26日德国亚欧公司法定代表人返回北京时，将由青云公司起草并签字盖章的《补充协议（二）》带回北京，签字盖章后转给青云公司。根据中国相关法律规定，合同双方签字盖章不在同一地点的，最后签字或者盖章的地点为合同成立的地点。故《补充协议（二）》的签署地应为北京市。（2）原审裁定适用法律错误。原审裁定引用《中华人民共和国民事诉讼法》（1991年）第244条，认为本案应由补充协议的签署地法院管辖。补充协议属于主合同的组成部分，但并不导致补充协议的签订地等同于主合同的签订地。本案双方在签订合作协议时，约定由协议签署地法院管辖，因尚未签订任何补充协议，故双方的真实意思是指由主合同签署地法院管辖，并不包括补充协议的签署地，更何况补充协议的签署地也不在黑龙江省。（3）本案合作协议第8条第4项约定，合作纠纷由协议签署地法院管辖，即本案应由主合同的签署地青岛市中级人民法院管辖。即使合作协议对于管辖约定不明，原审法院也没有管辖权，原审法院管辖本案并不符合《中华人民共和国民事诉讼法》（1991年）第243条规定的情形。请求：驳回青云公司的起诉或将本案移交有管辖权的法院审理。

青云公司未作书面答辩。

▶ 二审裁判结果 ◀

最高人民法院根据《中华人民共和国民事诉讼法》（1991年）第38条、第154条、第244条之规定，裁定如下：

一、撤销黑龙江省高级人民法院〔2005〕黑高商外初字第1号民事裁定；

二、本案由山东省青岛市中级人民法院管辖。

一审案件受理费50元人民币、二审案件受理费50元人民币，均由青云公司负担。

本裁定为终审裁定。

▶ 二审裁判理由 ◀

最高人民法院认为：本案纠纷为管辖权异议，属于程序问题，解决案件的程序问题应适用法院地法即《中华人民共和国民事诉讼法》。对此，《中华人民共和国民事诉讼法》（1991年）第3条有明确规定，"人民法院受理公民之间、法人之间、其他组织之间以及他们相互之间因财产关系和人身关系提起的民事诉讼,适用本法的规定"。

青云公司据以起诉的《"德国科隆中国商品批发商场 D 座"合作协议》第 8 条第 4 项约定:"如因本协议及本协议涉及项目产生纠纷,……由协议签署地法院管辖仲裁。"本案双方当事人对该协议签订于山东省青岛市无异议。《中华人民共和国民事诉讼法》第 244 条规定:"涉外合同或者涉外财产权益纠纷的当事人,可以用书面协议选择与争议有实际联系的地点的法院管辖。"因此,本案双方当事人在合作协议中选择协议签订地法院管辖本案,符合上述法律规定,该管辖条款应认定有效。根据约定,合作协议签订地法院即青岛市的人民法院对合作纠纷拥有管辖权。原审法院驳回德国亚欧公司管辖异议的理由是合作协议的补充协议是在黑龙江省的绥芬河市签订的,因此绥芬河市亦为合作协议的签订地,故原审法院对本案拥有管辖权。上述理由是错误的。本案并不是当事人之间签订的《"德国科隆中国商品批发市场 D 座"合作协议》存在多个签字地点应如何认定协议签订地的问题,而应该是当事人选择了管辖法院后该管辖条款是否有效以及当事人是否变更了管辖条款的问题。本案双方当事人签订合作协议时,明确选择了该协议的签订地法院,即青岛市的人民法院作为合作纠纷的管辖法院。虽然以后当事人之间又在其他地点对合作协议进行了补充,但补充协议并没有就管辖条款进行任何修改。因此,合作协议中的管辖条款对本案双方当事人具有约束力。在合作协议选择管辖法院条款有效的情况下,原审法院依据所谓补充协议的签订地对合作协议纠纷行使管辖权没有事实和法律依据。德国亚欧公司关于原审法院对本案纠纷没有管辖权的上诉理由成立,原审裁定应予撤销。本院于 1999 年 4 月 9 日发布的《关于各高级人民法院受理第一审民事、经济纠纷案件问题的通知》第 2 条第 2 款规定,山东省高级人民法院受理第一审涉外和涉港、澳、台的经济纠纷案件,争议金额不得低于 3000 万元人民币,而原审原告青云公司起诉的标的额为 2400 余万元人民币,因此,本案应由山东省青岛市中级人民法院管辖。

## 22. 承包人与第三人共同经营承包企业的,第三人是否应当向原发包人承担承包责任?

合伙企业的承包人吸收他人共同承包经营,虽然原承包合同未作书面或口头变更,而发包人接受新的实际共同承包人的,后加入的第三人则成为实际上的共同承包人。本案第三人本是发包人一方，当被告签订了承包合同后，第三人又与被告共同经营而形成了一个新的合伙经营关系，因此就应当与被告对原合伙人即本案的被上诉人负责。

## 23. 行政机关的行政行为是否属于不可抗力？

企业因存在行政违法行为而被行政机关责令停产的，不应视为不可抗力。责令停产行为所依据的事实中有当事人的过错的，相关的责任由过错方承担。

### 典型疑难案件参考

代平、徐开荣、王兴银诉黄吉高、王林、雷维柱、邱钦权承包经营合同纠纷案

### 基本案情

四川省泸县恒发玻璃厂（以下简称恒发玻璃厂）是本案原告代平、徐三荣、王兴银、被告黄吉高和第三人王林、雷维柱、邱钦权于2001年兴办的合伙企业，合伙人出资的数额分别是雷维柱41万元、代平35.7万元、王林34万元、刘修贵33万元、徐开荣66万元、黄吉高44万元、王兴银33.9万元、邱钦权34.5万元。2002年1月12日，玻璃厂七合伙人签订承包合同书，将恒发玻璃厂发包给黄吉高，该合同约定承包期限为两年，每年承包费为32万元；每月1日前付清当月承包费26666元，一旦不能及时上缴承包费则视为违约；承包期间如有大小安全事故概由黄吉高负责；承包期满后，被告黄吉高应保证机械、设备、炉窑正常运转；合同还约定违约金为40万元。合同签订后，被告黄吉高又与第三人雷维柱、邱钦权、王林一起合伙经营恒发玻璃厂。2002年7月18日，恒发玻璃厂因遭雷击，造成烟囱、锅炉等损坏，经七合伙人协商，由发包方出2万元给承包方对损坏的烟囱、锅炉进行维修。此款已在交2002年8月、9月的承包费中扣除。事后，承包人向玉河镇安办和泸县安全生产监督管理局反映玻璃厂烟囱存在不安全的隐患。玉河镇安办于2002年10月10日作出安全检查整改情况表；2002年10月16日泸县安监局下达安全监察限期整改指令书，要求恒发玻璃厂停产整改。10月17日被告停产后将玉河镇

安全检查事故情况表送给原告，原告认为被告反映烟囱安全隐患意在逃避责任。玉河镇经发办与恒发玻璃厂全体合伙人对烟囱整改一事进行了座谈，将有关资料送泸州市危房办鉴定，费用由承包人负责。2002年11月6日，泸州市房屋安全鉴定办公室下达了关于烟囱的安全鉴定意见，认定恒发玻璃厂烟囱地基基础稳定，筒身无倾斜现象，现有裂缝主要是因施工不符合质量规定要求和生产时的高温使砖体膨胀所致，因此，对烟囱采取加固措施后可以继续使用。玉河镇领导多次要求黄吉高先恢复生产，对于停产责任在生产恢复后再追究。而黄吉高因经营亏损决意不再承包，因而执意要解除承包合同拒不恢复生产，使得生产久久不能恢复造成较大的损失。原告于2002年11月27日起诉到法院，要求被告支付承包费和违约金。2002年12月16日，恒发玻璃厂七合伙人协商解除了与被告黄吉高的承包合同。

该厂烟囱在黄吉高承包前就出现了裂缝。黄吉高认为恒发玻璃厂支付的2万元维修烟囱根本不够，但未提供维修烟囱的具体费用大约应需多少的证据。三原告认为支付给上诉人的2万元包括维修烟囱的费用，补充的证据是泸州市建筑勘测设计院2003年7月18日作出的烟囱加固图及说明，"加固费用预算在3500~4000元以内"；黄吉高承包之前，恒发玻璃厂由雷维柱承包，雷维柱曾因毁约承担了40万元的违约金，该违约金按合伙分配比例分配给各合伙人；黄吉高承包后，在停产之前，每月将承包费按合伙分配比例直接支付给各个合伙人，由各个合伙人签收。

### ▎一审诉辩情况

代平、徐开荣、王兴银等三原告诉称：四川泸县恒发玻璃厂是三原告与被告、三个第三人的合伙企业，七人均为合伙人。2001年1月经全体合伙人协商，将企业发包给被告，签订了《四川省泸县恒发玻璃厂承包合同书》（以下简称《承包合同书》），约定了发包人与承包人的权利和义务。合同签订后，被告即开始经营恒发玻璃厂，三个第三人又与被告共同合伙经营。合同履行至2002年8月，被告不如期缴纳承包费，还于同年10月17日擅自停产，产生较大损失。因此原告要求终止《承包合同书》，由被告和第三人支付未缴纳的承包费和违约金202631.64元。

被告黄吉高辩称：被告按合同约定交付承包费至2002年10月，因恒发玻璃厂烟囱建造质量问题，严重裂缝，泸县安全生产监督管理局于2002年10月16日指令停产，并非被告擅自停产，被告并未违约，被告同意原告终止合同的请求。但是应当由原告赔偿被告的经济损失。

第三人王林、雷维柱、邱钦权述称：玻璃厂是被告一人承包的，第三人受雇于黄吉高，不是与其合伙经营。被告停产的原因是玻璃厂的烟囱在修建时不合格，停产不是被告的责任。七合伙人已经达成了终止承包合同的协议。

### 一审裁判结果

泸县法院依照《中华人民共和国合同法》第107条、《中华人民共和国民法通则》第35条的规定于2003年2月26日作出〔2003〕泸民初字第82号民事判决：被告黄吉高、第三人雷维柱、邱钦权、王林在本判决书生效后5日内，向原告代平、徐开荣、王兴银支付2002年11月、12月的承包费25014.92元，违约金187616.72元，共计202631.64元。被告和三个第三人承担连带清偿责任。

### 一审裁判理由

四川省泸县法院经审理认为：原、被告和第三人将合伙企业发包给被告经营，签订的承包协议合法有效，双方均应当严格履行。在承包前恒发玻璃厂已生产了较长时间，没有人提出过烟囱有安全隐患问题，被告承包后7个月内也未提出过烟囱有问题。因雷击损坏了烟囱和锅炉，发包方也提供了2万元给被告整改烟囱和锅炉，被告应当搞好生产设备的安全问题。双方在合同中也明确约定了大小安全事故由被告负责，说明出现了安全隐患也应由被告排除。被告在事前不注意维修，事后又拒不对烟囱采取加固措施，因而不能免除其缴纳承包费的责任，拒绝缴纳应当承担违约责任。

被告与第三人虽然没有书面合伙协议，但是被告与第三人一起将其股权凭证交到了玉河镇经济发展办公室作抵押，被告与第三人在财务收支票据上的共同签字和证人证言，说明被告与第三人之间不是雇佣关系而是合伙关系。另外，被告不缴纳承包费有损第三人的利益，而在诉讼中第三人却竭力主张被告未违约，完全站在被告的立场上，这明显违背常理。综上可以认定被告在承包恒发玻璃厂后又与第三人一起合伙经营，因而第三人在本案中应当承担连带责任。由于本案原、被告和第三人有固定的投资比例，故原告只能要求被告和第三人按比例支付承包费和违约金。

### 二审诉辩情况

上诉人黄吉高不服一审判决，上诉至泸州市中级人民法院请求撤销原判，驳回被上诉人的诉讼请求。其主要理由是：烟囱作为被上诉人发包给上诉人的重要生产设施，在修建时就存在严重质量瑕疵，致使在生产时开裂。上诉人系根据泸县安全生产监督管理局的停产整改指令而停产，并非上诉人擅自停产。根据《中华人民共和国合同法》的相关规定，被上诉人应对标的物承担质量瑕疵担保责任,故上诉人不应承担停产期间的承包费;"7·18"雷击后,被上诉人提供给上诉人的2万元,是对厂里的锅炉、机电设备和产品因雷击所造成的损失的补偿,不是维修烟囱的费用,即使全是烟囱的维修费,2万元也远远不够;根据合同约定,如遇不可抗力的自然灾害和法律规定等因素,甲乙双方可以解除合同。根据《四川省劳动安全条例》(1995年施行,已废止)第14条规定:"劳动场所的建筑物、构筑物必须坚固安全,如有损坏等危险征兆,应当立即采取措施消除危险。"第48条规定,"对有现实危险的应责令有关岗位的工作人员停止作业"。五十余米高的烟囱开裂,严重危及人身和财产安全,属于合同约定中的法定因素。上诉人没有过错,也无违约行为,不应承担违约责任。

上诉人王林、雷维柱、邱钦权不服一审判决的上诉请求与上诉人黄吉高相同,主要理由是:承包合同是黄吉高与发包方签订的,即使第三人参与了承包方的经营,也是第三人与黄吉高内部的事情,与发包方没有关系。

被上诉人徐开荣、代平、王兴银辩称:黄吉高没有如期缴纳承包费,又没有免责事由,应当承担违约责任;维修、加固烟囱是上诉人的义务,停业是因上诉人的过错造成的;第三人与被告属于合伙关系。原审判决事实清楚,适用法律正确,请求二审法院维持原判。

### 二审裁判结果

四川省泸州市中级人民法院依照《中华人民共和国民事诉讼法》(1991年)第153条第1款第3项之规定,于2003年7月31日作出〔2003〕泸民终字第318号民事判决:变更泸县人民法院〔2003〕泸民初字第82号民事判决为:黄吉高、雷维柱、邱钦权、王林在本判决生效后5日内,向代平、徐开荣、王兴银支付违约金187616.72元,黄吉高、雷维柱、邱钦权、王林承担连带清偿责任。

### 二审裁判理由

四川省泸州市中级人民法院认为:恒发玻璃厂的合伙人黄吉高,与该厂其他合伙人内部签订的对该厂承包经营合同为有效合同,双方应各自以合同的约定履行权利义务。该厂的烟囱在投入生产后就产生了裂缝,黄吉高作为该厂的合伙人之一,对该厂烟囱的质量问题应当知道,而黄吉高在承包时和生产中并未提出过异议。如果说对烟囱的维修责任在合同中约定不明,那么在2002年9月16日双方达成的《关于调解恒发玻璃厂"7·18"雷击一事的意见》中发包方支付给黄吉高2万元的用途中已明确包括烟囱的损失,说明维修的责任应归黄吉高。而黄吉高在此之后没有维修烟囱，导致安全监察管理部门责令该厂停产整改，其停产的责任应由黄吉高负责。停产后黄吉高仍然未对烟囱进行维修，也不支付给其他合伙人承包费，并且不愿继续履行合同，最后导致承包合同的解除。根据《中华人民共和国合同法》第107条的规定，黄吉高应承担不按时支付承包费和不继续履行合同的违约责任。上诉人黄吉高认为其没有违约的上诉理由不能成立，本院不予支持。本案第三人本是发包人一方，当黄吉高签订了承包合同后，第三人又与黄吉高共同经营而形成了一个新的合伙经营关系，因此就应当与黄吉高对原合伙人即本案的被上诉人负责。第三人认为其不是合同承包一方的签订人就不应当承担责任的上诉理由不能成立，本院不予支持。根据《中华人民共和国合同法》第114条的规定，本案当事人在合同中约定了违约金，被上诉人并未提供违约金低于造成实际损失的证据，在请求上诉人支付违约金的同时又主张承包费的损失，不符合法律的规定。一审对该部分主张判决予以支持有所不当，依法应予纠正。上诉人黄吉高认为不应当支付停产期间承包费的主张成立，本院予以支持。

## 24. 企业改制后，未列入改制后企业的应收款项的财产如何追缴？国有资产监管部门是否是适格的原告？

国有企业在改制时应对总资产减去负债之后的净资产进行评估，将国有资产进行剥离。在企业改制时未列入企业资产的应收款项，属于漏评的国有资产，应向国有资产监管部门支付。国有资产监管部门负有防止国有资产流失的职责，应作为原告并以承包人为被告提起诉讼，请求偿付未列入改制后企业资产的承包费。这种原告资格并非基于内部承包合同的合同关系，而是基于其履行管理国有资产的权能。

### 典型疑难案件参考

阿克苏地区国有资产管理中心诉于家茂、于秋香支付拖欠企业承包费案

**基本案情**

1998年1月1日，阿克苏地区新华出租公司（以下简称新华公司）与于家茂签订了一份内部职工承包合同，约定：新华公司作为甲方向乙方于家茂提供场地、厂房、食堂、住房、设备机具，由乙方经营汽配门市部；承包期限3

年，自 1998 年 1 月 1 日至 2000 年 12 月 30 日止；承包金额为每年 18 万元，乙方每年年中与年末分两次缴清承包费，否则按 10% 支付违约金；合同从签字之日起生效，不得违约，否则违约方应赔偿对方的经济损失费 10 万元。合同签订后，新华公司向于家茂移交了价值 5023 元的材料作为铺底资金，于家茂与其妻子秋香共同承包经营。被告承包经营期间，从 1998 年至 2000 年 3 年共向新华公司缴纳承包费 35.5 万元。

1995 年 6 月，于家茂因失火造成新华公司汽车配件门市部损失 29122.50 元，被阿克苏地区中级人民法院以〔1997〕阿中民终字第 650 号民事判决判令其赔偿新华公司损失 23298 元，其已支付赔偿金 940 元，尚有 22358 元赔偿金未支付。

另查，新华公司于 2000 年进行了改制，并组建了新通车运有限公司。2001 年 9 月 12 日，阿克苏地区国有资产管理局（以下称国资局）以阿地国资字〔2001〕085 号文件确认于家茂欠缴新华公司的 18.5 万元承包费为国有资产，并明确由公司追缴后于 2001 年 12 月 31 日前上缴国资局。2000 年 6 月，经阿克苏地区行署办审核批准地区财政局成立阿克苏地区国有资产管理中心（以下简称国资中心），行使国有资产管理的职能。2002 年 11 月 5 日，国资中心向阿克苏新通车运有限公司下发通知，明确"属于国有资产的由新通车运有限公司收缴的 18.5 万元承包费"债权予以收回，由国资中心负责追缴收回。

### 一审诉辩情况

原告国资中心诉称：1998 年 1 月 1 日新华公司与被告签订了为期 3 年的承包合同，约定新华公司将其所属财产发包给被告承包经营，承包费为 18 万元每年。截至 2000 年年底，被告共拖欠承包费 18.5 万元；合同到期后，被告仍继续承包经营一年，欠承包费 18 万元，合计共欠承包费 36.5 万元。被告拖欠承包费，按合同约定应承担违约金 11.85 万元。另外，被告承包经营期间造成公司材料损失费 2.3 万余元及使用公司材料应付款 5023 元。2001 年 4 月，新华公司进行企业改制，现已改制完毕。被告拖欠的上述费用已划归国有资产，应由原告负责追缴。请求判令被告偿付承包费 36.5 万元、违约金 118500 元、其他款项 28580 元，合计偿付 512080 元。

被告于家茂、于秋香答辩称：（1）在诉讼主体方面，承包合同系新华公司与于家茂所签订，新华公司改制后，债权的主体应为改制后的新通车运公司，国资中心作为国家授权监管国家资产的行政机构，其行政权能是责成新华公司对承包人欠缴的承包费追缴后上缴国资局，而不能承继新华公司的债权债务而直接作为本案的原告起诉。即使根据国资局〔2001〕85号文件及国资中心《关于收回原地区新华汽车出租公司18.5万元属国有资产债权通知》的内容该出租公司的18.5万元债权属国有资产，也仅是18.5万元的承包费，而原告诉讼请求数额达51万余元，没有事实依据。（2）实体方面，合同约定的承包费数额，至1999年起公司即已同意变更为12万元每年，且1999年、2000年实际也是按12万元每年的承包费履行的。据此，于家茂仅欠承包费5.5万元。新华公司因涉及其他经济纠纷而被法院执行，法院向于家茂下达了协助执行通知书，限制于家茂向新华公司履行缴费义务，且双方因对欠缴承包费数额问题发生纠纷，这些原因造成被告上缴承包费的义务无法履行，故被告不存在违约问题。即使被告违约，合同约定10万元违约金也过高，依法应予调整。新华公司于2001年4月又与山西天海泵业有限公司阿克苏销售维修处签订了一份房屋租赁合同，而该房屋正是被告承包修理厂所使用的房屋，故不存在合同期满后于家茂继续占用修理厂的问题。综上，国资中心作为本案原告主体不适格，请求驳回原告的起诉。

### 一审裁判结果

阿克苏地区中级人民法院依照《中华人民共和国合同法》第60条、第107条、第113条、最高人民法院《关于民事诉讼证据的若干规定》第2条之规定，判决如下：

被告于家茂、于秋香共同偿付国资中心承包费185000元、违约金52500元、失火损失赔偿金23040.2元、铺底资金5023元，共265563.2元，于本判决生效后10日内给付。

### 一审裁判理由

阿克苏地区中级人民法院经审理认为：新华公司改制后，国资中心作为国有资产的管理部门，享有主张其债权的权利，故国资中心可以作为本案适格的原告提起诉讼。新华公司经改制后组建了新通车运有限公司，该公司资产中并不含有于家茂欠新华公司的承包费、违约金、火灾损失及铺底资金等，后者应确认为国有资产，于家茂辩称国资中心只能在18.5万元承包费范围内主张债权的理由不能成立，因其提供的1999年2月4日新华公司"关于修理厂变更调整承包费的决定"的落款日期明显有改动痕迹，对此证据本院不予认定。根据改制组长许峰的证词，2000年原、被告双方协商同意将承包费减至13万元，前提是被告必须缴清当年13万元承包费，但被告当年实际缴纳承包费9万元，并未交足13万元。2000年10月18日新华公司职工大会记录中有王文鹏经理的发言称"合同规定半年6万元，上半年应缴完"，仅凭该份会议记录也不能证明双方在2000年已变更了合同中承包费的数额。综上，被告辩称承包费已减至每年12万元的证据不足，本院对此辩解主张不予采纳。

国资中心诉称2001年于家茂继续占用修理厂，经查双方并未签订继续承包的合同，仅凭于家茂2001年2月22日书写的一份放车单不能证实其继续承包的事实，故对原告的此项诉讼请求本院不予支持。国资中心诉称被告违约，经查于家茂3年实际缴纳承包费仅为35.5万元，尚欠承包费18.5万元，且法院要求其协助执行也仅为3万元，显然于家茂存在拖欠承包费的事实，构成了违约，应当承担违约责任。由于双方合同约定的违约金数额过高，且被告请求酌减，法院根据被告欠缴承包费18.5万在承包费总额54万元中所占的比例，酌情将违约金减为3.4万元。国资中心诉称被告失火所造成的损失，有生效的判决书认定，被告应予赔偿，对此法院予以支持。国资中心诉称新华公司给于家茂提供的5023元的铺底资金，系新华公司实际交给于家茂使用的材料的价值，有于家茂签字认可的移交清单为证，这属于家茂承包期满后应缴的款项，对此项诉讼请求本院依法予以支持。于家茂个人与新华公司签订承包合同后，与其妻子于秋香共同经营，依法应由其夫妻二人共同承担清偿债务的责任。

### 二审诉辩情况

于家茂、于秋香不服判决，上诉称：（1）于家茂拖欠的承包费是基于内部承包合同而产生，国资中心并非承包合同的权利主体，其只能向原新华公司行使国有资产监管权，而无权向于家茂主张拖欠的承包费，其不具备作为本案原告的主体资格。（2）于秋香原系新华出租汽车公司的职工，并非承包合同的当事人，与本案无关，不应作为本案的被告，原审认定其与于家茂共同经营与事实不符。（3）原判认定事实不清：原新华公司已将承包费进行了调整，上诉人于家茂仅欠原新华公司承包费5.5万元；法院已通知上诉人停止支付，有协助执行通知书为凭，故于家茂未上缴承包费不构成违约，不应承担违约金；于家茂并未收到新华公司移交的价值5023元的材料，火灾损失已有生效判决作出认定，不应再次起诉。请法院驳回国资中心的诉讼请求。

国资中心辩称：（1）国资中心作为国有资产的代表和管理者，有权代已改制的企业行使债权的追偿权；新疆维吾尔自治区高级人民法院作出的生效裁定书中对此事实已进行了确认，故国资中心理应作为本案的原告。（2）于秋香作为原新华公司的职工，在于家茂签订了合同之后，二人即开始共同经营管理修理厂，应认定为夫妻共同承包经营，该笔欠缴的承包费属夫妻共同债务，应由夫妻共同偿还，于秋香应当作为本案的被告。（3）两被告欠缴的承包费、铺底资金、违约金等事实清楚，原判正确，应予维持。

### 二审裁判结果

新疆维吾尔自治区高级人民法院依照《中华人民共和国民事诉讼法》第153条第1款第2项之规定，于2005年5月29日判决如下：

一、撤销阿克苏地区中级人民法院〔2004〕阿中民一初字第13号民事判决；

二、于家茂偿付国资中心承包费185000元及失火损失23040元；

三、驳回国资中心对于秋香的诉讼请求。

以上款项共计208040元，由于家茂于本判决生效之日起10日内给付。

### 二审裁判理由

二审法院经审理，确认原审对内部承包合同关系、于家茂已缴承包费数额、新华公司改制经过等基本事实的认定正确。

另查明，原新华公司改制中委托阿克苏华兴会计师事务所对其资产进行了评估，该会计师事务所作出〔2002〕026号资产评估报告书，将铺底资金5023元计入了企业应收款项，但对于家茂欠缴的承包费和火灾损失赔偿款未计入企业资产进行评估。阿克苏市法院于2000年4月24日向于家茂承包的修理厂发出〔2000〕执字第89号协助执行通知书，要求该修理厂将新华公司在该厂的租金3万元直接支付给阿克苏市法院，不得付给新华公司，并注明款项以结算为准。

新疆维吾尔自治区高级人民法院经审理认为，双方争议的焦点是：国资中心是否具有原告主体资格、于秋香是否应承担支付承包费的责任、于家茂欠缴的承包费及其他费用应为多少。

1. 关于国资中心是否具有原告主体资格的问题。

于家茂欠原新华公司的承包费属于企业应收款项，是企业总资产的组成部分，在企业改制时应对总资产减去负债之后的净资产进行评估，将国有资产进行剥离。依据华兴会计师事务所对原新华公司资产所作的评估报告，该承包费并未列入企业应收款项，企业改制完毕后该款属于未进行评估的净资产，其性质为国有资产。依照阿克苏地委、行署有关文件的精神，国有资产管理局撤销后，由国资中心代表国家行使国有资产的管理权。国资中心虽不是签订承包合同的当事人，但其向于家茂主张承包费并非基于内部承包合同的合同关系，而是基于其履行管理国有资产的权能，故国资中心作为本案原告的主体资格符合法律规定。于家茂此项上诉请求不成立,本院不予支持。

2. 关于于秋香是否应承担偿还拖欠承包费的责任的问题。

国资中心称该修理厂系于家茂与其妻于秋香共同经营,拖欠的承包费属于夫妻共同债务,但未能提供证据证实两被告共同经营该修理厂的事实,亦无证据证实该承包费是两被告的夫妻共同债务。承包合同系于家茂与原新华公司所签订,是于家茂与原新华公司之间设立权利义务关系的协议,于秋香并非合同主体,其不享有合同的权利,亦不应履行合同中支付承包费的义务。国资中心认为于秋香与于家茂系作为夫妻,应共同承担债务的主张无法律依据,依法不能成立。

3. 关于于家茂欠缴承包费及其他费用数额多少的问题。

(1) 对欠缴承包费的数额,双方均认可于家茂已缴了承包费35.5万元的事实。于家茂提供了张德全、许峰、朱海珍的证词,欲证明承包费自1999年起从合同约定的18万元调减至13万元;国资中心提交了茹伟华、王海英、张占元、许峰、赵明等人的证词,欲证明承包费并未调减。但以上证人在一、二审、重审和本次开庭审理中均未出庭作证。根据最高人民法院《民事诉讼证据若干规定》的要求,证人应当出庭作证,接受当事人的质询,如确有困难不能出庭的,应向人民法院说明情况得到法院的许可。本案双方当事人的证人没有到庭,无法核实证人的身份,亦无法确认证词的真实性及证明力,故本院对证人证言不予采信,对承包费是否调减的事实只能依据其他书证来认定。双方于1998年1月签订内部职工承包合同,约定于家茂每年上缴承包费18万元,期限自1998年1月1日至2000年12月31日止。双方对该合同均无异议。于家茂提交一份1999年2月4日《新华公司关于修理厂变更调整承包费的决定》,其中载明,"从1999年起新华公司决定将原承包费18万元调整为每年13万元,其中1万元为于家茂作为副经理的职务补贴等",但国资中心对其真实性不予认可。该决定中日期的书写格式为"99年2 4",不符合书写日期的一般格式,且日期是填写在公章的空隙处,从证据的形式看属于先盖章后书写文字,故法院对该决定的真实性不予确认。原新华公司2000年10月18日的会议记录中有如下记载:公司原法定代表人王文鹏说:"按合同规定,半年6万元,上半年也应缴完……"双方对该记录内容存在不同的理解。于家茂认为半年缴6万元,一年是12万元。国资中心认为当时的会议记录不完整,新华公司要求按合同规定办,即使半年6万元,上半年也应缴完。该记录内容存在理解上的歧义,"按合同规定"与"上半年6万元"本身即存在矛盾,故是否存在调减承包费的事实须结合其他书证来判定。新华公司于2000年1月25日形成一份会议记录,其中原法定代表人王文鹏谈到,"承包费今年18万元不减,尽量完成","2000年修理厂工作一律按部就班,合同期满后再定"。该记录表明新华公司在2000年时并未调减于家茂应缴的承包费数额,仍要求按照18万收取,也表明于家茂称1999年已将承包费变更为一年13万元与事实不符。于家茂还提交一张原新华公司1999年7月19日收款收据,载明"收到于家茂缴来1999年上半年管理费(即承包费)39429元",该收据下方注明:"修理厂60000元,1998年多交13040元,卷帘门7531元,上半年应缴39429元。"但该收据的注明部分无经办人签字,也无新华公司盖章。于家茂上缴35.5万元承包费的22份收据中并没有此收据,其向法庭提交的上交承包费清单中亦不包含1999年7月19日的此笔款项,故该收据不能证实于家茂上交过此笔承包费,亦不足以证明于家茂称半年承包费为6万元的主张。根据新华公司多份会议纪要,该公司的重大决定均要召开职工大会,并形成比较详细完整的书面会议记录,而是否调减承包费属于公司的重大事项,却无任何记录反映出公司曾经作出此决定。原审法院在庭审中电话询问了原新华公司法定代表人王文鹏,王文鹏向法庭陈述说不存在将承包费进行调减的事实。故于家茂提交的《关于修理厂变更调整承包费的决定》因无其他证据相印证,不足以证明承包费已调减的事实,其上诉请求因证据不足不能成立,本院不予支持。于家茂欠缴的承包费应以内部承包合同约定的一年18万元。(2)对于铺底资金,阿克苏华兴会计师事务所对原新华公司资产作出的〔2000〕026号评估报告书已将该款列入企业其他应收款清单,故此款不属于企业改制中漏评的国有资产,在企业改制后国资中心不享有该款的追偿权,于家茂该项上诉请求成立,法院予以支持。(3)对于家茂应向原新华公司赔偿的火灾损失款,经阿克苏地区中级法院作出〔1997〕阿中民终字第650号民事判决,裁定于家茂应赔偿原新华公司23040元,减去实际已付940元及预交诉讼费1137元,尚欠23040元,该判决已发生法律效力,而于家茂未向原新华公司支付此款;在企业改制时此款亦未列入企业应收款,属于漏评的国有资产,故应由于家茂向国资中心支付。国资中心依据生效判决确认的赔偿额向于家茂行使收回国有资产的职能,不属于对生效判决已处理完毕的事项再行起诉,故于家茂认为国资中心无权再行主张的理由不能成立,法院不予支持。(4)对于违约金,2000年4月24日阿克苏市法院向于家茂承包的修理厂发出〔2000〕执字第89号协助执行通知书,要求其停止向原新华公司支付承包费,故于家茂未按期上缴承包费不构成违约,不应承担违约责任。于家茂此项上诉请求成立,本院予以支持。

## 25. 发包人将违章建筑提供给承包人经营的成本合同的效力如何认定？

发包人将违章建筑发包给承包人，显属不妥。但是，如果承包人未对此提出异议，并以此违章建筑实际承包经营，且未因此受到损失，则虽然发包人提供的承包经营用房有瑕疵，但从维护民事活动稳定性的方面考虑，尊重当事人意思自治，对承包经营合同的效力应予认定。

## 26. 违章建筑被拆迁后，发包人是否应该向承包人承担违约责任？

如果发包人明知该承包经营用房将被拆迁而故意隐瞒该事实，仍与他人就该房签订承包经营合同，造成他人损失的，由于发包人有欺诈行为，故应承担违约赔偿责任。如果发包人在不知晓承包经营用房将被拆迁的情况下与他人订立承包经营合同，则不应承担违约赔偿责任。

### 典型疑难案件参考

胡洪康诉上海迅达实业公司企业承包合同案

**基本案情**

1999年10月10日，原告胡洪康与被告上海迅达实业公司（以下简称迅达公司）签订《合同书》一份，约定被告将经营用房上海市凤城路41号乙（营业面积约80平方米，含二楼）提供给原告经营承包，期限自1999年12月1日起至2009年11月30日止，为期10年。原告每年上缴承包费人民币5万元，自合同签订生效后，原告须付清第一年全部承包费。原告一次性支付人民币5万元，用于补偿前任承包人上海国申工业设备有限公司（以下简称国申公司）的房屋装修费。由于以下简称"国申公司"曾向被告借款未还，上述人民币5万元，由原告直接给付被告。原告将在上述房屋申请注册企业，作为被告下属单位独立核算。在承包经营期内，原告拥有上述房屋的使用权。税金、治安费、消防费、道路占用费及水、电费等均由原告自负。合同另约定，原告发生的债权、债务和对内对外发生的一切承诺及书证负全责,同时对安全、防火、防盗负全责。同日,原、被告还签订《补充条款》一份,约定被告为了帮助解决本地区知青社员的具体情况,双阳路"舒乐"食品商店一旦拆迁,店内的7名知青社员由原告安排工作及负责支付"两金"事宜,实际支付金额将在原告上缴被告的全年承包费人民币5万元中扣除。该《补充条款》列明了7名知青社员的姓名,还对原告支付承包费的日期作了具体约定,即:每年付款时间为当年的12月1日前付人民币2万元,第二年的5月1日前付人民币3万元,今后以此类推。1999年10月18日,被告向原告出具了编号分别为2004280、2004281的收据各一张,收据分别载明收到原告补偿国申公司房屋装修费及1999年12月1日至2000年11月30日的承包款各5万元人民币。嗣后,原告委托被告注册了住所地为上海市凤城路41号乙的上海辰光百货综合商行(以下简称"辰光商行"),法定代表人为本案原告。原告在对该房作了装修后即开始承包经营。期间,原告也曾对该房作了改建。原告实际承包期限算至2002年4月30日止,承包费已付,对外按月缴付定额税,金额为人民币每月7500元。

上海市凤城路41号乙属临时产权证已超期10年的非居住房,其产权证所记载的建筑面积为28平方米(另52平方米系违章建筑),所有权人为上海市杨浦区人民政府控江路街道办事处下属的上海杨浦区申丽百货综合商店,产权证的附记栏内注明:"市政规划时,无条件拆除。"该房由该街道办事处缴被告管理,被告先后将该房发包给多位承包人经营,原告是最后一位承包人,国申公司的方明则是原告的前任承包人。2002年4月12日,案外人上海新凤城房地产开发有限公司的"临时绿地"项目建设申请,经上海市杨浦区房屋土地管理局审查批准并颁发了拆许字〔2002〕第06号房屋拆迁许可证。该许可证载明的拆迁范围为"凤城一村3—47号(连号)、50—53号(连号)、56—59号(连号)、62—65号(连号)、69号、73—75号(连号),凤城路31号、41号、51号、61号、71号、81号,控江路1464号甲、1450号北",拆迁实施单位为上海桥盛拆迁有限公司,拆迁期限为2002年4月13日至2002年7月12日。因原告至期未迁出经营场所,被告遂于2002年8月6日发给原告《通知》一份,要求原告配合拆迁工作,在接到通知后的3天内,将凤城路41号乙内的所有物品搬离,逾期拆除该房,被告概不负责。因原告收到通知后未搬出经营场所,被告遂于2002年8月20日协助拆迁单位将上述原告经营场所强行拆除。原告经与被告交涉未果,遂向上海市杨浦区人民法院提起诉讼。

▶ 诉辩情况

原告胡洪康诉称:1999年10月10日,其与被告签订承包经营合同一份,约定被告将营业面积约 80 平方米的上海市凤城路 41 号乙提供给原告作承包经营用房,期限自 1999 年 12 月 1 日起至 2009 年 11 月 30 日止,每年租金为人民币 5 万元整。同时约定,原告在签约时支付给被告人民币 5 万元,作为补偿前任承包人在上述房屋的装修费和所欠借款。合同履行后,考虑到经营期限较长,原告对上述房屋进行了进一步的装修,共花费人民币 3 万元。2002 年 8 月 7 日,被告单方通知原告,声称由于房屋拆迁,要求原告于 2002 年 8 月 9 日前搬离上海市凤城路 41 号乙,但未对原告给予任何经济补偿。原告遂诉至法院,要求被告补偿原告房屋拆迁补偿费人民币 3.2 万元(按被告实际得到补偿费人民币 8 万元,原告可得 40% 计算)、房屋装修费人民币 2.4 万元(合同约定期限为 10 年,实际履行了 2 年,以原告所花费的人民币 3 万元装修费计算)、被告归还原告房屋装修补偿费人民币 4 万元(原告已支付给被告补偿前任承包人的房屋装修费人民币 5 万元,按 10 年计算,现已经营 2 年)、被告因违约赔偿给原告经济损失费人民币 22500 元(按原告每月经营收入人民币 7500 元计算,要求被告赔偿 2002 年 7 月至 9 月共 3 个月的经营收入损失),并承担本案诉讼费。审理中,原告以被告并非上海市凤城路 41 号乙的房屋所有人为由,放弃要求被告补偿房屋拆迁补偿费的诉讼请求。

被告迅达公司辩称:其既非被拆迁户,也未领取拆迁补偿费,原告不应向被告主张拆迁补偿费。原告补偿前任承包人的补偿费应是原告与前任承包人之间的关系,所付被告的款项属转付款,因前任承包人尚欠被告借款,且自付款日起至今已逾 2 年,故原告此项主张已超过诉讼时效。至于原告要求被告补偿房屋装修费及赔偿经济损失的诉讼请求,因拆迁属不可抗力,被告无过错,故不同意补偿。

### 裁判结果

一审法院依照《中华人民共和国合同法》第 5 条、第 6 条之规定,作出如下判决:

一、原告胡洪康与被告上海迅达实业公司于 1999 年 10 月 10 日签订的《合同书》予以解除。

二、被告上海迅达实业公司应在本判决生效之日起 10 日内补偿原告胡洪康房屋装修损失费人民币 5000 元。

三、被告上海迅达实业公司应在本判决生效之日起 10 日内返还原告胡洪康补偿前任承包人的房屋装修费人民币 37917 元 [计算方式:50000 元 - 50000 元 × (29/120)]。

四、原告胡洪康其余的诉讼请求不予支持。

**裁判理由**

上海市杨浦区人民法院经审理认为：原、被告承包合同依法成立。履行中因市政拆迁这一非原、被告主观原因，致使合同无法履行，被告并无过错。被告将28平方米的房屋以80平方米（含违章建筑52平方米）发包给原告，有所不妥，考虑到原告也已按80平方米实际承包经营，故原告并未因此遭受实际损失。原告虽在承包期间对房屋作了改建装修，但其提供的证据不足以证明相关费用的确切数额，故本院酌情支持原告要求被告补偿房屋装修费的诉讼请求。原、被告双方在承包合同中约定原告除支付承包费外，另须支付被告人民币5万元，其形式上虽是因前任承包人国申公司对被告的债务未清结而由原告支付给被告，但其性质是作为补偿前任承包人的房屋装修费，有别于代偿债务，且前任承包人也未在合同上签字认可。故被告据此认为该人民币5万元应冲抵前任承包人未归还的借款有误，被告应按10年计算该补偿费，扣除原告实际承包期限对应的款项后将余款返还原告。因承包合同尚未到期，故原告依承包合同主张权利，并未超过诉讼时效期间。现原、被告均认可实际承包至2002年4月30日止，故被告应返还原告补偿前任承包人的房屋装修费应按10年中使用了2年又5个月的比例扣除。至于原告要求被告赔偿2002年7至9月的经营收入损失费的诉讼请求，因被告对造成房屋拆迁并无过错，且原告的承包费也仅付至2002年4月30日止，原、被告双方也一致表示承包合同实际履行至此，故原告的此项诉讼请求缺乏法律和事实依据，本院不予支持。

# 企业承包经营合同纠纷办案依据集成

**1. 对外经济贸易部、国家工商行政管理局关于承包经营中外合资经营企业的规定**（1990年9月13日 外经贸法发〔1990〕第22号）

一、承包经营的定义

本规定内所述承包经营是指合营企业与承包者通过订立承包经营合同，将合营企业的全部或部分经营管理权在一定期限内交给承包者，由承包者对合营企业进行经营管理。承包经营只是解决部分合营企业经营管理不善、严重亏损的补充措施。在承包经营期内，由承包者承担经营风险并获取部分合营企业的收益。

二、合营企业实行承包经营的条件

合营企业必须符合下列全部条件方可实行承包经营：

1. 合营企业应是属于国家鼓励或允许的行业的项目。但属于国家重点项目，特别是能源和交通项目，不得实行承包经营。

2. 中外合营者已经按合营合同如期如数出资并经过验资，确因经营管理不善而难以维持的合营企业。

三、承包者的资格

承包者应具备以下资格：

1. 具备法人资格并已有3年以上经营活动的中国或外国的公司、企业；

2. 与实行承包经营的合营企业属同类行业，并能提出切实解决该企业严重亏损及正常发展的具体方案；

3. 能够向合营企业提供足够数额的风险抵押金或风险保证金保函。

四、承包经营的基本要求

1. 承包经营可以采取公开招标方式确定承包者（即，董事会根据事先拟定的条件由合营企业公开招标）；也可以根据董事会决议由合营企业直接与承包者（可以是合营一方，也可以是第三方）签订承包经营协议。

2. 承包经营不得改变合营企业的法人地位、名称和经营范围。

3. 承包者是合营企业财产的经营管理者，应严格执行承包经营合同，接受合营企业董事会的监督。承包者对合营企业的财产无权行使任何形式的处置权，如，转让、变卖、转移、抵押、出租、赠送等。承包者应定期据实向合营企业董事会报送企业的财务报表。

4. 承包经营期限一般为1至3年，最长不得超过5年。承包者应保证，承包经营期满时，合营企业能够扭亏为盈或经营状况有明显改善。

5. 承包经营只能对合营企业的税后利润实行承包。承包双方应根据设立合营企业时的可行性报告中的有关指标及市场的实际情况确定承包期间的年利润基数。

6. 承包经营期内，承包者须于每年第一季度内向合营企业提交承包经营风险保证金保函或风险抵押金。抵押金不得再另设担保，不得以合营者的出资作抵押。风险保证金、保函须以银行不可撤销、合营企业可以单方提款的形式提供。无论以哪种形式，其数额均不得低于当年承包利润总额的50%。

7. 承包经营期间，承包者若以合营企业的名义贷款，须经董事会同意。承包经营期间，合营企业的负债余额不得超过当年承包利润的总额。

8. 承包经营期间，合营企业仍应执行国家各项法律、法规和财务会计制度。

承包者所得承包收入应依法缴纳所得税。

承包经营的财务、会计、税务按财政税务部门的有关规定办理。

9. 连续两年未按合同规定完成承包利润额的，除按合同规定，每年度结束后，合营企业收缴承包者的风险抵押金或按银行保函提取风险保证金，或按承包合同规定的赔偿额赔偿合营企业外，原审批机关可撤销对承包合同的批准，承包合同失效，承包关系自行解除，工商行政管理机关收缴承包经营登记证件，并办理合营企业的相应变更登记。

解除承包经营合同后，合营企业仍无法扭转严重亏损的，应依法律和合营合同的规定解散合营企业。

10. 承包经营开始前，承包经营期内中止以及承包期满时，合营企业应进行清产核资，做好移交工作。清产核资应有中国注册会计师的验证方为有效。

五、承包合同

1. 承包经营合营企业，必须由合营企业与承包者签订承包经营合同。不允许合营企业投资各方之间签订承包利润的合同。

2. 承包合同应依照中国的有关法律订立，并应符合原合营企业合同的宗旨和原则，不得修改合营企业合同中与承包经营无关的条款。

3. 承包经营合同中必须包括载有承包经营期限，承包者的权利和权限、义务和责任，承包经营的方式和内容，承包经营收益的分配方式，承包经营风险保证金、保函或风险抵押金，违约罚则，承包经营合同争议的解决方式，对承包经营前合营企业的亏损和/或债务的责任，清产核资的原则和移交程序、计价办法，承包的生产指标和利润额，技术更新指标，企业债务安全线，承包后对合营企业原有人员的安排、劳动管理、工资、福利、保险，以及在承包经营期内因执行承包合同而同其他公司、企业、个人等引起的纠纷由谁负责处理和承担责任等内容。

4. 承包期间，承包者严重违反合同的，合营企业的董事会有权解除合同并要求承包者给以相应的经济补偿。

5. 承包经营合同及其变更、延期、中止、终止均须经合营企业原审批机关批准。

六、承包经营的申请、审批与登记

1. 申请承包经营，须由合营企业向原审批机关提出申请并报送下列文件：

(1) 合营企业实行承包经营的申请报告；

(2) 合营企业董事会关于实行承包经营的决议；

(3) 经合营企业董事会批准的，由承包者提出的使企业扭亏为盈的具体措施的报告；

(4) 承包者的合法开业证明、公司章程及最近3年的资产负债表；

(5) 承包经营合同；

(6) 原合营企业合同及可行性研究报告；

(7) 主管部门、财政税务部门对该合营企业承包经营的意见；

(8) 审批机关需要的其他有关文件。

2. 审批机关自接到全部文件起30天内，根据本规定决定批准或者不批准。审批机关对承包经营合同中不合法或显属不公平之处，得要求限期修改，否则不予批准。

3. 自审批机关发给合营企业批准承包经营的文件之日起30日内，持已交纳风险抵押金或风险保证金保函的证明到工商行政管理机关办理登记手续。30日内未办理工商登记手续，审批机关的批准自动失效。工商行政管理机关应自受理申请后30日内予以登记。

自工商行政管理机关签发登记证件之日起，计算承包经营期限。

承包经营的开业、变更、注销登记手续按工商行政管理机关的规定办理。

七、其他

1. 现已实行承包经营的合资企业，应在本规定公布之日起90日内，补办承包经营的审批登记手续。已签订的承包经营合同，可参照本规定进行修订。逾期不补办审批登记手续的，审批机关和工商行政管理机关可联合责令合营企业和承包者停止承包经营合同，直至收缴合营企业执照，冻结承包者的利润，并由工商行政管理机关对合营企业和承包者予以处罚。

2. 今后凡实行承包经营的合营企业及承包者隐瞒真实情况，不申请办理审批登记手续的，一经发现，审批机关和工商行政管理机关将依法对合营企业及承包者予以处罚。

3. 中外合营企业委托外国企业经营管理的，仍执行国家工商行政管理局和对外经济贸易部于1988年6月11日发布的工商企字〔1988〕第98号《关于委托经营管理合营企业的外国（地区）企业审批登记问题的通知》。

4. 中外合作经营企业的承包经营参照本规定办理。

**2. 最高人民法院关于审理涉外民事或商事合同纠纷案件法律适用若干问题的规定**（2007年7月23日  法释〔2007〕14号）（节录）

第八条  在中华人民共和国领域内履行的下列合同，适用中华人民共和国法律：

……

（五）外国自然人、法人或者其他组织承包经营在中华人民共和国领域内设立的中外合资经营企业、中外合作经营企业的合同；

……

**3. 中华人民共和国外资企业法**（2000年10月31日修正）

第一条  为了扩大对外经济合作和技术交流，促进中国国民经济的发展，中华人民共和国允许外国的企业和其他经济组织或者个人（以下简称外国投资者）在中国境内举办外资企业，保护外资企业的合法权益。

第二条  本法所称的外资企业是指依照中国有关法律在中国境内设立的全部资本由外国投资者投资的企业，不包括外国的企业和其他经济组织在中国境内的分支机构。

第三条  设立外资企业，必须有利于中国国民经济的发展。国家鼓励举办产品出口或者技术先进的外资企业。

国家禁止或者限制设立外资企业的行业由国务院规定。

**第四条** 外国投资者在中国境内的投资、获得的利润和其他合法权益,受中国法律保护。

外资企业必须遵守中国的法律、法规,不得损害中国的社会公共利益。

**第五条** 国家对外资企业不实行国有化和征收;在特殊情况下,根据社会公共利益的需要,对外资企业可以依照法律程序实行征收,并给予相应的补偿。

**第六条** 设立外资企业的申请,由国务院对外经济贸易主管部门或者国务院授权的机关审查批准。审查批准机关应当在接到申请之日起九十天内决定批准或者不批准。

**第七条** 设立外资企业的申请经批准后,外国投资者应当在接到批准证书之日起三十天内向工商行政管理机关申请登记,领取营业执照。外资企业的营业执照签发日期,为该企业成立日期。

**第八条** 外资企业符合中国法律关于法人条件的规定的,依法取得中国法人资格。

**第九条** 外资企业应当在审查批准机关核准的期限内在中国境内投资;逾期不投资的,工商行政管理机关有权吊销营业执照。

工商行政管理机关对外资企业的投资情况进行检查和监督。

**第十条** 外资企业分立、合并或者其他重要事项变更,应当报审查批准机关批准,并向工商行政管理机关办理变更登记手续。

**第十一条** 外资企业依照经批准的章程进行经营管理活动,不受干涉。

**第十二条** 外资企业雇用中国职工应当依法签定合同,并在合同中订明雇用、解雇、报酬、福利、劳动保护、劳动保险等事项。

**第十三条** 外资企业的职工依法建立工会组织,开展工会活动,维护职工的合法权益。

外资企业应当为本企业工会提供必要的活动条件。

**第十四条** 外资企业必须在中国境内设置会计帐簿,进行独立核算,按照规定报送会计报表,并接受财政税务机关的监督。

外资企业拒绝在中国境内设置会计帐簿的,财政税务机关可以处以罚款,工商行政管理机关可以责令停止营业或者吊销营业执照。

**第十五条** 外资企业在批准的经营范围内所需的原材料、燃料等物资,按照公平、合理的原则,可以在国内市场或者在国际市场购买。

**第十六条** 外资企业的各项保险应当向中国境内的保险公司投保。

**第十七条** 外资企业依照国家有关税收的规定纳税并可以享受减税、免税的优惠待遇。

外资企业将缴纳所得税后的利润在中国境内再投资的,可以依照国家规定申请退还再投资部分已缴纳的部分所得税税款。

**第十八条** 外资企业的外汇事宜,依照国家外汇管理规定办理。

外资企业应当在中国银行或者国家外汇管理机关指定的银行开户。

**第十九条** 外国投资者从外资企业获得的合法利润、其他合法收入和清算后的资金,可以汇往国外。

外资企业的外籍职工的工资收入和其他正当收入,依法缴纳个人所得税后,可以汇往国外。

第二十条 外资企业的经营期限由外国投资者申报，由审查批准机关批准。期满需要延长的，应当在期满一百八十天以前向审查批准机关提出申请。审查批准机关应当在接到申请之日起三十天内决定批准或者不批准。

第二十一条 外资企业终止，应当及时公告，按照法定程序进行清算。

在清算完结前，除为了执行清算外，外国投资者对企业财产不得处理。

第二十二条 外资企业终止，应当向工商行政管理机关办理注销登记手续，缴销营业执照。

第二十三条 国务院对外经济贸易主管部门根据本法制定实施细则，报国务院批准后施行

### 4. 中华人民共和国外资企业法实施细则（2001年4月12日国务院令第301号修订）

#### 第一章 总 则

第一条 根据《中华人民共和国外资企业法》的规定，制定本实施细则。

第二条 外资企业受中国法律的管辖和保护。

外资企业在中国境内从事经营活动，必须遵守中国的法律、法规，不得损害中国的社会公共利益。

第三条 设立外资企业，必须有利于中国国民经济的发展，能够取得显著的经济效益。国家鼓励外资企业采用先进技术和设备，从事新产品开发，实现产品升级换代，节约能源和原材料，并鼓励举办产品出口的外资企业。

第四条 禁止或者限制设立外资企业的行业，按照国家指导外商投资方向的规定及外商投资产业指导目录执行。

第五条 申请设立外资企业，有下列情况之一的，不予批准：

（一）有损中国主权或者社会公共利益的；

（二）危及中国国家安全的；

（三）违反中国法律、法规的；

（四）不符合中国国民经济发展要求的；

（五）可能造成环境污染的。

第六条 外资企业在批准的经营范围内，自主经营管理，不受干涉。

#### 第二章 设立程序

第七条 设立外资企业的申请，由中华人民共和国对外贸易经济合作部（以下简称对外贸易经济合作部）审查批准后，发给批准证书。

设立外资企业的申请属于下列情形的，国务院授权省、自治区、直辖市和计划单列市、经济特区人民政府审查批准后，发给批准证书：

（一）投资总额在国务院规定的投资审批权限以内的；

（二）不需要国家调拨原材料，不影响能源、交通运输、外贸出口配额等全国综合平衡的。

省、自治区、直辖市和计划单列市、经济特区人民政府在国务院授权范围内批准设立外资企业，应当在批准后15天内报对外贸易经济合作部备案（对外贸易经济合作部和省、自治区、直辖市和计划单列市、经济特区人民政府，以下统称审批机关）。

第八条　申请设立的外资企业，其产品涉及出口许可证、出口配额、进口许可证或者属于国家限制进口的，应当依照有关管理权限事先征得对外经济贸易主管部门的同意。

第九条　外国投资者在提出设立外资企业的申请前，应当就下列事项向拟设立外资企业所在地的县级或者县级以上地方人民政府提交报告。报告内容包括：设立外资企业的宗旨；经营范围、规模；生产产品；使用的技术设备；用地面积及要求；需要用水、电、煤、煤气或者其他能源的条件及数量；对公共设施的要求等。

县级或者县级以上地方人民政府应当在收到外国投资者提交的报告之日起30天内以书面形式答复外国投资者。

第十条　外国投资者设立外资企业，应当通过拟设立外资企业所在地的县级或者县级以上地方人民政府向审批机关提出申请，并报送下列文件：

（一）设立外资企业申请书；

（二）可行性研究报告；

（三）外资企业章程；

（四）外资企业法定代表人（或者董事会人选）名单；

（五）外国投资者的法律证明文件和资信证明文件；

（六）拟设立外资企业所在地的县级或者县级以上地方人民政府的书面答复；

（七）需要进口的物资清单；

（八）其他需要报送的文件。

前款（一）、（三）项文件必须用中文书写；（二）、（四）、（五）项文件可以用外文书写，但应当附中文译文。

两个或者两个以上外国投资者共同申请设立外资企业，应当将其签订的合同副本报送审批机关备案。

第十一条　审批机关应当在收到申请设立外资企业的全部文件之日起90天内决定批准或者不批准。审批机关如果发现上述文件不齐备或者有不当之处，可以要求限期补报或者修改。

第十二条　设立外资企业的申请经审批机关批准后，外国投资者应当在收到批准证书之日起30天内向工商行政管理机关申请登记，领取营业执照。外资企业的营业执照签发日期，为该企业成立日期。

外国投资者在收到批准证书之日起满30天未向工商行政管理机关申请登记的，外资企业批准证书自动失效。

外资企业应当在企业成立之日起30天内向税务机关办理税务登记。

第十三条　外国投资者可以委托中国的外商投资企业服务机构或者其他经济组织代为办理本实施细则第八条、第九条第一款和第十条规定事宜，但须签订委托合同。

第十四条　设立外资企业的申请书应当包括下列内容：

（一）外国投资者的姓名或者名称、住所、注册地和法定代表人的姓名、国籍、职务；

（二）拟设立外资企业的名称、住所；

（三）经营范围、产品品种和生产规模；

（四）拟设立外资企业的投资总额、注册资本、资金来源、出资方式和期限；

（五）拟设立外资企业的组织形式和机构、法定代表人；

（六）采用的主要生产设备及其新旧程度、生产技术、工艺水平及其来源；

（七）产品的销售方向、地区和销售渠道、方式；

（八）外汇资金的收支安排；

（九）有关机构设置和人员编制，职工的招用、培训、工资、福利、保险、劳动保护等事项的安排；

（十）可能造成环境污染的程度和解决措施；

（十一）场地选择和用地面积；

（十二）基本建设和生产经营所需资金、能源、原材料及其解决办法；

（十三）项目实施的进度计划；

（十四）拟设立外资企业的经营期限。

**第十五条** 外资企业的章程应当包括下列内容：

（一）名称及住所；

（二）宗旨、经营范围；

（三）投资总额、注册资本、出资期限；

（四）组织形式；

（五）内部组织机构及其职权和议事规则，法定代表人以及总经理、总工程师、总会计师等人员的职责、权限；

（六）财务、会计及审计的原则和制度；

（七）劳动管理；

（八）经营期限、终止及清算；

（九）章程的修改程序。

**第十六条** 外资企业的章程经审批机关批准后生效，修改时同。

**第十七条** 外资企业的分立、合并或者由于其他原因导致资本发生重大变动，须经审批机关批准，并应当聘请中国的注册会计师验证和出具验资报告；经审批机关批准后，向工商行政管理机关办理变更登记手续。

### 第三章 组织形式与注册资本

**第十八条** 外资企业的组织形式为有限责任公司。经批准也可以为其他责任形式。

外资企业为有限责任公司的，外国投资者对企业的责任以其认缴的出资额为限。

外资企业为其他责任形式的，外国投资者对企业的责任适用中国法律、法规的规定。

**第十九条** 外资企业的投资总额，是指开办外资企业所需资金总额，即按其生产规模需要投入的基本建设资金和生产流动资金的总和。

**第二十条** 外资企业的注册资本，是指设立外资企业在工商行政管理机关登记的资本总额,即外国投资者认缴的全部出资额。

外资企业的注册资本要与其经营规模相适应,注册资本与投资总额的比例应当符合中国有关规定。

第二十一条 外资企业在经营期内不得减少其注册资本。但是,因投资总额和生产经营规模等发生变化,确需减少的,须经审批机关批准。

第二十二条 外资企业注册资本的增加、转让,须经审批机关批准,并向工商行政管理机关办理变更登记手续。

第二十三条 外资企业将其财产或者权益对外抵押、转让,须经审批机关批准并向工商行政管理机关备案。

第二十四条 外资企业的法定代表人是依照其章程规定,代表外资企业行使职权的负责人。

法定代表人无法履行其职权时,应当以书面形式委托代理人,代其行使职权。

### 第四章 出资方式与期限

第二十五条 外国投资者可以用可自由兑换的外币出资,也可以用机器设备、工业产权、专有技术等作价出资。

经审批机关批准,外国投资者也可以用其从中国境内举办的其他外商投资企业获得的人民币利润出资。

第二十六条 外国投资者以机器设备作价出资的,该机器设备应当是外资企业生产所必需的设备。

该机器设备的作价不得高于同类机器设备当时的国际市场正常价格。

对作价出资的机器设备,应当列出详细的作价出资清单,包括名称、种类、数量、作价等,作为设立外资企业申请书的附件一并报送审批机关。

第二十七条 外国投资者以工业产权、专有技术作价出资的,该工业产权、专有技术应当为外国投资者所有。

该工业产权、专有技术的作价应当与国际上通常的作价原则相一致,其作价金额不得超过外资企业注册资本的20%。

对作价出资的工业产权、专有技术,应当备有详细资料,包括所有权证书的复制件、有效状况及其技术性能、实用价值,作价的计算根据和标准等,作为设立外资企业申请书的附件一并报送审批机关。

第二十八条 作价出资的机器设备运抵中国口岸时,外资企业应当报请中国的商检机构进行检验,由该商检机构出具检验报告。

作价出资的机器设备的品种、质量和数量与外国投资者报送审批机关的作价出资清单列出的机器设备的品种、质量和数量不符的,审批机关有权要求外国投资者限期改正。

第二十九条 作价出资的工业产权、专有技术实施后,审批机关有权进行检查。该工业产权、专有技术与外国投资者原提供的资料不符的,审批机关有权要求外国投资者限期改正。

第三十条 外国投资者缴付出资的期限应当在设立外资企业申请书和外资企业章程中

载明。外国投资者可以分期缴付出资,但最后一期出资应当在营业执照签发之日起3年内缴清。其中第一期出资不得少于外国投资者认缴出资额的15%,并应当在外资企业营业执照签发之日起90天内缴清。

外国投资者未能在前款规定的期限内缴付第一期出资的,外资企业批准证书即自动失效。外资企业应当向工商行政管理机关办理注销登记手续,缴销营业执照;不办理注销登记手续和缴销营业执照的,由工商行政管理机关吊销其营业执照,并予以公告。

第三十一条　第一期出资后的其他各期的出资,外国投资者应当如期缴付。无正当理由逾期30天不出资的,依照本实施细则第三十条第二款的规定处理。

外国投资者有正当理由要求延期出资的,应当经审批机关同意,并报工商行政管理机关备案。

第三十二条　外国投资者缴付每期出资后,外资企业应当聘请中国的注册会计师验证,并出具验资报告,报审批机关和工商行政管理机关备案。

## 第五章　用地及其费用

第三十三条　外资企业的用地,由外资企业所在地的县级或者县级以上地方人民政府根据本地区的情况审核后,予以安排。

第三十四条　外资企业应当在营业执照签发之日起30天内,持批准证书和营业执照到外资企业所在地县级或者县级以上地方人民政府的土地管理部门办理土地使用手续,领取土地证书。

第三十五条　土地证书为外资企业使用土地的法律凭证。外资企业在经营期限内未经批准,其土地使用权不得转让。

第三十六条　外资企业在领取土地证书时,应当向其所在地土地管理部门缴纳土地使用费。

第三十七条　外资企业使用经过开发的土地,应当缴付土地开发费。

前款所指土地开发费包括征地拆迁安置费用和为外资企业配套的基础设施建设费用。土地开发费可由土地开发单位一次性计收或者分年计收。

第三十八条　外资企业使用未经开发的土地,可以自行开发或者委托中国有关单位开发。基础设施的建设,应当由外资企业所在地县级或者县级以上地方人民政府统一安排。

第三十九条　外资企业的土地使用费和土地开发费的计收标准,依照中国有关规定办理。

第四十条　外资企业的土地使用年限,与经批准的该外资企业的经营期限相同。

第四十一条　外资企业除依照本章规定取得土地使用权外,还可以依照中国其他法规的规定取得土地使用权。

## 第六章　购买与销售

第四十二条　外资企业有权自行决定购买本企业自用的机器设备、原材料、燃料、零部件、配套件、元器件、运输工具和办公用品等(以下统称"物资")。

外资企业在中国购买物资,在同等条件下,享受与中国企业同等的待遇。

第四十三条　外资企业可以在中国市场销售其产品。国家鼓励外资企业出口其生产的产品。

第四十四条 外资企业有权自行出口本企业生产的产品，也可以委托中国的外贸公司代销或者委托中国境外的公司代销。

外资企业可以自行在中国销售本企业生产的产品，也可以委托商业机构代销其产品。

第四十五条 外国投资者作为出资的机器设备，依照中国规定需要领取进口许可证的，外资企业凭批准的该企业进口设备和物资清单直接或者委托代理机构向发证机关申领进口许可证。

外资企业在批准的经营范围内，进口本企业自用并为生产所需的物资，依照中国规定需要领取进口许可证的，应当编制年度进口计划，每半年向发证机关申领一次。

外资企业出口产品，依照中国规定需要领取出口许可证的，应当编制年度出口计划，每半年向发证机关申领一次。

第四十六条 外资企业进口的物资以及技术劳务的价格不得高于当时的国际市场同类物资以及技术劳务的正常价格。外资企业的出口产品价格，由外资企业参照当时的国际市场价格自行确定，但不得低于合理的出口价格。用高价进口、低价出口等方式逃避税收的，税务机关有权根据税法规定，追究其法律责任。

第四十七条 外资企业应当依照《中华人民共和国统计法》及中国利用外资统计制度的规定，提供统计资料，报送统计报表。

### 第七章 税　务

第四十八条 外资企业应当依照中国法律、法规的规定，缴纳税款。

第四十九条 外资企业的职工应当依照中国法律、法规的规定，缴纳个人所得税。

第五十条 外资企业进口下列物资，依照中国税法的有关规定减税、免税：

（一）外国投资者作为出资的机器设备、零部件、建设用建筑材料以及安装、加固机器所需材料；

（二）外资企业以投资总额内的资金进口本企业生产所需的自用机器设备、零部件、生产用交通运输工具以及生产管理设备；

（三）外资企业为生产出口产品而进口的原材料、辅料、元器件、零部件和包装物料。

前款所述的进口物资，经批准在中国境内转卖或者转用于生产在中国境内销售的产品，应当依照中国税法纳税或者补税。

第五十一条 外资企业生产的出口产品，除中国限制出口的以外，依照中国税法的有关规定减税、免税或者退税。

### 第八章 外汇管理

第五十二条 外资企业的外汇事宜，应当依照中国有关外汇管理的法规办理。

第五十三条 外资企业凭工商行政管理机关发给的营业执照，在中国境内可以经营外汇业务的银行开立账户，由开户银行监督收付。

外资企业的外汇收入，应当存入其开户银行的外汇账户；外汇支出，应当从其外汇账户中支付。

第五十四条 外资企业因生产和经营需要在中国境外的银行开立外汇账户，须经中国外汇管理机关批准,并依照中国外汇管理机关的规定定期报告外汇收付情况和提供银行对账单。

**第五十五条** 外资企业中的外籍职工和港澳台职工的工资和其他正当的外汇收益,依照中国税法纳税后,可以自由汇出。

## 第九章 财务会计

**第五十六条** 外资企业应当依照中国法律、法规和财政机关的规定,建立财务会计制度并报其所在地财政、税务机关备案。

**第五十七条** 外资企业的会计年度自公历年的1月1日起至12月31日止。

**第五十八条** 外资企业依照中国税法规定缴纳所得税后的利润,应当提取储备基金和职工奖励及福利基金。储备基金的提取比例不得低于税后利润的10%,当累计提取金额达到注册资本的50%时,可以不再提取。职工奖励及福利基金的提取比例由外资企业自行确定。

外资企业以往会计年度的亏损未弥补前,不得分配利润;以往会计年度未分配的利润,可与本会计年度可供分配的利润一并分配。

**第五十九条** 外资企业的自制会计凭证、会计账簿和会计报表,应当用中文书写;用外文书写的,应当加注中文。

**第六十条** 外资企业应当独立核算。

外资企业的年度会计报表和清算会计报表,应当依照中国财政、税务机关的规定编制。以外币编报会计报表的,应当同时编报外币折合为人民币的会计报表。

外资企业的年度会计报表和清算会计报表,应当聘请中国的注册会计师进行验证并出具报告。

第二款和第三款规定的外资企业的年度会计报表和清算会计报表,连同中国的注册会计师出具的报告,应当在规定的时间内报送财政、税务机关,并报审批机关和工商行政管理机关备案。

**第六十一条** 外国投资者可以聘请中国或者外国的会计人员查阅外资企业账簿,费用由外国投资者承担。

**第六十二条** 外资企业应当向财政、税务机关报送年度资产负债表和损益表,并报审批机关和工商行政管理机关备案。

**第六十三条** 外资企业应当在企业所在地设置会计账簿,并接受财政、税务机关的监督。

违反前款规定的,财政、税务机关可以处以罚款,工商行政管理机关可以责令停止营业或者吊销营业执照。

## 第十章 职 工

**第六十四条** 外资企业在中国境内雇用职工,企业和职工双方应当依照中国的法律、法规签订劳动合同。合同中应当订明雇用、辞退、报酬、福利、劳动保护、劳动保险等事项。

外资企业不得雇用童工。

第六十五条　外资企业应当负责职工的业务、技术培训，建立考核制度，使职工在生产、管理技能方面能够适应企业的生产与发展需要。

## 第十一章　工　　会

第六十六条　外资企业的职工有权依照《中华人民共和国工会法》的规定，建立基层工会组织，开展工会活动。

第六十七条　外资企业工会是职工利益的代表，有权代表职工同本企业签订劳动合同，并监督劳动合同的执行。

第六十八条　外资企业工会的基本任务是：依照中国法律、法规的规定维护职工的合法权益，协助企业合理安排和使用职工福利、奖励基金；组织职工学习政治、科学技术和业务知识，开展文艺、体育活动；教育职工遵守劳动纪律，努力完成企业的各项经济任务。

外资企业研究决定有关职工奖惩、工资制度、生活福利、劳动保护和保险问题时，工会代表有权列席会议。外资企业应当听取工会的意见，取得工会的合作。

第六十九条　外资企业应当积极支持本企业工会的工作，依照《中华人民共和国工会法》的规定，为工会组织提供必要的房屋和设备，用于办公、会议、举办职工集体福利、文化、体育事业。外资企业每月按照企业职工实发工资总额的2%拨交工会经费，由本企业工会依照中华全国总工会制定的有关工会经费管理办法使用。

## 第十二章　期限、终止与清算

第七十条　外资企业的经营期限，根据不同行业和企业的具体情况，由外国投资者在设立外资企业的申请书中拟订，经审批机关批准。

第七十一条　外资企业的经营期限，从其营业执照签发之日起计算。

外资企业经营期满需要延长经营期限的，应当在距经营期满180天前向审批机关报送延长经营期限的申请书。审批机关应当在收到申请书之日起30天内决定批准或者不批准。

外资企业经批准延长经营期限的，应当自收到批准延长期限文件之日起30天内，向工商行政管理机关办理变更登记手续。

第七十二条　外资企业有下列情形之一的，应予终止：

（一）经营期限届满；

（二）经营不善，严重亏损，外国投资者决定解散；

（三）因自然灾害、战争等不可抗力而遭受严重损失，无法继续经营；

（四）破产；

（五）违反中国法律、法规，危害社会公共利益被依法撤销；

（六）外资企业章程规定的其他解散事由已经出现。

外资企业如存在前款第（二）、（三）、（四）项所列情形，应当自行提交终止申请书，报审批机关核准。审批机关作出核准的日期为企业的终止日期。

第七十三条　外资企业依照本实施细则第七十二条第（一）、（二）、（三）、（六）项的规定终止的，应当在终止之日起15天内对外公告并通知债权人，并在终止公告发出之日起15天内，提出清算程序、原则和清算委员会人选，报审批机关审核后进行清算。

第七十四条　清算委员会应当由外资企业的法定代表人、债权人代表以及有关主管机关的代表组成，并聘请中国的注册会计师、律师等参加。

清算费用从外资企业现存财产中优先支付。

第七十五条　清算委员会行使下列职权：

（一）召集债权人会议；

（二）接管并清理企业财产，编制资产负债表和财产目录；

（三）提出财产作价和计算依据；

（四）制定清算方案；

（五）收回债权和清偿债务；

（六）追回股东应缴而未缴的款项；

（七）分配剩余财产；

（八）代表外资企业起诉和应诉。

第七十六条　外资企业在清算结束之前，外国投资者不得将该企业的资金汇出或者携出中国境外，不得自行处理企业的财产。

外资企业清算结束，其资产净额和剩余财产超过注册资本的部分视同利润，应当依照中国税法缴纳所得税。

第七十七条　外资企业清算结束，应当向工商行政管理机关办理注销登记手续，缴销营业执照。

第七十八条　外资企业清算处理财产时，在同等条件下，中国的企业或者其他经济组织有优先购买权。

第七十九条　外资企业依照本实施细则第七十二条第（四）项的规定终止的，参照中国有关法律、法规进行清算。

外资企业依照本实施细则第七十二条第（五）项的规定终止的，依照中国有关规定进行清算。

## 第十三章　附　则

第八十条　外资企业的各项保险，应当向中国境内的保险公司投保。

第八十一条　外资企业与其他公司、企业或者经济组织以及个人签订合同，适用《中华人民共和国合同法》。

第八十二条　香港、澳门、台湾地区的公司、企业和其他经济组织或者个人以及在国外居住的中国公民在大陆设立全部资本为其所有的企业，参照本实施细则办理。

第八十三条　外资企业中的外籍职工和港澳台职工可带进合理自用的交通工具和生活物品，并依照中国规定办理进口手续。

第八十四条　本实施细则自公布之日起施行。

**5. 国家工商行政管理局关于内资企业承包经营中外合资经营企业如何登记问题的答复**（1998年11月19日　工商企字〔1998〕第262号）

宁波市工商行政管理局：

你局《关于内资企业承包经营中外合资经营企业应如何登记问题的请示》（甬工商外〔1998〕189号）收悉。经研究，答复如下：

一、根据对外贸易经济合作部、国家工商行政管理局《关于承包经营中外合资经营企业的规定》（〔90〕外经贸法字第22号，以下简称《规定》），内资企业（以下称承包者）承包经营中外合资经营企业（以下称合营企业），承包者和合营企业均应依法申请办理相应的承包经营变更登记。

二、合营企业应符合《规定》第二条所列条件；承包者应符合《规定》第三条所列的资格条件；承包经营活动应符合《规定》第四条规定的十项基本要求。

三、申请承包经营变更登记，承包者应先向其原登记机关提出申请，并提交下列文件、证件：

1. 承包者承包经营申请；
2. 登记机关需要的其他有关文件、证件。

经登记机关核准，换发营业执照。经营范围增加某行业经营管理项目。承包经营的内容属国家法律、行政法规规定应经审批的，在核准登记前应办理审批手续，提交审批文件。

四、申请承包经营变更登记，应由合营企业向原登记机关提出申请，并提交下列文件、证件：

1. 合营企业承包经营登记的申请书；
2. 合营企业董事会关于实行承包经营的决议；
3. 审批机关对承包经营的批准文件；
4. 经审批的承包经营合同；
5. 由法定验资机构出具的合营企业足额缴付注册资本的验资报告；
6. 承包者已交纳风险抵押金或风险保证金保函的证明；
7. 承包者已办理承包经营变更登记的营业执照复印件；
8. 登记机关需要的其他有关文件、证件。

经审核，符合承包经营条件的，登记机关为其办理变更登记，换发营业执照。在经营范围栏目中载明承包者的名称和承包经营的内容，营业执照有限期限的截止日期按承包经营合同的终止日期核定。

五、承包经营内容的变更和承包经营的终止，按照上述程序办理相应的变更登记。

六、对承包经营的双方企业应依法加强监督管理，在日常登记管理及年度检验中予以重点检查。

七、内资企业承包经营中外合作经营企业以及港澳台商投资的合资、合作企业，参照上述有关规定执行。

## 十三、中外合资经营企业合同纠纷

> **27. 当事人在履行中外合资经营企业合同过程中达成对原合营合同进行修改的补充协议，且该补充协议未经原审批机关批准，如何认定补充协议的效力？**
>
> 当事人在履行中外合资经营企业合同过程中未经审批即达成补充协议对原合资合同进行修改的，对其效力应结合案情全面加以分析。如果补充协议的目的并非刻意规避或者改变审批机关的审批事项，而是根据实际情况更合理地调整各方出资时间、额度及先后顺序等，且约定的事项并非必须报经审批机关审批的事项，则补充协议不属于对已经批准的合资合同进行实质性变更，一方当事人不得仅以补充协议未经审批机关审批为由主张协议内容无效。

### 典型疑难案件参考

香港锦程投资有限公司与山西省心血管疾病医院、第三人山西寰能科贸有限公司中外合资经营企业合同纠纷案（《最高人民法院公报》2010年第12期，总第170期）

#### 基本案情

2006年7月27日，在"2006年山西（香港）投资洽谈会"上，香港锦程投资有限公司（以下简称锦程公司）和山西省心血管疾病医院（以下简称心血管医院）就"山西省心血管疾病医院及老年养老、康复中心"项目，签订了《合作意向书》，约定心血管医院负责项目所涉土地出让审批手续的办理，并对土地使用权进行评估。

同年11月10日，心血管医院向锦程公司发送《山西省心血管疾病医院及老年康复养老中心项目进口设备投资需求的函》，内容是：为保证合作项目的顺利实施，提供总价款人民币12310万元的医疗设备清单，由锦程公司直接采购投资。

同年11月18日，根据心血管医院的要求和所提供的设备清单，买方锦程公司与卖方香港宝和集团有限公司（以下简称宝和公司）签订了合同号为HY20061118的购买医疗设备的《合同》。《合同》第10条约定，合同订立后，买方30日内分期向卖方支付货款总额35%的预付款。向卖方30日内一次性按照合同总额5%支付佣金。买、卖双方另行签署和办理买方5000万股股权抵押给卖方的合同及相关手续。《合同》第11条约定，如果买方未能履行上述义务，卖方有权全部或部分撤销、解除合同，无须买方同意且无须向买方支付任何赔偿。买方须按照合同总额25%向卖方支付违约金并承担违约所造成的全部损失。买方向卖方支付的5%佣金不再返还。《合同》第20条约定，无论何种原因，如果买方终止本合同，无论全部还是部分，终止通知必须以书面方式发送给卖方。据此卖方应停止工作并且买方应向卖方支付在终止之前所有卖方已经制造、修改或订购并且符合合同规定的货物在本合同项下规定的价款。该等货物应交付给买方。

同年11月30日，锦程公司、心血管医院及山西寰能科贸有限公司（以下简称寰能公司）签订了《中外合资经营企业合同》（以下简称《合资合同》）和《中外合资经营企业章程》（以下简称《合资章程》）。《合资合同》的主要内容为：第6条注册资本、投资总额与投资方式。6.1条注册资本，人民币1.5亿元。6.2条投资方式，心血管医院出资人民币6750万元，以等值的土地面积作价置换。锦程公司出资人民币6000万元，其中现金人民币3000万元，设备人民币3000万元。寰能公司现金出资人民币2250万元。6.3～6.5条规定了三方股东分期缴付出资的期限，最后期限是合资公司注册后18个月内。第7条各方责任。7.1条心血管医院责任，根据第六章的规定对合资公司的注册资本进行出资，负责办理项目土地出让的相关全部手续并承担全部费用……7.2条锦程公司责任，根据第六章的规定对合资公司的注册资本进行出资，为合资公司推荐在海外购置所需机器设备……第14条违约责任。14.1条甲、乙、丙任何一方未按合同的第6条的规定依期按数投资时，从逾期第30个银行日算起，每逾期一日，违约方应缴付投资额的0.5‰的违约金，另外，守约一方有权按本合同第17条的规定终止合同，并要求违约方赔偿损失。14.2条由于一方的过失，造成本合同及其附件不能履行或不能完全履行时，由过失的一方承担违约责任；如属三方的过失，根据实际情况，由三方承担各自应负的违约责任。14.3条各方签订本合同后，心血管医院未能如期办理完成土地作价入股手续使合资公司无法注册视为心血管医院违约。按14.1条执行，同时应返还锦程公司已投入的人民币300万元及设备订购的损失。第15条合同的修改、终止和解除。15.1条本合同及其附件修改时必须经甲、乙、丙三方签署书面协议并报原审批部门批准，方能生效。15.3条合资公司由于某种原因出现连年亏损，无力继续经营，经董事会一致通过并报原审批部门批准，可提前终止合资期限或解除合同。《合资章程》的主要内容是：甲、乙、丙方应按合同规定的期限缴清各自出资额。合资公司由于某种原因出现连年亏损，无力继续经营，经董事会一致通过并报原审批部门批准，可提前终止合资期限或解除合同。本章程的修改，必须经董事会会议一致通过决议，并报原审批机构批准。本章程须经山西省商务厅批准才能生效，修改时同。

同年12月，经山西省人民政府相关职能部门审核批准，三方共同组建了中外合资经营企业——山西九方健康产业发展有限公司（以下简称九方公司或合资公司）。九方公司于2007年1月9日领取了《企业法人营业执照》。依照《合资合同》、《合资章程》的规定，三方股东的全部注册资本金的最后出资期限为合资公司注册后18个月内，即2008年7月9日。

2007年2月25日，合资公司三方股东共同签署九方公司《备忘录》，主要内容为：（1）心血管医院加快办理有关土地作价入资手续，在2007年6月底前完成相关土地手续。（2）锦程公司按约定已完成了设备的订购，同时根据心血管医院土地办理的情况适时注入资金。三方均同意根据心血管医院土地手续办理的实际情况调整合资公司各方出资的时间与额度，按照上述原则实施，各方均等同于履行了出资义务。

同年9月底，心血管医院口头通知锦程公司合作项目和合资公司"停止运行"。同年10月28日，锦程公司致函心血管医院，要求"正式书面函告合资公司停止运行的情况"。同年11月16日，心血管医院向锦程公司发送了《关于省心血管疾病医院及老年养老、康复中心项目终止实施解决善后工作函》，函告内容是："由于政策界限不明确等原因，土地手续无法落实，导致该项目终止执行。"

在心血管医院通知"项目终止执行"后，锦程公司分别于同年10月29日、11月20日、12月18日三次致函宝和公司，就合同解除相关事宜与宝和公司进行协商。宝和公司的信函最终提出以"不低于合同总额15%的比例"追偿违约赔偿金的要求。

2008年1月22日，心血管医院与寰能公司签订《关于返还山西寰能科贸有限公司投资款备忘》，内容是：心血管医院单方面终止项目合作，同意返还寰能公司投资款人民币2619700元。

同年4月，宝和公司向香港特别行政区高等法院原讼庭提起诉讼，要求锦程公司承担违约责任。香港特别行政区高等法院于同年7月24日作出《谕令》，内容如下：基于宝和公司和锦程公司的共同请求，双方同意达成一致内容如下：（1）经法院裁决，债务将由锦程公司承担；（2）锦程公司必须向宝和公司赔付总额23622800港币；（3）法院无任何诉讼费。

### 一审诉辩情况

锦程公司向山西省高级人民法院起诉称：原、被告双方当事人于2006年8月在"2006年山西（香港）投资洽谈会"上就"山西省心血管医院及老年养老、康复项目"（以下简称合作项目）签订了《合作意向书》。同年11月18日，原告根据心血管医院的要求和提供的设备清单与宝和公司签订了订购医疗设备的合同，并在随后支付了4512.28万港元的佣金和预付款。同年11月，原、被告双方及第三人签订了《合资合同》和《合资章程》。同年12月，经山西省人民政府相关职能部门审核批准，合资三方共同组建了中外合资经营企业九方公司。2007年1月，合资公司领取了《企业法人营业执照》。同年2月25日，合资三方共同签署《备忘录》约定心血管医院加快办理有关土地作价入资手续，并在2007年6月前完成。但心血管医院没有完成此项义务，于同年9月底口头通知原告合作项目和合资公司停止运行，并经原告要求于同年11月16日发函，以土地手续无法落实为由终止了合作项目的执行。2008年1月22日，心血管医院与第三人寰能公司签订《关于返还山西寰能科贸有限公司投资款备忘》，认定心血管医院单方面终止项目合作并返还其投资款人民币2619700元。由于心血管医院违约，原告与宝和公司的买卖合同无法继续履行。经协商未果，宝和公司在香港特别行政区高等法院原讼庭提起诉讼，要求原告承担违约责任，香港特别行政区高等法院最终判令原告向宝和公司支付23622800港元的赔偿金。在被告的违约事实发生后，原告多次向被告提出合作项目终止后善后事宜的处理，特别是原告的损失如何赔偿等问题，但被告采取推诿、消极的态度，导致各方无法沟通，至今未能达成一致意见。原告无奈，只得采取诉讼方式予以救济。请求判令：（1）由被告向原告支付违约金，包括按照《合资合同》第14.1条约定应支付的迟延出资违约金人民币2814750元和按照《合资合同》第14.2条约定应支付的因被告过错导致《合资合同》不能履行的违约金人民币2250万元（按《合资合同》注册资本金的15%计算）；（2）由被告向原告赔偿损失，包括原告为合作项目购买医疗设备产生的损失人民币23764064.34元、原告为购买医疗设备已支付款项的利息损失人民币581.39万元（本金4512.28万港元，折算为人民币4539.26万元，自2006年12月25日起算，暂计至2008年8月31日，按人民银行同期流动资金贷款利率计算）以及原告的先期投入人民币300万元；（3）由被告赔偿原告可得利益损失人民币1000万元；（4）由被告承担本案的全部诉讼费用。

心血管医院答辩称：（1）锦程公司未按期足额缴纳出资，不具备向答辩人主张违约责任或损害赔偿责任的主体资格，其全部诉讼请求没有法律依据。

《中华人民共和国公司法》第 28 条第 1 款、第 2 款以及 1987 年 12 月 30 日国务院批准的《中外合资经营企业合营各方出资的若干规定》第 7 条均规定，只有已按期足额缴纳出资的守约方，才能要求其他违约方承担违约责任或者损害赔偿责任。本案中，因此锦程公司应出资人民币 6000 万元（其中现金出资人民币 3000 万元，设备出资人民币 3000 万元），至约定的最后出资期限届满，锦程公司现金出资为零，设备也未缴付。因此锦程公司不是守约方，而是违约方，不具备向包括答辩人在内的其他股东追究违约责任或损害赔偿责任的主体资格；(2) 除因不具备主体资格而没有法律依据外，锦程公司的全部诉讼请求同时违反了其他法律规定，或与事实不符，或与约定不符，或没有证据支持。具体如下：①2007 年 2 月 25 日合资公司《备忘录》有关变更出资期限的约定，因未经审批部门批准而未生效，锦程公司根据《合资合同》第 14.1 条要求被答辩人支付人民币 2814750 元的违约金，没有法律与事实依据；②《合资合同》第 14.2 条适用于除出资违约以外的其他违约情形，且以过失为前提，心血管医院对合资公司未取得土地使用权没有任何过失，锦程公司也未提出任何证据证明心血管医院有其他违约行为，况且按合资公司注册资本总额的 15% 计算违约金没有法律依据，故锦程公司根据《合资合同》第 14.2 条要求答辩人支付人民币 2250 万元违约金的诉讼请求也没有法律和事实依据；③锦程公司要求赔偿购买设备的货款损失人民币 23764064.34 元及利息损失人民币 581.39 万元，属诉讼主体错误，且证据不具有关联性、真实性，不能相互印证，违反了民事证据规则。锦程公司履行设备出资义务的对象是九方公司而不是心血管医院，锦程公司应向九方公司主张，无权向心血管医院主张。根据香港特别行政区《高等法院规则》Order42 中 5B 的规定，"法庭须在宣告判决或命令时，就任何有关决定发表其理由"。但该《谕令》（Consent Order，在同意下作出的命令）中并没有记载法院发表的理由，也没有记载承担的是什么责任。该《谕令》虽经司法部认可的香港律师公证，但这只是司法协助的程序，仅表明《谕令》形式的真实性，故锦程公司所提交的香港特别行政区高等法院原讼法庭于 2008 年 7 月 24 日作出的 HCA808/ 2008《谕令》与本案没有关联性，且无法证明锦程公司与宝和公司债权债务关系的真实性，不应作为证据采纳。锦程公司提交的关于其设备交易的证据不能相互印证，不具备真实性，不应作为证据采纳。即使存在购买设备的损失，锦程公司对损失的形成也具有重大过错；④锦程公司要求返回先期投入的人民币 300 万元，不应得到支持。锦程公司未提交已投入人民币 300 万元的任何证据；即使有人民币 300 万元投入，根据公司法法理，也应由设立后的九方公司承担返还责任；合资公司已依法注册，不符合《合资合同》第 14.3 条约定的"无法注册"的适用条件；既然是按14.1条执行，心血管医院则无须向同是违约方的锦程公司承担责任；⑤锦程公司根据招商广告和政府文件要求赔偿人民币1000万元的可得利益损失，没有事实和法律依据。可得利益是指守约方根据合同可以获得的预期利益，锦程公司是违约方，依法不享有履行利益或期待利益，无权要求可得利益损害赔偿；《山西省重点招商推介项目》这一广告性质的文字材料和政府核准立项的批文，不是认定、计算可得利益损失的依据，企业的经营充满了未知因素，不倒闭只盈利是无法预见的；（3）九方公司及各方股东均有严重损失，损失的原因并非各方股东的违约行为，而是不能预见并不能克服的客观原因。2007年9月30日，山西省卫生厅召集心血管医院主要负责人开会，宣布合营项目停止操作，并成立了由厅领导和答辩人主要负责人组成的善后工作处理领导组。在答辩人倾尽全力办理土地手续、没有任何过错的情况下，相关政府部门未能批准土地作价入股，不但《合资合同》继续履行的基础已经丧失，同时也给合资公司、各方股东造成了损失。答辩人认为，造成损失并非由于各方股东的违约行为，各股东都是受害者。在这种情况下，仅让某一个股东承担损失后果，明显违背了本案事实和相关法律规定。综上，依法应驳回锦程公司的全部诉讼请求。

第三人寰能公司称：寰能公司与心血管医院于2008年1月22日签订了《关于返还山西寰能科贸有限公司投资款备忘录》并已履行完毕。据此，我公司已将原《合资合同》项下的所有权利及责任转给了心血管医院，本案中涉及我公司的权利及责任应由心血管医院承担。原告锦程公司没有向我公司提出具体诉请，本案纠纷与我公司已没有实质性关系。

### ▶一审裁判结果◀

山西省高级人民法院依照《中华人民共和国合同法》第5条、第6条、第107条、第114条、第120条，《中华人民共和国公司法》第28条之规定，判决如下：

一、心血管医院于判决生效后30日内向锦程公司支付先期投入违约金人民币300万元；

二、心血管医院于判决生效后30日内向锦程公司支付医疗设备损失违约金人民币678.842万元；

三、驳回锦程公司的其他诉讼请求。案件受理费人民币381263元，由心血管医院负担人民币281263元，由锦程公司负担人民币100000元。

### ▶一审裁判理由◀

山西省高级人民法院认为：本案争议的焦点有三个：一是锦程公司的违约

金请求能否成立，具体数额如何确定；二是锦程公司的损失赔偿金请求能否成立，具体数额如何确定；三是锦程公司的人民币1000万元可得利益请求能否成立。

1. 关于第一个焦点。

其一，锦程公司以《合资合同》14.1条要求心血管医院承担2814750元人民币的违约金的请求。本院认为：首先，《中华人民共和国公司法》第28条第1款规定，"股东应当按期足额缴纳公司章程中规定的各自所认缴的出资额。股东以货币出资的，应当将货币出资足额存入有限责任公司在银行开设的账户；以非货币财产出资的，应当依法办理其财产权的转移手续"；第2款规定，"股东不按照前款规定缴纳出资的，除应当向公司足额缴纳外，还应当向已按期足额缴纳出资的股东承担违约责任"；三方签订的《合资合同》14.1条约定，"甲、乙、丙任何一方未按合同的第6条的规定依期按数投资时……守约一方有权要求违约方赔偿损失。"在心血管医院没有完成合资公司注册后6个月内缴付现金人民币4050万元义务的同时，锦程公司也没有完成其按时缴付现金人民币2000万元的出资义务。锦程公司不是主张权利的适格主体。其次，虽然锦程公司以三方股东在《备忘录》中达成了"适时注入资金"的约定来否认己方违约。但是，根据《中华人民共和国公司法》第28条第1款的规定，股东认缴的出资额应当按期足额缴纳。而"适时注入资金"的约定，将《合资合同》、《合资章程》中确定的出资时间变成了不确定，是对九方公司利益的损害，违反了公司法的强制性规定，故"适时注入资金"的约定应认定为无效。按期足额缴纳出资是股东的法定义务，锦程公司不能以任何理由免除或迟延其出资义务的履行，也就是说，作为违约方的锦程公司，无权向心血管医院主张2814750元人民币的违约金。

其二，锦程公司依照《合资合同》14.2条要求心血管医院应按照《合资合同》标的额（注册资本金1.5亿元人民币）的15%，向锦程公司支付2250万元人民币的违约金请求。本院认为：在《合资合同》14.1条约定了出资违约的责任承担前提下，《合资合同》14.2条的约定，适用于除出资违约以外的其他违约情形。而心血管医院终止合作项目的执行，是由于其无法履行以土地作价入股的出资义务，并无其他违约行为。且该条款并未约定违约金及违约金的计算方式，锦程公司以合资公司注册资本总额的15%计算违约金没有法律依据。综上，锦程公司提出的违约金主张不能成立，本院不予支持。

2. 关于第二个焦点。锦程公司提出先期投入人民币300万元、锦程公司支付货款的利息损失折算为人民币581.39万元和向宝和公司赔付的折算为人民币23764064.34元赔偿金等三项损失赔偿金的请求。

其一，锦程公司的损失赔偿金请求能否成立。首先，违约金是当事人在合同中约定的一方违反合同的赔偿金。三方股东签订的《合资合同》14.3条明确约定："甲方（心血管医院）未能如期办理完成土地作价入股手续使合资公司无法注册视为甲方违约。同时应返还乙方（锦程公司）已投入的人民币300万元及设备订购的损失。"因此，锦程公司的该项请求是一项违约金的请求。虽然适用14.3条约定前提是"心血管医院未能如期办理完成土地作价入股手续使合资公司无法注册视为甲方违约"，但本案的客观事实是，在心血管医院和锦程公司零出资的情形下，九方公司已经成立。由于土地作价出资的不可能，心血管医院已经通知合作项目终止执行，合资公司无法经营。因此，心血管医院以合资公司成立来抗辩不承担责任的理由，不能成立。其次，心血管医院在和锦程公司于2006年11月10日达成《合作意向书》之后，即向锦程公司发送《山西省心血管疾病医院及老年康复养老中心项目进口设备投资需求的函》，提供了总价款人民币12310万元的医疗设备清单，由锦程公司直接采购投资。锦程公司随即按照心血管医院的要求和提供的清单与宝和公司签订了购买医疗设备的《合同》。2006年11月30日，锦程公司、心血管医院及寰能公司签订《合资合同》和《合资章程》。《合资合同》明确锦程公司人民币6000万元的出资，分别是现金人民币3000万元和设备人民币3000万元；锦程公司有为合资公司推荐在海外购置所需机器设备的责任；心血管医院在未能如期办理完成土地作价入股手续时，要对锦程公司的设备订购损失承担责任。特别是，合资公司三方股东于2007年2月25日共同签署的《备忘录》明确记载：锦程公司按约定已完成了设备的订购。以上证据足以证明，由于合作项目的终止执行，锦程公司购买设备存在实际的损失。根据《中华人民共和国合同法》第107条的规定"当事人不履行合同义务或履行合同义务不符合约定的应当承担违约责任"，心血管医院未履行其以土地作价出资的义务，导致合作项目的终止，造成了锦程公司的实际损失，心血管医院应当赔偿锦程公司的购买设备损失。因此，锦程公司的损失赔偿金请求成立。

其二，锦程公司损失赔偿金具体数额的确定。首先，针对锦程公司提出的4512.28万元港币货款产生利息损失581.39万元人民币的诉讼请求。本院认为：第一，锦程公司提供证据存在诸多问题：（1）锦程公司与宝和公司的《合同》，复印件与原件内容一致，格式不同；（2）宝和公司给锦程公司开具的收款收据，有复印件有存根，没有原件；（3）锦程公司发送给宝和公司2007年10月29日的函件，记载内容是锦程公司已于2006年12月13日依据双方协议给付宝和公司合同总额35%的预付货款和合同总额5%的佣金，即支付4512.28万元港币。而收据显示截至2006年12月13日，锦程公司并未支付佣金且支付货款总额仅为2950万元港币；（4）宝和公司发送给锦程公司11月16日的回函，内容是"11月20日的来函已收悉"。第二，锦程公司对能证明其购买设备损失的重要证据均未提供：（1）锦程公司发送给宝和公司2007年12月18日的函件，证明锦程公司与宝和公司之间在2007年1月15日签订有一份《补充协议书》，未提供；（2）根据收据，锦程公司已支付宝和公司4512.28万元港币，而香港《谕令》判令锦程公司赔付的是2362.28万港币，则锦程公司应有宝和公司返还2150万港币的凭据，未提供；（3）锦程公司与宝和公司的《合同》第10条约定，买、卖双方另行签署和办理5000万股股权抵押合同及相关手续，未提供。基于此，对锦程公司的该项诉讼请求不予支持。第三，针对锦程公司提出的按照香港特别行政区高等法院《谕令》向宝和公司赔付的折算为人民币23764064.34元赔偿金的诉讼请求。本院认为：香港特别行政区高等法院作出的《谕令》，只是基于宝和公司和锦程公司的共同请求，双方同意达成一致的基础上作出的同意命令，香港特别行政区高等法院并未对锦程公司与宝和公司之间买卖合同关系进行实体的审理；且香港特别行政区高等法院《谕令》即使真实、合法、有效，其效力只能及于《谕令》的当事人锦程公司和宝和公司，对《谕令》外的第三人心血管医院不产生法律拘束力。因此，对锦程公司提出的该项诉讼请求不予支持。第四，针对锦程公司提出的先期投入人民币300万元的诉讼请求。一审法院认为：锦程公司依据的是三方股东签订的《合资合同》。该《合资合同》是三方股东本着平等互利的原则，自愿签订的，是三方股东真实意思的表示。该《合资合同》经山西省商务厅批准，合法有效。该《合资合同》14.3条明确规定："甲方（心血管医院）未能如期办理完成土地作价入股手续使合资公司无法注册视为甲方违约。按14.1条执行，同时应返还乙方（锦程公司）已投入的人民币300万元及设备订购的损失。"故对锦程公司提出的人民币300万元先期投入的诉讼请求予以支持。

其三，锦程公司损失赔偿金额的确定。本院综合比较认为：心血管医院因未履行以土地作价出资的义务，单方终止了合作项目，造成了锦程公司的实际损失，应当承担违约责任；锦程公司对其购买医疗设备的实际损失存在举证瑕疵，亦应承担一定的责任，其主张的货款利息及按照《谕令》确定赔偿金的诉讼请求不能得到支持。一审法院以存在实际损失为基础，考虑双方的过错程度，根据公平原则和诚实信用原则，酌情判令心血管医院按锦程公司所主张的其已支付医疗设备价款4512.28万元港币的15%向锦程公司承担违约责任，即向锦程公司支付人民币678.842万元违约金。

3. 关于第三个焦点。

一审法院认为：首先，可得利益赔偿的数额应与合同履行的程度相关联。在心血管病医院违约未将土地作价入股的情形下，锦程公司亦违反《中华人民共和国公司法》的法定出资义务，没有履行其出资义务。依据《中华人民共和国公司法》，股东只能以其出资享有红利。锦程公司没有出资，当然不能取得预期的收益。其次，可得利益应具备现实的物质基础。本案中，三方股东均未投资，合作项目终止，九方公司无法经营，更无法获利。最后，《山西省重点招商推介项目》虽然对该合作项目的收益预期，作了极为明确和肯定的预测。但是三方在签订的《合资合同》和《合资章程》中均约定，"合资公司由于某种原因出现连年亏损，无力继续经营，经董事会一致通过并报原审批部门批准，可提前终止合资期限或解除合同"。也就是说，高收益的同时也伴随着高风险，不能以不确定的预期来主张其可得利益。因此，锦程公司提出的人民币 1000 万元可得利益的主张不能成立，本院不予支持。

### ▶ 二审诉辩情况

锦程公司和心血管医院均不服一审法院的上述判决，向最高人民法院提起上诉。

锦程公司上诉称：（1）被上诉人心血管医院严重违反《合资合同》约定，未能办理土地作价入股手续造成项目合作无法进行，应当承担根本违约责任，原审判决对双方违约责任认定错误。《合资合同》第 14.1 条约定了股东违约责任，第 14.2 条约定了因一方过错造成合同不能履行或不能完全履行的违约责任，第 14.3 条则是在第 14.2 条的基础上进一步专门明确甲方心血管医院的土地不能作价入股的根本违约责任。心血管医院在合资公司注册后 6 个月内应至少缴付现金人民币 4050 万元，但其一直未支付现金出资，也未按照《备忘录》约定的时间将土地使用权作价入股，明显违反了股东出资义务，直至 2007 年 11 月 16 日其单方通知项目停止运作。按每日 0.5‰ 计算，自 2006 年 6 月 30 日起至 2007 年 11 月 16 日止共计 139 天，违约金应为人民币 2814750 元。除按照《合资合同》第 14.1 条的约定支付违约金外，心血管医院严重违反《合资合同》约定，导致项目合作无法进行，还应按照合同总金额的 15% 支付违约金人民币 2250 万元。（2）原审判决以上诉人未按《合资合同》出资到位为由认定上诉人无权要求心血管医院承担违约责任不符合事实。早在 2006 年 11 月 18 日，锦程公司已经根据心血管医院的要求和提供的设备清单，与宝和公司签订了高达人民币一亿多元的购买医疗设备合同，并支付了 4512.28 万元港币现金，余款以股权质押折抵，设备随时可以报关。2007 年 2 月 25 日，合资公司三方股东共同签署《备忘录》也已确认了锦程公司的设备订购完成，并改原付款方式为根据心血管医院土地办理情况支付现金。因此，锦程公司是根据三方股东约定出资的，不存在违约入资的行为，锦程公司有权向心血管医院主张违约责任。（3）原审判决对上诉人的实际损失认定错误。由于心血管医院的违约行为，造成项目彻底无法进行，锦程公司订购设备的合同也无法履行。锦程公司经多次与设备供应商宝和公司协商未果，宝和公司在香港起诉了锦程公司并要求巨额赔偿。后经锦程公司与宝和公司多次谈判、尽力将损失减少到最低，香港特别行政区高等法院原讼庭于2008年7月24日作出808号《谕令》，由锦程公司赔偿宝和公司损失港币23622800元，折合人民币23764064.34元。对于已经发生的上述实际损失，心血管医院应当予以赔偿。一审法院不顾《备忘录》已经确定的锦程公司完成订购义务的事实，对锦程公司与宝和公司的合同往来一再质疑，否定锦程公司存在的实际损失，否定香港特别行政区高等法院《谕令》是香港特别行政区高等法院对订购设备案的处理结果，认定《谕令》对心血管医院没有约束力，是完全错误的。一审中，锦程公司在一审开庭后根据法院要求再次提供了宝和公司出具的收款收据及其法定代表人的证明，但是心血管医院以超过举证期限为由拒绝质证。锦程公司认为，锦程公司依据法院要求追加证据，不违反证据规则，上述证据完全可以证明锦程公司与宝和公司的合同法律关系及锦程公司已经支付款项的情况。心血管医院应当赔偿锦程公司购买设备款项的利息损失。（4）心血管医院应赔偿上诉人因本案合作无法履行而遭受的预期利益损失。本案项目是山西省重点招商推介项目，根据山西省人民政府部门审核发放的《山西省重点招商推介项目》介绍说明，对合作项目的收益有充分合理的预测，其中载明"项目建成后，每床每年可产生利润为1.25美元。据山西省发展和改革委员会批准立项的晋发改外资〔2007〕88号《关于晋港合资山西省心血管疾病医院及老年康复、养老中心项目核准的批复》，合作项目应设500张病床。据此计算，项目建成后，锦程公司作为持股40%的股东，可得利益为1708万元人民币，而上诉人仅要求心血管医院支付预期利益人民币1000万元。综上，一审法院认定事实不清，证据采纳错误，恳请二审法院依法查明事实，予以改判。请求：（1）撤销山西省高级人民法院〔2008〕晋民初字第12号民事判决书主文第二项、第三项；（2）改判被上诉人承担违约金，支付因其过错导致《合资合同》不能履行的违约金人民币2250万元、未按《合资合同》约定出资的违约金人民币2814750元；（3）改判被上诉人赔偿上诉人为合作项目购买医疗设备产生的实际损失人民币23764064.34元及已支付款项的利息损失人民币581.39万元（已付设备本金4512.28万港元，折算为人民币4539.26万元，自2006

年12月25日起算，暂计算至2008年8月31日，按中国人民银行同期流动资金贷款利率计算）；（4）改判被上诉人赔偿上诉人可得利益损失人民币1000万元。

心血管医院上诉称：（1）原审判决在被上诉人没有任何证据证明先期投入人民币300万元的情况下判决上诉人承担人民币300万元违约金，不但认定事实不当，也与原审判决的其他认定相矛盾。原审判决混淆了违约金与赔偿金两种不同的责任形式，将赔偿金变成了违约金，免除了被上诉人应承担的投入人民币300万元的举证责任。《合资合同》第14.3条清楚地表明人民币300万元是损失赔偿金，不是违约金，一审庭审已经查明被上诉人未提交已投入人民币300万元的任何证据，其该项诉讼请求没有任何事实依据；原审判决已经根据《公司法》第28条有关只向守约股东承担违约责任的规定，对被上诉人提出的全部违约金请求予以驳回，如果将上述人民币300万元视为违约金，上诉人同样不应承担责任；合资公司已经依法注册，不符合《合资合同》第14.3条约定的"无法注册"的适用条件，上诉人不具备承担责任的基础；（2）原审判决在对没有证据支持的设备价款不予认定的情况下，又以该设备价款为基础判令上诉人按15%承担违约金，不但前后矛盾，也违反了法律规定。被上诉人在一审诉讼中提交的证据不具有真实性和关联性，证据之间自相矛盾，无法相互印证，如合同原件与复印件格式不同，股权质押数量超过了其发行资本股，七份商业收据在字体、签名等要素上过于雷同，往来函件的日期不合理等，均反映出部分或者全部证据为伪证的高度盖然性。根据被上诉人提交的证据，根本无法认定被上诉人与卖方之间合同的真实情况，到底支付了多少设备价款，承担了什么违约责任。原审判决正因为被上诉人所举的证据不能证明其主张，而对包括设备价款在内的具体数额均未认定，但却又依据该设备价款判定上诉人承担15%的违约金，属自相矛盾；《合资合同》第14.2条特别约定了违约责任的成立以过失为要件，但上诉人未取得土地没有任何过失，被上诉人提供的全部证据也不能证明上诉人存在任何过失；上诉人于2007年9月、11月分别口头、书面通知被上诉人有关"土地手续无法落实"的情况，是履行及时通知、防止损失扩大的义务，而在主管部门组织下进行善后工作也是在履行防止损失扩大的义务。《合资合同》、《合资章程》对合资公司终止有专门的规定，合资公司终止程序应依法进行，上诉人的通知行为不属于单方终止行为，与是否违约没有关联；根据《中华人民共和国合同法》的规定，承担违约责任的具体方式，只能是继续履行、采取补救措施、承担赔偿责任或支付违约金等，其中不但赔偿损失应以实际发生的损失为限，而且违约金的调整标准也是实际造成的损失，但原审判决判令上诉人承担设备价款的15%即人民币

678.842万元违约金,并没有被上诉人所受实际损失的任何证据来支持,违反了相关法律规定;被上诉人履行设备出资义务的对象是合资公司而不是上诉人,被上诉人提供设备是根据合资公司的实际需求而不是答辩人的实际需求,被上诉人是为履行出资义务购买设备而不是为了上诉人的利益购买设备,与上诉人是否构成违约没有任何关联;同时,通知被上诉人履行设备出资义务的主体也是合资公司而不是上诉人。因此,被上诉人应向合资公司主张权利,无权向上诉人主张,不应由包括上诉人在内的其他股东赔偿。就该项诉讼请求,被上诉人对上诉人没有诉权;原审判决根据公平原则判令上诉人承担责任,但公平原则下的责任不可能是违约金责任;(3)《中华人民共和国公司法》第28条及《中外合资经营企业合营各方出资的若干规定》第7条等法律法规均明确规定,只有已按期足额缴纳出资的守约方,才能要求其他违约方承担违约责任或损害赔偿责任,而违约方也只能向守约方承担上述责任。本案中,合资公司各股东均未按约定或法律规定按期足额缴纳出资。在此情况下,任何一方股东均无权要求其他股东承担违约责任或损害赔偿责任。同时,《合资合同》第14.1条也明确约定是向"守约方"承担违约责任。被上诉人在其自身严重违反出资义务的前提下,不具备向包括上诉人在内的其他股东追究违约责任或损害赔偿责任的主体资格,其全部诉讼请求一概没有法律依据。原审判决所判令的款项,不论是违约金还是赔偿金,均属于违约责任的范围,上诉人均不应承担;(4)合资公司不能取得土地,原因在于政府部门,上诉人为土地作价入股已做出了最大努力,不存在任何过错。合资公司及各方股东均有严重损失,但造成损失的原因并非是各方股东的违约行为,各股东都是受害者。在这种情况下,仅让某一个股东承担损失后果,明显违背了本案事实以及相关法律规定,合资公司及其股东应向政府主张权利。综上,原审判决认定事实不当,适用法律错误,请求:(1)撤销山西省高级人民法院〔2008〕晋民初字第12号民事判决第一项,改判驳回被上诉人的该项诉讼请求;(2)撤销山西省高级人民法院〔2008〕晋民初字第12号民事判决第二项,改判上诉人不承担设备损失违约金;(3)维持山西省高级人民法院〔2008〕晋民初字第12号民事判决第三项;(4)判令由被上诉人承担全部诉讼费用。

寰能公司提交书面意见称:寰能公司于2006年11月与心血管医院、锦程公司三方签订了《合资合同》、《合资章程》,共同组建了九方公司。因锦程公司前期投入了一定人力、物力进行准备工作,三方协商同意折合成人民币300万元并写入《合资合同》。《合资合同》签订后,主要由心血管医院和锦程公司分别负责办理土地入股和设备采购。因土地入股的办理手续比预想中进展缓慢,合资三方的现金投入相应推后,锦程公司已在香港购置的医疗设备也暂缓报关。2007年2月25日，合资三方又签订了一份《备忘录》。该《备忘录》要求心血管医院加快办理有关土地作价入资手续并在同年6月前完成，同时确认锦程公司已按照约定完成了设备订购，同意锦程公司根据项目实际运作情况做好设备的报关及设备的相关投资工作，根据心血管医院土地办理的情况适时注入现金，也同意寰能公司根据项目的进展情况及合资公司运作的实际需要分阶段注入资金。同年9月下旬，心血管医院突然口头告知寰能公司土地使用权无法办理、合作项目停止运作。2008年1月22日，心血管医院与寰能公司签订了《关于返还山西寰能科贸有限公司投资款备忘》，确认心血管医院于同年2月29日返还寰能公司投资款人民币2619700元，寰能公司自全部投资款返还之日起退出九方公司，并将其在九方公司的所有权利及责任转给心血管医院。至此，寰能公司已彻底退出三方合作。心血管医院与锦程公司之间的诉讼请求均与寰能公司无关。

心血管医院针对锦程公司的上诉答辩称：（1）锦程公司未按期足额缴纳出资，是违约方，不具备向心血管医院主张违约责任的主体资格，其全部诉讼请求均没有法律依据；（2）《备忘录》实质上修改了《合资合同》、《合资章程》中出资期限的约定且未经审批部门批准，应认定未生效，不能据此确定各股东的权利义务。即使《备忘录》确认了锦程公司的设备订购完成，但订购不等于出资，锦程公司始终未履行设备、现金出资义务，合资公司也始终未收到锦程公司的设备、现金出资，锦程公司存在"违约入资"行为，其不能依据未生效的《备忘录》免除出资违约责任；（3）心血管医院于2007年11月书面通知锦程公司有关"土地手续无法落实"的情况，是履行及时通知、防止损失扩大的义务，在政府主管部门未批准终止合同的情况下，心血管医院没有也无权单方终止合同，因此，通知行为不属于单方终止行为，与是否违约没有关联；（4）锦程公司主张重复适用《合资合同》第14.1条和第14.3条，其实质是双重获益。按照注册资本总额的15%计算违约金没有合同与法律依据。锦程公司自身也是违约方，在主体不适格的前提下要求心血管医院承担违约责任，没有事实和法律依据；（5）《谕令》与本案没有关联性，且无法证明锦程公司与宝和公司之间债权债务关系的真实性；一审法院在庭审后要求锦程公司提交的证据不属于新证据，违反了人民法院调取证据的规定；锦程公司提供的设备买卖合同、商业收据以及其他关于设备交易的证据不能相互印证，且充满了不合常理的矛盾，故其要求赔偿购买设备的货款及其利息损失的诉讼请求无法成立；锦程公司履行出资义务的对象是合资公司而不是心血管医院，设备货款及其利息损失与心血管医院是否构成违约没有任何关联，锦程公司应向合资公司主张权利；（6）锦程公司也是违约方，无权要求可得利益损害赔偿；

企业经营充满了未知因素，锦程公司根据招商广告和政府文件要求赔偿人民币1000万元可得利益损失，没有事实与法律依据。综上，锦程公司的全部诉讼请求均没有事实和法律依据，依法应予驳回。

锦程公司针对心血管医院的上诉未提交书面答辩意见，庭审中称：（1）原审判决判令心血管医院支付人民币300万元违约金是正确的，锦程公司在合作项目前期投入了大量工作，使得前期工作顺利进行，先期投入是合资三方认可的实际损失。《合资合同》第14.3条约定如心血管疾病医院无法完成土地交付应返还人民币300万元，而非合资公司返还；（2）锦程公司按照心血管医院的要求与宝和公司签订了购买设备合同，原审判决因证据存在微小瑕疵不予认定是错误的。合同复印件与原件有微小不符，但不应否定原件的效力。关于购买设备的损失认定，心血管医院及锦程公司均提出了异议，锦程公司认为赔偿不应是15%的已付款项，而应是全部损失2300余万港元及利息。宝和公司的证据是锦程公司应一审法院的要求提供的，属于在举证期限内的证据，心血管医院在一审期间不予质证，对锦程公司不公；（3）香港特别行政区高等法院的《谕令》相当于调解书，具有法律效力，在对方没有提供证据否定《谕令》效力的情况下应予认定；（4）合资三方签署的《备忘录》要求锦程公司根据心血管医院的土地办理进展情况入资，各方均等同于完成了入资义务。《备忘录》变更了原出资义务，虽然未经批准，但报批的负责人是心血管医院，系心血管医院未完成报批。本案不是处理对外的法律关系，在处理当事人内部是否违约的问题上应当适用《备忘录》的约定。《备忘录》认可设备订购已完成并要求锦程公司根据土地入股手续办理的情况适时入资；（5）《合资合同》约定，只要未完成以土地入股即应承担违约责任，故无论心血管医院是否有过失均应承担违约责任。综上，心血管医院的上诉请求缺乏事实依据，应予驳回。

### 二审裁判结果

依照《中华人民共和国合同法》第8条、第44条、第60条、第107条、第119条及《中华人民共和国民事诉讼法》第153条第1款2项之规定，终审法院判决如下：

一、撤销山西省高级人民法院〔2008〕晋民初字第12号民事判决；

二、山西省心血管疾病医院于判决生效后30日内向香港锦程投资有限公司支付先期投入款人民币300万元；

三、山西省心血管疾病医院于判决生效后30日内向香港锦程投资有限公司支付订购医疗设备损失16868589.15港元；

四、山西省心血管疾病医院于判决生效后30日内向香港锦程投资有限公司支付佣金与预付款4512.28万港元之利息损失（按照中国人民银行同期港元贷款利率计算，自2006年12月25日起至2008年7月24日止）；

五、驳回香港锦程投资有限公司的其他诉讼请求。

如逾期不履行本判决确定之金钱给付义务，应当依照《中华人民共和国民事诉讼法》第229条之规定，加倍支付迟延履行期间的债务利息。

一审案件受理费人民币381263元，二审案件受理费人民币366263.57元，共计人民币747526.57元，由香港锦程投资有限公司承担人民币149505.31元，由山西省心血管疾病医院承担人民币598021.26元。

### 二审裁判理由

对于原审判决认定的事实，锦程公司认为有关2007年2月25日《备忘录》的认定遗漏了第三人寰能公司也依据项目进展情况入资的事实。本院查明：2007年2月25日，锦程公司、心血管医院及第三人寰能公司签订的《备忘录》约定内容之第3项为"丙方（寰能公司）根据本项目进展情况及合资公司运作的实际需要，分阶段注入资金（现金）确保公司的前期运作"。因此，锦程公司的上述主张符合事实，本院予以认定。

对于原审判决认定的事实，心血管医院则认为有关心血管医院让锦程公司购买设备的认定不是真实情况，而是为合资公司购买设备。本院查明：2006年11月10日，心血管医院就合作项目进口设备投资需求事宜向锦程公司发函称："心血管医院住院大楼现已主体完工，计划于2007年10月正常运行。根据双方的合作约定，部分设备应由贵公司直接采购投资。现将部分设备名录提供给贵公司，望尽早安排，以保证项目顺利实施。设备明录如下：（1）正电子发射型断层扫描器1台，每台2000万元，计2000万元；（2）单电子发射型电脑断层扫描器2台，每台360万元，计720万元；（3）INTERACHIEVA3.0磁共振成像系统1台，每台1600万元，计1600万元；（4）BRILLIANCE CT 64排螺旋CT1台，每台1500万元，计1500万元；（5）平板探测器血管造影系统4台，每台750万元，计3000万元；（6）直接数位化X线摄影系统（双板）2台，每台300万元，计600万元；（7）数字肠胃机1台，每台250万元，计250万元；（8）iU22智慧化彩色超声诊断系统（腹部机）5台，每台300万元，计1500万元；（9）iE33智慧心血管超声系统（心脏机）2台，每台300万元，计600万元；（10）生化分析仪3台，每台180万元，计540万元；合计：12 310万元。"该函对拟订购设备的名称、数量、单价、总价等均提出了明确要求，虽然其目的是为了合资公司的运营，但心血管医院发函要求锦程公司尽早安排购买设备事宜是能够认定的事实，故心血管医院否认其让锦程公司购买设备与事实不符，本院不予支持。原审判决对此节的事实认定正确，本院予以确认。

二审期间，双方当事人均未向本院提交新的证据。庭审中，双方当事人亦均未对原审判决认定的其他事实提出异议。据此，本院对原审判决认定的事实予以确认。但是，原审判决对有证据支持的心血管医院办理土地使用权作价入资情况及锦程公司向宝和公司支付佣金和预付款等事实的认定有遗漏，本院在二审中查明并确认。

本院查明：2006年10月9日，心血管医院以晋心请字〔2006〕第23号《关于山西省心血管疾病医院及老年养老、康复中心项目国有划拨土地协议出让的请示》向山西省卫生厅请示报山西省国土资源厅进行对一审法院所属国有划拨土地的协议出让和土地作价入股的权属变更。同年10月16日，山西省卫生厅以晋卫请〔2006〕184号《关于山西省心血管疾病医院及老年养老、康复中心项目国有划拨土地协议出让及免交土地出让金的请示》向山西省国土资源厅申请免交土地出让金。同年11月9日，山西省财政厅以晋财资〔2006〕39号《关于对山西省心血管疾病医院及老年养老、康复中心项目国有土地作价入股的批复》同意心血管医院在该合作项目中以土地使用权作价入股，并要求按照国有资产评估管理有关规定对拟作价入股的国有土地进行评估。同年11月23日，山西至源不动产评估咨询有限公司提交了晋至源〔2006〕（估）字第087号《土地估价报告》，对心血管医院国有划拨土地使用权进行了价格评估。同年12月31日，山西省财政厅以晋财资〔2006〕47号《关于核准山西省心血管疾病医院及养老、康复中心土地使用权评估项目的通知》，核准了评估机构的评估行为及评估结果对心血管医院以土地使用权作价入股的行为有效。2007年2月9日，山西省发展和改革委员会以晋发改外资发〔2007〕88号《关于晋港合资山西省心血管疾病医院及老年康复、养老中心项目核准的批复》核准了山西省卫生厅请示的心血管医院、锦程公司、寰能公司共同投资建设的心血管疾病医院及老年康复、养老中心项目，并对项目建筑总面积、项目总投资、出资比例、项目运行方式及期限等提出了明确要求。同年6月22日，山西省太原市规划局核发了《规划设计条件通知书》。同年8月13日，山西省太原市国土资源局以并国土资字〔2007〕169号《关于晋港合资山西省心血管疾病医院及老年康复、养老中心项目用地预审的批复》同意通过用地预审，并要求心血管医院依法办理土地管理、环境保护、地质灾害危险性评估等相关用地手续。心血管医院未提供此后其向有关政府部门办理相关用地手续的证明材料，亦未提供有关政府部门不同意办理相关用地手续的书面证据。

另查明：锦程公司与宝和公司签订的医疗设备买卖合同的总价款为112457261港元。宝和公司分别于2006年11月22日、11月23日、11月28日、12月13日、12月18日、12月19日及12月25日向锦程公司出具《正式收据》七份。该七份《正式收据》记载宝和公司收到锦程公司支付的购买医疗设备预付款39500000港元、佣金5622800港元，共计45122800港元。中国委托公证人黄国喜律师出具《证明书》证明宝和公司收据的炭纸副本存根之复印件与原本相符。该《证明书》加盖了中国法律服务（香港）有限公司转递专用章。

本院经审理认为：

1. 关于管辖权与准据法。

本案当事人锦程公司系在香港特别行政区注册成立，故本案为涉港合资经营企业合同纠纷。《合资合同》第18.1条中约定，凡因执行本合同所发生的或与本合同有关的一切争议，双方应通过友好协商解决；如果协商不成，应按中华人民共和国有关法律程序，提交有关司法部门裁决。因此，一审法院依据当事人的上述约定和《中华人民共和国民事诉讼法》有关管辖的规定行使管辖权并无不当。

《中华人民共和国中外合资经营企业法实施条例》第12条规定，合营企业合同的订立、效力、解释、执行及其争议的解决，均应适用中国的法律。本案为涉港合资经营企业合同纠纷，应当参照适用该规定确定应适用的准据法。锦程公司、心血管医院及第三人寰能公司签订的《合资合同》第17.1条约定，本合同的订立、效力、解释、履行和争议的解决均受中华人民共和国法律的管辖。该约定符合《中华人民共和国中外合资经营企业法实施条例》第12条的规定，因此，本案纠纷应适用内地的法律解决。

2. 关于《合资合同》及《合资章程》的效力。

锦程公司、心血管医院及第三人寰能公司签订的《合资合同》和《合资章程》，系合资三方的真实意思表示，其内容不违反法律规定，并报经相关审批机关进行了审批，依法应认定其合法有效。

3. 关于2007年2月25日《备忘录》的效力。

在签订《合资合同》及《合资章程》之后，锦程公司、心血管医院和第三人寰能公司于2007年2月25日签订了一份有关九方公司的《备忘录》，对《合资合同》中合资各方出资的时间及额度进行了调整，即心血管医院在同年6月前完成相关土地手续，锦程公司根据项目的实际运作情况办理设备的进口报关以及根据土地办理情况适时注入资金，寰能公司根据项目进展和合资公司运作的实际需要分阶段注入资金确保公司的前期运作。考虑到经审批的《合资合同》已对各方出资作了明确约定，合资三方在《备忘录》中还特别约定"均同意根据甲方（心血管医院）土地手续办理的实际情况调整合资公司各方出资的时间及额度，按照上述原则实施，各方均等同于履行了出资义务"。但因该《备忘录》未报经有关审批机关批准，故锦程公司与心血管医院对其效力各执一词。本院认为：《备忘录》确实变更了《合资合同》约定的出资时间及额度，但三方签订《备忘录》的背景系因心血管医院以土地使用权作价入资需要办理规划、财政、土地等报批手续，其目的并非刻意规避或者改变审批机关的审批事项而是更合理地调整各方出资时间、额度及先后顺序，《备忘录》约定的事项并非必须报经审批机关审批之事项，无须再行报批。《备忘录》系合资三方在平等、自愿、协商一致的基础上达成的，其对各方出资所作的调整是必要和合理的，其内容反映了合资各方的真实意思表示，依法应当认定其合法有效，对合资各方均具有约束力。心血管医院在本案诉讼之前从未对《备忘录》及其效力提出过异议，在诉讼之后主张《备忘录》实质上修改了《合资合同》和《合资章程》有关出资期限的规定且因未经审批机关审批应认定未生效，与事实及相关法律规定不符，本院不予支持。

4. 关于违约主体。

本案所涉合作项目是山西省"2006 山西（香港）投资洽谈会"上签署的唯一对外招商引资的卫生事业项目。在正式签订《合资合同》和《合资章程》之前，锦程公司与心血管医院先行签订了一份《合作意向书》对项目的投资总额、出资、建筑面积、经营方式及责任等作了初步约定，锦程公司还依据心血管医院提供的《进口设备投资需求的函》向宝和公司订购了心血管医院指定的医疗设备并按约支付了佣金和预付款。在签订《合资合同》和《合资章程》之后，由于心血管医院未办理完土地使用权作价入股手续，合资三方签订了有关九方公司的《备忘录》。该《备忘录》不仅确认了锦程公司已经订购医疗设备的事实，而且明确要求锦程公司根据项目的实际运作情况做好设备的进口报关及设备投资的相关工作，并根据心血管医院的土地办理情况适时注入现金。据此，锦程公司与卖方宝和公司协商推迟了医疗设备的装运，也未进一步投入资金。应该说，锦程公司为合作项目及合资公司所做的大量前期工作及投入，其依约完成设备订购并向卖方宝和公司支付订购设备的佣金和预付款等事实，均表明锦程公司不仅有履约的诚意而且有实质性的履约行为。其之所以未严格按照《合资合同》的约定出资，是因为遵守合资三方签订的《备忘录》的约定而暂缓或者适时入资，并非在逃避《合资合同》或者《合资章程》约定的合资方应承担的出资义务，故不应认定锦程公司违约。

另一方面，心血管医院在签订《合作意向书》、《合资合同》及《备忘录》之后未能办理或者如期办理完土地使用权作价入股手续，违背了其在《合作意向书》、《合资合同》及《备忘录》中所作的相关承诺。心血管医院在口头通知锦程公司合作项目停止运作后，又在2007年11月16日给锦程公司《关于省心血管疾病医院及老年养老、康复中心项目终止实施解决善后工作的函》中明确承认"由于政策界限不明确等原因，土地手续无法落实，导致该项目终止执行"；其还在2008年1月22日与寰能公司签订的《关于返还山西寰能科贸有限公司投资款备忘》中明确承认"单方面终止项目合作"。虽然心血管医院主张无法办理土地使用权作价入股手续系由于政府部门的原因，其自身不存在过错，但其并没有提供政府相关部门拒绝或者不同意办理土地使用权作价入股手续的书面证据。由于心血管医院未继续办理有关手续，合作项目及合资公司不得不因缺乏土地而停止运作。综上，本案纠纷产生的原因在于：心血管医院未能按照《合资合同》的约定办理完土地使用权作价入股手续，从而导致《合资合同》无法继续履行，合作项目及合资公司停止运作。原审判决依据《中华人民共和国公司法》第28条第1款之规定认定锦程公司未出资存在违约，与锦程公司在订立《合资合同》之前先行订购医疗设备、支付佣金和预付款等事实以及《备忘录》有关根据心血管医院办理土地手续的进展情况"适时注入资金"的要求明显不符，据此认定锦程公司违约不当，属适用法律错误。

心血管医院作为合资方未能履行办理土地使用权作价入股的义务，依法应认定其构成违约。心血管医院与第三人寰能公司签订的偿还投资款协议明确承认其"单方面终止项目运作"，而且实际向寰能公司偿还了投资款，表明了心血管医院不仅承认其作为合作项目出资方的单方面违约行为，而且向寰能公司实际承担了其作为合作项目主办方的违约责任。心血管医院一方面对寰能公司承认单方面违约并偿还投资款；另一方面却对锦程公司拒不承认违约并拒绝赔偿任何损失，对锦程公司不公。《中华人民共和国合同法》第107条规定，当事人一方不履行合同义务或者履行合同义务不符合约定的，应当承担继续履行、采取补救措施或者赔偿损失等违约责任。锦程公司依据《合资合同》的约定要求心血管医院承担违约责任并赔偿损失符合上述法律规定，本院予以支持。合资公司九方公司在注册成立后没有实际运作，也无任何财产，因此，本案纠纷不应也不可能通过向九方公司主张予以解决，故心血管医院有关锦程公司应向九方公司主张权利的主张缺乏法律依据，本院不予支持。

5. 关于HCA808/2008号《谕令》的证明力。

由于心血管医院分别以口头和书面方式通知锦程公司合作项目停止运作，

锦程公司随即与宝和公司就终止买卖合同及违约赔偿事宜进行协商。因协商未果，宝和公司起诉至香港特别行政区高等法院要求锦程公司赔偿其损失。香港特别行政区高等法院依据双方达成的和解协议作出了上述《谕令》。据此，锦程公司应向宝和公司支付赔偿金 23622800 港元。鉴于锦程公司和宝和公司均系在香港特别行政区注册成立的公司，加之锦程公司声称的已支付给宝和公司的佣金和预付款总额已经超过了《谕令》所要求的赔偿金总额，故《谕令》不存在执行问题，也不存在需要内地法院认可和执行的问题。本案中，锦程公司提交《谕令》的目的在于将其作为证据证明其存在订购医疗设备的损失，故应当对《谕令》是否具有证据效力作出认定。

《中华人民共和国民事诉讼法》及内地其他相关法律法规没有关于香港特别行政区法院作出的《谕令》在内地诉讼程序中是否具有证据效力的规定。本院认为：香港特别行政区高等法院的《谕令》在本案诉讼中能否作为证据采信应当审查其是否具有真实性、合法性、有效性及关联性。锦程公司就该《谕令》向一审法院提交了经公证的顾张文菊、叶成庆律师事务所顾张文菊律师出具的《法律意见书》。该《法律意见书》认为：根据《香港特别行政区高等法院规则》"高等法院规则"第 42 号命令第 5A 条规则，香港特别行政区高等法院有权根据当事人双方达成的和解协议作出上述《谕令》，其具有与法庭判决或者命令同等的效力；《香港特别行政区高等法院规则》"高等法院规则"第 42 号命令第 5B 条有关判决须附具理由的规定不适用于依据《香港特别行政区高等法院规则》"高等法院规则"第 42 号命令第 5A 条规则作出的《谕令》；《谕令》对锦程公司和宝和公司具有约束力和强制执行力。因此，本院确认《谕令》的真实性、合法性、有效性。至于是否具有关联性，本院认为，锦程公司与宝和公司签订的买卖合同、宝和公司出具的七份收据、合资三方签订的《备忘录》、锦程公司与宝和公司之间的来往函件、宝和公司的起诉状以及香港特别行政区高等法院的诉讼文书等构成了一条完整的证据链，能够足以证明锦程公司订购医疗设备、支付佣金和预付款、锦程公司与宝和公司就违约事宜进行协商、协商未果后向香港特别行政区高等法院提起诉讼以及香港特别行政区高等法院送达诉讼文书等事实，亦足以证明《谕令》与锦程公司、宝和公司之间的医疗设备买卖合同纠纷相关，因此，《谕令》与本案纠纷具有关联性。此外，锦程公司在提交《谕令》时办理了相关公证和转递手续，符合本院《关于民事诉讼证据的若干规定》第 11 条第 2 款关于"当事人向人民法院提供的证据是在香港、澳门、台湾地区形成的，应当履行相关的证明手续"的规定。因此，在心血管医院没有举出直接相反证据的情况下，应认定《谕令》在本案中具有证明力，可以作为证据使用并依此确定锦程公司订购医疗设备的损失额。心血管医院关于《谕令》无法证明锦程公司与宝和公司之间债权债务关系的真实性以及《谕令》与本案纠纷没有关联性的主张没有事实和法律依据，本院不予支持。心血管医院关于《谕令》中确定的赔偿数额超过了宝和公司承诺的15%的比例可能存在双方串通的主张缺乏具体证据证明，本院亦不予支持。

6. 关于锦程公司违约金之主张。

锦程公司在一、二审程序中均主张心血管医院应当分别依据《合资合同》第14.1条和第14.2条之规定，向其支付延迟出资违约金人民币2814750元和终止合同履行违约金人民币2250万元。但是，心血管医院未能办理土地使用权作价入股手续、导致《合资合同》终止履行的行为，在性质上不属于延迟出资行为，而是根本违约行为，故不应按照《合资合同》中有关延迟出资的约定支付违约金。锦程公司主张心血管医院应按照《合资合同》第14.1条向其支付延期出资违约金没有依据，本院不予支持。而《合资合同》第14.2条约定的是因合资一方的过失导致合同及其附件不能或者不能完全履行的违约责任，并非关于违约金的约定。该条没有关于违约金比例的任何约定，锦程公司亦未提供证据证明双方曾就违约事宜达成过按照《合资合同》注册资本金总额的15%支付违约金的口头或者书面协议。故锦程公司有关《合资合同》第14.2条属于违约金条款且要求心血管医院向其支付人民币2250万元违约金的主张没有事实和法律依据，本院亦不予支持。

7. 关于锦程公司损失额的确定。

本案中，锦程公司主张的损失包括先期投入人民币300万元的本金、向宝和公司支付4512.28万港元佣金和预付款的利息、依据《谕令》向宝和公司支付23622800港元的赔偿金损失以及可得利益损失人民币1000万元。以下分述之。

关于人民币300万元的先期投入，心血管医院上诉认为锦程公司并未举证证明其向合作项目或者合资公司实际投入，依法应不予支持；但锦程公司认为三方当事人已在《合资合同》中对该先期投入款作了明确确认，无须再提供证据证明，依法应予支持。本院认为：《合资合同》第14.3条约定，"各方签订本合同后，甲方未能如期办理完成土地作价入股手续使合资公司无法注册视为违约。按14.1条执行，同时应返还乙方已投入的300万元及订购设备的损失。"该《合资合同》系合资三方的真实意思表示，得到了相关审批机构的审批，依法应认定其合法有效。对于《合资合同》所记载的内容，除非有直接相反的证据，否则应予确认。合资三方签订的《备忘录》明确确认合资各方为合作项目和合资公司做出了实质性工作及投入，寰能公司在二审程序中提交的书面意见明确承认"因锦程公司前期投入了一定人力物力进行准备工作，三方协商同意折合人民币300万元并写入《合资合同》"，心血管医院亦未在签订《合资合同》后的合理时间内对此提出异议，因此，应认定锦程公司向合作项目先期投入了人民币300万元。锦程公司在一审起诉时未主张该款之利息，应视为其放弃了对先期投入款利息的主张。原审判决虽然认定锦程公司先期投入了人民币300万元，但判决书主文认定为"先期投入违约金300万元"错误，本院予以纠正。

关于4512.28万港元佣金与预付款，心血管医院上诉认为锦程公司的举证存在相互矛盾的地方，如买卖合同复印件与原件不一致、收据没有原件、来往函件内容与收据之间存在矛盾以及相关函件的日期与内容之间存在矛盾等，依法应不予认定；锦程公司则认为应当以买卖合同原件为准，宝和公司出具的证明和收据均表明锦程公司实际支付了4512.28万港元的佣金与预付款，依法应予认定。本院认为：鉴于锦程公司与宝和公司之间存在订购医疗设备的法律关系且买卖合同中有关于设备总额、佣金、预付款的明确约定，加之司法部委托公证人黄国熹律师对"收据的炭纸副本存根之复印件与该文件原本相符"进行了公证，因此，在没有直接相反证据证明的情况下，应当确认宝和公司收据的真实性。心血管医院虽主张锦程公司提供的上述证据等存在瑕疵并认为锦程公司可能与宝和公司存在串通，但其并未提供充分地证据予以证明，本院对其主张不予支持。原审判决一方面未认定锦程公司向宝和公司支付4512.28万港元的佣金和预付款；另一方面却又以此为基数计算心血管医院应支付的违约金数额，既自相矛盾又缺乏依据，本院予以纠正。锦程公司和心血管医院亦均对原审判决的上述认定提出上诉，本院认为两上诉人对此的异议意见正确。故锦程公司有关心血管医院应向其支付4512.28万港元之利息的主张，本院予以支持。锦程公司起诉时主张该款利息的起算日为2006年12月25日，本院予以确认。

关于23622800港元的赔偿金，因《谕令》在本案中具有证明力，故应认定其属于锦程公司订购医疗设备之损失。但《中华人民共和国合同法》第119条第1款规定，当事人一方违约后，对方应当采取适当措施防止损失的扩大；没有采取适当措施致使损失扩大的，不得就扩大的损失要求赔偿。宝和公司于2008年1月4日致锦程公司的函件表明，宝和公司同意按照买卖合同总额112457261港元15%的比例计算赔偿金。而双方在香港特别行政区高等法院诉讼的过程中达成的和解协议确定的赔偿额超出了宝和公司先前承诺的赔偿额，对此，锦程公司存在过错，依法无权就扩大的损失要求心血管医院赔偿。故心血管医院应按上述买卖合同总额的15%计算向锦程公司支付赔偿金。

关于人民币1000万元的可得利益损失，锦程公司认为根据山西省发展和改革委员会批准立项的晋发改外资〔2007〕88号文可以计算出合作项目及其作为股东可以获得的利益，仅要求人民币1000万元是合理的，应予支持；而心血管医院则认为锦程公司未考虑项目风险，以招商广告和政府文件为依据计算可得利益不合理，应不予支持。本院认为：虽然《中华人民共和国合同法》第113条规定，当事人一方违约造成对方损失的赔偿额可以包括履行合同后可以获得的利益，但本案合作项目及合资公司所需的资金并没有全部到位，合作项目、合资公司亦没有实际运作，根本没有利润可言。何况合资公司是否盈利取决于诸多因素，故锦程公司仅依据政府文件认定其应当获得人民币1000万元的可得利益赔偿依据不足，本院对此不予支持。心血管医院对此的抗辩理由成立，本院予以支持。

此外，心血管医院还认为按照《合资合同》第14.3条的约定，其退还先期投入和赔偿订购设备损失的前提条件是"未能如期办理完成土地作价入股手续使合资公司无法注册"，而本案合资公司九方公司早已注册成立，故锦程公司有关退还先期投入和赔偿订购设备损失的主张因不具备"合资公司无法注册"的先决条件而不成立。本院认为：心血管医院在本案中的违约行为属于根本违约，其违约的结果直接导致合资公司无法继续运行，合资目的无法实现。虽然《合资合同》第14.3条约定了"合资公司无法注册"的前提条件，但这并非是心血管医院承担违约责任的唯一条件。《中华人民共和国合同法》第107条对违约方应承担的违约责任作了明确规定，心血管医院作为违约方理应依法承担违约责任。故对心血管医院的上述理由，本院亦不予支持。

综上，上诉人锦程公司关于违约金、订购医疗设备的扩大损失及可得利益损失的上诉理由均不成立，本院不予支持。但因心血管医院违约对其造成的佣金和预付款利息及订购医疗设备的部分损失，应予支持；上诉人心血管医院关于先期投入、佣金与预付款利息及订购医疗设备损失均不应承担责任的上诉理由均不成立，本院不予支持。原审判决认定事实部分不清，适用法律不当，本院予以纠正。

# 中外合资经营企业合同纠纷办案依据集成

**1. 中华人民共和国合同法**（1999年3月15日主席令第15号公布）（节录）

**第一百二十六条** 涉外合同的当事人可以选择处理合同争议所适用的法律，但法律另有规定的除外。涉外合同的当事人没有选择的，适用与合同有最密切联系的国家的法律。

在中华人民共和国境内履行的中外合资经营企业合同、中外合作经营企业合同、中外合作勘探开发自然资源合同，适用中华人民共和国法律。

**2. 中华人民共和国中外合资经营企业法**（2001年3月5日修正）（节录）

**第一条** 中华人民共和国为了扩大国际经济合作和技术交流，允许外国公司、企业和其它经济组织或个人（以下简称外国合营者），按照平等互利的原则，经中国政府批准，在中华人民共和国境内，同中国的公司、企业或其它经济组织（以下简称中国合营者）共同举办合营企业。

**第二条** 中国政府依法保护外国合营者按照经中国政府批准的协议、合同、章程在合营企业的投资、应分得的利润和其它合法权益。

合营企业的一切活动应遵守中华人民共和国法律、法规的规定。

国家对合营企业不实行国有化和征收；在特殊情况下，根据社会公共利益的需要，对合营企业可以依照法律程序实行征收，并给予相应的补偿。

**第三条** 合营各方签订的合营协议、合同、章程，应报国家对外经济贸易主管部门（以下称审查批准机关）审查批准。审查批准机关应在三个月内决定批准或不批准。合营企业经批准后，向国家工商行政管理主管部门登记，领取营业执照，开始营业。

**第四条** 合营企业的形式为有限责任公司。

在合营企业的注册资本中，外国合营者的投资比例一般不低于百分之二十五。

合营各方按注册资本比例分享利润和分担风险及亏损。

合营者的注册资本如果转让必须经合营各方同意。

**第五条** 合营企业各方可以现金、实物、工业产权等进行投资。

外国合营者作为投资的技术和设备，必须确实是适合我国需要的先进技术和设备。如果有意以落后的技术和设备进行欺骗，造成损失的，应赔偿损失。

中国合营者的投资可包括为合营企业经营期间提供的场地使用权。如果场地使用权未作为中国合营者投资的一部分，合营企业应向中国政府缴纳使用费。

上述各项投资应在合营企业的合同和章程中加以规定，其价格（场地除外）由合营各方评议商定。

**第六条** 合营企业设董事会，其人数组成由合营各方协商，在合同、章程中确定，并由合营各方委派和撤换。董事长和副董事长由合营各方协商确定或由董事会选举产生。中外合营者的一方担任董事长的，由他方担任副董事长。董事会根据平等互利的原则，决定合营企业的重大问题。

董事会的职权是按合营企业章程规定，讨论决定合营企业的一切重大问题：企业发展规划、生产经营活动方案、收支预算、利润分配、劳动工资计划、停业，以及总经理、副总经理、总工程师、总会计师、审计师的任命或聘请及其职权和待遇等。

正副总经理（或正副厂长）由合营各方分别担任。

合营企业职工的录用、辞退、报酬、福利、劳动保护、劳动保险等事项，应当依法通过订立合同加以规定。

**第七条** 合营企业的职工依法建立工会组织，开展工会活动，维护职工的合法权益。

合营企业应当为本企业工会提供必要的活动条件。

**第八条** 合营企业获得的毛利润，按中华人民共和国税法规定缴纳合营企业所得税后，扣除合营企业章程规定的储备基金、职工奖励及福利基金、企业发展基金，净利润根据合营各方注册资本的比例进行分配。

合营企业依照国家有关税收的法律和行政法规的规定，可以享受减税、免税的优惠待遇。

外国合营者将分得的净利润用于在中国境内再投资时，可申请退还已缴纳的部分所得税。

**第九条** 合营企业应凭营业执照在国家外汇管理机关允许经营外汇业务的银行或其它金融机构开立外汇帐户。

合营企业的有关外汇事宜，应遵照中华人民共和国外汇管理条例办理。

合营企业在其经营活动中，可直接向外国银行筹措资金。

合营企业的各项保险应向中国境内的保险公司投保。

**第十条** 合营企业在批准的经营范围内所需的原材料、燃料等物资，按照公平、合理的原则，可以在国内市场或者在国际市场购买。

鼓励合营企业向中国境外销售产品。出口产品可由合营企业直接或与其有关的委托机构向国外市场出售，也可通过中国的外贸机构出售。合营企业产品也可在中国市场销售。

合营企业需要时可在中国境外设立分支机构。

**第十一条** 外国合营者在履行法律和协议、合同规定的义务后分得的净利润，在合营企业期满或者中止时所分得的资金以及其它资金，可按合营企业合同规定的货币，按外汇管理条例汇往国外。

鼓励外国合营者将可汇出的外汇存入中国银行。

**第十二条** 合营企业的外籍职工的工资收入和其它正当收入，按中华人民共和国税法缴纳个人所得税后，可按外汇管理条例汇往国外。

**第十三条** 合营企业的合营期限，按不同行业、不同情况，作不同的约定。有的行业的合营企业，应当约定合营期限；有的行业的合营企业，可以约定合营期限，也可以不约定合营期限。约定合营期限的合营企业，合营各方同意延长合营期限的，应在距合营期满六个月前向审查批准机关提出申请。审查批准机关应自接到申请之日起一个月内决定批准或不批准。

**第十四条** 合营企业如发生严重亏损、一方不履行合同和章程规定的义务、不可抗力等，经合营各方协商同意，报请审查批准机关批准，并向国家工商行政管理主管部门登记，可终止合同。如果因违反合同而造成损失的，应由违反合同的一方承担经济责任。

**第十五条** 合营各方发生纠纷，董事会不能协商解决时，由中国仲裁机构进行调解或仲裁，也可由合营各方协议在其它仲裁机构仲裁。

合营各方没有在合同中订有仲裁条款的或者事后没有达成书面仲裁协议的，可以向人民法院起诉。

# 第二章 与公司有关的纠纷

## 一、股东资格确认纠纷

> **28. 公司股东的形式特征和实质特征的法律效力如何认定？**
>
> 公司章程、登记文件及股东名册的记载是公司股东所具备的形式特征，而签署公司章程、实际出资、取得出资证明以及实际享有股东权利则是公司股东所具备的实质特征。上述特征均是对是否具备股东资格的判断依据，其中，形式特征具有公示性，在公司与其交易相对人的外部争议中对于股东资格的判断具有优先于实质特征适用的意义；而在公司与其股东之间、股东与股东之间的内部争议中，对股东资格作出判断时，实质特征应当优先于形式特征而被适用。

### 典型疑难案件参考

兰双喜诉无锡市佳顺宾馆有限公司、朱建良、朱兆君、季健股东确权纠纷案

#### 基本案情

2004年11月17日，无锡市佳顺宾馆有限公司（以下简称佳顺宾馆）经审查，取得了江苏省无锡市工商行政管理局企业名称预先核准通知书，通知书上载明拟设立企业股东为朱建良（出资额为14万元）、季健（出资额为6万元）。而在之前的11月15日，佳顺宾馆即开始基建施工，由兰双喜、朱建良和朱兆君三人投资，并于2005年1月25日基本结束（含各项筹备工作），于2月9日投入使用（开始实际接待，各项手续继续办理中）。

2005年2月23日，朱建良以自己的名义存入中国银行无锡分行验资账户货币资金14万元，季健也以自己的名义存入货币资金6万元，进行佳顺宾馆的设立验资。2月28日，佳顺宾馆取得了企业法人营业执照，注册资本为20

万元。3月3日，佳顺宾馆在中国银行无锡市北塘支行（以下简称中行北塘支行）开户。3月7日，佳顺宾馆将验资账户上的20万元及利息48元，共计200048元划入其在中行北塘支行开设的账户。3月8日、9日、10日、11日和22日，佳顺宾馆开出五张现金支票，由其会计周慧芬分五次分别提出现金49000元、49000元、49000元、49000元和4000元，共计20万元。对此，周慧芬当庭作证称，前两笔各49000元是由其一人提出后，按佳顺宾馆法定代表人朱建良的要求直接交给兰双喜用于还款，后两笔各49000元是由其与朱建良一起提出后在佳顺宾馆办公室交给兰双喜也用于还款，而4000元提出后直接交给了朱建良。

2005年3月27日，兰双喜、朱建良和朱兆君三人签订一份《关于佳顺宾馆有关情况的说明及确认股东投资股份的决定》，上面载明，在拟建立宾馆时已确定三位股东，投资人为兰双喜、朱建良和朱兆君，并对宾馆投资作了初步预算，投资额为80万元，其中兰双喜为50万元，朱建良为15万元、朱兆君为15万元，并商定待全部工程结束及各项筹备工作结束后根据实际投资额结算，按投资额的比例分别确定股东股份。经结算投资总额为1053138元，三人一致确认兰双喜投资48万元（占有股份58%）、朱建良投资20万元（占有股份24%）、朱兆君投资15万元（占有股份18%），实际对外欠投资款223138元，对所欠投资款从经营营业利润中偿还，不作为股东投资股份计算。同日，三人还签订一份《关于佳顺宾馆董事会、董事分工的决定》，上面载明，2005年2月20日三位股东在宾馆办公室举行股东会，会议研究决定董事会由三人组成，股东兰双喜任董事长、股东朱建良任总经理、股东朱兆君任董事，决定宾馆总经理为聘任制，由董事会聘任，任期二年，并由董事长签发聘书，任期届满根据工作需要及总经理工作表现由董事会决定是否续聘。

2005年7月23日，兰双喜、朱建良、朱兆君和季健四人签订一份《关于佳顺宾馆股东构成情况说明》，上面载明，无锡市佳顺宾馆有限公司于2004年11月筹建，投资股东为兰双喜（占58%股份）、朱建良（占24%股份）、朱兆君（占18%股份）。但在办理营业执照时，考虑方便起见，工商登记股东为朱建良、季健2人，实际上季健为汇利浴场有限公司法人代表，佳顺宾馆按年度向汇利浴场缴纳租金，季健未对佳顺宾馆进行投资参股，对佳顺宾馆的债权、债务也概不承担任何责任。

> 诉辩情况

原告兰双喜诉称：2004年11月，兰双喜、朱建良与朱兆君共同投资83万元设立佳顺宾馆，其中兰双喜投资48万元，占有股份的58%，朱建良投资20万元，占有股份的24%，朱兆君投资15万元，占有股份的18%。2005年2

月,朱建良与季健名义上设立了佳顺宾馆,注册资本为20万元,此20万元中兰双喜拿出14万元,另6万元由兰双喜、朱建良和朱兆君三人向他人所借,以便于由朱建良、季健验资。上述事项均多次经过原被告的确认,但自开展经营以后,朱建良只顾个人利益而无视其他股东权益,对于股东决议拒不遵守,且拒绝兰双喜以控股股东的身份参与管理,已经严重影响到了兰双喜的合法权益。请求判决确认兰双喜为佳顺宾馆的股东,拥有股权58%,诉讼费用由被告承担。

被告佳顺宾馆、朱建良辩称:(1)佳顺宾馆于2004年10月开始筹建,2005年2月28日领取企业法人营业执照,公司20万元注册资本中无兰双喜的出资,兰双喜不具备股东的资格;(2)佳顺宾馆筹建时,兰双喜与朱建良、朱兆君系共同租赁房屋,并出资进行装修、购置设备,后将房屋及物品交付佳顺宾馆委托经营,兰双喜所称出资,只是其与朱建良、朱兆君合伙关系中的出资;(3)兰双喜请求将公司注册资本以外的资产确认为公司的注册资本,不属法院主管范畴。请求驳回兰双喜的诉讼请求。

被告朱兆君辩称:(1)朱兆君与兰双喜、朱建良是朋友,一起投资装修,共计105万余元,朱兆君出资18万余元,装修结束后,委托佳顺宾馆经营;(2)佳顺宾馆工商登记注册资本20万元,朱兆君未投资;(3)朱兆君个人投资装修,后委托佳顺宾馆经营,已得到部分回报,如果佳顺宾馆维持现状,朱兆君继续拿回报没意见,如果佳顺宾馆需增加股东、注册资本,把装修费转成股份,也愿意。

被告季健辩称:季健在佳顺宾馆从未投资,公司成立时的注册资本20万元,兰双喜拿出14万元、另6万元是兰双喜、朱建良、朱兆君向他人所借,当时为了手续上的方便,14万元放在朱建良名下,另6万元放在季健名下,季健未投资,20万元只是形式上的注册资本,实际股东需要以他们的实际出资为准。

**裁判结果**

江苏省无锡市北塘区人民法院依照《中华人民共和国公司法》第4条第1款、《中华人民共和国民事诉讼法》第130条的规定,判决如下:

确认兰双喜在佳顺宾馆拥有58%的股权,佳顺宾馆应于本判决生效之日起30日内办理相应股权的登记手续。

案件受理费3880元、其他诉讼费900元,二项合计4780元,由佳顺宾馆负担。

宣判后,双方当事人均未上诉,一审判决发生法律效力。

**裁判理由**

江苏省无锡市北塘区人民法院经审理认为:一个规范登记及运作的有限责

任公司的股东，一般应具备股东的全部特征，即在公司章程中被记载为公司股东、签署公司章程、在工商行政管理机关的登记文件中登记为公司股东、在公司股东名册中被记载为股东、实际向公司出资、取得公司颁发的出资证明、实际享有股东权利。上述特征中，公司章程、登记文件及股东名册的记载是公司股东所具备的形式特征，而签署公司章程、实际出资、取得出资证明以及实际享有股东权利则是公司股东所具备的实质特征。上述特征均是对是否具备股东资格的判断依据，而其中形式特征具有公示性，在公司与其交易相对人的外部争议中对于股东资格的判断具有优先于实质特征适用的意义；而在公司与其股东之间、股东与股东之间的内部争议中，对股东资格作出判断时，实质特征应当优先于形式特征被适用。本案是发生于兰双喜与佳顺宾馆及其他股东之间的关于兰双喜是否具备佳顺宾馆股东资格的争议，属于公司内部争议，故在判断兰双喜是否具备公司股东资格时，如相应的形式特征与实质特征不一致或者发生冲突时，应当优先适用实质特征进行判断。

综合本案原被告签订的一系列决定、情况说明及作出的陈述等证据，足以认定佳顺宾馆的投资股东为兰双喜（占58%股份）、朱建良（占24%股份）、朱兆君（占18%股份）。关于朱建良、季健二人出资14万元、6万元办理佳顺宾馆工商登记验资，仅是兰双喜、朱建良和朱兆君三人为了方便起见而为，实际上注册资本应为兰双喜、朱建良、朱兆君三人筹集，季健并未出资，即佳顺宾馆并不是规范登记的有限责任公司。依照有限责任公司股东资格的判断标准，在有证据证明兰双喜具备佳顺宾馆股东资格实质特征的情况下，虽然佳顺宾馆的工商登记不能证明兰双喜具有股东资格的形式特征，仍可作出兰双喜系佳顺宾馆股东的法律判断。

### 29. 隐名出资人的股东资格如何认定？

有限责任公司股东资格的确认，不能仅以工商登记为主，而应综合考虑实际出资数额、股权转让合同、公司章程、股东名册、出资证明书、工商登记等多种因素，根据当事人具体实施民事行为的真实意思表示，选择确认股东资格的标准。因此，如果隐名出资人用确凿的证据证明自己确实履行了出资义务，具有股东资格，即使股东名册、公司章程中未记载该股东，工商登记也未登记该股东，隐名出资人亦可依据上述确凿证据要求确认其股东身份、变更股东名册或者变更工商登记。

## 典型疑难案件参考

祁文杰诉北京市德利发加油站有限责任公司、北京市丰台区南苑农工商联合公司股东权案

### 基本案情

德利发公司原名称为北京市德利发加油站（以下简称德利发加油站），系集体所有制企业，注册资本30万元，上级单位系南苑公司。1998年，德利发加油站欲改制为有限责任公司。1998年4月9日，南苑公司通过《关于出售南苑德利发加油站的决议》，该决议载明："经研究决定：将南苑德利发加油站卖给德利发公司。经评估，总资产231.51万元、净资产223.41万元，南苑公司收回原加油站债权债务114.41万元，净资产109万元，其中：固定资产96.13万元、流动资产12.87万元。德利发公司一次拨款109万元，交付南苑公司。"同年4月28日，德利发公司董事会通过《德利发公司关于收购南苑德利发加油站的决议》，该决议载明："经董事会讨论决定：德利发公司收购南苑德利发加油站，总资产109万元，其中：固定资产96.13万元、流动资产12.87万元，资金一次性拨给南苑公司。"同时，德利发公司向该公司董事会成员出具《德利发公司资金组成情况》，载明："一、总资产109万元。其中：固定资产96.13万元、流动资产12.87万元。二、51%组成部分：南苑公司7.59万元，张炳来、杜秀华、张辉、李国良、王成宪、张春生、赵秀荣、李书刚、齐学和、梁宏利、王君、曹翠英、谢天福、艾冈凤、陈立立、张云芬、张凤琴、夏来发、杜俊玲、闫照林、王建军、余行舟、张庆芳、于兰霞、芦秋菊、韩秋群、王莉、管超每人各出资1万元；祁文杰出资20万元，总计555900元。三、49%组成部分：袁仲民、马惠洁出资534100元。"

1998年4月28日，祁文杰通过南苑公司向德利发公司出资20万元。同年5月5日，南苑公司向祁文杰出具发票。该发票记载的往来项目为"加油站股金"，金额为20万元。德利发公司及其董事会向祁文杰出具股金证明，载明："德利发公司以全额购买德利发加油站。其中：固定资产96.13万元，流动资产12.87万元。本公司已于1998年4月28日收到您的20万元入股资金，现在您已是德利发公司股东之一，并占有18%股份。"此证明由德利发公司签章，董事长张炳来，副董事长袁仲民，董事祁文杰、曹翠英、马惠洁签字确认。

1998年6月1日，德利发加油站正式改制为德利发公司。该公司在工商机关备案的股东名录、公司章程载明：德利发公司注册资本223.41万元，股

东为南苑公司和马惠洁，其中南苑公司出资113.9391万元，占51%，马惠洁出资109.4709万元，占49%。

1998年至2005年，祁文杰每年均收到由南苑公司转交的德利发公司红利。在此期间，德利发公司其他股东之间曾进行股权转让，但未在工商登记机关进行变更登记。目前，德利发公司股东共计19人，股东持股情况如下：马惠洁占31.3%；袁仲民占30%；祁文杰占18.35%；张炳来占3.85%；曹翠英占2%；张春生占2%；李立财占1.46%；王成宪、杜秀华、张辉、王君、谢天福、艾冈凤、陈立立、张凤琴、夏来发、杜俊玲、王建军、王莉各占0.92%。

另查明：2004年1月，德利发公司原法定代表人张炳来去世。德利发公司股东之一马惠洁因变更法定代表人一事，查询德利发公司的工商登记档案。因德利发公司的工商注册登记情况与股东实际出资情况不符，马惠洁告知祁文杰。至此，祁文杰对德利发公司在工商注册登记时未登记其为该公司股东一事方予知晓。

### 一审诉辩情况

原告祁文杰诉称：1998年4月，南苑公司将原为其所属的北京市德利发加油站进行改制，成立了德利发公司。我通过南苑公司向德利发公司出资20万元，持有德利发公司18%的股权。德利发公司对此一直予以认可，并每年按照18%比例向我支付分红，各方股东均未对此有任何争议。但是2005年8月31日，南苑公司向德利发公司发函称其拥有德利发公司51%股权，并以作为享有1/4以上表决权的股东要求召开临时股东会议，而我作为股东却未收到任何与此有关的文件。后经我核实，才知德利发公司一直未给我办理工商股权登记手续，而我对此情况却一直不知。现我要求确认持有德利发公司18%的股权；德利发公司立即为我办理工商股权登记手续并承担本案诉讼费用。

被告德利发公司辩称：祁文杰所述属实。虽然我方注册资本为223.41万元，但是实际出资仅为109万元，实际出资与注册资本不符。工商材料中登记的股东为马惠洁和南苑公司，但是实际上股东是包括祁文杰在内的31个自然人和南苑公司。祁文杰通过南苑公司向我方出资20万元，我方为祁文杰出具了股金证明，确认其拥有我方18%的股权。此后，我方也按时给祁文杰分红。1998年我方改制时是南苑公司去工商机关办理的注册登记，我方对于注册登记情况并不知晓。2004年1月，我方原法定代表人张炳来去世，我方因为变更法定代表人一事进行工商查询时，才了解到我方登记注册的股东只有马惠洁和南苑公司。之后，我方将上述情况告知了祁文杰。现我方同意祁文杰的全部诉讼请求。

第三人南苑公司述称：我方不同意祁文杰的诉讼请求。理由如下：（1）祁文杰要求确权及办理工商股权登记的诉讼请求已超过诉讼时效。1998年4月25日召开的德利发公司第一届职工（代表）大会通过决议之一是确认企业经评估后净资产为223.41万元，其中我方享有113.9391万元，占51％，马惠洁享有109.4709万元，占49％，祁文杰在决议书上签署了名字，确认了这一事实。由此可知，祁文杰在1998年4月25日即知道其本人不是德利发公司股东的事实。（2）祁文杰认为其通过我方向德利发公司出资与事实不符。我方向德利发公司出资113.9391万元，全部是我方自行出资并且是经过北京中威审计事务集团验资并出具中威验字〔98〕字第184号《开业登记验资报告书》所确认的事实。我方从未收取过祁文杰20万元出资款。（3）祁文杰所诉主体有误，本案的第三人应为马惠洁，而不应是我方。祁文杰、德利发公司提供的证据可知德利发公司另一股东马惠洁的出资109.4709万元并不是其本人全额出资，而是通过向祁文杰及其他若干人借款或承诺其他人隐名出资形成的。所以祁文杰如果向德利发公司出资，也是通过马惠洁出资，而不是通过我方出资。（4）祁文杰陈述德利发公司每年按18％比例向其支付分红，各方股东均未对此有任何争议与事实不符。我方从不知道德利发公司曾向祁文杰支付过红利。（5）祁文杰不是德利发公司的股东，因祁文杰的20万元出资实质是对马惠洁的借款而不是对德利发公司投入的股金。

### 一审裁判结果

北京市丰台区人民法院依照《中华人民共和国公司法》（2004年修订）第3条第2款、第24条第1款的规定，作出如下判决：

一、祁文杰持有北京市德利发加油站有限责任公司18％的股份。

二、北京市德利发加油站有限责任公司于本判决生效后1个月内办理本判决第一项的工商登记手续。

案件受理费5510元，由北京市德利发加油站有限责任公司负担（于本判决生效后7日内缴纳）。

### 一审裁判理由

北京市丰台区人民法院经审理认为：本案争议焦点在于祁文杰是否向德利发公司出资20万元以及其是否具有德利发公司的股东资格。

祁文杰主张其曾向德利发公司出资20万元的事实，德利发公司承认祁文杰通过南苑公司向其出资20万元，南苑公司对此予以否认。为证明其主张的事实，祁文杰提交1998年4月28日德利发公司出具的股金证明、1998年5月5日南苑公司出具的收取祁文杰"加油站股金"20万元的发票复印件、1998年4月至5月期间南苑公司向闫照林、韩秋群、芦秋菊、李国良、齐学和、张云芬、李书刚、赵秀荣、梁宏利等人出具的收取"加油站股金"发票原件9张等证据予以佐证。由于祁文杰提交的南苑公司收取其股金20万元的发票是复印件，因此该证据不能单独作为认定案件事实的依据，但是通过该证据与南苑公司于同一时期向其他出资人出具的往来项目相同的发票原件、德利发公司出具的股金证明互相印证，本院对于祁文杰提交的该发票复印件的证明力，予以确认。德利发公司改制前为德利发加油站，系集体所有制企业，南苑公司系其上级单位。祁文杰是采取向南苑公司支付20万元款项收购原德利发加油站资产的方式履行其对德利发公司的出资义务。祁文杰的此种出资方式不违反我国法律、行政法规的有关规定且德利发公司对此予以认可并出具有股金证明，因此祁文杰通过南苑公司向德利发公司出资20万元的事实，本院予以认定。

祁文杰是否具备股东资格是本案的另一争议焦点。虽然祁文杰向德利发公司实际出资20万元，但是德利发公司在办理工商登记时注册的股东为南苑公司、马惠洁，未登记祁文杰为该公司股东。股东资格的认定是以实际出资为准还是以工商登记注册为准，本案各方当事人存在争议。本院认为，股东资格的认定不应仅以工商登记作为依据，还应结合股东是否实际出资、当事人的真实意思表示等情况综合判断。虽然德利发公司在工商机关登记的股东为马惠洁、南苑公司，但是通过对德利发公司的改制文件进行分析，德利发公司的实际股东与工商登记注册的股东并不一致。在德利发公司运作过程中，祁文杰向德利发公司出资20万元，履行了其作为股东的出资义务。德利发公司为祁文杰出具股金证明及资金组成情况文件认可其股东身份。此后，祁文杰作为德利发公司的董事会成员参与了公司的经营管理，德利发公司每年均向祁文杰分配红利。从德利发公司改制成立至今，祁文杰及德利发公司均认为祁文杰是德利发公司的股东，祁文杰作为股东履行了相应的出资义务并实际享有了股东分配红利等权利。因此，对于祁文杰的股东资格，本院应予确认。祁文杰依据德利发公司出具的股金证明要求确认其持有该公司18%的股份，并无不当，本院予以支持。

关于南苑公司提出的祁文杰的起诉已超过诉讼时效期间的答辩意见。《中华人民共和国民法通则》第137条规定："诉讼时效期间从知道或者应当知道权利被侵害时起计算……"由于股东对于公司在工商机关登记注册情况并非当然知晓，因此祁文杰于2004年1月知晓工商登记情况后，方知其权利受到侵害，故祁文杰提起此次诉讼，未超过诉讼时效期间。对于南苑公司的此项答辩意见，本院不予采信。

### 二审诉辩情况

上诉人（原审第三人）诉称：（1）一审法院在未查清德利发公司注册资金是 223.41 万元，还是 109.4709 万元的情况下，即草率以 109.4709 万元为基数计算祁文杰持有 18% 的股份是错误的。（2）一审认定祁文杰起诉未超过诉讼时效期间与事实不符。祁文杰亲自参与了企业改制的必经程序即职工代表大会以及祁文杰作为德利发公司董事均可证明祁文杰自公司成立时即明知自己不是股东。祁文杰应在德利发公司成立之日 1998 年 6 月 1 日就已明知德利发公司的股东仅为上诉人及马惠洁，其本人不是股东这一事实。（3）德利发公司与祁文杰在实质上具有利害关系。德利发公司当庭的陈述及出具的相关证明不具有证明效力，不应作为本案认定事实的依据。（4）一审认为德利发公司每年向祁文杰分配红利与事实不符。上诉人向一审法庭明确表述祁文杰从未在上诉人处领取过红利。（5）一审认定祁文杰通过上诉人出资 20 万元与事实不符。祁文杰并未向法庭提交上诉人收取其股金 20 万元的发票，上诉人对其向法庭提交的发票复印件明确向法庭表述不予认可，是伪造的。（6）一审法院认定事实的证据有误。一审判决中列举 12 项认定事实的证据，而上诉人认为第 1 项至第 10 项证据均不具有证明力，不能作为认定事实的依据。综上所述，上诉人认为一审认定事实不清，应依法撤销一审判决。

被上诉人（原审原告）辩称：（1）上诉人不具有独立请求权，无权提起上诉。（2）一审法院认定祁文杰持有 18% 的股份是正确的。1998 年 5 月 21 日北京中成审计事务所集团《开业登记验资报告书》中明确写明了，上诉人的货币出资额为 "0"，马惠洁的货币出资额为 109.4709 万元。但 109.4709 万元不是马惠洁一个人的出资，而是 30 多个自然人和一个法人的共同出资。因此，工商登记无论是在注册资金上还是在股东人数上，都与事实不符。一审法院的判决是在查清事实的基础上支持了答辩人的诉讼请求。（3）本案不存在超过诉讼时效的问题。德利发公司的工商注册是上诉人一手办理的，未将答辩人作为股东进行登记，答辩人是在 2004 年 1 月公司办理法定代表人变更时才知道的，并未超过诉讼时效。（4）答辩人是在上诉人处领取股息。一审时，答辩人已明确表明了是在上诉人处领取股息。总之，一审法院的判决事实清楚，证据充分，适用法律得当，因此请求二审法院依法驳回上诉人的诉讼请求，维持原判。

被上诉人（原审被告）辩称：南苑公司在本案中的诉讼地位是无独立请求权的第三人，一审法院判决祁文杰持有答辩人 18% 的股份，同时也是判决答辩人承担为祁文杰办理工商股权登记手续的义务，并没有判决南苑公司承担民事责任，因此南苑公司依法不享有上诉权，故提请二审法院裁定驳回上诉，维持原判。

### 二审裁判结果

北京市第二中级人民法院依照《中华人民共和国民事诉讼法》第 153 条第 1 款第 1 项之规定，判决如下：

驳回上诉，维持原判。

### 二审裁判理由

北京市第二中级人民法院经审理，确认一审法院认定的事实和证据。

北京市第二中级人民法院经审理认为：南苑公司虽不认可祁文杰提交的 1998 年 5 月 5 日南苑公司出具的收取祁文杰"加油站股金"20 万元的发票复印件，但该发票复印件上所显示的发票号码与 1998 年 4 月至 5 月期间南苑公司向闫照林、韩秋群、芦秋菊、李国良、齐学和、张云芬、李书刚、赵秀荣、梁宏利等人出具的收取"加油站股金"发票原件上的发票号码相连，说明祁文杰提交的号码所属的发票应为南苑公司所有，而南苑公司在庭审中拒绝提供该号码所对应的发票底联，且德利发公司于 1998 年 4 月 28 日向祁文杰出具了祁文杰占有德利发公司 18% 股份的股金证明，故一审法院确认祁文杰提交的南苑公司收取加油站股金的发票复印件的证明力并无不当，本案应认定祁文杰向德利发公司出资 20 万元，履行了其作为股东的出资义务，而德利发公司为祁文杰出具股金证明及资金组成情况文件亦认可了其股东身份，且德利发公司每年均向祁文杰分配红利，故对于祁文杰的股东资格，本院予以确认。鉴于德利发公司及南苑公司在成立德利发公司时的文件中均表明德利发公司成立时的净资产总额为 109 万元，故一审法院确认祁文杰占有德利发公司 18% 的股权亦无不当。原审法院判决认定事实清楚，适用法律正确，应予维持。

### 30. 如何认定隐名股东的身份？

确认隐名股东身份的基本要件，可从两个方面考虑：（1）其对公司是否实际出资；（2）公司其他的股东是否知晓其与公司的投资关系。既无法证明实际出资又未向其他股东披露的，不应认定其具有隐名股东身份。

## 典型疑难案件参考

### 何奇攀与马允利、第三人付江、张立壮、翁锦洪、侣化鹏股权确认纠纷案

**基本案情**

2007年11月18日,马允利、何奇攀、侣化鹏作为甲方与陈远航作为乙方签订《合作经营东方俱乐部协议书》,约定双方合作经营位于南宁市长湖路30号圣保罗酒店三楼的南宁东方餐饮娱乐有限公司(即"东方俱乐部"),其中马允利出资120万元,占股权的60%,陈远航以现有的设备和场地、装修作为出资,占股权的40%。随后,何奇攀向马允利的个人银行账户汇入15万元。2008年3月21日,马允利及第三人付江、张立壮、翁锦洪、侣化鹏签署《股东协议书》及《股东比例认定书》,约定五人共同出资设立广西南宁豪门餐饮有限公司(以下简称豪门公司),住所地为南宁市长湖路30号圣保罗酒店三层,其中马允利出资62.5万元,占股份的25%;付江出资37.5万元,占股份的15%;张立壮出资37.5万元,占股份的15%;翁锦洪出资41万元,占股份的30%;侣化鹏出资37.5万元,占股份的15%。4月22日,前述五人签署《广西南宁豪门餐饮有限公司章程》,该章程记载:公司注册资本100万元,五人各自认缴出资25万元、15万元、15万元、30万元、15万元,分别占注册资本比例为25%、15%、15%、30%、15%。豪门公司于8月21日取得企业法人营业执照,其在2008年6月至12月每月均向股东分红,何奇攀仅领取了6月的分红4444元,其他月份的分红由马允利领取。何奇攀认为其作为豪门公司的股东应有领取分红的权利,故将马允利列为被告,付江、张立壮、翁锦洪、侣化鹏为第三人,向广西壮族自治区南宁市青秀区人民法院提起诉讼。

**诉辩情况**

原告诉称:原、被告与陈远航合作经营"东方俱乐部",原、被告以被告名义登记为股东并以被告名义出资60万元,共同占有25%的股份。该俱乐部后经核准登记为豪门公司,被告一直代原告行使股东权利。豪门公司经营过程中所产生的分红共计13万元均由被告代为领取,除去原告领到的4444元分红款以外,被告未曾将原告应得的部分分红款支付给原告,严重损害了原告作为股东的权利,故请求判令被告停止侵权并返还原告在豪门公司的24%股权,同时返还原告应得分红款13万元。

被告辩称:原告的款项系针对原、被告之间其他债务纠纷所支付的,而非原告的出资,且在豪门公司的章程中没有原告的出资记录,被告亦未向豪门公

司的其他股东披露此事，故原告并非豪门公司的股东，故原告无权请求被告返还分红款，请求法院驳回原告的诉讼请求。

第三人付江、张立壮、翁锦洪、侣化鹏均未提交书面答辩意见，亦未到庭参加诉讼。

### 裁判结果

2009年12月23日，青秀区人民法院根据《中华人民共和国公司法》第32条、第33条第2款、第3款，最高人民法院《关于民事诉讼证据的若干规定》第2条之规定，作出判决：驳回原告何奇攀的诉讼请求。

一审宣判后，各方当事人均未上诉，一审判决发生法律效力。

### 裁判理由

青秀区人民法院经审理认为：原告主张的各项诉请系建立在其具备豪门公司的股东身份的基础上，因此，本案争议焦点是原告何奇攀是否具备豪门公司的股东身份。依照公司法理论，股东系在对公司投资后或基于其他的合法原因而持有公司资本的一定份额，而获得股东资格。对于股东身份的确认，从形式要件上看，《中华人民共和国公司法》第32条、第33条分别作出规定，"有限责任公司成立后，应当向股东签发出资证明书"；"记载于股东名册的股东，可以依股东名册主张行使股东权利。公司应当将股东的姓名或者名称及其出资额向公司登记机关登记"。由此可知，出资证明书、股东名册和工商登记是公司股东行使股东权利的外观依据，但未见何奇攀提供此类证据，即无证据显示何奇攀属于豪门公司的显名股东。至于其是否是该公司的隐名股东，应从其是否对豪门公司实际出资和投资关系是否为其他股东所知晓等条件进行判断：

1. 何奇攀主张其对豪门公司已实际出资60万元，结合证据规则规定，当事人对自己提出的诉讼请求所依据的事实有责任提供证据加以证明，则何奇攀应就上述事实承担举证责任。但何奇攀仅提供了其于2008年1月19日向马允利的账户上转款15万元的凭证，且无法证明此款是对豪门公司股份的认缴出资，亦没有证据证明剩余的款项已作为出资给付了豪门公司。

2. 何奇攀无法证实豪门公司的其他股东知晓本案的投资关系。因此，何奇攀主张其具有豪门公司股东身份理由不成立，则无法享有豪门公司股东的合法权益，故对其主张要求被告停止侵权并返还在豪门公司的24%股权、返还原告应得分红款13万元之诉请，因缺乏事实根据和法律依据，法院不予支持。

### 31. 外籍人士根据与中国公民签订的隐名投资协议进行的投资是否有效？

外籍人士与国内人士签订隐名投资协议，约定由外籍人士投资，以国内人士的名义设立公司。因该协议规避了外资企业法规定的设立外资企业的审批手续，故属于无效协议，外籍人士的投资亦属无效。该外籍人士不能依据无效协议而直接享有所设立公司的真实股东的相关权利。

#### 典型疑难案件参考

杨树朴等诉沈景花股东权纠纷案

**基本案情**

2001年2月1日，杨树朴（美国国籍）、上海石艺商贸有限公司（以下简称石艺公司）和沈景花签订一份《备忘录》。内容如下，杨树朴为在中国上海开展餐饮投资业务，根据《中华人民共和国合同法》第二十一章之规定，特委托石艺公司和沈景花代为申请成立联营餐饮企业。杨树朴以石艺公司和沈景花的名义申请组建杰仕莱特公司，后两者同意出具各自名义的手续。餐饮公司的一切投资、筹建登记费用和经营管理及盈亏均由杨树朴负责；公司注册资金亦由杨树朴足额出资验资，并保证不抽逃。石艺公司、沈景花不参与餐饮公司的决策、管理活动；不承担餐饮公司批准与否和餐饮公司成立后的经营收益及风险责任。杨树朴在餐饮公司注册登记后可随时将公司股东变更为他方，石艺公司和沈景花应负责提供变更股权的相关手续，变更费用由杨树朴负责。餐饮公司的名称、品牌经注册登记批准后归杨树朴所有。

2001年3月，沈景花和石艺公司签订一份《组建公司协议书》，决定共同投资成立杰仕莱特公司，注册资金10万元。沈景花出资9万元，石艺公司出资1万元。2001年8月10日，杰仕莱特公司经浦东新区工商分局批准设立，企业类型为有限责任公司（国内合资），行业类别为快餐，法定代表人沈景花。

杰仕莱特公司成立后实际由杨树朴经营。2003年10月10日，杨树朴、程丽丽和石艺公司订立一份《股权转让意向书》。杨树朴将其实际持有的杰仕莱特公司90%的股权转让给程丽丽，转让价格为18万元；将其实际持有的10%的股份转让给石艺公司，转让价格为2万元。股份转让后公司的经营管理、债权债务和盈亏均由程丽丽和石艺公司按比例负责。程丽丽和石艺公司聘任杨树朴为公司顾问。杨树朴负责督促沈景花办理股份出让手续。程丽丽和石艺公司于沈景花办理出让手续后一周内支付杨树朴股份转让款。

2003年12月25日，沈景花以杰仕莱特公司法定代表人的身份起诉杨树朴要求其交还由其保管和使用的公司公章、法定代表人私章、财务专用章、营业执照和税务登记。该案由上海市浦东新区人民法院受理，现裁定中止审理。杨树朴通知沈景花办理股权转让手续不成，与石艺公司一起诉至法院。

### 一审诉辩情况

原告杨树朴与石艺公司诉称：2001年2月1日其与被告签订《备忘录》，并已实际履行。2003年起，杨树朴在征得第三人程丽丽同意后，拟将沈景花名下的公司股份全部转让给程丽丽持有，并多次通知被告要求办理公司股权转让给程丽丽的手续，被告置之不理。原告认为三方签订的《备忘录》是真实意思表示，三方应当遵守。原告要求法院判令：被告办理出让其所持有的上海杰仕莱特餐饮有限公司全部股份给第三人程丽丽的工商登记手续。

被告沈景花辩称：2001年2月三方确实签订过《备忘录》，但是被告不知道诉状中所称多次通知她办理公司股份转让手续。原告作为依据的《备忘录》违反外贸企业法的有关规定，请求法院驳回原告的诉讼请求。

第三人程丽丽述称：其支持原告的诉请，要求被告协助办理股权转让给她的手续。

### 一审裁判结果

上海市浦东新区人民法院根据《中华人民共和国公司法》（2004年修订）第4条第1款、第8条第2款、《中华人民共和国外资企业法》第6条、《中华人民共和国合同法》第52条第5项、第58条之规定，判决如下：

被告沈景花在本判决生效后30日内将其名下的上海杰仕莱特餐饮有限公司全部股份办理工商变更登记给第三人程丽丽。

案件受理费人民币3210元，由原告杨树朴承担。

### 一审裁判理由

上海市浦东新区人民法院经审理认为：本案各方当事人对《备忘录》的真实性没有异议。

《备忘录》中确定了原告杨树朴为实际出资人、经营者和收益人，被告沈景花和原告石艺公司为名义出资人、不参与经营及收益，这样的安排法律原本并未禁止。但正如被告指出，由于杨树朴为外籍人士，其在国内投资，须向国家相关政府部门办理审批手续。现杨树朴以两个国内主体的名义出资就无须办理外商投资的审批手续，这是一种规避法律的行为，故不应承认《备忘录》的效力。我院会向相关政府部门发出司法建议，对杨树朴的该行为作出相应处理。

但是，考虑到杨树朴实际独资设立并经营杰仕莱特公司近三年的时间。断然否认杰仕莱特公司的设立效力，会对与杰仕莱特发生经济往来的企业和个人产生一连串的不良后果。法律应该是解决纠纷而不是引发纠纷。现杨树朴、石艺公司、程丽丽达成了《股权转让意向书》，石艺公司愿意从挂名的出资人转变为真实的股东，程丽丽愿意购买原在挂名的出资人沈景花名下的股权，可以认为是杨树朴与石艺公司的一种自力补救行为。另外，沈景花并未出资和经营，石艺公司亦明知这一情况。若沈景花继续扮演杰仕莱特公司法定代表人和大股东的角色并不符合实际情况和公司法的精神。被告沈景花既然在《备忘录》上签字同意出借名义，配合杨树朴完成规避法律的公司登记行为，现亦有义务配合两原告办理相关的股权变更手续。必须指出的是，程丽丽受让股权，在股权变更登记后，即真实的出资股东，绝不再是依附于杨树朴的另一个名义股东。

另外，由于此案的纠纷是杨树朴规避中国法律所引起，故诉讼费应该由杨树朴承担。

### 二审诉辩情况

一审判决后，沈景花不服，向上海市第一中级人民法院提起上诉。沈景花上诉称：原审判决在认定事实和适用法律方面均有误。（1）原审判决认定《备忘录》因规避法律规定而不具有效力，但又认定以《备忘录》为基础的《股权转让意向书》有效，自相矛盾。（2）由于杨树朴是实际出资人，沈景花和石艺公司是名义出资人，故公司性质实际为杨树朴的个人独资。原审判决认定该安排不受法律禁止，不符合公司法关于有限责任公司股东应为两人以上的规定，认定有误。（3）《备忘录》约定沈景花不承担经营风险，但该约定仅对内有效，因为沈景花在工商登记中为法定代表人和投资股东，对外应承担相应责任。（4）因《备忘录》无效，应当认定沈景花为合法股东，其与实际投资人之间是债权债务关系，而不应判决沈景花将股份转让给他人。（5）原审判决根据《股权转让意向书》认定石艺公司从挂名股东转变为真实股东，以及程丽丽受让股权是作为真实出资人，该认定没有任何依据。（6）杨树朴如要转让其股权，应当先征求原股东和法定代表人的意见。现杨树朴并未这样做，其目的是为了继续控制公司。故上诉人沈景花要求撤销原判，改判驳回两被上诉人的原审诉讼请求。

两被上诉人共同答辩称：他们与上诉人沈景花在签订合同时都具有完全的民事行为能力，对签订《备忘录》的后果是有预见的，故《备忘录》是在双方平等自愿的情况下签订的，应当是有效力的。现两被上诉人及第三人程丽丽对规避法律的行为采取了补救措施，故一审判决是正确的，请求驳回上诉人的上诉请求。

第三人程丽丽同意两被上诉人的答辩意见。

在二审中，各方当事人均确认，工商登记资料虽显示沈景花出资人民币9万元、石艺公司出资人民币1万元组建杰仕莱特公司，但该人民币10万元实际由杨树朴出资。

### 二审裁判结果

上海市第一中级人民法院依照《中华人民共和国民事诉讼法》第153条第1款第2项、《中华人民共和国合同法》第52条第5项及《中华人民共和国外资企业法》第6条之规定，判决如下：

一、撤销上海市浦东新区人民法院〔2004〕浦民二（商）初字第349号民事判决；

二、被上诉人杨树朴、被上诉人上海石艺商贸有限公司要求上诉人沈景花办理出让其所持有的上海杰仕莱特餐饮有限公司全部股份给第三人程丽丽的工商登记手续的诉讼请求，不予支持。

本案一审案件受理费人民币3210元，二审案件受理费人民币3210元，共计人民币6420元，由被上诉人杨树朴、被上诉人上海石艺商贸有限公司各半负担。

### 二审裁判理由

上海市第一中级人民法院确认原审判决认定的事实基本属实。

上海市第一中级人民法院认为：被上诉人杨树朴系外籍人士，其在我国境内投资，应当遵守我国关于外商投资的法律规定。《中华人民共和国外资企业法》第6条规定："设立外资企业的申请，由国务院对外经济贸易主管部门或者国务院授权的机关审查批准。"根据此项规定，杨树朴欲在上海投资餐饮业，应依照法律规定办理相关的审批手续。然而，杨树朴与沈景花、石艺公司签订《备忘录》，约定由杨树朴出资、以沈景花及石艺公司的名义申请成立杰仕莱特公司，公司的一切费用及经营管理均由杨树朴负责。故杰仕莱特公司虽注册登记为国内合资的有限责任公司，但依据上述约定，杨树朴为公司的实际股东，沈景花及石艺公司仅为名义股东。也就是说，杨树朴以隐名投资的方式实际经营杰仕莱特公司，并以沈景花及石艺公司作为名义股东注册登记的方式，规避了外资企业必须经政府部门审批的法律规定。《中华人民共和国合同法》第52条规定："有下列情形之一的，合同无效：……（五）违反法律、行政法规的强制性规定。"据此，法院认为，杨树朴以隐名投资的方式，规避法律规定的外资审批手续，违反了外资企业法的强制性规定，应属无效。原审判决不承认《备忘录》的效力，并无不当。两被上诉人认为，《备忘录》系三方当事人真实意思表示，故而有效的观点不成立，法院不予采纳。

在《备忘录》无效的情况下，杨树朴可以选择从隐名股东变更为显名的真正股东，或是退出杰仕莱特公司。由于目前餐饮业并非我国禁止或者限制设立外资企业的行业，故杨树朴以其自己的名义投资餐饮业的主体资格并不违反有关规定。如果杨树朴愿意继续投资经营杰仕莱特公司，可以向有关政府部门补办审批手续，变更杰仕莱特公司的企业性质。在杨树朴成为登记的真正股东后，可以合法地行使相应的股东权利，包括对其股份的转让权。相反，如果杨树朴不愿继续投资，可以退出杰仕莱特公司，并根据公司的实际经营情况收回相应的投资款。

本案目前的事实表明，杨树朴打算退出杰仕莱特公司，其选择的方式是与石艺公司、程丽丽签订《股权转让意向书》，约定将其拥有的全部股权中的10%转让给石艺公司，其余90%转让给第三人程丽丽。股份转让成功后，石艺公司和程丽丽成为杰仕莱特公司的真正股东，原名义股东沈景花退出公司。上述股权转让的基础是杨树朴实际拥有杰仕莱特公司的全部股权，并依据《备忘录》的约定，享有处分其股权的权利。对此，本院认为，虽然杰仕莱特公司的注册资金实际由杨树朴出资，但在未办理外资审批手续的情况下，作为外籍人士，杨树朴的投资系违反法律程序性规定的行为，其与沈景花、石艺公司签订的《备忘录》是规避法律规定的无效协议，杨树朴不能依据无效协议而直接享有杰仕莱特公司真实股东的相关权利。如前所述，如果杨树朴欲行使股东权利，转让其股权，则该转让行为应以办理外商投资的审批手续和获准登记为合法有效为前提。现《备忘录》已被认定为无效，杨树朴及石艺公司要求沈景花履行无效协议约定的诉请，不符合法律规定，法院不予支持。上诉人沈景花以《备忘录》无效为由，要求驳回杨树朴及石艺公司原审诉请的上诉请求，于法有据，法院予以支持。原审法院在不承认《备忘录》效力的情况下，支持杨树朴及石艺公司要求履行股权转让协议的诉请，实际是确认了杨树朴拥有杰仕莱特公司的全部股权，并有权进行转让，该认定有误，应予纠正。

### 32. 外商投资企业的股东身份及其出资额应当如何确定？

外商投资企业的股东及其股权份额应当根据有关审查批准机关批准证书记载的股东名称及股权份额确定。

### 33. 如果公司和隐名出资人对出资事实没有争议，有关登记手续应当如何办理？

由于我国法律规定外商投资企业的股权转让、股东变更实行审批制，且应先办理变更审批申请再办理变更登记。因此，将隐名投资者登记为公司股东的变更手续应包括变更审批以及登记手续。但无论是变更审批还是变更登记手续，从保护实际投资人的合法权益出发，均应由公司及时向有关主管机关提出申请。

## 典型疑难案件参考

### 忻佩芬诉上海华侨商务总汇有限公司股东权纠纷案

**基本案情**

29名委托投资人（含本案当事人、泰国公民忻佩芬）于1992年2月与中国银行上海信托咨询公司（以下简称中行信托公司）签订了《委托投资协议书》，委托该公司与上海华侨服务中心、香港上海华侨商务（国际）有限公司合资成立了上海华侨商务总汇有限公司（以下简称华侨商务公司）。1998年10月，中行信托公司被撤销，其在华侨商务公司的权利和义务由中国银行上海市分行（以下简称中行市分行）承继。后根据《中华人民共和国商业银行法》的规定，银行不能作为公司的投资方。因此，华侨商务公司申请将忻佩芬等29名委托投资人变更为公司直接投资人。2004年11月9日，由上海市外资委协调处牵头召开了关于华侨商务公司股东变更事宜的专题会议。根据会议纪要内容，上海市人民政府侨务办公室（以下简称上海市侨办）对包括忻佩芬在内的各委托人的投资数额负责，中行市分行、外资委、工商局均认可由上海市侨办确认的各合法股东及最终投资数额。2005年9月12日，经上海市侨办确认，忻佩芬等29名委托投资人成为华侨商务公司的直接股东。然而华侨商务公司以董事会无法形成有效的决议为由迟迟未根据上海市侨办的要求办理股东变更登记手续。故忻佩芬向上海市第二中级人民法院提起诉讼，请求法院判令：（1）确认忻佩芬系华侨商务公司的股东；（2）判令华侨商务公司在判决生效后10日内办关于忻佩芬成为华侨商务公司股东的变更登记手续。

▶ 一审诉辩情况 ◀

原告忻佩芬诉称：1992年2月，忻佩芬等29名委托投资人与中行信托公司签订《委托投资协议书》，委托其与上海华侨服务中心、上海华侨商务（国际）有限公司合资成立华侨商务公司。后因中行信托公司撤销，其在合资公司的权利和义务由中行市分行承继。后根据《中华人民共和国商业银行法》的规定，银行不能作为投资方，因此在2004年11月9日由上海市外资委协调处牵头召开了关于华侨商务公司股东变更事宜的专题会议。根据会议纪要内容，上海市侨办对包括忻佩芬在内的各委托人的投资数额负责，中行市分行、外资委、工商局均认可由上海市侨办确认的各合法股东及最终投资数额。2005年9月12日，经上海市侨办确认，忻佩芬等29名委托投资人成为华侨商务公司的直接股东。然而华侨商务公司却至今未根据上海市侨办的要求办理股东变更登记手续。现请求法院判令：（1）确认忻佩芬对华侨商务公司享有4.92%（实际出资65万美元）股权，系华侨商务公司的股东；（2）判令华侨商务公司在判决生效后10日内办理关于忻佩芬成为华侨商务公司股东的变更登记手续。

被告华侨商务公司辩称：忻佩芬所述委托投资以及准备变更其为股东等事实属实，华侨商务公司也同意办理相应的变更手续，但由于华侨商务公司无法就股东变更等事项形成有效的董事会决议，无法向相关行政部门申请并得到审批，也由于忻佩芬等人就股东名额未能最终确定等因素，导致至今未能办妥股东变更手续。同时，华侨商务公司认为现忻佩芬通过诉讼方式来确认其股东地位，并没有法律依据。故要求法院驳回忻佩芬的诉请。

▶ 一审裁判结果 ◀

上海市第二中级人民法院依照《中华人民共和国民事诉讼法》第64条第1款、第237条，《中华人民共和国合同法》第126条第2款，《中华人民共和国中外合资经营企业法实施条例》第20条之规定，判决如下：

驳回原告忻佩芬的诉讼请求。

▶ 一审裁判理由 ◀

上海市第二中级人民法院经公开审理查明：华侨商务公司系上海华侨服务

中心、上海华侨商务（国际）有限公司［在相关工商管理部门登记以及在台、港、澳侨投资企业批准证书存根上登记的名称均为"香港上海华侨商务（国际）有限公司"］、中行信托公司于1993年12月1日共同合资成立的有限责任公司。该公司登记股东至今未发生变更。忻佩芬系泰国公民，截至2006年9月11日，其向华侨商务公司实际投入资金65万美元。原中行信托公司、中行市分行、华侨商务公司以及忻佩芬等共同协商达成的、关于变更华侨商务公司股东的意思表示，即华侨商务公司股东中行信托公司被撤销后，其债权债务由中行市分行承继，而根据《中华人民共和国商业银行法》的规定，银行不能作为公司的投资方，故华侨商务公司愿意将包括忻佩芬在内的29名委托投资人变更为华侨商务公司的直接投资人，至今无证据证明其已经向相关行政批准机关递交股东变更申请及有关报批材料并被批准。

上海市第二中级人民法院认为：

1. 关于本案处理适用法律。因本案所涉华侨商务公司系在我国设立的涉港合资企业，本案纠纷涉及华侨商务公司的股东变更事项。因此，依照法律规定本案处理应当适用中华人民共和国法律。

2. 关于忻佩芬的诉请。本院认为：外商投资企业股东及其股权份额应当根据有关审查批准机关批准证书记载的股东名称及股权份额确定。根据法律规定，外商投资企业的股东发生变更必须经政府有关部门批准。忻佩芬系华侨商务公司批准证书记载的股东以外的自然人，系泰国公民。在其提起本案诉讼之后，本院已经通过释明的方式向其告知应当通过正常的行政审批途径或行政复议、行政诉讼的方式予以解决，但忻佩芬仍然坚持本案的诉讼。因此，忻佩芬提出的诉讼请求无相应的法律依据，本院不予支持。

▶ 二审诉辩情况

上诉人（原审原告）忻佩芬认为：原审判决处理不当。主要理由：原审法院未对开庭的全部事实予以查明，从而认定忻佩芬的诉请没有法律依据以及否定忻佩芬通过民事诉讼途径救济权利的观点均是错误的，忻佩芬作为实际出资人系全体股东明知的、且以实际股东身份行使了权利并且经过了各个行政部门的认可，原审判决驳回忻佩芬的诉请没有法律依据。故请求二审法院撤销原审判决，判令确认忻佩芬对华侨商务公司享有股权，系公司股东，同时华侨商务公司应在判决生效后10日内办理关于忻佩芬的公司股东变更登记。

被上诉人（原审被告）华侨商务公司答辩认为：原审判决正确，华侨商务公司对忻佩芬实际出资和有关行政部门已召开协调会形成同意将忻佩芬等委托投资人变更为实际投资人的会议纪要等事实并无异议，但由于公司未形成变更股东的董事会决议，因此无法办理变更审批和登记的手续。故请求二审法院驳回上诉，维持原判。

### 二审裁判结果

上海市高级人民法院依照《中华人民共和国民事诉讼法》第 152 条第 1 款、第 153 条第 1 款第 2 项之规定，判决如下：

一、撤销上海市第二中级人民法院〔2007〕沪二中民五（商）初字第 5 号民事判决；

二、上海华侨商务总汇有限公司应于本判决生效之日起 30 日内办理申请变更忻佩芬为公司股东的审批以及登记手续。

### 二审裁判理由

上海市高级人民法院经审理查明：忻佩芬等 29 名委托投资人于 1992 年 2 月与中行信托公司签订了《委托投资协议书》，委托该公司与上海华侨服务中心、香港上海华侨商务（国际）有限公司合资成立了华侨商务公司。1998 年 10 月，中行信托公司被撤销，其在华侨商务公司的权利义务由中行市分行承继。后根据《中华人民共和国商业银行法》的规定，银行不能作为公司的投资方，因此，华侨商务公司申请将忻佩芬等 29 名委托投资人变更为公司直接投资人。2004 年 11 月 9 日，由上海市人民政府外国投资工作委员会（以下简称外资委）协调处牵头上海市工商行政管理局（以下简称工商局）外资处、国家外汇管理局上海市分局（以下简称外管局）、上海市侨办、中行市分行、华侨商务公司、市外商投资服务中心等召开了关于华侨商务公司股东变更事宜的专题会议，并形成如下会议纪要：上海市侨办对包括忻佩芬在内的各委托人的投资数额予以确认，中行市分行、外资委、工商局均认可由上海市侨办确认的各合法股东及最终投资数额；中行市分行同意与各委托人签订一份协议，解除《委托投资协议书》，将股权转让给各委托人，协助华侨商务公司依法办理变更手续，并提供受托期间的原始资料和签署变更手续所需的所有申请文件；华侨商务公司同意负责做好公司各委托投资人的工作，使申请文件符合目前法律规定；中行市分行证实，委托投资的不是银行的固有财产，不是国有资产，外管局也证实，华侨商务公司历年分红均直接分配给各委托投资人，而不是中行市分行。2005 年 9 月 12 日，上海市侨办在华侨商务公司提交的《关于终止与中行信托公司签订〈委托投资协议书〉及变更华侨商务公司委托投资方的情况说明》及《股东投资明细表》上盖章确认，忻佩芬向华侨商务公司出资

35万美元。2007年1月30日，华侨商务公司另向忻佩芬出具出资证明书确认，忻佩芬于2006年9月11日出资30万美元（系受让其他投资人的股份）。

原判查明的其他事实清楚，可予确认。

上海市高级人民法院认为：本案系涉港合资公司股东权纠纷，原审法院适用中华人民共和国内地法律处理涉案争议并无不当。忻佩芬请求确认其对华侨商务公司享有股权，系公司股东身份之主张，鉴于华侨商务公司已经对忻佩芬实际出资的事实予以确认，公司历年分红也是直接分配给忻佩芬本人。因此，在双方当事人之间，华侨商务公司对忻佩芬是该公司股东的身份并无争议，故而，对于忻佩芬的该项主张，不构成法律规定的诉讼请求，法院无须审理。至于忻佩芬提出的要求华侨商务公司限期办理变更登记手续的主张，由于我国法律规定外商投资企业的股权转让、股东变更实行审批制，且应先办理变更审批申请再办理变更登记。因此，忻佩芬所提的办理变更手续应包括变更审批以及登记手续。但无论是变更审批还是变更登记手续，从保护实际投资人的合法权益出发，均应由华侨商务公司及时向有关主管机关提出申请。尤其是本案中，在负责变更审批及变更登记的相关主管机关均参加了关于华侨商务公司股东变更的专题会议，并同意将忻佩芬等委托投资人变更为直接投资人的情况下，华侨商务公司更应尽快办理变更申请。华侨商务公司提出在公司内部形成董事会决议存在一定困难，也表示公司并未故意拖延办理，但在协调会召开至今长达3年的时间里，仍未能按照各方商定的方式向主管机关提出变更股东申请，对公司的正常运作和实际出资人的合法利益保护均会造成较大影响。因此，忻佩芬的相关诉讼请求合法有据，应该予以支持。原审法院理解所引法律规定有误，处理结果有失公允，本院予以纠正。

### 34. 职工持股会与职工之间是什么关系？

持股会代表全体持股职工行使股东权利并代表职工收取股份收益，它相当于持股职工与公司之间的一个中间机构。持股会是公司的股东，而职工与持股会之间则是委托关系。《中华人民共和国合同法》规定，受托人处理委托事务取得的财产，应当转交给委托人。

### 典型疑难案件参考

张国平诉南京健友生物化学制药有限公司案（南京市鼓楼区人民法院〔2005〕鼓民二初字第685号）

### 基本案情

原告张国平原系南京健友生物化学制药有限公司（以下简称健友公司）职工；被告健友公司职工持股会，系经南京市总工会、南京市经委、南京市体改委共同审核而成立，由健友公司内部职工所组成。被告成立后，拥有57名职工会员，全体会员共出资97份，其中，原告系职工会员之一，缴纳资金35280元，认购的股份数额为3份。被告用上述97份出资购买了健友公司的21%的股份，从而成为健友公司的股东。

2003年11月13日，原告、被告共同签署退会登记表，该表载明：原告退会日期为2003年11月，退股3份，3份股转让价格为158007.02元，应纳个税金额24881.40元，实发退股金额133125.62元；备注栏中写明：按企业2003年10月末净资产的50%测算退股金额，增值部分交纳20%所得税。原告领取了上述退股款后，多次要求被告支付剩余的50%退股款，但遭被告拒绝。原告遂诉至法院。

### 一审诉辩情况

原告诉称：2002年5月，原告根据被告的《章程（草案）》向被告认股3份（认缴金额为35280元），成为被告的会员。2003年11月，原告因故离开健友公司，被告要求原告退会。但被告在为原告办理"退会"时，单方面违反《章程（草案）》及《职工持股会会员登记表》等有关规定，仅以健友公司"2003年10月末净资产的50%"向原告支付"退股金"。虽经多次交涉，被告至今仍不肯向原告支付另外的50%的"退股金"。故原告诉至法院，要求被告支付剩余的50%"退股金"158007.02元，并支付逾期付款违约金（自2003年11月13日起至实际给付之日止，按每日2.1‰计算）。

被告辩称：双方于2003年11月13日签订的退会登记表，是股份转让合同的性质，该合同已履行完毕，故请求法院驳回原告的诉讼请求。

### 一审裁判结果

南京市鼓楼区人民法院依据《中华人民共和国民法通则》第50条第2款、《中华人民共和国合同法》第404条之规定，判决被告健友公司职工持股会于判决生效之日起一次性给付原告张国平126405.62元及利息（从2003年

11月14日起至实际给付之日止,按同期银行贷款利率标准计算支付)。

当事人没有上诉,一审判决生效。

▶ **一审裁判理由**

南京市鼓楼区人民法院根据上述事实和证据认为:由于原《中华人民共和国公司法》规定有限责任公司的投资主体人数上限为50人,所以当职工入股人数超过50人时,就只有通过职工持股会这一形式来解决内部职工持股的问题。职工将资金交给持股会,再由持股会向公司投资,并由持股会成为公司的一员股东。在我国,职工持股会的会员均为公司的内部职工,内部职工股是由职工个人自愿出资与企业用历年工资结余派发相结合而形成,由职工持股会统一管理的特定股份。持股会代表全体持股职工行使股东权利并代为职工收取股份收益,它相当于持股职工与公司之间的一个中间机构。由此可见,持股会与公司之间是股东关系,而职工与持股会之间则是委托关系。《中华人民共和国合同法》规定,受托人处理委托事务取得的财产,应当转交给委托人。因此,本案原告退会时,本案被告作为受托人应当将其处理委托事务取得的财产缴付给原告,此财产即为原告入会时认缴的35280元及其收益。由于原告认缴的资金,全部以被告的名义用于向健友公司的投资,已转换成被告名下的股份之组成部分,因此,原告在被告处的财产份额实际上就是与之相对应的股份之价值。司法实践中,通常以公司净资产值为标准来确定股份的价值。《江苏省现代企业制度试点企业职工持股会暂行办法》也规定,持股职工经批准脱离本公司或者死亡,应参照公司上年度每股净资产值将职工货币出资形成的股权购回。现实中,虽然公司净资产值中既有货币形态,又有大量的实物形态,净资产值是否物有所值还具有很大的不确定性,但目前无法找出比以公司净资产值来确定股份的价值更合理的标准。因此,法院认为,被告以2003年10月末净资产值来确定股份价值并无不妥,但以2003年10月末净资产值的50%作为向原告返还财产的标准,显然违背了其作为受托人的基本义务。故原告的诉讼请求,应予支持,扣除应由被告代扣代缴的税金后,被告还应当向原告支付126405.62元,并从退会登记表签署之日起向原告支付利息。

**35. 会员以职工持股会为被告起诉的,职工持股会在诉讼中的性质和地位是什么?**

职工持股会是公司工会下属从事内部职工持股管理,代表持有内部职工股的职工行使股东权利的组织,且由于其已经以自己

> 的名义入股所属公司，有自己支配的财产，具有一定的民事权利能力和行为能力，符合民事诉讼主体资格，故在与其代表的会员发生纠纷时可以以自己的名义参加诉讼。

### 典型疑难案件参考

刘莉萍诉宁波市工艺品进出口有限公司职工持股会股东权纠纷案

**基本案情**

原告刘莉萍于1992年7月进入宁波市工艺品进出口公司，2004年该公司改制为宁波市工艺品进出口有限公司，原告与宁波市工艺品进出口有限公司签订了劳动合同，期限自2005年1月1日至2007年12月31日。2006年5月30日，宁波市工艺品进出口有限公司作出了关于对刘莉萍除名处理的决定，终止为原告缴纳社会保险。后宁波市工艺品进出口有限公司于同年8月31日向原告发出了解除与刘莉萍劳动合同的决定，同时撤销了原除名决定。原告收到后遂向宁波市劳动争议仲裁委员会提起仲裁。宁波市劳动争议仲裁委员会作出了甬劳仲案字〔2006〕第802号仲裁裁决书。原告不服，遂向本院起诉。本院于同年12月4日立案受理，案号为〔2006〕甬海民一初字第1426号。审理过程中，原告向宁波市工艺品进出口有限公司提出提前解除劳动合同的申请，解除日期为同年8月31日，宁波市工艺品进出口有限公司亦表示同意。2007年3月27日，案经本院主持调解，原告与宁波市工艺品进出口有限公司自愿达成如下协议：（1）原告与宁波市工艺品进出口有限公司提前解除劳动合同，双方互不追究提前解除劳动合同的违约责任；（2）宁波市工艺品进出口有限公司支付原告2006年7月、8月工资共2000元；等等。

2004年5月，被告宁波市工艺品进出口有限公司职工持股会成立，且报宁波市工会备案，并成为宁波市工艺品进出口有限公司股东之一，所持股份为32%。2004年5月19日，原告向被告支付投资款344000元；同年12月2日，原告向被告支付投资款8358.67元，被告向原告出具了收条及签收单。同月19日，原告向宁波大榭开发区杉杉贸易有限公司借款720000元用于向被告投资。被告收到上述款项后于同日向原告出具了出资权证，载明原告的出资金额为1191509.63元。2006年3月16日，被告向各位会员作了2005年年度红利分配情况说明，内容包括：（1）根据宁波市工艺品进出口有限公司董事会决议，2005年公司税后盈利1298万元，向股东分配红利1000万元，其中被告可分红利为670万元，缴纳个人所得税后可分配红利额为536万元，经被告理事会商议，被告所分得红利按会员所持出资额比例予以全额分配；（2）会员在公司改制转让股权时享受的10%股权转让优惠，由于进口业务诈骗案，市国资委以〔2005〕74号文件批复同意对涉及诈骗案的资产予以剥离，持股会受让股权同步减少，因股权转让享受的10%优惠额也随之减少2495538.95元，在本次红利分配中按原转让时享受优惠额同比扣除；等等。同月20日，被告召开会员大会，并作出同意职工持股会2005年年度红利分配方案以及同意职工持股会章程修订方案。根据2005年年度红利分配方案，原告可分得的税后红利为42753.15元，但被告并未实际向原告发放。根据被告通过的同意对职工持股会章程修订的方案，被告职工持股会章程相应作了修订。修订后的章程第2条规定：职工持股会（以下简称持股会）是由持有持股会股份（出资）的公司内部职工，依照宁波市体改委、总工会、工商局联合下发的规定程序组织设立的，是公司工会下属从事内部职工持股（出资）管理，代表持有内部职工股（出资）的职工行使股东权利并以公司工会社团法人名义承担民事责任的组织。第5条、第6条规定：职工持股会是指向持股会出资的公司内部职工，包括本公司及其所属分公司的职工以及派往子公司、联营企业工作，劳动关系仍在本公司的职工，但离退休职工、临时工除外。第8条、第9条规定：持股会会员有权按所持股份（出资）比例享有红利分配权；承担"所持股份（出资）不得向公司职工外个人或法人转让、不得继承"，"对违反本公司管理制度和操作规定，造成经济损失、影响到其他股东权益时，损失由其所持股份（出资额）承担"等义务。第26条规定：会员所持股份（出资）不得退出，经理事会同意可以在公司内部相互转让，会员私下转让的股份（出资）一律无效。第27条规定：会员与公司解除或终止劳动关系，不再具备会员资格，必须作退会处理，并转让其所持股份（出资）。第28条规定：股份（出资）转让价格参照公司提供的经会计师事务所审计的年报净资产值扣除当年已分配红利与股份（出资）比例确定会员间的税后转让值，具体如下：（1）会员劳动合同到期或办理退休等与公司终止劳动合同，其所持股份（出资）享受本年度实际在公司月份的净资产增（减）值，本年实际在公司月份的净资产增（减）值以公司提供的年报所反映的当年净资产增（减）值与其年度内实际在公司月份数比例计算，转让值按以下公式计算：转让值=[经会计师事务所审计的上年年报净资产值－已分配红利＋经会计师事务所审计年报反映的当年净资产增（减）值/12月×本年年度实际在公司月份×股份]×（出资）比例；股份（出资）转让款在次年办理红利分配期间进行资金交割。当年实际在公司月份按其在公司领用工资月份确定。(2) 会员由于本人原因提前与公司解除劳动关系或违反公司规章制度被公司终止劳动关系等情况下,其股份(出资)转让价格参照公司提供的上一年度经会计师事务所审计的年报净资产值扣除当年已分配红利与其股份(出资)比例计算确定税后转让值,不享受解除或终止劳动关系当年的资产增值,如当年已发生资产损失的,则须按其股份(出资)比例计算承担。

2007年3月19日,被告召开了会员大会,并作出如下决议:(1) 同意理事会按章程所作的会员变动及出资额转让决定的通报;(2) 同意理事会根据公司董事会2006年红利分配决议提出的分配方案;(3) 同意按章程对原会员刘莉萍不予分配红利、出资转让所得全额作赔偿处理。

原告因未接到会议通知而未参加会员大会,也未实际取得2006年年度红利。根据被告2006年年度会员出资额及红利分配表记载,与原告持有相同比例股份(出资)的会员税后红利为8万元。

### 诉辩情况

原告刘莉萍起诉称:原告于1992年7月29日进入宁波市工艺品进出口有限公司工作,先后任会计、代理业务员职务。2004年5月,宁波市工艺品进出口有限公司职工持股会成立,并成为宁波市工艺品进出口有限公司股东之一,所持股份为32%。2004年5月19日,原告向被告支付投资款344000元;2004年12月2日,原告向被告支付投资款8358.67元。被告向原告出具了收条及签收单。2004年12月19日,原告向宁波大榭开发区杉杉贸易有限公司借款72万元用于向被告投资,被告向原告出具了出资权证,载明出资金额1191509.63元。2006年5月30日,宁波市工艺品进出口有限公司违法对原告作出除名处理决定,2006年8月该除名处理决定被宁波市劳动仲裁委员会撤销。2006年8月30日宁波市工艺品进出口有限公司又对原告作出解除劳动合同的决定,并书面通知原告,同时声明自己作出的除名处理决定作废,原告再未去该公司上班,双方劳动合同正式解除。基于以上事实,原告根据《宁波市工艺品进出口有限公司职工持股会章程》第28条及《宁波市企业职工持股会试行办法》第22条(内容分别为:"会员与公司解除劳动关系的情况下,必须作退会处理,并转让其所持股份……""会员与企业终止劳动关系后作退会处理,其持股额中个人出资部分在持股会内部转让或由持股会暂时回购,量化部分由持股会收回,这两部分一般由新入会会员认购"),要求被告收购原告所持股份。依据《宁波市工艺品进出口有限公司职工持股会章程》第23条第3项第6条要求被告支付2005年年度至今原告应享有的红利。为此,诉至法院，请求判令：（1）被告支付原告 2005 年年度红利 10 万元整；（2）被告支付原告 2006 年年度投资款回购前产生的红利约 5 万元整（具体红利金额以最后审计评估为准）；（3）被告依法收购原告支付的投资款 1191509.63 元；（4）本案的诉讼费用由被告承担。

被告宁波市工艺品进出口有限公司职工持股会辩称：（1）被告诉讼主体不适格，根据职工持股会章程规定，持股会不是承担民事责任的组织，所以不应当将职工持股会作为被告；（2）原告存在过错，其出资转让所得应全部作为赔偿处理，原告作为宁波市工艺品进出口有限公司的业务员，在与斯马托国际贸易有限公司出口代理业务中以及其后一系列与其有关的诉讼中违反公司管理制度和操作规定，作出了种种损害公司利益的行为，给公司和其他股东造成了经济损失，影响了企业对外形象，为此公司职工持股会会员大会根据章程规定于 2007 年 3 月 19 日作出了不予分配红利、出资转让所得全部作为赔偿的决定，所以，原告对其诉讼请求中的款项没有请求权，请求法院驳回原告的诉讼请求。

### 裁判结果

宁波市海曙区人民法院依照《中华人民共和国民法通则》第 5 条之规定，判决：

一、被告宁波市工艺品进出口有限公司职工持股会于本判决生效之日起 5 日内支付原告刘莉萍转让款 1191509.63 元及 2005 年年度、2006 年年度红利 96086.48 元，合计 1287596.11 元；

二、驳回原告的其他诉讼请求。

### 裁判理由

一审法院经审理认为：被告是宁波市工艺品进出口有限公司工会下属从事内部职工持股管理，代表持有内部职工股的职工行使股东权利的组织，且由于其已经以自己的名义入股宁波市工艺品进出口有限公司，有自己支配的财产，具有一定的民事权利能力和行为能力，符合民事诉讼主体资格，故在与其代表的会员发生纠纷时可以以自己的名义参加诉讼。被告的设立符合《浙江省企业职工持股会暂行办法》及《宁波市企业职工持股会试行办法》的规定，其持股会相应之章程是职工持股会理事、全体会员都必须遵守的行动准则，对作为其会员而言的原告和被告自身均有法律约束力，双方的民事权利、义务关系受其调整。

根据经会员大会决议修改的被告章程第 27 条规定，原告在与宁波市工艺品进出口有限公司解除劳动合同之后，其因已不是该公司员工而不再具备会员资格，必须作退会处理，并转让其所持股份（出资），但根据章程第9条"所持股份（出资）不得向公司职工外个人或法人转让、不得继承"以及第26条"会员所持股份（出资）不得退出，经理事会同意可以在公司内部相互转让，会员私下转让的股份（出资）一律无效"的规定，原告又不得将其所持股份（出资）向公司职工以外的个人或法人转让，而鉴于本案的实际情况，原告也不可能在征得理事会同意后在公司内部进行转让；同时由于修改后的被告章程又没有关于此种情形下会员的股份（出资）应当如何处理的规定；但依据《宁波市企业职工持股会试行办法》第22条规定，"会员与企业终止劳动关系后作退会处理，其持股额中个人出资部分在持股会内部转让或由持股会暂时回购，量化部分由持股会收回，这两部分一般由新入会会员认购"，原告所持股份（出资）应当由被告暂时回购，而回购实质上讲应该属于内部转让，并不涉及公司注册资本的变动，其直接法律后果只是导致原告会员资格的终止，其相应的会员民事权利、义务消灭。虽然根据章程第九条的规定，对违反本公司管理制度和操作规定，造成经济损失、影响到其他股东权益时，会员应当以其所持股份（出资额）承担责任，但由于被告于2007年3月19日所作出的决议"同意按章程对原会员刘莉萍不予分配红利、出资转让所得全额作赔偿处理"内容，至今未能提供与此相关的依据，且该决议内容直接影响原告作为会员的重大利益，因此，该决议内容对原告尚不具有约束力。现原告要求被告按原出资额1191509.63元收购其所持股份（出资），因宁波市工艺品进出口有限公司在原告出资期间并未亏损，故于法有据，本院应予支持。由于2006年年度红利已经分配完毕，故根据被告章程第28条"股份（出资）转让款在次年办理红利分配期间进行资金交割"的规定，被告应当承担支付原告转让款1191509.63元。根据章程第8条之规定，作为会员的原告有权按所持股份（出资）比例享有红利分配权。现有证据表明，原告可分得的2005年年度的税后红利为42753.15元；原告与宁波市工艺品进出口公司解除劳动合同的时间为2006年8月31日，而原告于2006年年度实际领取工资的月份为8个月，因此，根据章程第28条"当年实际在公司月份按其在公司领用工资月份确定"的规定，2006年年度可分得的红利为53333.33元。现被告拒绝向原告分配2005年年度、2006年年度的红利，因无事实及法律依据，故本院不予支持。据此，被告应依法承担向原告分配2005年年度、2006年年度的税后红利96086.48元。原告的其他诉讼请求，因于法无据，本院不予支持。

### 36. 法定代表人的意思表示与公司股东会决议之间的冲突如何解决？

公司对其法定代表人的经营活动承担民事责任，即使公司法定代表人超越权限的民事法律行为，除相对人知道或应当知道其超越权限外，该代表行为对外仍然有效。在本案中，公司增资扩股通知的发布形式、过程及内容均足以让第三人相信该增资扩股是经过公司批准的公司行为，因此，不得以后来作出的内容相反股东会决议为由，否定公司增资扩股的效力。

### 37. 股东资格的认定标准是什么？

公司的股东系公司股权资本的出资人。签署公司章程，列入股东名册或者公司章程，名册未记载但已依约定实际出资的自然人、法人或其他组织，均属于公司股东（其中，后者为公司的隐名股东）。股东资格是股东以股东身份行使股东权利的前提，而不能以实际行使股东权利作为认定股东资格的标准。

**典型疑难案件参考**

冯继明等诉南通市观音山供销社有限公司要求确认股东权案

**基本案情**

2003年6月22日，南通市观音山供销社有限责任公司（下称供销公司）向其职工发出《供销公司扩股会议通知》（下称《扩股通知》），载明："经企业股东大会讨论，根据有限公司章程，决定对供销公司进行扩股，企业于2003年7月2日下午3时在山河饭店召开全体人员动员会，会议以扩股为专题……"供销公司在《扩股通知》上加盖了公章。同年7月2日，供销公司法定代表人主持召开了公司全体人员会议，宣布了增资扩股的决定，同年7月8日至9日，包括冯继明等四原告在内的30名公司职工每人向供销公司缴纳了8万元入股金，供销公司分别开具收款收据，收据备注栏写明"入股"。嗣后，供销公司动用了职工所缴纳的部分股金。该公司的原10名股东均为公司的职工，其中大多数在该公司担任领导职务，部分人员还参加了增资扩股的操作。同年10月10日,供销公司召开由10名原股东参加的股东会,又作出决议:(1)不同意增资扩股;(2)公司员工缴纳的拟入股的现金全部退还,由公司承担利息损失;(3)有关增资扩股所引发的相关事宜由董事会全权处理。同年10月16日,供销公司向缴款的每位职工发出通知称:"本公司2003年6月22日发出的《扩股通知》涉及增加公司注册资本,依法必须经代表2/3以上表决权的股东通过。该扩股会议未经公司股东会依法表决通过。故按上述通知所开展的一切活动均属违法。"拒绝确认30名职工的股东资格。冯继明等4人经与供销公司交涉无果,遂提起诉讼。

### ▶一审诉辩情况◀

原告冯继明、沈德泉、成春风、沙建诉称:2003年6月22日,被告向全体职工发出《供销公司扩股会议通知》称:公司决定增资扩股是根据公司章程,并已经股东大会讨论。7月2日,被告召开了以扩股为专题的全体职工包括原股东在内的动员大会,宣布增资扩股的决定。会后,原告等30名公司职工每人向被告缴纳了8万元入股金。被告出具了表明"入股"内容的收款收据。嗣后,被告也动用了原告的部分股金。10月16日,被告却以"该增资扩股未经2/3以上表决权的股东通过"为由,要求原告等在10日内办理要求退款手续。被告的行为已侵犯了原告的股东权利。请求判令确认原告的股东权,并责令被告履行工商变更登记行为。

被告南通市观音山供销社有限责任公司辩称:我公司增资扩股未经代表2/3以上表决权的股东通过,增资扩股行为违法。原告虽已实际出资,但未以股东身份行使权利,原告不应确认为我公司的股东。请求判决驳回原告的诉讼请求。

### ▶一审裁判结果◀

南通市崇川区人民法院于2004年10月26日作出〔2004〕崇民二初字第255号民事判决:驳回四原告要求确认供销公司股东及要求供销公司履行商变更登记行为的诉讼请求。

### ▶一审裁判理由◀

一审法院经审理认为:有限责任公司的股东系有限责任公司出资人,签署公司章程,列入股东名册或公司章程、名册未记载但已依约定实际出资并实际以股东身份行使股东权利的自然人、法人或其他组织。本案中,被告公司设立时的股东为明光、马德成等10人,四原告不在被告股东名册之列。被告虽发出通知,就增资扩股召开动员会议,四原告也已缴纳入股金,但四原告未能举证证明被告增资扩股的行为经过被告股东会议2/3以上表决权股东通过。四原告虽已缴纳股金，被告也已动用了原告等人缴纳的部分股金，但无证据证明原告已实际行使了公司章程规定的股东权利。被告股东在其召开的股东会议上作出决议，不同意增资扩股，故四原告尚未取得被告公司股东资格。

### 二审诉辩情况

一审判决后，冯继明等提出上诉称：加盖公司印章的《会议通知》并不是个别人或个别领导、个别股东的越权之作，它反映的是被上诉人的股东意志和法人意志。《会议通知》中"经企业股东大会讨论，根据有限公司章程决定对供销公司进行扩股"的表述，完全是其全体股东的意志所致。7月2日，公司全体职工，包括公司全体股东参加扩股会议的事实，充分证明了上诉人的这一结论的正确性。一审将被上诉人原股东会议的举证责任分配给上述人完全是错误的。由于一审在举证责任分配、证据运用及证据的认定上发生逻辑错误，进而发生对案件事实认定的错误。从被上诉人发出《会议通知》到被上诉人实际召开公司全体职工大会增资扩股，30位股东已按约定缴纳了股金，上诉人与被上诉人间已形成了增资扩股的合同关系。在上诉人履行投资义务后，被上诉人不履行登记确认股东义务是错误的。请求二审撤销原判，改判支持上诉人的诉讼请求。

### 二审裁判结果

南通市中级人民法院于2005年3月21日作出〔2005〕通中民二终字第021号民事判决如下：

一、撤销南通市崇川区人民法院〔2004〕崇民二初字第255号民事判决。

二、确认冯继明、沈德泉、成春风、沙建具有供销公司股东资格，限供销公司于本判决生效后30日内到工商行政管理部门办理有关变更登记手续。

### 二审裁判理由

二审法院经审理认为：2003年6月22日，供销公司向全体职工发出《会议通知》，要求全体职工参加同年7月2日的扩股动员会，应当确认为供销公司的真实意思表示。因该公司的原10名股东都是公司的职工，且大多数在公司担任领导职务，部分人员还参加了增资扩股的操作，故对《会议通知》所及内容的真实性亦应予以确认。四上诉人在参加公司召集的扩股动员会后，每人向公司缴纳了8万元，说明四上诉人要求成为公司新股东的意愿明确，并已实际出资到位。供销公司收取了该款，在收据上载明是"入股"，并已动用了该款项，说明观音山供销公司对四上诉人以及30名职工成为公司新股东是认可的。此后，公司即应对股东名册及时变更，但公司至今未变更，系公司怠于履行自己的义务。原审置《会议通知》发布的形式、过程及内容于不顾，片面要求四上诉人提供增资扩股是经过 2/3 以上表决权股东通过的证据，系对举证责任分配不当，原审以四上诉人没有实际行使公司章程所规定的股东权利，否定四上诉人为公司新股东，片面保护了不诚信一方的利益，显属不当。在本案的适用法律上，应当把公司法所注重的形式和其他实体法结合起来，综合进行评判。供销公司以未通过 10 月 10 日的股东会表决为由，否认公司的增资扩股行为，明显违背了民事活动中所应遵循的诚信原则，以此否定四上诉人具有新股东资格的理由不能成立。综上，原审判决有误，应予改判。

# 股东资格确认纠纷办案依据集成

**1. 中华人民共和国公司法**（2005年10月27日修订）（节录）

**第三十二条** 有限责任公司成立后，应当向股东签发出资证明书。

出资证明书应当载明下列事项：

（一）公司名称；

（二）公司成立日期；

（三）公司注册资本；

（四）股东的姓名或者名称、缴纳的出资额和出资日期；

（五）出资证明书的编号和核发日期。

出资证明书由公司盖章。

**第三十三条** 有限责任公司应当置备股东名册，记载下列事项：

（一）股东的姓名或者名称及住所；

（二）股东的出资额；

（三）出资证明书编号。

记载于股东名册的股东，可以依股东名册主张行使股东权利。

公司应当将股东的姓名或者名称及其出资额向公司登记机关登记；登记事项发生变更的，应当办理变更登记。未经登记或者变更登记的，不得对抗第三人。

**第七十四条** 依照本法第七十二条、第七十三条转让股权后，公司应当注销原股东的出资证明书，向新股东签发出资证明书，并相应修改公司章程和股东名册中有关股东及其出资额的记载。对公司章程的该项修改不需再由股东会表决。

**第一百三十条** 公司发行的股票，可以为记名股票，也可以为无记名股票。

公司向发起人、法人发行的股票，应当为记名股票，并应当记载该发起人、法人的名称或者姓名，不得另立户名或者以代表人姓名记名。

**第一百三十一条** 公司发行记名股票的，应当置备股东名册，记载下列事项：

（一）股东的姓名或者名称及住所；

（二）各股东所持股份数；

（三）各股东所持股票的编号；

（四）各股东取得股份的日期。

发行无记名股票的，公司应当记载其股票数量、编号及发行日期。

**第一百四十条** 记名股票，由股东以背书方式或者法律、行政法规规定的其他方式转让；转让后由公司将受让人的姓名或者名称及住所记载于股东名册。

股东大会召开前二十日内或者公司决定分配股利的基准日前五日内，不得进行前款规定的股东名册的变更登记。但是，法律对上市公司股东名册变更登记另有规定的，从其规定。

**第一百四十一条** 无记名股票的转让，由股东将该股票交付给受让人后即发生转让的效力。

**2. 中华人民共和国公司登记管理条例**（节录）

**第三十五条** 有限责任公司股东转让股权的，应当自转让股权之日起30日内申请变更登记，并应当提交新股东的主体资格证明或者自然人身份证明。

有限责任公司的自然人股东死亡后，其合法继承人继承股东资格的，公司应当依照前款规定申请变更登记。

有限责任公司的股东或者股份有限公司的发起人改变姓名或者名称的，应当自改变姓名或者名称之日起30日内申请变更登记。

**3. 最高人民法院关于适用《中华人民共和国公司法》若干问题的规定（三）**（2011年1月27日 法释〔2011〕3号）（节录）

**第二十二条** 当事人向人民法院起诉请求确认其股东资格的，应当以公司为被告，与案件争议股权有利害关系的人作为第三人参加诉讼。

**第二十三条** 当事人之间对股权归属发生争议，一方请求人民法院确认其享有股权的，应当证明以下事实之一：

（一）已经依法向公司出资或者认缴出资，且不违反法律法规强制性规定；

（二）已经受让或者以其他形式继受公司股权，且不违反法律法规强制性规定。

**第二十四条** 当事人依法履行出资义务或者依法继受取得股权后，公司未根据公司法第三十二条、第三十三条的规定签发出资证明书、记载于股东名册并办理公司登记机关登记，当事人请求公司履行上述义务的，人民法院应予支持。

## 二、股东名册记载纠纷

> **38. 国有企业经过公司制改造变为有限责任公司后，是否会影响其作为其他公司股东的持股关系？**
>
> 国有企业经过公司制改造后形成的有限责任公司，尽管与原国有企业在企业性质、注册资本、股东构成、法定代表人等方面相比均发生了变化，但这只是内部治理机构发生转换，并非对外主体资格的变更。因此，改制后的有限责任公司与改制前的国有企业属于同一个主体，其作为其他公司股东的持股关系不受任何影响。

### 典型疑难案件参考

北京正德堂医药有限责任公司与北京国际生物制品研究所有限公司股东名册变更纠纷上诉案（北京市第一中级人民法院〔2009〕一中民终字第9966号）

#### 基本案情

北京国际生物制品研究所（以下简称生物研究所）成立于1994年3月15日，2003年3月3日的生物研究所章程显示：北京京泰实业（集团）有限公司（以下简称京泰公司）为国家授权的生物研究所唯一上级管理部门及资产所有者，京泰公司所属的生物研究所为国家事业单位编制、企业化管理的国有独资、具有独立法人地位的经济实体，注册资本500万元，法定代表人胡建平。2006年生物研究所改制为有限责任公司，注册资金600万元，股东由海口居里物业管理有限公司（以下简称居里公司）和京泰公司组成，法定代表人唐丽英。2006年10月26日，工商行政管理部门出具名称变更通知，核准"北京国际生物制品研究所"名称变更为"北京国际生物制品研究所有限公司"（以下简称生物研究所公司）。

北京正德堂医药有限责任公司（以下简称正德堂公司）成立于2004年3月31日，注册资本50万元，股东及出资比例为：生物研究所公司出资15万元，王维定出资15万元，范军出资10万元，孙玉琴出资5万元，田作安出资3万元，毛需雯出资2万元。2005年6月29日，正德堂公司股权结构变更为：生物研究所出资15万元，田作安出资3万元、毛需雯出资2万元，王维定出资30万元。

2005年8月26日，正德堂公司注册资本变更为100万元，股权结构变更为：生物研究所出资15万元，王维定出资40万元、田作安出资3万元、毛霈雯出资2万元、王茜出资40万元。

2006年9月26日，正德堂公司股权结构变更为：生物研究所公司出资15万元、王维定出资45万元、王茜出资40万元。

2008年3月6日，正德堂公司增资扩股，注册资本增加到300万元，股权结构相应变更为：生物研究所公司出资15万元、王维定出资69万元、王茜出资63万元，北京世贸天阶医药科技有限公司出资153万元。

### 一审诉辩情况

生物研究所公司在一审中起诉称：2004年3月31日，生物研究所与王维定、范军等5人共同出资50万元成立了正德堂公司。生物研究所现金出资15万元，占注册资本的30%。正德堂公司于2004年3月15日向生物研究所出具出资证明书，2004年4月30日，生物研究所与正德堂公司签订协议，协议明确约定：生物研究所当时在用的5个药店的全部固定资产及医药经营部在用的全部固定资产转交正德堂公司保管并使用，正德堂公司自2006年5月1日起有偿使用上述固定资产，使用费用另外商定。2006年10月10日，正德堂公司增资为100万元，将生物研究所股权稀释为15%。2005年11月24日，生物研究所提出改制方案。2005年12月15日由北京普丰资产评估有限公司出具京普评报字〔2005〕第044号《评估报告》，得出生物研究所持有的正德堂公司15%的股权的评估值为13.4962万元。该方案于2006年9月12日由生物研究所出资人的上级主管北京实业开发总公司以京实总字〔2006〕30号批复同意改制方案，后经工商登记注册改制为生物研究所公司。改制后，生物研究所公司多次要求正德堂公司办理股东变更登记手续，并要求行使股东权利并就有偿使用资产进行协商，但正德堂公司始终阻止生物研究所公司依法行使股东权利，2008年1月15日，正德堂公司致函生物研究所公司，以正德堂公司其他股东对生物研究所公司享有的15%股权系接受转让，且不合法为由，明确阻止生物研究所公司行使股东权利，故生物研究所公司诉至法院，请求确认生物研究所公司的股东资格，判令正德堂公司为生物研究所公司办理股东名称变更登记。

正德堂公司在一审中答辩称：生物研究所与生物研究所公司的关系并非简单更名而是改制，生物研究所原是国有独资企业，是由京泰公司出资设立的。2006年发生增资扩股，由京泰公司与居里公司组成了生物研究所公司，企业性质、法定代表人、注册资金等均发生了根本性变化，应认定生物研究所公司继受生物研究所在正德堂公司的股权的方式为股权转让，这一转让破坏了公司的股权结构。因此，不同意生物研究所公司的诉讼请求。

### ▶一审裁判结果

北京市海淀区人民法院依照《中华人民共和国公司法》第33条第3款之规定，判决：

一、确认生物研究所公司为正德堂公司股东，出资额为15万元。

二、正德堂公司于判决生效之日起10日内为生物研究所公司办理工商变更登记。

### ▶一审裁判理由

北京市海淀区人民法院一审认为：生物研究所公司是生物研究所经公司制改造后的产物，尽管前者在企业性质、注册资本、股东构成、法定代表人等方面较之后者均发生了变化，但生物研究所改制为公司只是内部机制发生转换，并非外部主体的变更，也不存在生物研究所将权利让渡给生物研究所公司后其主体人格消亡的问题。因此，正德堂公司主张生物研究所公司改制后主体发生了变化的抗辩理由不能成立。

既然生物研究所公司与生物研究所属同一主体，生物研究所公司当然享有生物研究所持有的正德堂公司的股权，无须通过股权转让的方式取得。因此，正德堂公司关于生物研究所公司与生物研究所之间发生股权转让的主张该院不予采信，该院确认生物研究所公司为正德堂公司的股东，其出资额为15万元。根据《中华人民共和国公司法》规定，公司应当将股东的姓名或者名称及其出资额向公司登记机关登记；登记事项发生变更的，应当办理变更登记。现正德堂公司股东生物研究所的登记事项出现变更，正德堂公司应当为其办理变更登记。

### ▶二审诉辩情况

正德堂公司不服一审法院上述民事判决，向北京市第一中级人民法院提出上诉。其主要上诉理由为：（1）一审法院未对生物研究所公司合法取得正德堂公司的股权作出认定。生物研究所公司是国企改制的产物，其存在明显瑕疵，所以，生物研究所公司取得诉争股权的手段存在瑕疵。因为生物研究所公司无法提供其合法改制文件，导致生物研究所公司的股东身份无法在工商局进行登记。（2）由于生物研究所公司无法提供文件证明其合法继受其在正德堂公司处所持股权，正德堂公司无义务为生物研究所公司办理相应的变更登记。故上诉请求：（1）撤销一审判决第一项，改判生物研究所公司并非正德堂公司股东；（2）撤销一审判决第二项，改判正德堂公司无须为生物研究所公司办理工商变更登记。

生物研究所公司服从一审判决。

### 二审裁判结果

北京市第一中级人民法院依照《中华人民共和国民事诉讼法》第153条第1款第1项之规定，判决如下：

驳回上诉，维持原判。

一审案件受理费35元，由北京正德堂医药有限责任公司负担（于本判决生效之日起7日内缴纳）。

二审案件受理费70元，由北京正德堂医药有限责任公司负担（已缴纳）。

本判决为终审判决。

### 二审裁判理由

北京市第一中级人民法院查明的事实与一审法院查明的事实一致。

上述事实还有双方当事人在本院审理期间的陈述在案佐证。

北京市第一中级人民法院认为：生物研究所公司是生物研究所经公司制改造后的产物，尽管前者在企业性质、注册资本、股东构成、法定代表人等方面较后者均发生了变化，但生物研究所改制为公司只是内部机制发生转换，并非外部主体的变更，也不存在生物研究所将权利让渡给生物研究所公司后其主体人格消亡的问题，且生物研究所公司已在工商管理部门合法办理了变更手续。故一审法院认定生物研究所改制为生物研究所公司，主体并未发生变化并无不当。正德堂公司上诉关于生物研究所公司是国企改制的产物，其改制存在明显瑕疵的理由不能成立，本院对此不予采信。

既然生物研究所公司与生物研究所属于同一主体，生物研究所公司当然享有生物研究所持有的正德堂公司的股权，无须通过股权转让的方式取得，一审法院据此认定生物研究所公司为正德堂公司股东，并判决正德堂公司为生物研究所公司办理工商变更登记的处理亦无不当。正德堂公司上诉关于因生物研究所公司无法提供文件证明其合法继受其在正德堂公司处所持股权，正德堂公司无义务为生物研究所公司办理相应的变更登记的理由不能成立，本院对此亦不予采信。

综上所述，一审判决认定事实清楚，适用法律正确，应予维持。

## 股东名册记载纠纷办案依据集成

**1. 中华人民共和国公司法**（2005年10月27日修订）（节录）

**第三十三条** 有限责任公司应当置备股东名册，记载下列事项：

（一）股东的姓名或者名称及住所；

（二）股东的出资额；

（三）出资证明书编号。

记载于股东名册的股东，可以依股东名册主张行使股东权利。

公司应当将股东的姓名或者名称及其出资额向公司登记机关登记；登记事项发生变更的，应当办理变更登记。未经登记或者变更登记的，不得对抗第三人。

**第七十四条** 依照本法第七十二条、第七十三条转让股权后，公司应当注销原股东的出资证明书，向新股东签发出资证明书，并相应修改公司章程和股东名册中有关股东及其出资额的记载。对公司章程的该项修改不需再由股东会表决。

**第一百四十条** 记名股票，由股东以背书方式或者法律、行政法规规定的其他方式转让；转让后由公司将受让人的姓名或者名称及住所记载于股东名册。

股东大会召开前二十日内或者公司决定分配股利的基准日前五日内，不得进行前款规定的股东名册的变更登记。但是，法律对上市公司股东名册变更登记另有规定的，从其规定。

**2. 最高人民法院关于适用《中华人民共和国公司法》若干问题的规定（三）**（2011年1月27日 法释〔2011〕3号）（节录）

**第二十四条** 当事人依法履行出资义务或者依法继受取得股权后，公司未根据公司法第三十二条、第三十三条的规定签发出资证明书、记载于股东名册并办理公司登记机关登记，当事人请求公司履行上述义务的，人民法院应予支持。

## 三、股东出资纠纷

**39. 作为出资投入的房产，如果房产所有权证上记载的面积与约定投入的面积不相符，出资人的出资是否实际到位？**

房产所有权证记载的面积与约定的投入面积不一致的，如果实际面积与所评估的房产一致，则其价值并不因为房产所有权证记载面积较少而下降，应当认定该房产已经出资到位。

**40. 出资人投入房地产，如果被投资人已经取得了土地使用权，但土地使用证的类型为划拨用地，则出资人的出资是否实际到位？**

以国有划拨土地使用权作为出资必须要经过国家主管部门的明确批准作为国家出资投入，并且要授权相关单位持有股权，否则该土地不可以作为企业财产对外承担责任，不能计入公司的资产范围。

**41. 股东的出资存在瑕疵，公司起诉要求股东补齐出资时，能否要求股东赔偿公司的可得利益损失？**

股东的出资存在瑕疵的，股东只对公司承担法定的出资补充责任，公司无权要求股东赔偿可得利益的损失。

### 典型疑难案件参考

南京富力精细化工有限公司诉南京四力化工有限公司出资纠纷案

**基本案情**

南京四力化工有限公司（以下简称四力公司）为出资设立南京富力精细化工有限公司（以下简称富力公司），于1998年8月委托南京永诚国际咨询评估公司对其拟作为出资的部分房地产进行评估。经评估：房产面积为 1055 平方米，评估值为 301700 元；土地面积为 2830 平方米，使用权价格为 424500 元；设备评估值为 118142 元。1998 年 9 月 18 日，江苏富森科工贸有限公司（以下简称富森公司）、四力公司及徐寿年签订三方合资联营协议一份，约定：三方共同出资设立富力公司，四力公司出资 75 万元，出资方式为以土地、厂房和部分设备折价出资（附四力公司评估报告书、富力公司生产区平面图和土地房产入股协议书）；土地以联营各方确认的图纸为准（详见土地使用证），土地使用期限为 50 年。同日，三方又签订土地房产入股协议一份，约定：四力公司以土地房产入股，三方认定为 75 万元（含设备金额），其中房产实际使用面积为 1055 平方米，土地实际使用面积为 2830 平方米（详见四力公司评估报告书），经三方签字盖章后生效；四力公司以富力公司名义办理产权使用证和土地使用证，土地使用权年限为 50 年，办证所需一切费用由四力公司承担。后四力公司将土地、房产及设备交付给富力公司，双方对土地的四至范围表述一致。1998 年 10 月 27 日，南京审计事务所出具验资报告，证明富力公司的注册资本已由投资方缴足，其中，四力公司投入实物资产部分（含房地产）计 84.43 万元，以其中 75 万元用于注册，超过部分挂应付款核算。同年 11 月 4 日，富力公司领取企业法人营业执照。1999 年 7 月，房产部门向富力公司核发房屋所有权证，房屋面积 759.61 平方米；同年 11 月，土地管理部门向富力公司核发国有土地使用证，使用权类型为国有划拨。

经现场勘查查明，四力公司交付富力公司实际使用的房屋为三处房产，即生产用房、办公用房和实验用房，房屋的实际状况与评估报告中所记载的房屋一致，面积也基本一致，评估报告中评估价值分别为生产用房价值 204700 元、办公用房价值 85000 元、实验用房价值 12000 元。该三处房产中的生产用房、办公用房已办理了房产所有权证，但房产所有权证面积分别比实际面积分别少 88.78 平方米和 133.61 平方米（该部分面积属于房屋内部隔层，房产部门未颁发所有权证），实验用房 73 平方米未办理房屋所有权证书。另外，四力公司已将价值 118142 元的机器设备交付给富力公司。

富力公司于 2004 年 5 月 24 日以公司成立至今四力公司仅交付房产 759.61 平方米，且未缴纳土地出让金为由诉至江苏省南京市中级人民法院，请求判令：（1）四力公司补足 395.39 平方米的房产，如不能交付，则支付该面积房产 1998 年的价值，并赔偿房屋价格上涨的差价损失，共计 750000 元；（2）四力公司支付土地出让金 850000 元。

▶ **一审裁判结果**

江苏省南京市中级人民法院依照《中华人民共和国民事诉讼法》第 64 条

第1款、第128条的规定，于2004年11月22日作出〔2004〕宁民二初字第82号民事判决：驳回富力公司的诉讼请求。案件受理费18010元、诉讼保全费8520元，合计26530元，由富力公司负担。

### 一审裁判理由

江苏省南京市中级人民法院认为：根据合资联营协议及土地房产入股协议的约定，四力公司应投入价值750000元的土地、房产和设备，作为对富力公司的出资。经评估机构评估，四力公司拟作为出资的实物的总价值超过750000元，该评估结论得到富力公司三方股东的一致认可。实际履行中，四力公司已按约定将上述实物全部交付给富力公司，该事实也得到验资机构的确认。从房屋所有权证可以看出，实物交付后，房屋结构已发生变化，与原平面图存在明显差异，导致房屋面积与约定不符。因房产在四力公司交付后已发生变化，故富力公司以房屋所有权证为依据认为四力公司出资不足，缺乏依据，其要求四力公司补足房屋面积并赔偿差价损失的请求不能成立。协议约定四力公司应为富力公司办理土地使用证，并未特别约定土地使用权的类型，四力公司也于1999年为富力公司办理了国有土地使用权证，使用权类型为划拨，富力公司已实际取得该土地的使用权。四力公司的行为符合协议约定。因该片土地的使用权类型并非出让，无须缴纳土地出让金，也无任何管理部门要求富力公司缴纳土地出让金，故富力公司要求四力公司支付土地出让金85万元的诉讼请求，缺乏事实依据，其不能成立。

### 二审诉辩情况

富力公司不服一审法院判决，上诉称：（1）一审判决认定四力公司已经向富力公司交付了面积为1055平方米的房产，只是交付后富力公司改变了房屋结构导致房屋面积与约定不符，没有事实依据，四力公司应当补足相应面积的房产。（2）一审判决认定四力公司已为富力公司办理了土地使用权证符合协议约定没有事实和法律依据，四力公司应当支付土地出让金。综上，请求二审法院撤销原审判决，依法支持富力公司的诉讼请求。

四力公司辩称：（1）四力公司已将约定的房产交付给富力公司，由于富力公司将房屋结构改变造成面积减少，责任不在四力公司，而在于富力公司；（2）约定的土地使用权证已经办到富力公司名下，四力公司已经履行了约定的义务，不应再缴纳土地出让金。

### 二审裁判结果

江苏省高级人民法院依照《中华人民共和国民事诉讼法》第153条第1

款 2 项，该院判决如下：

一、撤销江苏省南京市中级人民法院〔2004〕宁民二初字第 82 号判决；

二、四力公司在判决生效 10 日内向富力公司补足出资 342158 元；

三、驳回富力公司其他诉讼请求。

一审案件受理费 18010 元、诉讼保全费 8520 元，合计 26530 元，富力公司负担 20958.7 元，四力公司负担 5571.3 元；二审案件受理费 18010 元，富力公司负担 14227.9 元，四力公司负担 3782.1 元。

### 二审裁判理由

江苏省高级人民法院认为：根据 1998 年 9 月 18 日富森公司、四力公司及徐寿年三方签订的合资联营协议、土地房产入股协议和 1998 年 10 月 27 日南京审计事务所验资报告，四力公司应当向富力公司投入价值 75 万元的房产、设备和土地使用权作为注册资金。在实际投入过程中，四力公司将联营协议中约定的相关实物交付富力公司的使用情况如下：价值 118142 元的机器设备完全按约交付所有权；价值 204700 元的生产用房和价值 85000 元办公用房办理的房产所有权证记载的面积虽与约定的投入面积不相符，与实际面积不相符，但由于该房产与所评估的房产一致，其价值并不因房产所有权证记载面积的减少而下降，因此该两处房产应认定投入到位；价值 12000 元的实验用房因四力公司至目前为止仍未将房产所有权证办理到富力公司名下，该房产不属于富力公司所有，因此，四力公司对该房产的投入没有到位；2830 平方米土地使用权性质至目前为止仍为国有划拨土地。没有办理出让手续，且四力公司未能举出该土地使用权经国有资产管理部门批准可以作为注册资本投入和其被授权管理该土地使用权的证据，根据相关法律规定，富力公司虽然取得该土地的国有划拨土地使用权证，但仅仅可以根据国家的授权使用，不能将土地记入公司资产范围和进行处分，因此，四力公司对土地使用权的投入没有到位。综上，四力公司实际投入到位的资产价值 407842 元，对于未到位的资产依法应当按约定履行，但鉴于客观上该房产、土地使用权已无法按合同约定履行，其依法应对 750000 元注册资金中 342158 元的不实部分承担补足责任。原审判决认定四力公司已经履行出资义务不当，应予纠正。富力公司认为四力公司的注册资金投资不到位的上诉请求成立，该院予以支持。根据公司法规定，有限责任公司股东以其出资额为限对公司承担责任，股东作为出资的实物、土地使用权的实际价额显著低于公司章程所定价额的，应当由交付该出资的股东补交其差额。因此，富力公司要求四力公司赔偿差价损失和支付土地出让金的诉讼请求缺少法律依据，该院不予支持。

### 42. 如何认定股东抽逃出资行为？股东抽逃出资的举证责任如何分配？

抽逃出资是指公司成立后或者公司增资后，股东将转入公司账户验资的出资款项强行转出、通过虚构的债权债务关系或者关联交易将出资转出、通过虚增利用进行分配或者未经法定程序以其他方式将出资抽出的行为。对于抽逃出资行为的认定，应当综合考虑以下几个因素：（1）从基础交易关系方面看，股东从公司取得财产是否属于合法的利润分配，或者已经支付合理对价，或者形成一项对公司的债务。（2）从会计处理方式看，股东取得公司财产的行为是否已经在会计账簿中确认为应分配利润的分配或者相应的资产项目的增加。（3）从主体方面看，控股股东，特别是拥有财务审批权的控制股东，如果其他股东无法对其形成有效的监督和制衡，抽逃出资的可能性比较大。

对于认定股东是否存在抽逃出资行为的举证责任，原则上应当由原告承担举证责任，但由于抽逃出资行为一般是以比较隐蔽的方式进行，因此，对原告则举证责任不能要求过高，只要原告提供的证据能对被告股东是否抽逃出资产生合理的怀疑即可。

### 典型疑难案件参考

厦门海斯达医院投资管理有限公司诉陈红莲股东出资案

**基本案情**

原告厦门海斯达医院投资管理有限公司（简称"海斯达公司"）原名为"厦门市海斯达营养免疫研究院有限公司"，2006年2月注册资本由人民币100万元增至1000万元，同时将名称变更现名。被告陈红莲系原告股东，持股比例37.5%，在原告增资过程中，被告以货币出资人民币337.5万元。原告所有增资均已经过验资并办理了相应的工商变更登记手续。2007年4月28日，原告海斯达公司通过2006年度年检，其中全年亏损额175.73万元。

**一审诉辩情况**

原告厦门海斯达医院投资管理有限公司（下称"海斯达公司"）诉称：原

告公司原名为"厦门市海斯达营养免疫研究院有限公司",后注册资本由人民币 100 万元增至 1000 万元,名称亦变更为"厦门海斯达医院投资管理有限公司"。被告陈红莲为原告股东,持股比例 37.5%,在原告增资过程中,被告应出资人民币 337.5 万元,出资方式为货币。经办理验资以及工商变更登记手续后,被告即开始抽逃其出资,将其出资先后以转账、取现等方式抽逃,包括转入海斯达软件公司等账户,以"往来款"、"交还借款"等方式提取现金抽逃。被告上述抽逃出资之行为,已严重侵害原告公司独立法人财产权,违反股东的资本充实义务,违反《中华人民共和国公司法》等有关法律规定,导致原告公司独立法人人格岌岌可危,经营难以为继,故请求法院判令被告陈红莲立即向原告返还出资款 275 万元。

被告陈红莲辩称:原告的工商登记资料证实被告的出资款已经全部到位,并经法定验资机构审验,表明被告已忠实、足额地履行了股东出资义务;而原告提交的证据不能证明被告抽逃出资的事实,故请求法院依法驳回原告的诉讼请求。

### ▶一审裁判结果

厦门市恩明区人民法院依照《中华人民共和国民事诉讼法》第 64 条第 1 款,判决:驳回原告厦门海斯达医院投资管理有限公司的诉讼请求。

### ▶一审裁判理由

一审法院经公开审理查明:原告海斯达公司原名为"厦门市海斯达营养免疫研究院有限公司",原注册资本为 100 万元,被告陈红莲原为该公司法定代表人及股东。2006 年 2 月 6 日,厦门市海斯达营养免疫研究院有限公司召开股东会议,作出公司名称变更、股权转让、注册金增资、股东增加、营业范围变更、法人代表变更等六项决议。2006 年 2 月 23 日,被告陈红莲根据股东会决议向厦门市海斯达营养免疫研究院有限公司缴纳新增注册资本金 337.5 万元,持股比例变更为 37.5%。2006 年 2 月 28 日,厦门楚瀚正中会计师事务所有限公司出具厦楚正会验字〔2006〕第 019 号验资报告,其中确认截至 2006 年 2 月 23 日,厦门市海斯达营养免疫研究院有限公司已收到被告陈红莲等股东缴纳的新增注册资本合计 900 万元,全部货币出资金额占注册资金的比例 100%。2006 年 3 月 13 日,厦门市海斯达营养免疫研究院有限公司在厦门市工商行政管理局办理公司变更登记手续,变更了名称、法定代表人、注册资本、实收资本、经营范围、股东等事项。2006 年 3 月 23 日,被告陈红莲出具一份收条,确认收到原告交还借款 549500 元。2006 年 5 月 29 日,被告陈红莲出具一份收条,确认收到原告往来款 1200,500 元。2006 年 3 月 2 日,原告通过银行转账向海斯达软件公司支付 100 万元。上述收条及转账凭证均已做入原告海斯达公司财务账册中。2007 年 4 月 28 日，原告海斯达公司通过 2006 年度年检，其中全年利润总额为 -175.731013 万元，亏损额 175.73 万元，全年资产总额 855.78 万元，长期投资 59 万元，全年负债总额 69.12 万元。另外，被告陈红莲持有四份《购销合同》，签订时间分别为 2006 年 4 月 15 日、2006 年 4 月 20 日、2006 年 4 月 25 日，其中供应方（甲方）均为被告陈红莲、购买方（乙方）均为原告海斯达公司，内容均为原告海斯达公司向被告陈红莲购买系列植物产品及数量、价格等约定，落款处甲方由被告陈红莲签字、乙方加盖海斯达公司合同专用章。在案件审理过程中，经原告海斯达公司申请，厦门市思明区人民法院依法委托福建历思司法鉴定所对上述《购销合同》中印章及文字形成的先后顺序及落款日期是否为同一人书写进行文检鉴定，鉴定结论为：四份《购销合同》均为先盖章后进行文字打印，落款处签约日期均为同一人所写。

一审法院经审理认为：原告海斯达公司主张被告陈红莲抽逃出资故提起侵权之诉要求被告返还出资款，根据"主张者举证"的原则，首先应证明被告陈红莲具有抽逃出资的行为，但原告提供的证据不足以证明该事实，理由如下：（1）原告主张被告陈红莲抽逃出资的三笔款项中，2006 年 3 月 23 日收条体现的 549500 元系原告向被告归还借款，属于原、被告之间的民间借贷关系；2006 年 3 月 2 日银行转账给海斯达软件公司的 100 万元，系原告与海斯达软件公司之间的款项往来，与被告陈红莲无关；对于 2006 年 5 月 29 日的收条体现的往来款 1200500 元，被告陈红莲提交四份《购销合同》证明该款项系基于原、被告之间的买卖合同关系产生的，虽然经鉴定上述合同系先盖章后打印文本及落款日期为同一人所写，但均不足以否定其真实性，至于被告陈红莲作为公司高级管理人员与公司订立合同及交易的行为及相应后果，系其他法律关系，不属于本案审查范围。（2）经庭审质证查明，上述收条及转账凭证均作为财务凭证做入原告海斯达公司的财务账册中，表明原告海斯达公司已认可上述款项往来的基础关系，结合被告陈红莲提交的 2006 年度年检报告分析，在 2007 年 4 月 28 日原告海斯达公司进行 2006 年度年检时，其主张的三笔款项支出已经发生，但经年检并未体现其注册资本存在被抽逃的情况。综上，原告海斯达公司的诉讼请求缺乏事实和法律依据，应不予支持。

▶ 二审诉辩情况

上诉人海斯达公司上诉称：原审判决认定事实错误，适用法律错误。本案争议的是陈红莲从海斯达公司支取的三笔款项总共 275 万元，是否支付了真实、公正合理的对价。陈红莲不能举证证明其已向海斯达公司支付了相应的对价。(1) 2006 年 3 月 23 日，陈红莲收到海斯达公司的款项 54.95 万元，但其未能证明已支付过对价。(2) 2006 年 3 月 2 日，海斯达公司通过银行转账向海斯达软件公司支付 100 万元，陈红莲作为收款人海斯达软件公司的主管签名，但其无法证明海斯达软件公司向海斯达公司支付过对价。(3) 2006 年 5 月 29 日，陈红莲收到海斯达公司的往来款 120.05 万元，但相关的四份《购销合同》是先盖章后签字，且陈红莲未举证证明相应的交货凭证，海斯达公司也从未支付合同约定的定金，可以看出合同明显是伪造的。从签约主体看，陈红莲是海斯达公司的股东及总经理，对公司负有忠诚义务，公司章程也未曾授权其签订这四份合同，应当推定合同不能成立。故上诉人海斯达公司请求，撤销原审判决，支持海斯达公司的诉讼请求。

被上诉人陈红莲答辩称：海斯达公司的工商登记材料证实陈红莲的出资款已经全部到位，并经法定审验机构审验。讼争几笔款项的支出和往来均发生于实际控制股东厦门一元科技有限公司入主海斯达公司之后，此时，海斯达公司的财务审批权已由该公司的法定代表人张静负责，陈红莲收到的海斯达公司转付的款项均经海斯达公司合法的财务审批手续，相关凭证、买卖合同均已入账，且做账的会计科目与原始凭证记载用途一致，这从海斯达公司的账册中可以得到证实。原审庭审过程中，原审法院要求海斯达公司提交账册，海斯达公司为毁灭证据，隐瞒事实真相，公然违抗法庭的指令，带着账册逃离法庭，至庭审结束后才将已抽走关键材料的"账册"提交法庭。(1) 陈红莲收取海斯达公司归还的 54.95 万元的借款，如果没有相应对价，在海斯达公司必然有挂账，但海斯达公司并没有挂该笔账，且从其账册记录及入账与"收条"所体现的事实完全一致；(2) 关于海斯达软件公司的 100 万元是海斯达公司与海斯达软件公司的往来关系，与陈红莲无关。(3) 关于陈红莲收到海斯达公司 120.05 万元项下的四份合同均已入海斯达公司的账册，且经法定代表人张静同意报支和进账，合同是先盖章后打字或反之，只是行文方式，不足以推翻合同的真实性。本案完全是海斯达公司的控股股东一元公司利用其掌握印章、资料、财务权的便利，提起的恶意诉讼。请求驳回上诉，维持原判。

### 二审裁判结果

厦门市中级人民法院根据《中华人民共和国民事诉讼法》第 153 条第 1 款第 1 项之规定，作出如下判决：驳回上诉，维持原判。

### 二审裁判理由

厦门市中级人民法院经审理查明，确认一审法院认定的事实和证据。

另查明：海斯达公司确认2006年2月23日，海斯达公司进行法定代表人和股东结构的变更，公司的法定代表人变更为张静，海斯达公司的财务审批权和公章由公司的董事长也就是法定代表人张静控制。原审审理过程中，原审法院依陈红莲的申请，要求海斯达公司提交完整会计账册交由双方质证，海斯达公司将账册拿到法庭后又带走，之后才重新拿回法庭。陈红莲认为拿到法庭的原始凭证已被拆散、抽走关键材料，无法体现其完整、真实性。以上事实有海斯达公司的章程、当事人陈述、质证笔录、庭审笔录为证。

福建省厦门市中级人民法院根据上述事实和证据认为：海斯达公司以陈红莲经手的三笔款项未支付对价为由，主张陈红莲抽逃出资。根据二审的庭审调查，在诉争三笔款项发生期间，海斯达公司的财务审批权和公章均由公司的董事长也就是法定代表人张静控制。海斯达公司并未举证陈红莲未经张静同意擅自支出上述款项。而且陈红莲出具的收到海斯达公司还款的54.95万元并未在海斯达公司挂账；其确认收到海斯达公司120.05万元往来款，有相应的盖有海斯达公司印章的合同，印章是先盖章后签字并不足以否定该合同的真实性；而海斯达软件公司收取海斯达公司100万元，系海斯达软件公司与海斯达公司的关系。陈红莲作为公司高级管理人员与公司订立合同及交易的行为及相应后果，系其他法律关系，不属于本案审查范围。上述收条及转账凭证均作为财务凭证做入海斯达公司的财务账册中，表明海斯达公司已认可上述款项往来的基础关系，结合陈红莲提交的2006年度年检报告分析，在2007年4月28日海斯达公司进行2006年度年检时，其主张的三笔款项支出已经发生，但经年检并未体现其注册资本存在被抽逃的情况。海斯达公司所举的证据并不能证明陈红莲存在抽逃出资的行为，海斯达公司应当自行承担举证不能的后果。上诉人海斯达公司的上诉理由不能成立，其上诉请求应予驳回。原审判决认定事实清楚，适用法律正确，应予维持。

## 43. 夫或妻一方代理对方所为的处置重大资产或承担巨额债务的行为是否当然有效？

夫或妻代理其配偶所为的重大债务承担行为或者转移其配偶所有的巨额财产行为，并不是当然有效，因为此类行为已经超出了一般家庭事务必须的范围。此时，应当结合其配偶是否追认以及交易第三人是否有理由相信行为人有代理权等因素进行认定。

## 典型疑难案件参考

### 北京清华建筑工程咨询公司诉宋艳敏出资纠纷案

> **基本案情**

2002年12月6日，北京清华建筑工程咨询公司（以下简称清华建筑公司）与宋艳敏、北京清保双贤建筑材料有限公司（以下简称清保双贤公司）三方就清华建筑公司向宋艳敏转让其所持有的清保双贤公司的大部分股份一事签订了一份《股权转让协议》，约定：（1）截至2002年10月31日，清保双贤公司投资建厂实际共花费约300万元人民币（包括注册资金50万元）。其中清华建筑公司投资2062310元（准确数字以清华建筑公司、清保双贤公司双方财务确认数字为准），其余为个人投资和对外欠款。（2）宋艳敏出资人民币220万元（包括个人投资的股本金15万元），自2002年11月1日起现状接管清保双贤公司。其中，20万元仍作为清华建筑公司的股本金继续对清保双贤公司进行投资，其余200万元，用于偿还清保双贤公司建厂所欠清华建筑公司和其他方面的债务。（3）清保双贤公司原其他股东是否继续参股，股本金多少及所占股份比例，由清保双贤公司新组成的决策机构负责与他们分别洽谈并单独签订相关协议。（4）自2002年11月1日起，由宋艳敏控股的新的股东会负责清保双贤公司的生产经营责任。同时，负责此前清保双贤公司所发生的债权、债务的清理和偿还及所签订合同的继续履行事宜。（5）宋艳敏支付给清华建筑公司的资金部分（1062310元），于2002年12月10日前一次性付清。同时，宋艳敏尽快清理清保双贤公司所欠外部债务。（6）清华建筑公司继续投资的20万元人民币的股本金，按优先股考虑，自2003年开始，由清保双贤公司每年年底支付清华建筑公司人民币10万元作为红利，作为清保双贤公司所欠清华建筑公司债务继续偿还，至2009年年底终止，届时股本金20万元归还清华建筑公司，清华建筑公司股东身份同时终止。在此期间，清华建筑公司不再参与公司股份的分红，也不再承担其他义务。（7）清保双贤公司的现产品专利权归清华建筑公司所有。宋艳敏控股清保双贤公司后，可继续使用该专利及有关技术资料进行生产经营。但如若扩建清华建筑公司专利产品生产线，原则上应向清华建筑公司支付一定的专利使用费，具体数额另行协商。宋艳敏、清保双贤公司未经清华建筑公司书面许可，不得联合或单独对第三方转让该专利技术。如若违约，每条生产线要赔偿清华建筑公司人民币30万元。（8）宋艳敏资金到清保双贤公司账号后，清保双贤公司应马上到工商、税务和银行部门办理有关变更手续，争取在2002年12月10日前变更完毕。其间，清华建筑公司应给予必要的协助。(9) 在未办理股权和法人代表变更前,清保双贤公司原经营机构继续对该公司进行管理。变更手续完毕后,公司原聘请的管理人员是否留用,由清保双贤公司新的管理机构决定。在该协议中,清华建筑公司、清保双贤公司分别加盖了公章,宋艳敏的代理人邵广志代为签字。

2002年12月9日,清华建筑公司向清保双贤公司出具对账单,载明:截至2002年10月31日,贵公司通过清华建筑公司及其关联单位(清华大学土建工程承包总公司第一项目部、清华大学修建工程技术管理部校内维修队)借款共计2059620元,其中向清华建筑公司借款23.962万元、向清华大学土建工程承包总公司第一项目部借款17万元、向清华大学修建工程技术管理部校内维修队借款165万元。以上数据来源于三家单位的财务记录,请贵公司进行财务核对。如果该数据与贵公司记录相符,请在本对账单下端结论处签署"数据无误"并签章证明;如果该数据与贵公司记录不相符,请在本对账单下端结论处签署"数据不符"、列明借款金额并签章。清保双贤公司在结论处加盖了财务专用章。

2002年12月31日,清保双贤公司向清华建筑公司还款17万元。2002年12月31日,清保双贤公司向清华建筑公司还款239620元。2003年1月21日,清保双贤公司向清华建筑公司还款15万元。2003年7月24日,清保双贤公司向清华建筑公司还款10万元。上述还款共计659620元。

另查:清保双贤公司注册资本金曾由50万元增加至300万元,2002年11月28日,中诚信会计师事务所向清保双贤公司股东清华建筑公司、宋艳敏、唐伉军等人出具了《验资报告》,说明由唐伉军、宋艳敏于2002年11月28日之前缴足了增加注册资本人民币250万元。

2005年6月21下午,清华大学土建工程承包总公司总经理王卫、书记杨守波、办公室主任杜炳均、清华建筑公司总经理张广祥、清华大学总办法律顾问韩华、宋艳敏在清华大学土建工程承包总公司会议室召开会议,宋艳敏确认:《股权转让协议》当时由其爱人邵广志代签,该协议第5条所约定的乙方(宋艳敏)应向甲方(清华建筑公司)支付的1062310元(因具体经营管理未参与,具体钱数以财务账为准)尚未支付,宋艳敏表示:由于签订该协议时的特殊性,以及协议签署后经营过程中遇到的具体情况,宋艳敏已经将该协议中约定的股份和内外债权债务进行了几次转让,并在历次转让中都向受让人讲明了尚欠清华建筑公司债务的事实,各受让人都同意向清华建筑公司支付该笔欠款,但是都一直未支付,现在的法定代表人并股份受让人为季洪哲。宋艳敏提议:为了该笔债权债务能得到圆满解决,由清华建筑公司、宋艳敏和季洪哲三方进行一次会谈,就季洪哲偿还债务及各方的责任问题进行探讨,确定最终的解决方案,鉴于该笔债务的直接债务人为接管公司后的法定代表人宋艳敏,因此,应当由宋艳敏负责协调还款事宜。邵广志在会议纪要上代宋艳敏签字。

宋艳敏在庭审中承认其与邵广志系亢妻关系。

▶ 一审诉辩情况

原告清华建筑公司诉称:清保双贤公司为在通州区投资设厂,向清华建筑公司借款2059620元。2002年12月6日,清华建筑公司与被告宋艳敏、清保双贤公司共同签署《股权转让协议》,明确约定:宋艳敏出资220万元,现接管清保双贤公司及其下属的建材厂;其中,其应于2002年12月10日前向清华建筑公司支付1062310元;同时,宋艳敏还应该尽快清理、偿还清保双贤公司所欠清华建筑公司及其他方面的债务。协议签署后,清华建筑公司如约履行全部义务,并配合宋艳敏完成了对清保双贤公司的增资扩股等变更手续。但宋艳敏却一直未履行还款义务,清保双贤公司仅向清华建筑公司还款659620元。至今,清华建筑公司对宋艳敏仍有债权1062310元,对宋艳敏和清保双贤公司共同享有债权337690元,共计债权140万元整。清华建筑公司认为:上述《股权转让协议》既已签订并生效,宋艳敏、清保双贤公司对其未履行之义务,即应继续履行并承担违约责任。故向法院提起诉讼,诉讼请求为:(1)宋艳敏向清华建筑公司支付欠款人民币140万元,其中1062310元按同期贷款利率支付从2002年12月10日起至实际给付之日止的利息;(2)本案诉讼费用由宋艳敏承担。

被告宋艳敏辩称:根据双方合同约定,当时对于股份转让协议当中的约定很明确:其中1062310元由宋艳敏直接给付清华建筑公司,宋艳敏通过清保双贤公司支付了清华建筑公司659620元,清保双贤公司已经向法庭出示了相应证明,根据数额与1062310元之差,宋艳敏认可欠款402690元。清华建筑公司请求超出此数额的部分,因为没有合同约定,不应视为宋艳敏的给付义务。同时,清华建筑公司的权利主张已经超过两年的诉讼时效,最后一次宋艳敏给付清华建筑公司款项是2003年7月24日,清华建筑公司起诉的时间是2005年8月10日,在这期间清华建筑公司没有向宋艳敏主张过权利,因此,已经过了两年的诉讼时效期间,对账单是清华建筑公司以其控制的公司进行的对账,没有宋艳敏的签字认可。对账单与协议书的内容有冲突,协议书中没有明确规定。

▶ 一审裁判结果

北京市海淀区人民法院依据《中华人民共和国合同法》第8条、第44条第1款、第60条第1款、第107条、第109条之规定判决如下：

一、被告宋艳敏自本判决生效之日起10日内向原告北京清华建筑工程咨询公司支付140万元以及1062310元的利息（自2002年12月11日起至付清之日止，按中国人民银行同期企业贷款利率计算）；

二、驳回原告北京清华建筑工程咨询公司其他诉讼请求。

### ━━一审裁判理由

北京市海淀区人民法院认为：双方当事人签订的清保双贤公司《股权转让协议》中关于股权转让及对价的内容系双方当事人的真实意思表示，亦不违反国家法律、法规强制性规定，当属有效。双方均应严格按照合同约定履行各自义务。

根据双方《股权转让协议》约定，宋艳敏应当出资220万元接管清保双贤公司，其中200万元用于偿还清保双贤公司建厂所欠清华建筑公司和其他方面的债务。根据该项约定，宋艳敏负有以200万元为限偿还清华建筑公司和其他方面的债务的义务。对此，《股权转让协议》约定，宋艳敏支付给清华建筑公司的资金部分1062310元应当于2002年12月10日前一次性支付。2005年6月21日的《会议纪要》宋艳敏明确承认其应支付的1062310元尚未支付。对此，宋艳敏抗辩称，其未授权邵广志参加该会议，故对邵广志参加该会议的陈述不予认可。但本院认为：宋艳敏与邵广志系夫妻关系，且邵广志代表宋艳敏在《股权转让协议》上签字。故清华建筑公司完全有理由确信邵广志有权代表宋艳敏参加会议，本院对于宋艳敏的该项抗辩不予采信。清华建筑公司要求宋艳敏偿还1062310元的诉讼请求，本院予以支持。

根据合同约定，宋艳敏以200万元为限，清偿清保双贤公司的原有债务，其中1062310元支付给清华建筑公司，剩余的937690元应用于清偿清华建筑公司和其他方面的债务。根据2002年12月9日的对账单，清华建筑公司在清保双贤公司建厂时投资2059620元，减去宋艳敏应于2002年12月10日前支付的1062301元后，尚有人民币997310元的债权。其中清保双贤公司已于2002年12月至2003年7月间向清华建筑公司偿还659620元，清华建筑公司对清保双贤公司尚有337690元债权，按照《股权转让协议》约定，宋艳敏对此笔债务亦负有偿还义务。宋艳敏抗辩称，其在接管清保双贤公司后，曾向清保双贤公司注入人民币106万元资金，清保双贤公司向清华建筑公司偿还的659620元系宋艳敏个人还款，并且还对外偿还了大量款项。但本院认为：虽然宋艳敏在接管清保双贤公司后对公司进行增资扩股的行为系其对公司行使管理权的行为，而涉案的《股权转让协议》确认的系宋艳敏个人对清华建筑公司所负的债务，二者之间没有必然的联系，且宋艳敏向本院提供的票据均为清保双贤公司对外还款的票据，宋艳敏也未能提供相应的有效证据证明其向清保双贤公司汇入了专项资金用以偿还其所欠清华建筑公司的个人债务，故对此抗辩本院不予支持。因此，对于清华建筑公司要求宋艳敏偿还337690元的诉讼请求，本院予以支持。

由于宋艳敏未按约定于2002年12月10日前向清华建筑公司支付1062310元，已经构成违约，应当承担相应的违约责任。清华建筑公司要求宋艳敏支付利息的诉讼请求并无不当，但根据合同约定，宋艳敏支付1062310元的履行期间为2002年12月10日，故应当从2002年12月11起开始计算利息。

### 二审诉辩情况

一审宣判后，宋艳敏不服提出上诉。宋艳敏请求撤销北京市海淀区人民法院〔2006〕海民初字18662号民事判决书，并依法改判，诉讼费用由清华建筑公司负担。上诉理由是：

1. 一审法院无权审理此案。宋艳敏住所地位于北京市西城区南礼士路，依据法律规定，应由宋艳敏所在地法院管辖此案。

2. 一审法院认定事实错误。（1）宋艳敏所欠清华建筑公司1062310元已通过案外人清保双贤公司还款659620元，实际欠款数额为402690元；（2）宋艳敏出资220万元，其中200万元用于偿还清华建筑公司和清保双贤公司所欠其他方面的债务。双方商定，宋艳敏只需给付清华建筑公司1062310元，其余款项用来偿还清保双贤公司对外欠款，但不再有向清华建筑公司支付任何款项的义务；同时清保双贤公司也没有向清华建筑公司支付任何款项的义务。（3）宋艳敏通过向清保双贤公司注资，以清保双贤公司名义向外偿还了963433.40元对外欠款，均应纳入宋艳敏出资200万元的范围内，符合双方签订的《股权转让协议》约定的本意内容。与法院认定宋艳敏还须向清华建筑公司支付140万元欠款的定性是矛盾的。

3. 一审法院认定宋艳敏需向清华建筑公司支付利息的判决是错误的。一审法院在认定2005年6月21日《会议纪要》有效的前提下，应认定双方已协议变更《股权转让协议》中约定的宋艳敏向清华建筑公司还款的具体时限。通过《会议纪要》内容认可，双方已达成共识，就具体还款问题另行协商确定，没有约定具体还款期限。

清华建筑公司针对宋艳敏的上诉意见辩称：请求维持一审法院判决。

### 二审裁判结果

北京市第一中级人民法院依据《中华人民共和国民事诉讼法》第153条

第1款第1项之规定，判决如下：

驳回上诉，维持原判。

### 二审裁判理由

北京市第一中级人民法院经审理查明的事实与北京市海淀区人民法院查明的事实一致。

北京市第一中级人民法院认为：各方当事人签订的清保双贤公司《股权转让协议》以及《会议纪要》系各方当事人的真实意思表示，亦不违反国家法律、法规强制性规定，合法有效。

关于宋艳敏提出的一审法院无权审理此案，宋艳敏住所地位于北京市西城区南礼士路，依据法律规定应由宋艳敏所在地法院管辖此案的上诉理由。但根据《中华人民共和国民事诉讼法》第38条的规定：人民法院受理案件后，当事人对管辖权有异议的，应当在提交答辩状期间提出。宋艳敏未在提交答辩状期间对管辖权提出异议，其在二审期间就管辖权问题提出异议，本院不予支持。

关于宋艳敏提出的所欠清华建筑公司1062310元已通过案外人清保双贤公司还款659620元，实际欠款数额为402690元，清保双贤公司还款的659620元应为宋艳敏个人还款的上诉理由。本院认为：清保双贤公司向清华建筑公司还款659620元是在2002年12月31日、2003年1月21日、2003年7月24日，而在之后的2005年6月21日签订的《会议纪要》上宋艳敏仍认可所欠清华建筑公司1062310元尚未偿还，在宋艳敏不能提交证据证明清保双贤公司偿还的659620元是归还1062310元中的部分款项时，法院对宋艳敏的该点上诉理由不予采信。

关于宋艳敏提出的其只需给付清华建筑公司1062310元，其余款项用来偿还清保双贤公司对外欠款，但不再有向清华建筑公司支付任何款项的义务，同时清保双贤公司也没有向清华建筑公司支付任何款项的义务的上诉理由，二审法院认为：《股权转让协议》只是规定宋艳敏应在2002年12月10日前支付给清华建筑公司资金部分1062310元，并未规定宋艳敏只需给付清华建筑公司1062310元；且《股权转让协议》第2条明确约定宋艳敏出资人民币220万元中的200万元用于偿还清保双贤公司建厂所欠清华建筑公司和其他方面的债务，故宋艳敏该点上诉理由与事实不符，不予采信。

根据2002年12月9日的对账单，清华建筑公司在清保双贤公司建厂时投资2059620元，由于2002年12月31日、2003年1月21日、2003年7月24日，清保双贤公司已经累计向清华建筑公司还款7659620元，故清保双贤公司仍欠清华建筑公司建厂时投资款140万元。《股权转让协议》第2条约定宋艳敏出资人民币220万元中的200万元用于偿还清保双贤公司建厂所欠清华建筑公司和其他方面的债务,根据该条的约定,宋艳敏负有以200万元为限偿还清保双贤公司建厂所欠清华建筑公司和其他方面债务的义务。现清保双贤公司所欠清华建筑公司建厂时投资款140万元不超过200万元的范围,故宋艳敏应在140万元范围内承担责任。

因《股权转让协议》约定宋艳敏应在2002年12月10日前支付清华建筑公司资金部分1062310元,在《会议纪要》中宋艳敏明确承认该款项尚未支付,故宋艳敏应当就迟延付款支付延期利息。《会议纪要》只是确认了宋艳敏未向清华建筑公司支付该笔款项,并明确该笔债务的直接债务人为接管公司后的法定代表人宋艳敏、由宋艳敏负责协调还款事宜,并未涉及还款时限的变更,因此宋艳敏认为《会议纪要》已协议变更了《股权转让协议》中约定的宋艳敏向清华建筑公司还款的具体时限的上诉理由不能成立,宋艳敏应从2002年12月11日起以1062310元为基数支付相应的利息。

综上,宋艳敏的上诉理由不能成立,北京市第一中级人民法院不予支持。一审法院判决认定事实清楚,适用法律正确,应予维持。

# 股东出资纠纷办案依据集成

## 1. 中华人民共和国公司法（2005年10月27日修订）（节录）

**第二十六条** 有限责任公司的注册资本为在公司登记机关登记的全体股东认缴的出资额。公司全体股东的首次出资额不得低于注册资本的百分之二十，也不得低于法定的注册资本最低限额，其余部分由股东自公司成立之日起两年内缴足；其中，投资公司可以在五年内缴足。

有限责任公司注册资本的最低限额为人民币三万元。法律、行政法规对有限责任公司注册资本的最低限额有较高规定的，从其规定。

**第二十七条** 股东可以用货币出资，也可以用实物、知识产权、土地使用权等可以用货币估价并可以依法转让的非货币财产作价出资；但是，法律、行政法规规定不得作为出资的财产除外。

对作为出资的非货币财产应当评估作价，核实财产，不得高估或者低估作价。法律、行政法规对评估作价有规定的，从其规定。

全体股东的货币出资金额不得低于有限责任公司注册资本的百分之三十。

**第二十八条** 股东应当按期足额缴纳公司章程中规定的各自所认缴的出资额。股东以货币出资的，应当将货币出资足额存入有限责任公司在银行开设的账户；以非货币财产出资的，应当依法办理其财产权的转移手续。

股东不按照前款规定缴纳出资的，除应当向公司足额缴纳外，还应当向已按期足额缴纳出资的股东承担违约责任。

**第二十九条** 股东缴纳出资后，必须经依法设立的验资机构验资并出具证明。

**第三十条** 股东的首次出资经依法设立的验资机构验资后，由全体股东指定的代表或者共同委托的代理人向公司登记机关报送公司登记申请书、公司章程、验资证明等文件，申请设立登记。

**第三十一条** 有限责任公司成立后，发现作为设立公司出资的非货币财产的实际价额显著低于公司章程所定价额的，应当由交付该出资的股东补足其差额；公司设立时的其他股东承担连带责任。

**第三十五条** 股东按照实缴的出资比例分取红利；公司新增资本时，股东有权优先按照实缴的出资比例认缴出资。但是，全体股东约定不按照出资比例分取红利或者不按照出资比例优先认缴出资的除外。

**第三十六条** 公司成立后，股东不得抽逃出资。

**第八十一条** 股份有限公司采取发起设立方式设立的，注册资本为在公司登记机关登记的全体发起人认购的股本总额。公司全体发起人的首次出资额不得低于注册资本的百分之二十，其余部分由发起人自公司成立之日起两年内缴足；其中，投资公司可以在五年内缴足。在缴足前，不得向他人募集股份。

股份有限公司采取募集方式设立的，注册资本为在公司登记机关登记的实收股本总额。

股份有限公司注册资本的最低限额为人民币五百万元。法律、行政法规对股份有限公司注册资本的最低限额有较高规定的，从其规定。

**第八十三条** 发起人的出资方式，适用本法第二十七条的规定。

**第八十四条** 以发起设立方式设立股份有限公司的，发起人应当书面认足公司章程规定其认购的股份；一次缴纳的，应即缴纳全部出资；分期缴纳的，应即缴纳首期出资。以非货币财产出资的，应当依法办理其财产权的转移手续。

发起人不依照前款规定缴纳出资的，应当按照发起人协议承担违约责任。

发起人首次缴纳出资后，应当选举董事会和监事会，由董事会向公司登记机关报送公司章程、由依法设定的验资机构出具的验资证明以及法律、行政法规规定的其他文件，申请设立登记。

**第八十五条** 以募集设立方式设立股份有限公司的，发起人认购的股份不得少于公司股份总数的百分之三十五；但是，法律、行政法规另有规定的，从其规定。

**第八十六条** 发起人向社会公开募集股份，必须公告招股说明书，并制作认股书。认股书应当载明本法第八十七条所列事项，由认股人填写认购股数、金额、住所，并签名、盖章。认股人按照所认购股数缴纳股款。

**第九十条** 发行股份的股款缴足后，必须经依法设立的验资机构验资并出具证明。发起人应当自股款缴足之日起三十日内主持召开公司创立大会。创立大会由发起人、认股人组成。

发行的股份超过招股说明书规定的截止期限尚未募足的，或者发行股份的股款缴足后，发起人在三十日内未召开创立大会的，认股人可以按照所缴股款并加算银行同期存款利息，要求发起人返还。

**第九十二条** 发起人、认股人缴纳股款或者交付抵作股款的出资后，除未按期募足股份、发起人未按期召开创立大会或者创立大会决议不设公司的情形外，不得抽回其股本。

**第九十四条** 股份有限公司成立后，发起人未按照公司章程的规定缴足出资的，应当补缴；其他发起人承担连带责任。

股份有限公司成立后，发现作为设立公司出资的非货币财产的实际价额显著低于公司章程所定价额的，应当由交付该出资的发起人补足其差额；其他发起人承担连带责任。

**第二百条** 公司的发起人、股东虚假出资，未交付或者未按期交付作为出资的货币或者非货币财产的，由公司登记机关责令改正，处以虚假出资金额百分之五以上百分之十五以下的罚款。

**第二百零一条** 公司的发起人、股东在公司成立后，抽逃其出资的，由公司登记机关责令改正，处以所抽逃出资金额百分之五以上百分之十五以下的罚款。

## 2. 最高人民法院关于适用《中华人民共和国公司法》若干问题的规定（三）（2011年1月27日　法释〔2011〕3号）（节录）

**第七条** 出资人以不享有处分权的财产出资，当事人之间对于出资行为效力产生争议的，人民法院可以参照物权法第一百零六条的规定予以认定。

以贪污、受贿、侵占、挪用等违法犯罪所得的货币出资后取得股权的，对违法犯罪行为予以追究、处罚时，应当采取拍卖或者变卖的方式处置其股权。

**第八条** 出资人以划拨土地使用权出资，或者以设定权利负担的土地使用权出资，公司、其他股东或者公司债权人主张认定出资人未履行出资义务的，人民法院应当责令当事人在指定的合理期间内办理土地变更手续或者解除权利负担；逾期未办理或者未解除的，人民法院应当认定出资人未依法全面履行出资义务。

**第九条** 出资人以非货币财产出资，未依法评估作价，公司、其他股东或者公司债权人请求认定出资人未履行出资义务的，人民法院应当委托具有合法资格的评估机构对该财产评估作价。评估确定的价额显著低于公司章程所定价额的，人民法院应当认定出资人未依法全面履行出资义务。

**第十条** 出资人以房屋、土地使用权或者需要办理权属登记的知识产权等财产出资，已经交付公司使用但未办理权属变更手续，公司、其他股东或者公司债权人主张认定出资人未履行出资义务的，人民法院应当责令当事人在指定的合理期间内办理权属变更手续；在前述期间内办理了权属变更手续的，人民法院应当认定其已经履行了出资义务；出资人主张自其实际交付财产给公司使用时享有相应股东权利的，人民法院应予支持。

出资人以前款规定的财产出资，已经办理权属变更手续但未交付给公司使用，公司或者其他股东主张其向公司交付、并在实际交付之前不享有相应股东权利的，人民法院应予支持。

## 四、股东知情权纠纷

### 44. 享有股东知情权的前提是什么？

股东的知情权是公司股东维护自身权益、维护公司权益的一项重要权利。本案当事人虽然提起的是股东知情权之诉，但首先必须明确的是当事人是否具有股东资格，只有确认了这一重要的前提，只有真正成为公司的股东，才可能真正享有股东的诸项权利。

### 45. 如何认定外商投资企业股东的资格？

由于外商投资企业合并属于重大事项的变更，应当报审查批准机关批准，并向工商行政管理机关办理变更登记手续。因此，外商投资企业股东资格的取得，首先取决于审批机关的审批。目前人民法院仍以经过外资企业审批机关审批作为外资企业股东股权转让的必要条件。本案从严格适用法律和维护法律安定性的角度考虑，应认定当事人不具有股东的资格，不享有股东的知情权。

#### 典型疑难案件参考

汉唐集成股份有限公司与北京台群科技有限公司清算委员会股东知情权纠纷案

**基本案情**

北京台群科技有限公司（以下简称北京台群公司）于2001年9月18日成立，注册资本为150万美元，台湾台群科技股份有限公司（以下简称台湾台群公司）和陈石虎分别持有北京台群公司50%股份。董事会是北京台群公司的最高权力机构，决定公司一切重大事宜，包括讨论公司停产、终止，负责公司终止和期满时的清算工作等。董事会由五名董事组成，董事长一名及董事三名均由陈石虎派出，副董事长一名由台湾台群公司派出。董事任期3年，经投资方批准可以继续连任。台湾台群公司派林仓敏任北京台群公司的副董事长。

因台湾台群公司未按公司章程约定在北京台群公司领取营业执照后两年内（即2003年9月18日前）缴清出资，北京台群公司向审批机关提出延期入资申请，北京市朝阳区对外经济贸易委员会批准其入资期限延长半年至2004年3月17日。至延长期届满，台湾台群公司的出资仍未到位。在延长期内，2003年9月18日，汉唐集成股份有限公司（以下简称汉唐公司）吸收合并台湾台群公司。2004年4月27日，北京台群公司召开董事会，决定解散北京台群公司。2004年4月28日，北京台群公司向审批机关提出解散公司申请，称：由于北京台群公司一方股东在首次出资后未按公司章程约定如期履行以后各期出资义务，公司应依法解散，特请审批机关批准。2004年5月11日，北京市朝阳区对外经济贸易委员会作出朝外经贸复字〔2004〕2079号《关于北京台群公司终止章程批复》，同意北京台群公司章程终止。2004年5月23日，北京台群公司召开董事会，确定了台群清算委员会人选。2004年5月31日、6月5日，台群清算委员会分别在《中国企业报》、《华夏时报》上刊登清算公告。

　　2004年7月，台群清算委员会将汉唐公司诉至北京市第二中级人民法院，称：台湾台群公司未按约定缴纳对北京台群公司的出资；汉唐公司将台湾台群公司并购，台湾台群公司的权利义务即由汉唐公司承担；北京台群公司多次催促汉唐公司缴纳剩余出资款均遭拒绝；汉唐公司拒不履行出资义务的行为导致公司必须依法终止，侵犯了北京台群公司的合法权益。请求人民法院判令汉唐公司支付未缴纳的出资并支付利息。汉唐公司在该案中答辩称：台湾台群公司的林仓敏与陈石虎恶意串通签订《投资协议书》并成立北京台群公司，是损害台湾台群公司利益的行为，应为无效；汉唐公司对此投资事不知情，亦从未享受过股东权利；汉唐公司对北京台群公司不负有投资义务；台群清算委员会的成立不合法，其无权对汉唐公司提起诉讼。2004年12月20日，北京市第二中级人民法院作出〔2004〕二中民初字第08635号判决，判决汉唐公司支付未缴纳的出资，并支付同期活期存款利息。汉唐公司不服该判决，向北京市高级人民法院提出上诉称：台群清算委员会的成立不合法，其无权对汉唐公司提起诉讼；北京台群公司是台湾台群公司的林仓敏与陈石虎恶意串通的产物，汉唐公司与台湾台群公司合并时，林仓敏未披露该事宜，汉唐公司一直不知台湾台群公司曾投资设立北京台群公司；《投资协议书》无效，汉唐公司对北京台群公司不负有投资义务。请求人民法院撤销原判，驳回台群清算委员会的诉讼请求。2005年6月14日，北京市高级人民法院作出〔2005〕高民终字第580号判决，驳回了汉唐公司的上诉请求。

　　汉唐公司于2006年9月11日向北京市朝阳区人民法院提起行政诉讼，请求撤销原北京市朝阳区对外经济贸易委员会（现变更为北京市朝阳区商务局）于2004年5月11日作出的朝外经贸复字〔2004〕2079号《关于北京台群公司终止章程批复》。在该行政案件审理期间，北京市朝阳区商务局于2006年12月8日向北京台群公司发出通知，内容是：根据《中华人民共和国外资企业法实施细则》第31条、第32条之规定，外国投资者未能如期缴付出资的，外资企业批准证书即自动失效；北京台群公司致原北京市朝阳区对外经济贸易委员会的《解散申请》中的解散理由"由于其中一方股东在首次出资后未按公司章程约定如期履行以后各期出资义务"，也符合《中华人民共和国外资企业法实施细则》第31条、第32条关于"批准证书自动失效"的条件。故北京台群公司（朝外经贸资字〔2001〕0730号）批准证书自动失效。朝阳区商务局决定收回原北京市朝阳区对外经济贸易委员会于2004年5月11日作出的朝外经贸复字〔2004〕2079号《关于北京台群公司终止章程批复》。请北京台群公司于七日内将该批复原件交回朝阳区商务局，并取回原申请材料。

此后，汉唐公司向北京市朝阳区人民法院申请撤回对北京市朝阳区商务局的行政起诉。2006年12月20日，北京市朝阳区人民法院作出〔2006〕朝行初字第245号行政裁定，准许汉唐公司撤回起诉。

### 一审诉辩情况

汉唐公司诉称：2001年9月18日，台湾台群公司和陈石虎共同投资成立北京台群公司。2003年9月18日，汉唐公司将台湾台群公司合并，台湾台群公司因合并而解散，其权利义务全部由汉唐公司概括承受。故此，汉唐公司成为北京台群公司的股东，持有北京台群公司50%的股份。2004年4月3日，汉唐公司通过律师要求北京台群公司向汉唐公司提供或允许其查阅并复制北京台群公司账簿、财务会计报告、董事会决议等材料，未得到北京台群公司的回复。2004年4月27日，北京台群公司在没通知股东汉唐公司的情况下，召开董事会并决定解散北京台群公司。2004年5月11日，北京市朝阳区对外经济贸易委员会批准北京台群公司章程终止。2004年5月23日，北京台群公司在没通知股东汉唐公司的情况下召开董事会，确定了清算委员会人选，并以北京台群科技有限公司清算委员会的名义展开北京台群公司的清算工作。2005年7月，汉唐公司通过律师要求台群清算委员会向汉唐公司提供或允许查阅并复制北京台群公司账簿、财务会计报告、董事会决议等材料，被台群清算委员会拒绝。2005年9月，汉唐公司要求撤销原台湾台群公司委派到北京台群公司的董事林仓敏并重新委派汉唐公司指定的人员担任董事，要求北京台群公司立即办理相关变更手续，北京台群公司未予理睬。北京台群公司及其清算委员会的违法行为导致汉唐公司虽然持有北京台群公司50%的股份，却无法行使任何股东权益，故诉至人民法院，请求：（1）判决台群清算委员会向汉唐公司提供或允许查阅并复制北京台群公司以下资料：①2001年9月18日至2004年5月11日的财务账簿、财务会计报告和审计报告、董事会会议记录及决议，以及以北京台群公司名义与其他方签署的全部合同、协议等文件；②进入清算程序后，台群清算委员会整理的资产负债表、财产清单和债权人名单及债务形成依据的书面文件。（2）判决台群清算委员会向审批机关和登记机关办理股东变更登记手续，将汉唐公司的名称、住所、持有的股份、重新委派的董事姓名等事项记载到北京台群公司的登记档案中。

台群清算委员会辩称：（1）北京台群公司没有侵犯汉唐公司的股东知情权。北京台群公司正是基于汉唐公司系北京台群公司股东这一事实，要求其严格履行出资义务，但遭汉唐公司拒绝，导致北京台群公司被依法终止。台群清算委员会曾向北京市第二中级人民法院提起诉讼，要求汉唐公司履行股东的出资义务，在诉讼过程中，汉唐公司一直否认自己是北京台群公司的股东，台群清算委员会没有否定其股东身份。既然汉唐公司不承认自己的股东身份，也不按公司章程履行对北京台群公司的出资义务，北京台群公司也没有向否认自己股东身份的公司进行通知的义务。台群清算委员会成立的合法性已经生效判决确认。北京台群公司董事会讨论如何清算时，汉唐公司委派的董事林仓敏参加并发表过意见。林仓敏是原台湾台群公司委派到北京台群公司的董事，汉唐公司收购台湾台群公司后，没有更换林仓敏，其仍是汉唐公司委派到北京台群公司的董事，是汉唐公司的代表，故汉唐公司称不知道清算一事是不客观的。按照《外商投资企业清算办法》（已废止）的规定，清算委员会只向企业权力机构即董事会负责，北京台群公司的权力机构是董事会不是股东会或股东，故台群清算委员会没有向汉唐公司提供或允许其查阅并复制北京台群公司账册、财务会计报告、董事会决议等材料的义务。汉唐公司为逃避出资义务不承认自己的股东身份，故北京台群公司没有义务直接向汉唐公司报告北京台群公司的财务状况等，台群清算委员会也没有侵犯汉唐公司的股东知情权。（2）台群清算委员会不负有依照股东指示办理股东变更登记手续的义务：①公司现已进入清算阶段，要求变更股东登记手续没有法律依据，缺乏可操作性。②北京台群公司已经被批准终止，清算委员会依法不负有这样的义务。综上，汉唐公司的主张无事实依据和法律依据，应依法予以驳回。

▶一审裁判结果

北京市第二中级人民法院依照《中华人民共和国民事诉讼法》第108条、

第140条第1款第3项之规定，裁定：驳回汉唐公司的起诉。案件受理费50元，由汉唐公司负担。

### 一审裁判理由

北京市第二中级人民法院认为：（1）根据《中华人民共和国外资企业法》规定，设立外资企业实行审批制度。外资企业分立、合并或者其他重要事项变更，应当报审查批准机关批准，并向工商行政管理机关办理变更登记手续。因此，外资企业股东资格的取得，首先取决于审批机关的审批。现汉唐公司在北京台群公司的股东资格未经相关审批机关的批准，故其尚不是北京台群公司的股东。具备股东资格是行使股东知情权的基础，因汉唐公司不具备北京台群公司的股东资格，故其不享有股东知情权。（2）汉唐公司请求判令台群清算委员会立即向北京市审批机关和登记机关办理股东变更登记手续，将汉唐公司的名称、住所、持有的股份、重新委派的董事姓名等事项记载到北京台群公司在北京市公司登记机关的登记档案中，其请求记载的上述事项均属于须经外商企业审批机关进行审核批准的事项，汉唐公司提出的此项请求不属于民事诉讼的审理范围，故应予驳回。

### 二审诉辩情况

汉唐公司不服一审裁定，提出上诉。其主要上诉理由是：（1）原审裁定汉唐公司不是北京台群公司的股东、不享有股东知情权与客观事实不符，也不符合相关规定。汉唐公司与北京台群公司的股东台湾台群公司合并后，台湾台群公司的权利义务全部由汉唐公司概括承受，汉唐公司成为北京台群公司事实上的股东，此股东身份不因未办理登记而丧失（恰是北京台群公司的侵权行为造成未办理登记），且汉唐公司的股东身份已被生效的判决书即北京市第二中级人民法院〔2004〕二中民初字第08635号、北京市高级人民法院〔2005〕高民终字第580号判决书所确认。《北京市高级人民法院关于审理公司纠纷案件若干问题的指导意见》第11条指出，确认股东资格应当根据当事人具体实施民事行为的真实意思表示选择确认股东资格的标准。汉唐公司合并台湾台群公司成为陈石虎以外北京台群公司的第二位股东，对股东变更的事实，陈石虎非但从未表示任何异议，还以汉唐公司系北京台群公司之股东为由，以台群清算委员会的名义起诉汉唐公司，要求汉唐公司支付对北京台群公司的出资款，表示其完全认可汉唐公司的股东身份。因此，本案双方当事人的真实意思表示是以实际行动同意、认可了汉唐公司的股东地位，故不应以没有办理工商变更登记为由否认汉唐公司的股东身份，继而否认汉唐公司享有知情权。（2）原审裁定驳回汉唐公司要求台群清算委员会办理股东变更登记手续的诉讼请求是错误的。原审法院以汉唐公司请求记载的事项均属于须经外商企业审批机关进行审核批准的事项、该项请求不属于民事诉讼审理范围为由，驳回汉唐公司的该项请求，实属没有真正了解汉唐公司的诉讼请求。根据《公司登记管理条例》的规定，北京台群公司是办理股东变更登记的义务人，现北京台群公司进入清算程序，上述变更手续自然应由台群清算委员会承担。汉唐公司不是请求法院判令审批机关或登记机关作变更登记，而是请求判令台群清算委员会依法履行义务，这完全属于民事诉讼审理范围，应予支持。《北京市高级人民法院关于审理公司纠纷案件若干问题的指导意见》第4条指出，股权转让合同生效后，因办理有关股权变更登记而产生的纠纷，应以股权受让人为原告，有义务办理公司登记变更的公司为被告。现汉唐公司受让台湾台群公司对北京台群公司全部股份的合并协议已生效，但北京台群公司作为"有义务办理公司登记变更的公司"却不履行自身义务，应属违法。汉唐公司以台群清算委员会为被告，要求其办理公司变更登记手续，完全合乎上述有关规定。综上，原审裁定没有事实和法律理由，请求二审法院撤销原审裁定，判令台群清算委员会提供或允许查阅并复制北京台群公司的财务资料，判令台群清算委员会立即向北京市审批机关和登记机关办理股东变更登记手续。

**二审裁判结果**

北京市高级人民法院依照《中华人民共和国民事诉讼法》第153条第1款第1项之规定，裁定如下：驳回上诉，维持原裁定。

**二审裁判理由**

北京市高级人民法院二审查明的事实与一审相同。在二审期间，汉唐公司于2006年12月20日就上述〔2004〕二中民初字第08635号判决、〔2005〕高民终字第580号判决向北京市高级人民法院提出再审申请，请求撤销二判决，驳回台群清算委员会的起诉或诉讼请求。北京市高级人民法院于2007年4月23日作出〔2007〕高民监字第718号裁定，裁定对台群清算委员会诉汉唐公司履行出资义务一案进行再审，再审期间，中止原判决的执行。

北京市高级人民法院认为：具备股东资格是行使股东知情权的前提。本案中，汉唐公司吸收合并台湾台群公司而概括承继台湾台群公司的权利义务后，其在台湾台群公司投资而取得的北京台群公司的股东资格未报经外资企业审批机关审批。而且，在台群清算委员会诉汉唐公司出资纠纷一案中，汉唐公司主张"对台湾台群公司投资北京台群公司事宜不知情，台湾台群公司与陈石虎设立北京台群公司的《投资协议书》系恶意串通签订、应属无效，汉唐公司对北京台群公司不负有投资义务"。究其实质，汉唐公司在该案中是要否认自己在北京台群公司的股东身份。汉唐公司并对该案中法院判令其缴纳欠付北京台群公司出资的判决提出了申诉，现该申诉案件正在审理之中。综上，在目前尚不能认定汉唐公司具有北京台群公司股东身份的情况下，汉唐公司不享有股东知情权，其要求台群清算委员会为其办理股东变更审批手续及登记手续的诉讼请求亦无权利依据。故本案原审法院裁定驳回汉唐公司的起诉正确，汉唐公司的上诉请求人民法院不予支持。

### 46. 法律要求必须在公司专职执业的股东从公司离职后，是否立即失去股东身份？

一般情况下，股东退出公司可以通过转让股份、要求公司回购股份或者减少注册资本等方式实现。《会计师事务所审批和监督暂行办法》对于合伙人的条件限制系在会计师事务所的设立一章中规定的，并且合伙人亦可以转让其所持有的股份，因此虽然股东与公司就其离职一事达成一致，也应当允许其有一个合理的时间就转让股份的相关事宜做适当准备，并完成退出公司的相关手续。

**典型疑难案件参考**

宁丁诉北京远大会计师事务所有限公司股东知情权案

**基本案情**

2004年1月16日，北京远大会计事务所有限公司（以下简称远大事务所公司）成立，股东为王文领、宁丁、于亚云、魏庆波、许炳贵、汤究达。2004年6月25日，远大事务所公司召开股东会，公司全体股东出席，并形成二份《股东会决议》，其中一份决议内容为：王文领的股权1万元，占注册资本的2%转让给宁贵波；另一份决议内容为：汤究达的股权17万元，占注册资本的34%转让给王文领。该二份股东会决议上均载有宁丁的签字。在上述两次股东变更后工商登记再未进行过变更。2005年12月30日，远大事务所公司与宁丁签订了一份《约定书》，载明：宁丁提出离开远大事务所公司，远大事务所公司于2005年12月30日，同意其离开，为保证双方的权利和义务，双方本着互让互谅的原则,经友好协商,达成以下约定:(1)宁丁在远大事务所公司工作期间,由于远大事务所公司经营困难,总计有91259.25元费用未能及时结算给宁丁,其中,社会保险(四险)5959.25元、住房公积金7500元、未付工资22700元、业务费用51100元、其他费用3500元、存档费500元;现宁丁已离开公司,双方商定这些费用远大事务所公司分三次在两年内偿还给宁丁:第一次还款时间为2005年12月31日,偿还总金额的25%;第二次还款时间为2006年7月1日,偿还总金额的25%;第三次还款时间为2007年12月31日前,偿还总金额的50%,即清偿完毕。除上述费用外,双方无其他经济纠纷;(2)宁丁离开远大事务所公司后,保证不泄露远大事务所公司机密,不做有损远大事务所公司利益的事情,远大事务所公司对于宁丁也有相同的义务;(3)宁丁应与远大事务所公司办理相关工作的交接事宜,双方不得设立阻碍交接工作的相关事宜;(4)远大事务所公司对宁丁的转所等事宜应提供必要的便利和保证。

2005年12月31日,宁丁与远大事务所公司交接完毕。

2005年12月31日,宁丁向远大事务所公司及王文领发出了一份《申请书》,载明:因即将撤股,作为公司股东,本人申请查阅公司(远大事务所公司)自2004年成立之日起至今的所有账簿及相关会计资料。

同日,王文领在申请书《回执》上签字,载明:本人已于2005年12月31日收到本公司股东宁丁提交的申请查阅公司(远大事务所公司)自2004年成立之日起至今的所有账簿及相关会计资料的申请书。

王文领对宁丁的申请未作出答复。

另查,宁丁为诉讼支付了查询费150元,复印费16元。

宁丁称其查阅会计账簿还有以下几点目的:(1)远大事务所公司于2005年7月开始接受了一个北京市财政局的检查,检查结果至今未反馈给我,我作为股东有权知道此检查的结果,而且我从别处得到的消息,财政局说有五家事务所有问题,我想知道远大事务所公司是否属于此列;(2)王文领违反会计法规定,掌握公司的账目,所以我需要查阅;(3)我认为王文领等人没有会计证。

### 诉辩情况

宁丁起诉,要求法院:(1)判令远大事务所公司提供从开业至2006年1月31日的公司账簿供宁丁查阅;(2)判令远大事务所公司承担此次诉讼的全部费用,包括诉讼费、工商查询费150元、交通费100元、通讯费100元、复印费16元。

被告及其委托代理人辩称:(1)宁丁不具有远大事务所公司股东资格,

根据2005年财政部第24号令，会计师要在会计师事务所专职执业。而宁丁与远大事务所公司签订过《约定书》，已经离开该公司，故不享有股东权益；（2）宁丁要求查阅远大事务所公司账簿没有依据，宁丁称其要求查阅账簿是因为要明确其股权转让价格，但该要求可以通过查阅财务报表来实现；（3）会计账簿涉及商业秘密，宁丁要求查阅会计账簿有可能损害公司的合法权益，远大事务所公司有权拒绝其要求。综上，请法庭驳回宁丁的诉讼请求。

### 裁判结果

北京市海淀区人民法院根据《中华人民共和国公司法》第34条第2项之规定，作出如下判决：

驳回原告宁丁的诉讼请求。

案件受理费50元，原告宁丁已预交，由其自行负担。

### 裁判理由

北京市海淀区人民法院根据上述事实和证据认为：本案争议的焦点为：宁丁是否具有要求查询公司账簿的股东身份；关于宁丁要求查阅远大事务所公司会计账簿的目的是否正当。

1. 关于第一个问题，本院认为：宁丁在诉讼时仍然具有远大事务所公司的股东资格。有限责任公司的股东依据其出资享有股东的权利，承担股东的义务，任何股东经合法程序均可要求退出公司。一般股东退出方式可以通过转让股份、要求公司回购股份或者减少注册资本等方式实现。本案中，宁丁与远大事务所公司虽然就宁丁离开公司一事达成了一份《约定书》，但是双方并没有就宁丁的股份如何处理作出约定，并且远大事务所公司的工商登记中的股东仍然包括宁丁，因此宁丁仍然具有远大事务所公司的股东的身份。对此，远大事务所公司抗辩称：根据中华人民共和国财政部第24号令《会计师事务所审批和监督暂行办法》之规定，会计师事务所的合伙人应当在会计师事务所专职执业，宁丁已经离开公司，因此不再具有股东的资格。但本院认为：《会计师事务所审批和监督暂行办法》对于合伙人的条件限制系在会计师事务所的设立一章中规定的，并且合伙人亦可以转让其所持有的股份，因此虽然宁丁与远大事务所公司就其离职一事达成一致，也应当允许其有一个合理的时间就转让股份的相关事宜做适当准备，并完成退出公司的相关手续，而并非如远大事务所公司所理解的，宁丁离开远大事务所公司即丧失了其股东的身份，故对此抗辩，本院不予采信。本院认为宁丁自远大事务所公司成立至今一直系远大事务所公司的股东。

2. 关于宁丁要求查阅远大事务所公司会计账簿的目的是否正当的问题。本院认为：宁丁作为远大事务所公司的股东，要求查阅公司会计账簿系其所享有的股东权利，远大事务所公司不得任意拒绝。宁丁于 2005 年 12 月 31 日向远大事务所公司提交了《申请书》要求查阅公司会计账簿，远大事务所公司未作出任何答复，其行为显属不当。然而，任何人行使权利均应当与选择预期目的符合的方式，宁丁在向远大事务所公司提供的《申请书》称其查阅会计账簿的目的系为确认股权价格，但其确定股权价格可以通过查阅公司财务会计报告确定，而不需要直接查阅公司会计账簿。宁丁也并未指出公司财务会计报告中何处存在问题，致使其无法确定其股权转让的价格。故本院认为虽然宁丁系公司的股东，享有股东的权利，但其行使权利应当有其合理性，即选择对股东和公司影响最小的方式。公司法之所以规定股东查阅公司账簿要有正当目的，并不仅仅是指股东查阅公司账簿不应具有侵害公司合法权益的故意，而且因查阅公司会计账簿作为公司知情权中的最终权利，还应当包括股东查询公司账簿的目的应当与该权利的救济程度相适应，不得任意滥用的含义。在宁丁可以通过其他救济手段行使其权利的情况下，本院认为其不应当直接要求查阅会计账簿。在庭审中，宁丁还称其查阅会计账簿还有其他目的，本院认为宁丁在向公司提交的《申请书》中对其在庭审中所陈述的目的并未提及，即未按照公司法的规定履行相应的程序，故其直接以上述目的要求人民法院支持其诉讼请求，本院不予支持。

此外，宁丁要求远大事务所公司支付其工商查询费 150 元、交通费 100 元、通讯费 100 元、复印费 16 元。因本院认为宁丁要求直接查阅公司会计账簿的诉讼请求不成立，故对于其要求远大事务所公司支付其相关诉讼费用的请求，本院不予支持。

### 47. 如何界定股东正当地行使知情权？

我国公司法规定，有限责任公司的股东要求查阅会计账簿的，应当向公司提出书面请求，说明目的。公司有合理根据认为股东查阅会计账簿有不正当目的，可以拒绝提供查询。判断股东行使知情权的"正当性"，应当根据股东查询请求的原因、目的和范围，结合案件实际情况综合确定。对于"正当性"的举证责任分配，应首先由股东提出其查询请求具备正当性的初步证据；公司有异议的，再提出充分的证据证明股东不具有正当目的。

## 典型疑难案件参考

### 王全福诉天津人立骨科器械有限公司确认股东资格及知情权纠纷案

**基本案情**

被告天津人立骨科器械有限公司原为国有企业，经上级主管部门天津市医药集团有限公司批准，于2002年9月2日改制为有限责任公司，公司注册资本为3495096.64元，其中天津市医疗器械工业公司出资2610096.64元，占注册资本的74.68%，包括原告王金福在内的48名骨科二厂职工共同出资885000元，占注册资本的25.32%，原告实际投资额为1万元，占注册资本的比例为0.2861%。2006年7月1日，被告召开股东会议并形成决议，同意部分公司股东之间进行股权转让，其中原告的投资额增至2万元，占注册资本的0.5722%。被告对原告的股东资格不持异议，并在公司成立后自2002年至2006年间多次对原告进行分红，原告共计分得红利8584.08元。

2008年9月26日，原告委托律师向被告发出律师函，向被告提出查阅被告公司会计账簿的申请，被告收到此函后认为，由于该律师函既未附有委托人的委托书，也没有委托人的本人签字，不能确认律师函的真实性，且律师函内容中也没有涉及查阅会计账簿的目的和范围，被告未予回复。

**诉辩情况**

原告王金福诉称：原告履行出资义务后，即成为公司股东，但原告从未参加过公司召开的股东会，被告的行为严重侵犯了原告作为股东的合法权益，故提出诉讼要求：（1）判令确认原告具有股东资格；（2）判令被告向原告提交财务会计报告，并要求查阅被告的会计账簿；（3）判令被告按原告的出资比例支付红利款1万元；（4）判令被告向原告赔偿经济损失1万元。

被告天津人立骨科器械有限公司辩称：被告自公司成立后从未否定过原告的股东资格，对于无争议的事实，原告的诉讼则不具有法律意义。由于原告未按正常申请程序提出查账申请，所邮寄的律师函既未附原告的授权委托书，内容中也没有查阅账簿的目的和范围，因此不符合《中华人民共和国公司法》的规定，应予以驳回。至于原告要求被告支付红利及赔偿损失的诉讼请求，被告认为，原告作为公司股东已充分享有了股东权利，并多次取得了红利，因此，原告该部分诉讼请求无事实及法律依据，请求驳回原告的起诉。

### 裁判结果

天津市河东区法院于2009年2月24日作出〔2008〕东经初字第416号民事判决,依照《中华人民共和国公司法》第34条第2款、第47条第5项的规定,驳回原告的全部诉讼请求。

一审宣判后,各方当事人均未上诉,一审判决发生法律效力。

### 裁判理由

天津市河东区人民法院认为:被告通过企业改制,原告以现金方式投资于被告,签订了公司章程,并进行了工商备案登记,即具有了被告公司的股东身份。庭审中,原、被告双方对此均不持异议,且被告在公司成立后从未否认过原告的股东资格,2002年至2006年间被告还曾多次按照原告的投资比例为原告进行分红,因此,原告在本案中要求确认其股东资格的诉讼请求属于无争议事实,其主张人民法院确认无法律意义,本院不予支持。

按照《中华人民共和国公司法》第34条第2款的规定,公司股东可以要求查阅公司会计账簿。股东要求查阅公司会计账簿的,应当向公司提出书面请求,说明目的,公司有合理根据认为股东查阅会计账簿有不正当目的,可能损害公司合法权益的,可以拒绝提供查阅,并应当自股东提出书面请求之日起15日内书面答复股东并说明理由。公司拒绝提供查阅的,股东可以请求人民法院要求公司提供查阅。本案中,原告虽然曾于2008年3月26日委托律师用律师函的方式向被告提出查阅公司账簿的申请,但被告收到的律师函中,原告并未随信附有授权委托书,也没有原告的签字,被告无法判断该律师函的真实性及合法性,且该律师函内容中也未说明提出查阅账簿的原因、目的和范围,也使被告不能确定原告查阅公司账簿的行为是否会损害公司的合法利益。因此,被告对原告律师函中提出的查阅请求未予答复,并不违反《中华人民共和国公司法》的规定,原告在本案中要求查阅被告公司账簿的诉讼请求,本案不予支持。但该处理结果并未否定原告作为被告股东所享有的知情权,原告按照公司法的相关规定及公司章程的约定,依然有权向被告提出查阅公司账簿的申请,但必须符合相关法律规定。

原告在诉讼中还提出要求被告按照原告的投资比例支付红利约1万元的诉讼请求。经审理后,本院认为,红利是由董事会根据公司章程的规定,结合公司的可分配利润、实际运营和资金状况等拟定分配方案,经决议以现金方式向全体股东按出资比例发放的股利,股东无权要求单独分配。有可分配利润是公司分配红利的前提条件之一,具体分配的时间、方式和数额要受限于公司的经营战略、资金状况，并由董事会决议通过，即使董事会决议本年度不分配红利，也不影响股东按照出资比例在可分配利润中享有的相应权利。原告混淆了可供投资者分配的利润（即投资者收益）与红利的概念，忽视了应由董事会行使的收益分配权。原告在公司成立时投资1万元，后于2006年追加投资至2万元。2002年至2006年间原告已累计获得红利总计8584.08元，已取得了高额投资回报，因此没有证据表明被告侵害了原告的收益分配权。另外，原告主张红利分配权与知情权是两个不同性质的独立诉权，虽然两者都由公司法进行调整，但红利分配权是以知情权为基础的，原告只有通过主张知情权，了解了公司经营状况以及是否存在可供投资者分配利润，才能提请红利分配，两个诉权不能在一案中合并主张，因此原告要求被告按原告的出资比例支付红利约1万元的诉讼请求，本院不予支持。

关于原告提出要求被告赔偿1万元经济损失的诉讼请求，因原告既未说明损失发生的原因和具体内容，也未提供经济损失的计算标准和相关证据，本院不予支持。

## 48. 应如何认定股东查阅公司会计账簿目的的正当性？

查阅公司会计账簿是股东实现股东知情权的有效途径，但该权利的行使不得侵犯公司及其他股东的权益，并受一定的限制。公司有合理根据认为其查阅会计账簿有不正当目的，可能损害公司合法利益的，有权拒绝。

一般情况下，如果股东查阅的目的与保护股东的利益具有直接关系，则应当视为股东具有正当目的，例如，股东希望了解公司不向其支付股息的原因；调查可能存在的公司管理不善情形；需要通过行使知情权对管理者的错误行为提起诉讼；等等。但如果股东与公司之间存在同业竞争关系或者股东曾经因查阅公司会计账簿给公司利益造成损害，则应视为股东目的不正当。公司应当对股东查阅会计账簿的不正当目的负举证责任。如果公司拿不出合理根据，证明股东要求查阅账簿的目的是不正当的，法院应当判令支持股东查阅公司账簿的诉讼请求。

### 典型疑难案件参考

## 张章生诉宁波中缝公司股东知情权纠纷案

### 基本案情

2004年1月,张章生与香港伟昌衣车有限公司等六股东设立了宁波中缝精机缝纫机有限公司(以下简称宁波中缝公司),张章生的股份份额为32%,公司经营范围为高技术含量特种工业缝纫机的生产。公司章程约定,董事会由六名董事组成,投资方各委派一名;董事长一名由香港伟昌衣车有限公司委派,副董事长一名由张章生委派;公司设总经理一人,副总经理五人,正副总经理由董事会聘请。公司成立后,张章生经董事会聘请,任公司总经理。2008年11月17日经董事会决议,免除了张章生的总经理职务。2009年2月12日,张章生向被告提交要求查阅公司会计账簿的报告,认为长期以来公司从未将财务状况向其披露,2008年在未经全体股东一致同意,公司董事长由李基变更为冯芳,并更换了公司财务章,因对公司设立以来的巨额资金的使用及财务收支有疑虑,要求查阅公司历年来的会计账簿。2009年2月19日,被告出具回复函拒绝了张章生要求查阅公司会计账簿的请求,理由是:张章生涉嫌侵占公司机器设备和公司巨额款项,公司已向宁波市北仑公安分局报案,并即将进行后续报案,为防止账簿灭失和相关人员串供而干扰公安机关办理案件;另外公司处于全面停产阶段,而在之前公司正常生产时期,系张章生指派家属周飞鹏担任财务主管,对公司财务账册和报表是经常查阅和知悉内容的。

另据一审法院查明:宁波中缝公司从2008年6月起处于停业状态,但仍在建造新厂房。2009年7月16日,被告诉至一审法院,要求张章生归还借离的注册资本金438万元,并支付利息损失87.6万元,一审法院于同日受理了双方的股东出资纠纷,该案件尚在审理中。张章生妻子周芝瑛系浙江中缝重工缝纫机有限公司法定代表人,该公司和中逢公司均生产经营工业缝纫机,张章生亦参与了浙江中缝重工缝纫机有限公司的经营管理。

### 一审诉辩情况

2009年8月13日,张章生起诉至浙江省宁波市北仑区人民法院,要求被告向其提供自被告公司设立起至起诉日止被告公司的会计账簿。

被告宁波中缝公司辩称:被告拒绝张章生查阅公司账簿有正当理由且符合法律规定。公司章程规定,公司董事长由香港伟昌衣车有限公司指派,故香港伟昌衣车有限公司指派董事长符合公司章程规定,原告以此对公司提出疑虑无正当理由。原告虽系股东,但其注册资本到位后曾大量抽离至今未能全部归还,由于其涉嫌抽逃注册资金,北仑区公安局已将案件移交北仑区工商部门先行进行行政调查,为防止调查受到干扰,相关人员伪造证据或串供,故拒绝原告查看会计账簿。另外,原告妻子系浙江中缝重工缝纫机有限公司法定代表人,该公司与被告做同样的产品,客户群也一样,实际由原告经营管理。公司会计账簿中有大量客户信息,涉及同行业的许多商业秘密,原告要求查阅公司会计账簿,涉嫌同业竞争。为此,被告拒绝原告查阅会计账簿的请求。如果法院认为原告可以查阅会计账簿,也仅限于原告本人查阅,并且仅限于查阅,原告不得复制。

### 一审裁判结果

一审法院依照《中华人民共和国公司法》第34条第2款的规定,判决:驳回原告张章生的诉讼请求。

### 一审裁判理由

一审法院经审理认为:原告张章生作为宁波中缝公司的股东,要求查阅公司会计账簿系其作为股东所享受的权利,但该权利的行使不得侵犯公司及其他股东的权益。原告妻子系浙江中缝重工缝纫机有限公司法定代表人,原告也在一定程度上参与了该公司的经营管理,而该公司与被告均生产经印业缝纫机,两公司明显存在同业竞争,而会计账簿必然反映销售客户群、销售价格等商业秘密;另外,原告与被告之间存在股东出资纠纷,该纠纷法院正在审理中,会计账簿也必然反映股东出资的到位流转情况,原告查阅公司会计账簿可能会对该纠纷造成影响;原告主张通过查阅会计账簿了解公司财务状况,股东了解公司财务状况也可以通过复制查阅会计财务报告达到该目的,并非须查阅会计账簿。综上,原告要求查阅公司会计账簿,公司有合理根据认为其查阅会计账簿有不正当目的,可能损害公司合法利益,有权拒绝。故原告要求查阅公司会计账簿的请求,不予支持。

### 二审诉辩情况

一审宣判后,原告张章生不服,于2009年11月向浙江省宁波市中级人民法院提起上诉称:(1)一审法院认为上诉人与被上诉人存在同业竞争,可能损害被上诉人利益,而认定有不正当目的是不成立的。因为商业秘密的认定须符合《中华人民共和国反不正当竞争法》的规定,不是每家企业的客户群、销售价格都一定是商业秘密。(2)上诉人查阅公司会计账簿,只是查阅,而不是修改,而会计账簿并不涉及会计凭证,双方间的股东出资纠纷即便成立,有关出资纠纷的证据也是早就固定的,不会因为查阅会计账簿而发生影响。(3)通过复制查阅会计财务报告,上诉人不可能达到了解公司经营状况、公司财务状况的目的,否则股东查阅公司会计账簿的规定就形同虚设。

▶ 二审裁判结果

2009年12月21日,上诉人张章生以双方达成和解协议,并已履行完毕为由,向宁波市中级人民法院申请撤回上诉,宁波市中级人民法院依法作出了准许原告撤诉的裁定。

**49. 公司在法律规定的期限内尚未对股东查阅公司会计账簿的请求作出书面答复,股东即向法院提起诉讼,是否违反了法律规定的前置程序?**

股东提起账簿查阅权诉讼的前置条件是股东向公司提出了查阅的书面请求而公司拒绝提供查阅或者未在法律规定的15天答复期内作出书面答复。设定这一前置条件的目的在于维持股东和公司之间的利益平衡,既保障股东在其查阅权受侵犯时有相应的救济途径,也防止股东滥用诉权,维护公司正常的经营。如果股东在公司作出准许查阅的书面答复之前提起诉讼,而公司在庭审中明确表示拒绝股东的查阅要求,则法院应当对案件作出实质性判决,而不应以股东起诉时未满法律规定的答复期为由裁定驳回股东的起诉。

**50. 如果股东与公司的诉讼相对人关系密切,公司能否以怀疑股东为诉讼相对人收集对公司不利的证据为由,主张股东查阅账簿具有不正当目的?**

《中华人民共和国公司法》第34条规定的公司拒绝查阅权所保护的是公司的合法利益,而不是一切利益。基于诚实信用原则,案件当事人理应对法庭或仲裁庭如实陈述,并按法庭或仲裁庭要求提供自己掌握的真实证据,以拒不出示不利于己的证据为手段而获得不当利益为法律所禁止。相反,股东知情权是股东固

> 有的、法定的基础性权利，无合理根据证明股东具有不正当目
> 的，则不应限制其行使。因此，公司怀疑股东查阅会计账簿的目
> 的是为公司在其他案件中的对方当事人收集证据，并以此为由拒
> 绝提供查阅的，不属于《中华人民共和国公司法》第 34 条规定
> 的股东具有不正当目的、可能损害公司合法利益的情形。

## 典型疑难案件参考

李淑君、吴湘、孙杰、王国兴诉江苏佳德置业发展有限公司股东知情权纠纷案（《中华人民共和国最高人民法院公报》2011 年第 8 期，总第 178 期）

### 基本案情

被告江苏佳德置业发展有限公司（以下简称佳德公司）是成立于 2003 年 10 月 15 日的从事房地产开发的有限责任公司。截至 2004 年 8 月 7 日，该公司的股东持股情况为：施允生出资 460 万元、王国兴出资 250 万元、张育林出资 160 万元、孙杰出资 65 万元、吴湘出资 65 万元。2007 年 9 月 7 日，张育林将其持有的全部股份转让给李淑君。

2009 年 4 月 8 日，原告李淑君、吴湘、孙杰、王国兴向被告佳德公司递交申请书，称："申请人李淑君、吴湘、孙杰、王国兴作为江苏佳德置业发展有限公司（以下简称公司）股东，对公司经营现状一无所知。公司经营至今没有发过一次红利，并对外拖欠大量债务，使四申请人的股东权益受到了严重侵害。四申请人为了解公司实际情况，维护自己合法权益，现依据《中华人民共和国公司法》，依法行使股东对公司的知情权。现四申请人准备于 2009 年 4 月 23 日前，在公司住所地依据公司法的规定查阅或复制公司的所有资料（含公司所有会计账簿、原始凭证、契约、通信、传票、通知等），特对公司提出书面申请。望公司准备好所有资料，以书面形式答复四申请人的委托代理人江苏联创伟业律师事务所方昉律师。曰请人：王国兴、孙杰、吴湘、张育林（代）。"

2009 年 4 月 20 日，被告佳德公司函复四原告："本公司已于 2009 年 4 月 8 日收到……《申请书》以及《授权委托书》。对于《申请书》以及《授权委托书》中所述事项，因涉及较多法律问题，我公司已授权委托江苏世纪同仁律师事务所王凡律师、万巍律师，代表我公司依法予以处理。请你直接与王凡、万巍律师联系。"

被告佳德公司复函之前，2009年4月14日，四原告诉至法院，并提出上述诉求。同日，法院受理该案。2009年4月27日，法院向佳德公司送达应诉材料。

另查明：被告佳德公司和广厦建设集团有限责任公司（以下简称广厦公司）于2005年5月26日签订《宿迁市"颐景华庭"住宅工程建设工程施工合同》，广厦公司派驻管理工程的项目经理为张育林。2009年2月18日，广厦公司以佳德公司拖欠其19954940.05元工程款为由，向宿迁仲裁委员会提请裁决。

### 一审诉辩情况

原告李淑君、吴湘、孙杰、王国兴诉称：四人为被告佳德公司合法股东。因佳德公司在经营形势大好的情况下却拖欠大量债务，四人作为股东对佳德公司情况无法知悉，故依法要求行使股东知情权，了解公司的实际情况，但佳德公司对此非法阻挠，严重侵犯了四人作为股东的合法权益。请求判令四人对佳德公司依法行使知情权，查阅、复制佳德公司的会计账簿、议事录、契约书、通信、纳税申报书等（含会计原始凭证、传票、电传、书信、电话记录、电文等）所有公司资料。

被告佳德公司辩称：佳德公司从未不同意四原告查阅、复制公司章程、股东会会议记录和财务会计报告，但鉴于四原告具有不正当目的，请求驳回其要求查阅、复制佳德公司会计账簿的诉讼请求。

### 一审裁判结果

宿迁市宿城区人民法院依照《中华人民共和国民事诉讼法》第128条、公司法第34条之规定，于2009年7月28日判决：

驳回原告李淑君、吴湘、孙杰、王国兴的诉讼请求。

案件受理费减半收取40元，由四原告负担。

### 一审裁判理由

本案一审争议的争议焦点是：四原告行使知情权的范围是否有法律依据；四原告要求查阅、复制公司会计账簿是否具有不正当目的。

宿迁市宿城区人民法院一审认为：

《中华人民共和国公司法》第34条规定："股东有权查阅、复制公司章程、股东会会议记录、董事会会议决议、监事会会议决议和财务会计报告。股东可以要求查阅公司会计账簿……"因此，除会计账簿及用于制作会计账簿的相关原始凭证之外，四原告的诉讼请求已超出法律规定的股东行使知情权的范围，对超出范围的部分不予审理。

根据《中华人民共和国公司法》第 34 条第 2 款的规定，股东可以要求查阅公司会计账簿。股东要求查阅公司会计账簿的，应当向公司提出书面请求，说明目的。公司有合理根据认为股东查阅会计账簿有不正当目的，可能损害公司合法利益的，可以拒绝提供查阅，并应当自提出书面请求之日起 15 日内答复股东并说明理由。公司拒绝提供查阅的，股东可以请求人民法院要求公司提供查阅。该条规定明确股东对公司会计账簿行使知情权的范围仅为查阅，且不能有不正当目的。但被告佳德公司原股东张育林现为"颐景华庭"工程承包人广厦公司派驻管理工程的项目经理，因佳德公司和广厦公司之间涉及巨额工程款的仲裁案件未决，与佳德公司之间存在重大利害关系。申请书和四原告的民事起诉状及授权委托书上均有张育林签字，四原告对此不能作出合理解释，证明张育林与本案知情权纠纷的发动具有直接的关联性，也证明四原告在诉讼前后与张育林之间一直保持密切交往，其提起知情权诉讼程序不能排除受人利用，为公司的重大利害关系人刺探公司秘密，进而图谋自己或第三人的不正当利益的重大嫌疑。

固然股东调查公司的财务状况是其正当权利，然而一方面从被告佳德公司的工商登记材料来看，四原告声称"对公司经营现状一无所知"显然不属实；另一方面，即便四原告查阅会计账簿具有了解公司经营状况的正当目的，但同时四原告的查阅很可能具有放任公司正当利益受损的主观故意，而目前正在审理的佳德公司的仲裁案件，标的额巨大，对比四股东的知情权，在二者发生冲突时，两者相害取其轻，应优先保护公司的权益。四原告可以在仲裁案件结案后或者在证明已经排除查阅会计账簿与张育林的关联性之后，再行主张自己对会计账簿的知情权。

此外，《中华人民共和国公司法》第 34 条第 2 款还规定股东提起知情权诉讼的前置程序，即股东必须有证据证明公司在其提出书面请求并说明目的后，公司明确拒绝其查询会计账簿，或在法定的期间内（15 日）未予答复，方能提起知情权诉讼。具体到本案而言，四原告在 2009 年 4 月 8 日递交公司的《申请书》中称"四申请人准备于 2009 年 4 月 23 日前"至公司行使知情权，但 2009 年 4 月 14 日四原告即至法院起诉，期间仅 6 天时间，因此，四原告的起诉不符合法定的前置要件。

综上所述，四原告要求行使知情权不仅超出法定范围，且其关于查阅会计账簿的起诉违反法定前置程序，同时被告佳德公司有合理根据表明四原告行使该权利可能损害公司合法利益，故对四原告的诉讼请求不予支持。

**二审诉辩情况**

李淑君、吴湘、孙杰、王国兴不服一审判决,向江苏省宿迁市中级人民法院提起上诉,请求撤销一审判决,判令四上诉人依法查阅或复制被上诉人佳德公司的所有资料(含公司所有会计账簿、原始凭证、契约、通信、传票、通知等)。其主要理由是:

1. 一审判决认定四上诉人的诉讼请求超出法律规定的股东行使知情权的范围是错误的。(1)一审法院没有明确"相关原始凭证"的具体内容。(2)会计账簿必须全面、真实、客观、合法,才能真实反映公司资产经营状况。股东行使知情权不是只知道一个数额,而是要知道这些数额的真实性。因此,上诉人请求查阅公司的全部资料没有超出法律规定的范围。

2. 一审判决认定四上诉人提起知情权诉讼具有不正当目的以及可能存在放任损害公司正当利益的主观故意,无合法合理根据。(1)被上诉人佳德公司对外拖欠巨额债务,房产销售巨额资金不知去向,从未分过红利,股东会和董事会无法正常召开等,上诉人对此存在怀疑并要求行使股东知情权目的完全正当。(2)一审判决仅通过张育林在申请书及授权委托书上签名、而张育林是广厦公司项目经理、广厦公司和佳德公司正在进行关于工程款的仲裁等情况,就认定四上诉人具有不正当目的或可能具有放任公司正当利益受损的主观故意,并没有充分证据证明,只是法官的主观臆想,不能成为剥夺股东最基本权利的理由。(3)上诉人在一审庭审中明确说明,因李淑君不能及时赶回南京,故临时紧急委托张育林代其签署相关文件,对张育林签名一事作出了充分合理的解释。李淑君虽委托他人签字,但行使知情权的主体只能是其个人。且张育林只是受李淑君一人委托,并不是四上诉人共同委托,一审也没有证据证明四上诉人和张育林有紧密联系。(4)广厦公司和佳德公司目前虽是利益冲突方,但不存在竞争关系。工程款是依据工程承包合同和工程资料,严格依照法律规定进行审计决算的,四上诉人行使知情权而需要查阅的公司资料即使泄露出去也不可能使得施工方因此多获取利益。(5)一审判决认定四上诉人可以在仲裁案件结案后或者在证明已经排除查阅会计账簿与张育林的关联性之后再行主张自己对会计账簿的知情权。但仲裁案件结案是不确定的概念,一审判决也没有明确指出与张育林关联性指的是什么。要求上诉人举证证明排除以上关联性违反了民事诉讼的举证规则,应由被上诉人举证证明四原告和张育林有关联性且会损害公司利益。(6)一审判决通过工商登记资料认定上诉人对公司经营状况知悉,从而成为剥夺上诉人知情权的理由之一。但工商登记资料是公司对社会公众应尽的披露义务,不能以此认定股东知悉公司的经营状况。

3. 一审法院把诉讼前置程序和公司法规定的股东行使知情权的内部程序混为一谈。《中华人民共和国公司法》第34条规定的是股东在公司内部行使知情权要经过的程序和期限。15天是规定公司对股东应当履行答复义务的期限。被上诉人佳德公司在一审法院开庭审理之日已经超过15天没有作出任何答复，依照一审法院的说法，是否要上诉人撤诉再行起诉。如是诉讼前置程序，则在立案阶段应作出不予受理的裁定，在审判阶段也应作出驳回起诉的裁定，而不是作出实体审理并作出实体判决。

被上诉人佳德公司答辩称：一审判决认定事实清楚，适用法律正确，请求驳回上诉，维持原判。其理由是：

1. 关于股东行使知情权的范围，一审判决认定正确。本案中，不论四上诉人申请书所要求查阅、复制的内容还是民事起诉状所诉请查阅、复制的内容和范围均不符合法律规定。(1) 申请书及诉状中均有张育林签名，而张育林早已不是公司股东，无权行使知情权。(2) 根据公司法及司法解释规定，股东可以要求查阅、复制的资料包括公司章程、股东会议记录、董事会会议决议、监事会会议决议和财务会计报告。但是法律和司法解释并未规定可以复制会计账簿及相关原始凭证，也未规定可以查阅并复制"契约、通信、传票、通知"以及"议事录、契约书、通信、纳税申报书"等公司"所有资料"。(3) 四上诉人在起诉状中声称要查阅、复制的是"会计原始凭证"，而不是所谓其他凭证。据此，一审判决认定"除会计账簿及用于制作会计账簿的相关原始凭证之外，原告的诉讼请求已超出法律规定的股东行使知情权的范围"正确。(4) 被上诉人佳德公司已全面履行配合股东行使知情权的法定义务，向四上诉人提交了公司重大经营事项有关的必要资料，足以说明佳德公司自成立至今有关经营数据的真实性、合法性、合理性。

2. 一审判决认定四上诉人行使知情权具有不正当目的，认定事实清楚，适用法律正确。(1) 四上诉人行使知情权无正当理由，被上诉人佳德公司在经营中遇到的银行拍卖土地、房产被保全等问题均是四上诉人配合张育林不正当目的而损害公司合法利益的后果。(2) 张育林与广厦公司具有一致的利益关系，与佳德公司具有对立的利益关系。张育林在四上诉人的申请书及诉状中提出"查阅并复制佳德公司所有资料"的要求显然是为广厦公司服务，意在收集对佳德公司不利的证据。四上诉人在明知的情况下仍配合并放任张育林签字、起诉，目的明显不正当。(3) 四上诉人对诉状中出现张育林签名的解释缺乏事实依据。知情权诉讼具有特定身份性，任何人均不得代替股东行使这一权利。(4) 仲裁案中，张育林方面罔顾事实，提出了超额的诉讼主张。为证明其合法性，便穷尽一切方式收集有利证据。(5) 佳德公司已提交充分证据证明四上诉人具有不正当目的，则举证责任已转移至四上诉人。若四上诉人不能举证排除其查阅会计账簿与张育林的关联性，只要仲裁案件未结案，其就不能查阅公司会计账簿。（6）佳德公司已向四上诉人提交了公司全部工商设立、变更、年检登记文件及审计报告，全面履行了配合股东行使知情权的法定义务。

3. 关于诉讼前置程序。（1）佳德公司不存在"拒绝提供查阅"的情形，在一审中还向四上诉人提供了公司经营过程中形成的重要资料。因此，四上诉人无权依据公司法请求人民法院要求公司提供查阅。（2）四上诉人在申请书中将2009年4月23日设定为佳德公司承诺的最后期限，而其起诉时尚处于其设定的承诺期限内，佳德公司4月17日还向四上诉人发出通知书，特别提示了有关事项。据此，四上诉人的起诉不符合法律规定的条件，相关主张不具备法定成立要件，一审判决将其驳回并无不当。

### 二审裁判结果

江苏省宿迁市中级人民法院依照《中华人民共和国公司法》第34条、《中华人民共和国民事诉讼法》第153条第1款第3项之规定，于2010年1月6日判决：

一、撤销宿迁市宿城区人民法院〔2009〕宿城民二初字第00448号民事判决；

二、被上诉人佳德公司于本判决生效之日起10日内提供自公司成立以来的公司会计账簿（含总账、明细账、日记账、其他辅助性账簿）和会计凭证（含记账凭证、相关原始凭证及作为原始凭证附件入账备查的有关资料）供上诉人李淑君、吴湘、孙杰、王国兴查阅。上述材料由四上诉人在佳德公司正常营业时间内查阅，查阅时间不得超过10个工作日；

三、驳回上诉人李淑君、吴湘、孙杰、王国兴的其他诉讼请求。

一审案件受理费40元、二审案件受理费80元，合计120元，由被上诉人佳德公司承担。

本判决为终审判决。

### 二审裁判理由

江苏省宿迁市中级人民法院经二审，确认了一审查明的事实。

本案二审的争议焦点是：四上诉人提起知情权诉讼是否符合法律规定的前置条件，四上诉人要求行使知情权是否具有不正当目的，四上诉人主张行使知情权的范围是否符合法律规定。

宿迁市中级人民法院二审认为：

1. 关于四上诉人起诉要求行使知情权是否符合公司法规定的前置条件。股东知情权是指法律赋予股东通过查阅公司的财务会计报告、会计账簿等有关公司经营、管理、决策的相关资料，实现了解公司的经营状况和监督公司高管人员活动的权利。股东知情权分为查阅权、检查人选任请求权和质询权。本案中，四上诉人诉请的性质为查阅权。

《中华人民共和国公司法》第34条第2款规定："股东可以要求查阅公司会计账簿。股东要求查阅公司会计账簿的，应当向公司提出书面请求，说明目的。公司有合理根据认为股东查阅会计账簿有不正当目的的，可能损害公司合法利益的，可以拒绝提供查阅，并应当自股东提出书面请求之日起15日内书面答复股东并说明理由。公司拒绝提供查阅的，股东可以请求人民法院要求公司提供查阅。"依据上述法律规定，股东提起账簿查阅权诉讼的前置条件是股东向公司提出了查阅的书面请求且公司拒绝提供查阅。这一前置条件设定的目的在于既保障股东在其查阅权受侵犯时有相应的救济途径，也防止股东滥用诉权，维护公司正常的经营。本案中，四上诉人于2009年4月8日向佳德公司提出要求查阅或复制公司的所有资料（含公司会计账簿、原始凭证、契约、通信、传票、通知等）以了解公司实际财务状况的书面请求，虽然4月14日四上诉人至一审法院起诉时佳德公司尚未作出书面回复，但佳德公司在4月20日的复函中并未对四上诉人的申请事项予以准许，且在庭审答辩中亦明确表明拒绝四上诉人查阅、复制申请书及诉状中所列明的各项资料。至此，四上诉人有理由认为其查阅权受到侵犯进而寻求相应的法律救济途径，此时不宜再以四上诉人起诉时15日答复期未满而裁定驳回其起诉，而应对本案作出实体处理，以免增加当事人不必要的讼累。

2. 关于四上诉人要求行使知情权是否具有不正当目的。由于股东的知情权涉及股东和公司之间的利益冲突，在保护股东利益的同时也应适当照顾公司的利益，使双方利益衡平，故知情权的行使应当符合一定的条件并受有一定的限制。本案中，四上诉人向被上诉人佳德公司提出书面请求说明其行使知情权的目的是了解公司实际经营现状，显属其作为有限责任公司股东应享有的知情权。佳德公司以四上诉人具有不正当目的为由拒绝其查阅，则应对四上诉人是否具有不正当目的并可能损害其合法利益承担举证责任。

被上诉人佳德公司认为四上诉人查阅会计账簿的目的是为了收集并向广厦公司提供工程款纠纷仲裁一案中对佳德公司不利的证据，损害佳德公司及其他股东的合法利益，其主要证据是四上诉人提交的申请书、诉状及授权委托书中均有张育林代李淑君签名，因为张育林的身份系广厦公司派驻佳德公司工程的项目经理,且直接参与了广厦公司与佳德公司的仲裁一案。法院认为佳德公司所举证据不足以证明四上诉人查阅公司会计账簿具有不正当的目的,且可能损害佳德公司合法利益。理由如下:(1)因李淑君的股份系受让自张育林,故其临时委托张育林代为签名也在情理之中。其后李淑君本人在诉状及授权委托书上亲自签名,表明提起知情权诉讼系其真实意思表示。张育林之前受李淑君委托在诉状及授权委托书中代为签名,其法律效力及法律后果应由李淑君承担,张育林本身不是本案主张行使知情权的主体,并非如佳德公司所主张的系代替李淑君行使知情权。最终能够实际行使知情权的也只能是佳德公司股东李淑君,而非张育林。(2)四上诉人合计持有佳德公司54%的股权,其与佳德公司的利益从根本上是一致的。佳德公司如在与广厦公司仲裁一案中失利,客观上将对四上诉人的股东收益权造成不利影响。且提起本案诉讼的系上诉人李淑君、吴湘、孙杰、王国兴四名股东,而非李淑君一名股东,佳德公司仅以张育林代李淑君签名,而认为四上诉人提起本案诉讼的目的在于为其利益冲突方广厦公司收集仲裁一案的不利证据,显然依据不足。(3)佳德公司主张四上诉人在查阅公司会计账簿后可能会为广厦公司收集到直接导致佳德公司在仲裁一案中多支付工程款的相关证据,但未明确证据的具体指向。法院认为,《中华人民共和国公司法》第34条规定的公司拒绝查阅权所保护的是公司的合法利益,而不是一切利益。基于诚实信用原则,案件当事人理应对法庭或仲裁庭如实陈述,并按法庭或仲裁庭要求提供自己掌握的真实证据,以拒不出示不利于己的证据为手段而获得不当利益为法律所禁止。如佳德公司持有在仲裁一案中应当提供而未提供相关证据,则不能认定股东查阅公司账簿可能损害其合法利益。综上,股东知情权是股东固有的、法定的基础性权利,无合理根据证明股东具有不正当目的,则不应限制其行使。佳德公司拒绝四上诉人对公司会计账簿行使查阅权的理由和依据不足,不予采信。

3. 关于四上诉人主张行使知情权的范围是否符合法律规定。四上诉人请求查阅、复制被上诉人佳德公司的会计账簿、议事录、契约书、通信、纳税申报书等(含会计原始凭证、传票、电传、书信、电话记录、电文等)所有公司资料。被上诉人佳德公司辩称其已向四上诉人提交了自公司成立起的全部工商设立、变更、年检登记文件及审计报告等资料,履行了配合股东行使知情权的法定义务。对此,法院认为,股东知情权是股东享有对公司经营管理等重要情况或信息真实了解和掌握的权利,是股东依法行使资产收益、参与重大决策和选择管理者等权利的基础性权利。从立法价值取向上看,其关键在于保护中小股东合法权益。《中华人民共和国公司法》第34条第2款规定,股东可以要求查阅公司会计账簿。账簿查阅权是股东知情权的重要内容。股东对公司经营状况的知悉，最重要的内容之一就是通过查阅公司账簿了解公司财务状况。《中华人民共和国会计法》第 9 条规定："各单位必须根据实际发生的经济业务事项进行会计核算，填制会计凭证，登记会计账簿，编制财务会计报告。"第 14 条规定："会计凭证包括原始凭证和记账凭证。办理本法第十条所列的各项经济业务事务，必须填制或者取得原始凭证并及时送交会计机构。……记账凭证应当根据经过审核的原始凭证及有关资料编制。"第 15 条第 1 款规定："会计账簿登记，必须以经过审核的会计凭证为依据，并符合有关法律、行政法规和国家统一的会计制度的规定。"因此，公司的具体经营活动只有通过查阅原始凭证才能知晓，不查阅原始凭证，中小股东可能无法准确了解公司真正的经营状况。根据会计准则，相关契约等有关资料也是编制记账凭证的依据，应当作为原始凭证的附件入账备查。据此，四上诉人查阅权行使的范围应当包括会计账簿（含总账、明细账、日记账和其他辅助性账簿）和会计凭证（含记账凭证、相关原始凭证及作为原始凭证附件入账备查的有关资料）。对于四上诉人要求查阅其他公司资料的诉请，因超出了《中华人民共和国公司法》第 34 条规定的股东行使知情权的查阅范围，不予支持。关于查阅时间和地点，公司法赋予股东知情权的目的和价值在于保障股东权利的充分行使，但这一权利的行使也应在权利平衡的机制下进行，即对于经营效率、经营秩序等公司权益未形成不利影响。因此，四上诉人查阅的应当是和其欲知情的事项相互关联的材料，而并非对公司财务的全面审计，且查阅应当在公司正常的业务时间内且不超过 10 个工作日，查阅的方便地点应在佳德公司。

4. 关于四上诉人要求复制被上诉人佳德公司会计账簿及其他公司资料的诉讼请求，法院认为，公司法赋予了股东获知公司运营状况、经营信息的权利，但同时也规定了股东行使知情权的范围。《中华人民共和国公司法》第 34 条第 1 款将股东有权复制的文件限定于公司章程、股东会会议记录、董事会会议决议、监事会会议决议和财务会计报告。第 2 款仅规定股东可以要求查阅公司财务会计账簿，但并未规定可以复制，而佳德公司章程亦无相关规定，因此四上诉人要求复制佳德公司会计账簿及其他公司资料的诉讼请求既无法律上的规定，又超出了公司章程的约定，法院不予支持。

综上所述，一审判决认定四上诉人行使股东知情权具有不正当目的错误，导致实体处理不当，依法应予纠正。

**51. 股东在起诉后、判决作出前丧失股东资格的,能否继续主张丧失股东资格之前的知情权?**

丧失股东资格的人对其丧失股东资格前公司的经营状况与经营信息仍然享有知情权。

### 典型疑难案件参考

无锡梁溪冷轧薄板有限公司诉无锡太平洋镀锌薄板有限公司与无锡长江薄板有限公司股东知情权纠纷案

#### 基本案情

1995年11月,无锡梁溪冷轧薄板有限公司(以下简称梁溪公司)与香港海山有限公司(以下简称海山公司)分别订立成立中外合资企业无锡太平洋镀锌薄板有限公司(以下简称太平洋公司)、无锡长江薄板有限公司(以下简称长江公司)的合同并签署了章程。章程载明:太平洋公司的投资总额为2980万美元,注册资本为2500万美元,其中梁溪公司出资500万美元,占注册资本的20%;海山公司出资2000万美元,占注册资本的80%。长江公司的投资总额为2800万美元,注册资本为2300万美元,其中梁溪公司出资460万美元,占注册资本的20%;海山公司出资1840万美元,占注册资本的80%。同年12月,太平洋公司和长江公司经工商部门核准成立并领取了企业法人营业执照副本,各股东投资实际未到位。为解决合资公司注册资本问题,1997年2月,梁溪公司和韩国联合铁钢株式会社(以下简称联合铁钢)又签署了合营合同和章程,双方在合同中约定:太平洋公司的投资总额为2980万美元,注册资本为2500万美元,梁溪公司承担25%的注册资本,计625万美元,联合铁钢承担75%的注册资本,计1875万美元;长江公司的投资总额为2800万美元,注册资本为2300万美元,梁溪公司承担25%的注册资本,计575万美元,联合铁钢承担75%的注册资本,计1725万美元,梁溪公司通过固定资产转让以实物出资,如果大于应承担的出资额,合营企业以现金返还,联合铁钢以现汇出资等,并签订了备忘录。此后,双方分别履行了出资义务。合营企业由梁溪公司法定代表人周伟金出任副董事长。1998年9月,双方在修订的合营合同中约定:合营企业的所有账簿及有关报表均应用中文和英文书写,以便一方在合理的时间进行验查或审计;一方有权在任何时候安排独立的会计师对企业的账簿进行审计,费用自付。但自1998年起,因梁溪公司和太平洋公司、长江公司的出资欠款纠纷，太平洋公司和长江公司停止向梁溪公司提供财务报告，并于 2000 年免去了周伟金在合营企业的职务。此后，梁溪公司多次要求查阅合营企业的财务报表等，以确定公司的财务状况和股份的价值，均未果。因梁溪公司未履行辽宁省本溪市中级人民法院（以下简称本溪中院）〔1997〕本经初字第 211 号民事调解书（该调解书确认梁溪公司欠本溪钢铁货款 103565052.22 元），申请人本溪钢铁（集团）有限责任公司（以下简称本溪钢铁）向本溪中院申请强制执行，该院在执行过程中委托长信公司对梁溪公司在太平洋公司、长江公司的 25% 的股份进行评估。

梁溪公司遂于 2003 年 10 月 31 日诉至无锡市惠山区人民法院，在诉讼中，本溪中院于 2003 年 12 月 9 日作出民事裁定书，裁定将梁溪公司在太平洋公司和长江公司持有的 25% 的股份分别作价 46564866.28 元、11280172.80 元，由联合铁钢出资购买，用于偿还申请人欠款，梁溪公司在上述公司再无股份。梁溪公司对裁定确认的股份价值存有异议，认为股份变更未获对外经济贸易主管机关的批准，未办理变更登记手续。

### ▶ 一审诉辩情况

原告梁溪公司请求判决：（1）被告提供自 1997 年 2 月 26 日至今（即 2003 年 10 月 31 日）的全部股东会议记录、资产负债表、损益表、财务状况变动表、财务情况说明书、公司所有各方面的审验报告、评估报告；提供自 1997 年 2 月 26 日至 2003 年 10 月 31 日的全部董事会决议、公司账簿及相关原始凭证；（2）被告提供其向上海长信资产评估有限公司（以下简称长信公司）提供的关于被告公司整体资产的全部资料；（3）被告接受原告安排独立的会计师对被告公司进行全面审计，查实被告公司整体资产情况；（4）两被告接受原告安排评估师对企业整体资产进行评估。

被告太平洋公司和长江公司辩称：梁溪公司在太平洋公司和长江公司的股权已被强制执行转让，梁溪公司已不享有知情权；梁溪公司请求对有关评估资料、评估报告、公司账簿及相关原始凭证的查阅和请求对太平洋公司、长江公司整体资产进行评估审计已超出知情权的范围，且原被告之间存在巨额欠款纠纷的诉讼，其请求行使知情权有损害公司利益的不正当目的；梁溪公司请求查阅太平洋公司和长江公司向长信公司提供的关于公司整体资产的全部资料系基于对本溪中院的执行委托评估报告不满，但应向本溪中院提出异议，不能滥用诉权。

### ▶ 一审裁判结果

无锡市惠山区人民法院依照《中华人民共和国民事诉讼法》第 64 条、

《中华人民共和国公司法》（1999年修订）第32条、第110条、第175条、第176条第1款、第2款之规定，判决：

一、太平洋公司和长江公司于本判决生效后立即向梁溪公司提供自1997年2月26日起本判决生效之日止的太平洋公司和长江公司的股东大会会议记录、资产负债表、损益表、财务状况变动表、财务状况说明书、利润分配表、注册会计师对财务报告出具的审验报告及监事会的检查报告、董事会决议、公司账簿及相关原始凭证供查阅；

二、驳回梁溪公司的其他诉讼请求。案件受理费10000元、保全费5000元，由梁溪公司负担3000元，由太平洋公司和长江公司各负担12000元。

### 一审裁判理由

无锡市惠山区人民法院审理认为：股东对公司的经营状况享有知情权，系法律赋予股东的固有权利，不得加以剥夺和限制。梁溪公司在太平洋公司和长江公司占有25%的股份，虽被法院裁定强制作价转让，但梁溪公司存有异议，股份变更至今亦未获对外经济贸易主管机关的批准而未办理变更登记手续，故梁溪公司仍应为太平洋公司和长江公司的合法股东，应享有知情权，太平洋公司和长江公司因与梁溪公司有巨额经济纠纷而拒绝向梁溪公司提供股东应查阅的相关资料，违反了法律的规定。梁溪公司请求行使知情权，系为确定太平洋公司和长江公司的财务状况和股份的价值，与维护其基于股东地位而享有的利益有直接联系，太平洋公司和长江公司辩称双方因有经济纠纷，梁溪公司有损害公司利益的不正当目的，证据不足，不予采信；根据法律规定，股东有权查阅股东大会会议记录、资产负债表、损益表、财务状况变动表、财务状况说明书、利润分配表、注册会计师对财务报告出具的审验报告及监事会的检查报告，还可以查阅董事会决议、公司账簿及相关原始凭证，梁溪公司依据公司章程而要求对太平洋公司、长江公司的整体资产进行审计、评估，不在知情权范围之列，不予支持。

### 二审诉辩情况

梁溪公司不服一审判决，提起上诉称：一审判决违反公司法和双方合营合同的约定。股东对所持有股权的真实价值构成、形成等信息应当享有当然的知情权。长江公司、太平洋公司的整体资产评估是确定上诉人所持有股权价值形成、构成的信息，应向梁溪公司提供。合营合同约定梁溪公司有权安排独立的会计师对长江公司、太平洋公司进行审计；该权利不应被剥夺。请求二审法院依法改判。

长江公司、太平洋公司亦不服一审判决，提起上诉称：本溪中院已经裁定将梁溪公司在长江公司、太平洋公司的股份强制转让给联合铁钢。该股权买卖交易行为已经完成。梁溪公司已不是长江公司、太平洋公司的股东，自然不应享有知情权。若梁溪公司对股权强制转让有异议，应向本溪中院提出。梁溪公司诉请查阅公司董事会决议、公司账簿及相关原始凭证系出于损害公司利益的不正当目的，不应支持。依照公司法的相关规定，注册会计师对财务报告出具的审验报告及监事会的检查报告不属于股东知情范围，梁溪公司无权查阅。请求改判梁溪公司不享有知情权。

### 二审裁判结果

根据《中华人民共和国民事诉讼法》第153条第1款第2项之规定，判决：

一、撤销无锡市惠山区人民法院〔2003〕惠民二初字第1430号民事判决；

二、驳回梁溪公司的诉讼请求。一审案件诉讼费15000元，二审案件受理费10000元，均由梁溪公司负担。

### 二审裁判理由

江苏省无锡市中级人民法院审理认为：双方的争议焦点是梁溪公司是否仍为长江公司、太平洋公司的股东。梁溪公司是否有股东权利、享有多少股东权利，均有赖于该焦点问题的解决。2003年12月9日，本溪中院裁定将梁溪公司在长江公司和太平洋公司持有的股份分别作价由联合铁钢出资购买，用于偿还欠款，梁溪公司在上述两公司再无股份。根据该生效裁定，梁溪公司已不是长江公司、太平洋公司的股东，不再享有股东权利。上诉人梁溪公司主张长江公司、太平洋公司应接受其审计、评估并提供公司整体资产全部资料，与本溪中院民事裁定书的内容相悖，不予支持。原审判决认定梁溪公司仍是长江公司、太平洋公司的股东，并由此判令梁溪公司享有知情权不当，应予纠正。

### 再审诉辩情况

梁溪公司不服二审判决申诉称：根据《中华人民共和国中外合资经营企业法》、《中外合资经营企业法实施条例》的规定，中外合资企业股权转让必须经外经贸主管机关的审批，这种审批是实质性要件，法院无权在民事诉讼程序中对中外合资企业的股权进行变更。二审判决认为本溪中院的民事裁定对股权转让已经完成没有事实依据。二审判决违背不告不理的原则，判非所诉。梁溪公司起诉要求救济的是1997年2月26日至2003年10月31日期间基于股东身份享有的知情权。在2003年10月31日以前，梁溪公司是长江公司、太平洋公司的股东，有权行使相应的股东权利。二审判决审理的是2003年12月9日后的股东权问题，未对2003年10月31日前梁溪公司的股东知情权进行审理，也未对2003年10月31日梁溪公司提出的审计权、评估权是否可以行使进行审理。请求：（1）撤销二审民事判决；（2）维持一审判决第一项，撤销一审判决第二项；（3）判令长江公司、太平洋公司向梁溪公司提供其向长信公司提供的关于长江公司、太平洋公司整体资产的全部资料；长江公司、太平洋公司接受梁溪公司安排独立的会计师对长江公司、太平洋公司进行全面审计；接受梁溪公司安排独立评估师对整体资产进行评估。（4）长江公司、太平洋公司承担全部诉讼费用。

### 再审裁判结果

江苏省无锡市中级人民法院审理根据《中华人民共和国民事诉讼法》第153条第1款第3项、第184条的规定，作出如下判决：

一、撤销本院〔2004〕锡民二终字第236号民事判决及无锡市惠山区人民法院〔2003〕惠民二字第1430号民事判决第一项；

二、维持无锡市惠山区人民法院〔2003〕惠民二字第1430号民事判决第二项，即驳回梁溪公司的其他诉讼请求；

三、长江公司、太平洋公司于本判决生效后立即向梁溪公司提供自1997年2月26日至2003年10月31日止的公司股东大会会议记录、董事会决议、资产负债表、损益表、财务状况说明书、财务状况变动表、注册会计师对财务报告出具的审验报告及公司账簿及相关的原始凭证供查阅。一审案件受理费15000元由梁溪公司负担3000元，长江公司、太平洋公司负担12000元。二审案件受理费10000元由梁溪公司负担5000元，长江公司、太平洋公司负担5000元。

### 再审裁判理由

江苏省无锡市中级人民法院经再审还查明下列事实：2005年1月11日，本溪中院作出〔2004〕本民再初字第8号民事判决，撤销〔1997〕本经初字第211号民事调解书，确认梁溪公司欠本溪钢铁货款8975万元。2005年9月22日，本溪中院同时致函无锡工商局和无锡市对外贸易经济合作局（以下简称外经局）；称其在执行本溪钢铁与梁溪公司欠款纠纷一案中，对梁溪公司在长江公司、太平洋公司所占的股份进行了评估转让，已作出〔2000〕执字第194号民事裁定予以确认；并于2003年12月18日通知无锡市工商局和外经局协助为联合铁钢收购上述两公司股份后办理变更企业性质的相关手续；因梁溪公司对本案调解书中给付数额提出异议，该案决定再审并中止原调解书的执行；2005年1月11日，本案已作出再审判决，梁溪公司上诉后，辽宁省高级人民法院已于同年9月作出终审判决，改判梁溪公司给付本溪货款61871614.25元及利息；现本案再次进入执行程序，应继续执行，要求为联合铁钢办理收购股权后的变更手续；同时解除对梁溪公司在太平洋公司、长江公司分别占有的25%股份的查封。2005年10月12日，本溪中院通知无锡市工商局：暂缓为联合铁钢办理收购梁溪公司股权后的变更手续，待该案复查后再予办理。同日，江苏省人民政府颁发给长江公司、太平洋公司的《外商投资企业批准证书》载明，投资者为联合铁钢。

江苏省无锡市中级人民法院经再审审理认为：股东知情权是股东享有对公司经营管理等重要情况或信息真实了解和掌握的权利。梁溪公司在2003年10月31日起诉时，系长江公司、太平洋公司的股东。在一审审理期间，本溪中院于2003年12月9日作出〔2005〕执字第194号民事裁定书，强制执行了梁溪公司在长江公司、太平洋公司的全部股份。但由于梁溪公司起诉主张的是至起诉日止的知情权，故对梁溪公司的诉请主张应予支持。根据公司法的规定，股东有权查阅公司章程、股东大会会议记录和财务会计报告。本案中，梁溪公司与长江公司、太平洋公司虽就投资欠款发生争议，并向法院提起诉讼，但并不因此能说明梁溪公司欲行使知情权具有恶意的或有不当的目的。因此对在法律规定和当事人起诉范围内的知情权应予保护。梁溪公司起诉要求长江公司、太平洋公司接受其安排独立会计师对长江公司、太平洋公司全面审计和安排评估师对企业整体资产进行评估的诉请，法律对此未有规定。长江公司、太平洋公司的股东在修订的合营合同中明确约定，"一方有权在任何时候安排独立的会计师对企业的账簿进行审计"。在章程中也约定："合营企业每一方有权在任何时候自己负担费用聘用单独的会计师对合营企业的账簿和记录进行审查。"股东并未约定对太平洋公司、长江公司可全面审计和可对整体资产评估。因此，梁溪公司的该项诉请既无法律上的规定，又超出了当事人的约定，不予支持。

# 股东知情权纠纷办案依据集成

**中华人民共和国公司法**（2005年10月27日修订）（节录）

**第三十四条** 股东有权查阅、复制公司章程、股东会会议记录、董事会会议决议、监事会会议决议和财务会计报告。

股东可以要求查阅公司会计账簿。股东要求查阅公司会计账簿的，应当向公司提出书面请求，说明目的。公司有合理根据认为股东查阅会计账簿有不正当目的，可能损害公司合法利益的，可以拒绝提供查阅，并应当自股东提出书面请求之日起十五日内书面答复股东并说明理由。公司拒绝提供查阅的，股东可以请求人民法院要求公司提供查阅。

**第九十七条** 股份有限公司应当将公司章程、股东名册、公司债券存根、股东大会会议记录、董事会会议记录、监事会会议记录、财务会计报告置备于本公司。

**第九十八条** 股东有权查阅公司章程、股东名册、公司债券存根、股东大会会议记录、董事会会议决议、监事会会议决议、财务会计报告，对公司的经营提出建议或者质询。

**第一百一十七条** 公司应当定期向股东披露董事、监事、高级管理人员从公司获得报酬的情况。

**第一百六十六条** 有限责任公司应当依照公司章程规定的期限将财务会计报告送交各股东。

股份有限公司的财务会计报告应当在召开股东大会年会的二十日前置备于本公司，供股东查阅；公开发行股票的股份有限公司必须公告其财务会计报告。

## 五、请求公司收购股份纠纷

> **52. 公司"转让主要财产"的情形应该如何认定？**
>
> 公司转让的财产是否为主要财产，取决于公司转让该财产是否影响了公司的正常经营和盈利，导致公司发生了根本性变化。如果公司转让该财产并未影响公司的正常经营和盈利，且没有证据表明公司发生了根本性变化，则不能认定公司转让的该财产构成公司的主要财产。

### 典型疑难案件参考

薛峰与京卫医药科技集团有限公司请求公司收购股份纠纷上诉案（北京市第二中级人民法院〔2012〕二中民终字第02333号民事判决书）

### 基本案情

2010年12月13日，京卫医药科技集团有限公司（以下简称京卫公司）章程约定：曹建强、董建强、耿晓乐、景大勇、李洪波、李铁军、宋耕福、孙冯俊、薛峰、周仁富、扈本山11人共同出资设立京卫公司；公司经营范围为销售医用高分子材料及制品、卫生材料及敷料、医用电子仪器设备、包装食品；自营和代理各类商品及技术的进出口业务等；公司注册资本7128万元，其中曹建强、董建强、耿晓乐、景大勇、李洪波、李铁军、宋耕福、孙冯俊、薛峰、周仁富10人分别出资641.52万元，分别占出资比例的9%，扈本山出资712.8万元，占出资比例的10%；股东会由全体股东组成，行使决定公司的经营方针和投资计划等职权；股东会会议由股东按照出资比例行使表决权，召开股东会会议，应当于会议召开7日以前通知全体股东，股东会会议作出修改公司章程、增加或者减少注册资本的决议，以及公司合并、分立、解散或者变更公司形式的决议，必须经代表2/3以上表决权的股东通过；董事长为公司的法定代表人，行使法律规定的法定代表人职权。

2009年10月12日北京京卫国康医药有限公司（以下简称国康公司）章程及2010年4月20日国康公司章程修正案约定，京卫公司、扈本山、李洪波、孙冯俊、董建强、宋耕福、耿晓乐、曹建强、周仁富、薛峰、李铁军、景大勇等共同出资设立国康公司，公司经营范围包括销售中成药、化学药制剂、化学原料药、生化药品、医用高分子材料及制品、医用电子仪器设备、医用卫生材料及敷料等。公司注册资本8000万元,其中京卫公司出资4800万元,占出资比例的60%。

2010年12月13日,京卫公司召开股东会会议,会议讨论通过变更二级公司股权投资的决议,即转让京卫公司持有国康公司51%的股权。股东薛峰的代理人齐亮在股东会决议上签字表示不同意该项决议,其余股东均表示同意该项决议。会议现场,京卫公司向全体股东送达了《关于认购北京京卫国康医药有限公司股权事宜的函》。2011年1月26日,薛峰通过EI420458167CS号特快专递向京卫公司法定代表人扈本山发出股权回购请求函,要求京卫公司按照合理价格收购薛峰本人所持有的京卫公司的全部股权。特快专递收件人地址记载为"北京市丰台区星火路9号",收件人单位记载为"京卫医药科技集团有限公司",收件人姓名记载为"扈本山"。薛峰在庭审中提交特快专递查询单一份,查询单记载该特快专递的签收时间为2011年1月29日,收件人一栏盖有"宏峰物业收发章"。

一审法院另查,京卫公司2010年年度审计报告记载:京卫公司资产合计1095090616.36元,营业收入1630384155.16元,归属于母公司所有者权益合计257314308.03元,归属于母公司所有者的净利润26067512.54元;国康公司2010年年度审计报告记载:国康公司资产总计786825028.49元,营业总收入1510795357.44元,归属于母公司所有者权益合计135438233.56元,归属于母公司所有者的净利润32540217.30元。

一审法院庭审中,京卫公司称其并未收到股权回购请求函,且EI420458167CS号特快专递系寄给扈本山个人,与公司无关;京卫公司同时出示北京宏峰物业管理有限公司(以下简称宏峰物业公司)情况说明一份。宏峰物业公司在情况说明中声称其仅有责任代收驻京卫大厦单位之对公邮件,扈本山从未要求宏峰物业公司代收个人邮件,故其无权代收;宏峰物业公司值班员粟波认可收到该特快专递,后因特快专递系个人邮件,无法转交他人处理,最终导致该特快专递遗失。薛峰对此不予认可。

关于京卫公司转让其持有的国康公司51%的股权是否为京卫公司的主要财产,双方当事人各执己见。薛峰主张,根据京卫公司和国康公司2010年年度的审计报告,国康公司的资产总额、营业收入、归属于母公司所有者权益、归属于母公司所有者的净利润分别占京卫公司资产总额、营业收入、归属于母公司所有者权益、归属于母公司所有者的净利润的72%、93%、53%和125%;国康公司51%的股份相对应的资产总额、营业收入、归属于母公司所有者权益、归属于母公司所有者的净利润分别占京卫公司(不含少数股东权益)资产总额、营业收入、归属于母公司所有者权益、归属于母公司所有者的净利润的51%、75%、27%和127%，因此，京卫公司转让其持有的国康公司51%的股权系京卫公司的主要财产。京卫公司主张，国康公司51%股权的价值体现为归属于母公司所有者的净利润的51%，其仅占京卫公司资产总额的6%左右，故京卫公司转让其持有的国康公司51%的股权并非京卫公司的主要财产。

### 一审诉辩情况

薛峰在一审中起诉称：薛峰系京卫公司的股东，京卫公司持有国康公司60%的股份，是国康公司的控股股东，京卫公司每年的收益绝大部分是通过作为国康的股东分红获得的收益，京卫公司持有的国康公司的股份系京卫公司的主要财产。2010年12月13日，京卫公司召开了临时股东会，临时股东会大部分股东同意将京卫公司持有的国康公司51%的股份按比例转让给京卫公司的自然人股东，薛峰对此持有异议，并不同意该决议的内容。根据《中华人民共和国公司法》第75条的规定，对转让公司主要财产的股东会决议投反对票的股东可以请求公司按照合理的价格收购其股权，故诉至法院，请求依法判令京卫公司以人民币23158287.72元的价格收购薛峰持有的京卫公司9%的股权，并承担本案的诉讼费用。

京卫公司在一审中答辩称：（1）薛峰没有在股东会会议决议通过之日起60日内提出回购要求或与公司进行协商，故薛峰无权起诉；（2）京卫公司转让的股权并非京卫公司主要财产；（3）涉案股东会会议决议并未损害薛峰权益，薛峰涉嫌恶意诉讼。

### 一审裁判结果

北京市丰台区人民法院依照《中华人民共和国公司法》第75条、《中华人民共和国民事诉讼法》第64条第1款的规定，判决驳回薛峰的诉讼请求。

### 一审裁判理由

一审法院判决认定：京卫公司系有限责任公司，基于京卫公司2010年12月13日的股东会决议，薛峰及京卫公司均有权依据《中华人民共和国公司法》第75条的相关规定主张权利。

结合双方当事人的事实主张及诉讼请求，法院认为本案的争议焦点在于：薛峰是否有权依据《中华人民共和国公司法》第75条的规定提起诉讼；京卫公司转让其持有的国康公司51%的股权是否为京卫公司的主要财产。

对案件争议焦点，一审法院分别进行如下评述：

1. 关于薛峰是否有权依据《中华人民共和国公司法》第75条的规定提起

诉讼的问题，双方当事人对薛峰的股权回购请求函是否已经送达京卫公司各执己见，一审法院认为，薛峰在京卫公司关于出售对国康公司51%股权的股东会会议决议通过之日起60日内，以特快专递的方式，向京卫公司法定代表人扈本山发出股权回购请求函，并在邮件中同时记载收件人单位为京卫公司，且该邮件盖有负责收发京卫公司邮件的宏峰物业公司的收发章，上述证据表明，薛峰的股份回购请求函已经送达京卫公司。京卫公司关于邮件系寄给扈本山个人、与公司无关以及其并未收到邮件的辩称，缺乏依据，法院不予采信。薛峰作为京卫公司的股东，在京卫公司作出出售对国康公司51%股权的股东会决议中投反对票，且在股东会会议决议通过之日起60日内，未能与京卫公司达成股权收购协议，故薛峰有权在股东会会议决议通过之日起90日内向法院提起诉讼。

2. 关于京卫公司转让其持有的国康公司51%的股权是否为京卫公司的主要财产的问题。法院认为，公司转让的财产是否为主要财产，取决于公司转让该财产是否影响了公司的正常经营和盈利，导致公司发生了根本性变化。京卫公司的经营范围为销售医用高分子材料及制品、卫生材料及敷料、医用电子仪器设备、包装食品，自营和代理各类商品及技术的进出口业务等，从现有证据表明，京卫公司转让其持有的国康公司51%的股权的行为并未影响公司的正常经营和盈利，亦没有证据表明公司发生了根本性变化，故法院认为京卫公司转让其持有的国康公司51%的股权不能视为京卫公司的主要财产。薛峰主张：国康公司的资产总额、营业收入、归属于母公司所有者权益、归属于母公司所有者的净利润分别占京卫公司资产总额、营业收入、归属于母公司所有者权益、归属于母公司所有者的净利润的72%、93%、53%和125%；国康公司51%的股份相对应的资产总额、营业收入、归属于母公司所有者权益、归属于母公司所有者的净利润分别占京卫公司（不含少数股东权益）资产总额、营业收入、归属于母公司所有者权益、归属于母公司所有者的净利润的51%、75%、27%和127%，因此，京卫公司转让其持有的国康公司51%的股权系京卫公司的主要财产。对此，法院认为，上述比例仅是衡量国康公司股权价值的标准之一，并不能表明京卫公司转让其所持有的国康公司的51%的股权导致京卫公司发生了根本性变化，亦不能证明转让的该部分财产系京卫公司的主要财产，故对于薛峰的该项主张，法院不予支持。

综上所述，薛峰有权依据《中华人民共和国公司法》第75条的规定提起诉讼，但由于京卫公司转让的财产并非京卫公司的主要财产，故对于其要求京卫公司以人民币23158287.72元的价格收购其持有的京卫公司9%的股权的诉讼请求，缺乏依据，法院不予支持。

### 二审诉辩情况

薛峰不服一审法院上述民事判决,向北京市第二中级人民法院提起上诉,其主要上诉理由是:(1)薛峰向法院提起股权回购诉讼,符合《中华人民共和国公司法》第 75 条之规定。薛峰对 2010 年 12 月 13 日京卫公司股东会通过的出售国康公司 51% 股权的决议投了反对票,且在股东会决议通过后 60 日内向京卫公司邮寄了《股权回购请求函》,未与京卫公司达成一致后亦在股东会决议通过后 90 日内向法院提起诉讼,符合法律规定。(2)一审法院认定京卫公司持有的国康公司 51% 股权不属于其主要财产,与事实不符。①转让国康公司 51% 股权影响了京卫公司的正常经营和盈利。根据京卫公司、国康公司 2010 年审计报告,国康公司的经营收入、盈利分别占京卫公司的 93%、125%,且如果转让国康公司 51% 股权,京卫公司的营业收入只有原来的 7%,由盈利 3254 万余元变为亏损 647 万余元。②一审法院以京卫公司经营范围在转让国康公司 51% 股权后没有变化为由,认定京卫公司的正常经营没有发生根本变化,缺乏依据。③确定公司股权的价值,应当依据公司净资产或进行资产评估,而确定转让的资产是否属于公司主要财产,需要依转让财产占公司财产的比例来衡量。④参照《上市公司重大资产重组管理办法》第 11 条、第 13 条之规定,可以认定京卫公司转让国康公司 51% 股权的行为,属于转让主要财产的行为。故请求撤销一审判决,改判京卫公司按照 23158287.72 元的价格收购薛峰持有的京卫公司 9% 的股权,判令京卫公司承担本案诉讼费用。

京卫公司答辩称:(1)本案不应适用《中华人民共和国公司法》第 75 条之规定。适用该条规定不符合立法原意,也对京卫公司及其他股东严重不公。(2)薛峰提交的现有证据不足以证明国康公司 51% 股权系京卫公司主要财产。薛峰援引京卫公司及国康公司 2010 年度合并财务报表明显不当,根据京卫公司、国康公司 2010 年度财务报表相关数据无法认定国康公司 51% 股权为京卫公司主要财产。薛峰援引《上市公司重大资产重组管理办法》也缺乏法律依据,京卫公司主要财产的认定标准应从严掌握。京卫公司认为一审判决认定事实清楚,适用法律正确,请求二审法院维持原判,驳回薛峰的上诉请求。

### 二审裁判结果

北京市第二中级人民法院依照《中华人民共和国民事诉讼法》第 153 条第 1 款第 1 项之规定,判决如下:

驳回上诉,维持原判。

一审案件受理费 157591 元,由薛峰负担(已缴纳)。

二审案件受理费 157591 元，由薛峰负担（已缴纳）。

本判决为终审判决。

### 二审裁判理由

北京市第二中级人民法院经审理查明的事实与一审法院查明的事实一致。

北京市第二中级人民法院认为：公司股东会决议转让主要财产的，对该项决议投反对票的股东可以在决议通过之日起 60 日内请求公司按照合理价格收购其股权，与公司不能达成股权收购协议的，可以在决议通过之日起 90 日内向法院提起诉讼。本案中，薛峰在投票反对股东会决议后 60 日内向京卫公司住所地邮寄了《股权回购请求函》，收件人为扈本山，京卫公司未予答复，薛峰在股东会决议通过后 90 日内向法院提起诉讼，符合法律规定。薛峰主张国康公司 51% 股权属于京卫公司主要财产，但并未提交充分证据加以证明，薛峰亦不能证明其股东权益在转让后将受到损害，且转让国康公司 51% 股权后，京卫公司的正常经营亦未发生根本性变化，故对其该项上诉主张，本院不予主持。综上，一审法院判决认定事实清楚，适用法律正确，处理并无不当，应予维持。

# 请求公司收购股份纠纷办案依据集成

**中华人民共和国公司法**（2005年10月27日修订）（节录）

**第七十五条** 有下列情形之一的，对股东会该项决议投反对票的股东可以请求公司按照合理的价格收购其股权：

（一）公司连续五年不向股东分配利润，而公司该五年连续盈利，并且符合本法规定的分配利润条件的；

（二）公司合并、分立、转让主要财产的；

（三）公司章程规定的营业期限届满或者章程规定的其他解散事由出现，股东会会议通过决议修改章程使公司存续的。

自股东会会议决议通过之日起六十日内，股东与公司不能达成股权收购协议的，股东可以自股东会会议决议通过之日起九十日内向人民法院提起诉讼。

**第一百四十三条** 公司不得收购本公司股份。但是，有下列情形之一的除外：

（一）减少公司注册资本；

（二）与持有本公司股份的其他公司合并；

（三）将股份奖励给本公司职工；

（四）股东因对股东大会作出的公司合并、分立决议持异议，要求公司收购其股份的。

公司因前款第（一）项至第（三）项的原因收购本公司股份的，应当经股东大会决议。公司依照前款规定收购本公司股份后，属于第（一）项情形的，应当自收购之日起十日内注销；属于第（二）项、第（四）项情形的，应当在六个月内转让或者注销。

公司依照第一款第（三）项规定收购的本公司股份，不得超过本公司已发行股份总额的百分之五；用于收购的资金应当从公司的税后利润中支出；所收购的股份应当在一年内转让给职工。

公司不得接受本公司的股票作为质押权的标的。

## 六、股权转让纠纷

**53. 企业产权转让中通过产权交易所向不特定主体公开发布的挂牌信息公告的法律性质是什么？**

企业产权转让中的挂牌信息公告应认定为要约邀请，这种通过产权交易所向不特定主体公开发布的特殊要约邀请对产权转让人具有一定的法律拘束力。在产权交易机构未收到正式受让意向申请之前，如果不实质性损害意向受让人的权益，可适度保护产权转让人的交易自由，挂牌信息公告可以变更；在产权交易机构收到正式意向申请之后，涉及实质要件变更的，应予以严格限制，否则因此而致使意向受让人信赖利益损失的，应承担缔约过失责任。

### 典型疑难案件参考

周益民诉上海联合产权交易所等股权转让案

#### 基本案情

2009年8月28日，华融国际信托有限责任公司（下称华融信托）受托将所信托持有的450万股银联数据服务有限公司（下称银联数据公司）员工股权，通过上海联合产权交易所（下称联交所）发布出让信息。联交所在该所网站、交易大厅显示屏和《中国证券报》上发布了期满日为9月25日、交易方式为"网络竞价—多次报价"的挂牌信息。9月22日，联交所因产权出让人的要求变更了该公告，将交易方式改为一次报价的网络竞价方式、挂牌期限重新计算自9月22日至10月23日，并在原信息发布渠道予以公告。9月25日，周益民向联交所提交《举牌申请书》并支付保证金参与竞价，在承诺接受挂牌信息所载全部要求后，周益民拿到了记载交易方式为"一次报价"的《出让文件》。12月10日，周益民作出接受《出让文件》中各条款的承诺。但在次日的竞拍中，周益民却对原股权挂牌延期事宜提出异议并要求联交所给予合理答复并出示相关依据。经联交所解释，周益民决定选择参与当日竞拍，并提交《竞买文件》，但周益民最终没能如愿竞得股权。

嗣后，周益民因之诉至法院。请求确认联交所、华融信托变更挂牌转让信息公告内容的行为无效。

### 一审裁判结果

依照《中华人民共和国民法通则》第 58 条的规定，上海市黄浦区人民法院于 2010 年 5 月 5 日判决：驳回原告诉请。本案一审减半收取的案件受理费人民币 40 元，由周益民负担。

### 一审裁判理由

一审法院经审理认为：被告联交所对于信息公告变更已尽到合理的通知义务，并符合法定程序。而原告周益民作为诉争产权的竞买人，产权信息的变更与其投资决策具有紧密联系，周益民对信息变更却未予以适当关注，有违常理。而从周益民通过泰地公司向联交所递交《举牌申请书》的时间明显晚于联交所公布信息变更公告的时间来看，周益民及泰地公司应当知晓诉争产权信息变更情况。本案诉争产权经公告后，由各竞拍人提出举牌申请并实际参与竞拍后成交。整个竞拍过程经上海市产权管理办公室全程监督及公证处公证，符合法定程序。

### 二审诉辩情况

一审宣判后，原告不服提起上诉。原告认为：本案争议焦点应在于产权转让过程中信息公告是否可以变更、如何变更以及应遵守何种规则。一审法院对以上争议焦点认定事实有误，适用法律不当。故请求撤销原审判决，改判支持其原审诉请。

### 二审裁判结果

二审法院于 2010 年 10 月 21 日判决：驳回上诉，维持原判。上诉案件受理费 80 元由周益民负担。

### 二审裁判理由

二审法院经审理认为：本案的主要争议焦点问题为：（1）被上诉人就之前发布的涉案股权转让信息公告进行变更的行为，是否有违我国相关法律、行政法规的规定或产权交易的行业规则；（2）2009 年 9 月 25 日周益民向联交所提交举牌申请书时，对于涉案股权转让信息已发生变更的事实是否知晓，周益民主张其举牌行为系针对联交所 2009 年 8 月 28 日所发布的股权转让信息，是否有合理依据。对此，二审法院认为：

第一，涉案股权转让信息公告，实际是向不特定主体发出的以吸引或邀请相对方发出要约为目的的意思表示，依据《中华人民共和国合同法》第 15 条的规定应认定为要约邀请。《中华人民共和国合同法》对于要约邀请的变更或撤销情形未有明确的规定，依照一般要约邀请的法律性质，只要未给善意相对人造成信赖利益的损失，要约邀请人可以变更或撤回要约邀请。但是对于产权转让中的挂牌信息公告的变更，除受《中华人民共和国合同法》的调整外，还应受相关产权交易市场的政府主管部门以及产权交易所制定的相应交易规则的约束和限制，这种限制是合法且必要的，有利于保证交易信息的稳定、保护信赖交易信息而履行了一定前期准备工作的相对人的经济利益。

第二，根据产权交易的相关规则，产权转让公告中的受让条件，一经发布不得擅自变更，因特殊原因确需变更信息公告内容的，应当由产权出让批准机构出具文件，由联交所在原信息发布渠道进行公告。基于此，涉案股权转让的交易信息公告后，可以进行变更，但要有特殊原因且应当由产权出让机构批准。对于特殊原因的定义，上述有关规定中未给出明确限定，二审法院认为，应在不影响举牌申请人利益的情况下，适度保护产权转让人的交易自由，原则上可以尊重产权出让批准机构作出的合理解释。就本案而言，涉案股权转让的交易信息公告变更前并未有人递交举牌申请书，而且，权利人已就交易信息的变更作出决议并存在合理的理由。

第三，2009年9月25日周益民向联交所提交举牌申请书时，对于涉案股权的转让信息已发生变更的事实应当知道，且事后实际也予以了确认，周益民认为其举牌系针对联交所2009年8月28日所发布的股权转让信息缺乏依据。

综上，原审法院根据查明的事实所作的判决是正确的，应予维持。

## 54. 股权转让未经工商登记能否对抗善意第三人？

股东名册和工商登记都不具有创设股东权利的功能，而只是证明股东权利。二者不同之处在于，股东名册具备内部对抗效力，即仅仅对抗公司，不能对抗外部第三人；而工商登记具有外部对抗效力，能够对抗公司以外的第三人。如果公司未将股东进行登记或变更登记，当善意第三人信赖工商登记而与原股东订立股权转让协议，在支付合理对价后，可以取得股权。

## 典型疑难案件参考

### 北京恒亿盛世葡萄酒有限公司与李伟革等股权转让纠纷案

▶ **基本案情** ◀

2007年3月9日，原告北京恒亿盛世葡萄酒有限公司（以下简称恒亿盛世公司）与被告李伟革、王英林签订股权转让协议，约定：李伟革将其持有的东海鑫业公司（变更后的注册资本为1000万元）的31%的股权转让给恒亿盛世公司，王英林将其持有的东海鑫业公司的20%的股权转让给恒亿盛世公司，上述股权转让款合计为510万元。至2007年5月14日，恒亿盛世公司分批支付完毕上述股权转让款，但各方当事人并未在工商行政管理局办理股权变更登记手续。2008年5月8日，李伟革与他人成立卡斯特公司，并任卡斯特公司的法定代表人及总经理。2008年6月28日，王英林与李景签订《出资转让协议书》，将其在东海鑫业公司的200万元货币出资转让给李景。同日，李伟革与李景签订《出资转让协议书》，将其在东海鑫业公司的160万元货币出资转让给李景，李伟革又与卡斯特公司签订《出资转让协议书》，将其在东海鑫业公司的640万元货币出资转让给卡斯特公司。之后，李景支付了股权转让款后，卡斯特公司未向李伟革支付股权转让款。东海鑫业公司在工商行政管理局办理了股权变更登记手续，同时，东海鑫业公司法人股东名册记载的投资者姓名和股本结构为卡斯特公司出资640万元，李景出资360万元。原告恒亿盛世公司遂向北京市第一中级人民法院提起诉讼，请求确认被告李伟革及王英林向李景、卡斯特公司转让东海鑫业公司的股权无效。

▶ **一审裁判结果** ◀

一审法院依照《中华人民共和国合同法》第44条、第52条第1款第2项，《中华人民共和国公司法》第33条第3款之规定，判决确认：李伟革、王英林分别与李景签订《出资转让协议书》应属有效；李伟革与卡斯特公司签订的《出资转让协议书》中涉及转让东海鑫业公司51%股权的部分无效。

▶ **一审裁判理由** ◀

北京市第一中级人民法院审理认为：李伟革、王英林分别与李景签订的《出资转让协议书》有效，而李伟革与卡斯特公司签订《出资转让协议书》部分无效，理由如下：《中华人民共和国公司法》第33条第3款规定："公司应当将股东姓名或者名称及其出资额向公司登记机关登记；登记事项发生变更的，应当办理变更登记。未经登记或者变更登记的，不得对抗第三人。"由此可见，虽然工商登记是否变更既不影响股权转让合同的生效，也不影响股权的取得，但是股东权转让各方不能凭转让合同或者公司股东名册及工商登记对抗善意第三人。优先保护善意第三人的利益，体现着商法的公示主义和外观主义。这里优先保护的是善意第三人的利益，如果第三人与股权出让人之间恶意串通，损害了股权受让人的利益，根据《中华人民共和国合同法》第52条中关于"恶意串通，损害国家、集体或者第三人利益的合同无效"的规定，则股权出让人与第三人签订的股权转让合同即使办理了工商变更登记，亦应按照无效合同处理。本案中，李景受让股权并非恶意，从目前证据来看，并无证据证明其知道或者应当知道李伟革已将东海鑫业公司51%的股权转让给恒亿盛世公司，且李景亦实际支付了股权转让款并办理了工商变更登记，且李伟革对东海鑫业公司49%的股权享有处分权（本案中有另一争议问题是王英林股东资格问题，法院认定其是挂名股东，并不具有东海鑫业公司的股东资格。实际上东海鑫业公司除去恒亿盛世公司的51%股权后，余下49%皆为李伟革享有），故李景取得东海鑫业公司36%的股权合法有效，对从保护善意第三人及有权处分的角度出发，李伟革、王英林分别与李景签订的《出资转让协议书》应属有效。李伟革系东海鑫业公司的总经理，同时，其也是卡斯特公司的总裁及法定代表人，并拥有卡斯特公司80%的股权，卡斯特公司的两名股东李伟革及李捷均在明知东海鑫业公司51%的股权已经转让给恒亿盛世公司的情况下，卡斯特公司又受让李伟革在东海鑫业公司64%的股权，李伟革与卡斯特公司已经构成恶意串通，损害了恒亿盛世公司的利益，且该转让亦未支付股权转让款，卡斯特公司并非善意第三人，从这个角度出发，李伟革与卡斯特公司签订的《出资转让协议书》应属无效，但考虑到李伟革对东海鑫业公司49%的股权享有处分权，在其将东海鑫业公司36%的股权转让给李景之后，其对东海鑫业公司13%的股权尚享有处分权，其将该部分转让给卡斯特公司的行为属有权处分，合法有效，但李伟革将另外东海鑫业公司51%股权转让给卡斯特公司的行为无效。

### 二审裁判结果

宣判后，被告王英林不服，提出上诉。北京市高级人民法院经审理，作出了驳回上诉，维持原判的判决。

## 55. 未履行出资义务的股东转让其股权的法律效力如何认定？

有限责任公司的股东只要记载于公司股东名册或者公司登记机关文件上，就具有股东身份。由于瑕疵出资的股东对公司负有差额出资的补充责任，而股权转让具有一体性，出让方的出资瑕疵必然导致受让方所受让股权的瑕疵。这种瑕疵是否影响股权转让合同的效力，应当具体分析：如果出让方已经将出资瑕疵如实告诉受让方，而受让方在知道出资瑕疵的情况下仍然愿意受让股权，应当认定股权转让合同有效；反之，如果受让方隐瞒了自己出资瑕疵的事实，则受让方有权以被欺诈为由请求撤销或者变更股权转让合同。

### 典型疑难案件参考

刘正玺诉周新民股权转让合同纠纷案

**基本案情**

原告刘正玺、被告周新民及案外人王健原均系南京双联置业有限公司（下称双联公司）的股东。2006年7月4日，原、被告双方签订股权转让协议一份，约定由原告刘正玺将其所持双联公司10%的股权，作价100万元，转让给被告周新民，被告周新民应自转让生效之日10日内向原告支付上述转让价款。协议签订后，双方于同年7月12日至工商行政管理部门完成了上述股权变更的登记手续。

另查明：2006年3月9日，原、被告及王健三方共同签署双联公司股东协议一份，其中确认原、被告分别持有双联公司10%和5%的股份并享有利益分配权，同时明确在双联公司注册及股权变更过程中，原告、被告均未出资。

**一审诉辩情况**

原告刘正玺诉称：其与被告订有股权转让协议，并已依该协议至工商行政管理部门完成了相关股权变更登记手续，但被告周新民至今未履行股权转让对价支付义务，其行为已构成违约，故诉至法院，请求判令被告立即支付股权转让价款100万元，并承担自2006年7月15日起至实际付款日止，按银行同期贷款利率计算的逾期付款利息损失（按年息6.12%计算，至2007年3月9日为 36320 元)。

被告周新民辩称:(1) 与原告签订股权转让协议并办理股权变更登记一事属实,但该行为是由双联公司的另一股东王健安排的,向原告支付股权转让价款等事宜应由王健负责,被告周新民系无偿受让股权;(2) 原告刘正玺当初在取得所出让的股权时并未出资,故其所出让的股权存有瑕疵;(3) 原告刘正玺系国家公务员,其无偿取得股权并有偿转让、在公司担任监事职务等行为违反了《中华人民共和国公务员法》第 53 条第 14 项关于公务员不得"从事或者参与营利性活动,在企业或者其他营利性组织中兼任职务"的规定,应认定原、被告之间的股权转让行为无效。综上,请求法院驳回原告的诉讼请求。

▶一审裁判结果◀

南京市雨花台区人民法院依照《中华人民共和国民事诉讼法》第 128 条,《中华人民共和国合同法》第 60 条第 1 款、第 107 条,《中华人民共和国公司法》第 72 条第 1 款之规定,一审判决:

被告周新民于本判决生效后 10 日内,支付原告刘正玺股权转让价款 100 万元,并支付自 2006 年 7 月 15 日起至本判决确定的付款日止,按银行同期贷款利率计算的逾期利息。

▶一审裁判理由◀

南京市雨花台区人民法院经审理认为:原、被告之间于 2006 年 7 月 4 日签订的股权转让协议是双方的真实意思表示,且不违反有关法律、法规的禁止性规定,是合法有效的,对签约双方具有法律约束力。依据该协议约定,被告周新民负有在转让协议生效之日起 10 日内(即同年 7 月 14 日前)向原告刘正玺支付 100 万元转让款的义务,而其拖欠至今未付的行为已构成违约,除应向原告支付价款本金外,还应赔偿逾期付款利息损失,故对原告要求被告支付股权转让价款 100 万元,并承担自 2006 年 7 月 15 日起至实际付款日止,按银行同期贷款利率计算的逾期付款利息损失的诉讼请求,予以支持。

对于被告所持以下抗辩意见:(1) "与原告签订股权转让协议并办理股权变更登记等行为系双联公司的另一股东王健安排,向原告支付股权转让价款等事宜应由王健负责,被告周新民系无偿受让股权。"对此抗辩意见,因被告未能提供证据证明,法院不予采信。(2) "原告刘正玺当初在取得所出让的股权时并未出资,故其向被告转让的股权存有瑕疵。"对此抗辩意见,由于原、被告及王健于 2006 年 3 月 9 日签署双联公司股东协议时,已对原告未出资的事实作了确认,故应认定原、被告双方在同年 7 月 4 日签订股权转让协议时,被告已明知上述事实，并在此前提下仍同意与原告签订股权转让协议，故诉讼中被告以此事实作为抗辩理由，显然于法无据，法院不予支持。（3）"原告刘正玺系国家公务员，其转让股权、在双联公司担任监事等行为违反了相关法律的规定，应认定原、被告间的股权转让行为无效。"对此抗辩意见，法院认为：对于刘正玺的国家公务员身份，因无相关证据证明，故暂不予以认定。且《中华人民共和国公务员法》第53条第14项关于公务员不得"从事或者参与营利性活动，在企业或者其他营利性组织中兼任职务"等规定系以公务员为对象的管理性规范，即便刘正玺确具国家公务员身份，亦不能因此否定其与其他民事主体之间合同行为的效力，故对被告此项抗辩意见，法院亦不予支持。

### 二审诉辩情况

一审宣判后，被告周新民不服，向南京市中级人民法院提起上诉，理由是：（1）一审判决对周新民与刘正玺之间签订的股权转让协议的性质未予以审查清楚，认定周新民需支付100万元取得刘正玺的股权是错误的。上诉人有证据证明，周新民从刘正玺处取得的股权是双联公司控制人王健对周新民劳动的回报，周新民不可能支付100万元股权转让款。（2）一审判决认定刘正玺可以有偿转让股权是错误的。一审法院已对刘正玺系无偿取得股权作出认定，那么就应该对其公司注册时的"出资"行为进行调查，因为这涉及虚假出资或抽逃出资以及被上诉人利用特殊身份取得股权的问题，法院应认定刘正玺在双联公司的行为违反法律规定，其取得股权及经股权主张的收益应认定为无效，不应该得到法律保护。综上，请求二审法院撤销原判，依法改判。

被上诉人刘正玺则认为原审判决认定事实清楚，适用法律正确，表示服从原审判决。

### 二审裁判结果

南京市中级人民法院依照《中华人民共和国民事诉讼法》第153条第1款第1项的规定，于2007年8月20日判决：

驳回上诉，维持原判。

### 二审裁判理由

双方当事人在二审期间未提交新证据，二审法院对一审法院查明的事实予以确认。

南京市中级人民法院经审理认为：刘正玺和周新民签订的股权转让协议书是当事人的真实意思表示，且不违反法律强制性规定，是合法有效的，合同双方均应按约履行。根据合同约定，刘正玺将其在双联公司的股权转让给周新民，周新民应在合同生效后 10 日内向刘正玺支付 100 万元。刘正玺在合同签订后，按约将股权过户至周新民名下，履行了合同约定的义务。周新民在合同生效后，未能按约支付股权转让款应承担支付余款及利息的民事责任。刘正玺既是双联公司的股东，同时也是独立的民事主体。刘正玺是否向双联公司出资、是否具有公务员身份，并不影响其有偿转让双联公司股权。周新民认为刘正玺不能有偿转让双联公司股权，没有事实和法律依据，法院不予支持。周新民签订股权转让合同的相对方是刘正玺，周新民既没有证据证明王健实际持有刘正玺名下的双联公司股权，亦没有证据证明其受让的刘正玺名下双联公司股权是王健对其"劳动"的补偿。故周新民关于其不应向刘正玺支付股权转让款的上诉理由不成立，法院不予支持。综上所述，一审判决认定事实清楚，适用法律正确，应予维持。

### 56. 股份公司发起人在限售期内与他人签订的远期股权转让协议是否有效？

公司法对发起人向他人转让股权的限制是指发起人在限售期（2005 年修订后的《中华人民共和国公司法》第 142 条已经将发起人转让股权的限售期缩短为 1 年）内不得向他人实际转让股份。只要不实际转让股份，就不会引起股东身份和股权关系的变更，发起人对公司设立行为承担的法律责任也不会因为签订股权转让协议而免除。因此，股份公司的发起人在限售期与他人签订股权转让协议，约定待限售期届满后办理股权过户手续，并在协议中约定将股权委托给受让方行使的，并不违反公司法关于发起人股权限售期的规定，应当认定该协议合法有效。

**典型疑难案件参考**

张桂平诉王华股权转让合同纠纷案（《最高人民法院公报》2007 年第 5 期，总第 127 期）

**基本案情**

2002 年 9 月 20 日，南京浦东建设发展有限公司（以下简称浦东公司）依法成立，注册资金 1 亿元人民币。本案原告、反诉被告张桂平与本案被告、反诉原告王华作为浦东公司的发起人、股东，分别出资 1800 万元、1700 万元，占浦东公司股份比例分别为18%、17%。2004年10月22日，王华作为甲方、张桂平作为乙方，签订了《股份转让协议》，约定：甲方确认浦东公司注册资本为2亿元，截至本协议签订之时，甲方持有浦东公司3400万股自然人股份（占总股本的17%），甲方同意将上述股份（以下简称标的股份）以每股人民币2.44元，共计人民币8300万元的价格转让给乙方。同时，甲方须向乙方提供包括全部转让款的税务发票。乙方同意以8300万元受让上述标的股份。双方一致同意，乙方分两期向甲方支付股份转让金8300万元。本合同生效后10日内，乙方向甲方支付4300万元，在此之前乙方根据《过渡期经营管理协议》已经向甲方支付的定金2000万元自动充抵股份转让金。2004年12月31日前，乙方向甲方支付其余股份转让金4000万元。协议第4条、第5条约定，双方应在签订协议的同时开始办理股份转让期授权委托手续。协议签订之日起至甲方所持标的股份按期转让于乙方名下止的期间为过渡期，有关过渡期内双方的权利和义务，双方另行签订《过渡期经营管理协议》进行约定。协议第6条约定了过渡期及股份转让期间的权利和义务，确认由甲方向乙方出具不可撤销的授权委托书，授权乙方代行浦东公司董事职责、股东权利，并不得干涉、干扰乙方行使标的股份的股东权利，未经乙方书面同意，甲方不得自行行使或委托任何第三方行使标的股份股东权利、董事权利及其他与标的股份有关的权利；甲方不得提出变更或撤销《股份转让协议》的要求，不得拒绝履行《股份转让协议》规定的义务；乙方有权以甲方代理人的身份参加浦东公司股东大会并根据标的股份的股份数额行使表决权和其他股东权利；乙方享受甲方作为浦东公司股东在过渡期内所享有的全部收益权、再行转让权，承担过渡期内的风险等。协议第7条约定，双方办理完毕股份变更手续后，乙方即取得标的股份，在标的股份项下享有作为浦东公司出资人及股东的相应权利并承担相应的义务。协议第8条约定，如乙方擅自提前终止本协议，乙方应向甲方一次性支付特别赔偿金41500万元人民币，并应赔偿甲方因此而遭受的经济损失。甲方如违反本协议第6条及其他有关条款规定，也应向乙方支付特别赔偿金人民币41500万元。乙方同时有权选择解除本协议或要求甲方继续履行本协议。协议第10条约定，甲、乙双方本人签署之日，协议即生效，至依照公司法规定合法有效地将甲方所持有的股份转让于乙方名下之日终止。甲乙双方一致同意，如国家法律和政策变化，修改了股份有限公司发起人股份的转让条件和限制，将按照新的法律和政策的规定相应调整合同的生效时间。但涉及标的股份转让价格、股份份额及其他事项不予变更，仍以本协议约定内容为准。

同日，本案被告、反诉原告王华作为甲方，本案原告、反诉被告张桂平作为乙方签订了《过渡期经营管理协议》。协议第1～3条确定了双方签订过渡期协议的目的和背景,重申了双方的权利和义务。约定在过渡期内,甲方对标的股份的一切权利均由乙方行使,乙方也相应承担由此而产生的全部责任。该协议还约定,乙方应于本协议签订之日向甲方支付定金人民币2000万元,《股份转让协议》生效后,该定金自动充抵股份转让金。如乙方擅自提前终止本协议,乙方无权要求甲方返还定金。如甲方有违反本协议第3条规定的任一条款的行为,应向乙方双倍返还定金,双倍返还定金仍不能弥补给乙方造成的损失的,应再行按双方特别约定的赔偿金数额进行赔偿。本协议自乙方向甲方支付定金后生效。

上述《股份转让协议》和《过渡期经营管理协议》签订后,本案被告、反诉原告王华签署了向浦东公司董事会提出辞去该公司董事职务的申请,并依约向本案原告、反诉被告张桂平出具了《授权委托书》,全权委托张桂平代为行使王华在浦东公司股份项下可享有的一切权利。并确认,在王华将其名下股份全部转让给张桂平之前始终有效并不得撤销。张桂平于2004年10月22日以转账支票向王华支付了2000万元定金,同年10月29日又以转账支票向王华支付股份转让金2300万元,由陈影签收。协议签订后10日内,连同2000万元定金,张桂平共向王华支付了4300万元人民币的股份转让金,王华确认收到。2004年12月28日,王华致函张桂平,确认对方在2004年12月31日前还应支付4000万元人民币,督促其如期履行股份转让协议,并告知对方,"若逾期支付以上款项,将收回持有的浦东公司3400万股自然人股份,已支付的4300万元人民币也将作为违约赔偿金,不予退还"。

2004年12月30日,本案原告、反诉被告张桂平向本案被告、反诉原告王华发出《付款通知》,要求王华于2004年12月31日来苏宁环球大厦17楼其办公室领取股份转让金4000万元,并办理其已支付完全部股份转让金的确认手续。2004年12月31日,金盛置业投资集团有限公司(王华担任该公司法定代表人)职员张轶、陈影作为经办人,向张桂平出具《收条》,内容是:"今收到苏宁公司代张桂平支付的股份转让金叁仟捌佰万元整(转账支票)。尚余贰佰万元股份转让金,待股份转让手续完备确认后结算。经办人陈影、张轶代王华。"该收据上还加盖了金盛置业投资集团有限公司财务专用章。

2005年1月8日,本案被告、反诉原告王华向本案原告、反诉被告张桂平发出《关于收回股份的通知》。该通知申明,张桂平应在2004年12月31日前支付股份转让金4000万元整。然而,直到2005年1月4日,张桂平才向王华支付3800万元。鉴于张桂平迟延支付且尚欠人民币200万元整,已构成根本性违约。从即日起终止双方于2004年10月22日签订的《股份转让协议》和《过渡期经营管理协议》,与此同时,王华依《股份转让协议》第6条所签发的所有授权委托书等法律文件亦同时作废,王华仍持有浦东公司17%的股份,并享有该股份所包含的所有股东权利。

2005年2月25日,本案被告、反诉原告王华向南京市工商行政管理局注册处声明:"从即日起,对有关我在浦东公司所持有的17%的股份的一切变更事宜,以及对浦东公司任何增资、股权变动行为的,必须通知我本人到场予以确认,否则,我将依法追究相关责任人的法律责任。"

另查明:2004年4月16日,本案被告、反诉原告王华用两个手机发了同一条信息给本案原告、反诉被告张桂平,内容是:"张总,昨日商谈股份转让事宜,我认为按曾水沙转让比例17%×4=6800万+1700万元=8500万元,我投入这么长时间并对整个增资起很大作用。"

2004年3月11日,《南方周末》大幅报道了浦东公司土地升值,部分股东因此发生纠纷的情况,报道中还有对本案被告、反诉原告王华本人的采访。报道明确指出,浦东公司股东内部纠纷的另一起因是"浦东公司那4500亩土地价格的急速蹿升……4500亩土地地价升值近3倍,仅地价升值带来的潜在收益就高达16亿元,当然这还没算上在4500亩土地上建成住宅后更大的收益"。

### 诉辩情况

原告张桂平诉称:原告与被告王华都是浦东公司的发起人、股东。2002年9月20日浦东公司成立,原告出资1800万元,占浦东公司1800万股,持股比例为18%;被告出资1700万元,占1700万股,持股比例为17%。浦东公司成立后,因项目开发需要增资,公司注册资本由1亿元增加到2亿元。原告增资到6400万元,持股比例达到32%,被告增资到3400万元,持股比例仍为17%。2004年6月起,被告几次主动与原告联系,希望将其持有的浦东公司全部股份转让给原告。经过协商,原告同意以8300万元溢价受让被告持有的全部股份,这一价格是被告实际投入的2.44倍。2004年10月22日,双方正式签署了《股份转让协议》,被告承诺在股份转让手续办理完毕之前,授权原告代行被告作为股东的一切权利,承担一切义务。如原告擅自终止本协议,则向被告支付特别赔偿金4.15亿元;被告如有违约行为,也应向原告支付4.15亿元特别赔偿金。由于双方当事人均为浦东公司发起人之一,《股权转让协议》签订时,公司成立尚不满3年,为保证股权合法顺利地转让,双方还签订了《过渡期经营管理协议》。上述协议签订后,原告严格按约定履行了义务。截至2004年12月31日,原告一共向被告支付了8100万元。尚余的200万元,根据被告代理人的签字,要留待股份转让手续完备确认后结算。但2005年1月8日,被告向原告发出《关于收回股份的通知》,声称原告资金延迟到账和少付200万元的行为构成根本性违约，因此废除其与原告签署的全部协议和授权委托书。被告在收取8100万元后毁约的行为有失诚信，请求法院依法判令被告继续履行双方签订的《股份转让协议》和《过渡期经营管理协议》，并依照《股份转让协议》中的约定向原告支付特别赔偿金人民币41500万元。

被告王华辩称：（1）原告张桂平与被告签署的《股份转让协议》及《过渡期经营管理协议》违反了法律强制性规定和《南京浦东建设发展股份有限公司章程》（以下简称《浦东公司章程》）的规定，为无效协议。被告既是浦东公司发起人，也是浦东公司董事，且双方签署《股份转让协议》时，距浦东公司成立不足3年。根据《中华人民共和国公司法》（2004年修订）（以下简称公司法）第147条的规定，股份有限公司的发起人持有的本公司股份，自公司成立之日起3年内不得转让，公司董事、监事、经理应当向公司申报所持有的本公司的股份，并在任职期间内不得转让。《浦东公司章程》第28条亦规定："发起人持有的公司股票自公司成立之日起3年以内不得转让。"据此，被告持有的股份在《股份转让协议》及《过渡期经营管理协议》签订时，尚不能转让。原告为了达到形式上不转移讼争股权的归属，而实际上能立即行使讼争股权的目的，规避法律，在上述协议中约定，在被告实际转让股权之前，将自己享有的浦东公司股东权利（包括收益权）、董事权利全部授权给原告行使。通过此举，使得原告实际享有并行使了被告拥有的浦东公司股权，且被告实质上也已经履行了协议约定的义务，因此，讼争股份的股东权利、义务已经全部转移由原告享有和承担。因此，双方签署的《股份转让协议》及《过渡期经营管理协议》明显规避法律强制性规定以及公司章程的约定，属无效协议。（2）即使《股份转让协议》及《过渡期经营管理协议》有效，张桂平也无权要求被告承担违约特别赔偿金，原告关于协议履行情况的陈述与事实不符，其所称被告违约没有事实根据。原告称已经严格按约定履行了自己的义务，实际情况是直到原告起诉时，原告仍欠被告股权转让款200万元。原告所称"被告代理人签字认可"的情形不存在。事实是在2004年12月31日上午，被告委派财务人员到原告处领取股权转让款。但原告指派人员以种种理由故意刁难，直至当日晚9时许，原告才开出3800万元转账支票交给被告方人员，同时称余下200万元要留待股份转让手续完备确认后结算并要求被告方有关人员将上述内容写进收条，否则支票不予交付。在此情形下，被告方有关人员在未经被告同意的情况下签署了收条。但是，该签字只是表明被告方人员确认收到3800万元支票，并不代表其认可原告可以少付200万元，不存在"尚余200万元，留待股份转让手续完备确认后结算"的情形。根据原、被告双方签署的《股份转让协议》，协议的任何修改或补充须经甲乙双方书面签订协议方能生效,被告委派的人员无被告本人的认可无权擅自决定。原告关于协议履行情况的陈述不符合事实,且被告并无违约行为。2004年12月31日,被告本人没有亲自到场取款事出有因,且双方签署的《股份转让协议》并未要求必须本人亲自到场取钱。鉴于原告称已经支付的3800万元实际在2005年1月4日才到账,且还有200万元款项未付,故被告于2005年1月8日发出《关于收回股份的通知》是对原告既不按时、也不全面履约行为的正常反应,是合理行为,而不是违约行为。《关于收回股份的通知》发出后,实际上并未起到收回股份和有关授权的效果。自被告发出该通知后至今,除了讼争股份因仍在法律规定的禁止转让期内而没有过户外,被告授权给原告行使的浦东公司股东权及董事权,原告均在正常行使。(3)双方签订《股份转让协议》及《过渡期经营管理协议》显失公平。上述协议中存在着大量单方面加重被告负担的条款,如《股份转让协议》第8条违约责任约定中,原告只有在"擅自提前终止本协议"这一根本违约的情形下,才会支付41500万元特别赔偿金,而被告却在"违反本协议第六条及其他有关条款"的任何违约情形下,均要支付41500万元特别赔偿金。

2005年6月7日,被告王华提起反诉,认为其与本案原告、反诉被告张桂平签署的《股份转让协议》及《过渡期经营管理协议》不但是违反法律强制性规定的无效协议,而且还是以欺诈手段订立的显失公平的协议,王华有权申请法院予以撤销,请求判令双方签署的《股份转让协议》及《过渡期经营管理协议》无效并予以撤销。理由是:2004年10月,王华与张桂平就股份转让事宜进行了磋商。在商谈股份转让价格时,张桂平向王华提供了一份浦东公司截至2003年7月1日的财务报表,并称浦东公司当时的净资产值只有0.98元/股,双方应在参考该净资产值的基础上确定本次股份转让的价格。后经商定,双方于2004年10月22日以2.44元/股的价格达成了股份转让协议。2005年4月,因上述股份转让合同履行过程中产生了争议,张桂平对王华提起诉讼。王华在应诉过程中了解到,浦东公司自2002年9月成立以后,于2002年10月从南京市国土部门受让了位于南京市浦口区的浦东花园地块和威尼斯水城地块,准备用于房地产开发。在2003年9月,张桂平曾经安排编制浦东公司2003年《盈利预测报告》(已经南京永华会计师事务所有限公司审核),据该报告反映上述地块截至2003年9月分别增值达2692.4万元、70470万元。据此测算,王华持有的股份同期净资产值可达15763.49万元,即该股份当时的价值已经达4.64元/股。并且,2003年至2004年,南京市的房地产市场仍然持续火爆,土地价格也更是扶摇直上。由此,到2004年10月,王华所持有的浦东公司股份的价值早已超过4.64元/股。然而,为了骗取浦东公司土地增值的巨额利益，张桂平欺骗王华，在与王华签署协议的过程中，故意仅出示未反映浦东公司股份真实价值的财务报表，隐瞒了上述能反映浦东公司股份真实价值的《盈利预测报告》，致使王华将实际价值超过4.64元/股的浦东公司股份仅以2.44元/股的价格转让给张桂平。因此，张桂平在签订上述有关协议的过程中存在欺诈行为，由此达成的协议显失公平，依法应予撤销。

本案原告、反诉被告张桂平答辩称：本案被告、反诉原告王华的反诉请求根本不能成立，请求人民法院依法驳回其反诉请求。第一，张桂平没有对王华进行欺骗隐瞒，股份转让价格是双方最终商定的结果。当时双方商定转让价格时没有、也不可能把一年多前的审计报告作为所谓的参考依据，而且早在2003年7月1日召开的浦东公司第一次临时股东大会上，浦东公司就已经将该份财务审计报告分发给了公司全体股东。由于王华没有出席会议，该份审计报告在会后由其他与会人员带给了王华。此次王华竟然以此作为被欺骗的依据实属荒唐。王华十分清楚浦东公司拥有地块的增值情况。自浦东公司成立以来，王华作为第二大股东，参与过公司的筹建、谈土地、增资等工作，对公司的土地不断增值的情况也十分清楚。在2004年1月，王华与股东许尚龙、朱藻英、吴娟玲等人一起状告南京市工商局，要求撤销浦东公司增资登记和公司股东出资及持有股份的变更登记。而此时浦东公司拥有地块在江苏省省政府出台沿江大开发战略的推动下价格进一步上涨已经成为众所周知的事实。特别需要强调的是，此次转让是王华自己通过多种渠道主动向张桂平提出的，并提出了股份转让的具体价格。王华曾在其参与的状告南京市工商局行政诉讼案二审审理期间不停地用手机短信息的方式，向张桂平表示希望其收购股份的愿望，并以同意撤回此案上诉为筹码，要张桂平尽快考虑他的要求。转让的具体方案也由王华提出，即按照浦东公司另一股东曾焕沙采用的原始股价格乘以四的方式进行，由此得出王华原先1700万股的四倍价格加上后来增资的1700万元，合计8500万元。张桂平同意收购，经过协商，最终以8300万元的价格达成转让协议。第二，股份转让协议是双方真实的意思表示，并非显失公平。根据有关法律规定，在订立合同时，一方当事人利用优势或者利用对方没有经验，致使双方的权利与义务明显违反公平、等价有偿原则的，可以认定为显失公平。这是判断合同是否显失公平的法律依据。本案涉及的股份转让协议在订立时根本不存在以上情形。股份转让协议中双方约定的权利与义务是对等的，体现了公平、等价有偿的原则。王华声称当时公司股价已经达到每股4.64元仅仅是一种预测，这种预测与实际股权利益之间存在着很大的差距。张桂平接受王华转让股份的请求本身就承受着巨大的风险和压力。为此双方十分慎重地约定了特别赔偿金条款。第三，股份转让的相关协议并没有违反法律强制性规定，是合法有效的。

**裁判结果**

江苏省高级人民法院于 2005 年 12 月 6 日判决：

一、本案原告、反诉被告张桂平与本案被告、反诉原告王华签订的《股份转让协议》和《过渡期经营管理协议》有效；

二、王华在本判决生效后 10 日内依合同约定与张桂平办理股权转让的相关手续；

三、上述股份转让手续办理完备后，张桂平立即给付王华 200 万元股份转让金；

四、王华应于本判决生效后 10 日内向张桂平支付 500 万元违约金；

五、驳回张桂平其他诉讼请求；

六、驳回王华的反诉请求。案件受理费 2085010 元，由张桂平负担 1563757.50 元，王华负担 521252.50 元；诉讼保全费 666145 元，由王华负担；反诉案件受理费 425010 元、法院特快专递费 200 元，合计 425210 元，由王华负担。

一审宣判后，双方当事人均未提起上诉，一审判决已经发生法律效力。

**裁判理由**

本案的争议焦点是：（1）本案《股份转让协议》及《过渡期经营管理协议》是否有效、能否撤销，即上述协议是否违反《中华人民共和国公司法》（2004 年修订）第 147 条的规定及《浦东公司章程》的规定，签约中是否存在价格欺诈、显失公平等情形；（2）如果上述协议有效，本案原告、反诉被告张桂平在支付标的股份转让款中是否构成根本违约，本案被告、反诉原告王华能否解除合同；（3）双方协议约定的违约金是否过高，如果过高应如何调整。

江苏省高级人民法院认为：

1. 关于本案《股份转让协议》及《过渡期经营管理协议》是否有效、能否撤销的问题。

（1）本案原告、反诉被告张桂平和本案被告、反诉原告王华作为浦东公司的发起人，在浦东公司成立两年后，于 2004 年 10 月 22 日签订《股份转让协议》及《过渡期经营管理协议》，约定"过渡期"后王华将所持的标的股份转让于张桂平名下。上述约定并不违反《中华人民共和国公司法》（2004 年修订）第 147 条关于"发起人持有的本公司股份，自公司成立之日起 3 年内不得转让。公司董事、监事、经理应当向公司申报所持有的本公司的股份，并在任职期内不得转让"的规定，不违反《浦东公司章程》的相关规定，亦不违反社会公共利益，应认定为合法有效。

第一，股份有限公司发起人的主要职责在于设立公司，发起人需要对公司设立失败的后果负责，在公司设立过程中因发起人的过错造成公司损失的，发起人也需要承担相应的责任。公司成功设立后，发起人的身份就被股东的身份所替代，其对公司的权利与义务与其他非发起人股东相同。考虑到有些不当发起行为的法律后果和法律责任的滞后性，如果发起人在后果实际发生前因转让股份退出了公司，就很难追究其责任，不利于保护他人或社会公众的合法权益，因此，需要在一定时期内禁止发起人转让其持有的公司股份。《中华人民共和国公司法》第147条第1款的立法目的即在于防范发起人利用公司设立谋取不当利益，并通过转让股份逃避发起人可能承担的法律责任。该条第2款关于"公司董事、监事、经理应当向公司申报所持有的本公司的股份，并在任职期内不得转让"的规定，也是基于相同的立法目的。

第二，《中华人民共和国公司法》第147条所禁止的发起人转让股份的行为，是指发起人在自公司成立之日起3年内实际转让股份。法律并不禁止发起人为公司成立3年后转让股份而预先签订合同。只要不实际交付股份，就不会引起股东身份和股权关系的变更，即拟转让股份的发起人仍然是公司的股东，其作为发起人的法律责任并不会因签订转让股份的协议而免除。因此，发起人与他人订立合同约定在公司成立3年之后转让股权的，并不违反《中华人民共和国公司法》第147条的禁止性规定，应认定为合法有效。本案中，根据双方当事人所签订的《股份转让协议》第5条、第6条关于过渡期的规定、第7条关于"办理股份变更手续"的规定、第10条关于"依照《中华人民共和国公司法》的规定，合法有效地将甲方所持有的股份转让于乙方名下"和"如遇法律和国家政策变化，修改了股份有限公司发起人股份的转让条件和限制，将依照新的法律和政策的规定相应调整合同的生效时间"的规定等协议内容，可以确定双方对公司发起人转让股份的限制有着清醒的认识，故双方虽然在公司成立后3年内签订股份转让协议，但明确约定股份在"过渡期"届满即浦东公司成立3年之后再实际转让。同时，双方签订《股份转让协议》和《过渡期经营管理协议》后，本案被告、反诉原告王华即签署了向浦东公司董事会提出辞去该公司董事职务的申请，不再担任公司董事。综上，双方当事人的上述约定显然并不违反《中华人民共和国公司法》第147条的规定，亦不违反《浦东公司章程》的相关规定，应认定为合法有效的合同。

第三，本案原告、反诉被告张桂平和本案被告、反诉原告王华未在公司成立后3年内实际转让股份，不存在违反《中华人民共和国公司法》第147条的行为。本案中，王华所持有的是记名股票，根据《中华人民共和国公司法》

第145条关于"记名股票,由股东以背书方式或者法律、行政法规规定的其他方式转让。记名股票的转让,由公司将受让人的姓名或者名称及住所记载于股东名册"的规定,判断记名股票转让与否应当以股东名册和工商登记的记载为依据。本案中,根据浦东公司股东名册及该公司工商登记的记载,王华仍是浦东公司的股东和发起人,涉案标的股份至今仍属于王华所有。

第四,根据本案原告、反诉被告张桂平和本案被告、反诉原告王华所签订的《过渡期经营管理协议》和《授权委托书》,王华在过渡期内作为股东的全部权利和义务都授权张桂平行使。该《过渡期经营管理协议》的性质属于股份或股权的托管协议,双方形成事实上的股份托管关系,即法律上和名义上的股东仍是王华,而实际上王华作为浦东公司股东的权利和义务由张桂平享有、承担。由于我国公司法对公司股份的托管行为和托管关系并无禁止性规定,因此,本案当事人所签订的《过渡期经营管理协议》合法有效。尽管双方在协议中约定过渡期内王华作为浦东公司股东的一切义务和责任由张桂平承担,但这种约定只在双方当事人之间内部有效,而对第三人并不具有法律约束力。正因为该《过渡期经营管理协议》并不能免除王华作为发起人、股东的责任,故王华与张桂平签订《过渡期经营管理协议》和《授权委托书》的行为应确认为合法有效。

第五,上述《股份转让协议》和《过渡期经营管理协议》不存在以合法形式掩盖非法目的情形。如上所述,双方订立合同的根本目的是公司成立3年后转让股份,过渡期内由本案原告、反诉被告张桂平代行本案被告、反诉原告王华的股权,这一目的并不违法。上述协议形式、内容均合法有效,也不违反《浦东公司章程》第28条关于"发起人持有的公司股票自公司成立之日起3年以内不得转让"的规定。王华关于上述协议的签订和履行,使张桂平实际取得王华在浦东公司的股份项下的全部权利和利益,王华不再承担其作为股东的风险和义务,双方已实质性转让股份,故上述协议违反公司法和《浦东公司章程》有关公司发起人转让股份的禁止性规定,应确认为无效协议的反诉主张,没有事实和法律依据,不予采纳。

(2)上述协议签订时,也不存在本案原告、反诉被告张桂平对本案被告、反诉原告王华进行价格欺诈或者显失公平的情形。首先,2004年4月16日至2005年5月18日期间王华发给张桂平的手机短信息内容显示,是王华就股份转让的价格发出了要约或反要约。王华要求参照浦东公司原股东曾水沙(又名曾焕沙)的股份转让模式,即原始股按四倍收购,增资股份原价退回。当时王华在浦东公司的原始股为1700万股,增资股为1700万股,合计3400万股。最后双方协商后确定以8300万元为股份转让价格,该价格如以3400万为基数,则是王华原有股份的2.44倍。其次,王华和张桂平均系长期从事实业经营的企业家,对标的股份的实际价值以及转让价值是否合理应当清楚。王华主动向张桂平提出股份转让价格的计算方案,而实际上双方也是按这一方案进行协商,最终确定了8300万元的标的股份转让价格。因此,不存在张桂平对王华进行价格欺诈,也不存在一方当事人利用优势或者利用对方没有经验,致使双方的权利和义务明显违反公平、等价有偿原则,从而显失公平的情形。最后,王华认为2004年10月22日张桂平与其签订上述协议时仅向其提供了2003年7月1日的浦东公司的财务报表,而隐瞒了浦东公司土地增值的实际情况,从而得以低价收购其股份,存在欺诈。事实上,王华身为浦东公司的董事、股东,对该公司的情况应当了解。2004年3月11日《南方周末》采访了王华,根据《南方周末》的报道,当时王华就已经知晓浦东公司土地升值的情况。王华关于直到张桂平对其起诉后,才根据浦东公司2003年的《盈利预测报告》得知浦东公司土地升值巨大的信息,了解到自己持有的浦东公司股份截至2003年9月的价值已达4.64元/股的反诉主张,与事实不符,不予采信。此外,王华反诉主张是以浦东公司2003年的《盈利预测报告》为计算依据,因该报告仅是一种预测,并不能等同公司实际财产情况及公司股权的实际价值。据此,王华关于张桂平对其实行价格欺诈,导致合同显失公平的主张,没有事实根据,不予支持。

综上所述,本案的双方当事人在签订《股份转让协议》及《过渡期经营管理协议》时,不存在价格欺诈、显失公平的情形,上述协议均为双方当事人的真实的意思表示,不属于依法可以撤销的合同。

2. 关于本案原告、反诉被告张桂平在支付标的股份转让款中是否构成根本违约,本案被告、反诉原告王华能否解除合同的问题。

(1) 本案原告、反诉被告张桂平向本案被告、反诉原告王华支付3800万元股份转让款不构成迟延履行。双方签订的《股份转让协议》中关于付款期限的规定,只是要求张桂平于2004年12月31日前向王华支付剩余股份转让金4000万元,至于支付的方式并未约定。因此,张桂平只要在履行期限内完成支付行为,就不构成违约。本案中,张桂平于2004年12月31日前以支票方式向王华支付了3800万元,王华也认可收到上述款项,至于到账时间晚于2004年12月31日,不应作为认定张桂平迟延履行的依据。故应认定张桂平支付上述款项符合双方合同的约定,不构成履行迟延。

(2) 金盛置业投资集团有限公司的财务人员陈影、张轶作为本案被告、反诉原告王华的代理人,就本案原告、反诉被告张桂平尚未支付的200万元所作出的"余款贰佰万元股份转让金,待股份转让手续完备确认后结算"的意思表示，应当视为双方当事人对部分价款的支付重新作出了约定。张桂平据此保留200万元待股份转让手续完备确认后结算，不构成违约。

第一，2004年12月30日，张桂平向王华发出《付款通知》，通知王华次日来领取4000万元款项并办理已收到全部股份转让金的确认手续。由于双方当事人在《股份转让协议》中已明确约定，王华以8300万元的价格将其所持有的浦东公司的股份转让给张桂平，同时王华须向张桂平提供全部转让价款的税务发票。因此，张桂平上述《付款通知》的要求完全符合双方协议约定和交易目的，也符合正常交易惯例。王华主张2004年12月31日不需要办理股份转让金履行完毕的确认手续的理由不成立，不予采纳。

第二，2004年12月31日，王华本人没有去张桂平处，而是委派了金盛置业投资集团有限公司财务人员陈影、张轶二人携带公司财务专用章前去办理领款手续。王华没有委托陈影、张轶带去由其本人签字确认收到全部8300万元转让款的收据，也没有出具授权陈影、张轶办理8300万元转让款全部收到的确认手续的书面授权委托书，张桂平和王华之间因而无法办理交付全部股份转让款的确认手续。因此，陈影、张轶二人代表王华确认"余款贰佰万元股份转让金，待股份转让手续完备确认后结算"，并加盖了金盛置业投资集团有限公司财务专用章，该行为应视为王华已与张桂平就剩余200万元股份转让款的履行重新作出了约定。

第三，王华主张其仅是要求陈影、张轶去张桂平处取款，并未作其他授权，因而陈影、张轶超越了代理权限，其对陈影、张轶就200万元剩余股份转让款的支付所作出的上述承诺不予认可。法院认为，由于陈影、张轶是王华担任法定代表人的金盛置业投资集团有限公司的下属员工，二人接受王华的委派前去张桂平处取款，如无王华授权，陈影、张轶即超越代理权限作出"余款贰佰万元股份转让金，待股份转让手续完备确认后结算"的承诺，与常理相悖。同时，王华也没有提供证据证明其对陈影、张轶的代理行为作了限制性授权，并将限制性授权告知了张桂平。故陈影、张轶代表王华作出的"余款贰佰万元股份转让金，待股份转让手续完备确认后结算"的承诺，应视为王华的真实的意思表示。

第四，王华还主张陈影、张轶就上述200万元剩余股份转让款作出的承诺是受张桂平胁迫作出的，不是陈影、张轶及其本人的真实意思表示，但王华并未就此提供相应的证据加以证明，故不予认定。综上所述，张桂平对3800万元股份转让金的支付不构成履行迟延，未向王华支付剩余200万元股份转让金亦得到王华认可，故张桂平支付标的股份转让金的行为不构成违约。王华以张桂平的支付行为违约为由行使合同的解除权，没有事实根据和法律依据。王华的行为构成违约,应承担相应的违约责任。同时,本案不存在法律上或事实上的履行不能的情形,张桂平要求继续履行双方间协议的诉求应予支持。鉴于在本案审理期间,浦东公司自成立起已满3年,因此,王华应依双方合同约定与张桂平办理股权转让的相关手续。

3. 关于双方协议约定的违约金是否过高,如过高应如何调整的问题。

本案原告、反诉被告张桂平在本案被告、反诉原告王华违约的情况下,在要求王华继续履行合同的同时,可以要求王华承担违约责任,支付违约金或赔偿损失。但双方合同关于按转让金额的5倍即41500万元支付特别赔偿金的约定,显然过分高于王华的违约行为给张桂平造成的损失。根据《中华人民共和国合同法》第114条第2款关于"约定的违约金过分高于造成的损失的,当事人可以请求人民法院或者仲裁机构予以适当减少"的规定,应予以适当减少。本案中,张桂平应当对王华的违约行为给其造成损失的事实承担相应的举证责任。鉴于张桂平不能对王华违约给其造成的流动资金贷款利息损失之外的其他损失事实进一步举证证明,其要求王华按股份转让金数额的5倍即41500万元向其支付特别赔偿金,王华对此持有异议,故对张桂平的主张不予支持。对于王华的违约责任,应以8100万元被王华占用期间的流动资金贷款利息为相应参考依据,予以适当调整,酌定王华向张桂平支付500万元人民币的违约金。

综上所述,本案原告、反诉被告张桂平与本案被告、反诉原告王华签订的《股份转让协议》和《过渡期经营管理协议》是双方当事人真实意思表示,内容合法有效。对张桂平要求王华继续履行协议的请求,应予以支持。张桂平在履行协议过程中并无违约行为,王华以张桂平没有如期支付3800万元以及尚欠200万元为由,认为张桂平构成根本违约,要求解除合同,没有事实根据和法律依据,其单方解除协议的行为已构成违约,应承担相应的违约责任,应向张桂平支付违约金500万元。

## 57. 假冒其他股东签名与自己签订的《股权转让协议》是否有效?

被告假冒其他股东(原告)的名义与自己签订《股权转让协议》,将其股权转移到自己名下,违背了原告的真实意思表示,严重侵害了原告享有的表决权、收益权等股东权益,违反了《民法通则》第4条规定的民事活动应当遵循的自愿、公平、等价有偿和诚实信用的原则,应当认定该《股权转让协议》无效。

### 58. 假冒其他股东签名，并在股东会上形式通过的股东会决议是否有效？

瑕疵决议的内容如果存在违反法律、行政法规的强制性规定的情形的，即为无效决议，且决议自作出之日起即为无效。本案中，该决议的第4项内容系依据被告假冒原告名义与自己签订的《股权转让协议》而作出的，并非是原告本人的真实意思表示，其内容同样违反了《民法通则》第4条关于民事活动应当遵循自愿、公平、等价有偿、诚实信用原则的规定，应当认定无效。

## 典型疑难案件参考

曾文泉、曾建华诉厦门市信诺立电子有限公司、李淑英、曾庆荣等股权转让纠纷案

### 基本案情

被告厦门市信诺立电子有限公司（以下简称信诺立公司）于1999年1月12日成立，原股东为曾建华、曾文泉、曾庆荣。注册资本为118000元，其中曾建华出资1万元，占总资本的8.5%，曾文泉出资8000元，占总资本的6.8%，曾庆荣出资10万元，占总资本的84.7%。2004年12月25日，被告曾庆荣为受让方，分别与署名为"曾文泉"、"曾建华"的转让方签订一份《股权转让协议》，将曾文泉、曾建华在信诺立公司所占的全部股权转让给曾庆荣。2005年1月7日，被告信诺立公司出具一份《股东会议纪要》，称信诺立公司于2005年1月7日召开全体股东会议，参加会议的股东有曾庆荣、曾建华、曾文泉、李淑英。该会议纪要决议如下事项：（1）免去曾庆荣法定代表人职务，选举李淑英担任公司法定代表人；（2）免去曾建华监事职务，选举李丽慧担任监事；（3）变更公司经营范围；（4）同意曾建华、曾文泉将股权全部转让给曾庆荣；（5）同意曾庆荣增资12万元，增资后占股权的5.27%，新股东李淑英出资428万元，占股权的94.73%，公司注册资本变更为451.8万元。该会议纪要加盖信诺立公司公章，并署有"李淑英"、"曾庆荣"、"曾文泉"、"曾建华"的名字。之后，信诺立公司依据上述变更资料向工商局办理了股东及注册资本变更手续，将注册资本变更为451.8万元，股东变更为曾庆荣及李淑英。2006年7月24日，信诺立公司又增资，注册资本变

更为611.8万元,同时公司股东变更为曾庆荣、李淑英、周雨亭、陈北杰、张朋搜、林琼、卓梅英、吴欢生、黄捷、何海容、陈峰、林颐健、李立东、林郁苏、朱本瑞。2006年10月27日,被告曾庆荣出具一份声明,称2005年1月7日的《股东会议纪要》中"曾文泉、曾建华"的签名系其伪造的,且2004年12月25日的《股权转让协议》中的转让方"曾文泉"、"曾建华"的签名亦系其伪造签署的,其并未向曾文泉、曾建华支付股权转让款。同时,曾庆荣向原告出具了道歉函。庭审中,原告主张信诺立公司在召开股东会时,并未通知原告参加,且其从不知道亦不同意《股东会议纪要》及《股权转让协议》的内容。现原告以《股东会议纪要》中的增资、股权转让决议等内容及《股权转让协议》无效为由向法院提起诉讼。

▶ 一审诉辩情况 ◀

原告曾文泉、曾建华诉称:2005年1月7日,被告曾庆荣利用主持信诺立公司经营管理工作之机,在没有通知原告的情况下,擅自与被告李淑英制作了虚假的《股东会议纪要》。同时,被告曾庆荣在《股东会议纪要》及《股权转让协议》中伪造原告的签名,将原告的股份变更在其名下。故诉请判令被告信诺立公司2005年1月7日《股东会议纪要》无效。同时判令被告李淑英承担利用无效《股东会议纪要》取得法定代表人期间(自2004年12月25日至今)的公司债权债务。后原告又变更诉讼请求为:判令被告信诺立公司于2005年1月7日作出的《股东会议纪要》中第1条、第2条、第4条的内容无效,以及2004年12月25日的《股权转让协议》无效。同时判令被告李淑英承担利用无效《股东会议纪要》取得法定代表人期间(自2004年12月25日至今)的公司债权债务。

被告信诺立公司及李淑英辩称:本案诉争的《股东会议纪要》及两份《股权转让协议》均是原告本人的签名,原告与被告曾庆荣涉嫌恶意串通,因此曾庆荣出具的证明不能作为证据使用。且原告主张股东会议决议无效,已超过法律规定的60天的起诉期限。根据法律规定,被告信诺立公司的增资只需代表2/3以上表决权的股东通过即可,现因被告曾庆荣占有公司87%的股份,故其有权自行决定增资。

被告曾庆荣辩称:承认原告的全部诉讼请求。被告曾庆荣与李淑英利用虚假的《股东会议纪要》骗取工商变更登记。

第三人周雨亭、林琼、吴欢生、黄捷、何海容、朱本瑞、陈北杰、李立东述称:本案讼争的《股东会议纪要》及两份《股权转让协议》均是原告本人的签名,应认定有效。且根据法律规定,被告信诺立公司的增资只需代表2/3

以上表决权的股东通过即可,现因被告曾庆荣占有公司87%的股份,故其有权自行决定增资。

### 一审裁判结果

福建省厦门市思明区人民法院依照《中华人民共和国民事诉讼法》第84条、第130条,《中华人民共和国民法通则》第4条、第58条,《中华人民共和国公司法》第22条之规定,判决:

一、2004年12月25日的《股权转让协议》无效;

二、2005年1月7日的《股东会议纪要》第4条中关于将原告曾文泉、曾建华的股权全部转让给被告曾庆荣的决议内容无效;

三、驳回原告曾文泉、曾建华的其他诉讼请求。

### 一审裁判理由

福建省厦门市思明区人民法院根据上述事实和证据审理认为:被告曾庆荣假冒原告曾文泉、曾建华的签名签订《股权转让协议》及《股东会议纪要》,将原告的股权转让给被告曾庆荣,该行为违反了《民法通则》第4条关于民事活动应当遵循自愿、公平、等价有偿、诚实信用原则的规定,是无效的民事行为,因此,《股权转让协议》及《股东会议纪要》中关于将原告的股权转让给被告曾庆荣的决议内容无效。原告曾文泉、曾建华及被告曾庆荣均缺乏证据证明被告李淑英对曾庆荣假冒原告签名的事实是明知的,故被告李淑英对此不应承担过错责任,原告要求被告李淑英承担其在担任法定代表人期间信诺立公司的债权债务缺乏法律依据,不予支持。至于《股权会议纪要》的其他决议内容,因未违反法律、行政法规的规定,故不应认定无效。

### 二审裁判结果

二审法院维持一审判决。

---

**59. 夫妻一方处置夫妻共同共有的重大财产,对夫妻另一方是否有约束力?**

夫妻一方在日常生活需要之外对夫妻共同财产作出重要处置时,应当和另一方平等协商,取得一致意见。夫妻一方代另一方签字订立的股权转让协议对另一方是否有约束力,关键是看交易相对人是否有理由相信这一处分家庭共同共有财产的行为属于夫妻双方共同的意思表示，以及交易相对人是否善意，即是否明确知道该夫妻一方的行为属于无权代理行为。

**60. 如果股权转让合同中既约定了合同生效的程序，又约定了实际履行后生效的条款，则两个条款之间有什么关系？**

股权转让合同中如果既约定了签字盖章生效的程序条款，又约定了部分实际履行后生效的实质性条款，则相对于整个合同来说，程序条款仅仅是一个形式要件。当事人即使未在合同书上签字，合同书存在形式上的瑕疵，如果当事人已经善意地按约定实际履行了合同义务，合同书仍然按照实质性条款的约定生效并产生拘束力。

### 典型疑难案件参考

彭丽静与梁喜平、王保山、河北金海岸房地产开发有限公司股权转让侵权纠纷案（《最高人民法院公报》2009年第5期，总第151期）

### 基本案情

2005年11月7日，原告彭丽静和被告梁喜平作为甲方，与作为乙方的被告王保山和王军师签订了一份合同书，就转让金海岸公司股权及其相关事宜达成协议。其中约定：

1. 公司经营项目状况：1.1 金海岸公司于2005年1月27日成立。注册资金800万元。梁喜平和彭丽静分别出资640万元和160万元，各自持有80%和20%的股权。1.2 2005年2月5日，经河北陆军预备役步兵师（以下简称预备役师）通过土地有偿转让竞价销售的形式转让其在高庄营区的土地，由金海岸公司中标；同年3月8日金海岸公司与预备役师签订《军用土地转让合同》；同年3月8日中国人民解放军总后勤部以〔2005〕后营字第568号《关于河北陆军预备役步兵师转让部分土地事》的批复，同意预备役师将位于河北省鹿泉市获鹿镇高庄村，京冀字第2819、2766、2767号三个坐落的277014.3平方米土地（拆除房屋38232平方米）转让给金海岸公司。目前转让手续正在办理之中，金海岸公司已经向"中国人民解放军总后勤部土地管理局"、"北京军区联勤部"以及"预备役师"缴纳土地转让费及定金共计864.03万元，仍尚需再支付2043.24万元的土地转让费，并负责处理承租（住）户清退等遗留问题。

2. 股权价值及股权份额：2.1 甲方梁喜平、彭丽静为该项目的取得投入了大量的人力和财力。经甲、乙双方协商同意，金海岸公司原股东梁喜平、彭丽静股权价值被认定为6120万元（含前期支付给部队的土地转让费及定金864.03万元和尚需再支付预备役师2043.24万元土地转让费），并将该股权价值转让给乙方王保山和王军师。2.2 6120万元的股权总价值中梁喜平持有80%的股份，股权价值为4896万元，彭丽静持有20%的股份，股权价值1224万元。

3. 股权转让：3.1 合同签订后，20日内甲方梁喜平及乙方王保山开始履行80%股权转让手续（王保山暂不出股权转让金，按7.1条约定的条款支付），甲方协助乙方王保山进行金海岸公司的工商登记变更，费用由乙方王保山承担。变更后的金海岸公司法定代表人为王保山。同时甲方梁喜平按双方认可的交接清单内容，将金海岸公司所有账目、报表、印章、中标通知书等有关资料交乙方王保山处理。3.2 当乙方支付本合同7.1条中所指债款最后一笔欠款时，甲方彭丽静与乙方王军师进行金海岸公司20%的股权转让手续。甲方彭丽静协助乙方王军师进行金海岸公司的工商登记变更，费用由乙方王军师承担。3.3 本合同签订后，双方严格执行，如有违约，违约方除应赔偿守约方的直接损失外，另处200万元的罚金。

4. 剩余土地转让费支付：4.1 合同签订后20日内，乙方以金海岸公司的名义支付预备役师土地转让费1500万元（包括前期已打入预备役师指定账户的200万元），乙方支付此款之日起合同生效。剩余543.24万元由乙方王保山代表金海岸公司直接与预备役师协商。4.2 因剩余土地转让费支付问题，致使《军用土地转让合同》无法履行时，乙方向甲方支付违约金3000万元，由雅虹公司、隆基公司承担连带保证责任。

5. 未付股权转让金变债权的确立：甲方梁喜平、彭丽静股权价值折合人民币6120万元，甲方梁喜平将其持有的金海岸公司的80%股权转让给乙方王保山，其转让金折合人民币为4896万元（含应支付给预备役师2043.24万元土地转让费），剩余欠款2900.76万元由王保山按合同7.1条约定期限以负债的方式支付给甲方梁喜平；甲方彭丽静将其持有的金海岸公司的20%的股权转让给乙方王军师，其转让金折合人民币为1224万元，由王军师按本合同7.1条的约定期限以负债方式支付给甲方彭丽静。

6. 其他费用：金海岸公司在清理本项目土地上出租（住）户过程中，所发生的清偿费用188.5万元由变更后的金海岸公司承担，超出部分由甲乙双方协商解决。

7. 债权债务的处理：7.1 土地使用权证变更至变更后的金海岸公司名下后，10日内乙方王保山向甲方梁喜平支付1000万元的债款，其余3076.76万元（含欠甲方彭丽静的1224万元），乙方在支付给甲方1000万元后每三个月支付1000万元，最后一笔为1076.76万元，于2006年12月30日前结清……13. 本合同自甲乙双方四人、金海岸公司签字后生效，各保证人盖章后保证合同生效。梁喜平、王保山、金海岸公司、石家庄市远大市政工程有限公司、雅虹公司、隆基公司签字、盖章。彭丽静、王军师没有在合同书上签字。庭审中，原告对该证据的真实性予以认可，但不认可该合同书的内容，认为其合同主体不合格，意思表示不真实，被告梁喜平没有当然的代理权代表原告彭丽静，被告王保山也没有书面证据证明原告彭丽静参与了股权转让过程。

2005年11月8日，金海岸公司召开股东会，通过了变更股东和转让出资额的决议，决定由原股东梁喜平出让其80%的股权给新股东王保山，其他股东放弃优先购买权。决议上有梁喜平、彭丽静、王保山三人签字和手印。庭审调查中，各方对该证据的真实性没有异议。原告彭丽静不认可其签字和手印，认为系王保山和梁喜平伪造。被告梁喜平承认原告彭丽静的签字和手印是其代签和代按的。

2005年11月23日，彭丽静、梁喜平、王保山三人通过了金海岸公司章程修正案，将金海岸公司住所地由石家庄市建设北大街261号修正为石家庄市红旗大街25号；将公司股东姓名由梁喜平和彭丽静修正为王保山和彭丽静。修正案有梁喜平、彭丽静、王保山三人签字和手印。庭审调查中，各方对该证据的真实性没有异议。原告彭丽静不认可其签字和手印，认为系王保山和梁喜平伪造。被告梁喜平承认修正案上原告彭丽静的签字和手印是其代签和代按的。

股权转让合同签订后，2005年11月23日，双方变更了公司工商登记，将原股东梁喜平变更为王保山，占公司80%的股权，原告彭丽静仍持有公司20%的股权。王保山先后向梁喜平夫妇二人支付了股权转让款4944万元。其中，以金海岸公司的名义在2005年9月28日、9月29日、12月1日分三次向预备役师支付土地转让金2043.24万元，向梁喜平夫妇二人支付股权转让金2900.76万元（含2005年9月30日原告彭丽静借款10万元），合计4944万元。庭审中，原告彭丽静对付款收据的真实性没有异议，但认为在所有履行股权转让合同的书面证据中，除2005年9月30日，原告彭丽静借款10万元的单据上有彭丽静的签字外，再没有原告的签字，被告王保山没有证据证明原告彭丽静接收了股权转让款,所以股权转让款与本案无关。原告彭丽静只是借款10万元,但借款单不是股权转让合同,与股权转让款无关。被告梁喜平对于股权转让款4944万元及付款收据的真实性没有异议,但认为款项的流动完全是由自己支配的,与他人无关,并且承认原告彭丽静在最初参与了股权转让的协商,但后来由于存在分歧就中止了谈判,最后的股权转让合同是在原告彭丽静不知情的情况下签订的,合同的履行及款项往来均由其一人经手。

2005年11月9日,原告彭丽静与被告梁喜平在原金海岸公司住所地新注册成立了河北海岸房地产开发有限公司,注册资金800万元,彭丽静占公司的20%股份,梁喜平占公司的80%股份,彭丽静任执行董事,是该公司的法定代表人。

▶ 一审诉辩情况 ◀

彭丽静于2007年3月23日提起诉讼,请求:(1)确认被告梁喜平与王保山签订的股权转让合同书及其附件中有关将原告在金海岸公司的20%的股权以1224万元人民币转让给他人的约定侵犯了原告的合法权益,对原告没有法律约束力。(2)确认被告梁喜平与王保山签订的股权转让合同书及其附件中有关将被告梁喜平在金海岸公司的80%的股权以4896万元人民币转让给被告王保山的约定侵犯了原告的优先购买权等合法权益,属无效约定。并判令三被告采取办理公司变更登记等必要手续,将被告王保山受让的被告梁喜平在金海岸公司的80%股权过户至原告,保障原告依法实现优先购买权,确保原告的股权价值不受损害。(3)由三被告承担全部诉讼费用。

▶ 一审裁判结果 ◀

原审法院依据《中华人民共和国民事诉讼法》第128条、第138条,《中华人民共和国合同法》第37条、第45条第1款,最高人民法院《关于适用〈中华人民共和国婚姻法〉若干问题的解释(一)》第17条第2款,最高人民法院《关于贯彻执行〈中华人民共和国民法通则〉若干问题意见》第89条的规定,判决驳回原告彭丽静的诉讼请求;案件受理费316010元,保全费5000元由原告彭丽静负担。

▶ 一审裁判理由 ◀

原审法院审理认为:双方争议的重点在于:(1)金海岸公司是否具备法人人格。(2)作为金海岸公司的股东,被告梁喜平是否有权代理原告彭丽静订立股权转让合同、股东会决议、公司章程修正案,该股权转让合同书对原告彭丽静是否具有约束力。(3)股权转让合同书的效力。

关于金海岸公司法人人格的认定问题。通过庭审调查可知，被告梁喜平与原告彭丽静系夫妻关系，夫妻二人将共同共有财产中的一部分作为其各自在有限责任公司的出资，注册成立了金海岸公司。对此被告王保山认为彭丽静、梁喜平夫妇二人没有将夫妻共同共有财产进行分割，虽然登记的股东为两人，实质是一个集合整体，夫妻之间不构成真正意义上的公司法上的股东关系，主张对金海岸公司法人人格应予否定。需要明确的是，我国公司法对股东之间并没有身份上的限制，夫妻双方共同投资设立有限责任公司并不违反法律禁止性规定。而国家工商行政管理局公布的《公司登记管理若干问题的规定》第23条又规定："家庭成员共同出资设立有限责任公司，必须以各自拥有的财产作为注册资本，并各自承担相应的责任，登记时需要提交财产分割的书面证明或者协议。"因此，夫妻可以共同出资设立有限责任公司。实际上，以未分割的夫妻共同共有财产出资设立公司并不必然构成对公司法人财产独立性的损害，只是设立公司的需要，满足的是登记部门的要求。其在工商登记中显示的投资比例并不是对夫妻共同共有财产作出的改变和分割，也并不能当然地将工商登记中载明的投资比例简单等同于夫妻之间的财产约定。所以彭丽静和梁喜平用未分割的夫妻共同共有财产出资成立金海岸公司，符合公司法的规定，金海岸公司具备独立法人人格。被告王保山的主张不能成立，该院不予采信。

关于被告梁喜平是否有权代理原告彭丽静的问题。由于原告彭丽静与被告梁喜平均否认存在授权委托的事实，也无其他直接证据证明双方存在代理关系。但本案的特殊之处在于，原告彭丽静与被告梁喜平系夫妻关系，而金海岸公司又是由其夫妇二人开办的，这种特殊的、特定的身份关系导致金海岸公司的内部治理不同于一般的有限责任公司。梁喜平、彭丽静夫妇二人的关系相对于第三人而言是非常密切的，无论是对家庭事务还是对其个人事务，但是仅凭这一层特殊关系来径行认定被告梁喜平必然具有代理权是不够的，尤其在处理非日常性事务时。最高人民法院《关于适用〈中华人民共和国婚姻法〉若干问题的解释（一）》第17条第2款规定："夫或妻非因日常生活需要对夫妻共同财产作重要处理决定，夫妻双方应当平等协商，取得一致意见。他人有理由相信其为夫妻双方共同意思表示的，另一方不得以不同意或不知道为由对抗善意第三人。"由上可知，被告梁喜平代原告彭丽静签字订立的股权转让协议是否对原告彭丽静产生拘束力，关键在于被告王保山是否有理由相信这一处分家庭共同共有财产的行为，属于夫妻双方共同意思的表示，同时被告王保山是否属于善意，即被告王保山作为相对人，当时是否明确知道被告梁喜平的行为属于无权代理的行为。

原审法院认为，被告梁喜平有权代理原告彭丽静签订股东会决议、公司章

程修正案、股权转让合同,有权处分彭丽静持有的金海岸公司20%的股权。理由如下:

(1) 原告彭丽静与被告梁喜平夫妻二人为向预备役师缴纳土地出让金,由中间人尹广宗介绍认识了被告王保山,双方在中间人尹广宗的撮合下开始洽商股权转让事宜。这一事实表明原告彭丽静对股权转让之事不是不知情,而是积极参与,转让股权正是夫妻二人的真实意思表示。

(2) 被告王保山在签订协议前就以金海岸公司的名义向预备役师支付土地出让金200万元,用实际行动表示了其接收股权的诚意。而被告梁喜平与被告王保山签订了金海岸公司股权转让协议后,收取了后续的股权转让款。在已经存在夫妻二人共同协商准备将股权转让给被告王保山的前提下,足以使人相信被告梁喜平这一处分公司全部股权的行为,正是彭丽静、梁喜平夫妻二人共同意思表示的体现,是被告梁喜平代表夫妻双方处分共同共有财产的行为而非被告梁喜平个人的擅自行为。需要说明的是,被告王保山与金海岸公司之间并无其他业务往来,王保山是在中间人尹广宗的介绍下认识的被告梁喜平,王保山向被告梁喜平支付股权转让款,履行的是股权转让合同,而非其他。

(3) 原告彭丽静从起诉至今,没有向法庭举证证明被告王保山在股权转让过程中是非善意的,仅主张其不知股权转让之事,没有在股权转让合同书上签字,被告梁喜平在庭审中陈述洽商过程中原告彭丽静曾因意见分歧而中止股权转让谈判,是其未告知原告而私下转让,但没有举证证明自己的主张。而被告王保山对其夫妻二人的陈述不予认可。相反,被告王保山提供的证人尹广宗在法庭上陈述说,股权转让合同签订后,原告彭丽静曾带被告王保山和他专程到预备役师核对过出让土地的相关手续的原件,并且在合同履行一年后,彭丽静、梁喜平夫妇二人曾到其办公室要求其给被告王保山做工作,再给10亩地自己盖房使用。虽然原告彭丽静和被告梁喜平对证人尹广宗的证言予以否认,虽然证人尹广宗在陈述时一再声明"时间久远,可能会记不清楚"、"不是自己的事",但不能否认的是,作为中间人,尹广宗的陈述是客观的、真实的。即原告彭丽静对股权转让一事是明知的,其夫妇二人转让金海岸公司的意思表示是一致的、真实的。被告王保山提供的一系列证据证明自己有理由相信被告梁喜平有权代理原告彭丽静在股权转让合同书上签字,而原告彭丽静以不知道为由否认股权转让事实违背常理,被告梁喜平仅在法庭上陈述原告彭丽静曾中途停止谈判,股权不再转让,但不能举证证明自己曾通知被告王保山和中间人尹广宗中止谈判,所以原告彭丽静与被告梁喜平的陈述不能成立。

(4) 原告彭丽静主张王保山未尽审查义务,应在股权转让合同书签订后,向其催告追认。但诉讼后,原告彭丽静与被告梁喜平分别致函给被告王保山,均催促其办理土地过户手续,原告彭丽静更是将被告王保山称为"金海岸公司的控股股东"。这一事实表明原告彭丽静自己对金海岸公司股权转让不仅是明知的,而且对被告梁喜平代其签字的行为进行了事后追认,认可了股权转让合同书。

(5)股权转让合同书第4.1条约定:"合同签订后20日内,乙方(王保山)以金海岸公司的名义支付预备役师土地转让费1500万元(包括前期已打入预备役师指定账户的200万元),乙方支付此款之日起合同生效。"这一条款的约定,对于要求优先购买权的原告彭丽静来讲具有同等条件,但原告彭丽静在当时的条件下不可能有能力支付此款,所以其要求优先购买权的理由不能成立。

综合上述事实及理由,被告梁喜平转让金海岸公司股权的行为虽然在程序上存在瑕疵,即没有原告彭丽静的签字手续,但对于善意的第三人被告王保山,不具备约束力。被告梁喜平的处置行为构成表见代理,推定其有权代原告彭丽静在股东会决议、公司章程修正案、股权转让合同书签字,处置公司股权。原告彭丽静主张被告王保山侵犯其优先购买权和异议权的理由不能成立,该院不予采信。

退一步讲,即便被告梁喜平无权代理原告彭丽静在股权转让合同书、股东会议决议、公司章程修正案上签字转让股权,但被告王保山已举证证明自己为善意第三人,有足够的理由相信被告梁喜平有代理权,而且被告王保山已向被告梁喜平支付了4944万元的股权转让款,有偿支付了对价,变更了金海岸公司的股东手续。最高人民法院《关于贯彻执行〈中华人民共和国民法通则〉若干问题意见(试行)》第89条规定:"在共同共有关系存续期间,部分共有人擅自处分共有财产的,一般认定无效。但第三人善意、有偿取得该财产的,应当维护第三人的合法权益,对其他共有人的损失,由擅自处分共有财产的人赔偿。"也就是说,即便梁喜平无权处分共同共有财产,从公平的角度出发,为保护交易安全,也应当保护被告王保山的合法权益。至于梁喜平的行为由此给彭丽静造成的损失,应另行要求被告梁喜平赔偿。更何况金海岸公司是彭丽静、梁喜平夫妇二人以共同共有财产注册成立的,夫妻二人对共有财产,不是按比例共有,更不是分别所有,而是共同所有。依照法律规定,夫妻作为共同共有人,对共有财产享有平等的占有、使用、处分、收益权。被告梁喜平已经收取的被告王保山支付的金海岸公司的股权转让款,属于梁喜平、彭丽静夫妻共同共有财产范围。所以原告彭丽静的主张不能成立,该院不予采信。

关于股权转让合同书效力的问题。股权转让合同书第13条约定:本合同自甲乙双方四人、金海岸公司签字后生效,各保证人盖章后保证合同生效。原告彭丽静依此主张合同书未满足约定的生效要件和有效成立的法定条件，不应受法律保护。但实际上，该股权转让合同书约定了两个生效条款，除上述条款外，合同书第4.1条还约定了："合同签订后20日内，乙方（王保山）以金海岸公司的名义支付预备役师土地转让费1500万元（包括前期已打入预备役师指定账户的200万元），乙方支付此款之日起合同生效。"在这两个条款中，合同书第4.1条的约定相对于整个合同书是实质性的附条件的合同生效条款，即合同签订后的20日内，被告王保山必须以金海岸公司的名义向预备役师支付土地转让费1500万元，一旦王保山支付此款，则股权转让合同书生效。事实上，被告王保山也确实在签订合同书后的20日内向预备役师支付了土地转让款，实现了合同书约定的生效要件。而且在合同书订立之前，被告王保山已先行以金海岸公司的名义向预备役师支付了土地转让款200万元，已经实际履行了合同的主要义务。原告彭丽静、被告梁喜平对此是明知的，并且没有提出任何异议欣然接受。依照《中华人民共和国合同法》第37条的规定，采用合同书形式订立合同，在签字或盖章之前，当事人一方已经履行了主要义务，对方接受的，该合同成立。股权转让合同书第13条的约定，相对于整个合同书来讲仅是一个形式要件，彭丽静、王军师也确实未在合同书上签字，合同书存在形式上的瑕疵。但梁喜平已在合同书上签字，被告王保山也已经履行了主要的合同义务，而且是善意的。而被告梁喜平作为原告彭丽静的丈夫，有权代表原告彭丽静在股权转让合同书、股东会议决议、公司章程修正案上签字。因此合同书生效并实际履行。至于原告彭丽静诉称股权转让合同书内容违法，理由是被告梁喜平和王保山恶意串通，侵犯了其优先购买权、法定的股权转让权，为无效合同。但在庭审中，原告彭丽静并没有提供证据证明被告王保山与梁喜平恶意串通，又基于前述理由，被告梁喜平的行为不存在侵权，构成表见代理，所以股权转让合同书是双方当事人真实意思表示，内容不违反法律法规，为有效约定。原告彭丽静的请求缺乏事实及法律依据，该院不予支持。

原告彭丽静所诉的是股权转让纠纷，股权转让主体是金海岸公司的股东，而非金海岸公司。并且在股权转让过程中，金海岸公司不存在侵害原告彭丽静的事实，原告彭丽静也没有证据证明金海岸公司在股权转让过程中存在任何的过错。所以原告彭丽静对金海岸公司的诉讼请求没有任何事实及法律依据，该院不予支持。

### 二审诉辩情况

彭丽静不服原审法院的上述民事判决，向最高人民法院提起上诉称：（1）一审法院违反了最高人民法院《关于民事诉讼证据的若干规定》第79

条、第64条的规定,一审判决书既没有明确采纳了哪些证据,更没有阐明是否采纳证据的理由。被上诉人王保山为证明上诉人彭丽静对股权转让一事明知,向法庭提供了两位证人,中间人尹广宗的陈述不是没有其他证据予以印证就是与其他证据相冲突。证人郗荣娜系王保山任股东和董事长的公司财务人员,与王保山有利害关系。一审判决书采信了证言,但是没有阐明任何理由。(2)一审判决书查明的事实或者没有任何有效证据予以支持,或者与有效证据能够证明的事实完全相悖。2005年11月7日,原告彭丽静和被告梁喜平作为甲方,与作为乙方的被告王保山、王军师签订了一份合同书,就转让金海岸公司股权及其相关事宜达成协议。这份合同书只有梁喜平与王保山签字,彭丽静与王军师均未签字。一审认定,合同书订立之前,王保山已先行以金海岸公司的名义向预备役师支付土地转让款200万元,已经实际履行了合同的主要义务,王保山先后向梁喜平夫妇二人支付了股权转让款4944万元,但是彭丽静从未知道王保山支付股权转让款及其数额的事实。(3)一审判决书中在法律适用方面的错误。①本案的一个关键的问题是:王保山是否属于善意第三人,应当由其证明其有理由相信转让股权是彭丽静与梁喜平夫妻双方的共同意思表示,一审法院将这一举证责任分配予彭丽静,没有法律依据。②在提起诉讼后,彭丽静曾致函给被告王保山,均催促其办理土地过户手续。在函件中,彭丽静将被告王保山称为"金海岸公司的控股股东"。一审法院依据这份函件的表述来认定:彭丽静自己对金海岸公司股权转让不仅是明知的,而且对被告梁喜平代其签字的行为进行了事后追认,认可了股权转让合同书。一审法院以此函件认定没有依据。(4)一审法院无视彭丽静和王军师均未签署合同书、彭丽静的股权被侵犯的事实,认为"彭丽静在当时的条件下不可能有能力支付此款,所以其要求优先购买权的理由不能成立"的结论,没有事实和法律依据。(5)关于股权转让合同书效力,一审判决书认为,股权转让合同书第13条、第4.1条都约定了合同生效条件,既然该合同书有两个条款涉及了合同的生效,根据公司法原理,股权转让须以书面合同为之。基于合同及合同法原理,当事人签字或者盖章是合同成立的必备要件,合同的生效须以合同的成立为前提。因此,即使合同书第4.1条的约定相对于整个合同书是实质性的附条件的合同生效条款,也须以合同书的成立为前提。换言之,如果涉案的股权转让合同尚未满足第13条约定的有效成立要件,何谈依第4.1条生效。因此,一审法院仅仅依第4.1条认定王保山支付款项合同即生效,而置第13条于不顾,违背了《合同法》的基本原理。综上所述,一审法院在证据审核、采纳及阐明理由方面,事实认定方,法律适用方面,都存在严重的违法之处。因此请求裁定撤销一审判决并在查清事实后依法改判。

被上诉人梁喜平答辩称：（1）"股权转让协议书"上彭丽静的签字及手印，确非彭丽静本人所出，是答辩人与王保山共同伪造，签字时梁喜平、王保山还有尹广宗在场，彭丽静和王军师都没有到场，彭丽静对此协议内容并不知情。（2）"股东会决议"上彭丽静的签字也是虚假的，当时就在王保山处，彭丽静并没有到场，由梁喜平当着王保山、尹广宗的面签的字，按的手印，签字内容和手印不是彭丽静的，三人都知道。（3）办理工商登记，主要是尹广宗出面办理的，一系列文件上的签字、手印都是三人商量着伪造的，王保山对此非常清楚。（4）彭丽静开始是参与了谈判，但后来她不同意转让，就退出了，她也不同意梁喜平再与王保山谈转让的事，梁喜平口上答应，但实际上却与王保山一起办理了转让事宜，整个过程彭丽静并不知情。（5）彭丽静在股权转让之前，向王保山借了10万元，上面彭丽静的签字是真实的，此10万元与股权转让无关，是个人借款。欠条上彭丽静的签字与协议上的签字完全不同，王保山对此明知。（6）在三人私下办理股权转让期间，彭丽静因有孕在身，所以一直在家休养，并没有参与公司的经营管理，对于转让款的支付事宜，并不知情，等知道的时候，事情已经结束，知道后很生气，后来起诉了。（7）尹广宗全程参与了转让协议、股东会决议、工商变更登记等文件签字伪造过程，尹广宗还是王保山公司聘请的总经理，其作证的内容是虚假的，不真实。综上，答辩人确实有过错，股权转让过程彭丽静确不知情，伪造签字也主要是听了王保山的意见，梁喜平和王保山都不是善意第三人，请法院公正判决。

被上诉人王宝山答辩称：（1）一审判决对彭丽静和王保山提交的全部证据均是根据最高人民法院《关于民事诉讼证据的若干规定》的要求进行审核认定的。本案中转让金海岸公司股权的《合同书》对彭丽静是否具有法律约束力等问题，仅从单一的证据无法认定，只能依据彭丽静提交的5份证据和王保山提交的22份证据以及梁喜平、金海岸公司的陈述综合起来才能对本案作出正确的裁判。一审判决正是根据各方当事人的陈述和提交的证据、经过质证，针对证据的不同形式综合进行了审查判断，对证据是否采纳及其理由已经明确地表述在"审理查明"和"本院认为"中。因此，彭丽静诉称的"一审判决书既没有明确采纳了哪些证据，更没有阐明是否采纳证据的理由"不能成立。（2）一审判决认定了"彭丽静、王军师没有在合同上签字"的事实；结合彭丽静提供的5份证据和王保山提供的22份证据以及梁喜平的陈述得出的结论为："股权转让合同书是双方当事人的真实意思表示，内容不违反法律法规，为有效约定。"一审判决认定在《合同书》订立之前，彭丽静明知王保山已先行以金海岸公司的名义向预备役师支付土地转让款200万元而其并未提出任何异议，王保山已经实际履行了合同的主要义务。王保山向彭丽静、梁喜平夫妇支付4944万元的转让款彭丽静是明知的。彭丽静、梁喜平夫妇的另外两个夫妻共同共有的公司远大公司、海岸公司收取了王保山后续股权转让款2890.76万元。远大公司、海岸公司收取王保山巨额股权转让费,彭丽静当然应当知道股权转让的事实。(3)关于一审判决适用法律的问题。关于彭丽静提出的王保山应对其是否是善意承担举证责任问题。王保山在一审法院规定的举证期限内提供了22份证据,且它们之间形成了完整的证据链条,足以证明王保山在该次股权转让过程中是善意的第三人。根据"谁主张,谁举证"的原则,如果彭丽静主张王保山是恶意的,她应当对王保山是恶意予以举证,但彭丽静却至今也未提供王保山在受让金海岸公司的股权时具有恶意的任何证据。关于彭丽静的优先购买权问题。金海岸公司的全部股权属于彭丽静、梁喜平夫妇共同共有,这是上诉人彭丽静和答辩人王保山均认可的事实,根据我国民事法律的规定:在共有关系存续期间共同共有人不享有分出或转让权、分割请求权和优先购买权等,彭丽静主张她的丈夫梁喜平转让其夫妻共同共有的金海岸公司的股权时享有优先购买权是没有依据的。关于梁喜平代理权问题。一审判决在假设梁喜平无权代理彭丽静在股权转让合同书、股东会议决议、公司章程修正案上签字转让股权的同时,认为王保山已证明自己的善意和有理由相信梁喜平有代理权,从而认定应保护王保山的合法权益。关于股权转让《合同书》成立、生效问题。一审判决是根据王保山已按照《合同书》的约定履行了合同主要义务的事实,依据《中华人民共和国合同法》第37条的规定认定彭丽静虽未在《合同书》上签字,《合同书》也已依法成立;根据王保山已按《合同书》第4.1条约定的生效条件履行了"以金海岸公司名义向预备役步兵师支付土地转让费1500万元"的义务,认定该《合同书》已生效是正确的。

被上诉人金海岸公司答辩称:(1)彭丽静将答辩人作为本案的被上诉人没有事实依据和法律依据,一审判决驳回其对答辩人的诉讼请求是正确的。彭丽静起诉的是股权转让侵权纠纷,本案中转让人是彭丽静、梁喜平夫妇,受让人为王保山、王军师,而非答辩人。答辩人根据转让双方签订的股权转让协议等法律文件,依法办理股权变更登记的行为不存在侵犯彭丽静权利的事实,没有过错,因此彭丽静对答辩人提起侵权诉讼毫无法律根据,一审判决驳回其对答辩人诉讼请求是正确的。(2)彭丽静、梁喜平夫妇将金海岸公司的全部股权转让给王保山是双方的真实意思表示,其转让行为合法有效,应受到法律保护。一审判决确认2005年11月7日股权转让《合同书》合法有效,对彭丽静有法律约束力是正确的。(3)彭丽静申请一审法院查封答辩人的土地没有任何依据,且已给答辩人的开发经营带来了巨大的经济损失,二审法院应当尽快予以解封；答辩人还将依法追究彭丽静因此给答辩人造成的损失。（4）答辩人同意王保山的所有答辩意见。

▶ 二审裁判结果

最高人民法院根据《中华人民共和国民事诉讼法》第153条第1款第1项之规定，判决如下：

驳回上诉，维持原判。

二审案件受理费316010元由彭丽静负担。

本判决为终审判决。

▶ 二审裁判理由

最高人民法院经审理认定一审查明的事实。

最高人民法院认为：本案股权转让合同的内容和形式并不违反法律法规的强制性规定，股权转让已经实际履行，并办理了公司变更登记手续，应当认定股权转让合同合法有效。上诉人彭丽静主张其未在股权转让合同上签名，股权转让合同无效。本案涉及的股权转让合同书第13条约定：本合同自甲乙双方四人、金海岸公司签字后生效，各保证人盖章后保证合同生效。上诉人彭丽静主张合同书未满足约定的生效要件和有效成立的法定条件，不应受法律保护。但是，该股权转让合同书约定了两个生效条款，除上述条款外，合同书第4.1条还约定了："合同签订后20日内，乙方（王保山）以金海岸公司的名义支付预备役师土地转让费1500万元（包括前期已打入预备役师指定账户的200万元），乙方支付此款之日起合同生效。"在这两个条款中，合同书第4.1条的约定是附条件的合同生效条款，王保山实际履行了合同。股权转让合同的条件成就，该合同有效成立。因此股权转让合同生效并实际履行。彭丽静未在股权转让合同上签名，只是股东在办理股份转让和公司变更手续方面存在的瑕疵，而这一瑕疵并未影响股权转让合同的实际履行。彭丽静对此明知，且并未提出异议，因此股权转让的瑕疵不影响股权转让合同的效力。

关于梁喜平代彭丽静订立股权转让合同、签署股东会决议、公司章程修正案的效力问题。本案的上诉人彭丽静与被上诉人梁喜平系夫妻关系，金海岸公司是其夫妻二人共同开办的，丈夫梁喜平占80%的股份，妻子彭丽静占20%的股份。夫妻二人共同出资设立公司，应当以各自所有的财产作为注册资本，并各自承担相应的责任。因此，夫妻二人登记注册公司时应当提交财产分割证明。但是，本案当事人夫妻二人在设立公司时并未进行财产分割，应当认定是以夫妻共同共有财产出资设立公司。彭丽静和梁喜平用夫妻共同共有财产出资成立公司，在夫妻关系存续期间，丈夫或者妻子的公司股份是双方共同共有的财产，夫妻作为共同共有人，对共有财产享有平等的占有、使用、收益和处分的权利。根据本院《关于适用〈中华人民共和国婚姻法〉若干问题的解释（一）》第17条第2款的规定："夫或妻非因日常生活需要对夫妻共同财产作重要处理决定，夫妻双方应当平等协商，取得一致意见。他人有理由相信其为夫妻双方共同意思表示的，另一方不得以不同意或不知道为由对抗善意第三人。"彭丽静与梁喜平转让金海岸公司股权的行为属于对夫妻共同财产作重要处理，二人均应在股权转让合同、股东会决议、公司章程修正案上签名。但是，对于梁喜平代彭丽静订约、签名的效力问题应当综合本案事实，根据彭丽静对于股权转让是否明知、王保山是否为善意等因素予以分析认定。本案查明的事实是，彭丽静与梁喜平夫妻二人由中间人尹广宗介绍认识了王保山，共同协商股权转让事宜；王保山在签订股权转让协议前，通过上诉人夫妇提供的部队账户，以金海岸公司的名义向预备役师支付土地出让金200万元；在签订股权转让协议时，夫妇共同开办的石家庄市远大市政工程有限公司（以下简称远大公司）提供保证；在股权转让协议签订后，向夫妇共同开办的远大公司和河北海岸房地产开发有限公司（以下简称海岸公司）交付股权转让款；王保山持有彭丽静的身份证复印件，办理股权变更的工商登记；王保山持有金海岸公司的全部证照、印章、资料原件，金海岸公司的住所地进行变更；王保山已经支付了4944万元的股权转让款，变更了金海岸公司的股东手续，股权转让合同履行后实际控制了金海岸公司。上述事实证明上诉人彭丽静参与股权转让的签订和履行，转让股权是夫妻二人的真实意思表示。王保山有理由相信梁喜平能够代表妻子彭丽静签订股权转让合同、股东会决议、公司章程修正案。梁喜平陈述彭丽静曾中途停止谈判，不再同意股权转让。但是，彭丽静不能举证证明其是否通知王保山终止股权转让。彭丽静知道股权转让的事实，并未提出异议和阻止其丈夫梁喜平转让其股份，应当视为同意转让，梁喜平代彭丽静订约、签名转让股权，对于彭丽静有约束力。彭丽静上诉主张股权转让合同的当事人梁喜平和王保山恶意串通，侵犯了其优先购买权，但是，彭丽静并没有提供证据证明王保山与梁喜平恶意串通构成侵权的事实。因此，上诉人彭丽静以其没有在股权转让合同、股东会决议上签名，请求确认转让合同无效，被上诉人梁喜平和王保山恶意串通侵犯其优先购买权，没有事实和法律依据，其上诉理由不能成立，本院不予支持。

综上所述，一审法院认定事实清楚，证据充分，适用法律正确。彭丽静的上诉主张和理由，没有事实根据和法律依据，上诉理由不能成立，本院不予支持。

### 61. 股份公司的章程能否对公司股份的转让作出限制性规定？

股份有限公司属于资合公司，股份流通性是其生命，股份转让的自由度不仅直接影响公司自身利益和公司内部中小股东的利益，更关涉公司外部第三人利益。是否允许股份有限公司章程限制股份转让属于立法政策问题，如果法律允许章程设限，将会明确作出规定，否则不得以章程设限。现行公司立法未明文许可股份有限公司可以章程限制股份转让，相反却规定"股份可以依法转让"，在此情形下，除非公司章程本身提供了相应的救济手段，否则认可其效力将使得拟转让股份的股东丧失救济渠道，与股份有限公司的特性及立法精神相悖。

## 典型疑难案件参考

常州百货大楼股份有限公司诉常州市信和信息咨询有限公司等股权转让纠纷案

### 基本案情

常州百货大楼股份有限公司（以下简称百货公司）在国营常州百货大楼的基础上改制成立于 1993 年 4 月 27 日，注册资金为 5000 万元，股权结构为：国家股 2000 万元，占股本总额的 40%；法人股 2300 万元，占股本总额的 46%；职工个人股 700 万元，占股本总额的 14%。公司章程第 17 条载明："一个法人股股东持有本公司的股份，原则上不得超过本公司股份总额的 5%，对于突破本条界限的法人股东，在获得公司股份总额 5% 以上时，必须经本公司同意。"

自 2003 年 7 月起，常州市信和信息咨询有限公司（以下简称信和公司）、常州市希慎企业管理策划有限公司（以下简称希慎公司）、常州太古商贸有限公司（以下简称太古公司）、常州惠泽商贸有限公司（以下简称惠泽公司）分别与百货公司股东常州大诚纺织集团有限公司（以下简称大诚公司）等 18 家单位签订股权转让协议共 22 份，合计受让百货公司法人股 4464222 股，占百货公司总股本的 7.292%。

### 一审诉辩情况

百货公司以信和公司、希慎公司、太古公司、惠泽公司系关联企业，其为规避百货公司章程关于股份转让所作的限制，采取一致收购行动，未经百货公司同意收购百货公司法人股超过股份总额5%的行为违反了百货公司章程，依法应确认为无效民事行为为由，诉至法院，请求判令：（1）确认被告与百货公司的股东大诚公司等签订的22份股权转让协议无效，计价值人民币9864792元；（2）判令被告交还新的股权证并恢复百货公司原股东身份和股权证书原状。

四被告辩称：（1）章程就股份转让所作的限制性规定并不能成为股权转让协议无效的理由。（2）四被告不是原告所说的关联公司，四被告所购百货公司股份不应合并计算。请求驳回百货公司的诉讼请求。

第三人述称：股份转让并未违反法律规定，且已办理了过户登记手续，不存在股份转让侵权行为，请求驳回百货公司的诉讼请求。

### 一审裁判结果

常州市中级人民法院依照《中华人民共和国公司法》（2004年修订）（以下简称原《公司法》）第143条、第144条，《中华人民共和国民事诉讼法》第130条之规定，判决：驳回百货公司的诉讼请求。

### 一审裁判理由

常州市中级人民法院经审理认为：股份有限公司股权的依法自由转让是其基本要求。百货公司章程规定的对股权转让的限制，不仅不符合我国公司法就股份有限公司关于股权转让的规定，而且没有必要的正当理由，更无相应的补救措施。这种对股权让渡不合理的限制，除妨碍正常的股权交易外，还必然影响股权转让价格。因此，章程对股权转让所作的限制性规定，违反股权转让的基本原则，变相剥夺了股东的股份转让权，应认定无效。此外，没有证据证明四被告构成关联公司，四被告分别受让股份的行为亦不属"一致行动"，四被告所持百货公司股份不应合并计算。综上，四被告与第三人签订股权转让协议的行为应认定为有效，原告的诉讼请求于法无据，应予驳回。

### 二审诉辩情况

一审宣判后，原告百货公司不服，向江苏省高级人民法院提起上诉称：（1）百货公司章程对股权转让所作的限制性条款有效。①原《公司法》第143条关于"股东持有的股份可以依法转让"的规定体现的股权转让原则是依法转让而不是绝对的自由转让，股权转让必须依据法律及公司章程进行。②百货公司章程相关条款只对股权转让作出一定的限制而非变相禁止股权转让。首先在5%之内的转让是没有任何限制的，对超过5%时的股权转让也没有予以禁止，而是加以一定的程序上的限制条件，即"在获得公司股份额5%以上时，必须经本公司同意"。在通过以上程序之后，还是能够突破5%的限制而进行股权转让的，如果百货公司董事会同意，则受让人可合法办理受让手续，如果不同意，则转让人可将其股权分拆转让，或者重新寻找受让人，或者也可请求公司帮助其寻找双方均能认可、对公司发展有利的受让人，由此使股权转让成为一种既对转让人有利、又不至于损害公司利益的行为。因此，该条款无论是在形式上还是在实体上均只是对股权转让给予一定条件的限制而不是禁止。③大陆法系国家普遍允许非上市股份有限公司的章程对股份转让作出限制，应予借鉴。如《韩国商法》第335条规定，股份可以转让给他人，但章程可以规定股份转让须经董事会同意。《日本商法》第204条规定，股份有限公司可以通过章程规定股份转让须经董事会同意。（2）四被上诉人构成关联公司和一致行动人，其所购股份应当合并计算。请求二审法院撤销原审判决，支持上诉人的诉讼请求。

被上诉人信和公司、希慎公司、太古公司、惠泽公司答辩称：原审判决认定事实清楚，适用法律正确，应予维持。

原审第三人述称：同意被上诉人的答辩意见。

### 二审裁判结果

江苏省高级人民法院依照《中华人民共和国民事诉讼法》第153条第1款第1项之规定，判决：驳回上诉，维持原判。

### 二审裁判理由

江苏省高级人民法院审理认为：对于非上市股份有限公司能否在章程中对股份转让作出限制，目前立法无明确规定。百货公司以韩国、日本商法为例，主张本案应当借鉴域外立法精神，认定百货公司章程限制股份转让的规定有效。在法无明文规定的情形下，应否认可非上市股份有限公司章程对股份转让设限的效力，应综合分析各种相关因素，尽力找出现行立法的本意，并以此作为判断的标准。(1) 虽然韩国商法、日本商法均允许非上市股份有限公司章程对股份转让设限，但借鉴他国法律制度时应着眼于制度的整体而非局部。考察韩国、日本作此规定的基础，在于商法其他条款中对受到限制的股东提供了足够的救济手段，包括请求公司另行指定股份受让人或由公司收购股份等。反观我国公司法，其并未向受限制股东提供救济措施。修订后于2006年1月1日起施行的《中华人民共和国公司法》（以下简称新《公司法》）第五章第二节专门就股份有限公司的股份转让作了规定，根据其中第143条的规定，除"减少公司注册资本"、"与持有本公司股份的其他公司合并"、"将股份奖励给本公司职工"、"股东因对股东大会作出的公司合并、分立决议持异议，要求公司收购其股份"四种情形外，公司不得收购本公司股份，从而在立法上排除了公司章程限制股份转让情形下为拟转让股东提供救济的通道。鉴于我国立法不存在韩国、日本商法允许章程对股份转让设限规定的基础，故不应简单借鉴韩国、日本商法允许章程对股份转让设限的规定。（2）对于章程能否对股份转让设限，新《公司法》区别对待有限责任公司和非上市股份有限公司的立法意图明显。依新《公司法》第72条第4款关于"公司章程对股权转让另有规定的，从其规定"的规定，有限责任公司章程可以自由约定对股份转让的限制。但新《公司法》未在股份有限公司立法中作出类似的原则性规定，该法在第138条确立了股份有限公司"股东持有的股份可以依法转让"的原则后，仅在第142条就发起人及董事、监事、高级管理人员所持本公司股份的转让作了法定限制，并例外规定"公司章程可以对公司董事、监事、高级管理人员转让其所持有的本公司股份作出其他限制性规定"。综合分析新《公司法》就有限责任公司和股份有限公司股份转让的不同规定，可以揭示出这样的立法精神：是否允许股份有限公司章程限制股份转让属于立法政策问题，如果法律允许章程设限，将会明确作出规定，否则不得以章程设限。（3）关于"股东持有的股份可以依法转让"的理解。对于股份有限公司而言，大多数股东无力与公司管理层进行协商并对其进行有效的监督和制约，中小股东易被边缘化和外部化，利益易遭侵害，法律实施中对此必须予以关注；且股份有限公司属于资合公司，股份流通性是其生命，股份转让的自由度不仅直接影响公司自身利益和公司内部中小股东的利益，更关涉公司外部第三人利益。因此，有关股份有限公司的股份转让，立法既已作出规定，不能通过公司章程予以变更。"股东持有的股份可以依法转让"，在现有的立法框架下应包含两层含义：一是股份转让必须依法进行；二是只要依法进行，股份就可以转让。（4）百货公司章程未向受限制股东提供必要的救济渠道。在立法未明确允许公司章程可就股份转让作出限制且未提供救济渠道的情况下，百货公司章程仅对股份转让作了限制，且无正当理由，更无相应的救济措施，这使得百货公司可以无须任何理由地拒绝股东的股份转让请求，构成了对股份转让的变相禁止，不符合股份有限公司的资合性特征及相关立法精神。综上，是否允许股份有限公司以章程限制股份转让属于立法政策问题，除非立法有明文规定，否则司法不宜肯定。现行公司立法未明文许可股份有限公司可以章程限制股份转让，相反却规定"股份可以依法转让"，在此情形下，除非公司章程本身提供了相应的救济手段，否则认可其效力将使得拟转让股份的股东丧失救济渠道，与股份有限公司的特性及立法精神相违。故百货公司章程就股份转让所作的限制性规定应为无效。此外，虽然四被上诉人确已构成关联企业和一致行动人，但关联企业和一致行动人的认定不影响本案股权转让合同的效力。据此，百货公司关于撤销原判、支持其诉讼请求的上诉请求缺乏事实依据和法律依据，不予支持。原审判决认定事实基本清楚，适用法律虽不完全正确，但处理结果并无不当，应予维持。

## 62. 公司将其在子公司的股份转让给第三人的，公司股东能否以自己的名义直接对公司提起诉讼？

> 股东行使直接诉权应当以损害事实为前提，且其所受损失应当是直接损失，不包括间接损失；应当是股东个人性权利受到侵害，不包括股东共同性权利受到侵害。对于公司与第三人签订的合同，公司股东不当然地具有直接利害关系，不能直接以自己的名义任意提起确认合同无效之诉。

### ▼典型疑难案件参考

邵斐月诉宁波市镇海利天投资咨询有限公司、何中寸股权转让纠纷案

▶ **基本案情**

原告邵斐月系被告宁波市镇海利天投资咨询有限公司（以下简称利天公司）股东，拥有30%的股权。利天公司系宁波市镇海永正投资有限公司（以下简称永正公司）全资股东。2008年3月6日，两被告签订股权转让协议一份，约定利天投公司将其拥有永正公司股权中的70%以1680万元的价格转让给何中寸，并约定转让款已结清。原告认为，两被告之间的股权转让协议系双方恶意串通，何中寸并未实际支付转让款，两被告之间的股权转让行为损害了作为宁波市镇海利天投资咨询有限公司股东之一的原告的合法权益。为此，原告诉请法院，要求确认两被告签订的股权转让协议无效。

▶ **一审裁判结果**

宁波市镇海区人民法院依照《中华人民共和国民事诉讼法》第108条第4

项、最高人民法院《关于适用〈中华人民共和国民事诉讼法〉若干问题的意见》第139条第1款的规定，于2008年8月4日作出如下裁定：驳回邵斐月的起诉。

### 一审裁判理由

宁波市镇海区人民法院经审理认为：何中寸是否向利天公司支付股权转让款，何中寸和利天公司之间的股权转让协议是否有效，受其直接影响的是利天公司的利益，邵斐月的直接利益并未因此而受到影响，作为利天公司的股东，邵斐月受影响的仅是间接利益。对此，邵斐月在庭审中亦确认利天公司和何中寸之间股权转让损害了公司的利益从而损害了邵斐月的利益。为利天公司的利益，邵斐月作为股东仅得提起股东代表诉讼，且其提起该诉讼应以"竭尽公司内部救济"为前提，即作为公司股东的邵斐月在提起代表诉讼之前必须首先请求公司治理机构向危害公司利益的不正当行为实施者主张权利，当公司明确或公司的行为表示其拒绝或怠于行使救济权及超过法律规定的期限后公司不作表示时，或情况紧急，不立即起诉将会使公司利益受到难以弥补的损害的，股东才能向法院提起代表诉讼。现邵斐月既未与本案有直接利害关系，又未向法院提供其已履行了提起股东代表诉讼所应履行的前置程序或有紧急情形的相关证据，故不属于人民法院受理民事诉讼范围，起诉不符合受理条件，依法应驳回起诉。

### 二审诉辩情况

邵斐月不服宁波市镇海区人民法院上述民事裁定，向宁波市中级人民法院提起上诉称：（1）本案不符合股东代表诉讼的要件和特征，不应当适用《中华人民共和国公司法》关于股东代表诉讼的规定，原审法院认定本案属股东代表诉讼错误；（2）本案应适用《中华人民共和国合同法》第52条的规定对利天公司和何中寸之间恶意串通行为作出认定；（3）原审法院驳回起诉的依据是不属于法院受理民事诉讼的范围即不符合《中华人民共和国民事诉讼法》第108第4项的规定，但说理部分却出现了"原告既未与本案有直接利害关系"的说法即《中华人民共和国民事诉讼法》第108条第1项的规定，令人费解；（4）起诉不符合受理条件应在立案时作出不予受理的裁定，原审通过实体审理才作出驳回起诉的做法属于程序错误。综上，请求二审法院支持邵斐月的上诉请求。

被上诉人何中寸答辩称：原裁定正确，请求维持原判。

▶ 二审裁判结果

宁波市中级人民法院依照《中华人民共和国民事诉讼法》第108条第1项、第4项、第154条、《最高人民法院关于适用〈中华人民共和国民事诉讼法〉若干问题意见》第139条第1款的规定，裁定：驳回上诉，维持原裁定。

▶ 二审裁判理由

宁波市中级人民法院经审查认为：邵斐月作为利天公司的股东，认为利天公司转让永正公司股权的行为损害其权益，应适用《中华人民共和国公司法》的相关规定主张权利，其上诉主张可以直接适用《中华人民共和国合同法》第52条规定，于法无据，不予支持。但邵斐月作为股东提起股东代表诉讼应先"竭尽公司内部救济"，当公司明确或公司的行为表示其拒绝或怠于行使救济权及超过法律规定的期限后公司不作表示，或情况紧急，不立即起诉将会使公司利益受到难以弥补的损害时，股东才能向法院提起代表诉讼。而本案中邵斐月并未向法院提供其已履行了提起股东代表诉讼所应履行的前置程序或有紧急情况的相关依据。故不属人民法院受理民事诉讼范围。根据《最高人民法院关于适用〈中华人民共和国民事诉讼法〉若干问题意见》第139条的规定，起诉不符合受理条件的，人民法院应当裁定不予受理。立案受理后，发现起诉不符合受理条件的，裁定驳回起诉。故邵斐月诉称的"起诉不符合受理条件应在立案时作出不予受理的裁定，原审法院通过实体审理作出驳回起诉的做法属于程序错误"于法无据。原审法院适用法律正确、审判程序合法，裁定驳回起诉并无不当。

---

**63. 公司的股东在向公司外部的第三人转让公司股份时，是否应当积极向对方披露其知晓的公司经营情况？如果未能披露信息，对股权转让的效力有何影响？**

根据民事法律中规定的诚实信用原则，公司的股东在向第三人转让公司股份时，有对其知晓的公司经营情况予以说明的义务，使对方的意思表示建立在真实的基础上。如果股东违反这种披露义务，将可能构成消极欺诈，影响股权转让合同的效力。对方可以在法律规定的除斥期间内请求撤销股权转让合同。

## 典型疑难案件参考

闻开华、夏贤达诉马海荣、廉建勇股权转让合同纠纷案

### 基本案情

品美思源公司成立于2006年7月18日，注册资本10万元，马海荣、廉建勇、刚绍鹏为公司股东。2006年8月10日，公司股东变更为马海荣、廉建勇二人，其中马海荣出资6万元，占出资比例的60%，廉建勇出资4万元，占出资比例的40%；马海荣继续担任公司执行董事、经理职务，廉建勇为公司监事。

2007年12月10日，甲方北京荣事达环境科技有限公司与乙方品美思源公司签订《桶装水厂承包经营合同书》，主要约定：甲方的荣事达北京星级桶装水厂承包给乙方生产经营管理；承包期内的一切生产经营资金由乙方自筹，除厂房资金、生产用水（特指生产桶装水所使用的一切用水）外，承包期内所发生的电费、税费、管理费等其他一切费用均由乙方负责承担，甲方概不负担；本合同承包期限为5年，从2007年12月10日起至2012年12月10日止；第7条第3款规定乙方在承包期限内，有独立生产经营的自主权，但不得违反本合同各项规定，不得超过工商、卫生、质监等管理部门行政许可的范围开展各项生产经营活动，确保水厂安全稳定地运行；第4款规定如因产品质量问题、生产安全事故及违法、违规经营等各种主观原因造成的经济损失均由乙方自行负担，甲方概不负责。

2007年12月15日，甲方品美思源公司与乙方耿某某签订《美一味桶装水商标权转让协议书》，约定：转让商标名称为"美一味"，商标注册号为00128063；甲方自愿将已注册的"美一味"商标权永久性地转让给乙方拥有使用，乙方自愿一次性支付10000元人民币作为商标权的转让费给甲方；甲方为了顺利地将"美一味"商标权合法完整地转让到乙方名下，就甲方转让给乙方的"美一味"配送权转让费5000元全部结清后再到商标局办理转让到乙方名下的手续；自该协议签订之日后，在这之前与"美一味"商标经营活动有关的任何债权债务都与甲方无关，甲方须全面配合乙方做好经营"美一味"商标产品的所有客户的交接事宜；甲乙双方任何一方违约需支付转让费的50%作为违约金赔偿给对方，并承担由此给对方带来的损失。

马海荣、廉建勇于2008年12月10日调取的商标档案上载明："美一味"商标的所有权人为品美思源公司。马海荣认可关于"美一味"商标权转让的事宜，但称受让人款项没有支付，合同并未实际履行，而且该商标的所有权人

为品美思源公司,公司有权利转让。同时,闻开华、夏贤达提供了马海荣2006年10月1日的荣事达净水系列取货清单,载明:收货人品美思源,收货方经办人为马海荣,取走共计价值10924元的取水设备12台。证人杨爱辉证明:在2006年10月马海荣从荣事达公司拿走取水家装设备12台,取货时未付款,其间因品美思源公司需要收回一台,其余设备至今未付款、未归还。

2008年3月1日,甲方品美思源公司与乙方高红卫签订《荣事达"天下水坊"桶装水部分经营配送权转让书》,约定:甲方自愿将荣事达"天下水坊"桶装水的部分经营配送权永久性地转让给乙方经营配送;甲方声明所转让的荣事达"天下水坊"桶装水特指北京荣事达水厂现正在运营配送价格在4元以上的所有配送的客户(具体见客户明细);乙方支付4万元人民币作为经营配送权的转让费给甲方;甲方转让的内容包括4元以上客户的经营配送权,所有配送客户所欠430个水桶;甲方承诺转让给乙方的配送客户,保证每月销量在5000桶以上,毛利润在8000~12000元之间,甲方转让给乙方经营配送的客户在水厂实行自提价按每桶2元结算,每周二按实际数量结算一次;甲方一经转让乙方不得以任何形式或方法对甲方所转让给乙方的客户进行更换品牌或降低价格等行为,如有违约甲方将有权收回配送权且追究由此给甲方带来的经济损失;乙方承诺以库存在甲方库房的周转水桶作为市场保证金,当协议终止乙方无任何违约行为时甲方将如数退还;甲乙双方任何一方违约需支付转让费的10%作为违约金赔偿给对方,并承担由此给对方带来的经济损失。

2008年6月28日,甲方品美思源公司与乙方高红卫签订《荣事达"天下水坊"桶装水部分客户配送权转让合同补充协议》,约定:甲方转让给乙方荣事达"天下水坊"桶装水部分客户的配送权,在未来的合作中必须保证每月不低于5000桶的销售量;甲乙双方协商如果甲方每月保证的水量低于5000桶,差额部分甲方必须按2元/桶的价格补偿给乙方;如果因乙方配送及其他原因不能达到5000桶的销售量由乙方承担责任,甲方不予受理;甲方承诺在承包经营水厂的三年期内保证履行原合同和补充合同(除拆迁及水厂倒闭之外如履行不了水厂无条件返还4万元);甲方承诺双方签订的《钰溪桶装水委托加工合同》与《荣事达"天下水坊"桶装水部分客户配送权转让合同》相互独立,互不产生经济纠纷。

2008年7月22日,北京市丰台区质量技术监督局向荣事达公司发出《责令改正通知书》,载明:你单位于2008年7月6日生产的"天下水坊"牌饮用纯净水在2008年7月7日北京市质量技术监督局组织的专项抽查中,因菌落总数不符合GB 17324-2003《瓶(桶)装饮用纯净水卫生标准》的要求,被判为不合格产品。根据《食品召回规定》第25条第1款第3项及第2款,责令你单位立即停止生产和销售不安全食品，对已售出的不安全食品实施召回。2008年8月15日，北京市质量技术监督局向荣事达公司发出《产品质量监督复查检验结果通知单》，载明：北京市质量技术监督局于2008年8月对你单位生产的饮用纯净水产品进行了质量监督复查，检验结果为合格。

2008年8月，马海荣、廉建勇、闻开华与夏贤达协商股权转让事宜。2008年8月1日，闻开华、夏贤达向马海荣、廉建勇支付股权转让款现金20万元整。马海荣出具了收条。品美思源公司的企业档案显示：2008年8月3日，品美思源公司召开第二届第一次股东会议，决议通过免去马海荣执行董事职务并解聘经理职务，免去廉建勇监事职务，增加新股东闻开华、夏贤达；马海荣愿意将品美思源公司的货币6万出资转让给闻开华，廉建勇愿意将品美思源公司的货币4万元出资转让给夏贤达。同日，转让方马海荣、廉建勇与受让方闻开华、夏贤达签订《出资转让协议书》，约定：马海荣愿意将品美思源公司的出资货币6万元转让给闻开华，闻开华愿意接受该部分出资；廉建勇愿意将品美思源公司的出资货币4万元转让给夏贤达，夏贤达愿意接受该部分出资；于2008年8月3日正式转让，自转让之日起，转让方对已转让的出资不再享有出资人的权利、不再承担出资人的义务，受让方以其出资额在企业内享有出资人的权利和承担出资人的义务。

2008年8月6日，甲方马海荣、廉建勇分别与乙方闻开华、夏贤达再次签订《股权转让协议书》和《出资转让协议书》，约定：甲方马海荣将所持有的品美思源公司60%的股权即6万元货币出资转让给乙方闻开华，甲方廉建勇将所持有的品美思源公司40%的股权即4万元货币出资转让给乙方夏贤达；乙方闻开华愿意全部受让甲方马海荣所拟转让的股权，乙方夏贤达愿意全部受让甲方廉建勇所拟转让的股权；甲乙双方一致确定上述股权转让款以品美思源公司截至2008年8月1日的账面净资产值为依据。本协议生效后10日内，乙方应按本协议的规定足额支付给甲方约定的转让款；甲方应于本协议签订之日起，将其在品美思源公司拥有的股权、客户及供应商名单、技术档案、业务资料等交付给乙方；甲方承诺作为公司股东及/或职员期间所获得的公司任何专有资讯（包括但不限于财务状况、客户资源及业务渠道等）承担严格的保密责任，不会以任何方式提供给第三方占有或使用，亦不会用于自营业务；于2008年8月6日正式转让，自转让之日起，转让方对已转让的出资额不再享有股东的权利和承担股东的义务，受让方以其出资额在企业内享有股东的权利和承担股东的义务。

截至2008年7月31日，品美思源公司的账面净资产值为91147.66元。2008年8月8日，品美思源公司召开第三届第一次股东会会议，决议同意闻开华、夏贤达组成新的股东会，其中闻开华出资6万元，夏贤达出资4万元，选举闻开华为执行董事并聘任为经理，选举夏贤达为监事。随后，品美思源公司的工商登记予以了相应的变更。

证人杨震证明：2008年8月1日品美思源公司原法人马海荣及股东廉建勇以286000元（其中包括股权转让费25万元整、3万元为账户内资金、6千元为东方家园一场地租赁押金）将公司转让给现法人闻开华及股东夏贤达；在股权转让过程中，原法人马海荣及公司股东廉建勇未向现法人闻开华一方提供及告知公司与客户所签订的合同，包括与高红卫于2008年3月签订的转让协议；同时公司与2008年7月22日被质监局检查不合格，予以停产；此事在转让过程中原法人马海荣一方也未告知现法人闻开华知晓。证人张宝军证明：2008年9月26日马海荣购买新发票一本，票号为0534820-05348225，其中05348223-05348225三张发票马海荣交回时已经撕掉。此外，因马海荣为公司当时的法定代表人，只有他本人符合购买发票的要求，所以当时发票购买人为马海荣。

闻开华、夏贤达提供的录音资料主要证实了以下事实：（1）马海荣在股权转让过程中并未将荣事达公司已被责令立即停止生产和销售有关产品的事宜、品美思源公司与高红卫签订《荣事达"天下水坊"桶装水部分经营配送权转让书》及《荣事达"天下水坊"桶装水部分客户配送权转让合同补充协议》的事宜告知夏贤达与闻开华；夏贤达与闻开华事先对上述事宜均不知情。（2）在股权转让过程中，闻开华与夏贤达共向马海荣支付28万元。（3）杨震为本次品美思源公司股权转让事宜的中间人和介绍人。（4）夏贤达与闻开华就东方家园一事给予被告马海荣6000元，马海荣承诺东方家园租赁者将每月向原告支付2000元的承诺根本未实现。

### 一审诉辩情况

原告闻开华、夏贤达共同诉称：股权转让合同签订后，两原告依约向马海荣支付了合同款项。2008年8月10日，北京市质量和技术监督局来品美思源公司检查，当即责令原告停止生产并告知原告：公司因2008年7月6日生产的饮用桶装纯净水不符合国家的有关卫生标准，已于2008年7月22日被北京市丰台区质量技术监督局依法责令停止生产和销售；并要求对已经售出的不安全食品实施召回和制定相应解决措施。得知上述情况后，为减少损失，原告积极采取补救措施并经多方努力，于8月15日经北京市质量技术监督局复检合格并于8月16日又恢复生产。后原告要求被告对此作出解释，被告始终未给予答复。同月，高红卫持《荣事达"天下水坊"桶装水部分经营配送权转让书》找到原告称，其于2008年3月1日与品美思源公司签订转让协议，公司以4万元的价格将目前正在配送的4元以上客户的经营权转让予其本人，并且公司承诺转让给高红卫的客户保证每月销售量在5000桶以上，毛利润在8000~12000元之间；双方又于2008年6月28日对此协议作出补充约定，内容为：如销量达不到上述约定数额，差额部分公司将按每桶2元的价格进行补偿，合同期为3年。此外，品美思源公司还与其签订了《钰溪桶装水委托加工合同》，由公司为其加工钰溪牌桶装水。后原告了解到，钰溪牌桶装水因不符合国家相关规定，目前仍为不合格产品。同月，原告又被北京荣事达环境科技有限公司告知，品美思源公司尚欠该公司货款1万余元，要求原告进行清偿。另外，合同签订后，原告与被告告知的承租人联系收取东方家园建材城展台租金时遭对方拒绝。此外，被告马海荣在离开公司后，还利用替公司履行职务的便利窃取公司的商业发票若干张。知悉上述情况后原告多次找二被告进行协商，但被告并不配合解决问题。原告认为，被告马海荣、廉建勇为诱使原告与其签订转让协议，故意隐瞒与订立合同有关的重要事实、故意告知虚假情况的行为已经严重侵害原告的合法权益，并且已对原告的财产权益造成较大损失，因此，双方履行合同的必要性已经不存在，二被告也应对原告所受损害承担赔偿责任。故请求法院依法判令：（1）撤销原被告之间的股权转让合同；（2）二被告返还转让费286000元；（3）被告赔偿原告各项损失共计233530.54元（计算截至2008年12月23日）；（4）2008年12月23日至判决生效之日产生的损失应由被告承担；（5）本案诉讼费用由被告承担。

被告马海荣辩称：对事实、理由及诉讼请求有异议，与客观事实不符。首先，被告仅收到夏贤达的20万元，不是28万元；其次，责令改正通知书是荣事达公司的，于本案无关，纯粹是公司行为，不能认为是对原告的欺诈，原告将公司与股东的行为混同了，被告不予认可；最后，原告提供的损失明细是其单方形成，被告不予认可，且这些费用是公司转让后公司正常的经营费用，与公司现在的关联性不大，且这些损失数额需要评估后才能确定。

被告廉建勇辩称：首先，原告出具的处罚单是3月份的，双方是8月份签订的转让合同，他们之前来过公司多次，对这个事情应该了解，而且事情发生后，双方一并协商解决了问题。其次，出资方面，被告出资40%，马海荣出资60%，原告的转让款被告拿了8万，是马海荣给的，最后，被告没有再收到任何的钱，马海荣具体拿了多少其不清楚。

▶ 一审裁判结果

北京市丰台区人民法院依照《中华人民共和国合同法》第54条第2款、

第55条、第58条，依照《最高人民法院关于民事诉讼证据的若干规定》第7条、第63条、第64条、第68条、第73条，第78条的规定，判决：

撤销马海荣、廉建勇与闻开华、夏贤达于2008年8月3日、2008年8月6日签订的《出资转让协议书》、《股权转让协议书》；马海荣、廉建勇返还闻开华、夏贤达股权转让款286000元（于本判决生效之日起10日内付清）。

▶ **一审裁判理由**

北京市丰台区人民法院认为：合同是平等主体之间设立、变更、终止民事权利义务关系的协议。双方当事人的意思表示一致是合同成立的本质要素，双方当事人的意思表示真实是合同发生法律效力的关键要素。所以，在订立合同的过程中，一方以欺诈的手段使对方在违背真实意思的情况下订立的合同，受损害方有权请求人民法院予以撤销。同时，欺诈不仅包括积极欺诈，也应涵盖消极欺诈；前者是指合同一方以积极的言辞，故意提供虚假情况，使得对方在意思形成的过程中，受到自身以外其他因素的影响，导致其意思表示错误；后者是指合同一方根据法律或者诚实信用原则，具有对事实予以说明的义务，但是行为人却违反这种义务，故意不作说明，致使对方认为自己的行为建立在真实的基础上，作出判断，并为意思表示。

本案中，马海荣、廉建勇作为品美思源公司的全部股东、公司经营事务的主要负责人和公司的高级管理人员，对品美思源公司内、外部经营情况及综合信息的掌控，相对于公司外部的任何第三人而言，都绝对地处于优势控制地位。因此，根据诚实信用原则，马海荣、廉建勇在对外转让公司股权、签订股权转让协议的过程中，不仅不得故意提供虚假情况，而且更有义务向股权拟受让人披露对公司经营和股东权益具有或可能具有重大影响的事实，以避免对方当事人作出不真实的意思表示，影响股权转让协议的效力。具体到本案中，马海荣、廉建勇未能提供充分有效的证据证明其在订立股权转让合同之前，曾向原告闻开华、夏贤达披露荣事达公司已被责令立即停止生产和销售有关产品、品美思源公司与高红卫已签订《荣事达"天下水坊"桶装水部分经营配送权转让书》与《补充协议》，及与耿某某曾签订《美一味桶装水商标权转让协议书》的事实；与此同时，原告闻开华、夏贤达均对合同订立前就已知晓上述事实予以了否认，因此，被告马海荣、廉建勇应对此承担举证不力的责任。

更为关键的是，品美思源公司本质上是以承包经营荣事达公司桶装水的生产、销售为其主要经营业务，显然荣事达公司被责令立即停止生产和销售有关产品的事实，对品美思源公司的经营发展及公司股东的权益必然产生重要影响，也直接影响第三人是否同意受让该公司股权、成为该公司股东真实意思表示的作出；同理，品美思源公司对外签订的《经营配送权转让书》、《补充协议》及《商标权转让协议书》均足以对公司今后的经营发展及股东权益产生重要影响，足以影响第三人受让公司股权的意思表示的作出。此外，在订立股权转让合同之前，马海荣故意提供东方家园场地租赁费的虚假情况，致使闻开华、夏贤达就此产生了合理的信赖，并作出错误的意思表示。

因此，法院足以认定，马海荣、廉建勇一方以欺诈的手段，使对方闻开华、夏贤达在违背真实意思的情况下，作出以286000元受让品美思源公司全部股权的意思表示。被告的相关辩称没有法律和事实依据，法院不予采信。又因夏贤达、闻开华于2008年8月，即股权转让协议签订之后才对上述被欺诈的事实予以知晓，因此，其主张行使撤销权的诉讼请求符合自知道或应当知道撤销事由之日起1年内行使撤销权的法律规定，法院予以支持。

根据《中华人民共和国合同法》第58条的规定，合同被撤销后，因该合同而取得的财产，应当予以返还；不能返还或者没有必要返还的，应当折价补偿。所以，闻开华应向马海荣返还品美思源公司60%的股权，夏贤达应向廉建勇返还40%的股权；同时，马海荣、廉建勇应向闻开华、夏贤达返还286000元的股权转让款。本案股权转让的过程中，因转让方与受让方并未就对应股权的具体转让款予以明确的约定，且事实上，股权转让款286000元首先是全部交由马海荣，再由马海荣根据其与廉建勇的约定具体分配。因此，马海荣与廉建勇对外承担返还286000元股权转让款的责任，应为连带责任。

《中华人民共和国合同法》第58条规定，合同被撤销后，有过错的一方应当赔偿对方因此所受到的损失，双方都有过错的，应当各自承担相应的责任。本案中，原告闻开华、夏贤达要求被告马海荣、廉建勇赔偿截至2008年12月23日的各项损失共计233530.54元，并请求2008年12月23日至判决生效之日产生的其他损失也应由被告承担。本院认为，原告并未提供充分有效的证据证明，上述损失系闻开华、夏贤达因股权转让协议被撤销后所受到的损失，仅表明是品美思源公司正常经营过程中的支出，与闻开华、夏贤达不存在直接的、必然的联系。因此，闻开华、夏贤达的上述请求，本院不予支持。马海荣、廉建勇的辩称，缺乏相应的事实与法律依据，法院不予采信。

**二审裁判结果**

一审宣判后，原告闻开华、夏贤达，被告马海荣均表示不服，向北京市第二中级人民法院提起上诉。二审法院认为，一审法院判决认定事实清楚，适用法律正确，处理并无不当，判决：驳回上诉，维持原判。

### 64. 公司股东向第三人转让公司的全部利益及法定资质时，如果未告知资质证书已经逾期且无法更正的事实，是否构成实质违约？

> 公司股东向第三人转让公司的全部利益及法定资质时，如果未告知资质证书已经逾期且无法更正的，将构成实质违约，对方有权主张解除股权转让协议。

## 典型疑难案件参考

张永清、张凤芹诉北京博泰森科贸集团等股权转让纠纷案

### 基本案情

2005年12月1日，转让方北京利佳伟业房地产开发有限责任公司（以下简称利佳公司）作为甲方、受让方北京博泰森科贸集团（以下简称博泰森集团）作为乙方签订《北京利佳伟业房地产开发有限责任公司法人变更、股权转让协议书》（以下简称《股权转让协议书》），其中第1条称甲方决定将北京利佳伟业房地产开发有限责任公司所有者权益转让给乙方；第2条规定"转让内容包括：利佳公司所有者全部股东利益的转让，企业法人的变更，企业法人营业执照，公司章程，及印章，税务登记及公司所有成立的批文手续"；第3条规定"本次转让的基准条件为北京利佳伟业房地产开发有限责任公司对外账面负债为零"；第4条规定"转让价格为人民币现金：壹拾叁万元整。付款方法：乙方保证自2006年2月月底以前付清全部费用"；第5条规定"本协议签署后，公司变更，股权转让资料递呈工商窗口全部合格，工商局同意，至此以前甲方以前所发生的一切债权、债务均由甲方负责清偿"；第6条规定"甲方保证北京利佳伟业房地产开发有限责任公司是依法成立并至今有效存续的公司法人，在本协议签署时止，甲方不存在任何违法行为，从未受过任何处罚，也不存在任何未决诉讼、仲裁或纠纷，甲方不存在任何瑕疵地拥有100%股权"。北京利佳公司的法定代表人张永清、北京博泰森集团的法定代表人付文彬在其上签字。

2005年12月9日，张永清、张凤芹、付文彬、付妍签署章程修正案，将北京利佳公司章程中由张永清出资800万元、张凤芹出资200万元设立改为付文彬出资800万元、付妍出资200万元设立。

2005年12月22日，张永清与博泰森集团的代理人李志军签署交接手续，

交接内容包括：营业执照正副本两件，税务登记正副本两件，法人代码证正副本，法人代码章一枚，公司名章、合同章、财务章计3枚。

北京利佳公司企业信息查询登记显示其自然人股东为付文彬出资400万元、蒋立标出资300万元、彭涛出资300万元。本案被告确认利佳公司新股东是依据其指令登记的名义股东。

2001年3月27日，北京泳泓胜会计师事务所有限责任公司出具验资报告一份，认定张永清出资800万元、张凤芹出资200万元设立北京恒泉房地产开发有限公司，2001年4月28日，北京市城市建设综合开发办公室以〔2001〕京开办经字第322号文下发《关于北京恒泉房地产开发有限公司房地产开发资质的批复》，内容为：北京恒泉房地产开发有限公司，你公司"房地产开发企业备案申请"收悉，经审核，批复如下：（1）你公司已在我办备案，批准你公司纳入北京市房地产开发行业管理。（2）核定你公司房地产开发资质为待定资质，符合项目资本金的规定，可承担10万平方米以下的住宅项目或3万平方米以下的公建项目或相当投资规模的其他项目。（3）你公司应按规定到我办办理资质年检。2003年4月14日，北京市工商行政管理局延庆分局出具证明：北京恒泉房地产开发有限公司于2003年4月8日经我局批准，名称变更为"北京利佳伟业房地产开发有限责任公司"。本案原告的委托代理人当庭陈述北京利佳公司没有办理房地产开发资质。

北京市企业信用信息系统查询显示：北京利佳公司丰台公司的负责人为孙旭，企业状态为吊销。本案原告的委托代理人当庭陈述股权转让协议中没有涉及分公司的事项，北京利佳公司丰台分公司不属于协议转让的范围和内容，北京利佳公司丰台分公司与本案没有关系。

**诉辩情况**

原告张永清、张凤芹诉称：2005年12月1日，张永清、张凤芹作为利佳公司的股东与北京博泰森集团签订公司转让协议，双方同意将原利佳公司的股权转让给北京博泰森集团所指定的股东付文彬、付妍所有，转让价款为人民币13万元整，受让方保证在2006年2月底以前全部付清款项。协议签订后，2005年12月9日张永清、张凤芹与博泰森集团所指定的股东付文彬、付妍签订了《章程修正案》，并向工商行政管理机关办理了股东变更登记事项。2005年12月22日张永清将公司公章、营业执照、税务登记证、法人代码证书等交付了博泰森集团。但博泰森集团在承接受让公司并在工商行政管理机关办完变更登记手续后，至今未向张永清、张凤芹给付股权转让款。故原告起诉请求：（1）判令博泰森集团给付股权转让款13万元及逾期利息3412.5元（按银行同期存款一年期月利率1.875‰，自2006年3月1日暂计至2007年5月1日共计14个月），合计133412.50元；被告付文彬、付妍承担连带给付责任；（2）本案诉讼费用由博泰森集团、付文彬、付妍承担。

被告博泰森集团、付文彬、付妍共同答辩并反诉称：（1）张永清、张凤芹无验资证明，涉嫌虚报注册资本、虚假出资，抽逃出资。（2）营业执照登记住所地虚假且记载不详细，无法办理年检手续。（3）公司未办理房地产公司的开发资质，《房地产开发企业资质管理规定》规定，房地产开发企业应当申请核定企业资质等级，未取得房地产开发资质等级证书的企业，不得从事房地产开发经营业务。新设立的房地产开发企业应当自领取营业执照之日起30日内到房地产开发主管部门备案，主管部门核发《暂定资质证书》，该证书有效期为1年。张永清、张凤芹告知博泰森集团、付文彬、付妍利佳公司具有合法的开发资质，但以种种理由推脱未出示。后博泰森集团、付文彬、付妍到延庆建委核实，被告知该公司的暂定资质早已过期，且不具备取得资质登记证书的条件。张永清、张凤芹的公司系房地产开发公司，博泰森集团、付文彬、付妍收购张永清、张凤芹公司股权的目的是从事房地产开发，但是张永清、张凤芹的公司不具备开发资质，致使博泰森集团、付文彬、付妍无法实现股权转让合同的根本目的。（4）张永清、张凤芹存在欺诈行为。利佳公司丰台分公司目前属于吊销状态；而张永清、张凤芹从未向博泰森集团、付文彬、付妍告知存在丰台分公司这一事实。另外，有人在2006年4月投诉该分公司还在继续经营，存在诈骗行为，同时该分公司还拖欠办公地址的房租。基于以上事实，张永清、张凤芹在《股权转让协议书》中关于公司不存在任何违法行为，从未受过任何处罚，也不存在任何未决诉讼、仲裁或纠纷的承诺并未实现，股权存在瑕疵。综上，张永清、张凤芹的行为已严重违反了法律规定、合同约定及基本的诚实信用原则，致使博泰森集团、付文彬、付妍无法实现股权转让合同的根本目的。根据《中华人民共和国合同法》第94条第4项的规定：当事人一方有违约行为致使不能实现合同目的，当事人可以解除合同。故博泰森集团、付文彬、付妍请求：（1）判令驳回张永清、张凤芹的诉讼请求；（2）判令解除《股权转让协议书》，恢复原状；（3）判令张永清、张凤芹承担本案全部诉讼费用。

张永清、张凤芹针对博泰森集团、付文彬、付妍的反诉，辩称：（1）博泰森集团、付文彬、付妍申请撤销股权转让协议恢复原状，已超过行使撤销权时限，应予驳回。①双方股权转让协议签订的时间是2005年12月1日，在此期间，博泰森集团、付文彬、付妍从未对股权受让提出过异议。《中华人民共和国合同法》第55条规定：当事人自知道或者应当知道撤销事由之日起1年内没有行使撤销权的，撤销权消灭。根据法律规定，博泰森集团、付文彬、付妍的申请已超过行使撤销权的时限，故博泰森集团、付文彬、付妍要求撤销股权转让协议不符合法律规定，应予驳回。②博泰森集团、付文彬、付妍受让股权后又予两次变更股权，已不可能再恢复原状。本案股权转让为双方当事人自愿和真实意思表示。此后，受让人付妍又向第三人转让了股权。该两次转让均已在工商行政机关变更登记完毕亦不可回转，博泰森集团、付文彬、付妍无权要求答辩人再受让已转出的股权。因此，博泰森集团、付文彬、付妍恢复原状的请求为不可实现事项，应予驳回。（2）博泰森集团、付文彬、付妍的反诉请求没有事实和法律依据。①博泰森集团、付文彬、付妍称张永清、张凤芹涉嫌虚报注册资本罪、虚假出资抽逃出资罪、诈骗罪不属于本案审理范围。张永清、张凤芹申请成立公司是依照工商登记条件，经工商行政管理机关核准成立的。博泰森集团、付文彬、付妍诬陷所称的涉嫌犯罪，工商和公安机关均未立案，其言不符合事实且无证据。本案双方签订股权转让协议后，张永清、张凤芹已全部履行了协议约定的义务，博泰森集团、付文彬、付妍并已于2005年12月22日接管了公司。因此，博泰森集团、付文彬、付妍所称的涉嫌犯罪没有事实与证据且与本案无关联，其诬陷诽谤作为不付款的理由是不能成立的。如博泰森集团、付文彬、付妍认为有涉嫌犯罪情形，可以向公安机关报案，此不属民事案件审理的范围。②无法办理年检属公司法人责任，与答辩人无关。博泰森集团、付文彬、付妍在签订股权转让协议时，已明知营业执照登记住所地为"北京市延庆县八达岭镇政府院内"。对此，博泰森集团、付文彬、付妍没有提出异议，即是对该项的认可，博泰森集团、付文彬、付妍根据经营需要可以申请变更住所，而现却称无法办理年检手续，按照法律规定，年检应属公司法人责任，而非股东义务。因此，该年检事项与答辩人无关，以其作为不付款的理由是不能成立的。③张永清、张凤芹与博泰森集团、付文彬、付妍签订的是《股权转让协议》，不包括行政许可事项。张永清、张凤芹与博泰森集团、付文彬、付妍签订的协议，明确约定了转让内容为："法人变更、股权转让事项"，并不包括资质的内容。两公司均盖有公章，此为两公司之间的合并。博泰森集团、付文彬、付妍所称的资质，在签订股权转让协议时，转让方已明确告知受让方，原有的暂定资质已逾期。根据建设部《房地产开发企业资质管理规定》第14条："企业发生分立、合并的，应当在向工商行政管理部门办理变更手续后的30日内，到原资质审批部门申请办理资质证书注销手续，并重新申请资质等级。"此规定说明：原企业的资质等级不能一并转给受让企业，其必须重新申报，此属合并后的公司义务，不属原公司股东义务。因此，该行政许可事项系为国家行政机关的职权，申请资质等级应由合并后的公司根据自身经济规模和建设项目条件向建委申请建设资质，由行政许可单位批准，而非属博泰森集团、付文彬、付妍所称的是股权转让合同实现的根本目的。因此，博泰森集团、付文彬、付妍将此作为不付款的理由是不能成立的。④分公司事项不属于协议内容，与本案不属同一法律关系，反诉理由不能成立。欺诈是虚构事实，隐瞒真相，骗取他人财物的行为。《股权转让协议书》第2条规定了转让标的的范围、内容，规定了双方的权利义务。其中，股权转让事项未包括分公司的内容，表明了该分公司与股权转让协议无关，即利佳公司丰台分公司不属于协议转让的范围和内容。根据协议第5条的规定，公司变更前所发生的一切债权、债务均由转让方负责清偿。事实上，该分公司无注册资金，按工商登记要求仅在注册地办公，不能经营，因此，从未有协议第6条规定的存在任何诉讼、仲裁或纠纷的情形。据此，在分公司事项与股权受让协议无关的情况下，分公司事项亦与本案无关与本案不属同一法律关系。博泰森集团、付文彬、付妍将没有关联的法律和逻辑上的事由，作为拒付款的理由是不能成立的。（3）博泰森集团、付文彬、付妍应立即履行付款义务并承担违约责任。综上所述，2005年12月1日博泰森集团、付文彬、付妍与张永清、张凤芹签订了《股权转让协议书》，系双方真实意思表示。该协议书第4项规定：转让价格13万元，保证自2006年2月底以前付清全部费用。但受让人却违反诚实信用原则逾期拒付，构成违约，博泰森集团、付文彬、付妍的抗辩理由不能成立。为此，请求人民法院判令博泰森集团、付文彬、付妍给付张永清、张凤芹股权转让款及延迟付款的利息，驳回博泰森集团、付文彬、付妍的反诉请求。

### 裁判结果

北京市海淀区人民法院根据《中华人民共和国合同法》第60条第1款、第91条第2项、第94条第4项之规定、最高人民法院《关于民事诉讼证据的若干规定》第2条第2款、《中华人民共和国民事诉讼法》第138条、第142条之规定，判决如下：

一、解除2005年12月1日张永清、张凤芹与北京博泰森科贸集团签订的《北京利佳伟业房地产开发有限责任公司法人变更、股权转让协议书》。

二、驳回原告张永清、张凤芹对被告北京博泰森科贸集团、付文彬、付妍的诉讼请求。

三、北京博泰森科贸集团于本判决生效后10日内返还《北京利佳伟业房地产开发有限责任公司法人变更、股权转让协议书》中约定的已经交付的北京利佳伟业房地产开发有限责任公司的手续给张永清、张凤芹，北京利佳伟业房地产开发有限责任公司的股东恢复至未转让前的状态，即张永清、张凤芹为北京利佳伟业房地产开发有限责任公司的股东（在北京利佳伟业房地产开发有限责任公司现有的登记股东拒绝变更登记时，北京博泰森科贸集团应当向张永清、张凤芹承担赔偿责任）。

本诉案件受理费4178元，由原告张永清、张凤芹负担（已缴纳）。

反诉案件受理费150元，由原告张永清、张凤芹负担（于本判决生效后7日内缴纳）。

一审宣判后，双方当事人均未上诉，一审判决已经发生法律效力。

### 裁判理由

北京市海淀区人民法院认为：转让方利佳公司作为甲方、受让方博泰森集团作为乙方于2005年12月1日签订的《股权转让协议书》存有语义模糊的地方，关于真正的转让方，由于该协议转让的标的包括利佳公司的所有者权益，所以转让方不能认定为利佳公司，结合章程修正案以及本案的起诉书，转让方应当为利佳公司的股东张永清、张凤芹。关于受让方，根据协议以及张永清、张凤芹的起诉书，转让方张永清、张凤芹认定受让方为博泰森集团，付文彬、付妍是博泰森集团指定登记的名义股东。因此，本协议为张永清、张凤芹将其对利佳公司的股权转让给博泰森集团指定的名义股东付文彬、付妍名下，博泰森集团应当支付给张永清、张凤芹股权转让款13万元，张永清、张凤芹保证其出售的股权的完整性，不存在法律瑕疵。上述协议虽然存有语义模糊的地方，但通过当事人各方的行为可以解释清楚，本院依法认定其合法有效。基于股权转让协议书，付文彬、付妍并不是购买张永清、张凤芹股权的买方，其为真正的买方博泰森集团指定登记的名义股东，张永清、张凤芹与付文彬、付妍之间不存在股权的买卖关系，故张永清、张凤芹基于股权转让协议要求付文彬、付妍对股权转让款承担连带给付责任的请求，与股权转让协议书及张永清、张凤芹起诉阐明的事实不符，本院不予以支持。

关于股权转让款的请求，本诉被告博泰森集团的答辩及反诉理由基于四点理由：张永清、张凤芹无验资证明、利佳公司登记住址不详、利佳公司没有房地产开发资质、利佳公司未告知其丰台分公司情况。法院认为，张永清、张凤芹已提交2001年3月27日北京泳泓胜会计师事务所有限责任公司出具的验资报告，证实张永清、张凤芹已出资到位，故博泰森集团的此点抗辩理由缺乏证据支持，法院不予以采纳；营业执照登记的住所不实的问题，不构成转让股权的实质瑕疵，博泰森集团的此点抗辩理由缺乏法律依据，法院亦不予以采纳；关于利佳公司丰台分公司的问题，张永清、张凤芹辩称其不属于股权转让的范畴，但是转让的是利佳公司的全部所有者权益，因此利佳分公司亦应一并转让,张永清、张凤芹的辩称不能成立,未告知分公司和转让分公司的事实已构成违约,但并不能当然解除合同;关于利佳公司的房地产开发资质问题,本诉原告张永清、张凤芹辩称转让的内容没有包括利佳公司的房地产开发资质,法院认为,张永清、张凤芹二人持有的是利佳公司100%股权,转让股权并相应移交公司有关所有手续是其约定义务,其股权转让协议书约定的转让内容"包括利佳公司所有者全部股东利益的转让,企业法人的变更,企业法人的营业执照,公司章程及印章,税务登记及公司所有成立的批文手续","公司所有成立的批文手续"应当包括利佳公司的待定资质证书,张永清、张凤芹辩称已告知博泰森集团房地产开发资质已逾期的事实,但是没有提供相应的证据;且原告方提供的交接手续中并未包括利佳公司的房地产开发待定资质证书,因此,法院认定张永清、张凤芹并未告知亦未移交利佳公司房地产开发待定资质证书。根据建设部《房地产开发企业资质管理规定》第6条第3款之规定:"《暂定资质证书》有效期1年。房地产开发主管部门可以视企业经营情况延长《暂定资质证书》有效期,但延长期限不得超过2年。自领取《暂定资质证书》之日起1年内无开发项目的,《暂定资质证书》有效期不得延长。"张永清、张凤芹的委托代理人当庭陈述利佳公司并未办理房地产企业资质,根据上述规定第3条之规定,房地产开发企业应当按照本规定申请核定企业资质等级。未取得房地产开发资质等级证书的企业,不得从事房地产开发经营业务。利佳公司是一房地产开发有限责任公司,但其本身却并不具备房地产企业资质,不得从事房地产开发经营业务,根据本案现有证据,张永清、张凤芹在转让其持有的利佳公司的100%股权时并未告知利佳公司房地产企业待定资质的真实情况亦未移交利佳公司的房地产待定资质证书,由于房地产企业资质问题直接影响利佳公司的业务范围,影响利佳公司股权的价值,故此种未告知的行为和未移交的事实构成实质违约,博泰森集团关于张永清、张凤芹违约致使合同目的无法实现的理由成立,法院予以采纳;其关于解除股权转让协议书并恢复原状的请求,法院予以支持。博泰森集团应当返还协议约定的已经交付的手续给张永清、张凤芹,并负有义务将利佳公司的股东恢复为张永清、张凤芹;由于博泰森集团确认利佳公司新股东是依据其指令登记的名义股东,因利佳公司有两位新股东并未参与本案诉讼,法院无法确认此事实,所以,在利佳公司现有登记股东拒绝变更登记时,博泰森集团应当向张永清、张凤芹承担无法恢复股东身份的赔偿责任。

### 65. 提前收回出资条款与保底条款有何区别？股权转让合同是否因订有提前收回出资条款而无效？

联营合同中的保底条款，通常是指联营一方虽向联营体投资，并参与共同经营，分享联营的盈利，但不承担联营的亏损责任，即使联营体亏损，仍要收回其全部出资并收取固定利润的条款。保底条款违背了联营活动中应当遵循的共负盈亏、共担风险的原则，损害了其他联营方和联营体的债权人的合法权益，因此，应当确认无效。

### 66. 如果股权的转让按照法律规定需要办理审批手续，股份转让合同是否因未办理审批手续而无效？

依法成立的合同，一般自成立时生效。经批准才能生效的合同在成立后，合同的当事人应当按照法律规定或者合同约定办理申请批准手续，在办理批准手续之前，合同已经成立但暂未生效，而不是无效。有义务办理申请批准手续的一方当事人未按照法律规定或者合同约定办理申请批准的，应当向对方当事人承担损害赔偿责任。

### 67. 中外合作企业的一方出资人向其他人转让出资，转让合同在经有关机关批准前的效力如何认定？

合作者一方转让其在中外合作企业合同中的权利、义务，转让合同成立后未报审批机关批准的，合同效力应确定为未生效，而非无效。即使转让合同未经批准，仍应认定"报批"义务在合同成立时即已产生，否则当事人可通过肆意不办理或不协助办理"报批"手续而恶意阻止合同生效，有悖于诚实信用原则。最高人民法院《关于适用〈中华人民共和国合同法〉若干问题的解释（二）》第8条规定，有义务办理申请批准手续的一方当事人未按照法律规定或者合同约定办理申请批准手续的，人民法院可以判决相对人自行办理有关手续，对方当事人对由此产生的

> 费用和给相对人造成的实际损失,应当承担损害赔偿责任。据此,人民法院也可以根据当事人的请求判决义务人履行报请审批机关批准的义务。

## 典型疑难案件参考

广州市仙源房地产股份有限公司与广东中大中鑫投资策划有限公司、广州远兴房产有限公司、中国投资集团国际理财有限公司股权转让纠纷案(《最高人民法院公报》2010年第8期,总第166期)

### 基本案情

广东中大中鑫投资策划有限公司(以下简称中鑫公司)原名"广东中大中乾投资策划有限公司"(以下简称中乾公司),2007年1月26日经广东省工商行政管理局核准更名为现名。广州远兴房产有限公司(以下简称远兴公司)是于1993年8月18日在广州市注册成立的中外(香港)合作经营房地产开发项目公司,系有限责任公司,经营范围包括"在德政南路19-49号、福行街22-28号地段开发、建设、销售、出租和管理自建的商品楼宇"(以下简称讼争房产项目),其成立时的中外合作双方分别为广州市二轻房产开发公司(以下简称二轻房产)和香港卓康发展有限公司(以下简称香港卓康)。

2007年1月9日,二轻房产为甲方,香港卓康为乙方,中乾公司为丙方,中国投资集团国际理财有限公司(以下简称理财公司)为丁方,在产交所的见证下签订了一份《出资额及权益转让合同》。合同称,鉴于甲方作为标的公司(远兴公司)的中方出资人,乙方作为外方出资人,基于其所投入的注册资金和土地使用权等合作条件而分别取得标的公司"环球大厦"项目建成后甲方占40%乙方占60%建筑面积的分配权利,丙、丁两方愿意受让甲、乙两方对标的公司的全部出资额及权益,并同意按照法律规定和合同约定履行义务;转让标的为远兴公司中外合作双方全部出资额与权益及其在远兴公司的章程和合作合同及其相应修改文件项下的全部权利和义务;转让价格为丙、丁方竞买的价格即人民币8500万元,丙、丁方同意于合同签订后20日内付清该款,其中合同签订后10日内付清该款的50%即人民币4250万元;为保证交易的顺利进行,合同四方特委托广州产权交易所(以下简称产交所)对交易资金进行监管结算,丙、丁方应按照约定时间将应付款划入产交所的监管账户；除支付转让价款外，丙、丁方还须承担标的公司的债务人民币 250 万元和支付之前由乙方垫支的标的公司档案保证金和市政管理费合计人民币 76.8 万元；企业移交日（即丙、丁方付清款后 3 个工作日内，由产交所组织合同四方办理企业移交手续之日）到产权交割日（即标的公司在工商登记机关登记变更出资人之日）期间，受让方对标的公司的管理和安全负责，标的公司的公章（包括但不限于公章、合同章和财务章）暂交产交所保管；产权交割日起 3 个工作日内，产交所及甲、乙方结束对标的公司的监管，并向丙、丁方移交公章和证照等。此外，合同还就转让的其他条件、职工安置、资产、债权债务和所有者权益的处理等问题作了约定。

2007 年 4 月 28 日，中乾公司为股权出让方（甲方），广州市仙源房地产股份有限公司（以下简称仙源公司）为股权受让方（乙方），理财公司为项目合作方（丙方）共同签订《广州远兴房产有限公司股权转让及项目合作合同》（以下简称《股权转让及项目合作合同》），称甲方和丙方经产交所在公开市场合法竞拍获得远兴公司 100% 的股权，甲方占 40% 股权，丙方占 60% 股权，该拍卖标的金额为人民币 8500 万元，甲方与丙方共同支付该拍卖款项人民币 4280 万元，出现资金缺口人民币 4591.8 万元，经三方协商一致同意实行股权转让，乙方受让甲方所占 28.5% 的远兴公司股份，形成新的远兴公司股权结构，即乙方占远兴公司 28.5% 股权，甲方占 11.5% 股权，丙方占 60% 股权；由于甲、丙方转让标的时出现资金缺口，为了能从产交所将全部股权过户到甲、丙方，乙方代甲方一次性垫付人民币 4300 万元，并作为乙方受让甲方 28.5% 股权的对价，该笔资金由甲方及丙方的股权作质押担保并将有关房地产项目的有关证照原件交给乙方作为履约的另一保证，待过户完毕后 3 日内，甲、乙、丙三方另行签订《股权转让协议》并到市工商行政部门办理股权变更手续，上述质押同时解除；甲、丙双方保证公司及项目用地手续的合法性和产权的清晰性，负责对该项目用地手续及产权纠纷所引起的一切责任；甲、丙方应在远兴公司产权交易完成后，将甲方所占的 28.5% 股权转让给乙方，并负责将甲方的股权转让到乙方名下；甲、丙方应在本合同签订后 20 日内完成远兴公司的整体股权变更手续，以保证甲方与乙方的股权转让行为得以尽快履行；甲、乙、丙三方按约定完成本次股权转让的全部法律文件，并到市工商行政部门办理股权变更手续，由乙方根据有关法律及远兴公司章程的规定，按照其所受让的股权比例享有权利并承担相应的义务；若甲、丙方不能按约定完成乙方办理股权转让的全部法律手续，视为甲、丙方违约，甲方无条件退还乙方投资款并承担乙方出资总额每天 1% 的违约金，并赔偿乙方由此遭受的一切直接和间接损失，而乙方在该公司中占有甲方股份自动转归甲方所有；乙、丙方办理银行贷款后,根据贷款发放金额人民币10000万元,按乙方占45%的比例及丙方股东占55%的比例归还投资款项,具体返还金额为甲方不少于收回人民币3000万元,乙方不少于人民币2500万元,余款留作开发项目之用;项目验收完工后,乙方按成本单价5900元/平方米分享建筑面积11000平方米,包括商业2000平方米、写字楼9000平方米;甲、乙双方任何一方未履行约定的权利及义务时,均为违约,守约方有权追究违约方的责任,违约方须赔偿守约方的一切经济损失;若甲方在本合同签订并实施后未使乙方与甲方签订股份转让协议,乙方有权单方终止本合同并追究甲、丙方经济责任;若乙方不能按本合同约定投入投资款,甲方有权单方终止本合同及股份转让协议;与本合同有效性、履行、违约及解除等有关争议,各方应友好协商解决,如果协商不成,可向乙方所在地人民法院提起诉讼。次日,以上三方又签订《补充协议》称,由于甲方事先已变更企业名称为中鑫公司,为此三方确认在竞拍及出让股权事项的过程中,各项合法的权利与义务都由甲方与中鑫公司共同连带承担,并增加中鑫公司为主合同的庚方,在工商登记过程中,中乾公司更名为中鑫公司后,将行使甲方的权利与义务。中鑫公司在该补充协议的庚方落款处盖章确认。该补充协议签订的同一天,中乾公司、仙源公司和理财公司还与肖雨田、梁俊贤、何少流签订了《补充协议(保证函)》,约定该三个自然人作为前述股权转让及项目合作的连带责任保证人承担连带保证责任,若中乾公司、理财公司不按时履行合同的全部和部分内容,仙源公司有权要求该三人或其中任何一方履行清偿责任。以上《股权转让及项目合作合同》及相关补充协议签订后,至今尚未报请我国对外经济贸易主管部门审查批准。

2007年4月30日,仙源公司自行划款或通过案外人广东高鑫资产管理有限公司(以下简称高鑫公司)代为付款的方式向中鑫公司指定的产交所账户划付了人民币4300万元。同年7月20日,中鑫公司向仙源公司开具收据,确认收到仙源公司投资款4300万元。

2007年6月4日,广州市越秀区对外贸易经济合作局以越外经贸复〔2007〕103号文批准二轻房产、香港卓康与中鑫公司、理财公司签订的《出资额及权益转让合同》以及远兴公司相应的合作合同修正案、章程修正案生效。同年7月24日,广州市工商行政管理局向远兴公司颁发了新的营业执照,远兴公司的合作方(投资者)亦由二轻房产和香港卓康变更为中鑫公司和理财公司,公司的法定代表人和董事会成员也作了相应变更。

由于上述股权变更登记手续完成后,中鑫公司和理财公司并未按照《股权转让及项目合作合同》的约定将中鑫公司所受让40%股权中的28.5%过户到仙源公司名下,仙源公司遂委托广东晟晨律师事务所于2007年8月23日向中鑫公司、理财公司发出律师函，认为后者的行为已构成违约，要求接函后马上着手办理与仙源公司的股权转让手续，并将讼争房产项目已有的证照原件交给仙源公司，尽快推进合作合同的履行。2007年9月2日，中鑫公司和理财公司向仙源公司复函，认为《股权转让及项目合作合同》约定的股权转让存在一定法律障碍，包括：远兴公司作为中外合作经营企业分别是由外方提供注册资本，中方提供土地使用权作为合作条件，公司章程及批准成立文件未对合作各方在公司中所占股权（股份）进行约定或划分，故中方合作者在项目建成后享有物业分配权但不享有股权，因此实际操作中无法向仙源公司转让股权，而只能转让项目建成后的部分物业分配权；《股权转让及项目合作合同》未对仙源公司可分享物业的具体楼层、方位、坐向等进行约定，另外有关贷款及分配事项的约定不清楚，缺乏可操作性，对开发资金的来源等问题也未作明确约定等。但仙源公司认为该合同合法有效，是可以履行的，中鑫公司和理财公司应先为其办理股权转让手续，故未就复函中提出的相关问题与后者再行协商，并于2007年9月24日提起了本案诉讼。

本案开庭时，讼争各方一致表示同意适用内地法律作为处理本案争议的准据法。另外，仙源公司、理财公司和远兴公司表示《股权转让及项目合作合同》的审批手续是可以办理的，中鑫公司则明确表示不同意协助办理审批手续，理由是该合同因违法而无效，中鑫公司的老板也不同意其约定的合作方式。仙源公司和中鑫公司均表示，不同意本案纠纷以中鑫公司向仙源公司退还相关股权转让款及利息的方式解决。

对于本案第三项诉讼请求中的"远兴公司房产项目有关证照原件"，仙源公司庭上确认是指讼争房产项目的国有土地使用权证原件（编号为：穗府国用〔2000〕字第特126号），并主张该证现为中鑫公司所掌控；庭审辩论时表示，同意该证原件交由远兴公司现法定代表人林邦或者由产交所暂时保管。产交所的相关资料显示，该证于2007年2月2日移交给产交所，由产交所的工作人员高永财接收，之后又于2007年8月13日由高永财移交给中鑫公司。中鑫公司代理人庭上表示对此不清楚，庭后书面答复称，高永财将该证移交给了远兴公司的董事何祖讳。经查，何祖讳是中鑫公司委派到远兴公司的董事。

一审法院另查明：远兴公司原章程记载的合作双方为二轻房产（甲方）和香港卓康（乙方），公司注册资本为720万美元，其中甲方提供场地，乙方投入注册资本720万美元；该章程的第17条规定："董事会由七名董事组成，其中甲方委派三名，乙方委派四名，董事任期为四年，经委派方继续委派，可以连任。"第18条规定："董事会设董事长一人，由甲方委派；副董事长一人，由乙方委派。"第42条规定："大厦建成后，甲、乙双方按大厦建成后的实际建筑总面积（含地下室面积在内）各占50%比例进行分配。"第43条规定："在分配时以整座大厦的南北方向垂直中线对称划分，面积对等，甲方分给北面部分，乙方分给南面部分。"第65条规定："有关资财、债权、债务的清理责任，各种用具、设施的归属处理，均按双方签订的合同条款执行。"中鑫公司和理财公司从二轻房产和香港卓康受让取得在远兴公司的投资权益后，远兴公司的章程进行了相应修改，由中鑫公司作为合作甲方，理财公司作为合作乙方，公司注册资本仍为720万美元，其中甲方提供土地使用权为合作条件，乙方出资720万美元现金；同时章程的第17条修改为："董事会由三名董事组成，其中甲方委派二名，乙方委派一名，董事任期为三年，经委派方继续委派，可以连任。"第18条修改为："董事会设董事长一人，由乙方委派。"第42条修改为："大厦建成后，甲、乙双方按大厦建成后的实际建筑总面积（含地下室面积在内）按4:6的比例进行分配，其中甲方占40%，乙方占60%。"第43条修改为："在分配时以整座大厦的南北方向垂直按6:4划分，甲方分给北面部分，乙方分给南面部分。"第65条修改为："有关资产、债权、债务的清理责任，其财产划分归属按双方签订合同的有关条款执行。合作公司的债权、债务按中国的中外合作经营企业的有关法规和本合同规定，由甲、乙双方按5:5的比例承担相关责任。"

在本案诉讼过程中，中鑫公司还向一审法院出示了落款时间为2007年1月9日的《股权转让协议书》，该协议书由二轻房产、香港卓康与中鑫公司、理财公司共同签订，约定的事项与《出资额及权益转让合同》的主要内容相同。理财公司对该协议书的真实性没有异议，但对于为何会在同一天就同一事项签订两份合同表示不清楚。中鑫公司庭后向一审法院提交书面解释，认为2007年1月9日签订《出资额及权益转让合同》时中鑫公司尚未更名，《股权转让协议书》是其更名后根据产交所的要求再行签订的，落款时间也是应产交所的要求倒签为2007年1月9日。

此外，本案最初由广州市天河区人民法院受理，该院根据仙源公司的财产保全申请和提供的担保，于2007年10月16日作出〔2007〕天法民三初字第8号民事裁定，冻结中鑫公司在远兴公司28.5%的股东权益，同时查封担保人张智东、张智承共有的坐落在广州市天河区华明路39号3206房的房屋。

▶ 一审诉辩情况

仙源公司向广东省广州市中级人民法院起诉称：中鑫公司和理财公司于2007年1月9日经竞拍获得远兴公司100%的出资额及权益，并在产交所的见证下，与远兴公司的原出资人签订了《出资额及权益转让合同》。中鑫公司受让上述权益后,于 2007 年 4 月 28 日与仙源公司签订了《股权转让及项目合作合同》,约定中鑫公司将其持有的远兴公司的 28.5% 的股权转让给仙源公司,并在中鑫公司与远兴公司原股东的过户手续完成后 3 日内办理相关的工商登记变更手续,如逾期办理,违约金为每天 1‰。以上合同签订后,仙源公司依约支付了受让股权价款,中鑫公司与远兴公司原股东的股权过户手续亦于 2007 年 7 月 24 日办理完毕,但中鑫公司经仙源公司多次催促,却一直未办理股权变更手续,给仙源公司造成了严重经济损失。请求判令:(1)中鑫公司、远兴公司和理财公司立即办理将中鑫公司所持有的远兴公司 28.5% 的权益变更至仙源公司名下的工商登记变更手续;(2)中鑫公司按每天 1‰ 的标准支付逾期履行违约金至办理工商登记变更手续之日(由 2007 年 7 月 28 日起暂计至 2007 年 11 月 27 日的违约金数额为人民币 516 万元);(3)中鑫公司将远兴公司房产项目有关证照,即该房产项目的国有土地使用权证原件交由仙源公司保管。

### ▶ 一审裁判结果

广州市中级人民法院依照《中华人民共和国民事诉讼法》第 22 条第 2 款、第 235 条,《中华人民共和国合同法》第 6 条、第 8 条、第 56 条、第 60 条、第 107 条,《中华人民共和国中外合作经营企业法》第 10 条之规定,判决:

一、中鑫公司于判决生效之日起 10 日内,就其与仙源公司、理财公司共同签订的《股权转让及项目合作合同》项下的股权转让事宜,报请审查批准机关批准;并在审查批准机关批准之日起 10 日内,到工商行政管理部门办理该股权变更的登记手续。理财公司、远兴公司对此应予配合。

二、中鑫公司于判决生效之日起 10 日内,向仙源公司支付截至判决生效之日的违约金〔违约金以仙源公司已付款人民币 4300 万元为基数,按每天 1‰ 的标准,自 2007 年 7 月 28 日起计付;之后的违约金以同样的基数和标准计至股权变更的工商登记手续办理完毕之日止(行政机关审批和登记的工作时间予以扣除)〕,中鑫公司应在股权变更的工商登记手续办理完毕之日一次性给付。

三、中鑫公司于判决生效之日起 10 日内,将编号为穗府国用〔2000〕字第特 126 号的国有土地使用权证原件移交给远兴公司的法定代表人林邦保管。

本案一审案件受理费人民币 48020 元,财产保全申请费人民币 5000 元,均由中鑫公司负担。

### 一审裁判理由

广州市中级人民法院认为：理财公司是在香港注册成立的公司，故本案属涉港股权转让纠纷，依法应比照涉外案件处理。中鑫公司和远兴公司的住所地均在广州市，根据《中华人民共和国民事诉讼法》第22条第2款关于"对法人或者其他组织提起的民事诉讼，由被告住所地人民法院管辖"的规定，该院作为被告住所地有涉港民商事案件集中管辖权的中级人民法院，对本案依法享有管辖权。又因本案为合同纠纷，讼争各方开庭时已一致同意适用内地法律，根据《中华人民共和国民法通则》第145条第1款和最高人民法院《关于审理涉外民事或商事合同纠纷案件法律适用若干问题的规定》第4条第1款的规定，该院确认以内地法律作为解决本案争议的准据法。

综合双方的诉辩意见，本案的争议焦点首先在于，中鑫公司（缔约时采用原名中乾公司）与仙源公司和理财公司签订的《股权转让及项目合作合同》的法律效力如何。仙源公司和理财公司、远兴公司均认为合同有效，中鑫公司则以该合同未经审批、违反内地法律的禁止性规定为由主张合同无效。法院认为，《股权转让及项目合作合同》是缔约各方的真实意思表示，合同内容除了其中第5条第2款关于仙源公司和理财公司在取得讼争房产项目的银行贷款后可直接从贷款中按比例先行收回部分投资的约定，因违反《中华人民共和国公司法》第36条关于"公司成立后，股东不得抽逃出资"的禁止性规定应属无效外，其他条款并未违反内地法律、行政法规的强制性规定，依法不应认定为无效。尽管《中华人民共和国中外合作经营企业法》第10条规定："中外合作者的一方转让其在合作企业合同中的全部或者部分权利、义务的，必须经他方同意，并报审查批准机关批准。"但这只是对股权转让的程序予以规范，并未直接规定未经审批的涉外股权转让合同无效，并且现在也没有任何迹象和证据显示，若使本案合同有效将损害国家利益和社会公共利益，鉴此，亦不宜以上述法律规定为据否定《股权转让及项目合作合同》在民商法上的效力。更重要的是，从当事人签订《股权转让及项目合作合同》的背景来看，该合同是在中鑫公司和理财公司已经通过竞拍准备受让远兴公司的股权，并与远兴公司的原出资人签订了《出资额及权益转让合同》，但由于出现人民币4591.8万元的资金缺口以致合同履行出现困难的情况下签订的。仙源公司的及时垫资避免了中鑫公司的违约，并使其成功获取了远兴公司40%的出资权益。在此，仙源公司的诚信履约行为值得肯定，其据此所享有的合同权利亦应受到法律的保护。该院同时注意到，在《股权转让及项目合作合同》签订的当时，中鑫公司、理财公司与远兴公司原出资人之间的《出资额及权益转让合同》尚未获得审查批准机关的批准，远兴公司的股权也尚未过户到中鑫公司名下，此时要求《股权转让及项目合作合同》的缔约各方立即将合同报请审查批准机关批准并不现实。在此情况下，如果仅仅因为中鑫公司事后反悔，拒绝将合同报批就否定合同效力，将导致法律适用结果的严重不公平。另外从《股权转让及项目合作合同》的内容来看，仙源公司的义务是一次性垫付人民币4300万元，并以此作为受让中鑫公司28.5%股权的对价，而办理股权转让的全部法律手续，将中鑫公司所占40%股权中的28.5%过户到仙源公司名下则是中鑫公司和理财公司应该承担的义务。换言之，办理股权转让的审批手续在此并非合同的生效要件，而是缔约一方应当履行的合同义务。况且，本案的股权转让只是在中方之间进行，通常不存在审批上的法律障碍。综上，中鑫公司关于合同无效的抗辩没有法律依据，该院不予采纳；《股权转让及项目合作合同》属依法成立的合同（其中第5条第2款除外），对当事人具有法律约束力，各方当事人均应遵照执行。

《股权转让及项目合作合同》签订后，仙源公司已经及时履行了支付股权转让款的义务，中鑫公司却在取得远兴公司股权后，迟迟未将仙源公司应得的部分转让到仙源公司名下，甚至于本案开庭时，在理财公司和远兴公司均明确表示愿意配合办理股权转让手续的情况下，仍无正当理由拒绝将合同报请审查批准机关批准，其行为已构成恶意违约，并在客观上影响了讼争房产项目土地的及时开发利用，中鑫公司理应承担相应的民事责任。现仙源公司请求中鑫公司立即办理股权转让手续并支付逾期履行违约金符合法律规定，该院予以支持。远兴公司作为合作企业，理财公司作为外方合作者，均应就股权转让手续的办理给予配合。至于违约金标准，合同中的约定是每天1%，仙源公司起诉时已自行将其调整为每天1‰，这是仙源公司对其诉讼权利的处分，依法应予尊重。而根据《中华人民共和国合同法》第114条第2款的规定，约定的违约金只有在过分高于违约所造成的损失的情况下，才需要根据当事人的请求予以适当减少。本案中，中鑫公司的行为显然缺乏诚信，现又无证据证明每天1‰的违约金过分高于因中鑫公司违约给仙源公司造成的损失，鉴此，对于中鑫公司关于违约金标准应在每天1‰的基础上再次予以调整的请求，该院不予支持。至于讼争房产项目的国有土地使用权证原件，因其本来就为远兴公司所有，持有该证又是远兴公司进行讼争房产项目开发的必要条件，况且仙源公司开庭时已经表示，同意该证原件交由林邦代表远兴公司或者由产交所暂时保管，有鉴于此，该院对仙源公司和远兴公司的上述意见予以尊重。而产交所的相关资料显示，该证原件现已移交给了中鑫公司，尽管中鑫公司对此答复称接收证件的是远兴公司的董事何祖讳，但由于何祖讳是中鑫公司委派的董事，故证件移交的责任仍应由中鑫公司承担。

根据《中华人民共和国中外合作经营企业法》第 10 条的规定，讼争各方在办理本案股权转让的工商变更登记手续之前，应到审查批准机关办理相关股权变更手续，包括将《股权转让及项目合作合同》或者依照该合同另行签订的股权转让协议报请审查批准机关批准。根据对外贸易经济合作部和国家工商行政管理局 1997 年 5 月 28 日颁布的《外商投资企业投资者股权变更的若干规定》，中外合作经营企业在申请办理股权变更的批准和登记手续时，应提交合作企业原合同、章程及其修改协议、企业董事会关于投资者股权变更的决议以及股权变更后的董事会成员名单等法律文件。故在此过程中，缔约各方应遵循诚实信用原则，按照各自所占股权比例，通过友好协商合理确定各方的权利和义务，及时完成相关法律文件。如果其中任何一方不予配合，拒绝协商和签署有关法律文件，则其他方可依照《股权转让及项目合作合同》商定的股权结构，在合理确定各方权利义务的基础上，对远兴公司的合同和章程进行相应的修改（例如，可由中鑫公司、仙源公司、理财公司分别作为合作的甲、乙、丙方，公司注册资本仍为 720 万美元，出资方式为甲方、乙方共同提供土地使用权的合作条件，丙方出资 720 万美元现金；同时董事会可仍然由 3 名董事组成，由甲、乙、丙方分别委派，董事长由丙方委派；大厦建成后的实际建筑总面积按甲方占 11.5%，乙方占 28.5%，丙方占 60% 的比例进行分配；分配时以整座大厦的南北方向垂直按 11.5∶28.5∶60 划分，由甲、乙、丙方从北往南依次分得；远兴公司的债权、债务依照有关法律规定及权利义务对等的原则，由甲、乙、丙方按 14.375∶35.625∶50 的比例承担责任），并将修改后的文件、决议及新组成的董事会成员名单等上报有关部门，以办理股权转让的批准和变更登记手续。

至于诉讼费用的负担问题，鉴于本案纠纷系因中鑫公司的不诚信行为所致，理财公司和远兴公司在合同的履行方面并无过错，故由此产生的诉讼费用依法应由中鑫公司负担。

### ▶ 二审诉辩情况

中鑫公司不服一审判决，向广东省高级人民法院提起上诉称，一审判决认定事实不清，适用法律错误，判决结果不当。请求撤销一审判决，驳回仙源公司的全部诉讼请求，本案一、二审案件受理费由仙源公司负担。

### ▶ 二审裁判结果

广东省高级人民法院法院依照《中华人民共和国民事诉讼法》第 153 条

第 1 款第 1 项的规定，判决：驳回上诉，维持原判。本案二审案件受理费人民币 48020 元，由中鑫公司负担。

### 二审裁判理由

广东省高级人民法院法院补充查明事实如下：

2007 年 1 月 9 日，中鑫公司、理财公司与远兴公司原股东二轻房产、香港卓康签订《出资额及权益转让合同》，前者分别从后者受让远兴公司 40%、60% 的股份后，依据远兴公司修订后的公司章程，中鑫公司委派何少流、何祖讳任远兴公司董事，理财公司委托梁俊贤到远兴公司任董事长。2007 年 7 月 24 日，远兴公司领取了新的营业执照，法定代表人为梁俊贤。2007 年 11 月 17 日，远兴公司向工商部门提出变更法定代表人申请，将原法定代表人梁俊贤变更为林邦。2008 年 1 月 14 日，广州市工商行政管理局出具的企业注册基本资料显示：远兴公司法定代表人为林邦。本案一审期间，林邦以远兴公司法定代表人身份委托广东信德盛律师事务所卢健军、巫丽钏律师为远兴公司委托代理人。盖有远兴公司公章的授权委托书显示委托广东华安联合律师事务所律师钟琦、钟华律师为远兴公司委托代理人。一审法院认可卢健军、巫丽钏律师为合法代理人。

二审法院查明的其他事实与一审判决相同，对一审判决认定的事实，二审法院予以确认。

二审法院认为，本案是涉外股权转让纠纷，根据最高人民法院《关于审理涉外民事或商事合同纠纷案件法律适用若干问题的规定》第 8 条第 4 项关于"中外合资经营企业、中外合作经营企业、外商独资企业股份转让合同"适用中华人民共和国法律的规定，本案应适用内地法律。一审适用法律正确，二审法院予以支持。

本案二审的争议焦点是：中鑫公司是否应按合同约定将其从二轻房产受让的对远兴公司 28.5% 的股权过户给仙源公司，承担不及时办理股权过户的违约金责任，并将国有土地使用权证原件交由远兴公司法定代表人林邦保管。

关于远兴公司委托代理人资格问题。远兴公司法定代表人由梁俊贤变更为林邦后，林邦作为远兴公司法定代表人，有权以远兴公司名义委托代理人参加诉讼。一审法院认可林邦以远兴公司法定代表人身份委托广东信德盛律师事务所卢健军、巫丽钏律师为远兴公司委托代理人参加本案诉讼，并无不当，二审法院予以支持。中鑫公司上诉主张，一审法院否认广东华安联合律师事务所律师钟琦、钟华律师作为远兴公司委托代理人资格错误，该主张依据不足，二审法院不予支持。

关于《股权转让及项目合作合同》效力问题。合同各方当事人对一审判决认定《股权转让及项目合作合同》第5条第2款属无效条款没有异议，但对合同效力有争议。本案事实表明，远兴公司成立时是中外合作经营企业性质的有限责任公司，2007年1月9日，中鑫公司、理财公司与远兴公司原股东二轻房产、香港卓康签订《出资额及权益转让合同》，分别从远兴公司的中、外方股东受让40%、60%股权后，2007年4月28日，中鑫公司、理财公司、仙源公司签订《股权转让及项目合作合同》，约定中鑫公司将其受让的远兴公司28.5%的股权转让给仙源公司，仍属中外合作经营企业的股权转让问题，根据《中华人民共和国中外合作经营企业法》第10条关于"中外合作者的一方转让其在合作企业合同中的全部或者部分权利、义务的，必须经他方同意，并报审查批准机关批准"的规定，远兴公司的再次股权变更应报国内外资主管部门审查批准。根据《中华人民共和国合同法》第44条第1款关于"依法成立的合同，自成立时生效"的规定，以及第2款关于"法律、行政法规规定应当办理批准、登记等手续生效的，依照其规定"的规定，《股权转让及项目合作合同》因未按法律规定办理批准手续而未生效。但本案事实表明，造成《股权转让及项目合作合同》因未报批而未生效的原因，是在仙源公司、理财公司、远兴公司都愿意履行报批手续以促成合同生效的情形下，中鑫公司明确拒绝配合其他各方完成审批手续以促成合同生效，中鑫公司故意促成合同不生效的行为客观上使得《股权转让及项目合作合同》产生了视为生效的类似法律效果。因此，就《股权转让及项目合作合同》效力而言，除第5条第2款属无效条款外，依法成立未生效，但具有类似生效的法律约束力。中鑫公司上诉认为，一审判决对《股权转让及项目合作合同》效力认定错误，该主张依据不足，该院不予支持。

关于中鑫公司是否有义务将其对远兴公司28.5%的股权过户到仙源公司名下的问题。根据《股权转让及项目合作合同》，中鑫公司应在其受让远兴公司股权过户完毕后3日内，与仙源公司、理财公司到工商行政管理部门办理股权变更手续。2007年7月24日，中鑫公司完成股权过户手续，成为远兴公司的登记股东之一。中鑫公司按照《股权转让及项目合作合同》完成股权转让报批手续，将远兴公司28.5%的股权过户给仙源公司，既是遵守《股权转让及项目合作合同》法律约束力的表现，也是民法诚实信用原则的要求。从《股权转让及项目合作合同》签订背景来看，中鑫公司已经通过竞拍受让远兴公司股权，与远兴公司的原出资人签订了《出资额及权益转让合同》，但由于出现人民币4591.8万元资金缺口，合同履行困难。在此情形下，中鑫公司与仙源公司达成协议，以向仙源公司转让远兴公司28.5%股权的形式，获得了仙源公司人民币4300万元的垫资，使中鑫公司成功获得远兴公司40%出资权益，避免了违约行为的发生。现中鑫公司在利用仙源公司资金获取远兴公司40%股权后，又拒绝按照《出资额及权益转让合同》（应为《股权转让及项目合作合同》）约定，将远兴公司28.5%的股权转让给仙源公司，与《中华人民共和国民法通则》第4条关于"民事活动应当遵循自愿、公平、等价有偿、诚实信用的原则"相悖。基于上述理由，仙源公司有权依据《股权转让及项目合作合同》，要求中鑫公司促成《股权转让及项目合作合同》生效，请求中鑫公司完成远兴公司28.5%的股权过户手续。中鑫公司按照《股权转让及项目合作合同》约定将远兴公司28.5%股权过户给仙源公司，有合理理据。至于中鑫公司应配合仙源公司、理财公司履行《股权转让及项目合作合同》报批手续，为仙源公司提出的中鑫公司应将其对远兴公司28.5%的股权过户给仙源公司的诉讼请求所涵盖，一审法院判决中鑫公司应配合仙源公司、理财公司履行《股权转让及项目合作合同》报批手续，并无不当。中鑫公司上诉认为，一审法院判决中鑫公司配合仙源公司、理财公司履行《股权转让及项目合作合同》报批手续，明显超越仙源公司诉讼请求，该主张依据不足，法院不予支持。

关于中鑫公司向仙源公司支付违约金的问题。根据《股权转让及项目合作合同》的约定，若中鑫公司、理财公司不能按约定完成向仙源公司的股权转让手续，应视为违约，中鑫公司应退还仙源公司投资款并承担按仙源公司出资总额每天1%的违约金。本案事实表明，仙源公司垫付人民币4300万元，中鑫公司受让获得远兴公司40%股权，但中鑫公司拒绝按照合同约定，配合完成将28.5%股权过户给仙源公司的手续。仙源公司有权参照合同约定向中鑫公司主张违约金，仙源公司主动将违约金标准调低为每日1‰，属其行使处分权表现，该院予以支持。一审法院判决中鑫公司按照仙源公司已出资款项人民币4300万元，依据每日1‰标准，自2007年7月28日起，计算违约金，并无不当，二审法院予以支持。中鑫公司上诉主张其并未违约，即使违约，违约金也过高。该主张依据不足，该院不予支持。

关于交付国有土地使用权证作为履约保证的问题。根据《股权转让及项目合作合同》的约定，仙源公司代中鑫公司一次性垫付人民币4300万元，仙源公司受让中鑫公司在仙源公司（应为远兴公司）28.5%股权，该笔资金由中鑫公司、理财公司的股权作质押担保，有关房地产项目的有关证照原件交给仙源公司作为履约的另一保证。仙源公司有权请求中鑫公司将有关房地产开发证件交由仙源公司保管，作为中鑫公司的履约保证。本案事实表明，各方争议的编号为穗府国用〔2000〕字第特126号国有土地使用权证原件已由中鑫公司委派到远兴公司的董事何祖讳领取。中鑫公司应将〔2000〕字第特126号国有土地使用权证原件交给仙源公司或仙源公司指定的第三方保管。仙源公司后变更请求中鑫公司该将国有土地使用权证原件交由远兴公司法定代表人林邦保管，属仙源公司处分其民事权利的表现，该院予以支持。一审法院判决中鑫公司将〔2000〕字第特126号国有土地使用权证原件交给远兴公司法定代表人林邦并无不当。中鑫公司上诉认为，一审判决中鑫公司将国有土地使用权证交由远兴公司法定代表人林邦保管，超过仙源公司诉请，程序违法。该主张依据不足，该院不予支持。

综上所述，一审判决认定事实清楚，适用法律正确，处理结果恰当，依法应予维持。中鑫公司上诉理据不足，依法予以驳回。

### 再审诉辩情况

中鑫公司不服二审判决，向最高人民法院申请再审称：（1）《股权转让及项目合作合同》本质上是借款合同，二审法院错误地定性为股权转让纠纷，属于认定基本事实缺乏证据证明。①从缔约背景和目的来看，签订《股权转让及项目合作合同》本意是通过向仙源公司借款来解决中鑫公司、理财公司在竞拍时出现的资金缺口，以完成受让远兴公司的权益。②合同第5条第2款并非为仙源公司抽逃出资作出的约定，实际上是仙源公司回收借款的保底条款，保底条款说明该合同本质上是一个借款合同。③《中华人民共和国担保法》第2条第1款规定："在借贷、买卖、货物运输、加工承揽等经济活动中，债权人需要以担保方式保障其债权实现的，可以依照本法规定设定担保。"可见担保的设定是为了保障债权的实现，而不是为了保障股权转让的实现。《补充协议（保证函）》约定由肖雨田等人对合同的履行承担连带保证责任，也说明《股权转让及项目合作合同》是借款合同。（2）若将《股权转让及项目合作合同》认定为股权转让合同，则须经审查批准机关批准才生效，否则，因违反法律强制性规定而无效。二审判决认定合同"成立未生效，但具有类似生效的法律约束力"，没有依据。（3）林邦使用假公章伪造变更登记申请资料骗取了远兴公司法定代表人的地位，其委托的代理人不能代表远兴公司。二审判决认可了林邦委托的代理人，错误认定"远兴公司表示《股权转让及项目合作合同》的审批手续是可以办理的"、"远兴公司同意将土地证交由远兴公司法定代表人林邦保管"。（4）二审判决认定中鑫公司须按每天1‰的标准支付违约金，属于适用法律错误。合同第5条第1款约定的是解除合同的违约金，各方没有约定继续履行合同的违约金标准。既然未约定继续履行合同的违约金标准，则不管是调高或调低都是没有依据的。二审判决认为仙源公司在起诉时主动将标准降低为每天1‰是自身诉讼权利的变更，也因而缺乏依据。综上，二审判决认定的基本事实缺乏证据证明，认定事实的主要证据是伪造的，且适用法律错误。请求撤销二审判决，驳回仙源公司的诉讼请求；本案诉讼费由仙源公司承担。

仙源公司答辩称：（1）《股权转让及项目合作合同》是股权转让合同而非借款合同。各方自始至终都没有借款的意思表示。合同明确了股权转让的前因后果、标的和价款，并明确了相关手续的办理等事项，具有股权转让合同的必备条款。合同中没有任何如借款、利息、还款期限等借款合同应当具备的条款。关于用银行贷款归还投资款项的合同条款是各方当事人因急于先行回收投资而约定的，该条款已被法院认定为无效。该条款也非"保底条款"。因为，仙源公司支付了人民币4300万元转让款，若是借款合同保底条款，仙源公司则应收回全款，而中鑫公司无权收回投资款。况且该条款还明确了银行贷款余款用于项目开发。此外，并非只有在借款关系中才有债务人，债务人在法律上是指在当事人之间产生的特定的权利和义务关系中负有义务的人，保证并非仅限于借款性质的债权。在一、二审的整个过程中，理财公司和远兴公司均确认《股权转让及项目合作合同》是股权转让合同，而不是借款合同，股权转让是各方的真实意思。（2）《股权转让及项目合作合同》未经批准不等于无效。中鑫公司主张无效违反了诚实信用原则。（3）远兴公司的工商登记资料表明林邦是远兴公司的法定代表人，林邦是理财公司根据远兴公司章程指派担任远兴公司董事和董事长的合法人员，有权代表远兴公司签署法律文件。（4）合同约定的违约金是针对逾期办理股权变更登记手续的违约行为的，而选择解除合同或要求继续履行则是守约方的权利。中鑫公司称违约金仅适用于解除合同及退还投资款的情形，属于狡辩。故二审判决认定事实清楚，适用法律正确，请求驳回中鑫公司的再审申请。

远兴公司陈述称：鉴于梁俊贤的种种行径，理财公司依照章程和法律撤销了对其董事的委派，另行委派林邦为远兴公司的董事和法定代表人，并依法办理了变更手续，在工商部门正式登记。梁俊贤在知道其被撤换后，向法院提交了一份伪造的董事会决议。该决议中理财公司的印章早已作废，且理财公司表示没有参加董事会或作出决议。两审法院对远兴公司代理人身份的认定是正确的。中鑫公司是希望空手套白狼，相反仙源公司一直积极参与远兴公司的运营。一、二审判决正确，请求驳回中鑫公司的再审申请。

理财公司陈述称：梁俊贤在参与远兴公司项目的过程中，采取欺诈和不正当手段，使合作方的权益收到严重损害，将追究其责任。

**再审裁判结果**

最高人民法院依照《中华人民共和国民事诉讼法》第181条第1款之规定，裁定如下：

驳回广东中大中鑫投资策划有限公司的再审申请。

**再审裁判理由**

最高人民法院经审理查明：中鑫公司称二审判决认定的基本事实缺乏证据证明，认定事实的主要证据是伪造的，但从其申请再审的具体事由看，中鑫公司对二审判决就合同性质、效力、代理人资格、违约金类型等认定所提出的异议，实质上都是对有关事项在法律上如何认定问题。对二审判决查明的事实本身，中鑫公司实际上并无异议。其他各方当事人也未提出异议。故对二审判决查明的事实，本院予以确认。

最高人民法院认为：本案为中外（香港）合作经营企业股权（权益）转让合同纠纷，二审判决依法适用内地法律解决，各方均无异议，本院予以认可。

本案再审审查中的主要争议为：《股权转让及项目合作合同》的性质和效力问题；一、二审中，远兴公司诉讼代理人的资格问题；中鑫公司是否应按仙源公司的请求支付违约金。

（1）关于《股权转让及项目合作合同》的性质。当事人争议的是该合同是股权（权益）转让合同还是借款合同。该合同名称为股权转让和项目合作合同，其内容也是仙源公司受让中鑫公司持有的28.5%股权，股权需变更至仙源公司名下，并约定了未按期完成股权变更的违约责任，故该合同是典型的股权（权益）变更合同。中鑫公司称从《股权转让及项目合作合同》订立的背景和目的看，该合同是借款合同。该合同签订的背景是中鑫公司在竞拍远兴公司权益时出现资金缺口，这是事实。但在现实经济生活中，通过借款来解决资金困难不是唯一的方式，当事人还可以通过转让股权（权益）等方式来筹资。本案当事人选择了转让股权（权益）这种方式来筹资，并无借款的意思表示。中鑫公司称《股权转让及项目合作合同》第5条第2款为保底条款，由此可推断该合同只能是借款合同。按照该合同条款，中鑫公司和仙源公司在远兴公司获得的贷款中提取一部分先行收回投资，该条款是提前收回出资的条款，而不是保底条款，更不能据此认定整个合同是借款合同。中鑫公司称他人为该合同的履行提供了担保，故该合同就是借款合同，这是对法律的误解。《中华人民共和国担保法》第2条第1款规定："在借贷、买卖、货物运输、加工承揽等经济活动中，债权人需要以担保方式保障其债权实现的，可以依照本法规定设定担保。"该条仅列举了适用担保的部分情形，不能根据该款规定得出只能为借贷、买卖、货物运输、加工承揽提供担保的结论。根据《中华人民共和国民法通则》第89条的规定，可以为各类债务的履行设定担保。股权（权益）转让合同属于民法上的债，为其履行设定担保符合法律规定。因此，不能根据肖雨田等人为《股权转让及项目合作合同》的履行提供了担保就认定该合同只能是借款合同。

（2）关于《股权转让及项目合作合同》的效力。《中华人民共和国中外合作企业法》第10条规定："中外合作者的一方转让其在合作企业合同中的全部或者部分权利、义务的，必须经他方同意，并报审查批准机关批准。"对于未经批准的，效力如何，该法没有明确规定。但《中华人民共和国合同法》第44条规定："依法成立的合同，自成立时生效。法律、行政法规规定应当办理批准、登记等手续生效的，依照其规定。"依照合同法该条规定，此类合同虽已成立，但不像普通合同那样在成立时就生效，而是成立但未生效。最高人民法院《关于适用〈中华人民共和国合同法〉若干问题的解释（一）》第9条对此类合同的效力则有更明确的解释，即："依照合同法第四十四条第二款的规定，法律、行政法规规定合同应当办理批准手续，或者办理批准、登记等手续才生效，在一审法庭辩论终结前当事人仍未办理批准手续的，或者仍未办理批准、登记等手续的，人民法院应当认定该合同未生效。"因此，二审判决认定《股权转让及项目合作合同》成立未生效是正确的。由于该合同未生效的原因是未经批准，而批准的前提是当事人报批，促成合同生效的报批义务在合同成立时即应产生，否则，当事人可肆意通过不办理或不协助办理报批手续而恶意阻止合同生效，显然违背诚实信用原则。最高人民法院《关于适用〈中华人民共和国合同法〉若干问题的解释（二）》第8条规定，经批准才能生效的合同成立后，有义务办理申请批准手续的一方当事人未按照法律规定或者合同约定办理申请批准的，属于《中华人民共和国合同法》第42条第3项规定的"其他违背诚实信用原则的行为"，人民法院可以判决相对人自己办理有关手续；对方当事人对由此产生的费用和给相对人造成的实际损失，应当承担损害赔偿责任。既然"相对人"可以自己办理有关手续，而"对方当事人"应对由此产生损失给予赔偿，那么，"相对人"自然也可以要求"对方当事人"办理申请批准手续。二审判决中鑫公司履行报请审查批准机关批准的义务是正确的。

（3）关于代理人资格。远兴公司的法定代表人已由梁俊贤变更为林邦。中鑫公司称林邦系采取欺骗方式取得远兴公司法定代表人资格，但没有证据证明，且在远兴公司原法定代表人梁俊贤提起要求撤销变更登记的行政诉讼中，法院已驳回其请求。此外，根据远兴公司修改后的章程，远兴公司的董事长由理财公司委派，而理财公司在本案诉讼中从未否认林邦为远兴公司的法定代表人，相反却向本院陈述称将追究梁俊贤的责任。《中华人民共和国民事诉讼法》第49条规定："公民、法人和其他组织可以作为民事诉讼的当事人。法人由其法定代表人进行诉讼。"根据上述法律规定，远兴公司法定代表人林邦签字委托的诉讼代理人有权代表远兴公司进行诉讼，有关诉讼代理人在诉讼阶段作出的陈述对远兴公司具有约束力。二审判决根据远兴公司诉讼代理人的意见，认定远兴公司表示《股权转让及项目合作合同》的审批手续可以办理，远兴公司同意将土地使用权证交由远兴公司法定代表人林邦保管，是正确的。

（4）关于违约金。《股权转让及项目合作合同》第5条第1款的内容为：若中鑫公司、理财公司不能按约定完成办理股权转让的全部法律手续，视为违约，中鑫公司应无条件退还仙源公司投资款并承担出资总额每天1%违约金。中鑫公司称该条款仅约定了解除合同的违约金，属于理解错误。根据该违约责任条款，只要中鑫公司违约，就应按每日1%支付违约金，仙源公司还可以要求解除合同，至于是选择解除合同还是选择要求继续履行合同，则是仙源公司的法定权利。仙源公司在起诉时主动将违约金标准降低为每天1‰，是对自身权利的处分，不违反意思自治原则。因此，二审判决中鑫公司按每天1‰的标准向仙源公司支付违约金是正确的。

综上，中鑫公司申请再审的理由不能成立，其申请不符合《中华人民共和国民事诉讼法》第179条第1款规定的情形。

## 68. 外商投资企业的投资方未在法定期限内实际投资资金，能否将该外商投资企业转让给第三人？

境外投资者在中国境内投资设立外商独资企业的，应当按照法律规定在取得营业执照之日起90天内缴清不少于投资者认缴出资额15%的第一期出资，否则设立该外商独资企业的批准证书自动失效。外商投资企业的股东权是以股东投入的资本以及由此而形成的全部法人财产为基础的，没有资本的投入即无从形成股权。

### 典型疑难案件参考

刚毅（集团）公司转让并无实际出资的股权请求受让人新疆宏景有限责任公司、香港耀冠集团有限公司支付股权转让金被驳回案

#### 基本案情

2001年，原告刚毅（集团）有限公司（以下简称刚毅公司）经与相关政府部门协商，拟在乌鲁木齐市二道桥开发商贸市场即"大巴扎"。项目批准后，刚毅公司于同年11月专为该建设项目设立了港商独资企业新疆福长市场开发有限公司（以下简称福长公司），其注册资金为5600万元。公司成立后，刚毅公司一直未投入注册资金及项目开发所需资金。2002年5月31日，刚毅公司与新疆宏景有限责任公司（以下简称宏景公司）、香港耀冠集团有限公司（以下简称耀冠公司）、福长公司签订了股权转让合同，约定刚毅公司将福长公司转让给宏景公司、耀冠公司，宏景公司、耀冠公司向刚毅公司支付顾问费1000万元，并约定了付款期限。福长公司承担连带保证责任。协议签订后，两被告向刚毅公司支付了顾问费200万元。剩余款项一直未付。因刚毅公司设立的福长公司为港商独资企业，且注册资金未到位，不可能进行企业股权转让变更登记，在政府的同意及协调下，宏景公司、耀冠公司及兰德投资（香港）有限公司（以下简称兰德公司）于2002年7月22日重新验资注册成立了港商合资企业新疆福长市场开发有限公司，注册资金为5600万元。该公司虽然使用了原福长公司的名称，但在法律及事实上与原福长公司无关。此后，合资三方投入资金，实际完成了项目建设。

#### 一审诉辩情况

原告刚毅公司诉称：2001年5月，我公司在对乌鲁木齐旅游市场作了大量前期调查的基础上，决定兴建乌鲁木齐二道桥大巴扎商贸市场。在办理了相关手续后，于2001年9月设立了港商独资企业"新疆福长市场旅游开发有限公司"，开始了市场的前期开发。2002年5月31日被告宏景公司、耀冠公司收购原告的福长公司的全部股权及福长公司对二道桥大巴扎市场的开发经营权。双方签订了合同及股权转让协议书，协议约定：我公司将福长公司75%的股权转让给宏景公司，25%的股权转让给耀冠公司，由上述两公司承担福长公司一切责任，并向我公司支付顾问费1000万元人民币，如不能履行付款义务，由福长公司承担连带保证责任。协议签订后我公司履行了义务，两被告于2002年12月6日向我公司付款200万元。剩余款项一直未能按合同约定支付。现请求人民法院判令被告偿还股权转让费550万元及利息285109元。

被告宏景公司答辩称：我公司与原告签订股权转让合同是事实，但原告设立福长公司并未实际出资，因此，刚毅公司转让的股权并不存在，故双方签订的股权转让协议及合同书属无效合同。我公司所支付的200万元系刚毅公司在该项目中前期与政府沟通、策划方面作的努力，以"顾问费"的名义支付的前期费用，并不能推定我们所签的合同有效。我公司认为，刚毅公司作为来乌鲁木齐投资的港商，利用政府给予的开发项目优惠权，成立独资企业而未投入任何资金即将该公司股权转让，实系套取政府批文和优惠政策来谋取巨额利益，该行为应确认无效。请求法院驳回原告的诉讼请求。

被告耀冠公司答辩理由与宏景公司相同。

被告福长公司未答辩。

### 一审裁判结果

乌鲁木齐市中级人民法院依照《中华人民共和国合同法》第52条第5项之规定，于2005年4月18日判决如下：

一、原、被告双方签订的股权转让合同无效；

二、驳回刚毅公司的诉讼请求。

### 一审裁判理由

乌鲁木齐市中级人民法院经审理认为，刚毅公司设立港商独资企业福长公司后，实际并未投入注册资金及项目开发资金，其不享有真实、合法的公司股份权益。原、被告双方签订的所谓股权转让合同，既无真实的公司股份交易内容，也违反了国家有关港商独资企业及建设项目管理方面法律、法规的强制性规定。双方的行为实际上是倒卖建设项目的开发权，故该股权转让合同无效。原告要求给付股权转让款的诉讼请求无事实及法律依据，本院不予支持。

### 二审诉辩情况

刚毅公司不服判决，上诉称：一审法院以出资不到位为由认定上诉人不享有真实合法的股东权益，并判令股权转让无效，超越了法院自由裁量的范围，没有法律依据。首先，上诉人于2001年申请注册成立"新疆福长市场开发有限公司"，先取得了《中华人民共和国台港澳侨投资企业批准书》，后经工商部门登记，领取了《企业法人营业执照》。据此福长公司依法成立并享有法人资格及股东权利。2002年上诉人与被上诉人之间达成的股权转让协议系双方真实意思表示且不违反国家法律强制性规定，因此合法有效。其次，上诉人认为，只要公司成立，注册股东即享有股权，出资不到位是出资瑕疵问题，不能以此否认股东的权利。最后，本案的事实发展和工商登记都显示现在的福长公司是从外商独资企业到中外合资企业的演变过程，而一审法院将变更中的验资、报批及补足投资认定为新股东重新注册登记即成立了一家新公司，显然违背了事实真相。综上所述，一审法院的事实认定和最终判决都是错误的，请求二审法院依法审理，维护上诉人的合法权益不受侵害。

宏景公司答辩称：首先，刚毅公司在取得福长公司的企业法人营业执照后，未在法律规定的期限内投资，其外资企业批准证书已自动失效，其设立的福长公司实际已不复存在。并且，由于刚毅公司未向福长公司注入资金，也就使其股东资格和股东权利丧失了基础。其次，目前的福长公司是宏景公司、耀冠公司和兰德公司经过严格的出资手续新设成立的，只是沿用了福长公司的名称，乌鲁木齐市对外经济贸易合作局和工商局对此表示认可。刚毅公司认为现在的福长公司是从港商独资的福长公司变更而来的，但没有任何证据能够印证。最后，鉴于上述原因，双方的《股权转让协议书》及《合同书》应确认无效，并且由于我公司未从《股权转让协议书》及《合同书》中得到任何收益，因此也就谈不上返还。综上，请求驳回刚毅公司的诉讼请求。

耀冠公司、福长公司未答辩。

▶ **二审裁判结果**

新疆维吾尔自治区高级人民法院依照《中华人民共和国民事诉讼法》第153条第1款第1项、第158条之规定，于2005年11月3日判决如下：

驳回上诉，维持原判。

▶ **二审裁判理由**

二审法院经审理查明：2001年，刚毅公司与乌鲁木齐市政府有关部门协商，拟在乌鲁木齐市解放路二道桥开发商贸市场即"大巴扎"项目。在经过乌鲁木齐市计划委员会、乌鲁木齐市对外贸易经济合作局等政府职能部门批准之后，刚毅公司于2001年11月取得了《中华人民共和国台港澳侨投资企业批准证书》，该批准书载明刚毅公司投资企业的名称为新疆福长市场开发有限公司，投资总额14000万港元，注册资本5600万港元。2001年11月8日刚毅公司依该批准书领取了《企业法人营业执照》，执照载明企业注册资金为5600万港元；企业类型为（港资）独资企业。但直到2002年5月31日刚毅公司将新设成立的福长公司转让给宏景公司、耀冠公司，刚毅公司并未实际向其新设成立的公司注入资金。2002年5月31日，刚毅公司与宏景公司、耀冠公司协商签订了两份《股权转让协议》及一份《合同书》。根据上述协议和合同的约定，刚毅公司将其新设成立的福长公司75%的股权转让给宏景公司，25%的股权转让给耀冠公司，宏景公司、耀冠公司按受让比例在福长公司中享有权利，承担足额缴纳注册资金的义务。宏景公司、耀冠公司因此分期向刚毅公司支付顾问费1000万元人民币，并约定了付款期限，福长公司对1000万元人民币顾问费的支付承担连带保证责任。协议签订后，宏景公司、耀冠公司向刚毅公司支付了顾问费200万元人民币，剩余款项未付。此后，刚毅公司曾多次致函催要其他已到期的款项，宏景公司以资金压力大为由一直未付。

鉴于刚毅公司未向其独资设立的福长公司投入任何资金，在"大巴扎"项目的实际运作中，在乌鲁木齐市政府有关部门的同意及协调下，2002年7月，宏景公司、耀冠公司、兰德公司也取得了《中华人民共和国台港澳侨投资企业批准证书》，批准证书载明的投资企业名称仍为新疆福长市场开发有限公司。随后，宏景公司、耀冠公司及香港兰德公司依该批准证书，经过验资，重新注册成立了港商合资企业新疆福长市场开发有限公司，企业类型为合资企业，注册资金为5600万港元。合资三方投入资金，实际完成了"大巴扎"项目建设，并投入经营。

新疆维吾尔自治区高级人民法院经审理认为：本案为涉港民事纠纷。由于案件涉及的投资、转让等行为均发生在内地，因此应适用中华人民共和国法律。本案中刚毅公司为投资建设"大巴扎"项目，经向新疆维吾尔自治区政府有关部门申请，注册成立了新疆福长市场开发有限公司。由于刚毅公司系在香港注册的公司，福长公司又是其独资设立的，因此刚毅公司在内地设立福长公司的行为应按照《中华人民共和国外资企业法》及《中华人民共和国外资企业法实施细则》的有关规定严格履行。刚毅公司在设立福长公司的过程中，虽依法取得了《中华人民共和国台港澳侨投资企业批准证书》及《企业法人营业执照》，但没有按照规定在福长公司营业执照签发之日起90天内缴清不少于投资者认缴出资额15%的第一期出资，依照《中华人民共和国外资企业法实施细则》第30条第2款的规定，此时刚毅公司申请在新疆投资设立外资企业的批准证书已自动失效。福长公司应当向当地的工商行政管理机关办理注销登记手续，吊销营业执照；或在其未主动办理的情况下，由工商行政管理机关吊销其营业执照，并予以公告。本案中，刚毅公司自2001年11月8日领取福长公司《企业法人营业执照》到2002年5月31日将福长公司转让出去，始终未向福长公司注入资金，本应予以注销。但刚毅公司不仅未将福长公司予以注销，反而将福长公司转让出去，其行为明显违反上述法律、法规的强制性规定。此外，福长公司转让费用尽管是以"顾问费"的名义约定支付的，但刚毅公司与宏景公司、耀冠公司曾分别签订了股权转让协议，并且刚毅公司也是以股权转让为由向法院起诉要求支付剩余款项的，因此，应当对刚毅公司在福长公司中的股权进行审查。关于股权的取得,根据《中华人民共和国公司法》的规定,公司股权是公司股东作为出资者按投入公司的资本额所享有的资产受益、重大决策和选择管理等的权利;公司享有股东投资形成的全部法人财产权,依法享有民事权利,承担民事责任。由此可见,股东的股权是以股东投入的资本以及由此而形成的全部法人财产为基础的,没有资本的投入即无从形成股权。就本案而言,由于刚毅公司未向福长公司注入资金,福长公司实际上是一个空壳公司,没有形成法人财产,因此,刚毅公司在福长公司中的股权是不存在的,即不享有福长公司的股权。基于以上事实,刚毅公司与宏景公司及刚毅公司与耀冠公司的股权转让行为违反法律、法规的强制性规定,应确认无效。一审法院对此项认定及法律适用是正确的,本院予以维持;刚毅公司关于股权转让行为有效的上诉理由不能成立,法院不予支持。

由于宏景公司和耀冠公司是在明知刚毅公司投资不到位的情况下进行的,并且整个转让行为都是在各方自愿协商一致的基础上所为,因此造成转让行为无效,各方均负有责任。由于各方当事人均未就转让行为无效造成的经济损失提出赔偿请求,故本院对各方当事人的责任不作确定。

刚毅公司独资设立的福长公司始终未办理注销手续,工商行政管理部门根据宏景公司、耀冠公司、兰德公司的申请,又以新疆福长市场开发有限公司的名称为上述三家投资者成立合资企业注册了新公司,虽有不妥,但该问题应由工商行政管理部门处理,不属于本案审理范畴。

本案中转让行为无效,根据《中华人民共和国担保法》关于主合同无效从合同亦无效的规定,有关1000万元人民币顾问费(转让费)的担保合同亦为无效。

综上所述,刚毅公司的上诉理由及请求因缺乏法律依据和事实依据,不能成立,法院予以驳回。原审判决认定事实清楚,适用法律准确,应予维持。

## 69. 股权转让合同中未明确约定股权转让的对价,且当事人不能达成补充协议的,是否导致股权转让合同不成立?

《中华人民共和国合同法》第61条、第62条虽然规定了当事人就价款没有约定或约定不明的,可以协议补充,不能达成补充协议的,按照合同有关条款或交易习惯确定,仍不能确定的,

> 按照订立合同时履行地的市场价格履行。但公司股份的价值由多种因素构成，其价值不可能按照交易习惯和订立合同时履行地的市场价格来确定。本案中，依据《关于股东股份转让的协议》不能认定薛辉与于天相之间就股权转让的对价达成合意，故该协议中关于于天相向薛辉转让股权的约定因欠缺股权转让协议的必备条款而不具有可履行性，不能认定于天相与薛辉因《关于股东股份转让的协议》而成立了股权转让合同。

## 典型疑难案件参考

北京恒拓远博高科技发展有限公司等诉于天相股权转让案

### 基本案情

北京恒拓远博高科技发展有限公司（以下简称远博公司）于2002年10月18日依法注册成立，公司注册资金1000万元，其中辛卫亚出资300万元、贺明出资260万元、于天相出资260万元、薛辉出资105万元、宋健出资75万元。2005年4月21日，辛卫亚、贺明、于天相、薛辉、宋健签署一份《关于股东股份转让的协议》，内容为2005年4月21日，远博公司召开股东大会，参会人员是辛卫亚、贺明、于天相、薛辉、宋健。会议通过如下决议：(1) 贺明转让其在本公司26%股份给薛辉。(2) 辛卫亚转让其在本公司30%股份给宋健。(3) 于天相转让其在本公司26%股份给薛辉。(4) 贺明、辛卫亚、于天相转让股份所得到的报偿各为人民币30万元整。(5) 股份转让后，远博公司的股份分配为薛辉占公司62.5%、宋健占公司37.5%。(6) 贺明、辛卫亚、于天相所应得的30万元，于2005年8月兑现。(7) 参加股东大会的五个人必须在合适的时间按薛辉通知参加公司的股份转让及公司章程变更的正式签字仪式。(8) 本协议自上述五人签字之日起生效，在完成公司的股份转让及公司章程变更的正式签字仪式及贺明、辛卫亚、于天相各人所得的30万元兑现后，此协议终止。

远博公司2004年度审计报告表明截至2004年12月31日，公司所有者权益合计为11976764.56元。

一审庭审中，远博公司、薛辉、于天相对《关于股东股份转让的协议》文件本身的真实性均不持异议。但远博公司、薛辉称：《关于股东股份转让的协议》的性质是股东会决议中包含股权转让的内容，远博公司2005年年初经营产生困难，30万元是股权转让的对价款；于天相称《关于股东股份转让的协议》的性质是股东会决议，作为股东会决议是合法有效的，公司不存在经营困难，因其与股东之间产生矛盾，才产生退出公司的意向，30万元是在260万元股份原值之外另行支付的，30万元是公司利润的分配。远博公司、薛辉向一审法院提交了一份由贺明、辛卫亚、薛辉、宋健签字证明的《远博公司2005年4月21日前状况说明》，称2005年4月是公司成立以来经营最困难的阶段，公司主要的3个工程（阿钢、鞍钢、新抚钢）均出现重大问题，为此，公司于2005年4月20日召集全体股东开会，达成一致意见，形成协议。同时，提交证人贺明、辛卫亚到庭作证，在询问证人贺明当时公司出现什么状况时，贺明却称由于对方想赖账，导致公司许多工程款收不回来。

### 一审诉辩情况

原告远博公司、薛辉诉称：2005年4月21日，远博公司各股东包括薛辉、于天相在内共同签署了《关于股东股份转让的协议》。根据该协议，于天相将其持有的公司26%的股权全部转让给薛辉，薛辉于2005年8月向于天相支付股权转让的对价30万元，该协议于签署当日生效。后薛辉多次通知于天相履行此协议，于天相反悔并声称该协议没有合法生效，导致薛辉不能依照此协议受让于天相的股权，远博公司无法进行工商变更登记。故诉至法院，要求确认《关于股东股份转让的协议》合法有效。

被告于天相辩称：远博公司是独立法人，其股东的纠纷和改变不影响公司的实际利益，公司是诉争协议的一方主体，文件有效与否与公司没有法律关系，故远博公司作为本案原告主体不适格；诉争文件是多方协议，其有效与否，于天相作为多方之一，无权确认，于天相作为被告主体不适格；诉争文件是股东会决议，文件题目写成协议是笔误造成的，不能改变文件的性质。依据文件第7条约定说明正式的股份转让协议还没有签署；薛辉和于天相之间没有签订股权转让协议，会议决议里没有股份转让的价格，不具有协议成立的要件，没有可履行性。因为公司没有分过红，所以诉争文件第4条约定公司给于天相30万元报偿，即补偿。薛辉与于天相还没有就股份转让价格的事情达成一致；辛卫亚还是公司法定代表人，这说明原来股东还在行使股东权利。故不同意远博公司和薛辉的诉讼请求。

### 一审裁判结果

北京市海淀区人民法院依法判决：驳回远博公司、薛辉的诉讼请求。

### 一审裁判理由

北京市海淀区人民法院认为：鉴于远博公司、薛辉以于天相为被告提起诉讼，其所诉股权转让争议仅涉及与于天相有关的部分，故法院对《关于股东股份转让的协议》中该部分内容的性质与效力进行确认。该案双方当事人对2005年4月21日股东会议的召开、股东的签字不持异议，即双方当事人对于《关于股东股份转让的协议》这份文件本身的客观真实性不持异议，该案的实际争议是文件所产生法律关系的合法有效性。对此，本院认为，《关于股东股份转让的协议》由远博公司股东在股东大会上作出，具有股东会决议的法律性质，但因参会股东与该份文件所涉股权转让的股东身份重叠，故同时可以认定薛辉与于天相之间存在股权转让的意思表示。但应指出的是，转让款是股权转让合同的必要条款，在该份文件中却未明确股权转让的对价，而是约定了于天相转让股份所得到的报偿为30万元，现当事人对此约定各执一词，该文件亦未明确30万元的给付主体是公司还是受让方，同时，依据现有证据该院亦无法对此价格的合理性予以判断。故依据《关于股东股份转让的协议》不能认定薛辉与于天相之间就股权转让的价款达成了一致意见，股权转让不具有可履行性，不能认定双方的股权转让协议已成立。现远博公司、薛辉以《关于股东股份转让的协议》亦属薛辉与于天相之间的股权转让协议为由，要求确认该份文件合法有效的诉讼请求，本院不予支持。

### 二审诉辩情况

一审宣判后，远博公司、薛辉不服提出上诉，其主要上诉理由为：一审判决认定事实不清，证据不足。（1）《关于股东股份转让的协议》明确约定"贺明、辛卫亚、于天相转让股份所得到的报偿各为人民币30万元整"，该30万元即为股权转让的对价。贺明与薛辉出具的《出资转让协议书》及2005年8月28日的收条，足以证明30万元就是股份转让的对价以及《关于股东股份转让的协议》是可以履行的。于天相并无证据证明30万元是公司分配给其的利润，不是股权转让的对价，于天相不履行协议的根本原因是其在公司经营状况有所好转后便反悔，其行为损害了远博公司的利益。一审判决认定《关于股东股份转让的协议》未明确股权转让的对价不当。（2）《关于股东股份转让的协议》约定了转让的股份数额、转让的对价、支付对价的时间、股份转让的履行程序及协议生效时间，因此该协议是一份权利义务明确、具备履行条件、合法有效的股份转让协议，其内容不违反法律、行政法规的规定，应属有效。一审判决认定该协议未成立及不具有可履行性不当。上诉请求：撤销一审判决,改判确认《关于股东股份转让的协议》合法有效。

于天相服从一审判决。其主要答辩意见为:《关于股东股份转让的协议》是一份股东会决议,不是股权转让协议,远博公司以往股权转让的情况可以证实此点。远博公司和薛辉上诉所称该协议约定的30万元是股权转让的对价,符合公司当时的经营情况,与证人证言存在矛盾。此外,远博公司并非本案当事人,其不享有确认《关于股东股份转让的协议》效力的权利。故请求驳回远博公司和薛辉的上诉请求,维持一审判决。

### 二审裁判结果

北京市第一中级人民法院依照《中华人民共和国民事诉讼法》第153条第1款第1项之规定,判决如下:

驳回上诉,维持原判。

### 二审裁判理由

除一审法院查明的事实外,北京市第一中级人民法院另查明:证人辛卫亚在一审庭审中回答法庭关于2005年4月21日签署协议情况的询问时,称其当时想购买于天相的股份,但是其他股东不同意,最后称:"我说我拿30万元就撤出公司,其他股东怎么谈的与我没有关系。"证人贺明在一审庭审中回答法庭关于股东会召开情况的问题时,称:"我只是转我的股份,没有听到他们是怎么说的,其他人我不管。"

北京市第一中级人民法院认为:远博公司和薛辉上诉称30万元就是股份转让的对价,一审判决认定《关于股东股份转让的协议》未明确股权转让的对价不当。对此,首先,辛卫亚和贺明在一审出具证言时,均明确表示对其他股东转让股份的情况不清楚,故辛卫亚和贺明虽以30万元转让自己持有的股份,但并不能得出于天相亦承诺以30万元转让其股份的结论。其次,于天相虽在《关于股东股份转让的协议》中作出股权转让的意思表示,约定了向薛辉转让股份的比例,但该协议仅约定于天相转让股份所得的报偿为人民币30万元整,现远博公司、薛辉称该价款即为股权转让的对价,而于天相对此予以否认,为此,远博公司和薛辉向一审法院提交了《关于股东股份转让的协议》、该协议的执行情况备忘录、公司章程及辛卫亚、贺明出具的证言等证据材料,但上述证据均不足以证明于天相与薛辉就股权转让的对价达成一致意见。《中华人民共和国合同法》第61条、第62条规定了当事人就价款没有约定或约定不明的,可以协议补充,不能达成补充协议的,按照合同有关条款或交易习惯确定,仍不能确定的,按照订立合同时履行地的市场价格履行。但公司股份的价值由多种因素构成，其价值不可能按照交易习惯和订立合同时履行地的市场价格来确定。故因远博公司及薛辉并无证据证明于天相以 30 万元转让自己持有的股份系于天相的真实意思表示，本案于天相与薛辉之间就转让股权的对价并未达成合意，一审法院认定《关于股东股份转让的协议》未明确股权转让的对价并无不当，本院对远博公司、薛辉的该项上诉理由不予采信。

远博公司和薛辉上诉称一审判决否认《关于股东股份转让的协议》合法有效不当，对此，本院认为，股份转让协议属于有偿合同，转让标的的对价应是该类合同的必备条款，缺少该内容，合同则无法履行。本案中，于天相与薛辉在《关于股东股份转让的协议》中未就股权转让的对价达成合意，故该协议中关于于天相向薛辉转让股权的约定因欠缺股权转让协议的必备条款而不具有可履行性，不能认定于天相与薛辉因《关于股东股份转让的协议》而成立了股权转让合同。而合同生效与否、有无约束力均应以合同成立为前提。故一审法院以于天相与薛辉之间并未成立股权转让协议为由，驳回远博公司和薛辉要求确认《关于股东股份转让的协议》合法有效的诉讼请求并无不当，本院对远博公司、薛辉的该项上诉理由亦不予采信。综上，一审法院判决认定事实清楚，适用法律正确，应予维持。

### 70. 股权收购与资产收购的区别何在？

股权收购是指收购方通过一定方式购买目标公司的股权，当其获取的股权达到一定比例后，即取得该公司控制权的一种市场交易行为。股权收购完成后，收购方作为公司股东，会以其所持股份为限对该公司债务承担责任。与之相反，资产收购是指收购方以现金或其他有价证券为对价，收购卖方公司全部有形或无形资产而接管卖方公司营业的行为。除特别约定外，收购方一般不承担卖方公司的债务，这也是资产收购与公司合并的重大区别。

**典型疑难案件参考**

梁国春、北京国硅投资有限公司诉北京阳光禾田商贸有限公司、杨振科等股东股权收购合同纠纷案

**基本案情**

北京阳光禾田商贸有限公司（以下简称禾田公司）于 2003 年 11 月成立，

注册资金为1000万元，股东及出资为杨振科600万元、王玉红100万元、闫志刚200万元、黄明达100万元。2004年9月，地铁商贸中心将国贸地铁站B1层、面积为3400平方米的场地出租给禾田公司，禾田公司对出租场地享有使用权，不得以任何形式进行转租、转让、转借或者以其他变相方法转移给任何第三方使用。2005年2月，禾田公司成立分支机构北京阳光禾田商贸有限公司国贸地铁站商城（以下简称国贸地铁站商城）。

2005年5月21日，北京国硅投资有限公司（以下简称国硅公司）（甲方）与禾田公司（乙方）签订协议书，约定：乙方与地铁商贸中心签订有10年期租赁合同，其间有对国贸地铁站商城B1层进行商业改造、经营的使用权；乙方自愿将禾田公司全部股权及国贸地铁站商城B1层商业项目的使用权有偿转让给甲方；甲方出资1750万元将禾田公司全部股权买断，其中包括国贸地铁站商城B1层商业项目；甲、乙双方在签订正式股份买断协议前，乙方需向甲方提供全体股东同意将股权转让甲方的决议书、乙方与地铁商贸中心签订的合同正本、地铁商贸中心同意乙方转让的决定书、乙方与商户签订的租赁协议书、各种款项收支原始凭证、正在办理中的各种手续；乙方需对禾田公司股权即国贸地铁站商城分公司进行评估审计，并向甲方提供评估审计的正式文件；乙方向甲方提供评估审计后的债权债务认定书，并书面承诺审计后的债权债务是最终结果；乙方同意甲方出资175万元收购乙方10%的股权，即先期进入国贸地铁站B1层商城，拥有全面经营管理、经营场地内外部装修改造及所有商业运作的权利；待双方各项工作如期按规定时间顺序进行后，按下列顺序进行：（1）乙方将股权转让所需的各种材料如股东大会决议书、乙方与产权方签订的合同书等相关文件提供给甲方后，甲方即向乙方支付1750万元股权转让费用的30%即525万元人民币，甲方即占据乙方全部股权的40%，并有对国贸地铁站商城分公司经营的国贸地铁B1层全部经营权及利润分配权；（2）剩余1050万元人民币，甲方分二次付给乙方：第一次，甲乙双方将上述工作全部落实后，甲方即向乙方支付1750万元转让费的40%即700万元人民币，乙方将禾田公司法人执照变更为国硅公司，并变更法定代表人、税务登记证后，经营利润则归甲方全部所有；第二次，甲方各种转让手续全部完成并正常无障碍运行3个月内，甲方即向乙方支付转让费用的20%即350万元人民币；本合同自甲乙双方法定代表人签字并加盖公章之日起生效。协议书签订后，国硅公司、禾田公司出于当时的公司立法尚禁止设立一人公司的考虑，一致同意由国硅公司法定代表人梁国春以个人名义购买10%的股权。

5月21日，梁国春与杨振科、王玉红、闫志刚、黄明达签订决议书，全体股东同意杨振科将本人持有的禾田公司股权的10%部分以175万元人民币的价格转让给梁国春持有；全体股东授权梁国春对国贸地铁站商城B1层经营场地进行商业改造、广告宣传等经营管理活动；同意公司从即日起，梁国春对国贸地铁站商城D1层经营场地进行装修、增扩建改造及经营工作；同意从即日起国贸地铁站商城B1层经营场地租金归梁国春所有；同意从即日起向梁国春提供国贸地铁站商城B1层经营执照正副本、与商户签订的租赁合同、经营账目等；全体股东同意主协议的全部内容，并进行剩余股权转让。

5月23日，梁国春给付杨振科股权转让款100万元。

5月24日，国硅公司与禾田公司办理交接手续，禾田公司将本公司及分支机构国贸地铁站商城营业执照（正、副本），公章、税务登记证、财务结算章以及法定代表人人名章、发票、支票、会计凭证、账簿等经营资料交给国硅公司。禾田公司股东王玉红、禾田公司工作人员李某分别在监交方和交接方处签字。

5月30日，梁国春又给付杨振科股权转让款75万元。

5月24日至31日期间，梁国春、国硅公司进入国贸地铁站商城开始进行经营管理。

5月31日，国贸地铁站商城通知召开商户负责人会议。

6月1日，梁国春与杨振科、王玉红、闫志刚、黄明达签订了禾田公司章程，其中梁国春的出资数额为100万元，杨振科的出资数额为500万元，其余股东及出资数额不变。

6月2日，禾田公司在召开商户会议时，部分商户提出退租。6月3日至6日，由杨振科代表禾田公司向商户退租金1651750.10元。

6月8日，禾田公司通知商户给予继续免租的优惠政策，免租期自2005年6月1日至7月31日。6月8日起至6月27日，禾田公司为部分商户办理退租手续，总计退回租金653769.60元。其间，禾田公司缴纳电话费1195.49元。上述两笔款项由国硅公司垫付。

6月17日，北京娱乐信报对国贸地铁站商城设立"行人请走地铁商城通道"标牌以《标志牌误导行人》为题进行报道。

在办理工商登记变更过程中，杨振科通过北京市工商行政管理局企业法定代表人警示信息得知梁国春任负责人的北京国润经济开发有限责任公司玉泉营灯饰城被吊销营业执照，其法定代表人梁国春被锁定（锁定期限36个月，解锁日期为2005年11月3日）。

6月25日，杨振科、王玉红、闫志刚、黄明达在梁国春未到场的情况下形成股东会决议，以商城管理混乱、私设标牌被曝光、大量商户要求退租、梁国春上了工商黑名单等为由，要求梁国春及其全部管理人员立即退出商城，退还公司公章、财务章、营业执照及营业所需全部资料，终止与其开展任何合作，同时对商城的损失承担全部责任。

6月28日，国硅公司委派工作人员苏春峰与杨振科进行协调，双方在通州工商局门口发生冲突，禾田公司营业执照被撕毁，双方各持一半。

6月29日，杨振科指使70余人将梁国春、国硅公司委派的国贸地铁站商城经营管理和保安人员强行驱赶出商城。此后，国贸地铁站商城由地铁商贸中心暂时接管后又交给禾田公司法定代表人杨振科经营，禾田公司声明经营手续作废后重新补办了营业执照、税务登记证，补刻了公司公章、财务专用章、法定代表人人名章、财务负责人人名章。

7月27日，禾田公司发出通知，将现有商户的免租期延长至2006年1月1日，已退租商户如继续合作，给予同样优惠。其间，禾田公司陆续收取了部分商户的租金。

8月1日，禾田公司与广告公司签订广告代理协议，约定支付的费用为424898元。

另查明，北京国润经济开发有限责任公司玉泉营灯饰城的负责人为梁国春，但一直由案外人安某（梁国春之前妻）经营管理，梁国春对经营状况并不了解，该灯饰城因企业未参加年检被工商行政管理部门吊销营业执照。

再查明，国贸地铁站商城与商户朱某、陈某签订的合作协议书约定的租金标准为14.8元/日、物业费和广告费分别为1元/日。

### 诉辩情况

原告梁国春、国硅公司诉称：梁国春、国硅公司与禾田公司于2005年5月21日同时签订了协议书，约定被告禾田公司的股东将股权转让给梁国春和国硅公司，并约定从即日起授权梁国春和国硅公司全面负责国贸地铁站商城B1层装修改造和经营管理活动（梁国春系新股东之一，又系国硅公司法定代表人）。协议签署后，梁国春依约将175万元股权转让款给付被告杨振科。禾田公司将各类经营文件、材料、公章交付给了国硅公司，梁国春和国硅公司即着手开展商城招商、装修等活动，并投入了大量的人力、物力和财力。2005年6月28日，禾田公司恶意毁约，在通州工商局门前公然抢夺国硅公司工作人员手中的营业执照；次日禾田公司又指使70余人闯入由梁国春和国硅公司开展经营的国贸地铁站商城，抢夺公章，并动用武力将国硅公司工作人员驱赶出商城，强行占领了商城。后在公安机关和国贸地铁站商城B1层实际所有者北京市地下铁道商贸发展中心（简称地铁商贸中心）调解无效的情形下，由地铁商贸中心暂时接管商城。作为禾田公司的股东，杨振科在出让10%的股权给梁国春后，指使、授权其他股东对梁国春和国硅公司的经营权利进行干扰、破坏。同时被告禾田公司其他3名被告股东王玉红、闫志刚、黄明达于2005年6月26日与杨振科共同作出股东会决议，拒绝履行合同义务，并与杨振科共同占领国贸地铁站商城B1层至今。五被告的违约行为严重侵害了二原告的合法权益，给二原告造成了极大的经济损失。请求法院依法判令被告禾田公司将禾田公司的营业执照（正、副本）、公章、法定代表人人名章、财务章、财务负责人人名章、税务登记证（正、副本）以及国贸地铁站商城B1层3400平方米经营场所的使用权交给原告梁国春和国硅公司；由原告梁国春和国硅公司继续经营国贸地铁站商城；诉讼费用由五被告承担。

被告禾田公司、杨振科、王玉红、闫志刚、黄明达辩称：禾田公司和国硅公司于2005年5月21日签订协议书，约定了禾田公司向国硅公司转让股权及国贸地铁站商城B1层经营场所约3400平方米使用权的具体事宜。协议书不能履行，主要过错在国硅公司。理由如下：第一，协议书没有生效。禾田公司对国贸地铁站商城B1层经营场所的使用权是通过与地铁商贸中心签订租赁合同取得的。禾田公司和国硅公司在协议书中约定，在双方签订正式股份买断协议前，必须取得禾田公司和地铁商贸中心同意禾田公司转让经营场所使用权的决定书。后虽经禾田公司多方努力，但地铁商贸中心一直强调，根据双方签订的合同书，禾田公司对地铁商贸中心提供的出租场地享有使用权，不得以任何形式进行转租、转让、转借或者以其他变相方法转移给任何第三方使用，不同意禾田公司转让有关场所的使用权。既然未取得地铁商贸中心同意转让经营场所的决定书，协议书的生效条件就没有成就，双方都不能履行没有生效的合同。第二，国硅公司法定代表人梁国春被北京市工商行政管理局锁定，不能担任股东和法定代表人。在禾田公司努力促成协议书生效并配合对方工作的过程中发现，梁国春被北京市工商行政管理局锁定，不能担任股东和法定代表人。梁国春在签订协议书时故意隐瞒其从前经营的企业已被工商行政管理机关吊销营业执照，其本人也被锁定的事实，骗取禾田公司签订了协议书。综上，不同意原告诉讼请求。

同时，反诉原告禾田公司反诉称：国硅公司在实际经营的一个月左右的时间里，因制造诱骗地铁乘客的标牌，被电视台、报社曝光，给地铁商城的声誉造成恶劣影响，多家商户就此要求退租，禾田公司不得不退还商户的租金165万元。在国硅公司将地铁商城管理权交回禾田公司时，商户以商城信誉不好为由要求继续免租。为了挽回商城信誉，恢复正常经营，禾田公司把商户的免租期从2005年6月1日延续到2006年1月1日，造成经济损失5392800元。因商户退租，禾田公司又重新投入招商广告429000元。以上共计造成禾田公司经济损失7471800元。因协议书没有生效，请求法院判令国硅公司将其取得的国贸地铁站商城的公章、财务章、营业执照、支票、发票、账簿等多项经营资料返还给禾田公司；国硅公司赔偿禾田公司经济损失499万元。

反诉被告针对反诉辩称：梁国春、国硅公司于2005年5月31日第一次以禾田公司名义着手商城经营管理，而被告禾田公司退租系从2005年6月3日开始，从时间顺序看，退租非梁国春、国硅公司经营活动所致，并且退租系2005年4月前收取的租金，该租金一直由杨振科掌握，如涉及退租亦应由收取租金的一方履行退租手续。对免租损失，完全是由禾田公司经营方式造成的，与梁国春和国硅公司无关，另外，损失的计算方式也存在诸多漏洞。至于广告费用，禾田公司未提供发票或收据，且该费用系公司经营过程中的必然支出和花费，与梁国春和国硅公司的行为无任何关联。因此，不同意禾田公司反诉请求。

### 裁判结果

北京市门头沟区人民法院依照《中华人民共和国合同法》第44条第1款、第107条、第110条、《中华人民共和国公司法》（1999年修订）第35条、第57条第1款第4项之规定，作出如下判决：

一、被告北京阳光禾田商贸有限公司在本判决生效后10日内向原告梁国春、北京国硅投资有限公司返还北京阳光禾田商贸有限公司营业执照（正、副本）和北京阳光禾田商贸有限公司国贸地铁站商城B1层3400平方米经营场所（以平面图为准）的使用权；

二、北京阳光禾田商贸有限公司国贸地铁站商城于本判决生效后由原告梁国春、北京国硅投资有限公司继续经营；

三、驳回被告北京阳光禾田商贸有限公司的反诉请求。

### 裁判理由

北京市门头沟区人民法认为：本案争议的焦点为被告禾田公司在未取得地铁商贸中心同意的情况下，与原告签订协议书。该协议是否已发生法律效力，首先要认定协议书的性质是股权收购合同还是资产收购合同，如果是前者，协议的效力不受地铁商贸中心同意与否的限制，但如果是后者则可能产生一定影响。

本案协议书的性质之所以属于股权收购的原因如下：原告梁国春、国硅公司向被告杨振科、王玉红、闫志刚、黄明达支付股权转让款后，禾田公司的股权结构会发生变化，但禾田公司的资产不发生变化，即国贸地铁站商城B1层经营场所的经营权仍然属于禾田公司所有，只是在不同的股东控制下进行经营。在国硅公司与禾田公司签订的协议书中，虽然使用"转让禾田公司股权及国贸地铁站商城B1层经营场地"的用语，但从事实上看，梁国春系向杨振科支付10%股权转让款，杨振科、王玉红、闫志刚、黄明达同意进行剩余股权转让，梁国春和国硅公司在接管国贸地铁站商城的经营管理后也是以禾田公司的名义进行经营管理，故国贸地铁站商城经营控制权的变化系因股权收购而引起。鉴于股权收购不会对公司的资产归属产生影响，国贸地铁站商城的经营权仍然归禾田公司所享有，所以该转让事宜根本无须由地铁商贸中心同意，被告以此主张合同尚未生效的抗辩意见不能成立。

本案涉及的另一个法律问题是，在原告购买禾田公司10%的股权之后即拥有国贸地铁站商城的经营权，这一约定属于何种性质？一般来讲，只有达到控股程度才能实现对目标公司经营决策权的决定性影响，获得目标公司的业务控制权、主管任命权等一系列决定目标公司经营的权力。但这并不妨碍收购方与目标公司及其股东就经营权的转移达成协议。根据协议书约定，原告出资175万元收购被告禾田公司10%的股权，即先期进入国贸地铁站B1层商城，拥有全面经营管理、经营场地内外部装修改造及所有商业运作的权利，这一约定得到了禾田公司全部股东的认可，系各方当事人就经营控制权转移所达成的合意，因此原告在支付了175万元股权转让款后即拥有对国贸地铁站商城B1层经营场所进行全面经营管理的权利，被告有交付经营场所和所需经营资料的义务。双方于2005年5月24日所进行的交接是履行协议书和决议书的行为，除具有法律规定的情形外，任何一方不得擅自终止履行。故本案被告强行收回营业场所等行为已构成违约，应当承担相应的民事责任。

基于上述理由，被告终止履行协议书、决议书、撕毁营业执照、收回国贸地铁站商城B1层经营场所的行为均构成违约，对原告要求禾田公司返还营业执照和国贸地铁站商城B1层3400平方米经营场所、继续经营国贸地铁站商城的诉讼请求，本院予以支持。应当指出，原告要求返还的公章、法定代表人人名章、财务章、财务负责人人名章、税务登记证（正、副本）尚在原告的控制之下，被告禾田公司在上述经营资料已经移交的情况下声明作废并重新予以补办、补刻，不符合补办和补刻的相关规定，应由有关部门予以收缴。

### 71. 有限责任公司的董事会能否违反股东会决议将公司股份转让给第三人？

有限责任公司具有人合性，其股东会可以通过决议对股份转让作出限制性规定。董事会由股东会选举产生，必须执行股东会决议，对股东会负责。董事会违反股东会决议将股份转让给第三人的行为无效。

#### 典型疑难案件参考

陈敏刚诉江苏江阴市石油销售有限责任公司履行股权转让合同案

**基本案情**

江阴市石油销售有限公司（以下简称石油公司）系由江阴市煤炭石油总公司（以下简称煤石公司）改制设立，注册资金由煤石公司内部职工股和股份准备金240万元及煤石公司投入资产构成，全体职工股金集中委托挂靠于现经营集团成员个人。公司章程规定：公司股东六人，分别为江阴市物资资产经营公司（以下简称资产经营公司，出资50万元）、赵金宝（出资130万元）、陈敏刚（出资80万元）、陈奇乐（出资80万元）、黄庭耀（出资80万元）、季芝菁（出资80万元）；注册资本为500万元人民币；股东会由全体股东组成，是公司的权力机构；股东会对公司增减注册资金、合并、分立、解散、变更公司形式、修改章程作出决议时，必须经代表2/3以上表决权的股东通过；股东会对其他事项作出决议，必须经代表1/2以上表决权的股东通过；股东会会议由股东按照出资比例行使表决权；应当于会议召开15日以前以书面形式通知全体股东；公司设董事会，由股东选举产生，对股东会负责，负责执行股东会决议等。1999年4月20日，石油公司经工商部门核准设立，登记股东分别为赵金宝、陈奇乐、黄庭耀、陈敏刚、季芝菁和资产经营公司，企业类型为有限责任公司。但根据石油公司股东名册记载，公司设立时实际共有在职职工92人出资，出资额从2万元至22.55万元不等，合计450余万元，其中赵金宝实际出资22.55万元、陈奇乐实际出资17.70万元、黄庭耀实际出资16.41万元、陈敏刚实际出资16.14万元、季芝菁实际出资16.33万元。1999年7月16日，石油公司召开股东会成立大会，由全体职工股东选举设立董事会、监事会，选举工商登记备案的五名显名股东及资产经营公司代表徐国平为董事，赵金宝为董事长；股东会另通过公司章程及内部细则，内部细则规定：公司持股股东92人（均为在职职工）；公司实行股份委托制，受托人为赵金宝、陈奇乐、黄庭耀、陈敏刚、季芝菁。2002年5月29日，石油公司通过《股东出资转让办法》，该办法规定：股东会授权董事会按决议规定受理股东出资的转让和受让日常工作等。7月30日，石油公司股东会改选赵金宝、陈奇乐、季芝菁、施林森为董事。9月24日，石油公司同意陈敏刚等五人离开该公司，10月1日起，陈敏刚与石油公司解除劳动合同关系，但未退出其所缴出资。10月18日，石油公司召开股东会，决定对离职职工股份由在职职工股东配比受让，受让价格为1:1。截至12月13日前，石油公司共有55名职工离职并委托公司代为转让股份，转让股金合计216.71万元，石油公司在与离职职工解除劳动关系或办理退休手续的同时，与其达成《协议书》，约定离职职工自愿转让本人所持公司的股份，委托石油公司安排其转让；石油公司代垫还离职职工出资等。2002年12月13日，石油公司召开董事会，决定免除赵金宝董事长、总经理职务并作出董事会决议，选举陈奇乐为公司董事长、总经理并全面负责公司日常事务；关于部分股东委托公司代为寻找股份买受人事宜，公司指定陈奇乐代表公司负起责任等。同日，陈奇乐以石油公司名义与陈敏刚签订《股份转让协议》，约定石油公司受公司部分股东委托，转让公司部分股份，股份总额为216.71万元，占注册资本的43.34%，该股份转让给股东陈敏刚；协议生效后，陈敏刚即享有收购后所占份额的股东权利；收购款自协议生效起15天内全部付清；石油公司应在签约后3天内向受让方交付委托凭证，否则由此受到的损失由公司及出让股东赔偿。12月16日，石油公司37名现有股东中33人（陈奇乐、陈敏刚等4人未参加）召开临时股东会并作出《石油公司股东大会关于陈奇乐私自非法转让部分出资人已退出资认定无效并由公司在职职工补足受让的决议》，同意赵金宝继续当选董事、董事长；罢免陈奇乐董事、副董事长职务；公司存量股份由公司在职职工和股东受让，陈奇乐违反股东大会已有决议，不经股东大会同意，并违法召开董事会，非法获取公司印章，签订出资转让协议，不符合公司法规定，股东大会认定其无效，予以否决，由此引发的民事责任由陈奇乐承担；已由公司代垫的存量出资由公司在职职工和出资人根据已经在公司的投资额度补足；股东大会委托董事会择时组织安排转受让和资金补足工作；股东大会要求董事会将上述决议内容通知陈敏刚，要求其即刻停止所有的转受让事宜。12月25日，石油公司董事会作出《关于受让股份出资的决议》，决定对离职职工退出股份由在职职工配比受让。2003年4月19日，石油公司再次召开董事会并作出《关于补足公司代垫出资人已退投资资金的决议》，决定对已由公司代垫离职职工股金由在职职工按已在公司的投资金额1:1补足。

### 一审诉辩情况

原告陈敏刚向江苏省无锡市中级人民法院提起诉讼称：石油公司迟迟不履行义务，其前往交付股份收购款时遭石油公司阻止，石油公司的行为违反股份转让协议。请求判令石油公司履行合同义务、交付委托凭证、接受陈敏刚的股份收购款216.71万元并承担本案诉讼费用。

被告石油公司辩称：陈敏刚据以起诉的《股份转让协议》形式上不符合公司法的规定，应认定无效，因为股东会是公司的意思机关，而该协议既与签订前的公司股东会决议相悖，亦被签订后的股东会决议否决；另《股份转让协议》的"标的"216.7万元股权均已经登记在其他股东名下，故转让标的并不存在，该《股份转让协议》客观上无法履行。即使是原职工离职而退出的部分出资，已根据公司股东会决议通过的方式补足，不存在再由陈敏刚缴纳出资问题。陈敏刚称"前往交付股份收购款时遭被告拒绝"无事实依据，石油公司从未见到陈敏刚出具过交付款项凭证，即使按转让协议约定，陈敏刚亦已丧失向公司缴付出资的权利。

### 一审裁判结果

江苏省无锡市中级人民法院依照《中华人民共和国合同法》第52条第1款第5项、《中华人民共和国民事诉讼法》第128条之规定，该院于2003年6月13日作出如下判决：

驳回原告陈敏刚的诉讼请求。案件受理费20845.5元，由原告陈敏刚负担。

### 一审裁判理由

江苏省无锡市中级人民法院经审理认为：石油公司虽然工商登记形式表明为有限责任公司，但从其设立过程来看实际是由全体职工出资设立、股东会由全体出资职工组成并参加，故石油公司的性质应为股份合作制企业。参照公司法有关规定，石油公司的章程对公司及其股东、董事等均具有约束力，有关组织和人员的权利、义务应按公司章程规定行使。根据公司章程规定，股东会是公司的权力机构；董事会由股东选举产生，对股东会负责，应执行股东会决议等。现石油公司已经于2002年10月18日召开股东大会，决定对离职职工出资由在职职工配比受让，受让价格为1:1。公司董事会于此后的12月13日却作出决议由陈奇乐代表公司负责为部分离职股东寻找股权受让人。同年12月16日，石油公司召开临时股东大会，并作出了关于陈奇乐私自非法转让部分出资人已退出资认定无效并由公司在职职工补足受让的决议，否定了上述公司董事会决议相关内容。依该公司股东大会决议，陈敏刚要求判令石油公司履行股份转让协议的主张即不应支持。陈敏刚在诉讼中称2002年12月16日石油公司股东大会决议无效，因其未提供充分证据及独立的主张，故不予采信。

### 二审诉辩情况

宣判后，陈敏刚不服，向江苏省高级人民法院上诉称：2002年5月29日石油公司股东会通过《股东出资转让办法》合法有效，而10月18日石油公司股东会决议无效，因为石油公司没有按照公司章程规定于会议召开15日前以书面形式通知全体股东，陈敏刚未收到会议通知，也未参加会议，出席股东会的出资人共28人，出席人表决权为173.81万元，占股本总额的34.76%，该股东会决议因未达到决议通过应当满足的票权额而无效。股东会决议中有关"公司在职职工股东配比受让"的限制性规定本身就因违法而无效。12月13日石油公司董事会决议合法有效，经全体董事讨论决定，作出"关于部分股东委托公司代为寻找股份受让人，公司指定陈奇乐代表公司负起责任"的董事会决议。2002年12月13日石油公司与陈敏刚签订的《股份转让协议》合法有效，陈敏刚与石油公司虽然解除了劳动合同关系，但仍是石油公司的合法股东，按照2002年5月29日石油公司股东会通过的《股东出资转让办法》有权受让石油公司其他股东的股份。陈奇乐作为公司董事长，根据2002年12月13日石油公司董事会决议的授权，有权代表公司与陈敏刚签订《股份转让协议》，协议没有任何无效情形，石油公司应当履行。2002年12月16日公司股东会决议无效，理由是没有提前通知，对原出资人的权利进行违法限制，股东会的出席股东人数未达到要求数额，不能以此否定《股份转让协议》的合法性和有效性。因此请求撤销原判，依法改判。

被上诉人石油公司辩称，原审判决认定事实与适用法律正确，请求驳回上诉，维持原判。

### 二审裁判结果

江苏省高级人民法院该院遂依照《中华人民共和国民事诉讼法》第153条第1款第1项的规定，于2003年10月26日作出如下判决：

驳回上诉，维持原判决。

二审案件受理费20845.5元，由陈敏刚负担。

### 二审裁判理由

江苏省高级人民法院经二审查明：从1999年12月至2002年10月，石油公司原职工股东92人中有48人退出、7人调出，共有55人先后与公司解除了劳动合同关系。与此同时，他们与石油公司先后签订了《协议书》，约定离职职工自愿转让本人所持公司的出资，委托公司安排转让；公司代垫归还离职职工出资；从签订协议之日起或从公司董事会同意转让出资之日起，职工丧失股东资格等。上述协议签订后，离职职工与公司均履行了上述协议，55名职工从公司取回了原来的各自全部投资款共计210.3万元，不再参加以后的公司股东大会，公司向职工收缴了出资证明书。截至2002年10月，石油公司实际出资人为38人，共出资289.7万元，其中公司在职职工37人出资239.7万元，一个企业法人出资50万元。

江苏省高级人民法院经审理认为：（1）已经与公司解除劳动合同关系并从公司取得其出资的55名职工不再是公司的股东，无权行使股东表决权。从2002年10月起，有表决权的股东为公司37名职工股股东和一个企业法人股东，37名职工股东出资239.7万元，一个企业法人股东出资50万元，其人数及出资份额是判断以后公司股东大会决议和董事会决议是否有效的计票依据。（2）2002年10月18日公司股东会决议合法有效，出席股东会的出资人的表决权为173.81万元，超过了当时有表决权的股东出资总额289.7万元的50％，应为有效；股东会决议中有关"离职职工退股由在职职工股东配比受让"的限制性规定，符合作为有限责任公司石油公司的人合性，有利于公司现有有表决权的全体股东的整体利益，本身并不违法。（3）2002年12月13日公司董事会决议无效，因为股东大会是公司的权力机构，董事会由股东大会选举产生，必须对股东大会负责，执行股东会决议。董事会决议应当与股东大会决议一致，符合全体股东的整体利益。而12月13日董事会决议内容与10月18日公司股东大会决议内容不符，故应当认定本次董事会决议无效。（4）2002年12月16日召开的临时股东会合法有效，石油公司37名现有职工股东中的33人参加了临时股东会，应当认定本次临时股东会决议合法有效，参加股东会表决的表决权出资额为188.96万元，超过了当时有表决权的股东出资总额289.7万元的50％。同时，本次股东会决议内容与2002年10月18日股东会决议内容一致，进一步体现了公司现有表决权的全体股东的整体利益。综上，2002年10月18日的股东会决议和12月16日的临时股东会决议均合法有效，12月13日的公司董事会决议无效。根据无效的董事会决议，陈奇乐代表公司与陈敏刚签订了《股份转让协议》，应当认定为无权代理行为。对于陈奇乐无权代理的签约行为，石油公司不但没有事后追认，而且及时于12月16日以股东会决议的形式予以否认；作为公司股东和原董事，陈敏刚应当知道上述情形。《股份转让协议》的内容是将退股股份全部转让给陈敏刚一人，与签订《股份转让协议》时前后两次公司股东会关于退股股份由在职职工股东配比受让的决议内容不符，损害了公司在职职工股东配比受让的权利，故应当认定《股份转让协议》无效，对合同双方没有约束力。陈敏刚要求石油公司履行该合同义务的诉讼主张应予驳回。

> **72. 公司采取欺诈手段将其持有的其他公司的股权转让给第三人，是否应当向第三人承担法律责任？**
>
> 公司的法定代表人以欺诈手段与第三人签订合同，将公司持有的其他公司的股权转让给第三人，所获款项被公司占有的，第三人可以主张撤销股权转让合同并要求公司赔偿所支付股权转让款的利息损失，由此产生的民事责任后果由公司承担。

## 典型疑难案件参考

广东黄河实业集团有限公司与北京然自中医药科技发展中心一般股权转让侵权纠纷案（《最高人民法院公报》2009年第1期，总第147期）

### 基本案情

北京先农坛医药科学城投资有限公司（以下简称先农坛公司）成立于2003年4月，法定代表人刘先其，注册资本5000万元，股东为：北京然自中医药科技发展中心（以下简称然自中心）出资3000万元，占注册资本的60%；葫芦岛银河经贸有限公司出资2000万元，占注册资本的40%。

2004年12月，葫芦岛银河经贸有限公司将其在先农坛公司2000万元的股份转让给北京江山投资有限公司（以下简称江山公司）。先农坛公司变更后的股权结构为：然自中心出资3000万元，占注册资本的60%；江山公司出资2000万元，占注册资本的40%。然自中心为股份合作制企业，注册资金288万元，法定代表人刘先其。

2006年11月19日、20日、21日，然自中心、江山公司、先农坛公司先后作出股东会决议，主要内容为：（1）股东一致同意然自中心持有的先农坛公司60%的股权转让给广东黄河实业集团有限公司（以下简称黄河公司）；（2）江山公司放弃股权优先购买权；（3）股权转让后，江山公司承担先农坛公司股权转让前所有的债权债务。

2006年11月22日，然自中心与黄河公司签订了《股权转让协议书》，约定：（1）然自中心转让持有的先农坛公司60%的股权给黄河公司，价款2.6

亿元；（2）黄河公司在协议书签署3日内支付定金1000万元，2006年12月30日前支付9000万元，2007年6月30日前支付6000万元，2007年12月31日前支付1亿元；（3）然自中心在收到黄河公司的全部转让价款后，开始协助办理股东名册变更，自变更之日，黄河公司成为先农坛公司的股东；（4）违约责任：黄河公司每迟延支付转让款一日，支付然自中心1%的滞纳金，然自中心有权解除协议，黄河公司承担股份转让款2%的违约金。

该《股权转让协议书》后附有14份附件。依据该协议书附件的内容：2002年全国高科技健康产业工作委员会中医药专业委员会（以下简称中医药专业委员会）与北京市宣武区人民政府签订协议，约定由中医药专业委员会在宣武区建立"北京先农坛国际科学医学城"。2003年3月18日，中医药专业委员会决定建立"北京先农坛医学科学城"，并为此组建先农坛公司，后该计划未实现。2005年3月，中医药专业委员会与河北大厂县回族自治县人民政府（以下简称大厂县政府）签订协议，约定中医药专业委员会在大厂县成立中国中医药科学城，总投资215亿元，建设期6年，分三期进行，第一期投资30亿元，建设期两年，两年内无明显进展，协议自行终止。后经大厂县政府申请，大厂县人大常委会批准，同意《中医药科学城规划方案》，该项目规划面积46800亩。

2006年11月24日，然自中心与黄河公司签订了协议书后，黄河公司将定金1000万元打入然自中心账户。此后，黄河公司认为刘先其有诈骗嫌疑，遂向北京市公安局朝阳分局（以下简称朝阳公安分局）报案，并通过银监会冻结了1000万元股权转让款。黄河公司未支付剩余股权转让款，双方亦未履行股东名称变更手续。

本案审理中，由于本案然自中心法定代表人刘先其涉嫌犯罪，该院审理本案的合议庭向朝阳公安分局调查相关情况，朝阳公安分局称，双方签订协议书时，刘先其称其现身份为中共中央老干部局局长，曾任五十四集团军军长、上海警备区司令员、湖南省军区司令员，并称其拥有大厂县46800亩土地的一级开发权，用于开发中国中医药科学城，上一个五年计划国家发改委已有规划，已立项审批，包括国土资源部的审批，只要交了土地出让金，就可以进行一级开发。刘先其还称由于其身份特殊，不能直接卖项目，但可以通过股权转让的方式来实现，即先农坛公司是唯一可以开发科学城的企业，如果黄河公司购买然自中心在先农坛公司60%的股权，黄河公司拥有先农坛公司60%的股权，就会成为先农坛公司大股东，就控制了先农坛公司，从而实质取得项目土地的一级开发权。黄河公司请刘先其拿出国家发改委同意立项及土地部门的审批文件，刘先其以虚假理由骗取黄河公司的信任，双方签订了《股权转让协议书》，即黄河公司在没有看到任何国家级批文的情况下即签订了合同。黄河公司支付给然自中心1000万元股权转让金后，提出与刘先其共管1000万元，被刘先其拒绝，引起了黄河公司的怀疑。后黄河公司了解到，中共中央老干部局局长不是刘先其，遂向公安机关报案。

2006年11月26日，朝阳公安分局决定对刘先其以诈骗立案侦查。同年11月27日，对刘先其进行了拘留。同年12月30日，刘先其取保候审。2007年8月6日，北京市朝阳区人民检察院以刘先其涉嫌诈骗对其批捕。

为确定刘先其身份的真实性，朝阳公安分局到相关部门进行了调查，确认刘先其所自称的种种身份均为虚假。调取的材料为总政干部部第二任免局2007年6月1日向朝阳公安分局出具的证明，内容是：经查，五十四集团军、上海警备区、湖南省军区历任军、师职干部中，均无刘先其此人。

为确定该项目的真实性，朝阳公安分局到相关部门进行了调查，材料显示：（1）2006年11月28日，国家事业单位登记管理局出具《证明》：经查，全国高科技健康产业工作委员会、全国高科技健康产业工作委员会中医药专业委员会未在我局办理事业单位法人登记。（2）民政部档案资料馆2007年6月1日出具了5份《证明》，证明案件中出现的6个名称"全国高科技健康产业工作委员会"、"CHC全国高科技健康产业工作委员会"、"全国高科技健康产业工作委员会中医药专业委员会"、"CHC全国高科技健康产业工作委员会中医药专业委员会"、"全国高技术产业化协作组织"、"全国高科技产业化协作联合体"均未在民政部登记注册。

为确定刘先其所称项目土地开发的真实性，朝阳公安分局走访了国家发改委，国家发改委称没有这个立项审批；走访了国土资源部，答复没有这个立项；走访了河北省国土资源厅，答复没有这个申请，因为用地500亩以上就须报国务院审批；走访了河北省大厂县政府，答复是不否认有刘先其这样一个人，但是已明确告知其开发的手续要其自己办理，大厂县人大出了文件，同意刘先其的想法，但不管办理手续，这个项目连河北省廊坊市都没有报。

2007年4月3日，大厂县政府向全国高科技健康产业工作委员会出具《关于终止合作建设中国中医药科学城协议的函》载明：贵单位〔2007〕第03号、第11号函收悉。根据双方2005年3月30日签订的《合作建设中国中医药科学城协议书》第5条规定：本协议项下中国中医药科学城项目总投资215亿元人民币，建设期6年，分三期进行（每期两年），第一期投资30亿元人民币，建设期两年。两年内无明显进展，协议自行终止。鉴于贵方至今未按照协议的约定履行投资、建设等相关协议义务，经研究，双方于2005年3月30日签订的《合作建设中国中医药科学城协议书》自行终止。

2007年4月17日,大厂县政府向朝阳公安分局出具《证明》,内容为:(1)大厂县政府与中医药专业委员会2005年3月30日签订的《合作建设中国中医药科学城协议书》自行终止,已函告全国高科技健康产业工作委员会;(2)双方签订《合作建设中国中医药科学城协议书》后,仅县人大常委会同意批准了《中国中医药科学城规划方案》,至2006年年底,因此项目还不具备申请立项条件,一直未申请立项,未经上级有关部门批准;(3)中医药专业委员会未取得项目规划内的土地使用权,仅依据我县人大常委会同意批准的《中国中医药科学城规划方案》,还不能进行开发建设。

通过以上的调查,朝阳公安分局确认,刘先其在为然自中心与黄河公司签订《股权转让协议书》时,虚构了身份和相关事实。

▶ 一审诉辩情况 ◀

2007年4月18日,然自中心向北京市高级人民法院提起诉讼,请求判令:黄河公司给付股权转让款9000万元及滞纳金9720万元。

同年10月30日,黄河公司对然自中心提起反诉,请求判令:(1)撤销双方签订的股权转让协议书;(2)然自中心返还其1000万元并支付违约金80.4万元(庭审中经法庭释明,黄河公司违约金的请求明确为利息请求,按照企业同期存款利率计算至给付之日);(3)诉讼费由然自中心负担。

同年12月10日,然自中心申请撤回对黄河公司的起诉,北京市高级人民法院已裁定准许然自中心撤回起诉。

▶ 一审裁判结果 ◀

北京市高级人民法院依据《中华人民共和国合同法》第54条、第55条、第58条的规定,判决:

一、撤销然自中心与黄河公司2006年11月22日签订的《股权转让协议书》;

二、然自中心于该判决生效之日起10日内返还黄河公司股权转让款1000万元并赔偿相应利息(按照中国人民银行同期企业存款利率计算,自2006年11月24日计算至款付清之日止)。如果未按该判决指定的期间履行给付金钱义务,应当按照《中华人民共和国民事诉讼法》第232条的规定,加倍支付迟延履行期间的债务利息。

一审案件受理费43312元,由然自中心负担。

▶ 一审裁判理由 ◀

北京市高级人民法院审理认为:然自中心是本案当事人之一,刘先其作为该公司法定代表人，因本案股权转让事宜涉嫌诈骗，已被检察机关批准逮捕并全国通缉。最高人民法院《关于在审理经济纠纷案件中涉及经济犯罪嫌疑若干问题的规定》第10条规定："人民法院在审理经济纠纷案件中，发现与本案有牵连，但与本案不是同一法律关系的经济犯罪嫌疑线索、材料，应将犯罪嫌疑线索、材料移送有关公安机关或检察机关查处，经济纠纷案件继续审理。"依据上述规定，本案关于刘先其涉嫌犯罪的部分，本院将相关案卷材料送至朝阳公安分局，不影响本案然自中心与黄河公司股权转让民事部分的审理。

依据现有证据，能够证明2006年11月22日然自中心与黄河公司签订《股权转让协议书》之前，然自中心法定代表人刘先其虚构特殊身份，虚构可一级开发土地的事实，采用欺诈手段，使黄河公司误以为真，作出错误的意思表示，在违背真实意思表示的情况下，签订了协议书。双方在签订协议书时，黄河公司的目的是为了取得46800亩土地的开发权，双方是以高于所转让股权的价格转让的，且协议书附件已经对在大厂县境内开发中国中医药科学城有所体现，可见股权转让协议的真正目的是取得所谓的46800亩土地的一级开发权，但实际上然自中心根本不具有该土地开发权。刘先其以虚假身份采用欺诈的手段骗取了黄河公司的信任，签订了协议书，使然自中心从黄河公司获得1000万元的股权转让款。

《中华人民共和国合同法》第54条第2款规定："一方以欺诈、胁迫的手段或者乘人之危，使对方在违背真实意思表示的情况下订立的合同，受损害方有权请求人民法院或者仲裁机构变更或者撤销。"依据该规定，本案双方签订的《股权转让协议书》的性质应确定为可撤销合同。黄河公司依据该协议书向然自中心交付了定金1000万元，属于受损害方，其有权在撤销权行使的期间内请求人民法院撤销该协议，请求侵害方然自中心返还定金1000万元并赔偿损失。由于可撤销合同自始没有法律约束力，因此，然自中心已经收取黄河公司的1000万元股权转让款，应当返还给黄河公司，并赔偿黄河公司损失。黄河公司关于撤销合同并返还股权转让款的请求，予以支持。由于双方之间的合同被撤销，不存在违约的问题，因此黄河公司在庭审中将违约金的请求变更为利息损失请求，符合法律规定，予以支持。关于刘先其涉嫌经济犯罪问题，本院依法将涉嫌犯罪的案件材料移送至公安机关，不影响本案民事部分的审理和判决。

### 二审诉辩情况

然自中心不服原审法院上述民事判决，向最高人民法院提起上诉称：（1）原审判决依据朝阳公安分局侦察材料及与办案警官的谈话记录认定刘先其构成欺诈,属认定事实证据不足。关于项目的真实性,朝阳公安分局提供给原审法院的关于全国高科技健康产业工作委员会等机关登记情况的材料,与本案无关联性。对此,然自中心提交了相关证据,因其中部分证据属于国家机关保存的公文,请求法院对证据原件进行调取。原审法院不予调查取证,且对已提交的证据也未组织质证,仅凭缺乏关联性的证据就认定项目缺乏真实性属于证据不足。全国高技术产业化协作组织系信息产业部等九个部委或所属部门联合成立的旨在促进科技产业化的协作组织,就其性质而言,既不是企业又不是社会团体,也不是国家机关和事业单位,因此相应的登记机构当然不可能有本案所涉及机构的登记材料。案件中所涉及的中医药科学城项目确实存在,至于项目开发进展如何与项目存在与否是两个性质不同的事情。大厂县政府出具的函和证明,证明此项目是真实存在的,并已进行了有效的开发工作。确定欺诈是否成立的关键在于合同签订时该项目是否存在,而合同履行过程中出现各种情况致使进展缓慢或者下马都属于正常的商业风险。黄河公司受让然自中心在先农坛公司的股份,可能是考虑到中医药行业的乐观前景或其他因素,双方协商确定的股权转让价格,根本不存在以2.6亿元购买土地46800亩的意思表示。黄河公司的合同目的就是取得然自中心在先农坛公司的股权,取得土地开发权只不过是动机而已。原审判决对黄河公司合同目的的认定违背合同法原理,有失公允。(2)原审判决认定刘先其作为然自中心法定代表人与黄河公司签订股权转让合同时虚构事实已构成欺诈,不但与公安机关认为的犯罪嫌疑基于同一法律关系,而且与公安机关认为的诈骗行为是同一行为。因此,原审判决自相矛盾,其以公安机关侦查材料为依据,适用最高人民法院《关于在审理经济纠纷案件中涉及经济犯罪嫌疑若干问题的规定》第10条的规定,显属适用法律错误。本案中,本诉涉嫌犯罪,而反诉则与刑事犯罪嫌疑不属于同一法律关系,并利用刑事方面的材料来定案,原审判决剥夺了然自中心的诉讼权利,损害了然自中心的合法权益。因此请求撤销原审判决,裁定驳回黄河公司的起诉。

被上诉人黄河公司答辩称:根据原审法院庭审调查确定的事实,然自中心的法定代表人刘先其采取冒充身份、虚构中医药科学城项目及已经取得46800亩土地一级开发权的事实,骗取了黄河公司的信任,通过签订《股权转让协议书》的形式,骗得首期资金人民币1000万元,给其造成了巨大的经济损失。事实证明,然自中心根本没有也无法取得46800亩土地一级开发权。鉴于《股权转让协议书》是在黄河公司受到欺骗、违背真实意思的情况下签订的,原审判决撤销该协议认定事实清楚,适用法律正确。请求驳回上诉,维持原判。

### 二审裁判结果

最高人民法院依照《中华人民共和国民事诉讼法》第 153 条第 1 款第 1 项的规定，判决如下：

驳回上诉，维持原判。

二审案件受理费 43312 元，由北京然自中医药科技发展中心承担。

本判决为终审判决。

### 二审裁判理由

最高人民法院经二审审理，对原审法院查明的事实予以确认。

最高人民法院认为，黄河公司向原审法院提起诉讼，请求撤销其与然自中心签订的《股权转让协议书》，理由是该协议系受然自中心的法定代表人刘先其欺诈而为，违背了黄河公司的真实意思表示。为查明该事实，原审法院向侦查刘先其涉嫌犯罪的朝阳公安分局进行了调查。朝阳公安分局根据刘先其的供述以及对相关部门的调查，确认刘先其在为然自中心与黄河公司签订《股权转让协议书》时，虚构了身份和相关事实。原审法院依据现有证据，作出关于刘先其以虚假身份采用欺诈的手段骗取了黄河公司的信任，签订了协议书，使然自中心从黄河公司获得 1000 万元股权转让款的认定，并无不当。然自中心上诉主张认为本案认定事实证据不足，但其并不能提供否定上述事实的证据。故其上诉主张不能成立，本院不予支持。

根据本案查明的事实，刘先其作为然自中心的法定代表人，以然自中心的名义，采取欺诈手段与黄河公司签订民事合同，所获取的款项被然自中心占有。上述事实产生的法律后果是除刘先其个人涉嫌诈骗犯罪外，然自中心与黄河公司之间亦因合同被撤销形成了债权、债务关系，然自中心应当依法承担相应的民事责任。故原审法院依据本院《关于在审理经济纠纷案件中涉及经济犯罪嫌疑若干问题的规定》第 10 条的规定，将刘先其涉嫌犯罪的部分移送公安机关，而继续审理本案民事纠纷部分并无不当，本院予以维持。然自中心以本案与公安机关认为的犯罪嫌疑基于同一法律关系，应当裁定驳回黄河公司反诉的上诉理由没有法律依据，本院不予支持。

综上，然自中心的上诉理由没有事实依据和法律依据，原审判决认定事实清楚，适用法律正确，应予维持。

### 73. 股权转让双方完成股权变更登记手续后，能否以受让方未支付价款、实为代转让方持股为由对抗第三人？

股份代持乃股份的隐名持有，实际出资人与名义持股人之间应当签订代为持股协议，以确定双方的关系并否定名义持股人的股东权利。如果双方签订了股份转让协议，在协议中约定了转让对价并办理了股权变更手续，即使受让方未支付价款，在转让协议效力不存在瑕疵的情况下，应当认定股份已经转为受让方所有，转让方只能根据转让协议要求受让方支付价款。根据商法的外观主义原则，股权变更登记具有对外公示的效力，因此，双方不得以受让方未支付价款而实为代持股份为由否认股权转让的效力。

## 典型疑难案件参考

申银万国证券股份有限公司诉上海国宏置业有限公司财产权属纠纷案（《最高人民法院公报》2010年第3期，总第161期）

### 基本案情

原告申银万国证券股份有限公司（以下简称申银万国）于1994年购入上海九百股份有限公司（以下简称上海九百）法人股，截至1999年，原告共持有上海九百法人股4354560股。2000年10月10日，原告与被告上海国宏置业有限公司（以下简称国宏公司）签订法人股转让协议书一份，约定原告同意将所持上海九百法人股400万股（每股面值人民币1元）按每股人民币1.60元的价格转让给被告，转让金额合计人民币640万元；双方同意上述股票及其所有股东权益自中国证券登记结算有限责任公司上海分公司（简称中登公司）过户之日起归被告所有；被告在协议生效之日起15日内，将上述转让款项划入原告指定账户。上海市静安区公证处就上述转让协议出具〔2000〕沪静证经字第4331号公证书。同年10月13日，原、被告双方至中登公司办理了相关过户手续，中登公司出具的投资者记名证券持有变动记录载明，被告B880149785账户下证券代码为600838的上海九百法人股数量为400万股，过户类型为非交易变动。后该400万股法人股经送股增至600万股。

2002年1月24日，原告申银万国与被告国宏公司签订还款质押协议一份，约定：鉴于被告并未履行划款义务，现被告确认对原告负有人民币640万元未履行的债务,并以其名下600万股上海九百法人股作为质押,如被告在本协议签署之日起一个月内仍未能履行其债务,则原告有权直接凭本协议书向法院起诉;本协议生效后,被告负责办理上述股权质押登记手续。上海市静安区公证处对该份协议书亦进行了公证。同年4月26日,原、被告双方至中登公司办理了相关的质押登记手续。

由于被告国宏公司未能履行还款义务,原告申银万国与被告于2005年7月又签订协议书一份,约定被告应在协议书签署之日起15日内将人民币640万元支付给原告,前述股权仍继续为上述债务提供质押担保。

2007年3月21日,诉争法人股上市流通。

第三人上海银行股份有限公司福民支行(以下简称福民支行)原名上海银行京东支行,于2007年1月1日与其他支行合并为福民支行。2002年10月25日,上海市第二中级人民法院作出〔2002〕沪二中民三(商)初字第343号民事调解书,被告国宏公司对案外人上海宏远房地产经营有限公司所欠福民支行借款本金人民币810万元及相应利息承担连带还款责任。后该案被指定由上海市黄浦区人民法院执行。2002年11月4日,上海市黄浦区人民法院作出〔2002〕黄民二(商)初字第1655号民事判决,判决被告对案外人上海鑫久贸易有限公司所欠福民支行借款本金人民币120万元及相应利息承担连带清偿责任。上述两起案件执行中,上海市黄浦区人民法院将本案诉争600万股上海九百法人股予以轮后冻结。

另查明,上海宝鼎投资股份有限公司(以下简称宝鼎公司)系原告申银万国股东,同时宝鼎公司投资成立了万国公司,万国公司系被告国宏公司股东。

### 一审诉辩情况

原告申银万国诉称:2000年10月之前,原告是上海九百前五大股东,拥有上海九百法人股(证券代码600838)4354560股。1996年6月颁布的《证券经营机构股票承销业务管理办法》(2007年3月6日废止)第15条规定,证券经营机构持有企业7%以上股份,或者其前五位股东之一,不得成为该企业的主承销商或副主承销商。原告为了成为上海九百配股的主承销商,于2000年10月13日,将其所拥有的上海九百法人股中的400万股挂靠到被告国宏公司名下。挂靠期间经送股,国宏公司名下的400万股上海九百法人股增至600万股。2000年3月1日起,原告成为上海九百2000年增资配股的承销商,并于2001年3月15日完成配股事宜。为了避嫌,原告让其他公司代持股票,一般在承销工作完成一年后将股票转回。2001年9月30日,中国证监会发布了

《关于加强对上市公司非流通股协议转让的通知》，规定对未按照证券交易所、证券登记结算公司有关业务规则进行的上市公司非流通股协议转让的，证券交易所、证券登记结算公司一律不得办理股份转让、过户登记手续。至此，由被告代持的上述法人股无法转回至原告名下。2006年9月22日，被告出具承诺书，承诺将其代持的上海九百法人股600万股及相应的孳息全部归还原告。上述法人股在2007年年初上市流通，但被告至今未将上述法人股转回给原告。故请求判令确认被告名下的600万股上海九百法人股归原告所有。

被告国宏公司对于原告申银万国的诉讼请求及相关的事实和理由均不持异议，称被告取得诉争法人股的确没有向原告支付过对价。

第三人福民支行述称：原告申银万国称被告国宏公司为其代持系争法人股没有任何事实依据。原告和被告恶意串通的目的是为了规避法院的强制执行。原、被告之间签订了法人股转让协议书及质押协议书，从两份协议的内容来看，被告于2000年10月13日获得系争法人股时的对价为每股人民币1.60元，既然有成交价，则不可能是挂靠或代持关系。现原、被告对于诉请以及事实和理由没有任何争议，故本案不属法院受理的范围。请求法院对于原告的诉请不予支持。

### 一审裁判结果

上海市第二中级人民法院依照《中华人民共和国民法通则》第6条、第72条第2款之规定，于2008年9月22日判决如下：

对于原告申银万国的诉讼请求不予支持。

### 一审裁判理由

上海市第二中级人民法院一审认为：

1. 福民支行作为第三人的诉讼当事人地位问题。本案审理中，第三人福民支行以诉争法人股属被告国宏公司所有，其作为被告国宏公司的债权人有权要求法院就已冻结的诉争法人股采取拍卖等强制措施清偿其债权为由，申请作为第三人参加本案诉讼。而原告申银万国则认为诉争法人股为其所有，法院无权对这些法人股采取强制措施。现被告对于原告的主张并无异议。原告提起本案诉讼的目的在于以生效民事判决来否定、排除包括福民支行在内的债权人对诉争法人股申请采取执行措施。鉴于此，诉争法人股权属的确定，与福民支行在其他案件中的债权能否实现存在法律上的利害关系，故福民支行申请作为第三人参加本案诉讼符合法律规定。

2. 诉争法人股的权属问题。原告申银万国于1994年出资购入上海九百法人股取得了该部分法人股的所有权。之后，原告通过签订法人股转让协议书，约定将原属其所有的400万股上海九百法人股有偿转让给被告国宏公司，并在中登公司办理了相关的过户登记手续，交易类型为非交易过户。此后，原、被告双方又签订了一份质押还款协议，约定由被告将上述上海九百法人股及因送股后所增加的法人股共计600万股为其归还原告转让款提供质押担保，双方亦就此在中登公司办理了质押登记手续。上述约定表明，原、被告已就诉争法人股的转让达成合意，并已办理相关登记手续，具有公示效力。现原告称上述转让行为是为了规避证监会有关规定，使原告顺利成为上海九百配股业务主承销商，故被告持有诉争法人股实为一种挂靠或代持行为，诉争法人股的所有权应属原告。对此，法院认为，原告所称的挂靠或代持行为，也就是通常意义上的法人股隐名持有。根据现有证据，本案中原、被告之间的关系不同于一般的法人股隐名持有。法人股隐名持有存在实际出资人和挂名持有人，双方应签订相应的协议以确定双方的关系，从而限制挂名股东的股东权利。而本案中原告本来就是法人股的所有人，被告则是通过有偿受让的方式取得这些法人股的所有权。双方所签订的是法人股转让协议，协议中确定了转让对价以及所有权的转移问题。据此，原告是通过出售的方式将法人股的所有权转移到了被告名下，并且，双方已经在登记机关办理过户登记手续。因此，即使被告尚未支付对价，在双方转让协议效力不存在瑕疵的情况下，原告无权主张本案诉争股权属其所有，其只能根据相关转让协议要求被告支付转让价款。原、被告之间所签订的还款质押协议亦能印证原告认为被告系本案争议股权的真正权利人。故被告持有诉争法人股并不是代持或挂靠行为，而是股权转让。原告称其一直行使上海九百股东的权利，并以此证明其对诉争法人股享有所有权。从现已查明的事实看，原告仅向被告出让了部分诉争法人股，其仍是上海九百的股东，故原告仍享有着相应的股东权利。根据原告提供的有关上海九百股东大会签到名册及授权委托书显示，相关授权委托书上仅表明代理人系受原告委托行使表决权，并未明确代理人行使的表决权也包括被告所持股份。鉴于原、被告之间存在着关联关系，原告代理人代表被告在签到名册上签名并不能排除其系受被告委托参加股东大会，故原告方代理人同时代表被告在股东大会签到名册上签名的行为，并不能对抗原、被告之间已就诉争法人股所形成的所有权转移的法律关系。综上，原告主张诉争法人股的所有权，缺乏事实和法律依据，难以支持。

### 二审诉辩情况

申银万国不服一审判决，向上海市高级人民法院提起上诉。理由是：（1）

其与一审被告国宏公司之间签订股权转让协议,办理股权过户行为的真实意图并非实现股权转让,而是在特定历史背景下为方便申银万国开展配股承销业务、规避当时政策而进行的代持。其与国宏公司之间除办理相应登记手续外,无任何合同履行行为。故该股权转让行为的法律性质应属于无效法律行为,国宏公司应将股权恢复原状,重新归入申银万国名下。(2)系争股权过户后,申银万国依然继续行使股东权利,如派员参加股东大会、行使表决权等。另外,在国宏公司年度财务报告中,从未将诉争股权作为其资产予以记载。这些事实证明其股东身份未因过户行为发生改变。(3)诉争股权过户行为发生在前,国宏公司与被上诉人福民支行的债权债务关系发生在后,不存在国宏公司与申银万国恶意串通侵害福民支行权利的情况。综上,请求改判支持申银万国的一审诉讼请求。

被上诉人福民支行辩称:(1)股权转让协议和还款质押协议约定的转让内容均应为上诉人申银万国与一审被告国宏公司的真实意思表示。协议符合法律规定,应为有效,并股权转让已办理了过户登记手续,实际已履行完毕。(2)申银万国关于代持关系的主张缺乏事实依据。第一,申银万国代持的主张与股权转让协议及其过户转让事实明显矛盾,股权转让协议和质押协议均经过公证,法院应以此认定事实;第二,两次签订的质押还款协议反映了申银万国对国宏公司拥有的是要求支付股权转让对价的债权;第三,申银万国提供的所谓能证明代持的证据都是其内部文件,没有证明力;第四,申银万国主张其实际一直在继续行使股东权利也无依据,因为无论是参加股东大会的人员,还是行使表决权等行为,都是以国宏公司名义进行的。(3)商法强调的是外观主义,坚持公示公信原则。现诉争股权转让经过登记,对外应具有公示效力。(4)鉴于代持关系不能成立,无论股权转让行为是否发生在福民支行的债权形成之前,均不影响股权权属已实际转移的事实。综上,请求二审法院驳回上诉,维持原判。

一审被告国宏公司述称:同意上诉人申银万国的上诉意见。

### 二审裁判结果

上海市高级人民法院依照《中华人民共和国民事诉讼法》第153条第1款第1项、第158条之规定,于2009年8月7日判决如下:

驳回上诉,维持原判。

本判决为终审判决。

### 二审裁判理由

上海市高级人民法院经二审,确认了一审查明的事实。

另查明：上海九百1999年公开年报显示，当时上诉人申银万国排位上海九百第二大股东。排位第六大股东的持股数为280万股。

上诉人申银万国向法院提供的宝鼎公司于2002年4月15日出具给申银万国的《关于转让隧道股份和上海九百法人股事宜的报告》主要内容为：为配合申银万国证券承销工作，1998年9月和2000年10月，宝鼎公司所属一审被告国宏公司分别受让隧道股份和上海九百法人股。现配股工作已经结束，还是及时转回为妥。

一审被告国宏公司在上海市黄浦区人民法院执行前述有关被上诉人福民支行两案期间，曾于2006年9月向上诉人申银万国出具承诺书，称挂靠的诉争股权全部予以归还。

再查明：一审被告国宏公司在二审庭审中确认，对被上诉人福民支行等债权人的负债金额超过亿元。

2009年3月6日二审开庭日的市场行情显示，上海九百的每股收盘价为5.08元，系争股权的市值为3000余万元。

本案二审的争议焦点是：上诉人申银万国与一审被告国宏公司之间对诉争法人股是股权转让关系还是股权代持关系；诉争股权应否归申银万国所有。

上海市高级人民法院二审认为：

第一，上诉人申银万国与一审被告国宏公司所签订的诉争法人股转让协议书，"转让"的意思表示明确并约定了转让对价，协议内容并没有"代持"的意思存在。而且，协议经过了公证，转让的真实意思也已经公证确认，之后，双方又办理了股权转让的登记手续。因此，诉争股权转让协议清楚地反映了双方的股权转让关系。国宏公司没有依约履行支付股权对价的义务，仅说明其对申银万国负有债务，并不能证明实际存在代持关系。

第二，上诉人申银万国与一审被告国宏公司在股权转让后又于2002年和2005年两次签订了还款质押协议，协议明确国宏公司对申银万国负有640万元股权转让对价未履行的债务，且将国宏公司名下的诉争法人股设定为质押，并办理了质押登记手续。该前后两份还款质押协议对双方债务关系的确认，说明了申银万国与国宏公司签订诉争股权转让协议之时的真实意思应是"股权转让"，而不是"股权代持"。

第三，按照上诉人申银万国陈述，其签订股权转让协议是为了规避前五大股东不能获得配股承销权的证监会规定。但是，上海九百1999年年报显示，当时排位第六大股东的持股数为280万股。申银万国若要合法获得承销权，减持股数只需满足相关规定即可，协议约定出让400万股股数不合常理。申银万国关于签订股权转让协议是为了取得配股承销权的陈述，法院难以采信。

第四，按照证监会关于前五大股东不能获得配股承销权的规定，上诉人申银万国作为前五大股东，要取得配股承销权，就必须减持股份，退出前五大股东之列。也就是说，申银万国在获取配股承销权与继续持有相应股权之间，必须作出选择，两者不可兼而得之。既然申银万国选择了获取配股承销权，就只能放弃继续持有相应股权。因此，从申银万国的选择行为来看，能够推断申银万国签订诉争股权转让协议之时的意愿应是股权转让，而不应是股权代持。

第五，上诉人申银万国所提供的相关证据难以证明其有关代持的主张。宝鼎公司2002年4月15日出具的报告，其中"及时转回"的表述，并不能当然得出一审被告国宏公司为申银万国代持的结论。因为转回的方式包括了协议转让等依法转让方式，而不只是无对价的归还，即使当时证监会加强了非流通股管理，转回也可理解为国宏公司表达了依法转回的意愿，并不能证明股权转让协议和还款质押协议签订时双方存在代持的意思表示。至于申银万国职员出席上海九百股东会，正如一审法院所认为的，也不能证明申银万国具有隐名持股的事实。国宏公司2006年9月向申银万国所出具承诺书中的挂靠说法，系在法院对其执行期间所作出，其在涉诉后认可申银万国的陈述也是事后说法，均不足以否定双方签约之时所表达的股权转让意思。

综上，上诉人申银万国与一审被告国宏公司之间所存在的应是股权转让关系，申银万国关于其与国宏公司实际是股权代持关系的主张，证据不足，不予采信。诉争股权转让协议真实合法，应属有效，诉争法人股已依法变更至国宏公司名下，则不能归属申银万国所有。国宏公司没有依约履行支付股权对价的义务，申银万国可向其主张要求支付股权转让对价的债权。

即使按上诉人申银万国所称其与一审被告国宏公司存在实际的代持股权关系，申银万国要求确认诉争法人股归其所有的主张，依法亦不能予以支持。因为，申银万国与国宏公司签订股权转让协议后已在中登公司办理了股权转让的变更登记手续，故诉争股权已移转于受让人国宏公司名下，即股权变动已发生法律效力。根据我国公司法和证券法的相关规定，公司股权转让应办理变更登记手续，以取得对外的公示效力，否则不得对抗第三人。该规定遵循的是商法的外观主义原则，立法目的在于维护商事交易安全。该种对抗性登记所具有的公示力对第三人而言，第三人有权信赖登记事项的真实性。同时，根据证券法公开、公平、公正的交易原则以及上市公司信息公开的有关规定，对上市公司信息披露的要求，关系到社会公众对上市公司的信赖以及证券市场的交易安全和秩序。因此，上海九百作为上市公司，其股东持有股权和变动的情况必须以具有公示效力的登记为据。申银万国称其为了规避证监会有关规定而通过关联企业国宏公司隐名持有股权，并要求确认已登记在国宏公司名下的股权实际为其所有,显然不符合上述相关法律规定,也有违公司法的诚实信用原则。现国宏公司被法院执行的债务达亿元之多,而其名下系争股权市值仅3000余万元,远不足以支付对外债务。故国宏公司的债权人基于中登公司登记而申请法院查封执行国宏公司名下诉争股权的信赖利益,应依法予以保护。因此,即使如申银万国所称有实际的代持股权关系存在,诉争股权也不能归申银万国所有。

综上,上诉人申银万国的上诉主张缺乏事实和法律依据,不予支持。

### 74. 无权处分人擅自处分他人股权的,受让人能否以善意为由取得该股权?

在股权转让交易中,记名股份的转让以登记为其公示形式,不记名股份则以股票的交付为公示形式。因此,股权的取得及变动原则与物权基本相同,在股权转让交易中适用善意取得制度。当然,股权转让适用善意取得制度,不能仅以登记的公信力为要件,而应当符合善意取得制度的全部构成要件,即受让人受让股权时的善意、以合理的价格有偿转让股份、转让的股份已经办理过户登记手续。

## 典型疑难案件参考

**崔海龙、俞成林与无锡市荣耀置业有限公司、燕飞等四人以及孙建源等五人股权转让纠纷上诉案**

### 基本案情

2002年7月,无锡市荣耀置业有限公司(以下简称荣耀公司)取得无锡市荣华大厦房地产开发项目。2003年4月,荣耀公司与崔海龙、俞成林就设立项目公司共同开发建设荣华大厦项目签订了一份《股东投资协议》。2003年5月12日,依据《股东投资协议》三方共同出资成立了无锡市荣耀世纪房地产开发有限公司(以下简称世纪公司),注册资本为500万元。其中,崔海龙出资270万元占54%股份;荣耀公司出资200万元占40%股份;俞成林出资30万元占6%股份。

2003年9月25日,荣耀公司、燕飞、黄坤生、杜伟、李跃明与崔海龙、俞成林分别签订一份《股东会决议》及五份《股权转让协议》,分别按14%、

10%、10%、10%、10%的比例受让崔海龙在世纪公司54%的股权,荣耀公司同时还受让了俞成林6%的股权,并到江苏省无锡市工商行政管理局办理了相应的工商变更登记手续。

2003年12月17日,荣耀公司、燕飞等四人与孙建源、王国强、蒋德斌、尤春伟、忻健分别签订了五份《股权转让协议》,约定荣耀公司、燕飞等四人将其在世纪公司的股份转让给孙建源等五人。同日,荣耀公司、燕飞等四人与孙建源等五人及无锡市市政建设综合开发有限公司(以下简称市政公司)三方又共同签订了一份《补充协议》,约定荣耀公司、燕飞等四人将世纪公司总计80%的股权分别转让给孙建源等五人(分别为孙建源占40%、王国强占10%、蒋德斌占10%、尤春伟占10%、忻健占10%),转让款为4000万元,付款义务由市政公司代为履行。在签订协议前,孙建源等五人到工商管理部门核实,荣耀公司、燕飞等四人确实拥有世纪公司全部股份。同年12月29日,合同当事人办理了工商变更登记手续,变更后的世纪公司的股权组成为荣耀公司持有20%股份,孙建源等五人持有80%股份,由孙建源担任世纪公司的法定代表人。市政公司支付了股份转让的部分对价。

2004年3月9日,崔海龙、俞成林得知其二人的股权被转让,认为《股东会决议》、《股权转让协议》上的签名不是本人书写,而是他人假冒。遂于同年3月18日、23日分别向江苏省无锡市工商行政管理局提出申请,以其股份被非法转让为由,请求撤销股东变更登记,并恢复原登记事项。江苏省无锡市工商行政管理局受理了申请,并委托江苏省无锡市人民检察院进行笔迹鉴定,鉴定结论为2003年9月25日《股权转让协议》、《股东会决议》中崔海龙、俞成林的签名不是由本人签署,而是他人模仿。

2004年4月20日,世纪公司与市政公司签订一份《合作开发经营房地产合同》,约定荣华大厦项目由双方共同开发建设,世纪公司与市政公司的投资比例分别为45%、55%,世纪公司将项目所有的证照过户或办理到市政公司名下,合同还约定了出资日期、出资额及其他事项。协议签订后,同年5月,市政公司开始办理项目相关过户手续,目前已经全部转到市政公司名下。

2004年9月,崔海龙、俞成林向无锡市崇安区人民法院提起行政诉讼,要求撤销工商局变更登记的行政行为并且要求恢复原登记事项,审时,该案尚在审理中。

2004年12月27日,荣耀公司与锡山市第二建筑安装工程实业有限公司发生民事纠纷,在案件执行过程中,江苏省无锡市中级人民法院以〔2004〕锡执字第239—1号民事裁定书裁定荣耀公司在世纪公司的20%股权归无锡市天成房地产开发有限公司所有。

原审另查明：孙建源等五人认为，崔海龙、俞成林将股权转给荣耀公司、燕飞等四人是其真实意思表示，并且已经实际履行完毕，因此荣耀公司、燕飞等四人对本案所争议的股权有处分权。

2004年12月，荣耀公司、燕飞等四人向原审法院提起诉讼，以其对出让股份没有处分权为由，要求确认其与孙建源等五人之间签订的《股权转让协议》及《补充协议》无效，恢复原股东崔海龙、俞成林的股东身份，并且确认世纪公司与市政公司签订的《合作开发经营房地产合同》无效，恢复世纪公司对荣华大厦项目的所有权，由孙建源等五人赔偿其损失1000万元并承担本案诉讼费用。同时，还追加崔海龙、俞成林及世纪公司、市政公司为该案第三人。在该案诉讼过程中，崔海龙、俞成林申请作为该案有独立请求权的第三人参加诉讼，并向该院递交了诉状。该院同意崔海龙、俞成林的申请，将其列为该案有独立请求权第三人参加诉讼。此后，荣耀公司、燕飞等四人向该院申请撤诉，该院以〔2005〕苏民二初字第001号民事裁定准许撤诉后，以崔海龙、俞成林为原告，以荣耀公司、燕飞等四人为被告，以孙建源等五人为第三人的案件继续审理，崔海龙、俞成林提起诉讼的诉讼请求为：（1）确认崔海龙与荣耀公司、燕飞等四人于2003年9月25日签署的世纪公司《股权转让协议》不真实，无效；（2）确认俞成林与荣耀公司于2003年9月25日签署的世纪公司《股权转让协议》不真实，无效；（3）确认崔海龙、俞成林与荣耀公司于2003年9月25日签署的世纪公司《股东会决议》不真实，无效；（4）判决荣耀公司与孙建源于2003年12月17日签署的世纪公司《股权转让协议》中世纪公司20%股权的部分无效；（5）判决燕飞等四人与孙建源等五人于2003年12月17日签署的世纪公司《股权转让协议》无效；（6）确认崔海龙、俞成林分别在世纪公司中享有270万元、30万元股权；（7）判令荣耀公司、燕飞等四人承担本案全部诉讼费用。

### 一审裁判结果

一审法院依照《中华人民共和国合同法》第32条、《中华人民共和国民事诉讼法》第128条、最高人民法院《关于审理诈骗案件具体应用法律的若干问题的解释》第11条的规定，判决：驳回崔海龙、俞成林的诉讼请求。一审案件受理费30520元，由崔海龙负担23510元，俞成林负担7010元。

### 一审裁判理由

一审法院经审理认为，（1）孙建源等五人主张荣耀公司、燕飞等四人对本案争议的股权享有处分权事实依据不充分，不予采信。首先，本案争议的股权属于崔海龙、俞成林所有，转让给荣耀公司、燕飞等四人必须得到崔海龙、俞成林的同意。但从本案孙建源等五人所举证据来看，并没有崔海龙、俞成林同意股权转让的证据。崔海龙出具给燕陵如的回函，只能证明双方曾经就股权转让事宜进行过协商，并不能表明崔海龙已经同意股权转让。崔海龙接受荣耀公司的汇款400万元，由于汇款没有注明用途，不能据此推定汇款是股权转让款，更不能据此认定崔海龙与荣耀公司、燕飞等四人之间的《股权转让协议》已经得到履行。其次，崔海龙、俞成林转让股权的《股东会决议》以及《股权转让协议》，均非本人签名，其本身证明了《股东会决议》和《股权转让协议》不是崔海龙、俞成林的真实意思表示。因此，不能认定荣耀公司、燕飞等四人对本案争议的股权享有处分权。（2）孙建源等五人受让荣耀公司、燕飞等四人的股权可以适用善意取得制度，涉及的《股权转让协议》应当认定有效。第一，孙建源等五人受让荣耀公司、燕飞等四人转让的股权时，并不明知转让的股权中有部分股权实际属于崔海龙和俞成林。而且在股权转让前，孙建源等五人还到工商管理部门调查，证实世纪公司的股东就是荣耀公司、燕飞等四人，其已尽到谨慎注意义务。同时，工商行政部门的登记具有公信力，公示性最强，从权利外观而言，孙建源等五人有理由相信本案争议股权的所有人就是荣耀公司、燕飞等四人。另外，处理世纪公司内部纠纷时须按照实质约定来确定当事人的权利义务，对外则主要应当遵循公示主义原则和外观主义原则，侧重于保护交易安全以及善意第三人，公司内部纠纷不得对抗善意第三人。第二，孙建源等五人通过交换取得股权，支付了合理对价。第三，孙建源等五人在工商部门办理了相关股权变更手续，此后又实际行使股东权利。在孙建源等五人行使股东权利的过程中，世纪公司的经营情况已经发生了重大变化，即使孙建源等五人返还股权，崔海龙、俞成林所获权益与其所受侵害亦不对等。综合上述因素，法院认为孙建源等五人受让股权是出于善意并且有偿取得，实际行使了股东权利并使股权发生重大变化，从保护善意第三人、鼓励交易、维护交易安全以及维持公司法律关系稳定性出发，应当保护孙建源等五人对受让股权的权利。崔海龙、俞成林提出，善意取得制度仅在共同共有的情况下才能适用，并且股权不是动产，又没有被无处分权人合法占有，不能适用善意取得制度，法院认为其理由不能成立。根据最高人民法院《关于审理诈骗案件具体应用法律的若干问题的解释》第11条的规定：“行为人将诈骗财物已用于归还个人欠款、货款或者其他经济活动的，如果对方明知是诈骗财物而收取，属恶意取得，应当一律予以追缴；如确属善意取得，则不再追缴。”而最高人民法院〔2001〕民监他字第16号函，以第三人善意、有偿取得房产为由，依法保护第三人对不动产的善意取得。《全国法院知识产权审判工作会议关于审理技术合同纠纷案件若干问题的纪要的通知》第 20 条规定："侵害他人技术秘密成果使用权、转让权的技术合同无效后，除法律、行政法规另有规定的以外，善意、有偿取得该技术秘密的一方可以继续使用该技术秘密。"可见，保护善意第三人，并不仅限于动产，也不仅限于无处分权人合法占有标的物。综上，崔海龙、俞成林与荣耀公司、燕飞等四人之间的《股权转让协议》以及相应的《股东会决议》，因为未经崔海龙、俞成林认可，依法应当认定合同与决议均不成立，对当事人没有约束力。由于合同与决议均尚未成立，故无须再确定其法律效力，荣耀公司、燕飞等四人转让崔海龙、俞成林所有的股权属于无权处分的行为。但是荣耀公司、燕飞等四人与孙建源等五人之间的《股权转让协议》是双方当事人的真实意思表示，且孙建源等五人属于善意第三人，因此，崔海龙、俞成林要求确认荣耀公司、燕飞等四人与孙建源等五人之间的《股权转让协议》无效，以及要求恢复其股东身份的诉讼请求，因为股份已经转让予善意第三人而不能得到支持。崔海龙、俞成林所受损失应当由荣耀公司、燕飞等四人依法予以赔偿，但由于崔海龙、俞成林于本案中并未对此提出相应的诉讼请求，故该院在本案中不予理涉，可由其另行主张。

### 二审诉辩情况

崔海龙、俞成林不服原审法院上述民事判决，向最高人民法院提起上诉称：（1）本案不能适用善意取得制度。根据我国法律、法规的规定，工商行政管理机关的股东登记不是股权变动的生效要件，且当股东登记虚假时，要予以撤销，故工商登记不具有公信力。原审法院认定工商行政管理的登记具有公信力且公示性强，并以此作为荣耀公司、燕飞等四人与孙建源等五人的股权转让协议有效的依据，是对工商行政管理机关股权登记的法律性质和效力的错误理解。原审判决以善意取得制度可以适用不动产和知识产权，从而推论出善意取得制度的适用范围不仅限于动产，股权也可以适用善意取得制度的结论违反了形式逻辑。故原审法院认定荣耀公司、燕飞等四人无处分权，但孙建源等五人受让其股权可以适用善意取得制度错误。（2）崔海龙、俞成林在世纪公司中享有 300 万元股权。原审判决查明崔海龙、俞成林在世纪公司中出资 300 万元，占有 60% 股权，并依法认定其与荣耀公司、燕飞等四人之间的《股权转让协议》以及相应的《股东会决议》不成立，对双方均没有约束力，故世纪公司 60% 的股权至今仍然属于崔海龙、俞成林。虽然孙建源等五人取代崔海龙、俞成林控制了世纪公司的经营管理决策权，但并不等于在法律上享有了世纪公司 60% 的股权。（3）原审判决对市政公司代孙建源等五人支付股权转让款的事实认定不清，认定孙建源等五人通过交换取得股权，支付了合理对价无事实依据。孙建源等五人在受让股权时主观上存在过失，没有尽到谨慎注意义务，其受让股权也并非出于善意。（4）原审判决对诉讼费用承担分配不当。原审法院对崔海龙、俞成林的前三项诉讼请求予以肯定，但又以合同与决议均尚未成立，故无须再确定其法律效力为由给予了驳回。崔海龙、俞成林的诉讼请求是确认《股权转让协议》和《股东会决议》不真实、无效，无论是因为合同和决议中崔海龙、俞成林的签字不真实而尚未成立导致的无效，还是合同成立后因为不符合法定生效要件导致的无效，都属于不真实、无效的范畴。故原审法院判决崔海龙、俞成林承担一审的全部诉讼费用显失公平。综上，原审判决适用法律错误，请求依法改判。

被上诉人荣耀公司、燕飞等四人未提交书面答辩状。二审庭审质证时口头答辩认为：荣耀公司、燕飞等四人与崔海龙、俞成林之间的股权转让，不是崔海龙、俞成林的真实意思表示，依法应属无效。荣耀公司、燕飞等四人将非法受让后的世纪公司的股份转让给孙建源等五人，是基于第一次无效股权转让而发生的，不具备合法有效的前提条件，属无权处分，第二次股权转让依法也应属无效。同时该次转让的补充协议违反了法律强制性的规定，也应属无效，本案不应适用第三人善意取得制度。原审判决错误，请求支持崔海龙、俞成林的上诉请求，依法改判。

被上诉人孙建源等五人未提交书面答辩状。二审庭审质证时口头答辩认为：荣耀公司、燕飞等四人受让崔海龙、俞成林股权是客观存在的事实，崔海龙、俞成林对出让股权是明知和认可且实际接受履行的，故荣耀公司、燕飞等四人对所涉争议股权享有处分权。如果荣耀公司、燕飞等四人对所涉争议股权无处分权，由于孙建源等五人在股权转让中，早已超额支付了股权转让款，实际完成了国家的法定登记变更注册等手续，确属有偿且高价善意合法取得。另外所涉工程项目已由世纪公司及他人合作建成并基本销售完毕，在此过程中孙建源等五人无任何过错及过失，故孙建源等五人的合法有效、不可逆转的权益依法应受保护，即适用善意取得制度。因此，请求驳回上诉，维持原判。

### 二审裁判结果

最高人民法院依照《中华人民共和国民事诉讼法》第153条第1款第1项的规定，判决：驳回上诉，维持原判。

### 二审裁判理由

最高人民法院二审审理查明：2003年12月17日，荣耀公司、燕飞等四人与孙建源等五人及市政公司签订的《补充协议》第6条第3项约定：本补充协议生效后，市政公司根据2002年12月6日签订的房地产联合开发合同已投入到荣耀公司的1000万元，转为应付荣耀公司的1000万元股份转让款；同年12月18日，市政公司代孙建源等五人向荣耀公司支付股权转让款1500万元；2004年1月7日、12日，市政公司代孙建源等五人向荣耀公司支付股权转让款200万元。上述款项共计2700万元，荣耀公司对此予以确认。

二审中，孙建源等五人提出荣耀公司向市政公司借款200万元，市政公司代荣耀公司垫付对外债务184.808543万元，共计384.808543万元，市政公司代荣耀公司支付其应当承担的规费520.4381万元，孙建源等五人主张上述费用与股权转让款应当相互抵销。荣耀公司对上述款项的数额予以认可，但其主张借款不能等同于股权转让款，而规费由于需要与地方政府协商冲抵事宜，亦不能与股权转让款相互抵销。

2004年9月，崔海龙、俞成林因对无锡市工商行政管理局作出的"违法案件中止处理通知书"不服，向无锡市崇安区人民法院提起行政诉讼，要求撤销工商行政管理局变更登记的行政行为并且要求恢复原登记事项。无锡市崇安区人民法院以〔2004〕崇行初字第31号行政裁定，驳回崔海龙、俞成林的起诉。崔海龙、俞成林不服上述行政裁定，向无锡市中级人民法院提起上诉，无锡市中级人民法院认为，该案无锡市工商行政管理局作出的中止通知书是工商行政管理机关在查处违法案件的过程中，由于发生了荣耀公司等股东向人民法院提起民事诉讼的特殊情况，使处理程序暂时停止时通知当事人的一种文书，原审法院作出的中止通知书不属于人民法院行政诉讼的受案范围，而依法驳回崔海龙、俞成林的起诉正确，并作出〔2005〕锡行终字第9号行政裁定，驳回上诉，维持原裁定。

2007年8月3日，江苏省无锡市中级人民法院对江苏省无锡市人民检察院提起公诉的燕陵如犯诈骗罪、伪造国家机关证件罪一案作出判决，认定事实如下：2003年9月间，荣耀公司副总经理杜伟、经理燕飞在燕陵如的授意下，指使本公司职员戴鲁军模仿了崔海龙、俞成林的笔迹，分别在燕陵如提供的世纪公司假《股东会决议》和假《股权转让协议》上签名。后燕陵如又谎称崔海龙、俞成林已同意股权转让，分别让李跃明、黄坤生及杜伟、燕飞在上述戴鲁军已冒名签字的假《股东会决议》、假《股权转让协议》上签字，将崔海龙、俞成林在世纪公司60%的股权分别转让给荣耀公司、燕飞等四人。后燕陵如又指使杜伟等人办理了世纪公司营业执照的遗失启事，骗取了工商部门的股东变更登记，并将世纪公司的法定代表人变更为燕陵如。上述判决已经生效。

除上述事实外,最高人民法院对原审法院查明的事实予以确认。

最高人民法院认为,上诉人崔海龙、俞成林关于本案股权转让不能适用善意取得的上诉理由没有事实和法律依据,原审判决认定事实清楚,适用法律正确,应予维持。

### 75. 国有法人股的转让应当在什么交易场所,采取什么交易方式进行?

国有法人股属于企业国有资产的范畴,其转让的程序和方式应当按照国务院国资委、财政部制定实施的《企业国有产权转让管理暂行办法》以及省级地方政府制定的有关规定,在依法设立的产权交易机构中采取拍卖、招投标、协议转让等方式公开进行。未依照国家的上述规定擅自委托第三人进行拍卖,并在拍卖后订立的股权转让协议无效。

#### 典型疑难案件参考

巴菲特投资有限公司诉上海自来水投资建设有限公司股权转让纠纷案(《最高人民法院公报》2010年第4期,总第162期)

#### 基本案情

2006年12月26日,被告上海自来水投资建议有限公司(以下简称自来水公司)召开一届二次董事会会议,会议形成一份由全体董事签名的决议。该决议载明:自来水公司持有的16985320股光大银行法人股,经上海财瑞资产评估公司评估并报国资委备案,截至2005年5月31日价值为人民币28365484.40元。为规避该笔投资可能带来的风险,使公司有足够现金获得发展,自即日起,公司全权委托第三人上海水务资产经营发展有限公司(以下简称上海水务公司)办理转让该笔投资有关事宜,委托期限3个月。转让结束,公司完全收回该笔投资,高于或低于此价部分完全由上海水务公司承担。

2007年1月24日,第三人上海水务公司就被告自来水公司名下的16985320股光大银行法人股,以委托人身份与第三人上海金槌商品拍卖有限公司(以下简称金槌拍卖公司)签订委托拍卖合同,合同载明委托人对拍卖标的拥有无可争议的处分权。委托人交与拍卖方审验的证明材料有:上海水务公司的营业执照、组织机构代码证(以上两份盖有上海水务公司公章)、光大银行股权证复印件（有经复印的自来水公司公章印文和盖有上海水务公司公章）。同月26日，金槌拍卖公司在《上海商报》刊发定于2月6日对上述股权进行拍卖的公告。同月29日，又在该报上刊发拍卖更正启事，更正了竞买人条件。同年2月6日，金槌拍卖公司对上述股权进行了拍卖，并由原告巴菲特投资有限公司（以下简称巴菲特公司）以最高价买受。拍卖成交确认书载明的拍卖单价为3.10元，成交总价为52654492元。2月12日，巴菲特公司向金槌拍卖公司缴付全部拍卖佣金2632724.60元；巴菲特公司通过金槌拍卖公司向上海水务公司交付全部股权款52654492元。

根据拍卖结果，第三人上海水务公司（出让方）与原告巴菲特公司（受让方）于2007年2月12日签订《光大银行法人股股权转让协议》一份。该协议载明：上述股权的合法股东系自来水公司，出让方保证其有权转让本协议项下的股权，并已取得转让股权所必须的全部授权；出让方应在本协议签订之日起及受让方向出让方提交了为受让上述股权所需的全部文件起5个工作日内，向光大银行董事会办公室提交股权转让所有资料，办妥股权转让申请手续。

2007年2月15日，案外人中国水务投资有限公司（以下简称中国水务公司）致函被告自来水公司，认为诉争股权处置应由股东会决定，要求设法中止股权交易。同日，中国水务公司致函第三人上海水务公司，希望不转让股权。3月1日，自来水公司向光大银行发出《关于中止股权变更有关事宜的函》称："先前因公司改制需委托上海水务资产经营发展有限公司办理股权变更有关事宜，目前由于情况发生变化，我公司尚未递交转让方股权转让申请，根据我公司上级主管机构的意见，决定中止我公司光大银行股权变更手续。"3月8日，上海水务公司向自来水公司发出《关于光大银行股权转让有关事宜的告知函》，认为自来水公司向光大银行出具的中止函违背董事会决议，将造成国有资产巨大损失，要求自来水公司立即撤销"中止函"。4月18日，上海水务公司向光大银行董事会发出《关于尽快办理光大银行股权过户手续的函》。4月19日，原告巴菲特公司向光大银行发出《要求尽快办理股权过户手续的函》。4月23日，光大银行董事会办公室致函巴菲特公司，要求补齐股权过户的相关文件（股东单位的股权转让申请函）。

2007年9月15日，被告自来水公司第四次股东会决议载明：各股东一致同意，从公司利益出发，继续保留光大银行法人股股权，并一致对外。该决议由案外人中国水务公司、第三人上海水务公司等三方现有股东代表签字。同年11月30日，自来水公司致函原告巴菲特公司称：上海水务公司无权处分我公司财产，我公司对上海水务公司与巴菲特公司签订的股权转让协议不予追认。

自来水公司同时致函上海水务公司称：立即采取补救措施，撤销与巴菲特公司签署的股权转让协议；对上海水务公司将我司董事会决议泄漏给拍卖公司、巴菲特公司的行为保留赔偿请求权。对于上述函件，巴菲特公司、上海水务公司未给予书面回复。

另查明：被告自来水公司的前身为上海市自来水建设公司，系上海水务公司全资设立的企业。2006年6月，通过上海联合产权交易所交易，上海市自来水建设公司的60%股权转让给案外人中国水务公司，并改制为有限责任公司。

被告自来水公司从2002年4月30日起持有光大银行法人股16985320股，每股面值1元，股权证编号：光银股字第0069号。该股权证现由原告巴菲特公司持有。

第三人上海水务公司是由上海市城市建设投资开发总公司（以下简称上海城投）独资设立的国有独资的有限责任公司，资产关系从属上海城投，行政关系隶属上海市水务局。2000年9月，上海市水务局、上海城投报经上海市建委批复同意，上海水务公司负责对本市水务行业国有资产的运作管理。此前的1997年，上海市国资委作出沪国资委授〔1997〕13号《关于授权上海市城市建设投资开发总公司同意经营上海市城市建设投资开发总公司国有资产的批复》，决定授权上海城投依据产权关系，统一经营公司内各成员企业的国有资产。

▶ **一审诉辩情况** ▶

原告巴菲特公司诉称：2007年2月6日，原告参与金槌拍卖公司的拍卖会。在该拍卖会上，被告自来水公司以董事会决议形式委托第三人上海水务公司代为处置被告持有的中国光大银行股份有限公司（以下简称光大银行）16985320股国有法人股。原告通过竞拍取得了上述股权。拍卖成交后，第三人金槌拍卖公司出具拍卖成交确认书。原告分两次向金槌拍卖公司支付了股权转让款人民币52654492元（以下币种均为人民币），并与上海水务公司签订了《光大银行法人股股权转让协议》。此后，被告拒绝履行该协议，并于2007年3月1日向光大银行发送中止股权变更的函，致使原告无法取得应有的股权及股东身份。原告及上海水务公司发函向被告提出尽快办理股权变更申请，被告至今不予配合。故原告诉请判令被告履行《光大银行法人股股权转让协议》，将16985320股光大银行国有法人股转让给原告（即由被告向光大银行提交股权变更确认申请表）。

被告自来水公司答辩并反诉称：第一，被告从未授权第三人上海水务公司拍卖被告持有的光大银行股权,也未与原告巴菲特公司订立过股权转让协议。被告没有义务履行原告与上海水务公司签订的股权转让协议,原告依据该协议向被告主张权利没有依据。第二,原告在明知上海水务公司无权处分被告股权的情况下参与拍卖,属于恶意竞买。第三,诉争的光大银行法人股系国有资产,根据《企业国有产权转让管理暂行办法》的有关规定,转让国有产权应当履行审批、评估程序,并且按规定进入产权交易场所交易。本次股权转让的过程不符合上述有关规定,转让行为不合法。第四,第三人金槌拍卖公司没有国有股权拍卖资格,且在拍卖公告的期限方面不符合有关规定,其拍卖行为有重大瑕疵。综上所述,被告不同意原告的诉讼请求,并请求法院判决确认原告与上海水务公司签订的《光大银行法人股股权转让协议》无效。

原告巴菲特公司对反诉辩称:不同意被告自来水公司的反诉请求。第一,根据被告的董事会决议,第三人上海水务公司获得了被告的授权,上海水务公司对诉争股权的处置方式、价格等没有超出授权范围。第二,被告无任何证据证明原告与上海水务公司恶意串通,损害被告利益。第三,诉争股权的拍卖人资格、拍卖程序符合法律规定,拍卖行为完全合法有效。第四,诉争股权的股权证原件现由原告持有,该证是在股权转让协议签订后由被告交给上海水务公司,再由上海水务公司交给原告。由此可证明被告承认授权、拍卖的事实,并同意继续履行股权转让协议,只是由于事后情况发生变化,才决定终止办理股权转让手续。

第三人上海水务公司表示支持原告巴菲特公司的本诉请求,不同意被告自来水公司的反诉请求:第一,被告董事会决议经全体董事一致同意,上海水务公司根据该董事会决议已取得了被告合法有效的授权。第二,上海水务公司委托第三人金槌拍卖公司进行股权拍卖,符合现行法律的规定。光大银行法人股属于金融类企业的国有产权,该类国有产权的转让不适用《企业国有产权转让管理暂行办法》的规定。

第三人金槌拍卖公司述称:以拍卖方式转让国有股权,符合法律法规的规定。本公司具有国有股权的拍卖资格,诉争股权的拍卖程序合法有效。

### 一审裁判结果

上海市第二中级人民法院依照《中华人民共和国合同法》第 52 条第 4 项、第 56 条的规定,于 2008 年 12 月 25 日判决如下:

一、确认原告巴菲特公司与第三人上海水务公司于 2007 年 2 月 12 日签订的《光大银行法人股股权转让协议》无效;

二、对原告巴菲特公司的诉讼请求不予支持。

### 一审裁判理由

本案一审的争议焦点为：（1）第三人上海水务公司是否取得被告自来水公司对诉争股权转让的授权，以及自来水公司与诉争股权转让协议的关系；（2）上海水务公司转让诉争股权是否符合法律规定的转让企业国有资产的程序和方式，上海水务公司与原告巴菲特公司的转让行为是否合法有效。

上海市第二中级人民法院一审认为：

根据《中华人民共和国民法通则》第65条的规定，对于民事法律行为的委托代理，既可以书面形式，也可以口头形式。本案所争议的被告自来水公司形成的董事会决议，虽然未标明为"授权委托书"，但其内容已体现出授权委托的意思表示，符合授权委托的基本要素。尽管自来水公司在授权时未以"授权委托书"形式出现，但自来水公司的董事会决议无论是在程序还是内容方面，均无违反法律法规和公司章程的规定，依法应认定自来水公司已全权委托第三人上海水务公司办理转让诉争股权的事宜。况且，自来水公司在事后的函件中承认曾委托上海水务公司办理股权变更事宜。现自来水公司以该决议只是一份公司内部文件，董事会超越职权，以及股东会事后不予追认等理由否认其授权效力，缺乏事实依据和法律依据。上海水务公司以自己的名义在自来水公司授权范围内与原告巴菲特公司签订的股权转让协议，已载明上海水务公司与自来水公司之间有委托代理关系，根据《中华人民共和国合同法》第402条的规定，该协议可以直接约束自来水公司。根据《中华人民共和国合同法》第403条第2款的规定，因自来水公司的原因对巴菲特公司不履行合同义务的，巴菲特公司有权选择向自来水公司或者上海水务公司主张权利。因此，自来水公司与巴菲特公司在本案中构成股权转让关系。巴菲特公司起诉要求自来水公司履行股权转让协议，在程序上并无不当。同理，自来水公司反诉要求确认股权转让协议无效，在程序上亦无不当。

关于第二个争议焦点，法院认为，第三人上海水务公司虽然取得被告自来水公司的授权，可以代理自来水公司转让诉争股权，但在实施转让行为时，应当按照国家法律法规和行政规章所规定的程序和方式进行。诉争股权的性质为国有法人股，其无疑是属于企业国有资产的范畴。对于企业国有资产的转让程序和方式，国务院、省级地方政府及国有资产监管机构均有相应的规定。根据国务院国资委、财政部制定实施的《企业国有产权转让管理暂行办法》第4条、第5条的规定，企业国有产权转让应当在依法设立的产权交易机构中公开进行，企业国有产权转让可以采取拍卖、招投标、协议转让等方式进行。根据上海市政府制定实施的《上海市产权交易市场管理办法》的规定，本市所辖国有产权的交易应当在产权交易市场进行，根据产权交易标的的具体情况采取拍卖、招标或竞价方式确定受让人和受让价格。上述两个规范性文件虽然不是行政法规，但均系依据国务院的授权对《企业国有资产监督管理暂行条例》的实施所制定的细则办法。根据《企业国有资产监督管理暂行条例》第13条的规定，国务院国有资产监督管理机构可以制定企业国有资产监督管理的规章、制度。而且，规定企业国有产权转让应当进场交易的目的，在于通过严格规范的程序保证交易的公开、公平、公正，最大限度地防止国有资产流失，避免国家利益、社会公共利益受损。因此，《企业国有产权转让管理暂行办法》、《上海市产权交易市场管理办法》的上述规定，符合上位法的精神，不违背上位法的具体规定，应当在企业国有资产转让过程中贯彻实施。本案中，上海水务公司在接受自来水公司委托转让诉争股权时，未依照国家的上述规定处置，擅自委托第三人金槌拍卖公司拍卖，并在拍卖后与原告巴菲特公司订立股权转让协议，其行为不具合法性。上海水务公司认为诉争股权属于金融类企业的国有产权，该类国有产权的转让不适用《企业国有产权转让管理暂行办法》的规定，其观点显然与法相悖。自来水公司认为上海水务公司违法实施诉争股权的拍卖，并依拍卖结果与巴菲特公司订立的股权转让协议无效的观点成立。

综上所述，原告巴菲特公司要求被告自来水公司履行《光大银行法人股股权转让协议》，将16985320股光大银行国有法人股转让给原告的诉讼请求，不予支持。被告要求确认原告与第三人上海水务公司签订的《光大银行法人股股权转让协议》无效的反诉请求，予以支持。

### 二审诉辩情况

巴菲特公司不服一审判决，向上海市高级人民法院提起上诉。理由是：上诉人对一审判决确认《光大银行法人股股权转让协议》无效并无异议，但一审判决未对无效合同的后果予以处理，属于重大错误。巴菲特公司作为善意第三人参与系争股权的拍卖并按约履行了付款义务，但被上诉人自来水公司拒绝履行合同且就拍卖和股权转让行为的无效存在过错，应赔偿巴菲特公司支付的拍卖费用、股权转让价款的利息损失。上诉人据此请求二审法院撤销一审判决主文第二项，改判对合同无效的法律后果进行处理，请求判令自来水公司赔偿上诉人股权转让价款52654492元自2007年2月9日起至实际支付日止的按中国人民银行同期贷款利率计算的利息损失；自来水公司赔偿上诉人拍卖费用2632724.6元及该款按中国人民银行同期贷款利率计算的利息损失（自2007

年2月11日起至实际支付日止)。

被上诉人自来水公司答辩称：上诉人巴菲特公司在一审中的诉讼请求是要求交付股权。由于《光大银行法人股股权转让协议》并非是上诉人与被上诉人签订的，因而上诉人与原审第三人上海水务公司之间的股权转让协议关系，与上诉人和被上诉人之间的股权交付关系并非同一法律关系，一审法院驳回上诉人股权交付的诉请后，未处理股权转让无效的法律后果是正确的。被上诉人没有收到过上诉人支付的任何款项，因此，上诉人请求的转让款利息损失以及拍卖费用和利息损失与被上诉人无关。请求法院驳回上诉人的上诉请求，维持原判。

原审第三人金槌拍卖公司答辩称：诉争股权的拍卖程序和拍卖结果均符合法律规定，拍卖行为合法有效，拍卖公司不存在返还拍卖费用的问题。

### 二审裁判结果

上海市高级人民法院依据《中华人民共和国民事诉讼法》第130条、第153条第1款第1项、第158条之规定，于2009年5月18日判决如下：

驳回上诉，维持原判。

本判决为终审判决。

### 二审裁判理由

上海市高级人民法院经二审，确认了一审查明的事实。

上海市高级人民法院二审认为：

根据民事诉讼法的规定，法院在民事诉讼中应围绕当事人的诉讼请求进行审理，作出的裁判不能超出诉讼请求。上诉人巴菲特公司在本案一审中提起给付之诉，被上诉人自来水公司则提起确认之诉的反诉，一审法院经审理对当事人的本诉和反诉均进行了裁判。上诉人提出的无效合同的后果处理不属于一审诉讼的审理范围，因此，一审判决对无效合同的后果未予处理并无不当，上诉人可基于另一法律关系提起诉讼。

综上，法院认为，一审判决认定事实清楚，审判程序合法，适用法律正确，应予维持。上诉人巴菲特公司的上诉请求不成立，不予支持。

> **76. 在法院主持的诉讼调解程序中，由有限责任公司全体股东召开股东会会议，就股权转让、公司债权债务及资产处置达成的股东会决议，能否作为各方股权交易的依据？**
>
> 在诉讼调解程序中，经人民法院主持，由有限责任公司全体股东召开股东会会议，就股权转让、公司债权债务及资产处置达成的股东会决议形成的《股东会决议》，对各股东均有约束力。故该有限责任公司的股东又就《股东会决议》涉及的问题提起新的诉讼时，如不属于依法应予支持的情形，则应当判令当事人各自遵守和执行股东会决议。

### 典型疑难案件参考

钱碧芳、华宁公司与祝长春、华宇公司、祝明安及汪贤琛股东权纠纷案（《最高人民法院公报》2006 年第 7 期，总第 117 期）

### 基本案情

江苏华宁房地产开发有限公司（以下简称华宁公司）于 1999 年 3 月 9 日由祝长春、李前林、王新民发起设立，注册资本 1000 万元，其中祝长春出资 340 万元，李前林、王新民各出资 330 万元。1999 年 11 月 12 日，王新民将其拥有的股权分别转让给钱碧芳 150 万元、谷大中 120 万元、祝长春 60 万元。2001 年 3 月 27 日，李前林将其在公司所有的 330 万元股权分别转让给祝长春 300 万元、钱碧芳 30 万元，谷大中将其在公司所有的 120 万元股权全部转让给钱碧芳。转让后，公司注册资本保持不变，其中祝长春出资 700 万元，占注册资本的 70%；钱碧芳出资 300 万元，占注册资本的 30%。2002 年 4 月 10 日，华宁公司注册资本增至 2000 万元，其中祝长春出资 1400 万元，钱碧芳出资 600 万元，各自所占公司注册资本比例不变。祝长春为公司董事长，钱碧芳为公司总经理。

江苏华宇房地产开发有限公司（以下简称华宇公司）于 2001 年 1 月 3 日由祝长春和钱碧芳申请设立，注册资本 1000 万元，其中祝长春出资 750 万元，占注册资本的 75%；钱碧芳出资 250 万元，占注册资本的 25%。祝长春为公司董事长兼总经理。

因祝长春与钱碧芳在共同经营公司过程中产生矛盾，双方于 2002 年 11 月

12日达成《江苏华宁房地产开发有限公司股东大会决议》(以下简称《华宁决议》)约定:祝长春将其在华宁公司的股权折合人民币若干万元,一次性转让给汪贤琛,转股协议另行签订;双方同意上述转让的股权中已考虑各种税、费、对外欠款、维修费及质量赔偿等因素;祝长春将股权转让后,不再担任华宁公司任何职务,并将所保管的公司证照、印章、合同、债权债务凭证、会计凭证等,在审计报告出来当日交给钱碧芳;祝长春转股后,华宁公司遗留的有关债权债务、与业主之间的纠纷、与有关部门的协调工作由钱碧芳与新股东负责处理,祝长春给予积极配合;双方同意本决议作出后,由秦淮区审计机构对华宁公司财务资产状况立即进行审计;审计结束后立即办理股权转让与公司工商变更手续;双方同意华宁公司碧水湾项目与华宇公司碧水湾西苑项目在征得两家物业公司与业主意见后进行对调管理;双方同意交家电场所交给钱碧芳管理使用,湖南路场所暂时交给钱碧芳作办公使用,碧水湾现场售楼部归华宁公司所有;双方同意华宁公司、华宇公司的所有工作人员的2002年度工资、奖金由华宇公司一次性支付;在公司审计报告作出之前,公司的所有对外支出立即暂停,祝长春不得对外签署合同与销售房屋,不得转移银行资金与房产;双方同意审计截止日期为2002年11月12日,由双方责成公司员工积极配合,因工作人员不如实、及时配合造成延误,由祝长春向钱碧芳承担赔偿责任;祝长春同意钱碧芳在近期内可另行注册开办公司;其他未尽事宜,双方另行协商解决。

因《华宁决议》未能实际履行,钱碧芳于2002年12月12日诉至江苏省南京市江宁区人民法院(以下简称江宁区法院),请求分割华宁公司、华宇公司财产。江宁区法院以〔2003〕江宁民一字第17号受理该案后,应钱碧芳的申请,冻结了华宁公司银行存款1375万元。经江宁区法院调解,祝长春与钱碧芳于2003年1月23日签订《江苏华宁华宇房地产开发有限公司股东大会决议》(以下简称《华宁华宇决议》)。《华宁华宇决议》第1条约定:经双方协商,祝长春将其所持有的华宁公司股权(1400万元)一次性转让给汪贤琛,钱碧芳将其所持有的华宇公司股权(250万元)一次性转让给祝明安,转股协议另行签订。《华宁华宇决议》第2条约定,在双方签订股权转让协议后,均不再担任对方公司的任何职务,并将各自保管的有关公司的证照、印章、档案、文件、合同、债权债务凭证等在当日交给对方。对两公司的资产及债权债务作如下调整:(1)华宁公司给付华宇公司600万元;(2)华宁公司如收回城北路460亩地块,应给付华宇公司1400万元,如收回现金,则按70%的比例给付华宇公司;(3)华宁公司碧水湾28亩土地使用权问题,由祝长春负责处理,如未能解决而发生补交出让金、罚款等,均由祝长春和华宇公司承担;

(4) 华宁公司、华宇公司在2003年度企业所得税汇算时，按照实际报告所列应缴纳的所得税金额的70%由祝长春和华宇公司承担，30%由钱碧芳和华宁公司承担；(5) 华宁公司碧水湾未售出的别墅第45幢、18幢、19幢、20幢、48幢、95幢、9幢、10幢、12幢、15幢、17幢归华宇公司所有，其余第96幢、21幢、49幢、69幢、70幢、72幢、16-2幢、32-1幢、66-2幢归华宇公司所有，碧水湾西苑的3间门面房、3幢别墅、6套公寓归华宁公司所有，其余归华宇公司所有，会所全部归华宇公司所有；(6) 华宁公司享有的对江苏省南京市江宁区建设局（以下简称江宁区建设局）的债权1650万元（暂定），由祝长春负责追回，在30日内支付完碧水湾小区的维修基金约350万元、紫薇花园物业维修基金约196万元、碧水湾小区前期拆迁费用120万元、碧水湾小区修路费用约100万元后，余额归祝长春和华宇公司所有；(7) 华宁公司与华宇公司截至2003年1月22日相互之间的债权债务相互抵销，互不追偿；(8) 除上述所列项目外，华宁公司、华宇公司的其他资产和负债由各公司自行享有和处理。《华宁华宇决议》第3条约定：双方在签订《股权转让协议书》后，即在江宁区法院的监督下办理工商变更登记和公司资产调整的法律手续。

《华宁华宇决议》签订的当日，双方又签订《补充决议》约定：华宁公司承担碧水湾和紫薇花园项目未付工程款在550万元以下的部分，550万元以上部分由祝长春和华宇公司负责支付，工程款由祝长春确认后由钱碧芳支付。

2003年1月23日，江宁区法院组织各方进行交接，钱碧芳向祝长春出具一张520万元的华宁公司转账支票，以履行支付华宇公司款项600万元义务，双方约定该款自被江宁区法院冻结之款项中支付，为配合支付，江宁区法院将对上述冻结账户予以解除冻结；祝长春、钱碧芳签署了转让华宁公司、华宇公司股权的相关法律文件，交钱碧芳的律师统一办理；钱碧芳代表华宁公司签署了将华宁公司享有的江宁区建设局之债权转移给华宇公司的相关法律文书交祝长春；祝长春与钱碧芳签订了关于江苏省南京市江宁区国土资源管理局（简称江宁区国土局）退还土地款的分配协议。

2003年1月24日，江宁区法院就其所冻结的华宁公司银行存款1365万元予以解除冻结，但祝长春将520万元的支票送至华宁公司开户银行时被银行告知为空头支票，该账户内被江宁区法院解除冻结的华宁公司1365万元的存款已被钱碧芳全部取走。江宁区法院邮寄送达了于2003年1月24日作出的准许钱碧芳撤诉的通知书。

2004年12月1日，钱碧芳与汪贤琛变更了华宁公司的工商登记，将华宁公司的股东由祝长春变更为汪贤琛，将公司法定代表人变更为钱久忠（系钱碧芳之父)。

钱碧芳、华宁公司又至江宁区建设局,直接主张其已转移给华宇公司的债权。

华宁公司于2003年4月29日缴纳的税款所属期为2002年1~12月的企业所得税35514.55元;于2003年7月15日缴纳的税款所属期为2003年4~6月的企业所得税186304.15元;于2003年10月16日缴纳的税款所属期为2003年1~9月的企业所得税20485.55元;于2003年3月6日缴纳的税款所属期为2003年2月的一般营业税237118.70元、教育附加税9484.75元、城市维护建设税16598.31元;于2004年1月17日缴纳的税款所属期为2003年度的其他印花税合计5164.75元、一般营业税、教育附加税、城市维护建设税等合计5790.22元。

2003年1月23日后,华宁公司主张其已支付碧水湾和紫薇花园项目各项工程款3228078元。

### 一审诉辩情况

祝长春和华宇公司向一审法院起诉称:祝长春与钱碧芳作为股东,曾共同拥有华宁公司和华宇公司。华宁公司和华宇公司系其二人共同股东持股公司,两公司在资金往来、从业人员等方面存在诸多关联。作为华宁公司、华宇公司股东的钱碧芳认为公司大股东祝长春在公司经营中侵害了公司利益及其股东权益,表示不能再继续与祝长春合作,曾于2002年12月12日诉至江宁区法院,请求分割华宁公司、华宇公司财产。江宁区法院受理后,应钱碧芳申请冻结了华宁公司1375万元的银行存款。

在江宁区法院组织调解下,祝长春与钱碧芳于2003年1月23日签订《华宁华宇决议》约定:(1)祝长春同意将其所持有的70%的华宁公司股权无偿转让给汪贤琛,钱碧芳同意将其所持有的25%的华宇公司股权无偿转让给祝明安。(2)华宇公司与华宁公司之间的资产进行如下调整:①华宇公司给付华宇公司600万元;②华宁公司位于南京市江宁区碧水湾的别墅(96幢、21幢、49幢、69幢、70幢、16-2幢、32-1幢、66-2幢)无偿变更登记至华宇公司名下归其所有;③华宁公司享有的对江宁区建设局债权1650万元以债权转移形式归华宇公司享有;④华宁公司享有的对江宁区国土局债权中的70%,即1400万元归华宇公司所有。该决议中所涉及的第三人均对该决议不持异议,愿意配合履行。各方于2003年1月23日在江宁区法院组织下进行如下交接:①钱碧芳向祝长春出具520万元的华宁公司转账支票,以履行支付华宇公司款项义务,该款自江宁区法院冻结之款项中支付,为配合支付,江宁区法院将对上述冻结账户解除冻结；②祝长春、钱碧芳签署了转让华宁公司、华宇公司股权的相关法律文件，交钱碧芳的律师统一办理；③钱碧芳代表华宁公司签署了将华宁公司拥有的对江宁区建设局的债权转移给华宇公司的相关法律文书交祝长春；④祝长春与钱碧芳签订了关于江宁区国土局退还土地款的分配协议。2003年1月24日，江宁区法院对其冻结的华宁公司存款1365万元予以解冻，祝长春至华宁公司开户银行兑现520万元支票时被告知该支票为空头支票。自2003年1月24日起至今，华宁公司由钱碧芳实际控制经营，华宇公司由祝长春实际控制经营。钱碧芳与华宁公司至今未支付上述520万元款项。2003年12月1日，钱碧芳与汪贤琛变更了华宁公司工商登记，将华宁公司的股东由祝长春变更为汪贤琛，将公司法定代表人变更为钱久忠（系钱碧芳之父）。因钱碧芳不配合将其持有的华宇公司股权转让至祝明安名下，华宇公司工商登记的股东仍为祝长春与钱碧芳。钱碧芳、华宁公司亦未依约将有关房产变更至华宇公司名下。钱碧芳、华宁公司至江宁区建设局直接主张已转移给华宇公司的债权，致使华宇公司无法实现债权利益，而且对江宁区国土局的华宇公司债权，祝长春及华宇公司亦未能享有。

综上所述，钱碧芳、华宁公司未履行《华宁华宇决议》约定的任何义务，据此请求：（1）钱碧芳及华宁公司连带给付华宇公司款项520万元；（2）华宁公司将位于南京市江宁区碧水湾小区的别墅（96幢、21幢、49幢、69幢、70幢、72幢、16-2幢、32-1幢、66-2幢）的产权变更至华宇公司名下，如不能变更则由钱碧芳与华宁公司连带给付对价约1500万元（实际价值按照市场评估价计算）；（3）华宁公司将其所享有的对江宁区建设局的债权1650万元转移归华宇公司所有；（4）华宁公司将其享有的对江宁区国土局债权中的70%（即1400万元）转移归华宇公司所有；（5）钱碧芳协助祝长春、华宇公司将其所享有的华宇公司的25%股权（出资250万元）变更至祝明安名下；（6）钱碧芳及华宁公司承担本案诉讼费用。

钱碧芳答辩称：华宁公司与华宇公司法定代表人均为祝长春，两公司的实际经营权亦由祝长春长期把持，钱碧芳负责销售工作。由于祝长春隐瞒经营信息，私自注册成立同业公司，存在隐匿公司资产、土地投资失误等不当行为，为维护自己的合法权益，钱碧芳要求清算公司资产。2002年11月12日，双方签订《华宁决议》约定：（1）祝长春将其在华宁公司的股权一次性转让给汪贤琛，并退出华宁公司的经营；（2）双方委托审计机构对华宁公司截至2002年11月12日的财务状况进行审计，在审计报告做出前，公司的所有对外支出立即暂停。但此后，在江宁区法院审理期间，江苏众兴会计师事务所对两公司进行了初步审计，2003年1月23日，双方达成《华宁华宇决议》及

《补充决议》。2003年1月23日，双方在江宁区法院主持下就有关事项进一步达成协议：（1）华宁公司给付华宇公司520万元；（2）华宁公司、华宇公司的房产不再调整。同日，钱碧芳与祝长春在江宁区法院签订《债权转让及委托收款协议书》，双方交接了两公司的印章，钱碧芳向华宇公司开具一张未写日期的520万元转账支票（钱碧芳要求祝长春履行协议、当日将资料交接完后兑付支票）。但是：（1）祝长春未按约定将华宁公司资料在当日交给华宇公司，致使钱碧芳无法核对华宁公司的工程款欠款数额。华宁公司账面工程欠款为1000多万元，钱碧芳多次向祝长春催要依约应由其承担的超出550万元部分的工程款均未果。印鉴交接后，钱碧芳至银行查询得知华宁公司账面金额与银行实际金额相差500多万元，因祝长春拒不说明去向，阻止祝长春520万元支票兑付系钱碧芳的自救举措。（2）根据双方约定，祝长春应持委托书向江宁区建设局行使债权并划入华宁公司账户用于支付前述四项费用。但时至今日，华宁公司未获得分文，华宁公司只得撤销了对祝长春的委托，自行向江宁区建设局主张债权并正拟通过诉讼方式解决。（3）华宁公司曾多次向江宁区国土局主张城北路460亩土地使用权或返还2000万元土地出让金定金和预付款，均遭到拒绝，现正准备通过仲裁程序解决。（4）钱碧芳接管华宁公司后，一直未能正常开展经营活动，原因是：祝长春负责经营期间产生的碧水湾工程质量纠纷和延期交房致客户索赔共形成了近20起诉讼，华宁公司赔偿了近百万元；因无工程资料，工程款欠款无法核算并支付，致使大量施工队伍多次围堵华宁公司办公场所，华宁公司几乎陷于瘫痪状态。（5）2003年度企业所得税经汇算尚应缴税2500万元，按约定祝长春应承担70%，即1750万元，但祝长春至今拒绝承担。

因此，钱碧芳认为：（1）由于祝长春拒绝交付华宁公司工程资料的行为致华宁公司无法核对工程款及祝长春、华宇公司应分担的数额，阻止其兑付支票是自力救济行为，亦是同时履行抗辩的合法行为，故在祝长春未同时履行该项义务的情况下，应驳回其要求支付520万元的诉讼请求。（2）因争议双方在2003年1月23日调解时已明确华宁公司、华宇公司的房产不再调整，故祝长春、华宇公司要求钱碧芳及华宁公司变更8幢别墅的产权或赔付对价1500万元的诉讼请求没有合同依据和法律依据，依法应予驳回。（3）因争议双方协商一致的是将对江宁区建设局债权在实现并支付完华宁公司四项费用后的余额才归华宇公司所有，现债权转让条件尚未成就，故祝长春、华宇公司要求该1650万元债权转归华宇公司所有的诉讼请求违反双方约定，依法应予驳回。（4）华宁公司对江宁区国土局的债权，依合同性质不得转让（不符合法律规定的土地使用权转让条件），且尚未取得权利或获得相应补偿，故祝长春、华宇公司要求取得对江宁区国土局1400万元债权的诉讼请求没有事实依据和法律依据，依法应予驳回。（5）因祝长春拒绝承担欠税款而华宁公司的资产主要体现为华宁公司对华宇公司的应收账款，钱碧芳及华宁公司现客观上无力独自承担应纳税款，在该问题得到妥善解决前拒绝转让在华宇公司的股权。

钱碧芳及华宁公司反诉称：双方于2002年11月12日签订《华宁决议》，2003年1月23日签订《华宁华宇决议》，同日又签订《补充决议》。上述协议签订后，祝长春及华宇公司并未按约履行，侵害了钱碧芳及华宁公司的合法权益。其主要事实及理由：（1）关于华宇公司应交税款问题。根据《华宁华宇决议》约定，华宁公司和华宇公司在2003年企业所得税汇算时，按照会计师事务所审计报告所列应缴所得税金额的70%，由祝长春与华宇公司承担。祝长春控制华宁公司期间遗留了大量税务问题，却未向钱碧芳及华宁公司交代应缴税收情况，又拒不交付相关工程、财务资料，使得华宁公司无法准确核算应缴税款，只能按现有资料进行预交2003年度华宁公司税款242304.49元，并代华宇公司缴纳税收查补款1272元。上述2003年度华宁公司预交的所得税242304.49元的70%应由对方承担，待相关资料移交后经核算或税务部门查补后的华宁公司应缴税款亦应由对方承担70%。（2）关于550万元以上部分的工程款。《补充决议》约定："华宁公司紫薇花园和碧水湾项目未付工程款（各项）截至2003年1月22日，在550万元以下部分由华宁公司和钱碧芳负责支付，550万元以上部分由祝长春和华宇公司负责，工程款的支付由祝长春确认后由钱碧芳支付。"决议作出后，因对方拒不交付工程资料及相关的合同、文件，导致至今无法确定所欠工程款的数额，现要求法院委托审计机构对工程欠款进行审计，以确定祝长春和华宇公司应承担的数额。（3）关于公司资料和项目资料。根据约定，双方签署《股权转让协议书》后，均不再担任对方公司的任何职务，并将各自保管的有关公司的证照、印章、档案、文件、合同、债权债务凭证等在当日交给对方，而祝长春至今亦未履行此项合同义务。（4）关于车辆问题。华宁公司所有的别克（苏A-T6921）、依维克（苏A-49440）、桑塔纳（苏A-51772）、昌河（苏A-T5045）轿车各一辆，现仍由对方占有使用，经多次催要至今拒不返还。（5）关于祝长春给华宁公司造成的损失问题。祝长春经营华宁公司期间，因经营策略失误，产生退花园面积款和工程维修费用及赔款等共计1060082元，该款项应由祝长春承担。（6）祝长春擅自动用华宁公司资金7385582.57元。《华宁决议》第11条约定：在公司审计报告做出之前，公司所有对外支出立即暂停，祝长春不得对外签署合同与销售房屋，不得转移银行资金与房产。但祝长春从2002年11月12日至2003年1月23日期间，擅自动用华宁公司的7385582.57元资金用于支付碧水湾西苑的工程欠款,而2003年1月23日双方签订《华宁华宇决议》约定:碧水湾西苑小区未售完的部分归华宇公司所有,祝长春也不再担任华宇公司的股东。由此可见祝长春存在明显的侵权行为,祝长春及华宇公司理应返还上述款项。(7)祝明安对华宇公司的股权受让应支付相应的对价。根据双方约定,钱碧芳将其所有25%的华宇公司股权转让给祝明安,协议签订后,钱碧芳即不再参与华宇公司的事务。钱碧芳及华宇公司认为,祝明安要求受让该25%的华宇公司股权,应支付相应对价。现因祝长春等拒绝支付相应对价,故应当对截至2003年1月23日华宇公司的资产价值进行审计,以确定祝长春、祝明安应支付的对价金额。(8)对祝长春控制华宇公司期间隐匿的债权债务的处理。2003年1月23日之前,华宇公司一直由祝长春实际控制并经营,双方谈判期间,祝长春隐匿了大量的债权债务,除以上所列之外,祝长春隐匿的华宇公司的债务应由其自行承担,隐匿的债权和收益应返还给钱碧芳及华宇公司。综上,祝长春及华宇公司的行为已经侵害了钱碧芳及华宇公司的权益,严重影响了华宇公司的正常经营。据此请求:(1)祝长春、华宇公司承担华宇公司已预缴的2003年度企业所得税242300.49元的70%,即169613.14元;承担华宇公司因资料不全尚未确定应缴企业所得税的70%,约1.2万元;(2)祝长春、华宇公司承担华宇公司已缴纳的一般营业税、印花税等共计274156.73元的70%,即191909.71元;承担税务部门尚未确认的华宇公司其他应缴各项税款(营业税及附加税、土地增值税、印花税等)的70%,约1.4万元;(3)祝长春、华宇公司承担经审计确认的华宇公司截至2003年1月23日应付各项工程款中超过550万元以上部分的各项工程款,约150万元;(4)祝长春、华宇公司返还华宇公司所有的公司资料和项目资料;(5)祝长春、华宇公司返还华宇公司所有的别克(苏A-T6921)价值357368元、依维克(苏A-49440)价值147643元、桑塔纳(苏-51722)价值172000元、昌河(苏A-T5045)价值48500元各一辆,如不能返还,按原价赔偿;(6)祝长春、华宇公司承担祝长春在经营华宇公司期间因延期交房、工程质量问题而赔偿客户的各项经济损失共计1060082元;(7)祝长春、华宇公司返还2002年11月12日至2003年1月23日谈判期间侵占的华宇公司资金7385582.57元;(8)祝长春、祝明安向钱碧芳给付华宇公司股权转让对价约600万元;(9)祝长春、华宇公司承担其他隐匿的华宇公司2003年1月23日前发生的债务并返还隐匿的华宇公司2003年1月23日前形成的权益,约350万元的70%,即245万元;(10)祝长春返还钱碧芳存留在华宇公司的私人办公及生活用品,价值约5万元;(11)以上1~10项诉讼请求数额合计为19558698.42元,如经审计后确定的数额有超出部分,对超出部分保留诉权;(12)由对方承担本案的诉讼费用。

### 一审裁判结果

江苏省高级人民法院依照《中华人民共和国民事诉讼法》第128条、《中华人民共和国合同法》第6条、第8条、第44条第1款、第60条、第88条之规定，判决：

一、华宁公司于判决生效后10日内，给付华宇公司款项520万元，钱碧芳对华宁公司的此项付款义务承担连带责任。

二、钱碧芳和华宁公司于判决生效后10日内，将碧水湾小区96幢、21幢、49幢、69幢、70幢、72幢、16-2幢、32-1幢、66-2幢的所有权办理至华宇公司名下；祝长春和华宇公司在判决生效后10日内将碧水湾西苑的3间门面房、3幢别墅、6套公寓的所有权办理至华宁公司名下。

三、钱碧芳和华宁公司于判决生效后10日内，将其享有的对江宁区建设局的债权1650万元，转让给祝长春和华宇公司。祝长春和华宇公司取得该款30日内，应支付碧水湾小区的维修基金350万元、紫薇花园物业维修基金196万元、碧水湾小区前期拆迁费用120万元、碧水湾小区修路费用100万元。

四、钱碧芳和华宁公司于判决生效后10日内，将其享有的对江宁区国土局的债权中的1400万元转让给祝长春和华宇公司。

五、钱碧芳于判决生效后10日内，将其享有的华宇公司的25%股权（250万元），转让至祝明安名下，并办理好工商变更登记手续。

六、祝长春和华宇公司于判决生效后10日内，给付华宁公司已缴纳2003年度的企业所得税税款144752.79元。

七、华宁公司和华宇公司于判决生效后10日内，将封存在一审法院的各自财务账册等资料自行取回。

八、钱碧芳自行取回其存放在华宇公司的私人物品。

九、驳回钱碧芳和华宁公司的其他反诉请求。本诉案件受理费276010元由钱碧芳和华宁公司负担；反诉案件受理费107893.49元，由祝长春和华宇公司负担26974元，钱碧芳和华宁公司负担80919.49元。

### 一审裁判理由

江苏省高级人民法院认为：祝长春与钱碧芳于2002年11月12日签订的《华宁决议》、于2003年1月23日在江宁区法院主持下签订的《华宁华宇决议》，系双方真实意思表示，不违反国家有关法律规定，并得到汪贤琛、祝明安认可，依法应当认定为合法有效。上述各项决议达成后，双方均应依约定内容享有权利、履行义务。《华宁华宇决议》达成后，钱碧芳利用江宁区法院让其办理两公司股权转让工商变更手续的有利条件，只将祝长春在华宁公司的股权办理变更至汪贤琛名下并变更华宁公司的法定代表人为其父钱久忠，扣压了关于转让其在华宇公司股权的转让协议等资料，不办理将其在华宇公司的股权转让至祝明安名下的工商变更手续，且在江宁区法院解除冻结华宇公司银行存款1365万元时，将应付给华宇公司的520万元款项取走，还直接至江宁区建设局主张其本已转移给华宇公司的债权等做法，均有违诚信原则。钱碧芳只享受决议赋予其的权益而不承担约定义务的行为，是纠纷产生的根本原因，对此，钱碧芳应承担主要责任。

案件争议焦点是祝长春、华宇公司的本诉请求及钱碧芳、华宁公司的反诉请求应否支持问题。

1. 关于祝长春、华宇公司本诉的五项诉讼请求应否支持问题。

（1）关于钱碧芳与华宁公司应否连带给付华宇公司520万元款项之诉请。该520万元是祝长春与钱碧芳为调整华宁公司与华宇公司资产，为分割江宁区法院冻结的华宁公司银行存款1365万元而作的约定。《华宁华宇决议》中双方约定华宁公司分给华宇公司600万元，后在江宁区法院调解下，双方同意调整为520万元，钱碧芳亦按约定开具了银行支票。现祝长春与华宇公司请求判令华宁公司给付华宇公司520万元，应予支持。虽《华宁华宇决议》约定的只是华宁公司对华宇公司的给付，但本质上却系钱碧芳与祝长春交易华宁公司与华宇公司股权的结果。因此，钱碧芳应对华宁公司给付华宇公司520万元款项承担连带给付义务。

（2）关于华宁公司将位于南京市江宁区碧水湾小区的96幢、21幢、49幢、69幢、70幢、72幢、16-2幢、32-1幢、66-2幢别墅的产权变更至华宇公司名下，如不能变更则由钱碧芳与华宁公司连带给付对价约1500万元（实际价值按照市场评估价计算）之诉请。该诉请是《华宁华宇决议》明确约定内容，虽在江宁区法院主持双方调解时，要求双方就华宁公司与华宇公司的房产不再调整，祝长春和钱碧芳亦表示可以不再调整。但祝长春认为其作出不再调整两公司房产的意思表示系基于双方全面履行《华宁华宇决议》、尽快解决争议问题而作的让步。现钱碧芳不讲诚信的行为已严重侵害了祝长春作为两公司大股东的合法权益，故坚决要求按《华宁华宇决议》中约定的条款履行。一审法院认为江宁区法院对祝长春、钱碧芳不再调整两公司房产的要求，对祝长春、钱碧芳均不产生法律意义上的约束力。本着公平合理的原则，祝长春要求依照《华宁华宇决议》约定内容分割两公司资产，应予支持。

（3）关于华宁公司将债权转移给华宇公司的两项诉请，即对江宁区建设局的 1650 万元债权和对江宁区国土局债权中的 70%（即 1400 万元）转移归华宇公司所有之诉请。因《华宁华宇决议》明确约定，"华宁公司享有的对江宁区建设局的债权 1650 万元（暂定），由祝长春负责追回，在 30 日内支付完碧水湾小区的维修基金约 350 万元、紫薇花园物业维修基金约 196 万元、碧水湾小区前期拆迁费用 120 万元，碧水湾小区修路费用约 100 万元后，余额归祝长春和华宇公司所有"，"华宁公司如收回城北路 460 亩地块，应给付华宇公司 1400 万元，如收回现金，则按 70% 的比例给付华宇公司"。一审审理期间各方均表示愿意照此履行，应予支持。

（4）关于钱碧芳协助祝长春、华宇公司将其所享有的华宇公司的 25% 股权（出资 250 万元）变更至祝明安名下之诉请。钱碧芳已将祝长春在华宁公司的股权无偿转让至其母名下并办理了工商登记变更手续，故应按《华宁华宇决议》约定将其在华宇公司的股权转让给祝明安。

2. 关于钱碧芳和华宁公司所提 11 项反诉请求应否支持问题。

（1）关于祝长春、华宇公司承担华宁公司已预交的 2003 年度企业所得税 242304.49 元的 70%，为 169613.14 元；承担华宁公司因资料不全尚未确定应缴企业所得税的 70%，约 1.2 万元之诉请。钱碧芳和华宁公司提出审计华宁公司和华宇公司财务账目，以确认两公司应缴纳的企业所得税及其他各类税费数额。但依照双方"华宁公司和华宇公司在 2003 年度的企业所得税由祝长春和华宇公司承担 70%；钱碧芳和华宁公司承担 30%"的约定，只要华宁公司和华宇公司各自将其 2003 年度的完税凭证拿出即可解决该项争议，故无须通过审计确定。华宁公司提供证据证明其已缴纳 2003 年度的企业所得税款额为 206789.70 元，按双方约定，祝长春和华宇公司应承担 144752.79 元。钱碧芳和华宁公司要求祝长春、华宇公司承担 169613.14 元和 1.2 万元税款无事实依据，不予支持。对华宁公司和华宇公司尚未缴纳的 2003 年度的企业所得税，双方可在实际缴纳后，凭完税凭证要求对方按约定的比例另行处理。

（2）祝长春、华宇公司承担华宁公司已缴纳的一般营业税、印花税等共计 274156.73 元的 70%，即 191909.71 元；承担税务部门尚未确认的华宁公司其他应缴各项税款（营业税及附加、土地增值税、印花税等）的 70%，约 1.4 万元之诉请。《华宁决议》已考虑税费因素，但并未对双方如何承担作出约定。《华宁华宇决议》只明确了双方对企业所得税承担比例，且该决议第 8 条明确约定"除上述所列项目外，华宁公司、华宇公司的其他资产和负债由各公司自行享有和处理"。因此，钱碧芳和华宁公司该反诉请求没有依据，不予支持。

（3）关于祝长春、华宇公司承担经审计确认的华宁公司截至 2003 年 1 月

23日应付碧水湾小区和紫薇花园各项工程款中超过550万元以上部分的各项工程款约150万元之诉请。钱碧芳和华宁公司要求审计华宁公司账目以确认应付工程款数额。依照双方"华宁公司承担碧水湾和紫薇花园项目未付工程款在550万元以下的部分,550万元以上部分由祝长春和华宇公司负责支付,工程款的支付由祝长春确认后由钱碧芳支付"的约定,只要钱碧芳和华宁公司将由祝长春确认后给付的工程款凭证拿出,超出550万元部分由祝长春和华宇公司承担即可,无须通过审计确认。现华宁公司提供的2003年1月23日后,其支付各项工程款,共计3228078元,尚未达到550万元,因此,钱碧芳和华宁公司无权要求祝长春和华宇公司承担该项工程款。

（4）关于祝长春、华宇公司返还华宁公司所有公司资料和项目资料之诉请。两公司账册等资料已封存于一审法院,判决后将全部归还双方。

（5）关于祝长春、华宇公司返还华宁公司所有的别克（苏A-T6921）价值357368元、依维克（苏A-49440）价值147643元、桑塔纳（苏A-51722）价值172000元、昌河（苏A-T5045）价值48500元各一辆,如不能返还,按原价赔偿之诉请。因该四辆汽车均在2001年1月17日前购置,别克和昌河已被华宁公司奖励员工归私人所有,且《华宁华宇决议》明确约定"除上述所列项目外,华宁公司、华宇公司的其他资产和负债由各公司自行享有和处理"。因此,钱碧芳和华宁公司主张这4辆汽车所有权的请求,不予支持。

（6）关于祝长春应承担在经营华宁公司期间因延期交房、工程质量问题而赔偿客户的各项经济损失共计1060082元的诉请。2003年1月23日之前,祝长春为华宁公司董事长,钱碧芳为华宁公司总经理,在钱碧芳提交的华宁公司的财务支出凭证上,既有祝长春签字,亦有钱碧芳签字,证明系双方共同经营的结果。2003年1月23日之后,华宁公司已由钱碧芳全面管理,且双方已明确约定"除上述所列项目外,华宁公司、华宇公司的其他资产和负债由各公司自行享有和处理"。现钱碧芳要求祝长春承担所谓经济损失1060082元,无事实和法律依据,不予支持。

（7）关于祝长春和华宇公司应返还2002年11月12日至2003年1月23日谈判期间侵占的华宁公司资金7385582.57元之诉请。钱碧芳认为双方签订《华宁华宇决议》后,其通过查阅华宁公司财务账,才发现祝长春在2002年11月12日至2003年1月23日期间,利用掌控华宁公司经营和财务之便,将华宁公司款项5645450.16元用于支付华宇公司的工程款,华宁公司还应有1740132.41元现金。自己是在毫不知情的情况下签订了《华宁华宇决议》,该5645450.16元款项及1740132.41元现金,不应属于《华宁华宇决议》约定的内容，祝长春和华宇公司应当返还7385582.57元。祝长春认为，双方曾共同拥有华宁公司和华宇公司，两公司系二人共同股东持股公司，在资金往来、从业人员等方面存在诸多关联。华宇公司的财务记账凭证和银行转账支票存根，证明华宇公司在2002年6月27日至2002年12月31日期间，共为华宇公司对外付款达3071.8万元。钱碧芳作为两公司小股东，应当知道其在与两公司大股东分割两公司资产时其应得资产的比例，因此，双方《华宁华宇决议》才明确约定"华宁公司与华宇公司截至2003年1月22日相互之间的债权债务相互抵销，互不追偿"。一审法院认为，在2003年1月23日之前，华宇公司和华宇公司均由祝长春和钱碧芳共同经营管理，钱碧芳理应知晓两公司在财务往来上存在互为对方付款状况。且《华宁华宇决议》明确约定"华宁公司与华宇公司截至2003年1月22日相互之间的债权债务相互抵销，互不追偿"。因此，钱碧芳要求认定7385582.57元不属《华宁华宇决议》约定的内容，祝长春和华宇公司应当返还7385582.57元的请求，不予支持。

（8）关于祝长春和华宇公司承担其他隐匿的华宁公司2003年1月23日前发生的债务并返还其隐匿的华宁公司2003年1月23日前形成的权益，约350万元的70％，即245万元之诉请。因钱碧芳和华宇公司并未举证证明祝长春和华宇公司隐匿华宁公司在2003年1月23日前产生的债务和权益的事实，故该项诉请无事实依据，不予支持。

（9）关于祝长春、祝明安向钱碧芳给付华宇公司股权转让对价约600万元之诉请。《华宁华宇决议》约定，"祝长春将其所持有的在华宁公司的股权（1400万元）一次性转让给第三人汪贤琛享有，钱碧芳将其所持有的在华宇公司的股权（250万元）一次性转让给祝明安享有，转股协议另行签订"。祝长春将其在华宁公司的股权转让给钱碧芳之母，钱碧芳将其在华宇公司的股权转让给祝长春之父，双方对两公司资产的调整是平衡转让股权的对价。钱碧芳在江宁区法院签署《华宁华宇决议》及相关协议后，在未支付任何对价的情况下将祝长春拥有的华宇公司股权转至自己母亲名下并办理了工商登记变更手续，现要求祝长春、祝明安向其支付转让25％华宇公司股权的对价600万元，违反双方的约定，该请求不予支持。

（10）关于祝长春返还钱碧芳存留在华宇公司的私人办公及生活用品，价值约5万元之诉请。虽该诉请不在争议案件审理范围之内，理应驳回，但祝长春在本案审理中表示钱碧芳的私人物品可随时取回，故钱碧芳应自行取回该项诉请之物品。

综上，祝长春和华宇公司诉请合法有据，应予支持；钱碧芳和华宇公司的反诉请求，对合法有据的部分依法予以支持，对无事实和法律依据的部分依法予以驳回。

### 二审诉辩情况

钱碧芳、华宁公司不服一审判决，向最高人民法院提起上诉称：一审法院拒不采纳钱碧芳对两公司进行审计的要求，以致在未审计的情况下就对公司股权和资产予以分割，造成一审判决错误，故要求二审法院对两公司进行审计，撤销一审判决并依法改判。其主要理由：

1. 一审判决所有判项均有错误。（1）判决由钱碧芳、华宁公司连带给付华宇公司520万元不当。钱碧芳及华宁公司之所以未给付对方该笔款项，系因为根据双方约定祝长春、华宇公司应履行交付华宁公司证照、印章等义务，在其未履行该义务前提下，钱碧芳及华宁公司对给付520万元款项享有同时履行抗辩权。另外，签订《华宁华宇决议》的次日，钱碧芳发现华宁公司账上560余万元资金被祝长春擅自用于支付华宇公司外欠的工程款，故即使华宁公司给付对方520万元亦应予以抵销。（2）一审判决华宁公司应缴纳的税款问题不当。祝长春及华宇公司签约后未如约履行义务，华宁公司在由祝长春控制期间遗留了严重的税务问题，在双方协商谈判过程中不如实披露华宁公司应缴税款情况，拒不交付相关工程、财务资料、使得华宁公司无法准确核算应缴税款，只能按现有资料预交2003年度税款242304.49元，并代华宇公司缴纳税收查补款1.2万元。双方《华宁决议》关于税款问题的约定并不是单指"2003年度企业所得税"，而是包括了华宁、华宇公司三个项目的各项税款。而一审判决仅部分支持了钱碧芳及华宁公司关于税收的反诉请求，显失公平，亦不符合事实和法律规定。请求二审法院应依法判令对方按双方约定全面履行其应承担的纳税义务。对方承担2003年度华宁公司预缴的所得税242304.49元的70%，同时要求明确尚未确定的华宁公司应交税款待经核算或税务部门查补后亦由祝长春及华宇公司承担其中的70%。（3）关于一审判决第三项钱碧芳和华宁公司将碧水湾小区96幢、21幢、49幢、69幢、70幢、72幢、16－2幢、32－1幢、66－2幢的所有权办理至华宇公司名下，祝长春和华宇公司将碧水湾西苑的3间门面房、3幢别墅、6套公寓的所有权办理至华宁公司名下问题，与事实不符。2003年1月23日在江宁区法院调解时，双方均已经作出上述房屋不再调整的真实意思表示，且在当时的卷里予以记载。一审庭审时钱碧芳已经提交了相关证据。因此，一审法院的该项判决没有事实和法律依据，应依法改判。（4）一审判决将华宁公司享有的对江宁区建设局1650万元债权转让给祝长春和华宇公司所有无事实及法律依据。祝长春在约定期限内未按《华宁华宇决议》约定履行追回债权的义务，华宁公司才书面通知祝长春该债权由华宁公司负责追回。而且直至今日江宁区建设局并未确认该债权的实际数额，也拒绝向华宁公司支付。因该债权涉及第三人权益且处于不确定状态，不宜于本案中进行处理。一审判决缺乏事实和法律依据，依法应予驳回或改判。（5）一审法院判决将华宁公司享有对江宁区国土局债权中的1400万元转移给华宇公司所有存在问题。该债权涉及城北路460亩土地使用权问题，至今尚未解决。根据《华宁华宇决议》约定，华宁公司如实现该债权才能将其中70%给付华宇公司。截至目前，华宁公司一直在积极主张却并未实现此债权，所以一审此判项内容目前尚无从谈起。而且双方对此问题后来还有专门约定，故如果判决上述债权转移给华宇公司，亦应同时判决其依约履行给付钱碧芳本金624万元。（6）关于一审判决第五项判令钱碧芳将其享有的华宇公司的25%股权（250万元）转让给祝明安的问题。《华宁华宇决议》约定"钱碧芳将其在华宇公司股权转让给祝明安"，是有偿转让股权的意思表示，因此在祝明安未支付对价前提下提出此项请求，无事实和法律依据。如对方认为是无偿转让，则应属赠与性质，而本案中，该赠与标的物即25%股权并未办理过户手续，赠与并未生效。因此，应驳回对方的此项诉讼请求。其实钱碧芳将华宇公司股权转让给祝明安，将不再参与华宇公司的任何事务，对方理应支付相应的对价约600万元，一审判决未支持钱碧芳反诉主张祝长春、祝明安受让华宇公司股权应支付相应对价的请求不当，应予改判。

2. 一审判决对钱碧芳和华宁公司诸多反诉请求均未予支持，应予改判。具体而言：（1）关于超出550万元以上部分的工程款问题。《补充决议》约定："华宁公司紫薇花园和碧水湾项目未付工程款（各项）截至2003年1月22日的在550万元以下部分由华宁公司和乙方钱碧芳负责支付，550万元以上部分由甲方祝长春和华宇公司负责，工程款的支付由甲方确认后由乙方支付。"由于祝长春拒不交付工程资料及相关的合同、文件，使得至今无法确定所欠工程款的具体数额，现要求二审法院通过审计确定祝长春和华宇公司应承担的数额。（2）关于碧水湾28亩土地使用权问题。《华宁华宇决议》后，双方对此事又有进一步约定，依据"华宁公司碧水湾28亩土地使用权问题由甲方负责处理，如未能解决而发生补充出让金、罚款等，均由甲方和华宇公司承担"之约定，请求二审法院依法支持华宁公司的该项请求。（3）关于返还华宁公司车辆问题。华宁公司所有的别克（苏A-T6921）、依维克（苏A-49440）、桑塔纳（苏A-51722）、昌河（苏A-T5045）轿车各一辆，现仍由对方占有使用，经多次催要仍拒不返还。一审判决以其公司已将车辆奖励给职工的认定是错误的，因为作为公司固定资产的车辆由一人擅自决定用于奖励和分配是违法的，《华宁决议》明确约定"双方对各自管理的下属工作人员的私下许诺由承诺人自行承担兑现，不得以公司财产支出"，因此，对方无权处置，应依法予以返还。（4）因祝长春经营不善给华宁公司造成的1060082元损失应依法予以赔偿。祝长春经营华宁公司期间，由于经营策略失误，因退花园面积款和工程质量问题产生的维修费用及赔款共计1060082元，理应由祝长春承担。（5）关于祝长春擅自动用华宁公司的资金依法应予以返还并赔偿由此造成的经济损失。祝长春擅自动用华宁公司资金7385582.57元，2002年11月12日的《华宁决议》约定：在公司审计报告做出之前，公司的所有对外支出，立即暂停，祝长春不得对外签署合同与销售房屋，不得转移银行资金与房产。决议签订后，祝长春从2002年11月12日至2003年1月23日期间，擅自动用华宁公司的7385582.57元资金用于支付碧水湾西苑的工程欠款，而2003年1月23日双方签署《华宁华宇决议》约定："碧水湾西苑小区未售完的部分归华宇公司所有而祝长春也不再担任华宁公司的股东。"可见，祝长春在两个多月时间内存在明显的侵权行为，祝长春、华宇公司应当返还上述款项，并承担由此给华宁公司造成的经济损失。（6）关于祝长春在经营华宁公司期间债权、债务问题应依据事实和法律，作出公正裁决。祝长春在控制华宁公司期间隐匿的债权债务的处理在2003年1月23日前，华宁公司一直由祝长春实际控制并经营，在双方谈判期间，祝长春隐匿了大量的债权债务，除以上所列之外，祝长春隐匿的华宁公司的债务应由其自行承担，祝长春隐匿的债权和收益应返还给华宁公司。

综上，据此请求：（1）祝长春、华宇公司承担华宁公司预交2003年度企业所得税242304.49元的70%，即169613.14元；承担华宁公司因资料不全尚未确定应缴企业所得税的70%，约1.2万元。（2）判令祝长春、华宇公司承担：华宁公司已交一般营业税、印花税等共计274156.73元的70%，即191909.71元；税务部门尚未确认的华宁公司其他应交各项税款（营业税及附加、土地增值税、印花税等）的70%，约1.4万元。（3）祝长春、华宇公司承担经审计确认的华宁公司截至2003年1月23日应付各项工程款中超过550万元以上部分的各项工程款，约150万元。（4）返还属于华宁公司的公司资料和项目资料。（5）依法确定华宁公司碧水湾28亩土地的使用权，该土地使用权遗留问题及由此而发生的一切费用由祝长春、华宇公司承担。（6）返还华宁公司所有的别克（苏A-T6921）价值357368元、依维克（苏A-49440）价值147643元、桑塔纳（苏A-51722）价值172000元、昌河（苏A-T5045）轿车价值48500元各一辆，如不能返还，按原价赔偿。（7）祝长春承担在其经营华宁公司期间因延期交房、工程质量问题而赔偿客户的各项经济损失共计1060082元。（8）祝长春、华宇公司返还2002年11月12日至2003年

1月23日谈判期间，侵占华宁公司资金7385582.57元工程款。（9）祝长春、祝明安支付钱碧芳拥有的华宇公司股权转让的对价600万元。（10）祝长春承担其隐匿的华宁公司2003年1月23日前发生的债务并退还隐匿的华宁公司2003年1月23日前形成的权益，约350万元的70%，即245万元。（11）祝长春返还其擅自支取的约27020427.4元并承担该笔款项的税金。（12）请求二审法院依法对该案所涉财产进行审计。（13）对审计后的超出部分钱碧芳及华宁公司保留诉权。（14）祝长春、华宇公司承担全部诉讼费用。

祝长春和华宇公司答辩称，钱碧芳及华宁公司上诉理由不成立，一审判决认定事实清楚、适用法律正确，应予维持。具体理由如下：

1. 钱碧芳及华宁公司关于税款的上诉理由不成立。《华宁决议》对税款的种类及负担比例无明确约定，且也没有实际履行，所以才有后续的纠纷。《华宁华宇决议》已经明确约定华宁、华宇公司2003年度的所得税由华宇公司承担70%、华宁公司承担30%。根据该约定，所得税以外的其他税种并不能按此比例负担。一审判决不支持钱碧芳和华宁公司对尚未实际发生的税款及对所得税之外的营业税、印花税等税款主张权利的请求，完全符合双方对税收承担范围的约定，对方该项上诉理由不能成立，应予驳回。

2. 关于工程款超过550万元部分的负担问题。《补充决议》约定，截至2003年1月23日的华宁公司所开发碧水湾、紫薇花园工程款550万元以下部分由钱碧芳负责支付，超过部分由祝长春负责支付，款项需由祝长春确认后钱碧芳方能支付。钱碧芳未能举证证明其支付工程款已经超过550万元，一审判决驳回其该项请求符合双方约定和客观事实，该项上诉请求无任何意义，二审法院应当予以驳回。

3. 关于华宁公司的公司资料和项目资料、4辆汽车及钱碧芳个人物品等一些实物的返还问题。钱碧芳并未证明华宁公司的公司资料和项目资料均在祝长春控制之下，一审法院将已经确认并收集到的资料查封于法院并判令双方自行取回是恰当的。钱碧芳存放于华宁公司的私人物品，一审已判令其自行取回，祝长春及华宇公司对此并无异议，故其还为此上诉，没有实际意义。4辆汽车均为2001年1月17日之前购买，早在签订《华宁华宇决议》之前已经被处置，根据双方约定，属于无须另行解决之事项，一审判决正确无误。

4. 关于所谓的祝长春给华宁公司造成1060082元工程质量赔偿款损失、擅自动用华宁公司资金7385582.57元、承担隐匿的华宁公司债务及退还隐匿的华宁公司权益245万元等问题。2003年1月23日之前，钱碧芳直接参与公司的日常经营，华宁公司的经营结果钱碧芳应当负有同样责任。华宁公司和华宇公司是祝长春和钱碧芳共同持股控制的公司，两公司在资金方面有诸多关联往来，正是考虑这一特殊情况，双方在《华宁华宇决议》中明确约定，"华宁、华宇两公司截至2003年1月22日相互间的债权债务相互抵销，互不追偿"，"除决议有约定的项目外，两公司的其他资产和负债由各公司自行承担和处理"。钱碧芳主张由祝长春承担隐匿华宁公司债务、退还隐匿华宁公司债权245万元，但时至今日，也未能举证证明。因此，一审判决对上述问题的认定并无不当。

5. 关于祝长春、祝明安支付钱碧芳拥有的华宇公司25%股权对价600万元问题。《华宁华宇决议》及其他相关文件均表明，祝长春将其所有的华宁公司70%股权转让给钱碧芳之母汪贤琛，钱碧芳将其所有的华宇公司25%股权转让给祝长春之父祝明安，双方均无须专门为此支付对价。祝长春早已依约将其拥有的华宁公司70%股权无偿转让给了钱碧芳之母汪贤琛，而钱碧芳却迟迟未履行应尽之义务，故其理应尽快转让其所拥有的华宇公司25%股权且无权要求获取对价，一审判决该判项正确，应予维持。

6. 关于碧水湾28亩土地使用权及要求祝长春和华宇公司返还擅自支取27020427.4元款项问题。这些问题并不是钱碧芳及华宁公司一审所诉请之事项，是二审增加的诉讼请求，祝长春及华宇公司对于增加部分不予答辩，根据民事诉讼的基本要求，上诉请求不能超出一审诉请范围，所以，二审法院应驳回其该上诉请求。

7. 关于审计及对超出部分钱碧芳和华宁公司保留诉权问题。华宁、华宇两公司股东均为祝长春和钱碧芳，双方进行股权调整时没有约定采取按照审计结论进行财产分割的方法，而是基于两位股东对公司的了解及大致估算进行的，并在此基础上正式签订了《华宁华宇决议》等有效决议。现祝长春及华宇公司已经全部履行了自己应尽的义务，对方却又提出要重新通过审计分割公司财产，明显不公。而且，将要求审计作为二审中一项独立的诉讼请求，也不合适。至于所谓对超出部分"保留诉权问题"，充分说明对方到目前为止仍无法明确自己的诉请究竟是什么，其上诉所提诉请都是其凭空假想的，对这样的诉讼请求只能驳回。一审法院未支持钱碧芳及华宁公司审计要求的理由恰当，结论正确，请求二审法院予以采信。

其他事项，均同意一审判决。双方达成协议后，钱碧芳出具"空头支票520万元"、办理华宁公司变更工商登记手续、将祝长春拥有的华宁公司70%股权办至汪贤琛名下，在其已经享有双方约定内容中全部权利的情况下，还提起上诉，足见其缺乏基本的诚信。总之，钱碧芳和华宁公司上诉请求缺乏事实依据和法律依据，应全部予以驳回。

### 二审裁判结果

最高人民法院依照《中华人民共和国民事诉讼法》（1991年）第153条第1款第3项之规定，判决如下：

一、维持江苏省高级人民法院〔2004〕苏民二初字第6号民事判决第一项、第二项、第五项、第六项、第七项、第八项和第九项；

二、变更江苏省高级人民法院〔2004〕苏民二初字第6号民事判决第三项为：关于江苏华宁房地产开发有限公司享有的对江苏省南京市江宁区建设局的债权，按照《江苏华宁华宇房地产开发有限公司股东大会决议》第2条第6款的约定履行；

三、变更江苏省高级人民法院〔2004〕苏民二初字第6号民事判决第四项为：关于江苏华宁房地产开发有限公司享有的对江苏省南京市江宁区国土资源管理局的债权，按照《江苏华宁华宇房地产开发有限公司股东大会决议》第2条第2款的约定履行；

四、驳回钱碧芳及江苏华宁房地产开发有限公司的其他上诉请求。

一审本诉案件受理费276010元，由钱碧芳和江苏华宁房地产开发有限公司负担110404元，祝长春和江苏华宇房地产开发有限公司负担165606元。一审反诉案件受理费107893.49元，按一审判决执行。二审案件受理费383903.49元，由钱碧芳和江苏华宁房地产开发有限公司负担218297.49元，祝长春和江苏华宇房地产开发有限公司负担165606元。

本判决为终审判决。

### 二审裁判理由

最高人民法院经审理查明：为落实《华宁华宇决议》内容，2003年1月23日，钱碧芳、华宁公司与祝长春及华宇公司签订了《关于碧水湾28亩土地使用权问题的处理协议》、《关于城北路460亩地块的处理协议》。关于城北路460亩地块即华宁公司享有的对江宁区国土局债权问题，双方约定：该土地在华宁公司名下，祝长春和华宇公司同意由华宁公司收回，如收回土地归华宁公司开发，华宁公司支付给华宇公司1400万元；如收回现金，其中70%给华宇公司；如因祝长春的过错造成华宁公司既收不回土地，又没收回现金，祝长春赔偿钱碧芳624万元。

关于华宁公司享有的对江宁区建设局债权问题，2003年1月23日，钱碧芳、华宁公司与祝长春及华宇公司签订的《华宁华宇决议》中，约定该债权由祝长春负责追回。同日，双方签订的《债权转让及委托收款协议书》及向江宁区建设局出具的《债权转让通知》中,有转让债权和部分转让该债权及委托收款等意思表示。

钱碧芳向江宁区法院提起民事诉讼后,江宁区法院应钱碧芳要求冻结华宁公司银行存款的数额为13754252元。

钱碧芳上诉请求第5项关于碧水湾28亩土地使用权问题、第11项关于要求祝长春返还其擅自支取的约27020427.4元并承担该笔款项税金问题,为二审新增加的诉讼请求。而且,关于祝长春支取约27020427.4元一事,钱碧芳于《华宁华宇决议》签订之前就已经明确知道。

最高人民法院查明的其他事实与一审法院查明的事实相同。

最高人民法院认为:祝长春、钱碧芳作为华宁公司和华宇公司的全部股东,通过召开股东会议、形成决议的形式,就两公司股权及资产调整达成的《华宁华宇决议》和相关协议,符合法律规定,应认定有效。

双方当事人争议焦点,表现在解决本案纠纷应否进行审计、税款和工程款等有关款项如何负担、相关房产和车辆等实物如何处置、祝长春和祝明安应否就钱碧芳转让其拥有的华宇公司25%股权支付对价以及有关债权应否转让等方面。

1. 关于解决本案纠纷应否进行审计的问题。

钱碧芳一审时就以应缴纳税金无法自行准确计算等为由,提出对两公司资产进行审计。一审法院认为仅根据双方已有的约定,就可以断明双方之间税收等纠纷应如何解决,故未支持其审计要求,该处理并无不当。钱碧芳二审重提审计要求,但并无新的、更充足的理由。祝长春一方主张祝、钱二人同为两公司股东,一直参与经营,对公司基本情况都很了解,双方围绕股权分割问题签订的所有协议,都是建立在不审计、由双方协商基础之上的,且祝长春及华宇公司已经全部履行了自己应尽的义务,故不同意审计。祝长春一方主张理由成立,应予采信。

2. 关于税款和工程款等有关款项如何负担问题。

(1) 关于华宁公司应缴纳的税款问题。《华宁华宇决议》仅约定了两公司就2003年度企业所得税的分担比例,对企业所得税以外其他税种并无具体、明确约定。一审判决依据双方"除上述所列项目外,华宁公司、华宇公司的其他资产和负债由各公司自行享有和处理"的约定,不支持钱碧芳和华宁公司对尚未实际发生的税款及对企业所得税之外的营业税、印花税等税款主张权利的请求,并无不当。钱碧芳和华宁公司该项上诉请求理由不成立,予以驳回。

(2) 关于钱碧芳和华宁公司应否连带给付华宇公司520万元问题。根据

《华宁华宇决议》约定,华宁公司应给付华宇公司600万元,后双方一致认可调整为520万元,华宁公司理应依约支付该款项。华宇公司作为权利人,一审起诉时主张的该笔款项数额即520万元,一审判决支持该诉请并无不当,钱碧芳及华宁公司此项上诉理由不成立,予以驳回。

(3) 关于工程款超过550万元部分的负担问题。双方就碧水湾工程款确实约定超过550万元部分由祝长春及华宇公司负担,但经一审法院查明钱碧芳已经支付的工程款仅300多万元,尚未达到由祝长春及华宇公司负担的条件。故其主张应由对方负担约150万元,与事实不符,一审法院未予支持是正确的。

(4) 关于华宁公司1060082元工程质量赔偿款损失的承担、祝长春是否擅自动用华宁公司资金7385582.57元以及祝长春应否承担隐匿的华宁公司债务并退还隐匿的华宁公司权益245万元等问题。华宁公司出现质量问题的工程是双方共同经营期间施工建成的,祝长春支取华宁公司资金7385582.57元的行为亦发生在《华宁华宇决议》签订之前。《华宁华宇决议》中明确约定两公司截至2003年1月22日彼此间的债权债务相互抵销,互不追偿,均自行承担和处理约定项目外的其他资产和负债。另外,钱碧芳虽主张由祝长春承担隐匿华宁公司债务并退还隐匿华宁公司债权245万元,但始终未能举证证明。因此,一审判决驳回钱碧芳上述反诉请求并无不当。

3. 关于两公司名下部分房产应否对调调整、华宁公司的公司资料和项目资料、四辆汽车及钱碧芳个人物品等一些实物应否返还问题。

祝长春提出,在江宁区法院的调查笔录中,双方虽然有过相关房产不再调整的意思表示,但因对方根本不履行其应尽义务,故要求仍按照《华宁华宇决议》履行。一审法院认为,相关房产不再调整只是江宁区法院调查过程中双方作出的表示,非正式达成的协议,对当事人没有强行约束力。加之考虑双方实际履约状况,一审法院支持祝长春该项请求判令双方按照《华宁华宇决议》内容履行,并无不可。钱碧芳对此判项上诉,二审又未举证证明,故对其该项请求不予支持。

一审法院已经判决双方自行取回查封于法院的资料,钱碧芳及华宁公司既然没有证据证明华宇公司尚有属于华宁公司的资料,就理应服从该判项。钱碧芳要求对方归还其存放于华宇公司的私人物品,一审已判令其自行取回,祝长春及华宇公司并未提出异议,对此项已被支持的诉请无须上诉,自行取回即可。

关于对华宁公司名下4辆汽车的处置行为,早在签订《华宁华宇决议》之前就已发生,钱碧芳作为一直参与公司经营的股东,理应知晓,根据双方约定,应由华宁公司自行承担和处理。

因此，一审判决对上述问题的处理并无不当。

4. 关于祝长春、祝明安应否就钱碧芳转让其拥有的华宇公司25%股权支付600万元对价问题。

钱碧芳和祝长春是华宁公司、华宇公司的共同股东，《华宁华宇决议》及其他相关文件均表明，两公司在进行股权调整、资产分割时，已经将股权转让的对价考虑在内，任何一方都无需为此另行支付对价。双方约定祝长春将其拥有的华宁公司70%股权转让给钱碧芳之母汪贤琛，钱碧芳将其拥有的华宇公司25%股权转让给祝长春之父祝明安。现祝长春早已依约将其拥有的华宁公司70%股权无偿转让给了钱碧芳之母汪贤琛，钱碧芳却迟迟不履行应尽义务，还要求对方为此支付600万元对价，其请求缺乏事实和法律依据，不予支持。

5. 关于对江宁区建设局债权和对江宁区国土局债权应如何处理问题。

双方对该两项债权顺利实现后，彼此间如何分配问题，并无争议。即双方均认可对江宁区建设局的债权实现后，扣除碧水湾小区维修基金、紫薇花园物业维修基金、碧水湾小区前期拆迁费用及碧水湾小区修路等四项费用，余额归祝长春和华宇公司。对江宁区国土局的债权实现后，关于土地或者现金的分配比例，也都已经达成一致意见。但对债权尚未实现之前，在祝长春和华宇公司与钱碧芳和华宁公司之间，是否发生债权转让，即对现在应由谁以何方名义向债务人主张权利，双方认识不一。

根据一审法院和本院查明的事实，对江宁区建设局的债权，原系华宁公司名下，本案中双方当事人签署的多份协议及文件对该债权都有所提及。具体而言，《华宁华宇决议》约定该债权由祝长春负责追回，未体现有债权转让的意思，《债权转让及委托收款协议书》及向江宁区建设局出具的《债权转让通知》中，有关于债权转让、委托收款及部分转让等不同的意思表示。由此可见，双方当事人对该债权是否转让、是全部转让抑或部分转让，存在约定不明和意思表示不一致的问题。一审判决指出，发生纠纷后双方均同意按照《华宁华宇决议》履行，故应当根据《华宁华宇决议》约定的内容作出认定，并判令该债权归祝长春享有。不过，按照一审法院所阐述的理由，依据《华宁华宇决议》处理，该债权就仍应归于华宁公司名下，祝长春只是负责追回，而不应判令债权转让。华宁公司该项上诉理由成立，予以支持。一审处理结果有误，应予变更。

关于对江宁区国土局的债权即城北路460亩地块问题，根据《华宁华宇决议》和《关于城北路460亩地块的处理协议》的约定，该土地在华宇公司名下，祝长春和华宇公司同意由华宁公司收回，收回后对华宇公司予以补偿。由此可知，该债权对外应以华宁公司名义向债务人主张，并无债权转让的明确表示。一审认定《华宁华宇决议》的效力,又判令将该债权转让给祝长春和华宇公司,与当事人约定内容不符。钱碧芳和华宇公司请求对该项判决的上诉的理由成立,应予支持。

6. 关于碧水湾 28 亩土地使用权及祝长春和华宇公司返还擅自支取 27020427.4 元款项问题。

这两项诉讼请求属于钱碧芳及华宇公司二审时新增加的,祝长春和华宇公司对此不予认可,故双方应自行协商解决,也可以另循法律途径解决。

# 股权转让纠纷办案依据集成

## 中华人民共和国公司法（2005年10月27日修订）（节录）

**第七十二条** 有限责任公司的股东之间可以相互转让其全部或者部分股权。

股东向股东以外的人转让股权，应当经其他股东过半数同意。股东应就其股权转让事项书面通知其他股东征求同意，其他股东自接到书面通知之日起满三十日未答复的，视为同意转让。其他股东半数以上不同意转让的，不同意的股东应当购买该转让的股权；不购买的，视为同意转让。

经股东同意转让的股权，在同等条件下，其他股东有优先购买权。两个以上股东主张行使优先购买权的，协商确定各自的购买比例；协商不成的，按照转让时各自的出资比例行使优先购买权。

公司章程对股权转让另有规定的，从其规定。

**第七十三条** 人民法院依照法律规定的强制执行程序转让股东的股权时，应当通知公司及全体股东，其他股东在同等条件下有优先购买权。其他股东自人民法院通知之日起满二十日不行使优先购买权的，视为放弃优先购买权。

**第七十六条** 自然人股东死亡后，其合法继承人可以继承股东资格；但是，公司章程另有规定的除外。

**第一百三十八条** 股东持有的股份可以依法转让。

**第一百三十九条** 股东转让其股份，应当在依法设立的证券交易场所进行或者按照国务院规定的其他方式进行。

**第一百四十条** 记名股票，由股东以背书方式或者法律、行政法规规定的其他方式转让；转让后由公司将受让人的姓名或者名称及住所记载于股东名册。

股东大会召开前二十日内或者公司决定分配股利的基准日前五日内，不得进行前款规定的股东名册的变更登记。但是，法律对上市公司股东名册变更登记另有规定的，从其规定。

**第一百四十一条** 无记名股票的转让，由股东将该股票交付给受让人后即发生转让的效力。

**第一百四十二条** 发起人持有的本公司股份，自公司成立之日起一年内不得转让。公司公开发行股份前已发行的股份，自公司股票在证券交易所上市交易之日起一年内不得转让。

公司董事、监事、高级管理人员应当向公司申报所持有的本公司的股份及其变动情况，在任职期间每年转让的股份不得超过其所持有本公司股份总数的百分之二十五；所持本公司股份自公司股票上市交易之日起一年内不得转让。上述人员离职后半年内，不得转让其所持有的本公司股份。公司章程可以对公司董事、监事、高级管理人员转让其所持有的本公司股份作出其他限制性规定。

**第一百四十五条** 上市公司的股票，依照有关法律、行政法规及证券交易所交易规则上市交易。

## 七、公司决议纠纷

> **77. 出资不到位的股东在行使股东权利时是否应受到限制？**
>
> 股东出资不到位并不影响股东资格的取得，但股东享有股东权利的前提是承担相应的义务。股东没有履行出资义务，其股东权利的行使应当受到一定的限制，这种限制应根据具体的股东权利的性质确定，即与出资义务相对应的权利只能按出资比例来行使，在其没有补足应缴出资额之前，应当对其相应的股东表决权、分红权、利益财产分配请求权及增资优先认购权加以限制。

### 典型疑难案件参考

睢宁县希望公交有限责任公司诉胡会林股东会决议效力确认纠纷案

**基本案情**

睢宁县希望公交有限责任公司（以下简称希望公司）系2001年经徐州市睢宁工商行政管理局核准登记设立，公司设立时，登记股东为8人，分别为宋振亚、王成、胡会林、朱爱玲、宋洁（名册列为宋浩）、宋辉、仝德龙、赵相，其法定代表人为被告胡会林。在公司注册资本验资后，宋振亚、王成、宋洁、宋辉、仝德龙、赵相6个股东已将其认缴的出资抽走，王成、宋洁、宋辉、赵相的实物（车辆）出资也没有过户到公司名下，并分别于2001年9月、2002年12月、2003年12月转移给王甫廷、袁军、应寿春和汤从花。开办第一年公司给股东每人分配红利50元，其后未再分红。

2006年12月11日，该公司指定股东朱爱玲向原登记机关申请变更公司名称及经营范围，变更后的企业名称为睢宁县希望出租车客运有限公司，经营范围为出租车客运服务，2006年12月14日，徐州市睢宁工商行政管理局依据其申请核准颁发了营业执照。后经登记机关查明，其变更登记时提供的股东会决议、章程修正案为虚假材料，2007年2月26日，徐州市睢宁工商行政管理局对睢宁县希望出租车客运有限公司作出处罚决定，撤销了其2006年12月14日的公司登记，并罚款5万元。

2008年1月21日，该公司召开股东会，决定将没有交纳认缴出资的股东王成、宋洁、宋辉、仝德龙、赵相予以除名，并于2008年2月18日具状诉至睢宁县人民法院，要求确认王成、宋洁、宋辉、仝德龙、赵相不具备公司股东资格，后于2008年3月31日撤回起诉。2008年10月16日，江苏千秋业律师事务所律师曹大民参与，宋振亚、王成、宋洁（名册列为宋浩）、宋辉、仝德龙、赵相在睢宁县城金筷子酒店召开临时股东会议，会前依照程序通知了胡会林和另一股东朱爱玲，但胡会林和朱爱玲没有参加会议。此次会议作出了修改公司章程、罢免胡会林的董事长职务的决议，同时选举王成为公司新一届董事长。该公司董事长胡会林不认可此次股东会议决议的效力。

2008年10月26日，王成以新任董事长的名义，代表睢宁县希望公交有限责任公司将胡会林诉至睢宁县人民法院，要求判令被告交出公司营业执照、公章、财务章及会计账册。睢宁县人民法院以公司知情权纠纷为由立案受理，并分别于2009年2月9日和2009年4月10日两次开庭对该案进行了审理。2009年4月11日，胡会林以原告方亲属在睢宁县法院工作为由，申请将该案移送上级法院审理。2009年4月13日，睢宁县人民法院将该案报请徐州市中级人民法院指定管辖。

2009年4月29日，徐州市中级人民法院将该案指定邳州市人民法院管辖。2009年5月13日，法院以股东知情权为由立案受理，先由审判员谢军强独任审判，后依法组成合议庭，分别于2009年7月21日和2009年10月22日两次开庭进行审理，该案在审理期间，原告增加了诉讼请求，在要求判令被告交出公司营业执照、公章、财务章及会计账册请求不变的基础上，要求确认2008年10月16日的股东会议决议有效。2009年10月22日，该院作出〔2009〕邳民二初字第0414号民事裁定书，以主体不适格为由驳回了原告的起诉。原告对该裁定提出上诉。2010年2月4日，徐州市中级人民法院作出〔2010〕徐商终字第0050号民事裁定书，撤销了本院〔2009〕邳民二初字第0414号民事裁定书，指令该院继续审理。

2010年5月21日，该院以股东知情权为由再次立案受理，在审理过程中，原告又将诉讼请求变更为：请求法院判令被告立即交出公司营业执照、公章、财务章、会计账册。

### 一审诉辩情况

原告睢宁县希望公交有限责任公司诉称：2001年6月，由宋振亚作为发起人，王成、胡会林、朱爱玲、宋洁、宋辉、仝德龙、赵相参加，共同出资，依法成立希望公司。公司选举胡会林为董事长。但公司成立八年来，胡会林滥用职权，未公布一次账目，更不准看账、查账。八年来只是在公司开办第一年给股东每人50元的红利。为了达到独霸公司的目的，胡会林竟妄想撤销王成等五人的股东资格,竟于 2008 年 3 月 8 日起诉。此案经睢宁法院民二庭审理后,胡会林看到要败诉,不得不于 3 月 31 日撤诉。鉴于胡会林的行为已严重损害了其他股东的合法权益,受损害的股东多次到有关部门请求解决。《中华人民共和国公司法》第 46 条规定"董事任期由公司章程规定,但每届任期不得超过三年"。根据该规定,公司于 2008 年 10 月 16 日召开了股东会议,经 2/3 以上的股东表决同意,修改了希望公司的章程。并以无记名投票的方式,免去胡会林公司董事长、法定代表人的职务。选举王成为新一届公司董事长、法定代表人。但是,胡会林拒不交出公司营业执照、公章、财务章、会计账册,致使公司无法正常经营。请求法院判令被告立即交出公司营业执照、公章、财务章、会计账册。

被告胡会林辩称:(1) 原、被告诉讼主体不适格;(2) 2008 年 10 月 16 日召开的股东会议产生的决议不具备法律效力;(3) 该股东会议产生的决议违反公司章程第 22 条规定;(4) 该股东会议产生的决议没有到工商管理机关备案,对外不产生公示力,因此,王成不能以公司董事长的名义行使权利。

### 一审裁判结果

邳州市人民法院根据《中华人民共和国民事诉讼法》第 108 条的规定,裁定:驳回原告睢宁县希望公交有限责任公司的起诉。

### 一审裁判理由

邳州市人民法院认为:本案一审争议的焦点是:(1) 原、被告主体是否适格。(2) 2008 年 10 月 16 日股东会决议是否有效。

睢宁县希望公交有限责任公司是有限责任公司,根据公司法的规定,股东应当按期足额缴纳公司章程中规定的各自所认缴的出资额。股东以货币出资的,应当将货币出资足额存入有限责任公司在银行开设的账户;以非货币财产出资的,应当依法办理其财产权的转移手续。动产出资未实际交付,视为出资不到位。同时,股东会会议由股东按照出资比例行使表决权。本案中,宋振亚、王成、宋洁(名册列为宋浩)、宋辉、仝德龙、赵相六名股东验资后即将投资抽回,实物(车辆)出资也没有过户到公司名下,实际上,该六名股东没有尽到对公司的出资义务。根据公司法的规定,股东出资不到位并不影响其股东资格的取得,但其享有股东权利的前提是承担相应的义务,违反出资义务,也就不应享有股东的相应权利,这也是民法中权利与义务统一、利益与风险一致原则的具体体现。本案中,由于宋振亚、王成、宋洁(名册列为宋浩)、宋辉、仝德龙、赵相六名股东没有履行出资义务,其股东权利的行使应当受到一定的限制，这种限制应根据具体的股东权利的性质确定，即与出资义务相对应的权利只能按出资比例来行使，在其没有补足应缴出资额之前，则其不享有对睢宁县希望公交有限责任公司的表决权、利益分配请求权及新股认购权。因此，该六股东在2008年10月16日召开股东会形成的决议，不具有法律效力，因此，本案王成等六名股东的意思表示尚不能代表是睢宁县希望公交有限责任公司的真实意思表示，其以睢宁县希望公交有限责任公司为原告，王成作为法定代表人起诉被告胡会林，诉讼主体不适格。

### 二审诉辩情况

原告不服一审裁定，提起上诉称：（1）原审裁定适用法律错误。《中华人民共和国民事诉讼法》第108条是起诉必须符合的条件，而非诉讼主体不适格。徐州市中级人民法院〔2010〕徐商终字第0050号民事裁定书认定："王成作为希望公司的法定代表人提起诉讼的依据是2008年10月16日的股东会决议，因此，其具备原告诉讼主体资格。"而原审裁定一方面对股东会的内容和形式予以确认，一方面又认为股东会形成的决议不发生法律效力，"诉讼主体不适格"，自相矛盾，有意对抗徐州市中级人民法院的裁定偏袒胡会林。（2）原审裁定认定事实不清。原审法院认为：上诉人的六名股东验资后即将投资抽回，违反了出资义务，也就不享有股东相应的权利。那么胡会林有没有抽回投资，原审为什么不查明？实际上，胡会林、朱爱玲于2001年7月25日存入资金，验资后，7月31日即将验资抽回，但却依然霸占公司。原审法院认定六名股东没有依据，相反，此六名股东的车辆在公司跑了很长时间，尽到了股东对公司的义务。原审法院也没有说明哪些法律规定了哪些股东的权利受到限制。总之，2008年10月16日的股东会决议是合法有效的，股东的正当诉讼请求应当受到法律支持。请求二审法院撤销原审裁定。

### 二审裁判结果

徐州市中级人民法院依照《中华人民共和国民事诉讼法》第152条第1款、第153条第1款第1项、第154条之规定，驳回上诉，维持原裁定。

### 二审裁判理由

徐州市中级人民法院认为：本案上诉人原审的诉讼请求是要求法院判令胡会林将公司的营业执照、公章、财务章、会计账册交出，该诉讼请求的实质在于通过司法程序剥夺胡会林对希望公司的控制权，而该公司目前工商登记的法定代表人系胡会林，其法定代表人资格也因公司成立之初的股东会选举产生，所以，王成以公司名义起诉就必须持有相应内容的合法有效的股东会决议，否则，王成缺乏与胡会林对抗的法律基础。换言之，王成要替代胡会林成为希望公司法定代表人必须有合法的基础，否则在没有公司公章的情况下，王成签字以公司名义起诉就不应当被受理或者起诉应当被驳回。因此，在本案中对希望公司2008年10月16日股东会决议效力的审查就显得十分重要。根据公司法的规定，股东出资不到位并不影响其股东资格的取得，但其享有股东权利的前提是承担股东义务，违反出资义务，也就不应享有股东的相应权利，这亦是民法中权利与义务统一，利益与风险一致原则的具体体现，股东对股东权利的享有与行使应当以履行股东义务为前提。2004年《中华人民共和国公司法》第34条规定：股东在公司登记后，不得抽回出资（2005年10月27日修订后的《中华人民共和国公司法》第36条亦有规定）。该法条系禁止性规定，所以，违反该条规定的均应承担相应法律后果。依照公司法规定，股东权利的享有和行使须按其投入公司的资本额大小确定，股东在没有履行出资义务的情况下行使股东全部权利，明显有违公平的原则，亦损害其他股东利益，应对其股东权利加以限制。

按照我国公司法的规定，有限责任公司的股东享有以下权利：（1）表决权；（2）选举权和被选举权；（3）分取红利的权利；（4）剩余财产分配权；（5）查阅公司会议记录和财务会计报告权；（6）增资优先认购权；（7）转让出资权；（8）优先购买其他股东转让的出资权；（9）制定和修改公司章程的权利。其中，选举权和被选举权、查阅公司会议记录和财务会计报告权、制定和修改公司章程等身份性质的权利主要依据股东资格取得和享有，与实际出资无关。但是与股东投资行为相关的表决权、分红权、剩余财产分配权、增资优先认购权直接涉及公司的财产权，需按照股东实缴的出资比例行使。违反出资义务的股东，虽然名义上取得了股东资格，但由于其没有实施真实的投资行为，不仅没有使公司以其资本进行经营产生利润，也没有以其投资承担公司经营风险。因此，基于公平原则，没有履行出资义务的股东不能享有上述按出资比例确定的各项股东权利。在没有补足应缴出资款之前，应当对其相应的股东表决权、分红权、剩余财产分配权、增资优先认购权加以限制。

原审法院已经查明：参与2008年10月16日股东会的股东已将出资抽回，故无表决权的股东作出的决议应当无效。王成不能直接依据该决议替代胡会林的法定代表人地位，故其决定以公司名义提起诉讼，法院不应受理，该起诉应予驳回。综上，原审裁定驳回起诉并无不当，应予维持。

**78. 若公司不设股东会，且在章程中规定公司的一切重大事项均由董事会以特定多数决定，则公司的出资人是否可以召集全体出资人会议更换董事会成员？**

即使公司规定董事会为公司的最高权力机构且将包括选择董事会成员在内的一切重大事项的决定权授予董事会，投资人作为授予权利的委托人，仍然有权通过合法召开出资人会议的形式，将该授权收回。如果公司章程对于投资人会议的召集程序没有具体规定，可以参照《中华人民共和国公司法》关于首次股东会的规定，由出资最多的股东召集出资人会议。

### 典型疑难案件参考

洪仲篪诉厦门洪氏企业有限公司履行董事变更登记手续案

**基本案情**

1994年6月3日，原告洪仲篪作为唯一投资人投资设立外商独资企业厦门洪氏企业有限公司（即被告）。由原告于1994年3月20日（公司成立前）签署的章程第2条规定："公司的投资者为洪仲篪。"第17条规定："公司设董事会，董事会为公司最高权力机构，讨论决定公司的一切重大事项。"第18条规定："公司董事会由投资者委派，首届董事会由下列人员组成：洪仲篪任董事长，董事洪三雄、洪进行，任期五年。"第21条规定："董事会会议由董事长召集并主持，董事长缺席可委托副董事长或其他董事召集并主持。"第23条规定："出席董事会会议的法定人数为全体董事的2/3，不够2/3人数时，所通过决议无效。"第62规定："本章程的修改，必须经董事会一致通过决定，并报原审批机构批准。"公司未设股东会。

1998年1月20日，原告分别与洪三雄、洪进行、卓森荣签订《出资额转让协议书》，约定将30%的出资额分别转让给洪三雄、洪进行、卓森荣各10%。同日，公司董事会开会讨论并通过了上述出资额转让及"新一届董事会成员，董事长：洪仲篪，董事：洪三雄、洪进行"两项提案。1998年3月8日，上述股权变更获得批准。1998年12月16日，被告的章程再次修正。章程第2条规定：公司的投资者及投资比例为洪仲篪（即原告）70%、洪三雄10%、卓森荣10%、洪进行10%。第18条第2款规定："洪仲篪任董事长，洪三雄任副董事长，董事：洪进行，任期5年。"章程其余条款未修改。该章程由原告一人作为代表签字并加盖了公司印章。

1999年8月20日，卓森荣与洪三雄签订一份协议书，约定将卓森荣6.67%的出资额转让给洪三雄。同日，公司董事会及卓森荣开会讨论了该股权转让及变更登记案。1999年11月11日，上述变更获得了批准。变更后，洪仲麓出资840万美元，占70%；洪三雄出资200.004万美元，占16.67%；洪进行出资120万美元，占10%；卓森荣出资39.996万美元，占3.33%。投资人变更后，公司仍未设股东会。

1999年9月1日，根据董事会决议，再次修改公司章程，增加了投资金额和注册资本，其余条款未修改。该章程由原告一人作为代表签字并加盖了公司印章。2000年5月、2002年10月，公司再次修改章程。自1998年12月16日修改公司章程后，投资者再未变更过董事。

2004年11月17日，被告的董事会一致同意委托洪仲麓全权办理银行授信额度的申请及担保事宜，董事洪三雄、洪进行同意向银行申请授信贷款。2006年6月25日，董事洪三雄、洪进行以被告董事会的名义发函给中国银行厦门市翔安支行，要求该行停止向被告融资并要求提前收回贷款。此后，该银行停止为被告对外开立信用证，导致原告无法进口原材料进行生产。

2006年8月2日，原告以被告股东及董事长身份签发《关于召开厦门洪氏企业有限公司股东会的通知》，分别通知股东洪三雄、洪进行、卓森荣于2006年8月25日在厦门市湖里工业区31号厂房第三会议室召开会议，讨论主要议程：(1)公司首次成立股东会；(2)修改公司章程；(3)更换公司董事会部分成员，更换后的董事会成员为洪仲麓、钟某、洪某三人。2006年8月3日，被告的委托代理人到厦门市鹭江公证处办理将上述通知分别邮寄给洪三雄、洪进行、卓森荣的邮件内容和邮寄过程的保全证据公证。厦门市鹭江公证处还公证证明上述关于邮寄通知及附件的邮件均已妥投。

2006年8月9日，被告收到了一份由"董事洪三雄、董事洪进行"以被告董事会名义传真发给"洪仲麓董事、洪进行董事、洪三雄董事"的《厦门洪氏企业有限公司临时董事会开会通知》，通知于2006年8月18日上午11时在台湾地区台北市振兴联合会计师事务所会议室召开董事会，讨论议程：(1)否决洪仲麓董事长未经董事会讨论决议擅自于2006年8月2日发出之召开股东会通知。(2)改选董事长。

2006年8月11日，原告以被告股东及董事长身份签发《关于对"厦门洪氏企业有限公司临时董事会开会通知"的复函》，指出董事会应由董事长召集并主持，上述召开临时董事会的通知只能是开会的提议，而非由公司发出的正式会议通知。同时，"鉴于首届董事会成员任期已届满，现根据法律及章程规定结合你等提议,董事长依法行使董事会召集权及主持权,就董事会召开的有关事宜通知如下:(1)会议时间:2006年8月25日上午8时30分;(2)会议地点:……(3)临时董事会议程:向新委派的董事移交相关公司事务"。同日,原告以被告股东身份签发《关于召开厦门洪氏企业有限公司出资人会议暨股东会的补充通知》,分别通知股东洪三雄、洪进行、卓森荣于2006年8月25日9时召开会议,讨论主要议程:(1)依法变更公司组织机构,成立公司股东会;(2)重新委派下列人员担任公司董事:洪仲麓、钟美娣、洪绍明三人;(3)修改公司章程。2006年8月14日,被告的委托代理人到厦门市鹭江公证处办理将上述通知和复函分别邮寄给洪三雄、洪进行、卓森荣的邮寄内容和过程的保全证据公证。厦门市鹭江公证处还公证证明上述关于邮寄通知及复函的邮件均已妥投。

2006年8月18日,洪三雄、洪进行在台湾地区台北市振兴联合会计师事务所会议室召开董事会,作出相关决议。8月下旬,中国银行厦门市翔安支行收到了洪进行以被告董事长身份所发的通知及所附董事会决议。原、被告均否认收到上述董事会决议和洪进行以被告董事长名义所发通知。

2006年8月25日9时,被告在厦门市鹭江公证处公证员现场监督下召开出资人会议等会议,出席人员为洪仲麓(占出资额的70%),其他三位出资人洪三雄、洪进行、卓森荣(占出资额的30%)缺席,也未授权他人出席。出资人会议决议如下:(1)变更公司组织机构,成立公司股东会;(2)重新委派下列人员担任公司董事:洪仲麓、钟某、洪某。会上,洪仲麓以投资人身份签署了免除洪三雄副董事长、董事职务,免除洪进行董事职务的《免职书》,签署了委派钟某、洪某为公司董事的《委派书》。

会后,被告根据上述8月25日的决议向厦门市工商行政管理局申请办理变更董事的备案手续。2006年9月30日,厦门市工商行政管理局向被告发《关于补正厦门洪氏企业有限公司董事变更备案法定材料的告知书》,称"对照厦门洪氏企业有限公司章程第4章第17条'公司设董事会,董事会为公司最高权力机构,讨论决定公司的一切重大事项',第18条'公司董事会由投资者委派',第28条'出席董事会会议的法定人数为全体董事的2/3,不够2/3人数时,所通过决议无效'的规定,洪氏企业董事变更所提交的原董事(监事)的免职文件和新任董事(监事)的任职文件不符合公司章程上述条款的要求,因而违背了《中华人民共和国公司法》、《中华人民共和国外资企业法》及其实施细则有关条款的规定,以及国家工商总局外商投资企业董事(监事)变更备案登记所需提交的文件、证件法形式的要求"。"比照国家工商总局《企业登记程序》第10条的规定,现一次性告知你公司按照工商总局外商投资企业董事（监事）变更备案登记所需提交的文件、证件规范要求，对照洪氏企业现行经主管部门批准生效的公司章程的具体规定，重新提交原董事（监事）的免职文件和新任董事（监事）的任职文件"。

截至本案开庭审理之日，被告未收到投资人对上述会议决议提出异议的通知，也未被起诉撤销会议决议。至今，被告未能完成董事变更备案登记手续。原告洪仲篪遂提起诉讼。

### 诉辩情况

原告诉称：被告系由原告作为唯一股东于1994年6月3日成立的外商独资企业，公司未设股东会，由原告直接委派首届董事会成员，董事长洪仲篪、董事洪三雄、洪进行，任期5年。1998年4月7日，原告将30%股权分别转让给洪三雄、洪进行、卓森荣各10%，之后在1998年12月16日重新修订的章程中洪三雄被委派为副董事长。1999年11月11日，卓森荣将6.67%股权转让给洪三雄。公司现注册资本金为1200万美元，其中洪仲篪出资840万美元，占70%；洪三雄出资200.004万美元，占16.67%；洪进行出资120万美元，占10%；卓森荣出资39.996万美元，占3.33%。股权变更后，董事会成员未变更，公司也未设股东会。

公司原董事洪三雄、洪进行长期居住在台湾地区，未能及时履行董事职责，同时董事任期又早已届满。特别是处理正常经营当中所必需的向贷款银行申请授信额度问题时，在已经董事会一致决议的情况下，洪三雄于2006年6月25日私自假借董事会的名义向贷款银行发函要求停止对公司的授信，导致公司无法使用信用证这一必需的金融工具进口原材料。

在此情况下，原告作为出资最多的股东及董事长，于2006年8月3日向股东洪三雄、洪进行、卓森荣发出《关于召开厦门洪氏企业有限公司股东会的通知》及其附件《厦门洪氏企业有限公司章程修正案》，又于2006年8月14日向股东发出《关于召开厦门洪氏企业有限公司出资人会议暨股东会的补充通知》，召集召开出资人会议及首次股东会，上述通知经厦门市鹭江公证处公证均已妥投。

2006年8月25日，出资人会议和股东会如期举行，出席人员为洪仲篪（占出资额的70%），其他三位洪三雄、洪进行、卓森荣（占出资额的30%）均缺席，由于出席会议的出资人股权超过2/3，会议依法顺利作出出资人会议决议和股东会会议决议，投资人签署了免除洪三雄副董事长、董事职务，免除了洪进行董事职务的《免职书》，签署了委派钟某、洪某为公司董事的《委派书》，决议通过了成立股东会、重新委派董事、修改公司章程等事项。上述两个会议均在厦门市鹭江公证处现场监督下举行,原告认为〔2006〕厦鹭证内字第06843号《公证书》附件中的2006年8月25日作出的《厦门洪氏企业有限公司出资人会议决议》合法有效,同时认为〔2006〕厦鹭证内字第06844号《公证书》附件中的2006年8月25日作出的《厦门洪氏企业有限公司股东会决议》也合法有效。

截至原告提起诉讼之日,被告仍未能完成董事变更备案登记手续和公司章程修正案报批及变更备案登记手续,导致去年纳税2326万元、解决劳动就业岗位4000多人的良好企业,目前因变更手续拖沓,新任董事无法签署生产经营当中急需的董事会决议,直接导致授信银行停止开具企业采购进口原材料所急需的银行信用证,工厂陷入停产状态,直接严重侵害了原告作为大股东的利益。原告遂提起诉讼,请求判决:(1)确认〔2006〕厦鹭证内字第06843号《公证书》附件中的2006年8月25日作出的《厦门洪氏企业有限公司出资人会议决议》有效;(2)确认〔2006〕厦鹭证内字第06844号《公证书》附件中的2006年8月25日作出的《厦门洪氏企业有限公司股东会决议》有效;(3)被告立即按照上述两项决议完成董事变更备案登记手续,董事会成员由董事长洪仲篪、副董事长洪三雄、董事洪进行变更备案登记为董事长洪仲篪、董事钟某、董事洪某;(4)被告立即按照上述两项决议完成公司章程修正案报批及变更备案登记手续。

2006年9月30日,原告变更诉讼请求为:(1)请求判令被告立即按2006年8月25日作出的《厦门洪氏企业有限公司出资人会议决议》、《厦门洪氏企业有限公司股东会决议》完成董事变更备案登记手续,董事会成员由董事长洪仲篪、副董事长洪三雄、董事洪进行变更备案登记为董事长洪仲篪、董事钟某、董事洪某;(2)请求判令被告立即按2006年8月25日作出的《厦门洪氏企业有限公司出资人会议决议》、《厦门洪氏企业有限公司股东会决议》完成公司章程修正案报批及变更备案登记手续。

2006年11月15日,原告再次变更诉讼请求为:请求判令被告立即按2006年8月25日作出的《厦门洪氏企业有限公司出资人会议决议》中有关董事会成员变更的决议内容完成董事变更备案登记手续,被告董事会成员由董事长洪仲篪、副董事长洪三雄、董事洪进行变更备案登记为董事长洪仲篪、董事钟某、董事洪某。

被告答辩称:第一,答辩人无法及时完成董事变更备案登记手续,无法及时完成公司章程修正案报批及变更备案登记手续,实属无奈,相关行政主管部门一再要求会议决议的有效性得到法院的确认后才能进行变更登记;第二,答辩人对原告所提交的所有证据的真实性、合法性、关联性均无异议,但对相关会议决议的有效性，作为企业实在无从判断是否有效，答辩人表示尊重人民法院的判决；第三，对于原董事洪三雄和洪进行未尽其董事职责，反而采取危害公司利益的行为，答辩人认为原告在其诉状当中所提及的事实确实存在，公司因无法向授信银行提交符合其要求的董事会决议而陷入严重困境，更为严重的是，因缺乏信用证这一金融工具，导致无法采购进口原材料，企业目前已经处于停产待料状态，企业4000多名员工急切盼望问题能早日解决；第四，企业在正常经营的状况下，能够形成利润提供给投资者一定的分红回报，而目前的状态已导致亏损的现实，投资者的利益显然已因纠纷而导致严重受损。

### 裁判结果

福建省厦门市中级人民法院依照《中华人民共和国民事诉讼法》第64条第1款之规定，判决驳回原告洪仲篪的诉讼请求。

### 裁判理由

福建省厦门市中级人民法院经审理认为：本案被告住所地在厦门，原告请求被告应作出的行为需要在厦门履行，故厦门市中级人民法院依法对本案享有管辖权。根据《中华人民共和国合同法》第126条之规定，本案应适用中华人民共和国法律。

《中华人民共和国公司法》第22条第4款规定："公司根据股东会或者股东大会、董事会决议已办理变更登记的，人民法院宣告该决议无效或者撤销该决议后，公司应当向公司登记机关申请撤销变更登记。"根据该规定，依据股东会决议办理相关变更登记备案手续是公司的义务，故股东起诉请求公司履行该义务时应以公司为被告。法律未规定出资人会议，其法律性质与股东会相同，故应比照适用上述规定。原告依据出资人会议的决议请求公司履行相应的报批手续的义务，应以所投资的公司为被告。

合法召开的股东会会议或出资人会议所作出的内容不违反法律强制性或禁止性规定的决议，自作出之时即具有法律效力。被告有义务履行出资人会议决议。下面分七点分析：

第一，原告有权召集全体投资人开会。被告的公司章程规定董事由投资人委派，但对于如何委派没有具体规定。全体投资人可以通过各种方式表达各自或共同的委派董事的意思，而召开会议进行商议和表决是通常的方式之一；被告的公司章程对于召集投资人开会的程序也没有具体规定，1998年股权变更后，被告至今未召开出资人会议，也未设股东会，比照《中华人民共和国公司法》第39条规定的首次股东会由出资最多的股东召集的规定，原告作为出资最多的出资人和公司董事长，有权召集全体出资人开会讨论更换董事会成员事宜。

第二，召集投资人开会的程序有瑕疵但已过异议期限。被告已将召开会议的通知及会议议题邮寄给其他出资人，邮寄内容及过程经公证处公证。公证处还证明所有邮件均已妥投。其他出资人以被告董事会名义发给公司的传真及发给银行的通知也证明他们收到了召开会议的通知。然而，原告将召开股东会的通知变更为召开出资人会议的通知并重新发送开会通知时，未比照《中华人民共和国公司法》第42条的规定提前15日通知全体出资人，因此，出资人会议的召集程序有瑕疵。但被告发出会议通知后，没有任何一位出资人对通知程序在法定期限内提出异议。出资人洪三雄、洪进行在收到召开股东会、董事会的通知后，传真回复被告，对原告单方更换董事提出异议，并提出了在台湾地区召开董事会重新选举公司董事长的通知。被告在发送召开出资人会议通知时一并邮寄了对该通知的复函，指出该通知为召开董事会的提议。此后，并无出资人对会议及其决议提出异议或提起诉讼。《中华人民共和国公司法》第22第1款规定："公司股东会或者股东大会、董事会的决议内容违反法律、行政法规的无效。"第2款规定："股东会或者股东大会、董事会的会议召集程序、表决方式违反法律、行政法规或者公司章程，或者决议内容违反公司章程的，股东可以自决议作出之日起六十日内，请求人民法院撤销。"当决议内容违反法律、行政法规规定之时，人民法院将宣告其无效。当会议召集程序、表决方式违反法律、行政法规或者公司章程，或者决议内容违反公司章程时，股东有权请求人民法院予以撤销。在撤销之前，决议的效力待定。因而，被告关于开会的通知虽然有瑕疵，但因无出资人提出异议或起诉，依照最高人民法院《关于适用〈中华人民共和国公司法〉若干问题的规定（一）》第3条的规定，起诉的法定期间已过，应认定异议期限已过。

第三，改选董事符合法律规定也符合章程规定。一方面，董事任期届满，依法依章程规定都应当予以改选。被告于1994年设立至今董事会成员一直未更换，仅于1998年12月修改章程时将董事洪三雄改任为副董事长。此后投资者再未委派过董事，董事任期早已届满，应由投资者依据法律和章程规定委派新一届董事会成员。即使将1998年董事职务的调整，视为出资人改选了董事会成员，至今已超过公司章程规定的董事任期5年的规定，当然也超过了公司法规定的董事任期3年的规定。依照法律规定和章程规定，出资人有权重新委任董事会成员。另一方面，被告的部分任期届满的留守董事滥用董事权利、做出损害公司利益的行为，投资人也有权改选董事。2004年11月17日，被告的董事会决议一致同意公司在人民币2亿元的限额内向银行贷款，并授权由原告全权办理。但董事洪三雄、洪进行却于2006年6月25日以被告董事会的名义向公司贷款银行发函要求停止对公司的授信贷款，致使被告无法通过银行对外开立信用证，无法进口原材料。这些留守董事滥用了董事职权，因此，改选董事符合被告利益。

第四，董事既应在经营活动中维护公司利益，也应当维护投资人的利益，应当能够公平地维护公司大小投资者的利益。然而，被告的董事会组成不能代表出资占2/3以上多数的出资人的利益，此时，该出资人有权通过股东会或出资人会议更换董事。

第五，原告有权委派被告的董事会成员。出资人依据《中华人民共和国公司法》第4条规定享有选择管理者（即任免董事）的权利。被告章程第18条"公司董事会由投资者委派"的规定，将委派董事的权利赋予投资人。章程将公司重大事项赋予公司董事会以2/3多数决定，在该条款与第18条冲突的情况下，特殊条款的适用应优先于普通条款，故章程将委派董事的权利特别保留给投资人。即使该权利已授予董事会，投资人作为授予权利的委托人，仍有权通过合法召开出资人会议的形式，将该授权收回。因此，依照法律和公司章程，原告有权委派被告的董事会成员。

第六，原告是否有权委派全部的董事会成员。在1994年至1998年12月16日之前，投资人只有原告一人，所有的董事都由原告委派。之后，投资人有四人，原告仍持有70%的出资份额，依照出资比例，原告至少有权任命三名董事会成员中的两名。《中华人民共和国公司法》第43条规定："股东会会议由股东按照出资比例行使表决权；但是，公司章程另有规定的除外。"第44条第1款规定："股东会的议事方式和表决程序，除本法另有规定的外，由公司章程规定。"因此，法律将股东会的议事规则授权由公司章程制定。但被告的章程没有规定投资人如何委派董事会成员。这样，公司法和被告的章程对如何委派公司董事事宜均无明确规定。原告主张比照《中华人民共和国公司法》第44条第1款之规定，原告有权委派全体董事。依照公司法理论，股东对选择董事会成员的表决权有直接选举制和累积投票制两种模式。所谓累积投票制，是指股东所持有的每一股份都拥有与股东大会拟选举的董事或者监事数量相同的投票权，股东既可以把全部投票权集中于选举一人，也可以分散选举数人，最后以得票多少决定当选的董事或者监事。公司法在有限责任公司部分没有规定该制度，仅在股份有限公司部分允许公司章程或者股东大会决议采用该制度。因此，累积投票制应当在章程中有特别约定，如果没有章程的特别约定，则应先经股东会讨论并经2/3以上表决权通过采用该选举方式才能适用。实践中，我国大多数合资经营公司的章程均特别规定股东选任董事的名额，即实务多采用累积投票制。若采用该制度，且其他出资人联合选举一名董事时，则原告只能决定三名董事会成员中的两名董事人选。然而，被告的章程没有特别规定这种选举董事的制度，也没有经全体投资人表决采用这种制度，因此，认定原告是否有权决定全部董事会成员时不适用累积投票制理论。根据直接选举制理论，所有股东都有提名全体董事会成员的权利，全体股东根据各自拥有的表决权对三名董事直接进行投票表决。原告现享有被告70%的股权，是被告最大的出资人，依法享有选择管理者等权利，行使股东权利时享有超过公司2/3以上的表决权。因此，在章程没有特别规定的情况下，对"董事由投资者委派"的正确理解应当是由投资人根据"资本多数决"原则对全体董事人选直接进行表决后依照决议免去或委派董事，并非每个出资人都能够委派一名董事，其选举的董事经代表出席会议1/2以上表决权的股东通过才能被委派。原告主张比照适用《公司法》第44条第1款的规定，应予支持。

第七，依照出资人会议决议，被告负有办理公司董事变更事项备案的义务。《公司登记管理条例》第37条规定，公司章程修改未涉及登记事项的，公司应当将修改后的公司章程或者公司章程修正案送原公司登记机关备案。第87条规定，外商投资的公司的登记适用本条例。《关于外商投资的公司审批登记管理法律适用若干问题的执行意见》第18条规定："外商投资的公司的下列事项及其变更应当向公司登记机关备案：（一）经审批机关批准的不涉及登记事项的公司章程修正案或修改后的公司章程（含投资总额的变更）；（二）公司董事、监事、经理；……外商投资的公司办理备案事项，应当向公司登记机关提交由公司法定代表人（清算组负责人）签署的备案报告、证明备案事项发生的相关文件。"因此，依据法律规定，出资人会议作出会议决议后，被告系办理公司董事变更备案及章程修正案报批变更登记事项的主体，负有依据出资人会议决议内容办理报批、登记及备案等事项的法定义务。

综上，在被告的董事任期届满后，原告作为被告出资最多的出资人，依据公司法的相关规定，有权召集、召开出资人会议；虽然召集程序有瑕疵，但出资人起诉的期限已过；出席会议的出资人超过代表公司2/3以上的出资额；出资人会议以代表公司2/3以上出资额的出资人同意，决定免除洪三雄副董事长、董事职务，免除洪进行董事职务，委派钟某、洪某为公司董事，该决议内容未违反任何法律行政法规的规定及公司章程的规定，因此，该决议合法有效。被告应当依照该决议办理变更公司董事的备案手续。

但是，原告无须提起本案诉讼。一方面，合法召开的投资人会议所作出的更换董事的决议，在一经作出之时即对新旧董事和公司均发生法律效力。未办理变更备案不影响决议的效力，备案具有对外宣示的效力。双方对于出资人会议决议并无争议，故无须诉讼。另一方面，被告已于 2006 年 9 月 30 日收到厦门市工商行政管理局的《告知书》，证明被告已经履行了办理董事变更备案手续的义务，对于未能完成变更备案手续，被告没有过错，因此，原告的起诉应予驳回。

> **79. 部分股东在其他股东未出席股东会的情况下，伪造其签名作出的股东决议是否无效？**
>
> 部分股东在其他股东未参加股东会的情况下，在股东会决议上伪造其签名作出的处置其权益的股东会决议，违背了其他股东的真实意思，在内容上违反了法律规定，侵害了其他股东的合法权益，应当认定为无效。

### 典型疑难案件参考

周海军诉北京世纪星碟文化传播有限公司确认股东会决议效力案

#### 基本案情

北京世纪星碟文化传播有限公司（简称世纪星碟公司）是经核准于 2001 年 8 月 16 日设立的有限责任公司，注册资本为 50 万元。其工商登记材料中包括：（1）公司章程。章程载明：股东王晓京、杨其鹏和周海军分别以货币出资 35 万元、10 万元和 5 万元，共同设立世纪星碟公司；股东会由全体股东组成，职权之一为对股东向股东以外的人转让出资作出决议；股东会会议由股东按照出资比例行使表决权；股东会应当对所议事项做出决议，股东会对公司修改公司章程等所作出的决议，应由 2/3 以上表决权的股东表决通过，股东会应当对所议事项的决定作出会议记录，出席会议的股东应当在会议记录上签名等内容。周海军本人并未签名，章程上的"周海军"签名系王晓京让案外人所写。（2）交存入资资金报告单、验资报告、股东发起人出资情况表。记载：周海军投入货币资金 5 万元，占注册资本的 10%。

2003 年 11 月 2 日，世纪星碟公司形成《股东会决议》，内容为：以电话方式通知全体股东到会参加会议；全体股东一致同意公司变更股东，原股东周海军所持股份 5 万元全部转让给孙毅刚，杨其鹏将所持股份 10 万元中的 5 万元转让给王晓京，其余 5 万元转让给王波；全体股东一致同意通过新章程。周海军未到会，《股东会决议》中"全体股东签字"栏内的"周海军"非其本人所写，系王晓京让案外人所写。同日还形成一份周海军将自己在世纪星碟公司所持5万元股权全部转让给孙毅刚的《转股协议》。协议上的周海军签名亦非其本人所写。当日，王晓京给孙毅刚出具收到孙毅刚5万元股权转让款的收据。此后，世纪星碟公司持上述《转股协议》、《股东会决议》及由王晓京、王波和孙毅刚签署的公司章程等向工商行政管理机关申请股东变更登记。工商行政管理部门予以核准。王波、孙毅刚取代了杨其鹏、周海军，与王晓京一起被载入新的股东名录。

另外，世纪星碟公司提出周海军未出资，为此提供：（1）华夏投资有限公司50万元转账支票款于2001年8月11日入账到世纪星碟公司入资专用账户的进账单，上面注明：王晓京35万元、杨其鹏10万元、周海军5万元。（2）王晓京于2001年2月10日以业务需要之名向华夏投资有限公司借款50万元（借款期限6个月）的借据复印件。周海军对复印件不予认可，并否认以支票形式出资，称其系直接将现金交入银行。

### 一审诉辩情况

原告周海军诉称：2001年8月王晓京、杨其鹏与其共同出资设立世纪星碟公司，公司注册资本为50万元，其中周海军出资5万元、王晓京出资35万元、杨其鹏出资10万元。2004年底，周海军得知其在该公司享有的股份被转移给了孙毅刚。工商变更登记所依据的文件是《转股协议》、《股东会决议》等。但实际上周海军对2003年11月2日召开的股东会议根本不知情，自己没有参加，也未委托他人代为参加，根本不会在《股东会决议》上签字，该《股东会决议》上的签名是伪造的。世纪星碟公司以虚假的证明文件取得公司变更登记的行为违法了公司法的规定，应为无效。原告起诉请求：（1）判令世纪星碟公司于2003年11月2日做出的《股东会决议》无效；（2）确认周海军以出资额享有的世纪星碟公司股东身份，并责令世纪星碟公司到有关部门对股权变更登记进行改正；（3）本案诉讼费用由世纪星碟公司负担。诉讼中，周海军自愿放弃了第2项诉讼请求。

被告世纪星碟公司辩称：公司成立之时，股东之一王晓京在未告知周海军的情况下将周海军列入股东名单，并让他人在公司章程上签名"周海军"，实际周海军没有出资，也不具备股东资格。孙毅刚并不知晓周海军是虚拟股东，也不知道公司章程上的"周海军"签字系他人所写。孙毅刚已给付王晓京股权转让金5万元，并在公司新章程上签字，履行了股东的义务。而且，此后王晓京已将上述情况告知周海军，周海军并未提出异议。对虚拟股东，世纪星碟公司以变更为真实股东的方式予以纠正，并无不妥，虽变更股东手续签字存在瑕疵，但已经工商行政管理机关核准。孙毅刚善意取得股东资格的利益与世纪星碟公司法律关系的稳定性均应予以维护。综上，不同意周海军的诉讼请求。

### ▶一审裁判结果◀

北京市朝阳区人民法院依据《中华人民共和国公司法》（2004年修订）第44条、第206条之规定，判决：

2003年11月2日形成的北京世纪星碟文化传播有限公司《股东会决议》无效。

案件受理费50元，由北京世纪星碟文化传播有限公司负担（于本判决生效后7日内交纳）。

### ▶一审裁判理由◀

北京市朝阳区人民法院认为，2003年11月2日形成的世纪星碟公司《股东会决议》，内容为：以电话方式通知全体股东到会参加会议；全体股东一致同意周海军将其所持股份转让给孙毅刚，并一致通过新的公司章程。决议上"全体股东签字"处签有周海军的姓名。但周海军本人根本没有参加该股东会，也未在《股东会决议》上签字，其否认委托他人参会并代为签字。而星碟公司并未举证证明周海军曾授权他人代参加股东会并代为在《股东会决议》上签字或周海军曾同意该决议中的内容。因此被告世纪星碟公司用作办理工商变更登记手续的该《股东会决议》实为冒用周海军名义所形成，内容上不真实，有违相关法律规定，应属无效。本院对周海军的诉讼请求予以支持。世纪星碟公司设立之时，周海军是否实际出资、是否具备股东资格，均不足以改变上述有关转股内容的《股东会决议》的无效性。本院对世纪星碟公司的答辩不予支持。

### ▶二审诉辩情况◀

一审宣判后，世纪星碟公司不服原审判决，提起上诉，要求撤销原审判决，驳回周海军的诉讼请求，并由周海军负担诉讼费用。其上诉理由是：周海军起诉的依据是其具有世纪星碟公司的股东身份，但周海军实际并不具备世纪星碟公司的股东资格，因此周海军无权对世纪星碟公司的股东会议提出请求，其与世纪星碟公司没有法律关系。

### ▶二审裁判结果◀

北京市第二中级人民法院依据《中华人民共和国民事诉讼法》第153条

第1款第1项之规定,作出如下判决:驳回上诉,维持原判。

一审案件受理费50元,由北京世纪星碟文化传播有限公司负担(于本判决生效后7日内交至原审法院);二审案件受理费50元,由北京世纪星碟文化传播有限公司负担。

### ▶ 二审裁判理由

二审查明事实与一审相同。

北京市第二中级人民法院认为,周海军未参加2003年11月2日世纪星碟公司的《股东会决议》,也未在《股东会决议》上签字。世纪星碟公司《股东会决议》"全体股东签字"处周海军的签字,并非周海军本人的签字,周海军否认曾委托他人代为签字,世纪星碟公司也无证据证明周海军曾授权他人代为参加股东会决议和在《股东会决议》上签字。世纪星碟公司以周海军不具备世纪星碟公司股东资格为由请求二审法院撤销原审判决,驳回周海军的诉讼请求,理由不充分,不予采信。原审判决认定事实清楚,处理并无不妥,应予维持。

> **80. 绝对控股股东利用控制公司的便利,未经实际召开股东会而根据个人意志作出的股东会决议是否有效?**
>
> 公司股东实际参与股东会议并作出真实意思表示,是股东会议及其决议有效的必要条件。享有绝对多数表决权的股东未经实际召开股东会而按照个人意志作出股东会决议,应当认定为不存在,当然不能产生法律效力。因此,其他股东在知道或者应当知道自己的股东权利被侵犯后,在法律规定的诉讼时效内提起诉讼,人民法院即应依法受理,不受《中华人民共和国公司法》第22条关于股东申请撤销股东会决议的60日期限的规定限制。

### 典型疑难案件参考

张艳娟诉江苏万华工贸发展有限公司、万华、吴亮亮、毛建伟股东权纠纷案(《最高人民法院公报》2007年第9期,总第131期)

### ▶ 基本案情

被告万华工贸公司成立于1995年12月21日,发起人为被告万华、原告张艳娟和其他两名股东朱玉前、沈龙，注册资本为106万元，其中万华出资100万元，朱玉前、沈龙、张艳娟各出资2万元。1995年11月23日，万华、朱玉前、沈龙、张艳娟签订了万华工贸公司章程，该章程规定：公司股东不得向股东以外的人转让其股权，只能在股东内部相互转让，但必须经全体股东同意；股东有权优先购买其他股东转让的股权；股东会由股东按照出资比例行使表决权，每10万元为一个表决权；股东会议分为定期会议和临时会议，并应于会议召开5日前通知全体股东；定期股东会议应一个月召开一次；股东出席股东会议也可书面委托他人参加，行使委托书载明的权力；股东会议应当对所议事项作出决议，决议应当由代表1/2以上表决权的股东表决通过；股东会对公司增加或减少注册资本、股东转让股权及公司的合并、分立、变更公司形式、解散、清算等事项作出的决议，应由代表2/3以上表决权的股东表决通过；股东会议应当对所议事项的决定作出会议记录，出席会议的股东应当在会议记录上签名；等等。

被告万华工贸公司成立后，由被告万华负责公司的经营管理。

2004年4月12日，被告万华工贸公司向公司登记机关申请变更登记，具体事项为：（1）将公司名称变更为江苏办公伙伴贸易发展有限公司（以下简称伙伴贸易公司）；（2）法定代表人变更为被告吴亮亮，股东变更为被告万华、吴亮亮、毛建伟及股东邢小英4人；（3）变更了公司章程的部分内容。

被告万华工贸公司申请上述变更公司登记所依据的材料为：

1. 2004年4月6日股权转让协议两份，其主要内容分别为：被告华将其100万元出资中的80万元出资对应的公司股权转让给被告吴亮亮；朱玉前将其出资2万元对应的公司股权转让给邢小英，沈龙将其2万元出资中的1万元对应的股权转让给被告毛建伟，将另1万元对应的公司股权转让给邢小英，原告张艳娟将2万元出资对应的公司股权转让给毛建伟。上述两份股权转让协议落款处有全部转让人及受让人的签名。

2. 被告万华工贸公司章程（2004年4月6日修正）一份，该章程除记载并确认了关于公司股东、董事、监事和公司住所地、名称的变更外，还作了如下规定：公司股东有权出席股东会议，并按照出资比例行使表决权，有权选举公司的董事或监事，同时享有被选举权；公司股东有权依法及公司章程的规定转让其出资；公司股东向股东以外的人转让其股权，必须经过半数以上的股东同意，不同意的股东应当购买被转让的股权，如果不购买被转让的股权，则视为同意向股东以外的人转让股权；经公司股东同意转让的股权，在同等条件下，其他股东对该部分股权有优先购买权；股东依法转让股权后，公司编制新的股东名册；股东会议分为定期会议和临时会议，定期会议应每年召开一次，临时会议由代表1/4以上表决权的股东、1/3的董事或监事提议方可召开；公司股东出席股东会议也可书面委托他人参加股东会议，行使委托书中载明的权力；召开股东会议，应当于会议召开前15日以书面形式通知全体股东，股东会应对所议事项的决定作成会议记录，出席会议的股东应当在会议记录上签名；等等。该章程有被告吴亮亮、毛建伟、万华及股东邢小英的签名。

3. 2004年4月6日被告万华工贸公司股东会决议一份，主要内容是：全体股东一致同意上述股权转让；转让后各股东出资额及占注册资本的比例为：被告吴亮亮出资80万元、占75.5%，被告万华出资20万元、占18.9%，邢小英出资3万元、占2.8%，被告毛建伟出资3万元、占2.8%；全体股东一致同意将公司名称变更为"江苏办公伙伴贸易发展有限公司"；全体股东一致同意公司住所地变更为"南京市洪武北路116号"；全体股东一致同意免去朱玉前、沈龙董事职务，重新选举吴亮亮、毛建伟为董事，与万华组成董事会；全体股东一致同意免去原告张艳娟的监事职务，选举邢小英为监事；全体股东一致同意2004年4月6日所修改的公司章程。

另查明，原告张艳娟与被告万华于1988年结婚，现为夫妻。

### 诉辩情况

原告张艳娟诉称：被告万华工贸公司成立于1995年，注册资本为106万元，发起人为被告万华（原告的丈夫）、原告张艳娟及另外两名股东朱玉前、沈龙。其中万华出资100万元，张艳娟等3名股东各出资2万元。2006年6月，原告因故查询工商登记时发现万华工贸公司的股东、法定代表人均已于2004年4月发生了变更，原告及朱玉前、沈龙都已不再是该公司股东，原告的股权已经转让给了被告毛建伟，万华也将其100万出资中的80万所对应的公司股权转让给了被告吴亮亮，公司法定代表人由万华变更为吴亮亮。万华工贸公司作出上述变更的依据是2004年4月6日召开的万华工贸公司股东会会议决议，但原告作为该公司股东，从未被通知参加该次股东会议，从未转让自己的股权，也未见到过该次会议的决议。该次股东会议决议以及出资转让协议中原告的签名并非原告本人书写。因此，原告认为该次股东会议实际并未召开，会议决议及出资转让协议均属虚假无效，侵犯了原告的合法股东权益。原告既没有转让过自己的股权，也不同意万华向公司股东以外的人转让股权。万华系原告的丈夫，却与吴亮亮同居，二人间的股权转让实为转移夫妻共同财产，并无真实的交易。万华与吴亮亮之间的股权转让行为也违反了万华工贸公司章程中关于"股东不得向股东之外的人转让股权"的规定，并且未依照万华工贸公司章程告知其他股东，未征得其他股东的同意。故原告请求法院确认所谓的2004年4月6日万华工贸公司股东会决议无效,确认原告与毛建伟之间的股权转让协议无效,确认万华与吴亮亮之间的股权转让协议无效,或者撤销上述股东会议决议和股权转让协议。

被告万华工贸公司辩称:万华工贸公司于2004年4月6日通过的股东会决议内容并无违反法律之处,万华工贸公司原股东朱玉前、沈龙均知道该次股东会决议内容及股权转让的事实,因而该决议是合法有效的。原告张艳娟认为其本人未收到会议通知,没有参加该次股东会议,即便其主张成立,也只能说明2004年4月6日的万华工贸公司股东会会议程序不符合法律和该公司章程的规定。修订后的《中华人民共和国公司法》第22条规定,股东会或者股东大会、董事会的会议召集程序、表决方式违反法律、行政法规或者公司章程,或者决议内容违反公司章程的,股东可以自决议作出之日起60日内,请求人民法院撤销。原告起诉时已超过申请撤销决议的60天法定期限,故2004年4月6日的万华工贸公司股东会决议已然生效。原告无权否定该次股东会决议的效力。此外,原告不是本案的适格原告,因为2004年4月6日原告的全部股权已转让给了被告毛建伟,原告已不再具有股东资格,故无权提起本案诉讼。请求法院驳回原告的诉讼请求。

被告万华辩称:万华工贸公司于2004年4月6日召开的股东会是合法的,本人享有万华工贸公司的全部表决权,经本人表决同意的股东会决议应为有效。本人将80万元个人出资对应的公司股权转让给被告吴亮亮,征得了公司所有股东的同意,该转让行为也是有效的。原告张艳娟诉称其未参加股东会,也未在相应文件中签字属实,但因本人与原告系夫妻关系,财产是混同的,且双方曾约定公司股权归本人所有,因此,本人代原告参加股东会并在股东会决议和股权转让协议中代为签字,均是合法有效的。自2004年4月6日起原告已不再是万华工贸公司股东,其无权提起本案诉讼。

被告吴亮亮辩称:本人作为股权的受让方不应当成为本案的被告,本人受让股权的程序是合法的。原告张艳娟与被告万华系夫妻关系,本人有理由相信万华可以代表原告作出放弃对于万华股权的优先购买权的表示。即便原告没有授权万华表达放弃优先购买权的意思,本人作为善意购买人,其合法权益亦应受到保护。原告与万华之间的夫妻矛盾应依据婚姻法进行处理,与本人无关。万华工贸公司2004年4月6日股东会决议和出资转让协议均应认定为有效。本人受让股权并被选任为万华工贸公司董事长已经两年多,该公司经营正常,在此期间原告从未提出过股东会决议违法或侵权等主张。2004年4月6日本人以80万元对价购买了万华在万华工贸公司的部分股权,现原告或万华如以同样的价格受让,本人同意将股权再转让给原告或万华。

被告毛建伟辩称：被告万华工贸公司曾借用过本人的身份证，但本人根本不知道自己已经受让了原告张艳娟等人在万华工贸公司的股权，从未参加过2004年4月6日的万华工贸公司股东会，也不认识该公司股东沈龙、朱玉前等人。万华工贸公司章程、2004年4月6日的股东会决议及股权转让协议中的"毛建伟"签名也非本人所签。

### 裁判结果

南京市玄武区人民法院根据《中华人民共和国民事诉讼法》第64条第1款、第128条，《中华人民共和国民法通则》第57条，修订前公司法第35条第2款、第37条、第39条、第40条、第41条、第43条、第44条，最高人民法院《关于适用〈中华人民共和国公司法〉若干问题的规定（一）》第1条之规定，于2007年4月2日判决如下：

一、2004年4月6日的被告万华工贸公司股东会决议不成立。

二、2004年4月6日原告张艳娟与被告毛建伟的股权转让协议不成立。

三、2004年4月6日被告万华与被告吴亮亮签订的股权转让协议无效。

一审宣判后，各方当事人在法定期间内均未提出上诉，一审判决已发生法律效力。

### 裁判理由

本案的争议焦点问题是：（1）被告万华工贸公司于2004年4月6日作出的股东会决议以及涉案股权转让协议是否有效；（2）原告张艳娟对上述股东会决议和股权转让协议申请确认无效或者申请撤销，应否支持。

南京市玄武区人民法院认为：

有限责任公司的股东会议，应当由符合法律规定的召集人依照法律或公司章程规定的程序，召集全体股东出席，并由符合法律规定的主持人主持会议。股东会议需要对相关事项作出决议时，应由股东依照法律、公司章程规定的议事方式、表决程序进行议决，达到法律、公司章程规定的表决权比例时方可形成股东会决议。有限责任公司通过股东会对变更公司章程内容、决定股权转让等事项作出决议，其实质是公司股东通过参加股东会议行使股东权利、决定变更其自身与公司的民事法律关系的过程，因此，公司股东实际参与股东会议并作出真实意思表示，是股东会议及其决议有效的必要条件。本案中，虽然被告万华享有被告万华工贸公司的绝对多数的表决权，但并不意味着万华个人利用控制公司的便利作出的个人决策过程就等同于召开了公司股东会议，也不意味着万华个人的意志即可代替股东会决议的效力。根据本案事实，不能认定

2004年4月6日万华工贸公司实际召开了股东会，更不能认定就该次会议形成了真实有效的股东会决议。万华工贸公司据以决定办理公司变更登记、股权转让等事项的所谓"股东会决议"，是当时该公司的控制人万华所虚构，实际上并不存在，因而当然不能产生法律效力。

被告万华工贸公司、万华、吴亮亮主张原告张艳娟的起诉超过了修订后公司法第22条规定的申请撤销股东会决议的期限，故其诉讼请求不应支持。对此法院认为，本案发生于公司法修订前，应当适用当时的法律规定。鉴于修订后的公司法第22条规定股东可以对股东会决议提起确认无效之诉或者申请撤销之诉，而修订前的公司法未对相关问题作出明确规定，因此，根据最高人民法院《关于适用〈中华人民共和国公司法〉若干问题的规定（一）》第2条的规定，本案可以参照适用修订后公司法第22条的规定。但是，修订后《公司法》第22条关于"股东会或者股东大会、董事会的会议召集程序、表决方式违反法律、行政法规或者公司章程，或者决议内容违反公司章程的，股东可以自决议作出之日起60日内，请求人民法院撤销"的规定，是针对实际召开的公司股东会议及其作出的会议决议作出的规定，即在此情况下股东必须在股东会决议作出之日起60日内请求人民法院撤销，逾期则不予支持。而本案中，2004年4月6日的万华工贸公司股东会及其决议实际上并不存在，只要原告在知道或者应当知道自己的股东权利被侵犯后，在法律规定的诉讼时效内提起诉讼，人民法院即应依法受理，不受修订后公司法第22条关于股东申请撤销股东会决议的60日期限的规定限制。

股东向其他股东或股东之外的其他人转让其股权，系股东（股权转让方）与股权受让方协商一致的民事合同行为，该合同成立的前提之一是合同双方具有转让、受让股权的真实意思表示。本案中，不能认定原告张艳娟与被告毛建伟之间实际签署了股权转让协议，亦不能认定被告万华有权代理张艳娟转让股权，毛建伟既未实际支付受让张艳娟股权的对价，也没有受让张艳娟股权的意愿，甚至根本不知道自己已受让了张艳娟等人的股权，诉讼中也明确表示对此事实不予追认，因此，该股权转让协议依法不能成立。据此，被告万华工贸公司、万华、吴亮亮关于张艳娟已非万华工贸公司股东，不能提起本案诉讼的主张不能成立，依法不予支持。

关于被告万华与吴亮亮签订的股权转让协议，根据修订前公司法及万华工贸公司章程的相关规定，股东向股东以外的人转让股权的，须经全体股东过半数同意。本案中，万华向吴亮亮转让股权既未通知其他股东，更未经过全体股东过半数同意，因此该股权转让行为无效。

### 81. 公司法定代表人超越权限对外提供的担保是否有效？

公司的法定代表人超越权限以公司名义和第三人签订的担保合同对公司是否具有约束力，取决于第三人在签订合同时是否善意。如果第三人为善意第三人，则所签订的担保合同有效，公司在对第三人承担担保责任后可以对内追究有过错的行为人的责任。如果第三人并非善意第三人，则越权行为无效，公司不必承担担保责任。

### 82. 银行在与保证人签订担保合同时，对保证人提交的董事会决议或者股东会决议应当如何履行审查义务？

银行对保证人提交的董事会决议仅负有形式审查义务，即银行的审查义务仅限于从表面上审查董事会决议是否符合有关法律规范规定的形式要件，而无义务审查决议的真伪。董事会决议违反法律、法规或者公司章程，给公司造成严重损害的，参与决议的董事应当对公司负赔偿责任，但董事在表决时曾提出异议并且记载于会议记录的，可以免除责任。

**典型疑难案件参考**

中国光大银行深圳分行与创智信息科技股份有限公司、深圳智信投资有限公司、湖南创智集团有限公司借款保证合同纠纷上诉案

**基本案情**

2005年9月30日，中国光大银行深圳分行（以下简称光大银行）与深圳智信投资有限公司（以下简称智信公司）签订一份编号为JK38910509039的《借款合同》，约定：光大银行向智信公司提供18500万元人民币贷款；贷款用途为借新还旧；借款期限为2005年9月30日至2006年7月30日。借款年利率为5.58%；创智信息科技股份有限公司（以下简称创智股份）与湖南创智集团有限公司（以下简称创智集团）对贷款提供连带责任保证担保。此外，该合同还约定如果发生借款人未按期支付利息，借款人或担保人在借款合同项

下或担保合同项下作出的陈述、保证和承诺不真实，借款人或担保人在其为一方的其他合同项下违约，借款人或担保人经营、财务状况严重恶化等情况，则构成借款人违约，光大银行有权宣布所有已发放的贷款立即到期，收回贷款本金、利息或其他应付款项，宣布实施或实现有关贷款的任何担保项下的权利。同日，光大银行分别与创智股份、创智集团签订两份编号为BZ38910509039的保证合同，约定保证人为智信公司借款提供连带责任保证，在保证合同中均约定了被担保的主债权为借新还旧贷款，保证期间为债务履行期届满之日起2年。光大银行与创智股份签订的保证合同上加盖了创智股份公章，并有创智股份法定代表人丁亮的签名。同日，智信公司向光大银行出具了金额为18500万元的借款借据。贷款发放后，光大银行将款项划扣清偿智信公司以前所欠光大银行款项。截至光大银行向法院提起诉讼之日止，智信公司只向光大银行支付利息1395550.57元，尚欠利息1132606.59元。由于智信公司未按照借款合同约定按期结付利息，而且光大银行认为作为保证人的创智股份与创智集团存在巨额对外债务和担保，并已经有债权人对他们提起诉讼，且采取了财产保全措施，影响贷款安全，光大银行遂向广东省高级人民院提起诉讼。

一审另查明，2004年7月20日、8月27日和8月30日，光大银行与智信公司签订了金额分别为5000万元、5000万元、1亿元的三份《借款合同》，三份借款合同约定的借款期限均为1年。智信公司分别于2004年7月20日、8月27日、8月30日向光大银行出具金额为5000万元、5000万元和1亿元的三份借款借据。光大银行将2005年9月30日与智信公司签订的《借款合同》项下的贷款发放给智信公司后，将该款项划扣清偿智信公司在上述三份借款合同项下债务。目前，智信公司在以上三个合同项下的债务已经结清。

根据创智股份披露的信息，截至2005年6月30日，创智集团与湖南创智实业有限公司（以下简称湖南创智）分别为创智股份第一和第四大股东，创智集团公司为湖南创智的控股股东。湖南创智持有智信公司80%出资。

创智股份2005年6月29日公开披露的《公司章程》第119条之第1款第8项规定，董事会在股东大会的授权范围内，决定本公司的风险投资、资产抵押及其他担保事项。

2006年2月28日，深圳证券交易所发布深证上〔2006〕第13号《关于对创智股份公司及相关人员予以公开谴责的决定》，对创智股份及相关人员未履行相应审批程序，也未即时履行临时报告信息披露义务，对外提供包括本案担保在内的担保行为进行谴责。创智股份也于2005年12月6日公开披露了本案担保情况。

根据借款合同和保证的规定，光大银行宣布对智信公司的贷款提前到期，起诉至法院，请求法院判令：（1）智信公司偿还借款 18500 万元及其相应的利息、罚息（按借款合同规定计算，暂计算至起诉日，请求计算至清偿日）；（2）创智股份和创智集团对智信公司的借款承担连带偿还责任；（3）智信公司、创智股份和创智集团承担全部诉讼费用以及追索债权所支付的全部费用。

◆ 一审裁判结果 ▶

广东省高级人民法院依照《中华人民共和国合同法》第 50 条、第 93 条第 2 款、第 94 条第 2 项、第 97 条，《中华人民共和国担保法》第 6 条、第 18 条第 1 款、第 21 条，《中华人民共和国公司法》第 123 条，最高人民法院《关于适用〈中华人民共和国担保法〉若干问题的解释》（以下简称《担保法司法解释》）第 11 条，参照《中国证券监督管理委员会关于上市公司为他人提供担保有关问题的通知》第 2 条、第 5 条以及《中国证券监督管理委员会、国务院国有资产监督管理委员会关于规范上市公司与关联方资金往来及上市公司对外担保若干问题的通知》第 2 条第 2 款第 1、3 项之规定，判决：

一、解除光大银行与智信公司于 2005 年 9 月 30 日签订的《借款合同》。智信公司自判决生效之日起 10 日内向光大银行偿还借款 18500 万元并支付利息（自 2005 年 9 月 30 日起至判决确定的清偿日止，合同期内利息按照合同约定利率计算，合同期外利息依照合同约定的罚息利率计算，智信公司已经支付利息 1395550.57 元在应付利息中扣除）。

二、创智集团对智信公司上述第一判项债务承担连带清偿责任。创智集团代偿后，有权就代偿的数额向智信公司追偿。

三、光大银行与创智股份于 2005 年 9 月 30 日签订的《保证合同》无效。创智股份对智信公司在上述第一判项的债务不能履行部分承担 50% 的赔偿责任。创智股份承担赔偿责任后，有权就赔偿的数额向智信公司追偿。一审案件受理费 940673.03 元，诉讼保全费 925520 元，合计共 1866193.03 元，由智信公司负担 933096.515 元，创智集团负担 559857.909 元，创智股份负担 373238.606 元。

◆ 一审裁判理由 ▶

广东省高级人民法院认为：（1）借款合同效力及责任承担问题。从本案借款合同签订和履行情况看，借款人应认定为智信公司。光大银行与智信公司签订的借款合同，其内容没有违反国家法律和行政法规禁止性规定，依法应确认有效。光大银行与智信公司签订借款合同后，将款项划到智信公司账户，依照双方合同约定用于清偿智信公司以前所欠的债务，对此，智信公司也出具借款借据予以确认,光大银行履行了本案借款合同的放款义务。智信公司在收到款项后,只支付利息1395550.57元,计至光大银行向法院提起诉讼之日止尚欠利息1132606.59元没有支付,智信公司的行为已经构成违约。且一审开庭时智信公司明确表示其已经停止经营,没有能力偿还光大银行债务,借款合同约定的合同解除条件已经成就,因此,光大银行可以解除本案借款合同,要求智信公司提前偿还借款本息。(2)创智集团的担保责任问题。创智集团与光大银行签订保证合同,没有违反法律和行政法规的禁止性规定,且创智集团在诉讼中并未对保证合同效力提出异议,故该保证合同依法应确认有效。在智信公司没有清偿光大银行债务时,创智集团应对智信公司债务承担连带清偿责任。光大银行对借款人智信公司资信的审查行为并不影响合同效力。创智集团作为智信公司母公司的控股股东,明知智信公司的资信状况,自愿为智信公司借款提供担保,理应对智信公司不能偿还债务的风险承担责任。(3)创智股份的担保责任问题。根据创智股份向社会公开披露的公司章程规定,董事会在股东大会授权范围内决定公司的资产抵押及其他担保事项。在该公司章程中,并没有规定董事长有权代表公司决定对外提供担保。根据当时施行的《中华人民共和国公司法》第123条及《法人登记管理条例实施细则》第25条的规定,董事、经理应当遵守公司章程,公司法定代表人应当根据章程行使职权。因此,董事长超出公司章程的授权擅自以企业名义进行活动的行为为越权行为。创智股份法定代表人丁亮与光大银行签订的保证合同,并无证据表明经过公司董事会决议,且创智股份在对外公开披露信息中公开披露了该担保行为未经董事会讨论通过,深圳证券交易所对此进行了公开谴责。因此,创智股份法定代表人丁亮在本案中代表公司所签订担保合同的行为超越了职权,并非创智股份的真实意思表示。

关于本案创智股份与光大银行签订的保证合同效力问题。《中华人民共和国民法通则》第43条规定:"企业法人对它的法定代表人和其他工作人员的经营活动,承担民事责任。"这一法条明确了法定代表人和其他工作人员履行职务,代表企业对外开展经营活动产生的民事责任由企业法人承担。1999年10月1日施行的《中华人民共和国合同法》第50条规定"法人或者其他组织的法定代表人、负责人超越权限订立的合同,除相对人知道或者应当知道其超越权限的以外,该代表行为有效",2000年9月29日通过实施的《担保法司法解释》第11条也同样明确规定:"法人或者其他组织的代表人、负责人超越权限订立的担保合同,除相对人知道或者应当知道其超越权限的以外,该代表行为有效。"依据反向解释原则,这一法条也明确了企业法人的法定代表人超越权限而订立合同,如相对人知道或者应当知道的,双方订立的合同不能认定有效。故光大银行是否知道创智股份法定代表人丁亮签订本案担保合同超越职权是确定本案合同效力的关键。

根据中国证券监督管理委员会2000年6月6日发布的证监公司字〔2000〕61号《关于上市公司为他人提供担保有关问题的通知》第2条规定了"上市公司不得以公司资产为本公司的股东、股东的控股子公司、股东的附属企业或个人债务提供担保",第5条规定了"上市公司为他人提供担保必须经董事会或股东大会批准"。中国证券监督管理委员会、国务院国有资产监督管理委员会联合发布的证监发〔2003〕56号《关于规范上市公司与关联方资金往来及上市公司对外担保若干问题的通知》第2条第2款第1项规定了"上市公司不得为控股股东及本公司持股50%以下的其他关联方、任何非法人单位或个人提供担保",第2条第2款第3项规定了上市公司"对外担保应当取得董事会全体成员2/3以上签署同意,或者经股东大会批准"。中国证券监督管理委员会和国务院国有资产监督管理委员会的上述规定是向社会公布的规范上市公司经营行为的部门规章。光大银行作为金融机构应当知道上述部门规章关于上市公司对外提供担保的规定,在签订担保合同时应审查合同签订人是否获得合法授权,该担保合同是否经过创智股份董事会或股东大会决议。从本案担保合同签订过程看,创智股份法定代表人丁亮在签订担保合同时并没有提交董事会或股东大会决议等授权文件,应认定光大银行应当知道丁亮签订担保合同的行为超越权限。光大银行应当知道丁亮超越权限而与之签订担保合同,所订立的担保合同依法应认定无效。对于担保合同无效,光大银行应承担一定的过错责任。丁亮作为创智股份聘任的法定代表人,不履行对公司的忠诚义务,对外实施损害公司利益行为时,创智股份未能及时发现和制止损害结果的发生,负有用人不当、管理不善的过错责任。创智股份应对担保合同无效导致光大银行信赖利益损失承担赔偿责任。由于光大银行对担保合同无效也负有审查不严的过错责任,创智股份承担赔偿责任的范围为智信公司不能清偿债务部分的50%。

### 二审诉辩情况

光大银行不服广东省高级人民法院上述民事判决,向最高法院提起上诉,请求撤销一审判决第三项,改判上诉人与被上诉人创智股份签订的保证合同有效,被上诉人创智股份对原审被告智信公司的全部债务向上诉人承担连带保证责任。其理由是:第一,上诉人找到了被上诉人创智股份关于借款担保的董事会决议,可以证明被上诉人的保证是根据其董事会决议授权提供,并非其董事长丁亮的越权行为。第二,即使被上诉人没有提供董事会决议,其保证合同也属于合法有效的合同,不能以未经董事会决议为由认定被上诉人保证无效。其理由为：（1）依据保证合同签订时的法律、法规，保证合同的签订和生效并不要求保证人必须经过董事会或股东会决议。原审判决以中国证监会的两个部门规章为依据认定保证合同无效属于适用法律错误。（2）原审判决以被上诉人董事长丁亮签订保证合同未经董事会决议为由认定为丁亮的越权行为没有依据。即使丁亮签订保证合同未经董事会决议授权，创智股份加盖公司公章的行为应当视为该公司通过合理的审批程序批准了保证合同，因此不能认定为丁亮的越权行为。第三，即使保证合同无效，上诉人也没有任何过错，其过错责任全部在被上诉人，被上诉人应承担全部的连带赔偿责任，原审判决创智股份只承担50%的连带赔偿责任是错误的。

创智股份答辩称：第一，上诉人二审提交的证据——董事会决议，已经超过了证据提交的期限，因此被上诉人对该份董事会决议的真实性不予认可。第二，被上诉人与上诉人签订的担保合同无效。该对外担保合同的签署，是公司高管、董事龙白浪利用个人职务之便，私自挪用公司的公章和法定代表人名章，签署了该合同，是个人行为，不是公司法人行为，创智股份从未就此担保事项召开过股东会和董事会，未作出相关的董事会决议，深圳证券交易所的谴责报告证明担保确实属于违规担保，未履行法定的审批程序。本案是关联交易，且本案主合同是以新还旧，创智股份在旧贷中根本就不是保证人，在新贷中对此完全不知情，上诉人对于合同的无效，具有明显的过错行为。依据担保合同第6章第6条，第7章第2条、第5条约定，以及公司章程对董事会、董事职权的规定及中国证监会的部门规章等相关法律规定，本案担保合同无效。创智股份在担保合同无效的情况下，不应当承担民事赔偿责任。

原审被告智信公司称：第一，光大银行提交的董事会决议不应予以采纳。光大银行发放贷款的时候应该审查创智股份的董事会决议。如果创智股份提交了董事会决议，光大银行对此应当知晓并妥善保存，不存在客观不能保存的情形。第二，从笔迹看，创智股份的这份董事会决议董事签字不真实，涉嫌伪造。第三，一审判决并未直接以证监会两个通知为依据认定保证合同无效，光大银行系故意混淆概念。

原审被告创智集团称：上诉人提交的创智股份董事会决议没有证据效力。上诉人要求撤销一审判决第三项，改判光大银行与创智股份之间的保证合同有效的上诉请求既违反法律规定，也无事实依据。

▶ **二审裁判结果** ▶

最高人民法院依照《中华人民共和国担保法》第18条，《中华人民共和国民事诉讼法》第153条第1款第1项、第3项，《诉讼费用交纳办法》第40

条之规定，判决如下：

一、维持广东省高级人民法院〔2006〕粤高法民二初字第2号民事判决主文第一项、第二项。

二、变更广东省高级人民法院〔2006〕粤高法民二初字第2号民事判决主文第三项为：创智信息科技股份有限公司对深圳智信投资有限公司上述第一判项债务承担连带清偿责任。创智信息科技股份有限公司代偿后，有权就代偿的数额向深圳智信投资有限公司追偿。

本案一审案件受理费940673.03元，诉讼保全费925520元，共计1866193.03元，由深圳智信投资有限公司、湖南创智集团有限公司、创智信息科技股份有限公司各负担622064.343元。二审案件受理费940673.03元，由上诉人中国光大银行深圳分行和被上诉人创智信息科技股份有限公司各承担470336.515元。

### 二审裁判理由

一审庭审结束后，上诉人光大银行发现了创智股份同意担保的董事会决议，二审期间，提交给法院。该董事会决议载明："经研究决定，同意为深圳市智信投资有限公司在中国光大银行深圳分行营业部申请的流动资金人民币贰亿元贷款提供担保。"董事会决议上有丁亮、黄家建、龙白浪、林惠春、宋焕章、张介福、利光裕等7位董事的签名，时间为2005年9月12日，并加盖创智股份的公章。董事会决议附有"创智科技董事签名模板"复印件，载有创智股份11位董事姓名印刷体与手写签名，加盖了创智股份的公章。在董事会决议与签名模板上都以小字签注："公章与预留公章一致，曾艳，06.9.30。"创智股份对该份董事会决议的真实性提出异议，并举出6份证据对此提出抗辩。第一份证据为"创智信息科技股份有限公司董事签名模板"复印件，上面加盖创智股份董事会章。第二份至第五份证据分别为创智股份董事宋焕章、利光裕、陈永红、吴晓佳、林惠春5人出具的说明。其中，宋焕章、利光裕、林惠春3人签名的声明内容相同，均载明："本人对于创智信息科技股份有限公司为深圳市智信投资有限公司向中国光大银行深圳分行贷款1.85亿元（借款合同编号为：JK38910509039）提供担保事宜（保证合同编号为：BZ38910509039—1）不知情，公司未就上述担保事项开过董事会，没有作出过'董事会决议'，本人没有在相关'董事会决议'上签过字，也未授权其他任何人签字。特此说明。"署名陈永红和吴晓佳的声明内容相同，均载明："在违规担保问题披露以前，对于创智信息科技股份有限公司（000787）为深圳市智信投资有限公司1.85亿元（借款合同编号为：JK38910509039）贷款担保（保证合同编号为：BZ38910509039—1）等12笔违规担保，本人不知道有这些事情，也不知道公司是否就上述违规担保事项开过董事会，是否作出过董事会决议。本人没有被通知参加过相关的任何会议，没有被知会过任何情况。本人没有在相关文件上签过字，也未授权其他人签字。特此声明。"在光大银行提交的创智股份同意担保的董事会决议上，有作出声明的5位董事中宋焕章、利光裕、林惠春3位董事的签名。光大银行认为证人没有出庭作证，因此不认可这5份董事声明的真实性。

原审判决查明的其他事实，二审予以认定。

最高法院经审理认为：本案二审的焦点是光大银行与创智股份之间的保证合同效力问题。本案中借款及担保合同签订于2005年9月30日，起诉时间为2006年1月13日，依照《公司法司法解释（一）》（法释〔2006〕3号）第1条规定，应适用2004年8月28日生效的《中华人民共和国公司法》（以下简称原《公司法》），在旧法没有明确规定的情况下，可以参照适用2005修订、2006年1月1日生效的《中华人民共和国公司法》（以下简称新《公司法》）。原公司法中并未要求公司对外提供担保必须经董事会或股东代表大会决议。证监会2000年6月6日发布的证监公司字〔2000〕61号《关于上市公司为他人提供担保有关问题的通知》第5条规定了"上市公司为他人提供担保必须经董事会或股东大会批准"。证监会、国资委联合发布的证监发〔2003〕56号《关于规范上市公司与关联方资金往来及上市公司对外担保若干问题的通知》第2条第2款第1项规定了"上市公司不得为控股股东及本公司持股50%以下的其他关联方、任何非法人单位或个人提供担保"，第2条第2款第3项规定了上市公司"对外担保应当取得董事会全体成员2/3以上签署同意，或者经股东大会批准"。证监会和国资委的上述规定是向社会公布的规范上市公司经营行为的部门规章，对作为上市公司的创智股份具有约束力。因此，虽然原《公司法》中对公司担保能力未作明确规定，创智股份对外担保在程序上也应当经董事会或股东大会批准。至于到底需要股东大会还是董事会的批准，则属于公司自治的范畴。创智股份2005年6月29日向社会公布的章程中第119条规定："董事会行使下列职权：……（八）在股东大会授权范围内，决定本公司的风险投资、资产抵押及其他担保事项。"而章程第43条股东大会的职权中，并无关于担保问题的规定。可以认定创智股份选择由董事会决定担保事项。因此，根据上述部门规章以及创智股份的公司章程之规定，本案中创智股份作出担保意思决定，需经董事会决议。

本案二审期间，光大银行向法庭提交了创智股份董事会同意担保的决议。创智股份对该份董事会决议提交的反驳证据，证明的主要内容是作出声明的董事个人没有签署过该份董事会决议。根据创智股份与光大银行签订的《保证合同》第6条约定:"保证人应确保债权人收到以下文件:……4.保证人的董事会或有权决定本保证事宜的其他保证人内部机构同意保证人按照本合同提供保证担保的文件。"创智股份应当提交给光大银行同意担保的董事会决议,现光大银行提交出一份创智股份同意担保的董事会决议,且该董事会决议上加盖了创智股份的公章,在没有相反证据证明这份决议是光大银行自行伪造的情况下,可以认定该决议是为签订担保合同的目的,以创智股份的名义提交给光大银行的。对于该份董事会决议,光大银行仅负有形式审查的义务,即只要审查董事会决议的形式要件是否符合法律规定,银行即尽到了合理的注意义务。董事会决议记载的是出席会议的董事依职权作出的特定意思表示,其形式要件只需出席会议的董事签名即可。该份董事会决议上有丁亮等7位董事签名,符合董事会决议形式要件的要求,并加盖了创智股份的印章。决议上的签名是否为董事亲笔所签,则属于实质性审查的范畴,光大银行对此并无法定义务。创智股份公开披露本案担保未经董事会决议及深圳证券交易所出具谴责报告的时间都在担保合同签订之后,不能证明光大银行在签订担保合同时明知该董事会决议存在瑕疵。在创智股份没有证据证明光大银行存在恶意的情况下,应当认定光大银行对该份董事会决议已履行了合理审查的义务。

创智股份与光大银行签订保证合同为智信公司借款提供连带责任保证,该保证合同形式完备,内容不违反法律、法规的强制性规定,依法应确认有效。当智信公司没有清偿光大银行债务时,创智股份应对智信公司债务承担连带清偿责任。光大银行请求改判创智股份对智信公司承担连带清偿责任的上诉请求应予支持。创智股份承担连带清偿责任后,有权就代偿的数额向智信公司追偿。

## 公司决议纠纷办案依据集成

**中华人民共和国公司法**（2005年10月27日修订）（节录）

第二十二条 公司股东会或者股东大会、董事会的决议内容违反法律、行政法规的无效。

股东会或者股东大会、董事会的会议召集程序、表决方式违反法律、行政法规或者公司章程，或者决议内容违反公司章程的，股东可以自决议作出之日起六十日内，请求人民法院撤销。

股东依照前款规定提起诉讼的，人民法院可以应公司的请求，要求股东提供相应担保。

公司根据股东会或者股东大会、董事会决议已办理变更登记的，人民法院宣告该决议无效或者撤销该决议后，公司应当向公司登记机关申请撤销变更登记。

## 八、公司盈余分配纠纷

### 83. 人民法院可以根据股东的申请对公司的盈余分配问题作出判决吗？

公司盈余分配问题属于公司自治的范畴，人民法院不应享有公司盈余分配的决定权。公司的利润分配方案只能由公司股东会审议批准后才能实施。股东未经股东会决议而向法院起诉要求分配公司盈余，不属于人民法院受理民事诉讼的范围，对该起诉应当不予受理，已经受理的，应当裁定驳回起诉。

**典型疑难案件参考**

金福平诉济源裕恒工贸有限公司请求分配公司盈余因未依据股东会决议被驳回起诉案

**基本案情**

2002年8月1日金福平及牛西岳、李仁儒、牛丽华、姚蓉、刘恩本出资成立济源裕恒工贸有限公司（简称济源裕恒公司）。该公司章程规定：公司分配当年税后利润时，应当提取利润的10%列入公司的法定公积金，并提取利润的5%～10%列入公司的法定公益金，公司法定公积金累计额为公司注册资本的50%以上，可不再提取。公司从税后利润中提取法定公积金后，经股东会决议可以提取任意公积金。公司弥补亏损和提取法定公积金、法定公益金后所余利润，公司按照股东的出资比例分配。金福平的实际出资为10万元。2003年5月26日金福平提出退股。2003年7月22日，该公司召开会议，除金福平外的其他5位股东参加了会议，会议决定：鉴于金福平申请退出公司股份，关于公司利润分配事宜，待年终财务决算之后，根据其股份在公司的运营时间和财务决算结果再决定利润分配。并就以上股东及股东出资变更情况，变更了工商登记。2003年7月23日该公司召开股东会议，除金福平外的其他5位股东参加了会议，会议决定：将金福平的10万元出资由其他5位股东每人认购2万元。2003年7月25日金福平将其10万元出资从该公司取走。2004年1月7日，该公司召开股东会议（金福平未参加），会议决定：在2003年度公司申请免税的基础上，每股分红金额为6万元。分红金额不发，作为公司再投资。鉴于金福平已于2003年7月25日退出股东股份和2003年上半年比下半年效益稍好，分红可按7个满月计算，实发金额为35000元。该公司2003年利润表显示，2003年度利润为399448.96元。

金福平于2004年2月26日向济源市人民法院提起诉讼，请求法院判令济源裕恒公司支付其应得的分红款10万元。经金福平申请，济源市人民法院委托济源阳光会计师事务所有限公司进行审计，结论为：该公司2002年利润为32854.26元，2003年全年利润为628615.63元，截至2003年7月，该公司累计未分配利润为376379.63元，截至2003年年底该公司未分配利润为662976.09元。

### 一审裁判结果

原审法院根据《中华人民共和国民事诉讼法》第108条第1款、第140条第3款之规定，作出如下裁定：驳回金福平的起诉。案件受理费50元、鉴定费6000元，由金福平负担。

### 一审裁判理由

济源市人民法院经审理认为，2003年7月除金福平外的其他五位股东根据股东决议认购了金福平的出资，并就以上股东及股东出资变更情况，变更了工商登记。金福平虽然对其出资的转让不知情，但其未提出异议，视为对股东会作出的关于其出资转让决定的认可，金福平收回出资的性质为出资转让。金福平于2003年7月25日将其全部出资转让以后，已不是该公司的股东，不应享有股东权。因公司盈余分配权系股东权的一种，股东权是股东就其出资对公司享有的特定权利，金福平在该公司2003年底分红时已不具备股东资格，无权要求分配公司盈余，因此其不具备原告主体资格。

### 二审诉辩情况

金福平不服原审裁定，上诉称：原审法院对金福平提出的补充鉴定申请不予准许，违反最高人民法院有关规定，程序违法。金福平具有济源裕恒公司股东身份，享有分配利润权，原审认定金福平不是济源裕恒公司的股东是错误的。请求二审法院依法撤销原裁定，将该案发回重审。

济源裕恒公司辩称：原审裁定认定事实清楚，适用法律正确，金福平已经不具有股东资格，即使有纠纷，也不是股东与公司的关系，金福平不应起诉公司，原审裁定结果正确，应驳回上诉，维持原裁定。

### 二审裁判结果

依照《中华人民共和国民事诉讼法》第108第4项、第154条之规定，裁定如下：

驳回上诉，维持原裁定。

二审案件受理费 50 元，由金福平负担。

> **二审裁判理由**

河南省济源中级人民法院经审理认为，根据《中华人民共和国公司法》2005 年修订前第 38 条、第 177 条的规定，公司在分配当年税后利润时，应当依法提取法定公积金、法定公益金；经股东会决议，可以提取任意公积金；在弥补公司亏损和提取法定公积金、法定公益金之前，公司无权向股东分配利润。公司利润分配方案是公司股东会审议批准的事项，是否提取任意公积金、公司利润如何分配、何时分配，均应由公司股东会审议批准。股东请求分配公司盈余，应当依据股东会决议进行。金福平不依据股东会决议请求分配利润，而是请求法院直接清算公司收益并分配利润，该起诉没有法律依据，不属于法院受理民事诉讼的范围，应予驳回。原审裁定驳回起诉正确，本院予以维持。因本案不属法院受案范围，原审裁定不应对有关案件事实作出认定。原审裁定认定金福平已从济源裕恒公司取走出资、对股东变更情况已进行工商变更登记以及其他相关事实，并以金福平已经不是济源裕恒公司的股东为由驳回金福平的起诉，均属不当，本院予以纠正。

### 84. 股东分取红利权的实现条件是什么？

分取红利是股东应当享有的投资者资产受益权利，但该权利的行使，必须以公司确有利润可供分配为前提，并必须以董事会制定并经股东会批准的"利润分配方案"为基础。

### 85. 股东能否向公司的其他股东（如控股股东）主张公司盈余分配权？

公司盈余分配权纠纷发生在股东（或权利承受人）和公司之间，股东与其他人（包括其他股东）之间不存在盈余分配关系，故也不存在盈余分配权纠纷。

## 典型疑难案件参考

**周慧君诉嘉兴市大都市置业有限公司、嘉兴大都市实业集团有限公司盈余分配纠纷案**

### 基本案情

嘉兴市大都市置业有限公司（以下简称置业公司）系李峰、陈元琴、范晓秋三人于2001年共同投资设立的有限责任公司。2003年1月，置业公司吸收周慧君为公司新股东，周慧君出资比例为10%，同时修改公司章程，设立董事会：董事长李峰、董事周慧君、范晓秋。2003年3月，嘉兴大都市实业集团有限公司（以下简称集团公司）受让李峰、陈元琴在置业公司的出资成为置业公司第一大股东，出资占注册资本的80%，周慧君和范晓秋出资比例不变，仍为各10%。

置业公司2004年度工商年检时，向工商部门提供的2004年11月31日资产负债表中载明，置业公司2004年度未分配利润为174.30万元。损益表中载明，至2004年底，公司利润总额122.45万元。嘉兴市新联会计师事务所（以下简称新联所）2005年1月28日出具的嘉新鉴报〔2005〕第44号可弥补亏损鉴证报告中也载明：2004年度置业公司帐面亏损1224529.38元。

2005年6月15日，新联所审计了置业公司2004年12月31日资产负债表和损益表后，出具了嘉新报〔2005〕202号审计报告，结论为置业公司2004年度经营净利润累计33506511.85元。该审计报告所依据的置业公司资产负债表载明，置业公司2004年度未分配利润为36638742.23元。损益表载明，置业公司2004年度净利润33506511.85元。

2005年9月16日，置业公司以周慧君未经董事会决议、法定代表人委托，提供不完整的成本资料，擅自委托对置业公司2004年度财务状况及经营成果进行审计为由，致函新联所，要求撤销嘉新报〔2005〕202号审计报告。2005年9月20日，新联所撤回了该审计报告。

### 一审诉辩情况

原告周慧君诉称：根据新联所嘉新报〔2005〕202号审计报告，置业公司2004年度未分配利润为36638742.23元，周慧君可按其股权10%的份额分得公司盈利。请求判令置业公司应立即支付其应分配红利3663874.22元，集团公司对此承担连带责任。

被告置业公司辩称：置业公司董事会未就2004年度"可分配利润"制定利润分配方案，更未报经股东大会批准，故周慧君要求分配利润缺少公司法及置业公司章程规定利润分配的"前置程序"。置业公司在2004年度的经营状况是亏损的,并无可供分配的利润。周慧君据以起诉的审计报告,系周慧君利用其担任置业公司总经理职务之便,隐匿置业公司重要商业机密材料,提供数据不实的财务会计报表,并擅自委托新联所审计所得,事后新联所对该审计报告进行了复查,并撤销了该审计报告,故周慧君主张盈余分配权的事实基础也不存在。请求驳回周慧君对置业公司的诉讼请求。

被告集团公司辩称:周慧君主张盈余分配权,应向置业公司主张,而不能向与周慧君同为置业公司股东的集团公司主张。置业公司在2004年度并无利润可供分配,周慧君称集团公司单方取得置业公司2004年度全部利润没有依据。请求驳回周慧君对集团公司的诉讼请求。

### 一审裁判结果

嘉兴市中级人民法院依照最高人民法院《关于民事诉讼证据的若干规定》第73条、《中华人民共和国民事诉讼法》第64条、第128条之规定,判决:驳回周慧君的诉讼请求。

### 一审裁判理由

嘉兴市中级人民法院认为:股东按照出资比例分取红利,乃公司法规定的股东应享有的所有者资产受益权利,但该权利的行使,须以公司确有利润可供分配为前提,并须按一定的规则进行。本案中,双方当事人就置业公司2004年度未分配利润情况,各自举出了相反的证据,但都没有足够依据否定对方的证据,法院对双方证据的真实性及一方证据的证明力是否明显大于另一方的证据,均无法作出判断,故依举证责任分配原则,对周慧君主张的置业公司2004年度未分配利润为36638742.23元之事实不予认定。周慧君要求按出资比例分取置业公司2004年度利润3663874.22元的诉讼请求,依据不足,法院不予支持。公司盈余分配权纠纷发生在权利人股东(或权利承受人)和义务人公司之间,股东与其他人之间不存在盈余分配关系,故也不存在盈余分配权纠纷。集团公司和周慧君同为置业公司股东,两者之间不存在利润分配关系,故其要求集团公司连带支付利润的请求无法律依据,不予支持。至于置业公司与股东间是否存在关联交易、公司财产权益是否确受集团公司或其他人侵害,与本案诉争的公司盈余分配关系不属同一法律关系,在本案中不予处理。

### 二审诉辩情况

上诉人周慧君上诉称:(1)原判未合理认定周慧君提供的证据12~14和置业公司提供的证据2~5,导致对本案事实作出了错误认定。其中周慧君提供的证据12新联所嘉新报〔2005〕202号审计报告表明置业公司2004年度未分配利润为36638742.23元，置业公司提供给工商部门的2004年度会计报表即证据5不能否定审计报告的真实性。（2）原判判决理由不当。一审法院在双方证据的证明力优劣明显，且置业公司不能否定周慧君提供的审计报告真实性的情况下，仍认为证据证明力大小无法判断显然与事实不符；集团公司及李峰从置业公司获取利润的关联交易也有审计报告证明，其理应承担连带责任，原判认为无法律依据不当。（3）原判适用法律错误。原判应适用最高人民法院《关于民事诉讼证据的若干规定》第72条的规定确认周慧君的证据证明力，而不应以第73条举证责任的分配原则确定本案责任。（4）一审法院程序违法（庭审中补充的上诉理由）。未按周慧君的调查申请，完整地调取审计报告的附件材料，也未调取集团公司及李峰从置业公司抽取红利款的财务凭证，违反了证据规则的相应规定。因此，请求改判两被上诉人支付周慧君红利3663874.22元。

被上诉人置业公司、集团公司共同辩称：（1）周慧君主张公司盈余分配没有事实依据。置业公司截至2004年年底不存在可供分配的利润，这有置业公司提交给工商部门的当年度的会计报表、2005年1月18日新联所出具的《可弥补亏损鉴证报告》以及2006年2月7日新联所受公安机关的委托对置业公司2004年度未分配利润进行专项审计而出具的嘉新专〔2006〕12号审计报告等证据证实；周慧君背着企业的法定代表人，以虚假的财务报表骗取新联所作出的〔2005〕202号审计报告应属无效，新联所也已撤回了该审计报告，证明置业公司有盈利的基础证据已不存在。（2）周慧君主张公司盈余分配缺乏法律依据，也不符章程规定的前置程序。根据公司法的相关规定和章程的约定，置业公司的利润分配应先经公司董事会讨论决定，不应由股东径行主张分配，何况置业公司也无利润可言。（3）原审法院审理程序合法。原审法院根据周慧君申请调查的有关证明材料与本案的关联性决定不予调取并无不当。故请求驳回上诉，维持原判。

### ▶ 二审裁判结果

浙江省高级人民法院依照《中华人民共和国民事诉讼法》第153条第1款第1项之规定，判决：驳回上诉，维持原判。

### ▶ 二审裁判理由

二审中，置业公司、集团公司向法院提供了新联所受嘉兴市南湖区公安分局经侦大队的委托于2006年2月7日出具的嘉新专〔2006〕12号审计报告，该报告结论为置业公司至2004年年末未分配利润为959294.35元。置业公司、集团公司以此证明置业公司至2004年年末仍亏损,不存在可分配利润。浙江省高级人民法院对该证明材料未予认定,原因是公安机关相关案件侦查终结前,有关材料应属保密材料,置业公司持有该材料没有合法依据。同时认为,置业公司提供的会计报表与周慧君作为公司经理委托会计师审计的报告均具有证明力,置业公司的盈利状况真伪难辩,故对各方当事人作出释明,并作了引导工作。各方当事人在法院协调下一致同意,由法院委托会计师事务所对置业公司至2004年年末的股东可分配利润进行审计鉴定,并根据鉴定结论按股份比例直接进行分配。

浙江东方中汇会计师事务所有限公司(以下简称中汇所)受法院委托于2006年7月10日出具了东方中汇会专〔2006〕2077号审计报告,结论为截至2004年12月31日,置业公司可分配利润为3621803.17元。该审计报告和相关说明材料记载了提请关注的事项为:(1)截至2004年12月31日,"禾新花园"项目已累计收到开发区管委会购房款总额25760万元中的115200100元,已累计发生开发成本119065147.29元,该项目的利润情况应于2005年禾新花园竣工验收并移交房屋所有权后,根据确认的主营业务收入和主营业务成本并计提相关税费后计算;(2)"平湖烟草大楼"项目收入,因双方当事人提供的合同文本中代建管理费条款存在不一致的情形,致该代建管理费暂无法确定;(3)置业公司自成立至2004年12月,与关联企业有大额往来款项,其中2002年10月至2003年1月置业公司向关联企业借款月均余额1012.94万元,2004年10月置业公司借款给关联企业月均余额6607.62万元,2004年12月置业公司借款给关联企业月均余额4435.11万元,因未发现置业公司的出借款项的合同或有关借款期限、利率的约定,对该款项的利息收入暂无法确定。

浙江省高级人民法院除认定一审查明的事实外,对中汇所作出的前述结论也予认定。

浙江省高级人民法院认为:周慧君作为置业公司的股东,其主张分配该公司至2004年年末的利润,应以公司确有利润可供分配为前提。二审中,本案各方当事人一致同意由本院委托会计师事务所对置业公司2004年年末的可分配利润进行审计,并根据审计结论按股权比例直接进行利润分配。故周慧君在庭审前提出的要求本院调取新联所〔2005〕202号审计报告附件资料的申请已无准许的必要。中汇所受本院委托作出的东方中汇会专〔2006〕2077号审计报告表明,置业公司承建的"禾新花园"等部分项目已收款项根据相关会计制度规定至2004年年末尚不能计作主营业务收入,该公司至2004年年末可分配利润为3621803.17元。至于"平湖烟草大楼"的代建管理费收入,即使按照周慧君主张的按工程总价款5%收取，其收入为2173317.41元，该公司2004年年末可分配利润仍为负数。因此，周慧君提出的要求分配公司利润的诉请没有事实依据，该上诉理由不能成立，不予支持。对审计报告及补充说明中提到的置业公司向关联企业出借款项的事实，因审计部门在审计时未发现置业公司有出借款项的合同或有关借款期限、利率的约定，导致无法确定该项收益。因此，如果周慧君认为置业公司可能存在损害股东利益的情形时，可另行通过诉讼解决。集团公司与周慧君同为置业公司股东，周慧君要求集团公司对置业公司的利润分配承担连带责任，无法律依据。

## 公司盈余分配纠纷办案依据集成

### 中华人民共和国公司法（2005年10月27日修订）（节录）

**第四条** 公司股东依法享有资产收益、参与重大决策和选择管理者等权利。

**第三十五条** 股东按照实缴的出资比例分取红利；公司新增资本时，股东有权优先按照实缴的出资比例认缴出资。但是，全体股东约定不按照出资比例分取红利或者不按照出资比例优先认缴出资的除外。

**第一百六十七条** 公司分配当年税后利润时，应当提取利润的百分之十列入公司法定公积金。公司法定公积金累计额为公司注册资本的百分之五十以上的，可以不再提取。

公司的法定公积金不足以弥补以前年度亏损的，在依照前款规定提取法定公积金之前，应当先用当年利润弥补亏损。

公司从税后利润中提取法定公积金后，经股东会或者股东大会决议，还可以从税后利润中提取任意公积金。

公司弥补亏损和提取公积金后所余税后利润，有限责任公司依照本法第三十五条的规定分配；股份有限公司按照股东持有的股份比例分配，但股份有限公司章程规定不按持股比例分配的除外。

股东会、股东大会或者董事会违反前款规定，在公司弥补亏损和提取法定公积金之前向股东分配利润的，股东必须将违反规定分配的利润退还公司。

公司持有的本公司股份不得分配利润。

## 九、损害股东利益责任纠纷

### 86. 如何确定股东行使股东会召集权的权利范围？

在通常情形下，股东大会由董事会召集，股东大会会议议程的安排权自然也应属于董事会。授予股东确定股东会议程权则是为了对抗董事会滥用这一安排权，只有当董事会存在滥用会议议程安排权进而妨碍股东正当目的实现的前提之下，股东才享有召集股东会并确定会议议程的权利。

### 87. 如何确定司法介入公司内部管理事务的限度？

基于法院不干预公司内部管理事务这一审判传统，司法的介入应当是谨慎和有限的。法院应当避免对商业选择作出判断，只须被动地审查这种商业选择过程是否存在侵害股东及第三人正当权益的情形，并对这种侵害行为加以矫正。

**典型疑难案件参考**

梅亚兵诉泰兴市液压元件厂股东会召集权纠纷案

**基本案情**

1995年10月，泰兴市液压元件制造有限公司进行改制，改制后的名称为泰兴市液压元件厂（以下简称液压元件厂），企业性质为集体所有制（股份合作制），注册资金73万元，由梅亚兵等16名股东出资，其中梅亚兵出资10万元。2000年4月27日，在液压元件厂股东大会上，鞠江兰、梅亚兵、庞玉伦等当选为第一届董事会董事，在该董事会第一次会议上，鞠江兰被选举为董事长。液压元件厂董事和董事长任期届满后，一直未召开股东大会进行换届选举。2004年2月2日，梅亚兵和股东庞玉伦以书面形式要求液压元件厂召开股东大会，进行换届选举。因液压元件厂一直未召开股东大会，股东庞玉伦向泰兴市人民法院提起诉讼，要求判令液压元件厂限期召开股东大会，进行换届选举。泰兴市人民法院于2004年6月1日作出〔2004〕泰民二初字第60号民事判决，限液压元件厂于判决生效后一个月内按照企业章程规定的有关议程召开股东大会。液压元件厂不服,向泰州市中级人民法院提起上诉。后经二审法院主持调解,双方达成液压元件厂于2004年12月底前按照企业章程规定的有关议程召开股东会会议的协议。因液压元件厂未按调解书的内容履行义务,庞玉伦于2004年12月22日向泰兴市人民法院申请执行。液压元件厂于2005年1月16日召开股东大会,梅亚兵以股东及庞玉伦的委托代理人的身份参加会议,在会议举行第二项议程时,由监事会向董事会提交停止庞玉伦行使股东表决权利及参与经营权利和关于处理庞玉伦经济问题的提议时,梅亚兵以庞玉伦的股东资格已由法院判决书作了确认,监事会的提议违法为由退出会场,股东大会亦未能继续进行。2005年1月17日液压元件厂出具给泰兴市人民法院执行局的报告中第四项议程为选举新一届董事会、监事会的细则。

### 一审诉辩情况

原告梅亚兵认为液压元件厂至今未召开股东会进行新一届董事会、监事会换届选举,遂于2005年2月4日提起诉讼,要求判令液压元件厂限期召开股东大会,进行董事会的换届选举,选举产生新一届董事、监事和董事长。

被告液压元件厂辩称:被告在原告提出召开股东大会的要求后即召开了包括董事的换届选举在内的股东大会,在会议举行的过程中,因原告无故退场致会议未能继续召开。原告系恶意诉讼,请求驳回原告的诉讼请求。

### 一审裁判结果

江苏省泰兴市人民法院于2005年8月10日日作出〔2005〕泰河民二初字第3号判决:

一、泰兴市液压元件厂于本判决生效后30日内按照企业章程规定的有关议程召开股东会议,会议内容必须有进行新一届董事、监事的换届选举的议程。

二、驳回梅亚兵的其他诉讼请求。

案件受理费50元,其他诉讼费400元,合计450元,由梅亚兵负担。

### 一审裁判理由

泰兴市人民法院审理后认为,液压元件厂系股份合作制企业,其依法订立的企业章程规范了企业及其内部机构和股东之间的权利义务,是企业成立、运作的基础,对企业、董事会及全体股东均具有法律约束力。梅亚兵作为股东依据企业章程的规定要求召开股东会,进行新一届董事、监事的换届选举的诉讼请求应予支持。理由是:

1. 液压元件厂企业章程第29条规定,董事任期3年,董事任期届满,可以连选连任。就本案而言,液压元件厂自2000年4月27日股东大会选举鞠江兰等人为董事后，至今一直未能进行换届选举，致使现有4名董事任期均已超过了法定期限。根据企业章程第24条、第28条之规定，选举和更换董事、监事需经股东会作出决议，液压元件厂在董事任期届满后，未能如期召集股东大会，进行董事、监事的换届选举，从而违反了该企业章程的规定。

2. 液压元件厂企业章程第25条规定，股东会定期会议每年召开两次，一般每半年召开一次，而液压元件厂未能按企业章程的规定按时召开。因此，梅亚兵享有要求液压元件厂召开股东会进行董事、监事的换届选举的权利。对梅亚兵要求产生新一届董事长的诉讼请求，根据企业章程第29条的规定，董事长由董事会选举产生，由此可以看出产生董事长系董事会在企业管理过程中的一项职能，并非液压元件厂的法定义务，故法院对梅亚兵的此项请求不予支持。

### 二审诉辩情况

梅亚兵不服一审判决，向泰州市中级人民法院提起上诉称：（1）上诉人在一审的诉求是依法换届选举，因此，法院判决应明确按公司法、企业章程规定的选举议程召开换届选举股东大会，以避免被上诉人滥用会议议程，从而导致股东会无法进行的情形发生。（2）董事长是企业的法定代表人，是企业内部组织机构不可或缺的代表机构，没有法定代表人企业将无法正常运行，股东会换届选举其本身职能就是选举产生企业内部新的组织机构，有其特殊性，事实上，液压元件厂2000年4月27日换届选举时也是同时产生董事、监事和董事长。一审判决认为产生董事长系董事会在企业管理过程中的一项职能，是故意回避董事会的对内职能，直接影响企业的正常运行，请求二审法院依法改判。

### 二审裁判结果

依照《中华人民共和国民事诉讼法》第153条第1款第2项之规定，泰州市中级人民法院于2005年11月30日作出〔2005〕泰民二终字第216号判决：

一、维持〔2005〕泰河民二初字第3号民事判决第一、二项及诉讼费用负担部分；

二、被上诉人泰兴市液压元件厂按泰兴市人民法院〔2005〕泰河民二初字第3号民事判决第一项召开股东会时，如尚有其他议程，应将董事、监事的换届选举列为股东会的首项议程。

二审案件受理费50元，其他诉讼费用400元，合计450元由上诉人梅亚兵负担。

### 二审裁判理由

泰州市中级人民法院经审理认为：本案股东会之召开是基于上诉人梅亚兵之申请，而非董事会主动召开。由于液压元件厂企业章程规定董事每届任期为3年，而该厂自2000年4月至今一直未能召开股东会，就董事、监事进行选举和更换，因此，上诉人梅亚兵作为该厂的股东要求召开股东会进行董事、监事的换届选举符合法律规定，被上诉人液压元件厂应当及时召开股东会，进行董事、监事的换届选举。本案中双方当事人对于召开股东会，进行董事、监事的换届选举均无异议，双方存在争议的是股东会是否应以董事、监事的换届选举为会议唯一议程。就股东会会议议程安排的性质而言，它应该属于企业的内部管理事务，法院不应加以干涉。但如果企业滥用对股东会会议议程的安排权，导致股东无法实现其行使股东会召集权的正当目的，在此情形下，股东要求将股东会会议议程特定化的请求应当得到支持。在与此相关的液压元件厂另一股东庞玉伦股东会召集权纠纷一案中，液压元件厂在董事、监事的换届选举议程之前安排了其他议程，如审议庞玉伦的股东资格及其经济问题等，因股东之间对这些议题产生严重分歧，导致股东会无法继续召开，也就使得董事、监事的换届选举议程无法进行。有鉴于此，上诉人梅亚兵提出了将董事、监事的换届选举议程作为股东会唯一会议议程的要求。当然，如果液压元件厂从节约资源、减轻企业负担的角度出发，一并安排其他会议议程也无不可，但应将董事、监事的换届选举作为股东会的首要议程，安排在股东会会议议程的第一顺序，并确保这一议程不受其他会议议程的干扰。

关于本案的另一争议焦点，即上诉人梅亚兵是否有权要求召开董事会选举产生新一届董事长。对此，本院认为根据液压元件厂企业章程第29条第3款的规定，董事长由董事会选举产生，而并非由股东会选举产生，因此，上诉人梅亚兵基于股东身份要求召开董事会选举董事长缺乏法律依据。虽然上诉人梅亚兵目前仍是液压元件厂的董事，在换届选举之前，其仍可以依照法律、行政法规和公司章程的规定，履行董事职务，但其所主张的要求新一届董事会选举新一届董事长不可能在现任董事会内进行选举，必须待新一届董事会选举产生之后才能进行。因此，只有当上诉人梅亚兵成为新一届董事会成员之后，其才享有参照《中华人民共和国公司法》及相关法律规定召集新一届董事会选举新一届董事长的权利。而在本案中，因关于董事、监事的换届选举的股东会尚未召开，上诉人梅亚兵要求新的董事会选举新一任董事长的前提条件尚未成就，故对其这一上诉请求，本院不予支持。

**88. 非上市股份公司在审议公司合并事项时，如果在公告通知各股东后，仅有关联股东出席股东大会，则该关联股东作出的关于合并事项的决议是否有效？**

由于《中华人民共和国公司法》没有限定通知的方式，因此，公司以公告方式向其股东发出会议通知没有违反法律规定的召集程序。非上市公司（或者上市公司退市后）不受证券监督管理法律法规对于上市公司关于关联公司限制行使表决权的约束，而《中华人民共和国公司法》对表决权的限制，仅限于第16条规定的向其他企业投资、涉及提供担保等事项的表决，有关联的股东不能行使表决权，由出席会议的其他股东所持表决权的过半数通过。所以，非上市股份公司在审议公司合并事项时，可以依照《中华人民共和国公司法》第105条规定，由出席会议的股东所持表决权的2/3以上通过。

## 典型疑难案件参考

朱平诉中国石化中原油气高新股份有限公司股东权益纠纷案

### 基本案情

被告中国石化油气高新股份有限公司原为在深圳证券交易所上市交易股票的上市公司。2006年3月，被告的控股股东中国石油化工股份有限公司向除自身外的所有股东发出了全面收购要约，收购价格为每股12.12元。

2006年4月21日，被告终止上市。2006年6月30日，被告召开股东年会，审议通过了修改《公司章程》的议案。修改后的《公司章程》规定：股东大会依法行使下列职权：……对公司合并、分立、变更公司形式、解散和清算等事项作出决议；有下列情形之一的，公司在事实发生之日起2个月内召开临时股东大会：……董事会认为必要时；临时股东大会应当于会议召开15日前通知公司股东；股东大会作出特别决议，应当由出席股东大会的股东（包括股东代理人）所持表决权的2/3以上通过；下列事项由股东大会以特别决议通过：……公司的分立、合并、变更公司形式、解散和清算；公司的通知以下列形式发出：……以公告方式进行；公司发出的通知，以公告方式进行的，一经公告，视为所有相关人员收到通知；公司召开股东大会的会议通知，以公告方式进行；公司可以依法进行合并或者分立，公司合并可以采取吸收合并和新设合并两种形式；公司合并或者分立，按照下列程序进行办理：（1）董事会拟订合并或者分立方案；（2）股东大会依照章程的规定作出决议；（3）各方当事人签订合并或者分立合同；（4）依法办理有关审批手续；（5）处理债权、债务等各项合并或者分立事宜；（6）办理解散登记或者变更登记。

截至 2007 年 2 月 9 日，中国石油化工股份有限公司持有被告的股份 868924899 股，约占总股份的 99.35%；其他股东持有股份 5725101 股，约占总股份的 0.65%，其中原告持有被告的股份 38600 股。

2007 年 2 月 2 日，被告以书面方式召开第三届董事会第八次会议，截至 2007 年 2 月 9 日，全体董事已将表决意见寄回公司，并通过如下决议：（1）同意公司和河南省中濮油气技术有限公司按照《中华人民共和国公司法》及《吸收合并协议》以吸收合并的方式进行合并，并批准《吸收合并协议（草案）》，并提请股东大会批准。（2）提议于 2007 年 2 月 28 日召开公司临时股东大会审议上述决议。2007 年 2 月 12 日，被告在《中国证券报》公告了该次董事会决议。公告附件 1 为"关于召开临时股东大会的通知"，包含会议时间、地点、会议审议议案、出席对象、会议登记办法等内容。公告附件 2 为"关于与河南省中濮油气技术有限公司按照《中华人民共和国公司法》及《吸收合并协议》进行合并的议案"，包含协议双方简介、协议的主要条款、余股股东获取合并对价的方式、异议股东的规定等内容。

2007 年 2 月 28 日，被告召开了临时股东大会。会议由董事长孔凡群主持，公司董事、监事、高管人员参加了会议，出席本次临时股东大会的股东（含股东代理人）共 1 人，代表股份 868924899 股，约占总股份的 99.35%。会议采用现场记名投票表决的方式，以特别决议的方式审议通过，同意公司进行合并，并批准《吸收合并协议》。

2007 年 3 月 13 日，原告朱平致函被告，要求持有股份，明确表示不同意 12.12 元的收购价格。

### 一审诉辩情况

原告朱平诉称，被告原是上市公司，于 2006 年 4 月 21 日退市。原告作为股民购买被告的股票而成为其股东，在被告退市后还持有 38600 股的股份。2006 年 7 月初原告继续登陆被告的网站时，发现转让这个域名的广告，之后，原告再也无法得知被告的信息。2007 年 3 月 12 日原告在新浪网上发现一则消息，才知道被告于 2007 年 2 月 9 日召开了董事会，并于 2007 年 2 月 28 日召开临时股东大会通过了《吸收合并协议》，临时股东大会除控股股东中国石化一人到会外，并无其他股东参加。被告不履行通知义务，未通知其他小股东参加,侵害了小股东的股东权益,在程序上违反了《中华人民共和国公司法》的相关规定。河南省中濮油气技术有限公司是由被告的控股股东中国石化为实施本次合并于2006年12月21日而设立的一人有限责任公司,与被告是关联公司,因此,依据《中华人民共和国公司法》的相关规定,在被告2007年2月9日召开的董事会上,中国石化委派的董事不能行使表决权。在2007年2月28日的股东大会上,作为股东的中国石化在决定合并的议题上也不能行使表决权,应由出席会议的没有关联关系的其他股东所持表决权的2/3以上为通过。但是,出席2007年2月28日临时股东大会的股东除中国石化这一股东外,小股东没有一个出席。因此,临时股东大会的表决方式也违反了《中华人民共和国公司法》的相应规定,被告临时股东大会及其决议,在程序和内容上都违反了相应法律规定。请求撤销被告2007年2月28日临时股东大会决议。

被告中国石化中原石油气高新股份有限公司辩称:原告称股东大会决议内容违法,没有具体所指,原告诉请为撤销股东大会决议,不应涉及决议内容。股东大会召集程序、表决方式合法有效,应当驳回原告的诉讼请求。

### 一审裁判结果

郑州高新技术产业开发区人民法院依照《中华人民共和国民事诉讼法》第64条的规定,判决如下:

驳回原告朱平的诉讼请求。

诉讼费200元由原告朱平负担。

### 一审裁判理由

郑州高新技术产业开发区人民法院认为:《中华人民共和国公司法》第22条规定,公司股东会或者股东大会、董事会的决议内容违反法律、行政法规的无效。股东会或者股东大会、董事会的会议召集程序、表决方式违反法律、行政法规或者公司章程,或者决议内容违反公司章程的,股东可以自决议作出之日起60日内,请求人民法院撤销。原告虽认为被告临时股东大会决议内容违法,但其并未请求确认决议内容无效,因此,本院对决议内容的效力不予审查。对原告请求撤销的临时股东大会决议,本院仅从股东大会会议的召集程序、表决方式是否违反法律法规或者《公司章程》,决议内容是否违反《公司章程》等方面进行审查。

被告在退出上市后,不再承担上市公司的权利义务,但其行为应当遵守《中华人民共和国公司法》和《公司章程》的有关规定。《中华人民共和国公司法》第103条规定,临时股东大会应当于会议召开15日前通知各股东。《中华人民共和国公司法》没有限定通知的方式，因此，被告按照其《公司章程》的规定，公告通知各股东并无不当。被告临时股东大会的召集程序没有违反法律法规及《公司章程》的规定。

被告在退出上市后，不再受证券监督管理法律法规对于上市公司关于关联公司限制行使表决权的约束。关于表决方式，《中华人民共和国公司法》对表决权的限制，仅限于第16条规定的向其他企业投资、涉及提供担保等事项的表决，有关联的股东不能行使表决权，由出席会议的其他股东所持表决权的过半数通过。因本案所审理的临时股东大会决议表决的事项为公司合并，所以股东的表决权不受《中华人民共和国公司法》第16条规定的限制。被告的《公司章程》对股东表决权行使亦未作限制性规定。《中华人民共和国公司法》第105条规定，股东大会作出修改公司章程、增加或者减少注册资本的决议，以及公司合并、分立、解散或者变更公司形式的决议，必须经出席会议的股东所持表决权的2/3以上通过。在股东大会审议议案的程序上，法律规定的并不是全体股东行使表决权，表决权的行使限定为出席股东大会的股东。股东是否出席股东大会，是股东的权利，某一股东放弃行使权利并不影响其他股东的权利行使。在只有中国石油化工股份有限公司一个股东出席股东大会的情况下，法律没有禁止其行使表决权，其表决权已超过《中华人民共和国公司法》规定的2/3以上。因此，被告召开临时股东大会的表决程序合法。

被告的《公司章程》是由股东根据法律规定和公司的具体情况而制定的，体现了股东的意志。在经过法定程序形成后，对公司股东具有约束力。被告的《公司章程》对公司的合并没有禁止性或者限制性规定，被告临时股东大会的决议同意合并，其内容没有违反《公司章程》。

综上，原告请求撤销被告股东大会决议，理由不能成立，对原告的诉讼请求，本院不予支持。

▶ **二审裁判结果** ◀

原告不服一审判决，向郑州市中级人民法院提起上诉。二审法院经审理，依照《中华人民共和国民事诉讼法》第153条第1款第1项之规定，判决：驳回上诉，维持原判决。

## 损害股东利益责任纠纷办案依据集成

**中华人民共和国公司法**（2005年10月27日修订）（节录）

第一百五十三条 董事、高级管理人员违反法律、行政法规或者公司章程的规定，损害股东利益的，股东可以向人民法院提起诉讼。

## 十、损害公司利益责任纠纷

> **89. 现行《中华人民共和国公司法》第 152 条与第 153 条有什么区别？**
>
> 《中华人民共和国公司法》第 152 条规定的是股东代表诉讼制度，即当公司的董事或高级管理人员（或者监事）违法执行职务的行为给公司的合法权益造成损失时，应当由公司的监事会（或者董事会）以公司的名义向人民法院提起诉讼，追究该董事或高级管理人员（或者监事）的责任。只有当监事会（或者董事会）不作为或者情况紧急，不立即起诉将给公司利益造成难以弥补的损害时，符合条件的股东才可以以自己的名义向人民法院提起股东代表诉讼，并且所得的利益归公司所有。第 153 条规定的是股东直接诉讼制度，即当公司的董事、监事或者高级管理人员直接侵害股东的个人利益时，股东可以向人民法院提起诉讼，寻求救济。

### 典型疑难案件参考

TAT CO. Ltd 诉陆致成损害公司股东权益纠纷案

**基本案情**

2005 年 12 月 8 日，河北清华发展研究院、TAT co. Ltd（以下简称 TAT 公司）、金英镐、尹康植签订《清华科技园（廊坊）光电有限公司章程》。2005 年 12 月 26 日，廊坊经济技术开发区管理委员会以廊开管招〔2005〕314 号批复批准四方建立廊坊清华科技园光电有限公司的合同及章程，该批复还确定了公司注册资本、各方所占注册资本比例、经营范围、经营期限、法定注册地等事项。

2006 年 6 月 13 日，由于股权变动，各方对公司章程进行了修正，股东河北清华发展研究院将其持有的 41% 的股权转让给同方股份有限公司（以下简称同方股份），增加同方股份为公司股东。

2007 年 3 月 25 日，廊坊清华科技园光电有限公司董事会通过决议，审议事项包括：公司增加注册资本及总投资、股权变更、公司名称由廊坊清华科技园光电有限公司变更为清芯光电有限公司（以下简称清芯光电），股东同方股份名称变更情况等，其中河北清华发展研究院将其持有的 4% 股权、TAT 公司将其持有的10%股权转让给同方股份，同方股份持有55%的股权。上述审议事项董事会全票通过。

2007年7月，由于股权发生变动，各方对公司章程进行了修正，股东尹康植将股权全部转让给崔民镐，崔民镐成为股东，股东人数未变。

2008年3月22日，清芯光电召开一届六次董事会，通过了如下决议：关于公司2007年度工作报告和2008年度经营计划的决议；同意同方股份增资和同意给予骨干员工股票期权（董事郑燕康保留意见）；在北京市顺义区天竺生产基地投资建设及设立子公司；向北京银行和招商银行申请流动资金贷款。

2008年7月3日，清芯光电召开第一届董事会第七次会议，修改了章程部分条款，并选举陆致成担任清芯光电董事长，聘任刘刚为清芯光电首席执行官，金学峰为总经理，易汉平、崔民镐为副总经理。

### 一审诉辩情况

TAT公司在一审中起诉称：2005年12月，中外合资企业清芯光电成立，经营范围包括研究、开发生产高亮度发光二极管外延片、芯片及其系列产品和配套工程产品，销售本公司自产产品。清芯光电由五个股东出资成立，分别是TAT公司、河北清华发展研究院、金英镐、崔民镐、同方股份。根据清芯光电公司章程规定：清芯光电设董事会，董事会是清芯光电的最高权力机构。董事长由股东河北清华发展研究院委派的郑燕康先生担任，总经理由TAT公司推荐的金学峰先生担任。2008年7月3日，陆致成在未书面通知TAT公司的情况下召开所谓清芯光电董事会会议，在该次会议上未就陆致成提议的修改公司章程和改组董事会达成一致意见，也未就上述提议通过清芯光电第一届董事会第七次会议决议。该决议因内容和程序违法，多次被开发区管委会、工商行政管理部门拒绝变更登记，且至今也未获批准。2008年7月4日，陆致成利用该未生效决议，以清芯光电董事长名义任命刘刚为清芯光电CEO，趁机收走公司公章、合同章、财务章等，凌驾于总经理之上行使管理权，开始非法控制公司。随后，陆致成开始安插同方股份人员担任清芯光电各部门负责人，对清芯光电商业技术、商业信息等展开控制和掠夺，破坏清芯光电正常生产经营。其行为包括：关闭清芯光电在深圳设立的营销分公司；控制清芯光电人事权和财务权；私自设立经营管理部控制采购、销售预算等；剽窃清芯光电技术；未获董事会授权和批准将清芯光电首席技术官编入同方公司体系，建设与清芯光电同业竞争的同方股份的全资子公司同方光电科技有限公司（以下简称同方光电）；命令清芯光电核心技术团队参与建设同方光电，掠夺清芯光电人才和技术；在同方光电任董事、董事长，构成同业竞争。陆致成自2008年7月4

日开始行使清芯光电董事长职务，却做出一系列损害清芯光电、损害 TAT 公司作为投资股东利益的行为，其应对自己的非法行为负责，赔偿由此给清芯光电和股东造成的巨大损失。故请求法院：判令陆致成停止对清芯光电及其股东利益的损害行为；判令陆致成停止违反忠实义务之行为，禁止在同业竞争公司同方光电任董事长职务、董事身份；赔偿 TAT 公司 205 万元（该数额，TAT 公司表示没有具体计算依据，是其单方估算的结果）。

陆致成在一审中答辩称：TAT 公司所起诉的事实不属于公司董事、高级管理人员损害股东利益赔偿纠纷，即使 TAT 公司起诉的事实属实，也是损害清芯光电的利益，TAT 公司应当提起股东代表诉讼。陆致成在清芯光电任职期间没有违反公司章程和相关法律的情况，且其从 2008 年 12 月 11 日以后就不再是清芯光电的董事长，故不同意 TAT 公司的诉讼请求。

### 一审裁判结果

北京市第一中级人民法院依照《中华人民共和国公司法》第 152 条、最高人民法院《关于民事诉讼证据的若干规定》第 2 条、《中华人民共和国民事诉讼法》第 22 条第 2 款之规定，判决：驳回 TAT 公司的诉讼请求。

### 一审裁判理由

北京市第一中级人民法院认为：关于本案的管辖问题，TAT 公司诉请陆致成停止侵权行为并赔偿损失，陆致成系中华人民共和国公民，其住所地位于北京市海淀区，属于一审法院辖区，故依照《中华人民共和国民事诉讼法》第 22 条第 2 款关于"对法人或者其他组织提起的民事诉讼，由被告住所地人民法院管辖"的规定，一审法院对本案有管辖权。陆致成对一审法院行使管辖权亦未提出异议。关于本案的法律适用问题，陆致成系在中华人民共和国境内有住所的公民，TAT 公司依据公司法的相关规定，提起侵权赔偿之诉，故与本案有最密切联系的法律为中华人民共和国法律，且本案双方均同意适用中华人民共和国法律为准据法，故本案应适用中华人民共和国法律。TAT 公司虽主张本案属于公司董事、高级管理人员损害股东利益纠纷，但根据 TAT 公司的诉讼请求与所主张的事实可以认定，其是基于清芯光电公司利益受到损害而提起的诉讼。公司利益受损应当由公司提起诉讼，公司未主张而股东主张的，应为股东代表诉讼。提起股东代表诉讼应当具备以下条件：公司董事、高级管理人员具有《中华人民共和国公司法》第 150 条规定的行为导致公司利益受损、股东书面请求监事会或不设监事会的有限责任公司监事向人民法院提起诉讼而监事会或不设监事会的有限责任公司监事拒绝提起诉讼或收到请求之日起 30 日内未提起诉讼。

现 TAT 公司未经过法定的前置程序提起股东代表诉讼不符合《中华人民共和国公司法》第 152 条的规定，提起股东代表诉讼的条件尚未成就，更无权请求陆致成赔偿股东的损失。陆致成的答辩意见有事实与法律依据，法院予以采信。综上，TAT 公司的诉讼请求于法无据，法院对此不予支持。

### 二审诉辩情况

宣判后，TAT 公司不服一审法院判决，向北京市高级人民法院提起上诉，其主要上诉理由是：（1）一审法院判决认定事实不清，适用法律错误。一审法院忽视法律规定和公司章程规定，虚构了一个监事会或监事，忽视清芯光电经营管理被同方股份和陆致成控制的现状、要求 TAT 公司履行法定的前置程序提起股东代表诉讼，故意避开 TAT 公司提起诉讼所依据的《中华人民共和国公司法》第 153 条的规定、主动适用不符合清芯光电实际情况的《中华人民共和国公司法》第 152 条的规定，从而得出驳回 TAT 公司诉讼请求的错误判决。①合资公司清芯光电根本没有设立监事会或监事。②合资公司清芯光电被陆致成一伙全面非法控制。③陆致成的行为违反了《中华人民共和国公司法》第 153 条的规定。（2）陆致成作为合资公司清芯光电的董事、高级管理人员，违反法律法规及清芯光电公司章程的规定，损害了 TAT 公司的利益，TAT 公司可以直接向人民法院提起股东利益受损的诉讼。（3）审法院判决主观臆断认定事实错误部分，会对双方当事人之间其他正在发生的诉讼产生恶劣影响。（4）程序上，一审法院对 TAT 公司申请调查取证的复议申请未给出答复，有违公正审判原则。综上，请求：撤销一审法院判决，改判陆致成停止对清芯光电和 TAT 公司股东利益的损害行为，停止违反忠实义务之行为，禁止其在同业竞争的同方光电任董事长职务、董事身份；赔偿 TAT 公司损失 205 万元；诉讼费由陆致成承担。

陆致成服从一审法院判决，其答辩认为：（1）本案应当适用《中华人民共和国公司法》第 152 条第 3 款的规定。（2）陆致成已经不在清芯光电担任任何职务，也不再是清芯光电的董事，TAT 公司的诉讼请求没有审理的必要。

### 二审裁判结果

北京市高级人民法院依照《中华人民共和国民事诉讼法》第 153 条第 1 款第 1 项之规定，判决：驳回上诉，维持原判。

### 二审裁判理由

北京市高级人民法院认为：一审法院依据被告住所地确定本案管辖权，依据当事人共同选择确认的中华人民共和国法律作为本案准据法是正确的，本院予以确认。TAT公司所主张的陆致成侵犯公司利益的事实和行为指向的均是清芯光电的利益，而非股东TAT公司的利益。在清芯光电利益受损的情况下，应由清芯光电提起诉讼，清芯光电未形成决议而股东代为提起诉讼的，应为股东代表诉讼。一审法院依据《中华人民共和国公司法》第152条的规定，认为TAT公司提起股东代表诉讼的条件尚未成就，无权请求陆致成赔偿股东的损失是正确的。TAT公司认为其依据《中华人民共和国公司法》第153条的规定可以直接向董事、高级管理人员提起诉讼的上诉主张，因其基于的侵权事实均是陆致成作为清芯光电的董事、高级管理人员时的职务行为，并未直接侵害股东TAT公司的利益，不符合股东直接诉讼的规定，故一审法院驳回TAT公司的诉讼请求是正确的，本院予以确认。TAT公司以清芯光电未设立监事会，陆致成非法控制清芯光电而否定履行股东代表诉讼的前置程序，进而提起股东直接诉讼的上诉理由不成立，本院不予支持。TAT公司二审中提出清芯光电第一届董事会第七次会议决议已被撤销的证据，并不影响其应履行股东代表诉讼的前置程序。关于TAT公司在一审中提出调查收集证据的申请，一审法院认为不符合最高人民法院《关于民事诉讼证据的若干规定》第17条的规定，对该申请不予准许的决定是正确的，本院予以确认。TAT公司仅凭《邮件查单》无法证明其就该决定已向一审法院提出复议申请，且复议结果亦不影响本案的处理结果。综上，一审法院判决认定事实清楚，适用法律正确，应予维持。

> **90. 公司的高级管理人员经公司盖章确认后，设立与本公司相竞争的其他公司是否违反对公司的忠实义务？在经本公司法定代表人同意后，公司高级管理人员利用所设立的公司与本公司进行交易的行为是否有效？**
>
> 《中华人民共和国公司法》第149条规定公司的董事和高级管理人员未经股东会或股东大会同意，不得利用职务便利为自己或者他人谋取属于公司的商业机会，自营或者为他人经营与所任职公司同类的业务，并且不得违反公司章程的规定，或者未经股东会、股东大会同意，与本公司订立合同或者进行交易。因此，高级管理人员如需实施上述行为必须严格遵守公司章程的规定或者获得股东会、股东大会的同意，仅凭公司盖章和法定代表人的签字不能视为公司的股东或出资人对上述行为的认可。

## 典型疑难案件参考

**无锡微研有限公司诉徐乃洪、无锡德森精密模具有限公司买卖合同损害公司利益纠纷案**

### 基本案情

无锡微研有限公司（以下简称微研公司）系"日本（株式会社）微研有限公司"于1994年5月10日投资设立的一家外商独资企业，位于无锡市蠡园经济开发区，经营范围为生产销售各类精密模具、精密零部件配套设备及其产品等。其公司章程第20条规定：总经理、副总经理不能兼任其他经济组织的总经理或副总经理，不得参与其他经济组织对本公司的竞争行为。

2005年3月22日，时任公司财务部部长的中方高级管理人员徐乃洪与公司另一日方高级管理人员飞世浩二将一份关于报废设备再利用的《报告书》提交给微研公司当时的法定代表人木下宪雄，建议将一批长期封存在公司西工场的报废设备（万能铣床3台、坐标镗床2台、手动平面磨床12台、通用曲线磨床2台、手动绘图仪和空压机各1台，共计21台）提供给协力公司使用。木下宪雄在该份报告书上签了字。随后，上述设备中的部分设备被送至其他单位进行修理。

2005年4月4日，微研公司和徐乃洪签订《设备租赁合同》一份，约定微研公司根据徐乃洪的生产需要和要求将设备出租给徐乃洪使用，设备的安装、调试、使用、保养、维修管理等均由徐乃洪自行负责；租赁期限为3年，自2005年4月8日起至2008年4月7日止；租金总额为30万元。该合同由飞世浩二代表微研公司签字，并加盖了微研公司印章。

2005年4月7日，微研公司出具了一份《承认书》，内容为"现无锡微研有限公司承认徐乃洪副总经理同时兼任协力公司（德森公司）执行董事职务。该公司系自负盈亏企业，徐乃洪在该公司的债权债务与微研公司无关"。

2005年4月9日，微研公司成立了公司管理委员会，组成人员为：日方飞世浩二为常务副总经理，中方黄某、徐乃洪、华某、房某四位为副总经理。管理委员会的职责和权限为直接向公司法人代表木下总经理负责，负责公司各职能部门的日常管理、行使公司的经营管理权、人事管理权，为木下总经理的决策提供分析报告和方案并组织实施等。

2005年5月31日，微研公司和徐乃洪又签订了一份《承包租赁合同》，约定由徐乃洪以独立核算、自负盈亏、支付承包费的方式承包微研公司现有的制品制造部，承包期为3年，自2005年12月1日起至2008年11月30日止。

2005年6月2日，徐乃洪承包的制品制造部向微软公司提出《申请书》，称原与微研公司签订的设备租赁协议中的部分设备需修理，请求批准由微研公司负担修理费。徐乃洪和宋某在该《申请书》上签了字。根据该申请上列明的设备维修费用清单，需支付的维修费用总计为214363元。此后，由宋某经手微研公司共支付给青岛昌汉精密机械有限公司设备修理费20万元。

2005年6月21日，无锡德森精密模具有限公司（以下简称德森公司）设立，注册资本为100万元，经营范围为精密模具及配件的设计、开发、制造、加工、销售等，股东为徐乃洪和曹某，徐乃洪任公司执行董事、总经理，为公司的法定代表人，飞世浩二为公司的监事。

2005年7月，微研公司将一批设备移交给了德森公司，即万能铣床3台、手动平面磨12台、油压平面磨2台、通用曲线磨2台、手动绘图仪和空压机各1台，共计21台。

2005年9月22日，微研公司和德森公司又签订了《协议书》一份，内容为：为了降低日本本社的制造成本，微研公司认定德森公司为协作外注公司；微研公司将日本本社的部分工作委托于德森公司进行外注加工；德森公司独自开展营业活动；等等。

2005年12月9日，微研公司和德森司签订了《机器买卖合同》一份，约定：微研公司将一批报废闲置机器（即为7月份微研公司移交给德森公司的21台设备外加1台变压器，合计22台）卖给德森公司，总金额为20万元；12月9日德森公司先付5万元定金，余款在微研公司交货后双方协商分期支付；上述机器设备的修理费用，已由德森公司负担。合同签订当日，德森公司即向微研公司付款5万元。

2005年12月23日，微研公司以公司盖章、法人代表木下宪雄签字的形式向德森公司出具《承诺书》，内容为：微研公司于2005年12月进口的二手坐标磨床（型号G-18 CNCl000）属海关监管设备，监管期为5年，其货款将先由微研公司支付，微研公司承诺5年后将此设备的所有权转让给德森公司，价格待转让时再商议。目前，该二手坐标磨床被德森公司实际占有使用。

2005年12月29日，微研公司和徐乃洪签订了解除劳动合同协议，决定协议解除徐乃洪和微研公司的劳动合同。

2006年2月16日，微研公司与德森公司、徐乃洪又签订《协议书》一份，约定：（1）解除微研公司和徐乃洪之间的劳动合同（已于2006年1月29日终止）；（2）解除微研公司和徐乃洪签订的制品制造部承包合同；（3）关于二手坐标磨，微研公司承诺在5年之内不向他方卖出该设备，自2005年12月

23日起5年期满后,该设备所有权无偿归德森公司、徐乃洪所有;(4)协议双方签字后立即生效,无其他遗留问题。同日,徐乃洪正式离开微研公司。

2006年8月25日,微研公司将德森公司、徐乃洪诉至本院,形成本诉。诉讼中,微研公司的投资人日本(株式会社)微研有限公司出具《情况说明》一份,言明:日本(株式会社)微研有限公司从未同意徐乃洪以协力公司名义设立德森公司,对德森公司作为协力公司既不知情也不认可;对微研公司前总经理木下宪雄2005年3月22日签字的《报告书》、2005年4月7日出具的《承认书》、2005年9月22日和德森公司签订的《协议书》、2005年12月9日签订的《买卖合同》、2005年12月23日出具的《承诺书》既不知情也不认可;对飞世浩二担任德森公司的监事既不知情也不认可。

另查明:德森公司于2005年12月13日向青岛昌汉精密机械有限公司支付了修理费6.2万元。

### 诉辩情况

原告微研公司诉称:2005年12月9日,微研公司与由徐乃洪担任法定代表人的德森公司签订了《机器买卖合同》一份,约定将微研公司所有的22台机器设备以极其不合理的价格卖给德森公司(且至今未付价款)。合同签订后,微研公司将设备交付了德森公司并垫付了这些设备的维修费用。2005年12月23日微研公司向德森公司出具《承诺书》一份,2006年2月16日微研公司与德森公司又签订《协议书》一份,均约定将借给德森公司使用的还处于海关监管之下的坐标磨拟转让给德森公司。目前,上述22台设备及坐标磨均被德森公司占有并使用。而在德森公司成立以及上述合同、《承诺书》、《协议书》签订时,徐乃洪均是微研公司的高级管理人员,这显然违反了我国公司法的相关规定,且该行为也未经公司章程或公司股东会的同意,损害了微研公司的合法权益。故请求法院判令:(1)2005年12月9日签订的《机器买卖合同》、2005年12月23日微研公司向德森公司出具的《承诺书》以及2006年2月16日签订的《协议书》第3款无效;(2)德森公司返还上述《机器买卖合同》、《承诺书》、《协议书》涉及的设备;(3)德森公司返还微研公司已支付的机器修理费及使用费22万余元;(4)徐乃洪对德森公司上述义务承担连带责任。

在庭审中,微研公司对德森公司向青岛昌汉精密机械有限公司支付的6.2万元修理费予以认可,并表示可从其主张的机器设备修理费及使用费22万元中扣除。此外,微研公司于庭审中亦表示放弃向两被告主张机器设备的使用费,但仍要求两被告承担修理费。

被告徐乃洪与德森公司辩称：徐乃洪担任德森公司法定代表人是经过微研公司盖章及法人代表签字同意确认的，微研公司认定德森公司为其协作外注公司，旨在降低微研公司的制造成本。因此，徐乃洪不存在微研公司所述的"自营或经营与其任职公司同类的营业"行为。双方对废旧设备达成的买卖协议是双方当事人的真实意思表示，不违反法律的规定，应为有效。微研公司对徐乃洪因劳动合同解除而给予的经济补偿及徐乃洪承包微研公司的制品制造部的利润部分，与徐乃洪和德森公司所欠微研公司二手坐标磨设备款予以折抵，并无违法之处，且2月16日协议已明确徐乃洪与微研公司已两清，故该协议亦为有效。综上，请求法院驳回微研公司的诉讼请求。

### 裁判结果

江苏省无锡市滨湖区人民法院依照《中华人民共和国公司法》第11条、第21条第1款、第158条第1款、第149条、《中华人民共和国合同法》第5条、第52第5项、第58条的规定，作出如下判决：

一、微研公司和德森公司于2005年12月9日签订的《机器买卖合同》、2005年12月23日微研公司向德森公司出具的《承诺书》、2006年2月16日微研公司与德森公司、徐乃洪签订的《协议书》中涉及"G-18 CNCl000"二手坐标磨床的约定部分内容均为无效。

二、德森公司于判决生效后立即返还微研公司万能铣床3台（具体为："X6330"1台、"XX6325"2台）、手动平面磨12台（具体为："SFG-200"6台、"CGM-200"6台）、"BS618AI"油压平面磨2台、"GLS-125A"通用曲线磨2台、"PR8-8CT"手动绘图仪、"AM-15B"空压机、变压器、"G-18CNCl000"二手坐标磨床各1台，共计23台。微研公司收到上述设备后即返还德森公司5万元设备款。

三、徐乃洪、德森公司于判决生效后立即共同给付微研公司设备修理费138000元。

本案诉讼费42330元由德森公司、徐乃洪共同负担。

一审宣判后，双方当事人均未提出上诉。一审判决已经生效。

### 裁判理由

江苏省无锡市滨湖区人民法院根据上述事实和证据认为：《中华人民共和国公司法》第11条规定"公司章程对公司、股东、董事、监事、高级管理人员具有约束力"，第21条规定"公司的控股股东、实际控制人、董事、监事、高级管理人员不得利用其关联关系损害公司利益"，第148条规定"董事、监事、高级管理人员应当遵守法律、行政法规和公司章程，对公司负有忠实义务和勤勉义务"，第149条规定了董事和高级管理人员"不得违反公司章程的规定，或者未经股东会、股东大会同意，与本公司订立合同或者进行交易"，"未经股东会或股东大会同意，不得利用职务便利为自己或者他人谋取属于公司的商业机会，自营或者为他人经营与所任职公司同类的业务"。

本案中微研公司的公司章程第20条明确规定"总经理、副总经理不能兼任其他经济组织的总经理或副总经理，不得参与其他经济组织对本公司的竞争行为"，而徐乃洪2005年6月21日出资设立经营范围亦涉及精密模具及配件的制造、销售的德森公司，并在担任德森公司法人代表、总经理的同时还担任微研公司的副总经理，徐乃洪的上述行为显然已经违反了微研公司的公司章程。徐乃洪虽然举证了微研公司出具的《承认书》，认为其兼任协力公司、德森公司执行董事职务已得到微研公司认可，但事实上微研公司内部高级管理人员担任与公司经营范围基本相同的其他公司的执行董事或高级管理人员这一公司内部经营管理中的重大事项且可能对公司权益产生重大影响的行为却未经过微研公司股东日本（株式会社）微研有限公司的同意。而根据公司法的相关规定，不难看出类似徐乃洪这样的高级管理人员如需实施上述行为必须严格按照公司章程或者股东会、股东大会的意见进行，仅凭公司盖章及法人代表签字并不能视为公司的股东或出资人对上述明显违反公司章程行为的认可。何况徐乃洪当时的微研公司中方副总经理身份亦可为其获得上述形式的承认提供相当的便利。微研公司虽与德森公司签订协议书"认定德森公司系微研公司的协作外注公司；微研公司将日本本社的部分工作委托于德森公司进行外注加工；德森公司独自开展营业活动"，但设立后的德森公司却从未与微研公司有过一单外注加工业务，而完全是独立核算、自负盈亏，独自开展营业活动，与其协力公司的身份根本不相符。因此，徐乃洪在担任微研公司副总经理时即设立与微研公司经营范围基本相同的同类公司并担任该公司的法人代表、执行董事的行为，违反了公司法的相关规定，违背了其对微研公司应负有的忠实义务，客观上损害了微研公司的利益。故徐乃洪辩称其"不存在微研公司所述的'自营或经营与其任职公司同类营业'的行为"与事实不符，本院不予采信。

关于德森公司以20万元价格购买的一批报废闲置机器，在2005年3月德森公司尚未成立时，徐乃洪即建议将该批长期封存在公司西工场的报废设备提供给协力公司使用。此后的4月4日，徐乃洪又以协力公司的名义和微研公司签订了一份《设备租赁合同》，约定将该批设备出租给徐乃洪使用，且设备的安装、调试、使用、保养、维修管理等均由徐乃洪自行负责。但6月2日，徐乃洪向微研公司提出申请书，称原与微研公司签订的设备租赁协议中的部分设备需修理，请求批准由微研公司负担修理费 214363 元。后微研公司为此支付了 20 万元的设备修理费。7 月，在德森公司成立后一个月该批设备共计 21 台立即移交给了德森公司。2005 年 12 月 9 日，德森公司和微研公司签订了《机器买卖合同》一份，约定微研公司将一批报废闲置机器（即为 7 月份微研公司移交给德森公司的 21 台设备外加 1 台变压器，合计 22 台）以 20 万元的价格卖给德森公司，且言明上述机器设备的修理费用已由德森公司负担。而事实上，该批"报废闲置机器"早已由微研公司出资修复并由德森公司实际使用至今，徐乃洪、德森公司也根本未向微研公司支付设备的维修费用。通过上述事实不难发现，德森公司以 20 万元价格购买的这批"报废闲置机器"中的部分设备单是修理费即已超过了 20 万，德森公司以如此价格购买的这批设备早在德森公司成立前即由徐乃洪以修理、租赁的形式先行掌握，最终由其设立的德森公司占有使用。因此，2005 年 12 月 9 日的《机器买卖合同》形式上虽然是德森公司和微研公司签订的一份买卖合同，但其实质却是徐乃洪作为微研公司高级管理人员违反公司章程的规定，未经微研公司出资人同意，自行与微研公司订立合同进行交易，且合同内容明显损害微研公司的利益。徐乃洪的上述行为违反了公司法的相关禁止性规定，根据合同法关于合同效力的法律规定，该合同应为无效合同。同样基于上述原因，微研公司对被德森公司实际占有使用的二手坐标磨床（型号 G–18 CNC1000）出具的《承诺书》以及 2006 年 2 月 16 日与德森公司、徐乃洪签订的《协议书》中涉及上述二手坐标磨床的约定部分亦为无效。故徐乃洪、德森公司"双方对废旧设备达成的买卖协议是双方当事人的真实意思表示，不违反法律的规定，应为有效"的意见既与事实不符，也与法律规定相悖，本院不予支持。

综上，德森公司应将上述《机器买卖合同》、《承诺书》、《协议书》涉及的 23 台机器设备立即返还微研公司，微研公司同时将德森公司支付的 5 万元设备款返还德森公司。由于徐乃洪在德森公司尚未设立时即向微研公司租赁使用了上述设备且约定设备的修理费由其承担，现设备被德森公司实际使用至今，则上述设备微研公司实际支出的修理费 20 万元理应由德森公司和徐乃洪共同承担。鉴于德森公司于 2005 年 12 月 13 日向青岛昌汉精密机械有限公司支付了修理费 6.2 万元，而微研公司对此笔款项于庭审中予以认可，则该 6.2 万元应从 20 万元中扣除。

**91. 公司高级管理人员在企业改制过程中，违反国有资产评估管理办法的规定，未履行审批和评估手续而将重大国有财产转让给第三人的交易是否无效？**

国有企业产权在转让前，必须严格按照《国有资产评估管理办法》的规定进行评估并将评估价值报有关国有资产管理部门确认。第三人如果知道或者应当知道所转让的财产属于国有财产却没有履行评估手续和报批手续，而恶意串通以明显低于其实际价值的购买价格受让该资产，则由于直接损害了转让该资产的公司的利益，同时间接损害了公司股东的利益，应当认定转让合同无效。

## 典型疑难案件参考

东风汽车贸易公司、内蒙古汽车修造厂与内蒙古环成汽车技术有限公司、内蒙古物资集团有限责任公司、赫连佳新、梁秋玲及第三人内蒙古东风汽车销售技术服务联合公司侵权纠纷案（《最高人民法院公报》2009 年第 2 期，总第 148 期）

### 基本案情

1993 年 12 月 25 日，内蒙古自治区机电设备总公司（以下简称机电公司）、东风汽车贸易公司（以下简称汽贸公司）、内蒙古汽车修造厂（以下简称汽修厂）三方签订《合资经营合同》及附件，商定三方共同出资设立内蒙古东风汽车销售技术服务联合公司（以下简称联合公司）。该合同约定：联合公司注册资本为 500 万元，其中汽贸公司出资 125 万元，占注册资本的 25%，机电公司出资 275 万元，占注册资本的 55%，汽修厂出资 100 万元，占注册资本的 20%；联合公司为全民所有制企业法人；公司设董事会，并实行董事会领导下的经理负责制。公司经理为公司法定代表人，负责公司日常经营管理；公司从领取企业法人营业执照之日起经营期限为 10 年。该合同还约定了经营范围和方式、组织机构、出资人权利义务、财务管理、利润分配、营业场所的建设等条款。三方还于同日签订了公司章程。在此前的 1993 年 11 月 26 日，三方投资人已经以联合公司名义与内蒙古自治区呼和浩特如意开发区总公司签订了《国有土地使用权转让合同》，并确定了公司的营业地点。1994 年 5 月 31 日，《合资经营合同》得到了内蒙古自治区经济委员会的同意。之后经过验资，工商行政管理局于同年6月14日核发了联合公司的企业法人营业执照。公司成立后，分别于1999年和2000年领取了《房屋所有权证》和《国有土地使用权证》。《国有土地使用权证》载明，国有土地使用权的取得方式为出让，用途为工业用地，面积为11970平方米。《房屋所有权证》核定的房屋建筑面积为3187.80平方米。

1995年，由于内蒙古物资集团有限责任公司（以下简称物资集团）体制改革，其下属机电公司的汽车业务划归新成立的内蒙古汽车销售总公司。内蒙古汽车销售总公司亦取代了机电公司，成为了联合公司的投资主体之一。联合公司的工商登记档案对此有记载。1998年5月16日，联合公司召开董事会。会议内容之一是决定聘任梁秋玲为联合公司总经理，即公司法定代表人，并办理了相应的工商变更登记手续。

2000年6月26日，联合公司与呼和浩特市商业银行签订了一份抵押借款合同，约定：借款金额400万元；借款用途为购汽车；借款期限为2000年6月26日至2001年5月26日；联合公司以其11970平方米土地使用权和3187.8平方米房屋所有权作为该贷款的抵押等。在抵押贷款前，联合公司曾委托内蒙古泓源房地产评估有限责任公司（以下简称泓源评估公司）对所抵押的房地产进行了评估。2000年6月22日，泓源评估公司出具了评估报告，评估结果为"该房地产现值人民币7522358元"。上述贷款到期后，联合公司未能如约清偿。2002年7月16日，联合公司与内蒙古环成汽车技术有限公司（以下简称环成公司）分别签订了《土地使用权转让协议书》和《房屋买卖合同书》，约定分别以350万元和370万元将上述抵押合同涉及的联合公司房地产转让给环成公司，还约定环成公司应将转让价款中的400万元直接用于偿还联合公司所欠呼和浩特市商业银行的贷款。这两份合同亦得到了呼和浩特市商业银行的同意。合同签订后，环成公司依约履行了给付价款的义务，双方亦完成了土地使用权和房屋产权的过户登记。对该部分事实，联合公司提供了借款抵押合同、评估报告、《土地使用权转让协议书》和《房屋买卖合同书》加以证明。环成公司亦提供了变更登记后的《国有土地使用权证》和《房屋产权证》加以证明。汽贸公司和汽修厂称当时并不知道此事，现在也不予认可。联合公司还举出了呼和浩特市商业银行的收回贷款凭证和该公司支付职工买断款、集资款、养老金及偿还公司其他债务的原始票据，用以证明其收到的720万元转让款的去向。对此，汽贸公司和汽修厂亦不认可，同时认为联合公司实施这些行为而不告知汽贸公司和汽修厂，正是对其权利的侵犯。

联合公司转让公司资产后，2003年9月23日，汽贸公司、物资集团、联合公司三方在汽贸公司召开会议，并形成了会议纪要。会议纪要载明：（1）联合公司未经三方股东同意处置资产不符合《中华人民共和国公司法》有关条款。（2）联合公司和内蒙古汽车贸易中心（即原内蒙古汽车销售总公司）欠汽贸公司1882.78万元。物资集团下属的内蒙古汽车贸易中心全部承担所欠汽贸公司的欠款（数额以对账为准），并由内蒙古汽车贸易中心办理相关确认手续。（3）2003年10月下旬召开三方股东会，研究决定联合公司的善后处理问题。赫连佳新代表物资集团、梁秋玲代表联合公司参加会议。此后各方再未协商联合公司善后处理问题。为此，汽贸公司和汽修厂向一审法院提起诉讼。

### 一审诉辩情况

原告汽贸公司和汽修厂起诉称：1993年12月25日，汽贸公司和汽修厂与物资集团下属的内蒙古机电设备总公司三方签订了《合资经营合同》。该合同约定了三方的出资比例、组织机构、权利和义务、经营期限等主要内容。1994年5月31日，内蒙古自治区经济委员会下达了内经企字〔1994〕103号批复，同意三家出资成立联合公司。该公司属全民所有制。2001年6月8日，物资集团董事会下达了内物董字〔2001〕19号文件，明确了联合公司划归物资集团直接管理，这就为侵权人下一步的侵权行为作了必要的铺垫。2002年7月16日，物资集团派到联合公司的董事长赫连佳新，法定代表人、总经理梁秋玲在物资集团的授意下，在联营期未满，没有经董事会研究，没有向国资委报告，也没有请评估机构对国有资产进行评估，公司没有终止，没有依法成立清算组进行清算的情况下，将联合公司近2400万元的固定资产（仅房屋的评估就达680万元），以720万元的价格卖给了环成公司。他们的这一行为直接构成了对汽贸公司和汽修厂的侵权，也使国有资产大量流失。2002年9月23日，物资集团的总经理赫连佳新、联合公司的总经理梁秋玲等代表物资集团到汽贸公司处通报了他们的行为。当时形成了会议纪要。赫连佳新表示以后召开三方股东会研究处理联合公司的善后问题。但是直到汽贸公司和汽修厂起诉，他们再也没有提及此事。故请求人民法院依法判令物资集团授意赫连佳新、梁秋玲变卖联合公司资产的行为违法，属侵害汽贸公司和汽修厂合法权益的侵权行为（侵权数额达1050多万元）；判令联合公司与环成公司之间签订的《土地使用权转让协议书》和《房屋买卖合同书》无效，依法返还原物。

被告物资集团答辩称：（1）本案在重审期间，汽贸公司和汽修厂未在举证期间届满前变更、增加诉讼请求，违反了《中华人民共和国民事诉讼法》和最高人民法院《关于民事诉讼证据的若干规定》，请求驳回其诉讼请求。（2）汽贸公司和汽修厂诉物资集团"授意"赫连佳新、梁秋玲变卖联合公司资产毫无根据，没有证据予以支持。无论联合公司是联营企业，物资集团只是联合公司三个出资人之一的内蒙古汽车贸易中心的上级主管部门。2001年6月，在国营企业改制过程中为便于管理由物资集团直接管理，但汽车贸易中心仍然是联合公司的股东。物资集团与联合公司没有财产上的利益关系，其只是物资集团所属的一个托管企业而已。赫连佳新是物资集团的总经理，虽曾推荐其担任联合公司董事长，但至今未经联合公司董事会通过产生。他既没有参与过联合公司董事会领导工作，也没有参与过联合公司经营管理工作。物资集团不可能"授意"自己的总经理去干与其职务不相干的工作。无论联合公司处置资产的行为是否正确，赫连佳新都不应该承担领导责任和直接责任。联合公司是由三个全民所有制企业出资共同组建的自主经营、独立核算、自负盈亏的法人型联营企业，按照公司章程和《合资经营合同》的规定，对其经营管理的财产享有占有、使用和依法处置的权利。梁秋玲是联合公司的总经理、法定代表人，她的权力是董事会给的，其行为只对董事会负责，只有她才能对外代表企业。因此，在抵押权人同意的情况下，折价变卖抵押资产偿还企业到期债务是企业法定代表人的权力，是正常的商业行为，其无需得到任何人的"授意"。(3)汽贸公司和汽修厂列举的所谓处置企业资产的程序没有法律依据。联合公司转让的土地及房屋于2000年6月26日在向呼和浩特市商业银行申请400万元贷款时已经作了抵押并履行了他项权利登记等相应的法律手续。对于有抵押的国有资产的转让程序，国务院2004年2月1日开始施行的《企业国有产权转让管理暂行办法》第6条规定："被设置为担保物权的企业国有产权转让，应当符合《中华人民共和国担保法》的有关规定。"依据《中华人民共和国担保法》的规定，债务人不能清偿到期债务，债权人有权从抵押财产折价或者以拍卖、变卖该财产的价款中优先受偿。2002年7月16日，联合公司欠银行的贷款已经逾期一年不能偿还，银行要求其处置抵押资产从抵押物变现的价款中优先受偿。联合公司所履行的是两年以前设定的义务。梁秋玲作为联合公司的法定代表人处置资产偿还企业到期债务是企业行为而不是个人行为。(4)汽贸公司和汽修厂诉物资集团及赫连佳新、梁秋玲侵权，认为联合公司将价值2400万元的固定资产以720万元的价格卖给环成公司，直接构成了对汽贸公司和汽修厂的侵权，也使国有资产大量流失，与事实不符。联合公司从未有价值2400万元的固定资产。汽贸公司和汽修厂认为造成低价转让的原因是土地在审批时属于商业用地，但梁秋玲未经董事会研究私自将土地性质变更为工业用地，使环成公司以工业用地的价格买到了商业用地。事实上2002年2月联合公司领取到的《国有土地使用证》上载明该宗土地用途为"工业用地"。《国有土地使用证》是联合公司原始取得，根本不存在梁秋玲私自变更的问题。何况2000年取得该证时联合公司还尚未向银行贷款，更预料不到两年以后发生的事情。(5) 汽贸公司和汽修厂关于变卖联合公司资产的行为属侵害其财产权,侵权金额为 1050 万元,侵害重大决策权、收益权、分配权的理由于法无据。汽贸公司和汽修厂作为联营公司的出资人,在按照联营合同、章程规定完成出资以后,对其出资或由出资所形成的公司资产不再享有所有权,其由于出资可能享有的收益权只能通过公司的经营收益以利润分成的形式间接获得,同时也以出资额为限承担有限风险。投资人的所有权与企业的经营管理权分离。梁秋玲代表联合公司处置的财产,不构成对汽贸公司和汽修厂财产的侵权。联合公司成立于 1994 年《中华人民共和国公司法》生效以前,至今也未改造成为有限责任公司,故联合公司出资人的权利义务由《合资经营合同》和公司章程规定。公司出资人的"知情权"是通过公司半年一度召开的董事会来行使的,其利润分配和剩余财产的分得则必须经过年终结算和公司终止后组织清算才能实现。联合公司在 2000 年 6 月拿公司土地房屋作抵押向银行贷款 400 万元这一情况各出资人是应该知道的,届时偿还不了到期贷款,抵押物将会被处置的后果各出资人也是应该预见到的。公司章程对于企业法定代表人清偿企业正常债务的程序没有强制性规定,没有规定必须经董事会研究决定,所以汽贸公司和汽修厂作为公司的出资人应当享有的知情权并没有受到侵犯;在联合公司财产进行清算前主张其利润分配权和剩余财产取得权还为时过早,不具备请求条件;联营公司的出资人对联营公司不直接享有决策权,其决策权是通过公司董事会来行使的。即使其认为决策权受到侵害,也应由公司的董事、监事向责任人提出侵权诉讼,而不能由股东直接提起诉讼。(6) 关于汽贸公司和汽修厂请求判令联合公司与环成公司签订的《土地使用权转让协议书》和《房屋买卖合同书》无效,依法返还原物的请求,属于合同纠纷,而汽贸公司和汽修厂不是上述合同的当事人,没有法律上的利害关系,因此,汽贸公司和汽修厂既没有诉权,也没有实体上的请求权,无权以自己的名义提起诉讼请求确认合同效力、返还原物。综上所述,汽贸公司和汽修厂的诉讼请求没有事实和法律依据,请求依法驳回其诉讼请求。

被告环成公司答辩称:(1) 环成公司与物资集团、赫连佳新、梁秋玲无共同侵权的过错,其依法有偿且善意地取得本案争议房地产,该行为与汽贸公司和汽修厂所谓的侵权损失无直接因果关系。联合公司依法处置的资产是向银行设定抵押的资产,是企业的正常经营行为,无须经任何单位和个人的授权或同意;联合公司从成立至倒闭,其因管理不善、连年亏损,资产从未达到过 2400 万元,更无从谈起给汽贸公司和汽修了造成的损失达 1050 万元;环成公司对联合公司的房地产属善意取得。(2) 汽贸公司和汽修厂确认合同无效这一诉讼请求的主体不适格,其无程序意义上的诉权,也无实体意义上的请求权。汽贸公司和汽修厂不是资产转让合同的当事人,也不是直接的利害关系人,无权提起确认合同无效的诉讼。(3)汽贸公司和汽修厂确认合同无效要求返还原物的诉讼请求,无事实基础和法律依据,违反《中华人民共和国合同法》的立法宗旨,且无现实可能性。请求驳回汽贸公司和汽修厂的诉讼请求。

被告赫连佳新答辩称:(1)汽贸公司和汽修厂诉称赫连佳新是联合公司的董事长,并在物资集团的授意下非法处分国有资产,与事实不符。赫连佳新是物资集团的总经理,不是联合公司的董事长。董事长的产生是有程序的。联合公司的章程也规定了董事长产生的程序。赫连佳新何时按程序被选聘为联合公司董事长,汽贸公司和汽修厂没有证据证明。既然不是联合公司董事长,更不存在被授意处分国有资产的事实。(2)汽贸公司和汽修厂诉称赫连佳新被授意处分国有资产,但没有证据证明赫连佳新实施了该行为。汽贸公司和汽修厂称2400万元资产被处分,如果是赫连佳新处分的,怎么可能没有留下文件、合同等直接的人证、物证、书证?这充分说明处分行为与赫连佳新无关。(3)2002年9月23日,赫连佳新确实去过汽贸公司并形成会议纪要,但不是去通告非法处分国有资产的事,而是以物资集团总经理的身份代表物资集团协调双方的矛盾和债务纠纷。该会议纪要没有任何一处能证明赫连佳新是联合公司的董事长,签字处恰恰能证明其是物资集团的代表。(4)汽贸公司和汽修厂的诉讼请求没有法律依据。处分联合公司的财产的行为,即使构成侵权,也是侵犯联合公司的权益,作为联合公司股东的汽贸公司和汽修厂,与联合公司彼此是独立的。综上所述,赫连佳新对汽贸公司和汽修厂侵权事实不存在,原告的诉讼请求没有法律依据,请求依法驳回汽贸公司和汽修厂的诉讼请求。

第三人联合公司答辩称:(1)汽贸公司和汽修厂2006年3月13日的诉状,变更和增加了原审的诉讼请求,其变更和增加诉讼请求的时间超过了法定期限,本案重审应在原审诉状的基础上进行。(2)汽贸公司和汽修厂的诉讼请求没有法律依据,应依法驳回。汽贸公司和汽修厂的诉讼请求是将渊源于公司法基本原理的直接诉讼和派生诉讼混淆在一起,以期达到以股东直接诉讼和派生诉讼的法律后果。直接诉讼和派生诉讼是两类不同性质的诉讼,公司的股东不得因为公司遭受损害致其股权或利益受到损害而将派生诉讼擅自变为直接诉讼。汽贸公司和汽修厂认为联合公司为无独立请求权第三人,却提出返还原物给联合公司的主张,自相矛盾,没有法律依据。(3)汽贸公司和汽修厂没有充分确凿证据材料能够证明物资集团授意联合公司或赫连佳新、梁秋玲违法变卖联合公司资产并构成对汽贸公司和汽修厂1050万元的侵权。(4)联合公司处置房地产的行为合法有效。其处置公司房地产是为了偿还到期的以公司房地产作抵押担保的向呼和浩特市商业银行的借款 400 万元。联合公司处置抵押资产应当依法优先偿还抵押权人银行的债务，是企业必须履行的法定义务。优先偿还银行债务具有排他性。联合公司借款 400 万元到期不能偿还，在债权人多次催要未果的情况下，经债权人同意，在贷款时房地产评估价值的基础上以 720 万元的价格将房地产转让给环成公司，这是企业自主独立经营的商业行为。这一商务活动不违反法律的强制性规定，是合法有效的。（5）联合公司的法定代表人并没有私自违法变更公司土地使用权的用途。1993 年 11 月 26 日，投资三方以联合公司的名义与呼和浩特如意开发区总公司签订《国有土地使用权转让合同》，其中记载的土地使用权属于"综合用地"，1994 年 6 月 14 日，联合公司正式成立，2002 年 2 月领到《国有土地使用权证》，该证确定土地用途为"工业用地"，这是联合公司土地使用权的初始取得。确定土地用途，是土地管理部门以行政职权确定的，不是某个人决定的。综上所述，汽贸公司和汽修厂以本案诉讼请求提起侵权诉讼、确认合同无效和返还财产的诉讼没有事实和法律依据，请求驳回其诉讼请求。

### 一审裁判结果

内蒙古自治区高级人民法院一审判决：驳回汽贸公司和汽修厂的诉讼请求。案件受理费 98510 元，由汽贸公司、汽修厂共同负担。

### 一审裁判理由

内蒙古自治区高级人民法院经审理后认为，在整个诉讼过程中，汽贸公司和汽修厂均没有证据证明物资集团授意赫连佳新、梁秋玲违法变卖联合公司的资产，并构成对汽贸公司和汽修厂的侵权。

汽贸公司和汽修厂没有证据证明赫连佳新参加联合公司董事会领导工作和经营管理工作。其只是在联合公司资产转让后，作为物资集团的总经理，代表物资集团在汽贸公司处参加三方会议，并形成会议纪要。该纪要证实赫连佳新代表物资集团解决联合公司股东之间的纠纷和债务问题，不能证明赫连佳新违法变卖联合公司的资产，故赫连佳新对联合公司转让其资产的行为不应承担责任。

联合公司是法人型联营企业，该公司的《合资经营合同》和公司章程是约束企业行为的准则。《合资经营合同》和公司章程对于企业法定代表人清偿企业债务的程序没有强制性规定，没有规定必须经董事会研究决定。

汽贸公司和汽修厂没有证据证明梁秋玲代表联合公司处置联合公司的资产违法。梁秋玲是联合公司的法定代表人，其处置公司房地产是为了偿还以公司房地产作抵押担保的向呼和浩特市商业银行借款的到期债务。联合公司处置抵押资产依法优先偿还银行债务，是企业必须履行的法定义务。梁秋玲代表公司处置抵押资产偿还债务的行为，是行使企业法定代表人的权力，是企业自主独立经营的商业行为，不违反法律规定。

对于有抵押的国有资产的转让程序，国务院《企业国有产权转让管理暂行办法》第6条规定："被设置为担保物权的企业国有产权转让，应当符合《中华人民共和国担保法》的有关规定。"依据《中华人民共和国担保法》的规定，债务人不能清偿到期债务，债权人有权从抵押资产折价或者以拍卖、变卖该财产的价款中优先受偿。

关于汽贸公司和汽修厂主张联合公司将价值2400万元的固定资产以720万元的价格卖给了环成公司，直接构成对汽贸公司和汽修厂的侵权，是国有资产流失的问题。汽贸公司和汽修厂没有提供证据证明联合公司有2400万元的固定资产。资产转让是联合公司的法定代表人梁秋玲与环成公司签订的合同，转让价格是按照《国有土地使用证》上确定的工业用地的性质，比照政府下达的国有土地出让金标准由双方共同商定的。汽贸公司和汽修厂认为资产转让价格偏低的根本原因在于转让土地属于商业用地，而梁秋玲按工业用地转让给环成公司。但联合公司取得的《国有土地使用证》上载明土地用途为工业用地。该土地使用证为原始取得，汽贸公司和汽修厂没有证据证实该宗土地何时由梁秋玲变更为工业用地，况且取得该土地使用证时联合公司尚未向银行贷款，也无法预料会通过转让房地产偿还债务。综上，汽贸公司和汽修厂诉物资集团、赫连佳新、梁秋玲侵权的诉讼请求不能成立。

关于汽贸公司和汽修厂主张联合公司与环成公司签订的《土地使用权转让协议书》和《房屋买卖合同书》无效，依法返还原物的问题。汽贸公司和汽修厂此项诉讼请求是基于侵权行为成立而提出的，因其侵权的主张不成立，该项请求已失去了审理的依据。综上所述，汽贸公司和汽修厂全部诉讼请求的事实没有证据支持，其诉讼请求不能成立。

### 二审诉辩情况

汽贸公司和汽修厂不服一审判决，向本院提起上诉，请求：（1）撤销内蒙古自治区高级人民法院〔2005〕内民二初字第6号民事判决；（2）依法改判物资集团授意赫连佳新、梁秋玲变卖联合公司资产的行为违法，属侵害汽贸公司、汽修厂合法权益的侵权行为（侵权数额达1050多万元）；（3）依法改判联合公司与环成公司签订的《土地使用权转让协议书》和《房屋买卖合同书》无效，依法返还原物。主要理由是：（1）汽贸公司、汽修厂已经向一审法院提供了赫连佳新签署的董事长函,而且联合公司与股东们对赫连佳新董事长身份也没有异议,赫连佳新本人也一直是以董事长身份行使董事长的权利。在联合公司低价将涉案房地产卖给环成公司前不久,物资集团下发文件,将联合公司划归物资集团直接管理。这些证据证明物资集团授意赫连佳新、梁秋玲违法变卖联合公司的资产,并构成对汽贸公司、汽修厂的侵权。(2)一审法院在没有任何证据证明的情况下,就简单地认定处理联合公司资产的行为属于用抵押资产偿还债务的行为,这是极其不负责任的。(3)一审法院认为汽贸公司、汽修厂没有证据证明梁秋玲在联合公司土地转让时,将综合用地变更为工业用地。一审法院这样认定没有根据。(4)联合公司与环成公司签订的《土地使用权转让协议书》和《房屋买卖合同书》是无效合同。除了双方恶意串通外,这两份合同还损害了国家、集体和汽贸公司、汽修厂的利益。

物资集团答辩称:其没有授意赫连佳新、梁秋玲变卖联合公司的资产,一审判决应予维持。

赫连佳新答辩称:物资集团没有授意我变卖联合公司的资产,一审判决事实清楚,适用法律正确,依法应予维持。

环成公司答辩称:其购买联合公司资产的行为是善意的,支付了合理的对价,不存在恶意串通的事实。汽贸公司与汽修厂不是《土地使用权转让协议书》和《房屋买卖合同书》的当事人,无权请求认定上述合同无效。一审判决应予维持。

联合公司答辩称:其与环成公司的交易行为没有恶意串通,也没有损害国家、集体和汽贸公司、汽修厂的利益。汽贸公司与汽修厂不是《土地使用权转让协议书》和《房屋买卖合同书》的当事人,无权请求认定上述合同无效。一审判决应予维持。

### 二审裁判结果

最高人民法院认为,一审判决认定事实不清,适用法律错误,根据《中华人民共和国民事诉讼法》第153条第1款第2项和第3项之规定,于2007年11月29日以〔2007〕民一终字第49号民事判决书作出如下判决:

一、撤销内蒙古自治区高级人民法院〔2005〕内民二初字第6号民事判决。

二、内蒙古东风汽车销售技术服务联合公司与内蒙古环成汽车技术有限公司于2002年7月16日签订的《土地使用权转让协议书》和《房屋买卖合同书》无效。

三、内蒙古环成汽车技术有限公司于本判决生效后10日内将位于内蒙古自治区住所地内蒙古自治区呼和浩特经济技术开发区如意工业园区腾飞路东2号土地证号为呼如开国用〔2002〕字第11号范围内的土地和2002年7月16日时该块土地上的房屋返还给内蒙古东风汽车销售技术服务联合公司。同时，内蒙古东风汽车销售技术服务联合公司将720万元返还给内蒙古环成汽车技术有限公司。

四、驳回东风汽车贸易公司、内蒙古汽车修造厂的其他诉讼请求。

一审案件受理费98510元，由梁秋玲负担49255元，内蒙古环成汽车技术有限公司负担49255元；二审案件受理费98510元，由梁秋玲负担49255元，内蒙古环成汽车技术有限公司负担49255元。

### 二审裁判理由

最高人民法院二审查明：1993年11月26日，联合公司与呼和浩特如意开发区总公司签订《国有土地使用权转让合同》，购买涉案土地使用权，土地性质是综合用地，转让价格为2217398元。

受内蒙古东风汽车销售技术服务公司的委托，泓源评估公司对涉案土地进行了评估，评估价为4321170元，评估报告落款日期为2000年6月22日。

2000年6月26日，联合公司与呼和浩特市商业银行签订了前述抵押借款合同。虽然合同约定将涉案土地和房屋进行抵押，但联合公司没有提供证据证明已经将抵押物进行了抵押登记。

2001年6月8日，物资集团下发《关于对集团经营汽车和机电产品企业改革的指导意见》，要求包括联合公司在内的企业实行改制。改制内容包括清产核资、置换国有职工身份、股份制改造、资产重组以及解决好职工的后顾之忧等内容。

2002年7月16日，联合公司与环成公司签订了《房屋买卖合同书》，约定房屋买卖价格是370万元。同年7月30日，该房屋被呼和浩特市华蒙房地产估价所估价为680万元。

2002年7月18日，物资集团在给联合公司的批复中指出："你公司'关于处置房地产的请示'收悉。经总公司研究，同意你公司将如意开发区腾飞路东的房地产做售卖处置，售卖资金必须全部用于职工安置和公司转制。要做好职工的安抚与稳定工作，确保公司改革、改制工作的顺利进行。"落款日期为"二〇〇二年七月十八日"。综合本案证据分析，落款日期应为2002年7月18日。

环成公司明知上述批复。环成公司在二审答辩状中写明："2002年7月16日签订合同，2002年7月18日，因第二被上诉人处置转让房地产的行为符合内蒙古自治区国有八大企业体制改革和职工安置的方向，得到第一被上诉人的批准。第二被上诉人按照约定的时间、数额支付现金720万元后，双方于2002年7月29日、30日向土地管理部门、房屋管理部门办理了产权变更手续。"这里的第一被上诉人指的是物资集团，第二被上诉人指的是环成公司。

2004年6月3日，中国银行内蒙古分行公司业务处出具证明称，环成公司于2004年2月27日以涉案房地产作抵押，向中国银行内蒙古分行贷款600万元，期限为10个月，涉案房地产评估价为1484280元，抵押作价890万元。

最高人民法院二审查明的其他事实与一审法院查明的事实相同。

最高人民法院认为，根据汽贸公司、汽修厂的上诉请求及理由，物资集团、环成公司、赫连佳新、梁秋玲与联合公司的答辩情况，本案在以下几个问题上存在争议：

1. 关于物资集团是否授意赫连佳新和梁秋玲变卖联合公司的资产的问题。

汽贸公司、汽修厂主张，赫连佳新是联合公司的董事长，为此举出了赫连佳新签署的董事长函，同时主张联合公司与股东们对赫连佳新董事长身份没有异议，赫连佳新本人也一直是以董事长身份行使董事长的权力。对此，联合公司的其他股东予以否认，赫连佳新本人也予以否认。最高人民法院认为，董事长的身份应该以工商登记备案为准，联合公司的工商登记中并没有这一记载。故汽贸公司、汽修厂提出的这一主张不能成立。汽贸公司、汽修厂还主张，在联合公司将涉案房地产低价卖给环成公司前不久，物资集团下发文件，将联合公司划归物资集团直接管理。最高人民法院认为，汽贸公司、汽修厂举出的这些证据都不足以证明物资集团授意赫连佳新、梁秋玲违法变卖联合公司的资产。对这一主张，汽贸公司、汽修厂没有提供直接证据，如授意的书面证据，授意的时间、地点，等等。与此有关的唯一证据是，联合公司出卖涉案房地产，向物资集团做了请示，物资集团同意联合公司出卖涉案房地产。由于联合公司已划归物资集团管理，物资集团同意联合公司的请示，是履行管理职责，不能证明物资集团授意赫连佳新、梁秋玲变卖联合公司的资产。对汽贸公司、汽修厂的这一主张，最高人民法院不予支持。

2. 关于联合公司变卖房屋和土地使用权的行为是否是清偿债务的问题。

最高人民法院查明，2000年6月26日，联合公司与呼和浩特市商业银行签订抵押借款合同约定：借款金额400万元；借款用途为购汽车；借款期限为2000年6月26日至2001年5月26日；联合公司以其11970平方米土地使用权和3187.8平方米房屋所有权作为该贷款的抵押；等等。在抵押贷款前，联合公司曾委托泓源评估公司对所抵押的房地产进行了评估，评估结果为"该房地产现值人民币7522358元"。上述贷款到期后，联合公司未能如约清偿。

2002年7月16日，联合公司与环成公司分别签订《土地使用权转让协议书》和《房屋买卖合同书》，约定分别以350万元和370万元的价格将上述合同涉及的联合公司房地产转让给环成公司。合同签订后，环成公司依约履行了给付价款的义务，双方亦完成了土地使用权和房屋产权的过户登记。对以上事实，汽贸公司、汽修厂主张，梁秋玲没有将此事向他们通报，故当时并不知道此事，所以现在也不予认可。最高人民法院认为，梁秋玲没有将联合公司向银行抵押借款一事以及出卖土地和房屋还款一事告知汽贸公司、汽修厂，但这并不能证明上述事实不存在。上述事实已经一审法院和最高人民法院查证属实。

3. 关于联合公司在转让土地和房屋时，是否将综合用地变更为工业用地的问题。

1993年11月26日，联合公司的股东三方以联合公司的名义与呼和浩特如意开发区总公司签订《国有土地使用权转让合同》，其中记载的这宗土地使用权属于"综合用地"。1994年6月14日，联合公司正式成立。2000年2月13日，联合公司领取《国有土地使用权证》，该证上载明土地使用用途为"工业用地"。这是联合公司土地使用权的原始取得。因此，汽贸公司、汽修厂主张联合公司在转让土地和房屋时将综合用地变更为工业用地与事实不符。

4. 汽贸公司、汽修厂的主体是否适格的问题。

联合公司与环成公司均主张，汽贸公司、汽修厂不是《土地使用权转让协议书》和《房屋买卖合同书》的当事人，所以无权请求人民法院认定这两份合同无效。2005年10月27日修订通过、2006年1月1日施行的《中华人民共和国公司法》（以下简称新公司法）第150条规定："董事、监事、高级管理人员执行公司职务时违反法律、行政法规或者公司章程的规定，给公司造成损失的，应当承担赔偿责任。"该法第152条规定："董事、高级管理人员有本法第一百五十条规定的情形的，有限责任公司的股东、股份有限公司连续一百八十日以上单独或者合计持有公司百分之一以上股份的股东，可以书面请求监事会或者不设监事会的有限责任公司的监事向人民法院提起诉讼；监事有本法第一百五十条规定的情形的，前述股东可以书面请求董事会或者不设董事会的有限责任公司的执行董事向人民法院提起诉讼。监事会、不设监事会的有限责任公司的监事，或者董事会、执行董事收到前款规定的股东书面请求后拒绝提起诉讼，或者自收到请求之日起三十日内未提起诉讼，或者情况紧急、不立即提起诉讼将会使公司利益受到难以弥补的损害的，前款规定的股东有权为了公司的利益以自己的名义直接向人民法院提起诉讼。他人侵犯公司合法权益，给公司造成损失的，本条第一款规定的股东可以依照前两款的规定向人民法院提起诉讼。"这是新公司法关于股东代表诉讼的规定。也就是说，当公司的董事、监事、高级管理人员侵害了公司权益，而公司怠于追究其责任时，符合法定条件的股东可以自己的名义代表公司提起诉讼。在股东代表诉讼中，股东个人的利益并没有直接受到损害，只是由于公司的利益受到损害而间接受损，因此，股东代表诉讼是股东为了公司的利益而以股东的名义直接提起的诉讼。相应地，胜诉后的利益归于公司。通常情况下，当公司的权益受到损害时，公司可以直接追究侵权人的责任。然而，当侵权人为公司的控股股东或者公司的高级管理人员时，因为存在利益关系，公司就可能不追究或者怠于追究上述人员的责任，这样就会导致其他股东的利益受损。在这种情况下，新公司法就通过股东代表诉讼制度保护公司其他股东的权益。最高人民法院《关于适用〈中华人民共和国公司法〉若干问题的规定（一）》第2条规定："因公司法实施前有关民事行为或者事件发生纠纷起诉到人民法院的，如当时的法律法规和司法解释没有明确规定时，可参照适用公司法的有关规定。"据此，本案的诉讼可以参照新公司法规定的股东代表诉讼进行处理。由于联合公司没有设立监事会或者监事，参照新公司法的规定，联合公司的股东汽贸公司和汽修厂认为联合公司的高级管理人员梁秋玲代表联合公司与环成公司签订的合同侵犯了联合公司的合法权益时，可以自己的名义请求确认《土地使用权转让协议书》和《房屋买卖合同书》无效。因此，联合公司与环成公司认为汽贸公司和汽修厂主体不适格的主张不能成立，最高人民法院不予支持。

5. 关于联合公司的高级管理人员梁秋玲代表联合公司与环成公司签订的《土地使用权转让协议书》和《房屋买卖合同书》是否无效的问题。

联合公司的高级管理人员梁秋玲是在将联合公司改制的过程中出卖联合公司的土地使用权和房产，对此，不仅有物资集团的文件、联合公司关于处置房地产的请示、物资集团的批复等证据证实，而且有环成公司在二审提交的答辩状中进行的自认加以证明。汽贸公司、汽修厂主张，联合公司的高级管理人员梁秋玲代表联合公司与环成公司签订的两份合同违反了国务院办公厅《关于加强国有企业产权交易管理的通知》（以下简称《通知》）和《国有资产评估管理办法》的有关规定，因此无效。最高人民法院认为，根据《通知》第2条的规定，地方管理的国有企业产权转让，要经地级市以上人民政府审批。因此，联合公司的高级管理人员梁秋玲在将联合公司改制的过程中出卖联合公司的不动产，要经内蒙古自治区人民政府国有资产主管部门审批。根据《通知》第3条的规定，转让国有企业产权前，必须按照《国有资产评估管理办法》的规定，对包括土地使用权在内的企业资产认真进行评估。根据《国有资产评估管理办法》第3条第1项的规定，国有企业在资产拍卖、转让时，应当进行资产评估。因此,联合公司的高级管理人员梁秋玲在将联合公司改制的过程中出卖联合公司的不动产应当进行资产评估。本案中,联合公司为全民所有制企业法人,最主要的资产为公司所拥有的土地和房屋(包括办公用房和厂房)。由于其经营方式和经营范围是"批发零售,代购代销代运"东风汽车及其注册商标系列产品,维修、咨询,如果在改制过程中其高级管理人员代表联合公司将土地和房屋出卖,结果与解散公司无异。实际上也是如此,联合公司的高级管理人员梁秋玲在联合公司改制的过程中将联合公司的土地和房屋出卖后,一直也没有再经营。因此,联合公司的高级管理人员梁秋玲在将联合公司改制的过程中出卖联合公司所拥有的土地和房屋,应当履行审批手续和进行资产评估。据此,一审法院认为清偿债务的行为可以不用报批和不用评估的观点违反了《通知》和《国有资产评估管理办法》的有关规定,最高人民法院依法予以纠正。本案中,梁秋玲在将联合公司改制的过程中转让涉案土地和房屋时,并没有报内蒙古自治区人民政府国有资产管理部门审批。在2002年7月16日出卖涉案土地和房屋时,也没有进行评估,而是以两年前即2000年6月22日的评估价为参考进行交易。从交易结果来看,梁秋玲是在以明显低价的方式贱卖联合公司的房地产。2002年7月16日签订的《房屋买卖合同书》约定的房屋价格为370万元。同年7月30日,该房屋的估价为680万元,比约定价格高出310万元,涨幅为83.78%。涉案土地1993年11月26日的出让价格为2217398元,2000年6月22日的评估价为4321170元。两年后,梁秋玲代表联合公司出卖给环成公司的价格为350万元,比两年前的评估价低了82万余元。这个价格还不包括这两年期间涉案土地的自然大幅升值。

对于环成公司而言,其知道或者应当知道涉案房地产属于全民所有制企业的财产,其知道联合公司因改制而出卖其房地产,因此,环成公司在购买联合公司的房地产时,应当按照《通知》和《国有资产评估管理办法》的规定,履行报批手续和评估手续。但是,环成公司并没有履行上述行政法规规定的义务。可见,环成公司的购买行为违反了行政法规的强制性规定,其违法性明显。特别是其购买涉案房地产时本可以履行评估手续,但却没有履行,而是以两年前的评估价格作为标准。即使如此,环成公司的购买价格也比两年前的评估价格明显偏低。从交易结果来看,环成公司获得了不应该获得的暴利。

梁秋玲在联合公司改制过程中代表联合公司出卖不动产时并没有通知联合公司的另外两个股东汽贸公司和汽修厂。综合考虑联合公司的高级管理人员梁秋玲在企业改制过程中代表联合公司与环成公司签订涉案房地产买卖协议共同的违法性以及梁秋玲贱卖联合公司的房地产、环成公司获取不当暴利等因素,梁秋玲代表联合公司与环成公司买卖涉案房地产的上述行为既违反了行政法规的强制性规定，又构成恶意串通，直接损害了联合公司的合法权益，同时间接损害了联合公司股东的合法权益。最高人民法院认为，《中华人民共和国合同法》第52条第2项规定的"第三人利益"包括公司股东的利益。根据《中华人民共和国合同法》第52条第2项和第5项之规定，联合公司的高级管理人员梁秋玲代表联合公司与环成公司于2002年7月16日签订的《土地使用权转让协议书》和《房屋买卖合同书》应认定为无效。

**92. 公司监事会根据股东的请求对侵害公司利益的董事、高级管理人员等提起诉讼时，是以公司的名义还是以公司监事会的名义？**

公司董事或高级管理人员如果违法执行公司职务并给公司造成损失，公司有权追究该董事或高级管理人员的责任。但由于董事和高级管理人员在公司中的特殊地位（他们可能恰好是公司的代表机关），此时可能形成"自己诉自己"的情形。因此，公司法明确规定监事会有权"依照本法第一百五十二条的规定，对董事、高级管理人员提起诉讼"，即作为公司监督机关的监事会，可以根据股东的请求而代表公司提起诉讼。这里的"代表公司"并非专指"以公司名义"。换言之，公司监事会可以以自己的名义提起诉讼。

## 典型疑难案件参考

北京艺进娱辉科技投资股份有限公司监事会诉王莘等损害公司权益案

### 基本案情

北京市海淀区人民法院经公开审理查明：2004年7月28日，艺进娱辉科技投资股份有限公司（原北京瑞星科技股份有限公司，2008年6月17日变更为现名称，以下简称艺进娱辉公司）股东会作出关于监事会换届选举的决议，选举赵家和、陆勤和邹志文为公司股东代表担任的监事，韩筱卿、张水江为职工代表担任的监事，组成公司新一届监事会，任期3年。

2008年6月18日，艺进娱辉公司股东刘旭给艺进娱辉公司监事会发出《关于要求监事会履行职责提起诉讼维护公司合法权益的请求》（以下简称《起诉请求》），称其发现公司董事王莘、汪超涌、林文荻、赵四章及董事会秘书卢青违反公司法及公司章程的规定,共同出资设立北京瑞星国际软件有限公司(以下简称瑞星公司)并经营管理该公司,从事与本公司相同的反计算机病毒产品开发、销售业务,不但违反同业竞争原则获取非法利益,而且利用瑞星公司通过关联交易侵吞本公司资产。同时,刘旭还称王莘、汪超涌、林文荻、赵四章、卢青利用实际控制艺进娱辉公司公章的便利条件,擅自许可瑞星公司使用"瑞星"字号,并将"瑞星"商标、域名擅自转让,严重损害了公司利益,监事会必须立即行使职责,对上述人员及关联公司提起诉讼,并向有关部门举报追究其犯罪行为。

2008年7月18日,艺进娱辉公司召开2008年第一次监事会,应到监事5名,实际参加的监事或其授权代表4名,全体到会监事一致同意通过以下决议:由艺进娱辉公司监事会向王莘、汪超涌、林文荻、赵四章、卢青、瑞星公司提起诉讼。监事会一致推举韩筱卿为代表,全权负责具体处理诉讼相关的全部事宜。

### 一审诉辩情况

原告艺进娱辉公司监事会及其委托代理人诉称:2008年6月23日,艺进娱辉公司监事会收到公司股东刘旭发出的《起诉请求》。刘旭在《起诉请求》中称其发现公司董事王莘、汪超涌、林文荻、赵四章及董事会秘书卢青违反《中华人民共和国公司法》及公司章程的规定,共同出资设立瑞星公司并经营管理该公司,且从事与本公司相同的反计算机病毒产品开发、销售业务,不但违反同业竞争原则获取非法利益,还利用瑞星公司通过关联交易侵吞本公司资产。同时,刘旭还称王莘、汪超涌、林文荻、赵四章、卢青利用实际控制艺进娱辉公司公章的便利条件,擅自许可瑞星公司使用"瑞星"字号,并将"瑞星"商标、域名擅自转让,严重损害了公司利益。因此,艺进娱辉公司监事会依据《中华人民共和国公司法》第54条、第119条和第152条的规定,起诉至法院,请求判令王莘、汪超涌、林文荻、赵四章、卢青立即停止利用同业竞争和关联交易损害公司利益的行为,由王莘、汪超涌、林文荻、赵四章、卢青和瑞星公司共同赔偿艺进娱辉公司损失100万元。

### 一审裁判结果

北京市海淀区人民法院依照《中华人民共和国民事诉讼法》第108条第1项、第140条第3项,《最高人民法院关于适用〈中华人民共和国民事诉讼法〉若干问题的意见》第139条之规定,裁定驳回艺进娱辉公司监事会的起诉。

### 一审裁判理由

北京市海淀区人民法院认为：艺进娱辉公司监事会系基于股东刘旭提出的书面请求，依据《中华人民共和国公司法》第152条的规定提起的本案诉讼。依据上述法律规定，董事、高级管理人员在执行公司职务时有违反法律、行政法规或公司章程的规定，给公司造成损失的，持有公司1%股份的股东可以书面请求监事会向人民法院提起诉讼；他人侵犯公司合法权益，给公司造成损失的，股东亦可依照上述规定，向监事会提出书面请求。

依据公司法的相关规定，公司监事会是法定的公司机关，依法有权代表公司行使权力。但是，公司监事会仅是公司的内设机关，同股东不同，其并不具备独立的诉讼主体资格，且法律规定股东代表诉讼的立法目的就在于在公司不追究董事、高级管理人员的违法行为时，赋予股东以自己名义直接起诉的权利，故股东针对上述违法行为向监事会提出书面起诉请求的实质就是股东请求公司对上述违法行为提起诉讼，接收其上述请求且代表公司提起诉讼的公司机关是公司下设的监事会。据此，在公司董事、高级管理人员违反忠实和勤勉义务，给公司利益造成损害时，监事会可代表公司行使诉权，此种代表行为并不是指监事会以自己名义向人民法院提起诉讼，而是指监事会应作为公司代表机关以公司名义来行使诉权，其行权后果及行权取得的利益均归于公司，故艺进娱辉公司监事会作为本案原告，诉讼主体资格不适格。

### 二审诉辩情况

艺进娱辉公司监事会不服一审判决，提起上诉称：（1）《中华人民共和国公司法》第152条第1款并未规定监事会在此类案件中只能以公司的名义提起诉讼。（2）《中华人民共和国公司法》第54条第6项明确规定监事会有权对董事和高级管理人员提起诉讼，即监事会有诉讼主体资格。艺进娱辉公司监事会因此请求本院依法撤销一审法院裁定，并裁定由一审法院对本案继续审理。

王莘等被上诉人及其委托代理人答辩称：王莘、汪超涌、林文荻、赵四章、卢青、瑞星公司服从一审法院裁定，艺进娱辉公司监事会"以公司名义还是监事会名义起诉没有任何意义"。

在二审审理本案过程中，艺进娱辉公司监事会称王莘、汪超涌、林文荻、赵四章和卢青均为艺进娱辉公司的董事和高级管理人员。

### 二审裁判结果

北京市第一中级人民法院依照《中华人民共和国民事诉讼法》第154条之规定，裁定如下：

一、撤销北京市海淀区人民法院〔2008〕海民初字第 23876 号民事裁定。
二、指令北京市海淀区人民法院对本案进行审理。

> **二审裁判理由**

北京市第一中级人民法院认为：公司董事和高级管理人员在执行职务时，可能会给公司造成损失，进而侵犯公司的权益。此时，公司有权追究其董事和高级管理人员的责任，但因公司董事和高级管理人员在公司中的特殊地位（他们本身可能恰好就是公司的代表机关），就会形成"自己诉自己"的情形。为了防止公司董事和高级管理人员怠于代表公司行使诉权，《中华人民共和国公司法》第 54 条第 6 项明确规定监事会有权"依照本法第一百五十二条的规定，对董事、高级管理人员提起诉讼"（《中华人民共和国公司法》第 152 条规定，股东可以书面请求监事会对董事和高级管理人员提起诉讼）。该规定表明，依法对公司董事和高级管理人员提起诉讼是公司监事会的一项法定职权，即作为公司监督机关的监事会，可以根据股东的请求而代表公司提起诉讼。这里的"代表公司"并非专指"以公司名义"。换言之，公司监事会可以以自己的名义提起诉讼，这样既可以保护公司的利益，也可以保护股东自身的利益。需要明确的是，既然公司监事会代表公司提起诉讼，那么因诉讼而产生的后果或利益应由公司承受。

综上，艺进娱辉公司监事会上诉提出的法律并未规定监事会在此类案件中只能以公司的名义提起诉讼、监事会有诉讼主体资格的主张成立，故对其上诉理由予以采信，艺进娱辉公司监事会的上诉请求具有法律依据，应当予以支持。一审法院作出的艺进娱辉公司监事会作为本案原告"诉讼主体资格不适格"之认定不当。

---

**93. 公司高级管理人员未执行董事会决议，从而给公司造成损害时，公司能否以自己的名义对该高级管理人员提起诉讼？**

公司的高级管理人员对公司负有忠实义务和勤勉义务；公司高级管理人员执行职务时违反法律、行政法规或者公司章程的规定，给公司造成损失的应当承担赔偿责任。公司法规定的股东派生诉讼制度是当公司受到侵害时，公司不提起诉讼时的特别救济方式。如果公司已经自行提起诉讼，则不需要采取派生诉讼的救济方式维护公司权益。

## 典型疑难案件参考

### 北京国际艺苑有限公司诉薛雯董事、监事、经理损害公司利益案

**基本案情**

原告北京国际艺苑有限公司由北京艺苑美术服务中心（中方）与安业控股有限公司（港方）出资成立。原告合资经营企业章程约定：合资企业实行董事会领导下的总经理负责制，董事会是合资企业的最高权力机构；总经理直接对董事会负责，执行董事会的各项决定，组织领导合资企业的日常经营管理工作；董事会由7名董事组成，其中中方委派3名董事、港方委派4名董事，董事长由港方委派的董事担任，副董事长2名，分别由中方和港方委派，董事会聘任中方董事担任公司总经理；董事会会议由董事长召集并主持，出席董事会会议的法定人数为全体董事的2/3，不够2/3人数时，其通过的决议无效。2005年3月8日，原告形成董事会决议，聘任被告薛雯为董事兼任原告总经理。

2005年7月29日，交行北京分行与原告签订了借款合同。合同约定，交行北京分行向原告发放贷款4000万元人民币，贷款期限自2005年8月3日至2006年8月3日；年利率5.58%；逾期贷款的罚息利率按本合同约定利率上浮30%；原告未按时足额偿还贷款本金、支付利息，交行北京分行按逾期贷款的罚息利率计收利息，并对应付未付利息计收复利；原告有到期应付的贷款本金、利息、罚息、复利或其他费用时，授权交行北京分行扣划原告在交通银行开立的任一账户中的资金用于清偿。

2006年7月28日，原告的全体董事（包括被告）一致同意通过并形成董事会决议，决议内容如下，致：交行北京分行，鉴于本公司在贵行的编号为02510346《借款合同》项下4000万元贷款将于2006年8月3日到期，因临时资金周转困难无法按期归还，本公司拟向贵行申请4000万元人民币贷款用于归还编号为02510346《借款合同》项下所欠贵行贷款，贷款期限为1年；上述贷款以原告自有房产北京国际艺苑皇冠假日饭店为申请贷款提供抵押担保；（1）向交行出具承诺函；（2）董事会授权公司法定代表人邓国强代表公司在《借款合同》和《抵押合同》及其他相关法律文件上签字，由此产生的全部经济和法律责任由我公司承担。包括被告在内的原告公司的7名董事在该董事会决议上签字。之后原告的法定代表人邓国强代表公司在《借款合同》和《抵押合同》等法律文件上签字。同日，原告亦拟定了向交行北京分行出具的不

可撤销承诺函，该函所承诺的内容与董事会决议上承诺的内容一致。2006年7月30，被告认为董事会决议存在与原告中方股东利益冲突的问题，遂将上述董事会决议及《不可撤销承诺函》从公司财务处取出并交给了原告的副董事长孙玉栋。原告董事长邓国强于2006年7月31日发现上述情况后，即下发紧急通知，暂停了被告总经理职务及其所有权力。当日，针对邓国强下发的紧急通知，3名中方董事（薛雯、孙玉栋、陈鹤彪）共同向邓国强致函，主要内容为，邓国强的这一决定违反公司章程和法律规定，不具有法律约束力，薛雯作为总经理继续履行总经理职权，中方全力支持总经理的工作。2006年8月4日，原告收到交行北京分行的催收通知书及扣划通知，扣划通知载明，交行北京分行从原告的4个账户内扣划了贷款本金163.0775万元；截止到2006年8月3日，尚欠贷款本金3836.9225万元及利息27.28万元。同日，邓国强发出召开紧急董事会通知，内容为：致董事会全体成员，鉴于薛雯女士没有按照合资公司董事会7月28日董事会指示，如期于7月31日早上将所有已签署好的决议及有关文件送达交行北京分行，而导致交行已正式通知国际艺苑有限公司该4000万元贷款已成为不良贷款，并已开始依照合同及有关法律法规追讨公司，建议于2006年8月8日下午2点30分在国际艺苑皇冠假日饭店8层会议室召开紧急董事会，会议内容如下：（1）命令薛雯女士立即交出擅自扣押的7月28日经董事会全体成员已签署过的董事会决议及不可撤销承诺函等相关文件正本；（2）命令薛雯女士向董事会提交书面报告，对其违规行为做出必要的解释。8月7日，中方3名董事共同给邓国强并安业控股有限公司回函，部分内容为：8月4日邓国强董事长签署的召开紧急董事会通知，已经收悉。合资公司的重要经营文件在薛雯总经理的保管之下，正是其职责所在，在未经合资公司董事会合法程序解聘薛雯总经理职务情况下，合资公司董事会商议命令薛雯总经理交出经营文件，不仅完全不符合合资公司的章程规定，同时也是对薛雯总经理履行职务的非法干涉，如此作为，我们不能参与。同日，原告再次收到交行北京分行发出的扣划通知，扣划金额11.668万元。8月8日，邓国强召集的紧急董事会未能如期召开。2006年11月7日交行北京分行向原告出具一份告知函，告知原告02510346号借款合同已逾期，再次要求原告务必即刻出具合法合规的用于办理逾期贷款转期的董事会决议，并着手办理贷款转期手续，请原告于2006年11月14日以前函告银行进展情况；在此期间，该行将加大扣收力度，进一步限制原告账户资金支出；如期满仍未取得实质性进展，交行北京分行将冻结原告名下所有账户并扣收账户中全部资金。后因原告未向交行北京分行出具用于办理逾期贷款转期的董事会决议，亦未按时还款，导致交行北京分行提起诉讼，北京市第一中级人民法院〔2007〕一中民初字第3294号判决书认定，交行北京分行共从原告账户中扣划贷款本金3348.2297万元，原告已偿还了2006年9月20日前的利息，故判决原告偿还交行北京分行借款本金651.7703万元及复利、罚息（自2006年9月21日起至实际付清之日止，按合同约定的罚息标准计算复利及罚息），案件受理费9.6036万元由原告承担。2007年5月31日，原告将4000万元贷款全部还清，实际支付利息124.785172万元，复利1.996927万元。2006年4月28日，中国人民银行将贷款年利率由5.58%上调至年利率5.85%。

另查，北京正基宏业商贸有限公司曾向北京市东城区人民法院起诉要求原告给付欠款，正基宏业公司诉称，2006年1月6日其与原告签订付款协议书，原告承诺2006年7月30日前付清欠款，并承诺如未按期付款，按1‰支付违约金，后北京市东城区人民法院出具调解书，内容为原告于2006年11月10日前给付欠款21.94076万元并支付违约金2万元。为此案，原告支付执行费0.1197万元。

再查，中国新兴建设开发总公司曾向北京市东城区人民法院起诉要求原告给付欠款，新兴公司诉称，2006年11月13日其与原告审定结算金额，原告给付新兴公司部分工程款后，尚欠新兴公司工程款123.012738万元，故起诉要求原告给付工程款并支付违约金。2007年1月30日，北京市东城区人民法院出具调解书，内容为原告于2007年2月1日前给付工程款123.012738万元并支付违约金8万元。为此案，原告支付执行费0.3311万元。

### ▶ 一审诉辩情况

原告北京国际艺苑有限公司诉称：2005年3月8日，被告薛雯作为我公司董事被聘任为我公司的总经理。2006年7月27日，我公司拟向交通银行股份有限公司北京分行申请4000万元贷款，以偿还于2006年8月3日到期的该行等额借款，该事宜已取得包括被告在内的全体董事的一致同意，并形成了董事会会议。我公司制作了《不可撤销承诺函》，并签署了《借款合同》和《抵押合同》。但被告身为我公司总经理，拒不执行董事会决议，且私自藏匿上述文件致使我公司无法向银行申请贷款，导致银行因我公司逾期还款而加收罚息、强制扣收贷款、限制我公司对外支付款项。被告的行为给我公司造成了巨额经济损失，故诉至法院要求被告赔偿给我公司造成的损失50.347905万元（含逾期贷款的罚息利率比约定利率上浮30%造成额外支付的利息24.151969万元、复利1.996927万元、交行北京分行起诉的诉讼费9.6036万元、给付北京正基宏业商贸有限公司违约金1.5万元及执行费0.1197万元、给付中国新兴建设开发总公司违约金8万元及执行费0.3311万元）。

被告薛雯辩称：根据公司法的规定，应由公司的董事会或股东提起诉讼，故原告的主体不适格。原告是合资公司，我是合资公司中方股东的法定代表人；2006年7月30日我根据中方股东的要求和公司法有关股东有权查阅、复制董事会决议的规定提取原告的续贷文件，故我调取原告的有关文件是职务行为，应由中方股东企业负责，故被告的主体也不适格。我是2006年7月30日上午从原告会计处调取的文件，当天下午就将该文件交给原告副董事长孙玉栋，当时距离提交文件2007年8月2日还有3天，不影响原告公司提交续贷手续。2007年7月31日，我被公司董事长停职，此后续贷的事项与我无关。另，我与原告劳动争议纠纷一案的判决中也认为原告申请银行贷款展期未能实现及被银行扣款、罚息之后果不是我的过错造成。故请求法院驳回原告的诉讼请求。

### 一审裁判结果

北京市东城区人民法院一审判决被告薛雯于本判决生效后10日内赔偿原告北京国际艺苑有限公司罚息损失241519.69元、复利损失19969.27元、其他经济损失180544元。

### 一审裁判理由

北京市东城区人民法院经审理认为：根据相关法律规定，公司的高级管理人员应当遵守法律、行政法规和公司章程，对公司负有忠实义务和勤勉义务；公司高级管理人员执行职务时违反法律、行政法规或者公司章程的规定，给公司造成损失的应当承担赔偿责任。本案被告作为原告的总经理，应按公司章程的规定，组织领导原告的日常经营管理工作，直接对董事会负责，执行董事会的各项决定。2006年7月28日原告董事会做出决议、原告给交行北京分行出具不可撤销担保函后，被告未按董事会的指示，将董事会决议及其他文件送交交行北京分行，致使原告未能与交行北京分行重新办理贷款事宜。原告董事长邓国强得知被告的不作为情况后，曾发送召开紧急董事会的通知，但包括被告在内的3名中方董事共同致函邓国强，表示不能参与。中方3名董事均不出席董事会时，原告无法通过命令被告交出董事会决议或重新形成新的董事会决议的途径，达到与交行北京分行签订新贷款合同以偿还已到期贷款的目的。被告虽称其将文件拿出后即交给了副董事长孙玉栋，但2006年8月7日，中方3名董事共同给邓国强的回函中已明确表示合资公司的重要经营文件在薛雯总经理的保管之下，正是其职责所在。因被告未执行董事会决议，原告又无其他救济途径，致使交行北京分行对原告逾期还款加收罚息和复利，并通过诉讼向原告主张权利，由此给原告造成的支付复利及支付诉讼费等经济损失，被告应承担赔偿责任。

被告作为原告的总经理，应按公司法及公司章程的规定履行自己对公司的义务。被告不但不执行董事会决议，而且还将董事会决议等重要文件取出交与他人，以致给原告造成经济损失，对此被告亦应承担赔偿责任。法院的生效判决虽认为被告的行为与原告的损失间不存在因果关系，但因此认定是劳动争议纠纷，对此事实的认定，并不影响本案经过庭审质证后对侵权行为与损害后果之因果关系的认定，故对被告的上述答辩意见，不予采信。

对于被告认为的原告、被告主体不适格的答辩意见，因公司法股东派生诉讼条款是当公司受到侵害时，公司不提起诉讼的救济方式，本案公司已自行提起诉讼，主张权利，不需采取派生诉讼的救济方式维护公司权益，故原告具有诉讼主体资格。被告虽是原告中方股东的法定代表人，但也是原告董事会聘用的总经理，被告不执行原告董事会的决议，是不履行原告总经理的义务，而不是在行使原告中方股东法定代表人的职权，故被告认为应由原告中方股东承担被告不执行原告董事会的决议所引起的法律后果的答辩意见，不予采信。

### 二审裁判结果

一审宣判后，被告不服提出上诉，请求：撤销原审判决，改判驳回国际艺苑公司一审中的诉讼请求，国际艺苑公司承担诉讼费。

二审法院与一审法院查明的事实一致。

二审法院经审理认为，原审法院判决认定事实清楚，适用法律正确，应予维持。故做出"驳回上诉，维持原判"的终审判决。

### 94. 公司被工商行政管理机关吊销营业执照后，如果未成立清算组对公司清算，公司的股东能否以自己的名义直接对侵害公司利益的其他股东提起诉讼？

公司被工商行政管理机关吊销营业执照后，公司的董事会或监事会已不能再对外行使相关职权，包括代表公司提起诉讼。该公司的股东在发现公司利益受到他人损害发生损失的情况下，通过书面请求监事会或董事会提起诉讼寻求救济已无实际意义和可能。如果公司清算组也未成立，则通过公司内部救济途径无法实现该公司的权益救济。在此情况下，公司的股东以自己的名义直接对损害公司利益的行为提起诉讼，符合法律规定。

## 典型疑难案件参考

### 林宇诉航天新概念科技有限公司股东损害公司利益案

**基本案情**

城市通公司于1999年7月8日注册登记成立，股东分别为中外建设信息有限责任公司、新概念公司、林宇、李某、姚某、付某。2002年12月19日，城市通公司被吊销营业执照。之后，城市通公司未成立清算组。

2004年5月19日，北京市海淀区人民法院就受理的林宇与新概念公司、中外建设信息有限责任公司、李某企业清算纠纷一案，作出一审判决：林宇与新概念公司、中外建设信息有限责任公司、李某共同对城市通公司进行清算。新概念公司不服判决，提出上诉。北京市第一中级人民法院于2004年10月14日作出终审判决：驳回上诉，维持原判。北京海淀区人民法院在所判上案执行过程中，曾委托北京中昊信泰会计师事务所对城市通公司2001年3月26日的资产负债表及成立以来的收支情况进行了清查认定，会计师事务所于2005年11月10日作出审计报告确认：航天金卡公司系新概念公司前身从城市通公司取得的170万元属于股东占用公司的财产，应予收回；城市通公司违规支付的194465.90元应从责任人航天金卡公司收回。

再查，2002年10月16日，华建会计师事务所有限责任公司受中外建设信息有限责任公司的委托，对城市通公司2002年9月30日的资产负债及成立以来的收支情况进行了清查核实，并作出清产核资审计报告，其中第3条清查验证事项说明第3项：其他应收款170万元，全部为应收航天金卡有限公司的款项。1999年7月13日，股东航天金卡有限公司入资70万元，中外建设信息有限责任公司入资70万元、林宇入资30万元，李某入资10万元，姚某入资10万元，付某入资10万元，合计入资200万元。以上入资已经北京华京会计师事务所出具的开业验资报告书确认。上述入资款于1999年10月8日，转付航天金卡有限公司170万元，形成其他应收款——航天金卡有限公司170万元。

2002年11月6日，林宇向航天金卡有限公司发函，提到了城市通公司注册资金170万元被抽逃，虚假做账等情况，要求妥善、圆满、友好地解决。

另查，北京安必盛会计师事务所于2006年3月30日接受新概念公司的委托对该公司与城市通公司的资金往来情况进行了审计并作出专项审计报告，报告记载：经审计新概念公司账载与城市通公司的资金往来，自1999年6月始，至 1999 年 12 月止，其中新概念公司于 1999 年 7 月 1 日划转 170 万元，收款人为城市通公司，该笔资金账务处理为借：其他应收款——暂借款——城市通 170 万元，贷：银行存款 170 万元。新概念公司于 1999 年 7 月 22 日收回 170 万元，付款人为城市通公司，该笔资金账务处理为借：银行存款 170 万元，贷：其他应收款——暂借款——城市通 170 万元。

### 诉辩情况

原告林宇诉称：1999 年 7 月 8 日城市通公司成立，注册资本为 200 万元。股东及股份组成为：中外建设信息有限责任公司投资 70 万元，占 35% 股份；新概念公司（原航天金卡有限公司）投资 70 万元，占 35% 股份；原告投资 30 万元，占 15% 股份；李某投资 10 万元，占 5% 股份；姚某投资 10 万元，占 5% 股份；付某投资 10 万元，占 5% 股份。城市通公司成立后一直由新概念公司负责经营，经营期间从未通报经营状况，从未分配红利。2002 年底城市通公司被工商局吊销营业执照，2003 年原告向海淀区人民法院起诉要求新概念公司履行对城市通公司的清算义务。该案经判决对城市通公司进行清算。由于新概念公司拒不履行生效判决，原告申请强制执行。海淀区人民法院委托北京中昊信泰会计师事务所进行审计，根据审计报告，在城市通公司刚刚成立的 1999 年 10 月 8 日，新概念公司就利用其经营城市通公司的便利，抽逃其注册资金 70 万元，同时侵占城市通公司 100 万元，该公司应退还城市通公司 1894465.90 元，但拒不归还。故原告提起诉讼，请求法院：（1）判令新概念公司退还 1894465.90 元；（2）判令新概念公司赔偿自 1999 年 10 月 8 日至实际执行日造成的损失；（3）由新概念公司承担诉讼费。

被告新概念公司辩称：在 2002 年 11 月 6 日林宇发现了我公司收回借款 170 万元的问题，但起诉时，已过 2 年，超出了诉讼时效期间。林宇提交的审计报告不是以清算为目的作的，不能真实反映城市通公司的财务状况。

### 裁判结果

北京市海淀区人民法院依照《中华人民共和国民事诉讼法》第 130 条，《中华人民共和国公司法》（2006 年修订）第 20 条第 1 款、第 2 款、第 152 条第 3 款之规定，判决：

一、被告航天新概念科技有限公司于本判决生效之日起 10 日内给付第三人北京航天城市通智能卡工程有限公司人民币 1894465.90 元。

二、被告航天新概念科技有限公司于本判决生效之日起 10 日内向第三人北京航天城市通智能卡工程有限公司偿付 1894465.90 元的利息损失。其中

170万元的利息自1999年10月9日起算至该款实际付清之日止，194465.90元的利息自2001年4月1日起算至该款实际付清之日止，利率按中国人民银行同期存款利率计算。

### 裁判理由

北京市海淀区人民法院根据上述事实和证据认为：本案是城市通公司的股东林宇起诉城市通公司的另一股东新概念公司，要求新概念公司向城市通公司赔偿损失，案件类型属于"股东代表诉讼"纠纷，即当违法行为人因其违法行为给公司造成损失，公司拒绝或怠于向该违法行为人请求损害赔偿时，公司股东有权为了公司的利益以自己的名义提起诉讼，请求违法行为人赔偿公司损失。2005年修订的《中华人民共和国公司法》第152条对"股东代表诉讼"作了具体的规定，其中他人侵犯公司合法权益，给公司造成损失的，有限责任公司的股东可以书面请求监事会或者监事、董事会或者执行董事向人民法院提起诉讼。监事会或者监事、董事会或者执行董事收到股东书面请求后拒绝提起诉讼，或者自收到请求之日起30日内未提起诉讼，或者情况紧急、不立即提起诉讼将会使公司利益受到难以弥补的损害的，股东有权为了公司的利益以自己的名义直接向人民法院提起诉讼。这里的"他人"可以理解为公司的股东、公司董事、监事、高级管理人员外的其他人员、公司外的自然人、法人或其他组织。

本案中，城市通公司已被工商行政管理机关吊销营业执照，并经人民法院判决由几位股东对其进行清算，同时《中华人民共和国公司法》第185条又作了关于"清算组在清算期间代表公司参与民事诉讼活动"的规定。据此，城市通公司的董事会或监事会已不能再对外行使相关职权，包括代表公司提起诉讼。该公司的股东在发现公司利益受到他人损害发生损失的情况下，通过书面请求监事会或董事会提起诉讼寻求救济已无实际意义和可能，又因城市通公司清算组也未成立，足以说明通过城市通公司内部救济途径无法实现该公司的权益救济，在此情况下，公司的股东林宇以自己的名义直接提起诉讼，为城市通公司请求利益保护，符合法律规定，作为本案原告适格。

新概念公司在未征得城市通公司全体股东意见的情况下，擅自以收回借款的名目，将170万元从城市通公司银行账户划至本公司银行账户，属于非法占用城市通公司财产的行为。新概念公司从城市通公司违规支出了194465.90元，侵害了城市通公司的财产权益。新概念公司的上述行为均给城市通公司造成了财产方面的损失，应承担相应的赔偿责任，故其作为本案被告适格。

新概念公司提出了关于林宇的诉讼主张已过诉讼时效期间，丧失了胜诉权的辩称，该公司提出的理由是林宇在 2002 年 11 月 6 日即发现了其收回 170 万元的事实，至本案起诉时已过法定两年诉讼时效期间。对此，本院认为，《中华人民共和国公司法》在 2005 年修订之前，尚无"股东代表诉讼"制度的明确规定，林宇尚无法定之诉权，因而不受诉讼时效制度的适用约束。修订后的《中华人民共和国公司法》明确规定了"股东代表诉讼"制度，赋予股东起诉权。林宇起诉之日，在修订后的《中华人民共和国公司法》实施日之后，并未超过法定诉讼时效期间，故新概念公司的辩称本院不予采信。本院判令其将上述两笔款项及相应利息偿付给城市通公司，列入城市通公司清算财产范围。

**95. 股东对侵害公司利益的行为提起代表诉讼后，如果各方当事人在诉讼过程中自愿达成调解协议，法院能否以调解的方式结案？**

如果调解协议是各方当事人在自愿基础上达成的，反映了各方的真实意思表示，不违反法律、行政法规的禁止性规定，并且调解协议的内容不仅经过了提起代表诉讼的股东以及作为诉讼第三人的公司的同意，而且也经过了公司的其他所有股东的书面同意，则该调解协议没有损害公司及其股东的利益，法院可以对该调解协议予以确认并以调解的方式结案。

### 典型疑难案件参考

浙江和信电力开发有限公司、金华市大兴物资有限公司与通和置业投资有限公司、广厦控股创业投资有限公司、上海富沃企业发展有限公司、第三人通和投资控股有限公司损害公司权益纠纷案（《最高人民法院公报》2009 年第 6 期，总第 152 期）

### 基本案情

通和投资控股有限公司（以下简称通和控股）成立于 1999 年 4 月 30 日，注册资本金为 68 000 万元。其中浙江和信电力开发有限公司（以下简称和信公司）出资 5000 万元，占出资比例的 7.35%，金华市大兴物资有限公司（以下简称大兴公司）出资 1830 万元，占出资比例的 2.69%，深圳市恒信德威实业发展有限公司（以下简称恒信公司）出资 34 824 万元，占出资比例的

51.21%，浙江广厦股份有限公司（以下简称广厦股份）出资12500万元，占出资比例的18.38%。通和置业投资有限公司（以下简称通和置业）系2002年6月13日设立的有限责任公司，其中通和控股持有95%的股权，金华市金威产权管理服务有限公司（即恒信公司的原名，2004年11月12日该公司从浙江金华市迁入广东深圳市登记注册，企业名称变更为恒信公司）持有5%的股权。2004年9月15日，通和控股分别与上海城市房地产有限公司、恒信公司签订股权转让协议，通和控股将其持有的通和置业35%、30%的股权出让。同年9月17日通和置业向当地工商行政管理部门办理了变更登记手续，恒信公司、上海城市房地产有限公司持有通和置业各35%股权，通和控股持有30%股权。2004年12月21日，以恒信公司、上海城市房地产有限公司、通和控股为股权出让方，上海宣沃企业发展有限公司（以下简称富沃公司）、浙江金科实业有限公司（以下简称金科公司）为股权受让方，通和置业为第三人签订通和置业股权转让框架协议，约定：股权出让方同意将其持有通和置业的全部股权转让给股权受让方，其中恒信公司将其持有的通和置业35%股权转让给富沃公司，上海城市房地产有限公司将其持有的通和置业5%股权转让给富沃公司、30%股权转让给金科公司，通和控股将其持有的通和置业30%股权转让给金科公司。本次股权转让完成后，通和置业的股权结构和股东名册变更为：富沃公司持有40%股权，金科公司持有60%股权。股权出让方依据该协议约定义务出让通和置业股权应获得的总收益款为6亿元，收益款由两部分组成，股权出让方向股权受让方出让通和置业全部股权的股权转让金为3.5亿元，股权出让方自通和置业获得项目利润补偿款为2.5亿元。其中富沃公司应支付股权转让金1.4亿元，即应付通和控股1.225亿元，在股权转让合同有效签署生效后10个工作日支付3000万元，余款在150个工作日内付清。应付恒信公司1750万元，在股权转让合同有效签署生效后的10个工作日内支付1000万元，余款在150个工作日内付清。同日，通和控股分别与上海城市房地产有限公司、恒信公司签订解除股权转让协议，均约定由于上海城市房地产有限公司、恒信公司未按股权转让协议约定支付股权转让款，各方同意解除股权转让协议，该股权标的的权利义务均由通和控股承担，上海城市房地产有限公司、恒信公司不再享有该股权的权利和义务，上海城市房地产有限公司、恒信公司承诺在通和控股找到受让方后，按照通和控股的书面授权，与通和控股指定的受让方签订股权转让协议，将股权以通和控股指定的价格、付款方式全部划入通和控股指定的银行账户。同日，通和控股分别与上海城市房地产有限公司、恒信公司签订授权委托书，授权上海城市房地产有限公司将其持有的通和置业30%股权转让给上海邦联科技实业有限公司、5%股权转让给富沃公司，授权恒信公司将其持有的通和置业35%股权转让给富沃公司。同一天，上海城市房地产有限公司分别与上海邦联科技实业有限公司、富沃公司签订股权转让协议，将通和置业30%股权转让给上海邦联科技实业有限公司，将5%的股权转让给富沃公司，其中富沃公司的受让价为1750万元。恒信公司与富沃公司签订股权转让协议，将35%股权转让给富沃公司，转让价为12250万元。通和控股分别与金科公司、上海邦联科技实业有限公司签订股权转让协议，将其持有的10%、20%股权转让给两公司。协议签订当天，上海城市房地产有限公司、恒信公司分别给受让人出具付款委托书，要求将股权转让款划入通和控股账户。协议签订后，富沃公司于2004年12月24日向通和控股支付4500万元。2005年6月23日，通和控股、富沃公司、恒信公司签订还款协议，约定：三方确认富沃公司需向通和控股支付的债务本金数额为9500万元，其中富沃公司应付通和控股而未付的股权转让款7750万元，通过调账方式应由富沃公司支付给通和控股的债务1750万元。三方同意富沃公司应付而未付的1750万元由富沃公司直接支付给通和控股，通和控股同时冲减富沃公司所欠通和控股相同数额的债务。富沃公司在2005年6月30日前偿还债务本金500万元，2006年6月30日前偿还债务本金4500万元，并从2005年7月1日始按年利率8.5%的比例向通和控股计付资金占用费。2006年12月31日前偿还所余债务本金4500万元，并从2005年7月1日始按年利率8.5%的比例向通和控股计付资金占用费。资金占用费随相应本金一次性支付。2005年6月22日、同年6月29日，富沃公司先后支付通和控股350万元、150万元。

2006年1月，通和置业经工商行政管理部门核准变更登记，公司股权依法变更为广厦控股创业投资有限公司（以下简称广厦创业）持有50%股权，东阳市江南置业有限公司持有40%股权，金科公司持有10%股权。2006年2月28日，通和控股作出2006年第二次临时股东会决议，通过了《关于委托广厦创业代公司追回部分应收账款的议案》，同意广厦创业全权行使通和控股的债权人权利，代为追回通和置业利润补偿款15912.5万元以及富沃公司受让通和置业股权的欠款7250万元及利息，通和控股不再行使该项权利。2006年10月，通和置业又经变更登记，广厦创业持有通和置业100%股权。2006年11月7日，通和控股向广厦创业出具委托付款书，要求广厦创业将收回的富沃公司股权转让款5112万元直接支付给浙江大学生物科技股份有限公司。同年11月10日，广厦创业作为付款人，向该公司支付5112万元。2007年1月12日、3月2日，广厦创业先后向通和置业发出催款函，要求通和置业支付通和控股项目利润补偿款15912.5万元。2007年3月12日、4月16日，和信公司、大兴公司等通和控股股东先后给通和控股发出《关于要求公司立即通过诉讼追回被违法占用资金和转移项目的函》和《关于要求公司立即通过诉讼追索应收债权,切实维护公司及其股东合法权益的紧急催告函》,要求公司通过诉讼向广厦创业、通和置业、富沃公司追回公司的巨额应收债权,追回被广厦创业侵吞的蚌埠新区发展股份有限公司股权转让款和分红等。2007年4月17日,通和控股总裁徐泉函复和信公司、大兴公司等,称基于公司当时的状况及用章的审批程序,公司无法根据股东的要求提起诉讼、向通和置业、富沃公司和广厦创业追索公司的巨额应收债权。2007年4月25日,和信公司、大兴公司共同向原审法院提起诉讼,请求:(1)通和置业立即向通和控股支付利润补偿款23750万元及利息1049.71万元;(2)富沃公司立即向通和控股支付股权转让款9000万元及利息1419.5万元;(3)撤销通和控股对广厦创业的委托代收的授权;若广厦创业已经收取部分债权,则应返还通和控股;(4)通和置业、富沃公司、广厦创业承担诉讼费用。

另查明,2007年10月,广厦创业将其持有的全部股权转让给广厦股份,现广厦股份持有通和置业100%股权。根据通和置业2006年财产表报,截至2006年12月31日,通和置业处于亏损状态。但广厦股份2007年半年度报告载明,通和置业在报告期内,为公司贡献净利润136926503.08元。

**一审裁判结果**

浙江省高级人民法院作出的〔2007〕浙民二初字第5号民事判决如下:

一、通和置业投资有限公司于该判决生效之日起10日内支付通和投资控股有限公司补偿款130080177.93元;

二、上海富沃企业发展有限公司于该判决生效之日起10日内支付通和投资控股有限公司股权转让款3888万元及利息(从2005年7月1日至2006年11月10日止,款项为9000万元按还款协议约定的年利率8.5%计付;2006年11月11日至付清之日止,款项为3888万元按还款协议约定的年利率8.5%计付);

三、撤销通和投资控股有限公司对广厦控股创业投资有限公司的委托代收债权的授权;

四、驳回原告浙江和信电力开发有限公司、金华市大兴物资有限公司的其他诉讼请求。如果未按该判决指定的期间履行金钱给付义务,应当按照《中华人民共和国民事诉讼法》第229条之规定,加倍支付迟延履行期间的债务利息。

案件一审受理费1802760元,由原告浙江和信电力开发有限公司、金华市大兴物资有限公司共同负担901380元,被告通和置业投资有限公司负担

630966元，被告上海富沃企业发展有限公司负担270414元。

### 一审裁判理由

浙江省高级人民法院认为原告和信公司、大兴公司作为第三人通和控股的股东，在公司怠于行使权利的情况下，依照《中华人民共和国公司法》第152条的规定，有权提起股东派生诉讼，其具备原告的主体资格。和信公司、大兴公司在本案中提起的诉讼分别涉及利润补偿款、股权转让款的支付以及解除委托关系等三项请求，而请求的对象虽涉及三个不同的主体，但由于原告的请求是以实现股权转让款这一同一标的作为其事实上的牵连而构成了必要的共同诉讼，该案可以合并审理。

被告通和置业未按股权转让框架协议的约定在公司取得盈利的情况下，向通和控股支付补偿款，应就其盈利的部分承担支付补偿款的民事责任。被告富沃公司未按股权转让协议及还款协议的约定，如数向通和控股支付股权转让款，应按实际欠款额承担付款并赔偿损失的民事责任。被告广厦创业在接受通和控股委托当时，未如实告知其与通和置业之间存在的关联关系，且在接受委托后，也未积极履行委托人的义务，原告在通和控股怠于行使任意解除权的情况下，提起代位诉讼，理由正当。

### 二审诉辩情况

一审宣判后，和信公司、大兴公司与通和置业、广厦创业、富沃公司、通和控股均不服一审判决，向最高人民法院提起上诉。二审审理期间，经最高人民法院主持调解，本案各方当事人基于自愿、合法原则，经友好协商，于2009年3月17日达成如下调解协议：

一、关于和信公司、大兴公司、通和控股与通和置业、广厦创业间权利义务的协议。

第1条 通和置业应支付利润补偿款的数额及支付方式

1.1 和信公司、大兴公司、通和控股与通和置业经过友好协商，一致确认：通和置业实际产生的净利润已经超过了2.5亿元，通和置业应当支付通和控股总利润补偿款贰亿叁仟柒佰伍拾万圆（23750万元）。各方一致同意通和置业以追加利润分配的形式向通和控股支付该利润补偿款，即通和置业在23750万元的基础上扣除所交25%企业所得税后向通和控股支付壹亿柒仟捌佰壹拾贰万伍仟圆（17812.5万元）。

1.2 通和置业应于2009年6月30日前向通和控股提供证明通和置业向原股东通和控股追加分配的利润壹亿柒仟捌佰壹拾贰万伍仟圆（17812.5万元）

已经完税的以下材料：

1.2.1 通和置业股东会向原股东通和控股追加分配利润壹亿柒仟捌佰壹拾贰万伍仟圆（17812.5万元）的决议原件贰（2）份。

1.2.2 证明通和置业股东会在作出向原股东通和控股分配利润壹亿柒仟捌佰壹拾贰万伍仟圆（17812.5万元）的决议时，通和置业可向股东分配的利润大于壹亿柒仟捌佰壹拾贰万伍仟圆（17812.5万元）的、经具有证券从业资格审计机构出具的通和置业的审计报告复印件贰（2）份（需经通和置业盖章确认与原件一致）。

1.2.3 证明通和置业向原股东通和控股追加分配的利润壹亿柒仟捌佰壹拾贰万伍仟圆（17812.5万元）已经完税的完税证明文件复印件贰（2）份（需经通和置业盖章确认与原件一致）。

1.3 如通和置业未提供本协议第1.2款规定的材料且通和控股为通和置业支付的利润补偿款承担了纳税义务，则通和置业应当在壹亿柒仟捌佰壹拾贰万伍仟圆（17812.5万元）之外另行补偿通和控股因获得的利润补偿款缴纳的税款。通和置业应在接到通和控股通知后10日内向通和控股支付前述税款。若逾期支付，则应自逾期之日起支付违约金，违约金的数额按通和控股需缴纳税款乘以四倍的中国人民银行同期贷款基准利率计算。

第2条 通和置业支付利润补偿款的时间

2.1 通和置业应于2009年3月31日前向通和控股支付柒仟壹佰贰拾伍万圆（7125万元），其余壹亿零陆佰捌拾柒万伍仟圆（10687.5万元）应于2009年6月30日前向通和控股支付。协议各方一致确认通和置业已经向通和控股支付了叁仟万圆（3000万元），该叁仟万圆（3000万元）从前述价款中相应扣减。

2.2 若通和置业在2009年3月31日前向通和控股支付的税后利润补偿款不足柒仟壹佰贰拾伍万圆（7125万元），则和信公司、大兴公司、通和控股有权要求通和置业及其保证人立即向通和控股支付壹亿柒仟捌佰壹拾贰万伍仟圆（17812.5万元）全款，并有权申请人民法院强制执行通和置业及其保证人的财产，不受上述分期支付约定的限制。

第3条 通和置业付款义务的担保

3.1 广厦创业自愿为通和置业履行本协议约定的付款义务提供不可撤销的连带责任保证担保，并放弃就本协议项下的全部事项提出异议、抗辩和诉讼的权利。

3.2 广厦建设集团有限责任公司（以下简称广厦建设）自愿为通和置业履行本协议约定的付款义务提供不可撤销的连带责任保证担保，并放弃就本协议项下的全部事项提出异议、抗辩和诉讼的权利。

3.3 楼忠福先生自愿为通和置业履行本协议约定的付款义务提供不可撤销的连带责任保证担保，并放弃就本协议项下的全部事项提出异议、抗辩和诉讼的权利。

3.4 本协议第3.1款至3.3款所约定担保的担保范围包括以下各项：

3.4.1 通和置业应向通和控股支付的税后利润补偿款壹亿柒仟捌佰壹拾贰万伍仟圆（17812.5万元）；

3.4.2 通和置业按照本协议第1.3款应向通和控股补偿的税款及违约金；

3.4.3 通和置业按照本协议第5条的规定应向和信公司、大兴公司支付的诉讼费；

3.4.4 通和置业按照本协议应承担的违约责任；

3.4.5 和信公司、大兴公司、通和控股为催收通和置业利润补偿款、违约金支出的费用等。

第4条 通和控股委托广厦创业委托收款代理权的撤销

协议各方一致确认：2006年2月28日通和控股临时股东会决议内容是通和控股委托广厦创业代为向通和置业和富沃公司收取到期债权，而不是通和控股将该等应收股权转让收益款的债权转让或无偿赠予广厦创业。同时，协议各方一致确认：自一审判决之日（2008年5月13日）起通和控股委托广厦创业收取债权的代理权终止。

第5条 诉讼费用承担

5.1 本案一审判决和信公司、大兴公司承担的901380元，通和置业承担的630966元，共计1532346元（该诉讼费已全部由和信公司、大兴公司垫付），由通和置业承担佰分之柒拾（70%），和信公司、大兴公司共同承担佰分之叁拾（30%），即通和置业承担1072642.2元，和信公司、大兴公司共同承担459703.8元。

5.2 和信公司、大兴公司的二审诉讼费由通和置业承担佰分之柒拾（70%），和信公司、大兴公司共同承担佰分之叁拾（30%）。和信公司、大兴公司共已缴纳二审诉讼费2570870元，根据调解案件诉讼费减半收取的原则，和信公司、大兴公司的二审诉讼费暂按1285435元计算，故通和置业应承担899804.5元，和信公司、大兴公司共同承担385630.5元。

5.3 按本协议第5.1、5.2款确定的原则综合计算，通和置业应承担和信公司、大兴公司已支付的一审、二审诉讼费中的壹佰玖拾柒万贰仟肆佰肆拾陆圆柒角（1972446.7元）。通和置业应于本协议签订之日起5日内向和信公司、大兴公司偿付诉讼费壹佰玖拾柒万贰仟肆佰肆拾陆圆柒角（1972446.7元）。

5.4 如最高人民法院最终裁定和信公司、大兴公司的二审诉讼费数额与本协议第5.2款估算的数额（1285435元）不一致，对于和信公司、大兴公司的二审诉讼费以最高人民法院裁定的数额为准，由通和置业承担佰分之柒拾（70%），和信公司、大兴公司共同承担佰分之叁拾（30%）。

5.5 通和置业、广厦创业的二审诉讼费由通和置业、广厦创业分别自行承担。

第6条 违约责任

6.1 若通和置业未能按照本协议约定的时间、期限支付利润补偿款，则通和置业应向通和控股支付违约金，违约金按通和置业未支付数额乘以4倍的中国人民银行同期贷款基准利率计算。

6.2 若通和置业未能按照本协议约定的时间、期限向和信公司、大兴公司支付诉讼费，则通和置业应向和信公司、大兴公司支付违约金，违约金按通和置业未支付数额乘以4倍的中国人民银行同期贷款基准利率计算。

第7条 协议生效及其他

各方承诺本协议是各方真实、自由的意思表示。各方一致同意本协议经各方签字或盖章，并经通和控股股东会通过或通和控股其他股东同意后生效，并一致同意将调解协议交最高人民法院审查并制作调解书。

二、关于和信公司、大兴公司、通和控股与富沃公司间权利义务的协议。

第1条 对一审判决的服从

各方一致表示服从一审判决第二项"上海富沃企业发展有限公司于本判决生效之日起10日内支付通和投资控股有限公司股权转让款3888万元及利息（从2005年7月1日至2006年11月10日止，款项为9000万元按还款协议约定的年利率8.5%计付；2006年11月11日至付清之日止，款项为3888万元按还款协议约定的年利率8.5%计付）"。

各方一致表示服从一审判决中关于富沃公司负担270 414元案件受理费的判决。

第2条 富沃公司欠通和控股债务数额的确定

各方一致确认：按照一审判决第二项确定的方法计算，截至2009年2月28日，富沃公司应向通和控股支付的利息共计1827.245万元，本息合计5715.245万元（伍仟柒佰壹拾伍万贰仟肆佰伍拾圆整）。

第3条 富沃公司欠通和控股债务的偿还

各方一致同意，富沃公司以其转让深圳市恒信德威实业发展有限公司37.64%股权的转让款偿还其欠通和控股的债务，并同意由股权受让方直接将5715.245万元（伍仟柒佰壹拾伍万贰仟肆佰伍拾圆整）支付至通和控股，付款时间不迟于2009年2月28日。

协议各方一致确认，富沃公司已经将前述全部价款5715.245万元（伍仟柒佰壹拾伍万贰仟肆佰伍拾圆整）支付给了通和控股。

第4条 诉讼费用的支付

鉴于本案一审判决富沃公司负担的诉讼费270414元（贰拾柒万零肆佰壹拾肆圆整）已由和信公司、大兴公司预缴，富沃公司应于本协议签订之日起5日内向和信公司、大兴公司偿付诉讼费270414元（贰拾柒万零肆佰壹拾肆圆整）。

第5条 各方承诺本调解协议是各方真实、自由的意思表示

各方一致同意，本协议经各方签字或盖章，并经通和控股股东会通过或通和控股其他股东同意后生效，并一致同意将本协议交最高人民法院审查并制作调解书。

▶ **二审裁判结果**

最高人民法院于2009年3月17日作出〔2008〕民二终字第123号判决：

本案一审案件受理费1802760元，浙江和信电力开发有限公司、金华市大兴物资有限公司共同负担459703.8元，通和置业投资有限公司负担1072642.2元，上海富沃企业发展有限公司负担270414元。本案二审为调解方式结案，案件受理费减半收取为640917.75元，浙江和信电力开发有限公司、金华市大兴物资有限公司共同负担192275.33元，通和置业投资有限公司负担448642.42元。

▶ **二审裁判理由**

最高人民法院经审查认为：以上调解协议是各方当事人在自愿基础上的真实意思表示，不违反法律、行政法规的禁止性规定。调解协议的内容不仅经过了提起代表诉讼的股东即和信公司、大兴公司以及作为诉讼第三人的公司即通和控股的同意，而且也已经经过了通和控股中的其他所有股东的书面同意，所以调解协议没有损害通和控股及其股东的利益。本院对以上调解协议予以确认。本调解书与判决书具有同等法律效力。

# 损害公司利益责任纠纷办案依据集成

## 中华人民共和国公司法（2005年10月27日修订）（节录）

**第一百四十八条** 董事、监事、高级管理人员应当遵守法律、行政法规和公司章程，对公司负有忠实义务和勤勉义务。

董事、监事、高级管理人员不得利用职权收受贿赂或者其他非法收入，不得侵占公司的财产。

**第一百四十九条** 董事、高级管理人员不得有下列行为：

（一）挪用公司资金；

（二）将公司资金以其个人名义或者以其他个人名义开立账户存储；

（三）违反公司章程的规定，未经股东会、股东大会或者董事会同意，将公司资金借贷给他人或者以公司财产为他人提供担保；

（四）违反公司章程的规定或者未经股东会、股东大会同意，与本公司订立合同或者进行交易；

（五）未经股东会或者股东大会同意，利用职务便利为自己或者他人谋取属于公司的商业机会，自营或者为他人经营与所任职公司同类的业务；

（六）接受他人与公司交易的佣金归为己有；

（七）擅自披露公司秘密；

（八）违反对公司忠实义务的其他行为。

董事、高级管理人员违反前款规定所得的收入应当归公司所有。

**第一百五十条** 董事、监事、高级管理人员执行公司职务时违反法律、行政法规或者公司章程的规定，给公司造成损失的，应当承担赔偿责任。

**第一百五十一条** 股东会或者股东大会要求董事、监事、高级管理人员列席会议的，董事、监事、高级管理人员应当列席并接受股东的质询。

董事、高级管理人员应当如实向监事会或者不设监事会的有限责任公司的监事提供有关情况和资料，不得妨碍监事会或者监事行使职权。

**第一百五十二条** 董事、高级管理人员有本法第一百五十条规定的情形的，有限责任公司的股东、股份有限公司连续一百八十日以上单独或者合计持有公司百分之一以上股份的股东，可以书面请求监事会或者不设监事会的有限责任公司的监事向人民法院提起诉讼；监事有本法第一百五十条规定的情形的，前述股东可以书面请求董事会或者不设董事会的有限责任公司的执行董事向人民法院提起诉讼。

监事会、不设监事会的有限责任公司的监事，或者董事会、执行董事收到前款规定的股东书面请求后拒绝提起诉讼，或者自收到请求之日起三十日内未提起诉讼，或者情况紧急、不立即提起诉讼将会使公司利益受到难以弥补的损害的，前款规定的股东有权为了公司的利益以自己的名义直接向人民法院提起诉讼。

他人侵犯公司合法权益，给公司造成损失的，本条第一款规定的股东可以依照前两款的规定向人民法院提起诉讼。

## 十一、股东损害公司债权人利益责任纠纷

### 96. 数个关联公司的人、财、物相互混同的,是否应当对债权人承担连带清偿责任?

同一法人设立的数个关联公司如果违背法人制度的宗旨,无视各公司的独立人格,相互交叉持股、由同一自然人担任各关联公司的法定代表人,随意处置、混淆各个公司的财产和债权债务关系,以致无法区分各个公司的人、财、物并且给债权人的合法利益造成损害,则可以认定该数个关联公司已经实际构成人格混同,应当对债权人承担连带清偿责任。

#### 典型疑难案件参考

中国信达资产管理公司成都办事处与四川泰来装饰工程有限公司、四川泰来房屋开发有限公司、四川泰来娱乐有限责任公司借款担保合同纠纷案(《最高人民法院公报》2008年第10期,总第144期)

#### 基本案情

1999年10月18日,四川泰来装饰工程有限公司(以下简称装饰公司)、四川泰来房地开发有限公司(以下简称房屋公司)、四川泰来娱乐有限公司(以下简称娱乐公司)与中国银行成都市蜀都大道支行(以下简称中行蜀都支行)签订《债务重组协议》,对装饰公司原在中国银行成都市分行信托部的逾期贷款2200万元进行债务重组,约定:由装饰公司向中行蜀都支行承担全部贷款及欠息;装饰公司、房屋公司、娱乐公司共同承诺用装饰公司和房屋公司投资组建的娱乐公司在中国酒城内开发的"西南名商会所"项目形成的各种资产和权益作为装饰公司上述借款的抵押物;担保手续完成后,装饰公司、房屋公司、娱乐公司与中行蜀都支行重新签订借款合同、抵押合同及其他相关补充合同。同日,装饰公司、房屋公司、娱乐公司共同向中行蜀都支行出具《还本付息计划书》,承诺以装饰公司、房屋公司、娱乐公司的经营收入和其他资金来源履行还款义务。1999年10月19日,装饰公司、房屋公司、娱乐公司分别向中行蜀都支行出具《保函》,保证用"西南名商会所"项目的各种资产和权益作为装饰公司上述借款的抵押物,并委托装饰公司同中行蜀都支行签订有关法律文件并办理相关手续。

1999年11月12日，装饰公司与中行蜀都支行重新签订《借款合同》，约定：借款金额为2200万元，借款期限1999年11月17日至2002年11月16日，其中500万元于2000年12月16日偿还，年利率5.85%；1200万元于2001年11月16日偿还，年利率5.94%；500万元于2002年11月16日偿还，年利率5.94%。付息方式为按季付息，对借款人到期未付利息按日0.21‰的比率计收违约金。借款人未按还款计划还款，贷款人有权就逾期贷款部分从贷款逾期之日起按日0.21‰的比率计收利息。《借款合同》还约定，合同项下全部债务由《最高额抵押合同》提供担保。1999年11月18日，双方完成了借款支付手续。

同日，装饰公司、房屋公司与中行蜀都支行签订《最高额抵押合同》和《最高额抵押合同补充合同》（以下简称《补充合同》）。《最高额抵押合同》约定：抵押担保范围为中行蜀都支行和装饰公司自1999年11月17日至2002年11月16日期间签订的所有借款合同项下的全部债务，担保最高限额为2200万元；抵押财产为建华会计师事务所《资产评估报告书》所列财产及《补充合同》表述的"茵梦湖"城市温泉商务套房和"流金岁月"西餐厅项目经营权。《补充合同》约定，本合同所指项目经营权为"茵梦湖"和"流金岁月"商标使用权、项目所在房屋及配套建筑的使用权、项目属下全部财产所有权。项目属下财产所有权即为建华会计师事务所《资产评估报告书》所附娱乐公司"西南名商会所"项目的固定资产"流金岁月"西餐厅和"茵梦湖"城市温泉商务套房的改扩建装饰工程及设备的价值。1999年11月17日，装饰公司、房屋公司和中行蜀都支行在四川省工商行政管理局对《补充合同》办理了登记。2000年12月15日，双方对《最高额抵押合同》和《补充合同》进行了公证（公正文号〔2000〕成证内经字第19314号）。2000年12月13日，装饰公司、房屋公司、娱乐公司再次向中行蜀都支行出具《还本付息计划书》，承诺用装饰公司、房屋公司、娱乐公司的经营收入偿还装饰公司借款。2000年12月13日，装饰公司、房屋公司与中行蜀都支行签订《延期还款协议书》，将《借款合同》项下应于2000年12月16日到期的500万元借款延期至2001年8月15日，贷款利率从延期之日起按月息5.445‰执行。以上借款到期后，装饰公司履行了部分还款义务。中行蜀都支行先后于2003年1月28日、2004年5月17日向装饰公司、房屋公司、娱乐公司发出《贷款催收通知书》和《催促尽快履行担保责任通知书》。2004年5月17日送达的《催促尽快偿还贷款本息通知书》和《催促尽快履行担保责任通知书》载明，截至2004年5月17日装饰公司尚欠借款本金1991万元，利息14 173 340.44元。装饰公司签收予以确认，娱乐公司和房屋公司签章承诺继续为上述借款承担连带保证责任。

2004年6月25日，中行蜀都支行与中国信达资产管理公司成都办事处（以下简称信达成都办）签订《债权转让协议》。中行蜀都支行将涉案债权全部转让给信达成都办，转让清单记载截至2004年5月31日装饰公司尚欠借款本金1986万元。2004年8月19日，中行蜀都支行向装饰公司送达《债权转让通知》，同时向房屋公司和娱乐公司送达《担保权利转让通知》，告知装饰公司、房屋公司、娱乐公司向信达成都办履行还款义务和担保义务。2006年6月17日，信达成都办登报发布的《债权催收公告》载明，"……请下列各债权的债务人和相应担保人……向信达成都办履行还款义务"，对涉案债权催收内容为：借款人装饰公司，担保人装饰公司和房屋公司，担保合同编号中成蜀分抵字99第001号。

另查明：装饰公司系1993年由沈氏兄弟投资（香港）有限公司（以下简称沈氏公司）投资成立的港商独资企业，注册资本1032万元，2004年经工商登记变更为中外合资经营企业，股东为娱乐公司和沈氏公司。房屋公司于1992年由沈氏公司投资成立，企业类别为港商独资企业，注册资本300万元。娱乐公司于1995年设立，股东为房屋公司和装饰公司，注册资本50万元。装饰公司、房屋公司、娱乐公司的法定代表人均为沈华源，三公司地址、电话号码相同，财务管理人员在同一时期内存在相同的情况。

装饰公司2000年度审计报告反映：装饰公司借款大部分投向其他公司，有少部分不属公司自身经营活动需要，而是代集团内公司筹款。

装饰公司以泰来集团名义向中行蜀都支行出具的《经营发展概况及贷款展期报告》和装饰公司、房屋公司、娱乐公司2000年度资产负债表载明：装饰公司将其收入直接用于中国酒城项目的修建、装修、装饰。截至2000年11月，泰来集团共有资产2.23亿元中，娱乐公司资产为1.43亿元，房屋公司资产为7600万元，装饰公司资产为200万元。泰来集团共有贷款1.71亿元中，娱乐公司贷款为50万元，房屋公司贷款为5175万元，装饰公司贷款为1.04亿元。娱乐公司和房屋公司承诺收益将优先支付本案《借款合同》项下借款本息。

娱乐公司1998年度审计报告的会计报表附注表明：银行存款账户中有两个账户在支付装饰公司和房屋公司贷款利息。

娱乐公司1998年度审计报告载明：1998年度资产总额达到1.09亿元，净资产额为8315万元，对装饰公司的欠款7392万元和房屋公司的欠款1086万元以负债转投资的方式形成资本公积金8478万元。装饰公司2001~2005年度审计报告及会计报表附注反映：装饰公司对外有长期投资，2003~2005年度装饰公司对娱乐公司的投资有 2795 万元。

《最高额抵押合同》和〔2000〕成证内经字第 19314 号《公证书》载明：装饰公司和房屋公司向中行蜀都支行承诺对登记在娱乐公司名下中国酒城内"流金岁月"及"茵梦湖"项目的资产享有所有权和处分权。

房屋公司 1999 年度验资报告表明：1999 年 6 月 3 日房屋公司股东沈氏公司在香港代付中国酒城项目设计费给石安（国际）设计有限公司 87 万美元，并以此款作为对房屋公司的投入资本。

装饰公司以泰来集团名义致中行蜀都支行函件表明：中国酒城项目的经营收益用于支付泰来集团的房租、水电费、员工工资等；承认支付贷款利息力度下降系因为开发中国酒城项目所致。

还查明，装饰公司、房屋公司、娱乐公司主张"茵梦湖"和"流金岁月"不是注册商标，信达成都办对此未提出异议。

信达成都办在原审起诉称：中行蜀都支行与装饰公司之间的借款关系真实合法，装饰公司应当履行还款义务。前述抵押合同合法有效，信达成都办依法应对抵押物享有抵押权。房屋公司和娱乐公司作出的愿意对贷款承担连带保证责任的意思表示真实合法，应当对上述借款承担连带清偿责任。并且，装饰公司、房屋公司、娱乐公司资产混同、主体混同，实为同一主体，房屋公司与娱乐公司依法也应当对装饰公司债务承担连带责任。故请求法院判令：（1）装饰公司向信达成都办偿还借款本金 1986 万元及支付相应利息（截至 2006 年 12 月 20 日的利息为 22086348.59 元）；（2）房屋公司和娱乐公司对上述债务承担连带清偿责任；（3）信达成都办对装饰公司、房屋公司、娱乐公司在中国酒城内投资开办的"茵梦湖"城市温泉商务套房和"流金岁月"西餐厅的以下财产和权益享有抵押权：①全部财产；②项目经营权；③房屋和配套建筑的使用权，并有权就上述财产和权益拍卖、变卖的价款或产生的孳息优先受偿（优先受偿的债权范围包括但不限于借款本金、利息以及实现债权和抵押权的费用）；（4）装饰公司承担本案全部诉讼费用及保全费用，房屋公司和娱乐公司对该费用承担连带清偿责任。

▶ 一审裁判结果

四川省高级人民法院依照《中华人民共和国民事诉讼法》第 128 条，第 134 条第 1 款、第 2 款、第 3 款，《中华人民共和国民法通则》第 4 条、第 135 条、第 137 条、第 140 条，《中华人民共和国合同法》第 60 条第 1 款、第 80 条第 1 款、第 81 条、第 205 条、第 206 条、第 207 条，《中华人民共和国担保法》第 18 条、第 34 条、第 41 条、第 42 条第 5 项、第 53 条之规定，判决如下：

一、装饰公司自本判决生效之日起 10 日内偿还信达成都办借款本金 1986 万元及利息（利息计算方法：截至 2004 年 5 月 17 日利息为 14173340.44 元，自 2006 年 5 月 17 日起至 2006 年 6 月 25 日债权转让之日止的利息按《借款合同》约定计算，债权转让后至款项付清之日止的利息按中国人民银行有关逾期利率的规定计算）；

二、对装饰公司的上述债务在最高额 2200 万元限额内，信达成都办就建华会计师事务所出具的评〔98〕第 14 号、第 15 号《资产评估报告书》所附"流金岁月"西餐厅和"茵梦湖"城市温泉商务套房的设备享有抵押权，并有权在其拍卖、变卖后的价款中优先受偿；

三、房屋公司和娱乐公司对装饰公司的上述债务承担连带清偿责任；

四、驳回信达成都办其余诉讼请求。

如果装饰公司、房屋公司和娱乐公司未按本判决指定的期间履行给付金钱义务，应当依照《中华人民共和国民事诉讼法》第 232 条之规定，加倍支付迟延履行期间的债务利息。

案件受理费 109870 元，其他诉讼费 21974 元，财产保全费 110260 元，共计 242104 元，由装饰公司负担 80701.34 元，房屋公司负担 80701.33 元，娱乐公司负担 80701.33 元。

### 一审裁判理由

四川省高级人民法院经审理认为：本案当事人签订的《借款合同》、《延期还款协议书》是签约双方真实意思表示，且当事人主体资格具备，合同内容不违反法律、法规禁止性规定，故均应认定有效。

《借款合同》签订后，中行蜀都支行按约履行了贷款发放义务，装饰公司在借款到期后仅归还部分借款本金，未按《借款合同》约定履行归还全部借款本息的义务，构成违约，故装饰公司应承担逾期还款的违约责任。因涉案借款已由中行蜀都支行与信达成都办于 2004 年 6 月 25 日达成《债权转让协议》，中行蜀都支行将装饰公司所欠借款本金及相应利息转让给信达成都办，并通知了装饰公司，故信达成都办依法取得对装饰公司的债权。信达成都办请求装饰公司偿还尚欠借款本金 1986 万元及相应利息的诉讼主张成立，该院依法予以支持。

原审法院认为本案争议的焦点问题是：

1. 娱乐公司与房屋公司是否应承担抵押担保责任；装饰公司、房屋公司与中行蜀都支行签订的《最高额抵押合同》和《补充合同》是否系装饰公司、房屋公司、娱乐公司真实意思表示。信达成都办认为前述抵押合同合法有效，信达成都办受让涉案债权后，应依法享有抵押权。装饰公司认为借款未向债权人提供抵押担保；娱乐公司认为其没有将所属财产设立抵押的意思表示、抵押权未设立；房屋公司认为其对娱乐公司财产无权处分、抵押权无效。该院认为，中行蜀都支行与装饰公司签订《借款合同》的依据是装饰公司、房屋公司、娱乐公司与中行蜀都支行签订的《债务重组协议》及装饰公司、房屋公司、娱乐公司向中行蜀都支行出具的《保函》。在《债务重组协议》和《保函》中，装饰公司、房屋公司、娱乐公司均表示用"西南名商会所"项目中"流金岁月"西餐厅和"茵梦湖"城市温泉商务套房的经营使用权、全部资产及其他相关权益作为装饰公司借款的抵押物，故在《借款合同》签订以前，娱乐公司已有承诺用其所属财产设立抵押的意思表示。装饰公司、房屋公司、娱乐公司虽系独立法人，但其法定代表人均为沈华源，且签订《最高额抵押合同》及《补充合同》的装饰公司和房屋公司系娱乐公司全体股东，故装饰公司、房屋公司将娱乐公司所属财产进行抵押，娱乐公司应当是明知的。娱乐公司在明知的情况下，未对装饰公司和房屋公司的处分行为作出否认的意思表示，应视为同意对其所属财产进行处分。认定《最高额抵押合同》及《补充合同》系装饰公司、房屋公司、娱乐公司共同意思表示，符合诚实信用原则的精神。综合以上因素，本案中《最高额抵押合同》及《补充合同》系中行蜀都支行与装饰公司、房屋公司、娱乐公司之间的真实意思表示，应为有效。

关于《最高额抵押合同》及《补充合同》中抵押的财产和权益能否作为抵押权的标的。《最高额抵押合同》及《补充合同》明确约定抵押的项目经营权为"茵梦湖"和"流金岁月"商标使用权、项目所在房屋及配套建筑的使用权、项目属下全部财产所有权；项目属下财产所有权为《资产评估报告书》所附"流金岁月"西餐厅和"茵梦湖"城市温泉商务套房的改扩建装饰工程和设备的价值。故信达成都办请求行使抵押权的财产和权益即为"流金岁月"和"茵梦湖"的商标使用权、项目所在房屋及配套建筑使用权、"流金岁月"西餐厅和"茵梦湖"城市温泉商务套房的设备、改扩建与装饰工程。（1）关于"流金岁月"和"茵梦湖"商标使用权能否抵押的问题。该院认为，根据《中华人民共和国商标法》第3条规定，商标注册人享有商标专用权，受法律保护。根据《中华人民共和国担保法》第75条第3项之规定，商标专用权可以质押。故法律保护注册商标权利人享有的商标专用权，且商标专用权属可质押的权利，并非可抵押的财产。本案中，"流金岁月"和"茵梦湖"非注册商标，对其享有的权利不受法律保护。各方当事人以不受法律保护的"流金岁月"和"茵梦湖"商标使用权设立抵押无效。（2）关于房屋和配套建筑的使用权能否设立抵押。该院认为，娱乐公司对中国酒城房屋和配套建筑的使用权是基于租赁关系产生，装饰公司、房屋公司、娱乐公司不是房屋所有人，不享有对房屋及配套建筑的处分权，该使用权不能作为抵押合同的标的。以租赁房屋和配套建筑的使用权进行抵押无效，抵押权未设立。（3）关于"流金岁月"西餐厅和"茵梦湖"城市温泉商务套房的设备抵押的效力。根据《中华人民共和国担保法》第42条的规定，企业的设备和其他动产抵押，应当在财产所在地的工商行政管理部门办理抵押登记。本案中，双方签订前述抵押合同后，将《补充合同》在四川省工商行政管理局予以登记。该院认为，《资产评估报告书》所附设备清单为《补充合同》附件，对《补充合同》登记即是对合同附件中设备的登记，故本案的设备抵押履行了法定登记手续，应为有效，信达成都办依法享有抵押权。装饰公司、房屋公司、娱乐公司认为《补充合同》登记不是对抵押物登记、抵押权未设立的理由不成立，该院不予支持。（4）关于改扩建与装饰工程能否抵押的问题。该院认为，娱乐公司对租赁房屋的改扩建与装饰部分，属于使用人对房屋的添附行为。根据最高人民法院《关于贯彻执行〈中华人民共和国民法通则〉若干问题的意见（试行）》第86条之规定，非产权人在使用他人的财产上增添附属物，财产所有人同意增添，并就财产返还时附属物如何处理有约定的，按约定办理；没有约定又协商不成，能够拆除的，可以责令拆除；不能拆除的，也可以折价归财产所有人；造成财产所有人损失的应当负赔偿责任。可见，在他人财产上增添附属物，非产权人与财产所有人有约定的依照约定，没有约定又不能拆除的，原财产所有人取得所有权。本案中，娱乐公司对租赁房屋的改扩建及装饰工程若拆除即丧失经济价值，不能脱离原房屋独立存在，也不能单独折价或变卖实现抵押权，娱乐公司不经房屋所有人同意无权对其处分，且租赁合同亦未约定房屋所有人在收回出租房屋时对装修部分予以补偿，故改扩建与装饰工程不能成为抵押财产。改扩建与装饰工程抵押无效，抵押权未设立。

2. 娱乐公司与房屋公司是否应承担连带保证责任。信达成都办认为娱乐公司与房屋公司在《债务重组协议》及《还本付息计划书》中的承诺系为装饰公司债务承担连带保证责任的意思表示且娱乐公司与房屋公司在《贷款催收通知书》中一再确认，保证担保合法有效。该院认为，中行蜀都支行与娱乐公司和房屋公司未签订书面保证合同，在《债务重组协议》和娱乐公司与房屋公司向中行蜀都支行出具的《还本付息计划书》中，娱乐公司和房屋公司承诺以公司经营收入为装饰公司还款系债务承担的意思表示，并无同意承担保证责任的明确意思，不能作为认定保证责任成立的依据。中行蜀都支行于

2004年5月17日发出的《催促尽快履行担保责任通知书》中，娱乐公司和房屋公司首次明确承诺对装饰公司借款承担连带保证责任，故应认定保证担保关系自此成立。娱乐公司和房屋公司认为信达成都办享有的保证债权已过诉讼时效期间。该院认为，信达成都办受让涉案债权后，中行蜀都支行于2004年8月19日向娱乐公司和房屋公司发出《担保权利转让通知》，娱乐公司和房屋公司予以签收的行为引起保证债权诉讼时效中断，故信达成都办要求其承担保证责任的诉讼时效应持续至2006年8月19日。至于2006年6月17日信达成都办登报发布催收公告能否引起诉讼时效中断，该院认为，各方当事人未签订正式的保证合同，保证关系无法在催收公告的担保合同一栏中载明，罗列担保人即是对保证债权的催收。信达成都办在催收公告担保人一栏列有房屋公司，应视为对房屋公司主张了担保债权。故信达成都办对房屋公司享有的保证债权诉讼时效期间于2006年6月17日再次中断。至2007年1月22日信达成都办向该院起诉要求房屋公司承担保证责任的诉讼时效期间未经过，对其权利主张该院依法予以保护。信达成都办对娱乐公司享有的保证债权，因其在催收公告中未进行催收，信达成都办亦未举证证明在2006年8月19日诉讼时效期间届满之前以其他方式向娱乐公司主张权利，故至2007年1月22日信达成都办起诉要求娱乐公司承担保证责任的诉讼时效期间已经过，信达成都办丧失胜诉权，娱乐公司抗辩理由成立。

3. 关于装饰公司、房屋公司、娱乐公司是否存在人格混同及责任承担问题。信达成都办认为，装饰公司、房屋公司、娱乐公司虽为有限责任公司，却受同一实际控制人支配，没有独立财产和人格，装饰公司和房屋公司大量财产转移至娱乐公司名下，与娱乐公司形成财产混同和主体混同，娱乐公司和房屋公司应当对装饰公司债务承担连带责任。该院认为，装饰公司、房屋公司、娱乐公司股权关系交叉，实际均为沈氏公司出资设立，沈华源作为三公司的董事长，对公司拥有绝对的控制权，沈华源对此本应依照诚实信用和权利不得滥用原则，严格遵守财产分离原则，尽力维护法人制度和公司利益。但本案中，沈华源无视三公司的独立人格，滥用对公司的控制权，将装饰公司贷款大量投入娱乐公司中国酒城项目；在未办理工商变更登记的情况下，将娱乐公司对装饰公司欠款7392万元和对房屋公司欠款1086万元转为两公司对娱乐公司的投资款，且2003年以后装饰公司对娱乐公司的投资只有2795万元，装饰公司的3597万元投资款去向不明；将中国酒城项目的经营收益用于支付泰来集团名下所有公司的房租、水电费、员工工资；将沈氏公司对房屋公司的投资用于支付中国酒城项目设计费；装饰公司、房屋公司、娱乐公司还共同为装饰公司贷款还本付息的情形均表明装饰公司、房屋公司、娱乐公司人格和财产持续发生混同。装饰公司、房屋公司、娱乐公司均认为对"流金岁月"及"茵梦湖"项目的资产享有处分权，以并不存在的泰来集团名义向贷款人出具函件，致使贷款人也无法区分三者间的人格及财产。装饰公司、房屋公司、娱乐公司在同一地址办公、联系电话相同、财务管理人员在一段时期内相同的情况，也是沈华源滥用控制权、公司人格混同的表现。装饰公司无法偿还到期大量债务，损害了贷款人的合法权益，沈华源利用其对公司的控制权、公司独立人格来逃避债务，违背了法人制度设立的宗旨，违反了诚实信用和公平原则，故装饰公司的债务应由娱乐公司和房屋公司承担连带清偿责任。对信达成都办该诉讼主张，该院予以支持。

综上，装饰公司对信达成都办负有到期债务拒不偿还，信达成都办要求装饰公司还本付息的诉讼请求应予支持。与中行蜀都支行签订的《最高额抵押合同》及《补充合同》系装饰公司、房屋公司、娱乐公司真实意思表示，且抵押财产"流金岁月"西餐厅和"茵梦湖"城市温泉商务套房的设备依法办理抵押登记手续，故对《借款合同》项下不能清偿的债务在最高额2200万元限额内，信达成都办有权对以上财产行使抵押权。《最高额抵押合同》及《补充合同》所涉其他抵押物"流金岁月"和"茵梦湖"的商标使用权、项目所在房屋及配套建筑使用权、改扩建与装饰工程，因不能作为抵押标的，抵押无效，故信达成都办要求对以上财产行使抵押权的诉讼主张不成立，该院不予支持。娱乐公司虽为本案所涉债务的连带责任保证人，信达成都办未在保证债权诉讼时效期间内进行催收，故对信达成都办要求娱乐公司承担保证责任的诉讼主张该院不予支持。房屋公司为本案所涉债务提供了连带责任保证，信达成都办亦在保证债权诉讼时效期间内进行催收，故房屋公司对装饰公司不能清偿的债务应承担连带清偿责任。装饰公司、房屋公司、娱乐公司人格和财产混同，娱乐公司和房屋公司应当对装饰公司债务承担连带清偿责任。

### 二审诉辩情况

装饰公司、房屋公司、娱乐公司均不服原审法院上述民事判决，分别向最高人民法院提起上诉。其共同的上诉主张和理由为：一审以"三被告在同一地址办公、联系电话相同、财务管理人员在一段时期内相同的情况"认定本案三上诉人主体人格混同属错判。1992年沈氏公司经批准注册成立房屋公司，注册资本300万美元，从事开发、建设、经营生产用房等项目，法定代表人沈华源。1993年，沈氏公司经批准注册成立装饰公司，注册资本50万美元，从事各类建筑的装饰设计等项目，法定代表人沈华源。2005年由娱乐公司注资600万元人民币，注册资本增至1032万元人民币。1995年，房屋公司、装饰公司两外资企业共同成立了娱乐公司,从事文娱、体育、餐饮等项目,法定代表人沈华源。房屋公司、装饰公司、娱乐公司三公司依法在工商局进行了企业法人的注册。三公司是沈氏公司投资成立,各自有各自的经营范围和各自的财务核算,始终以各自的独立法人资格从事各自经营范围项下的合法业务。三公司财务制度健全、独立,各公司之间的债权、债务是明确的,这从三公司每年的独立审计也可以说明各个公司之间是清晰独立的财务核算,各公司之间账务独立而有明确产权界限。因此三上诉人不存在人格混同的情形。对此,原始债权人、被上诉人信达成都办及一审判决中皆已认定。如若真以一审错判三上诉人系主体混同,本案原始债权人也就没有必要煞费苦心与三上诉人签订《债务重组协议》、《最高额抵押合同》、《借款合同》及以上合同延续形成的《保函》、《补充合同》、《还本付息计划书》。综上,一审查明的本案事实是真实的,但在依法认定本案时未能重视现存事实的本质、内在联系和潜在违法的因果必然。在发现各种证据中存在的瑕疵并认定协议中部分无效后,又以主体混同错判。

另外,装饰公司和房屋公司向本院上诉称:本案涉及的《债务重组协议》、《最高额抵押担保合同》、《借款合同》及《保函》、《最高额抵押担保合同补充合同》、《还本付息计划书》等,是本案原始债权人中国银行成都市分行为转嫁不良贷款,违背公平原则诱骗上诉人签订的无效合同。根据装饰公司与本案原始债权人签订的《债务重组协议》,已证明装饰公司无法如约偿还贷款,这是本案债权人当时明知的客观事实。对此银行本应核销不良贷款,但原始债权人以"现中行成都分行业务全部移交成都市蜀都大道支行"为由,反复诱骗其签订了上述合同,是本案原始债权人对上诉人装饰公司、房屋公司实施的显失公平的欺诈,上述合同是无效合同。

房屋公司还向本院上诉称:(1) 如上所述,既然《最高额抵押合同》、《补充合同》等协议无效,那么被上诉人信达成都办也就不享有"流金岁月"西餐厅和"茵梦湖"城市温泉商务套房的设备的抵押权。同时,根据《中华人民共和国担保法》第41条、第42条的规定,以企业设备和其他动产抵押的,应当办理抵押物登记。由于被上诉人信达成都办并没有对企业所有的动产分别进行抵押登记,而仅仅是对整个《补充合同》予以登记,因此被上诉人信达成都办对动产也即设备并不享有抵押权。(2) 本案所涉《保函》、《最高额抵押合同》、《补充合同》等协议是在显失公平,被欺诈的情形下签订的,属于无效,上诉人房屋公司无须承担保证责任。同时,原审法院仅以保证关系无法在催收公告中载明为由,认为罗列担保人即是对保证债权的催收,此观点是错误的。需强调的是:被上诉人信达成都办登报发布催收公告,其依据是"担保合同编号"——中成蜀分抵字 99 第 001 号,这是一个抵押合同,而不是保证合同。并且发布催收公告报纸的抬头是"根据下列借款合同和担保合同,请下列各债权的借款人和相应担保人……",由此可以看出被上诉人信达成都办的意思表示是有根据的,法院在此不得作出任意或扩大的解释,因此被上诉人信达成都办发布催收公告并不能够引起保证责任诉讼时效的中断,基于保证责任诉讼时效的经过,上诉人房屋公司也无须承担保证责任。

综上,三上诉人均请求:依法撤销原审判决第一、二、三项判决,维持第四项判决;一、二审诉讼费用由被上诉人信达成都办承担。

被上诉人信达成都办对装饰公司、房屋公司、娱乐公司的共同上诉主张和理由答辩称:三上诉人法人人格持续混同,具体到涉案债权,三上诉人明确构成借款人身份的混同、构成共同债务人的关系。三上诉人的上述持续与具体的混同,严重损害了债权人的合法权益。一审判决三上诉人对涉案债权承担连带清偿责任,事实清楚,证据充分,适用法律正确,应予维持。

另外,被上诉人信达成都办针对装饰公司和房屋公司的上诉主张和理由答辩称:《债务重组协议》、《最高额抵押合同》、《借款合同》、《保函》等法律文书由各方当事人盖章、签字,是各方当事人真实意思表示,并无《中华人民共和国合同法》第 52 条规定的导致合同无效的情形,已经合法成立并生效,对各方当事人具有法律约束力。一审中,三上诉人对于上述合同、承诺的效力以及已经部分履行的事实都是认可的。上诉人所谓的蜀都中行的诱骗行为是根本不存在的。一审判决认定事实清楚,证据充分,适用法律正确,应予维持。

被上诉人信达成都办针对房屋公司关于抵押权和保证责任的上诉主张和理由答辩称:第一,信达成都办的《催收公告》导致房屋公司保证债务诉讼时效期间的中断,房屋公司应当就装饰公司对被上诉人信达成都办的债务继续承担连带清偿责任。第二,装饰公司、房屋公司将"流金岁月"西餐厅"茵梦湖"城市温泉商务套房的全部设备等抵押给被上诉人的《最高额抵押合同》及其《补充合同》等是三上诉人真实意思表示,已经合法成立并生效,对三上诉人具有法律约束力;抵押已经办理了担保法要求的登记手续,被上诉人对上述设备享有抵押权。

综上所述,上诉人装饰公司、房屋公司、娱乐公司的上诉请求均缺乏事实和法律依据,应当全部予以驳回;一审判决认定事实清楚,证据确实充分,适用法律正确,应当全部予以维持。

本案二审期间,上诉人房屋公司向本院提交了《请求司法鉴定申请书》,请求对原审法院已认定的房屋公司于 2004 年 5 月 17 日和 2004 年 8 月 19 日公章签收的名为《催促尽快偿还贷款本息通知书》和《担保权利转让通知》两份文件的真实性进行司法鉴定。

### 二审裁判结果

最高人民法院依据《中华人民共和国民事诉讼法》第153条第1款第1项之规定，判决如下：

驳回上诉，维持原判。

一审案件受理费及财产保全费，按一审判决执行；二审案件受理费659220元，由上诉人四川泰来装饰工程有限公司、四川泰来房屋开发有限公司、四川泰来娱乐有限公司共同承担。

本判决为终审判决。

### 二审裁判理由

对原审查明的事实，最高人民法院予以确认。

经查，在原审中包括房屋公司在内的本案三上诉人，对催促尽快偿还贷款本息通知书》和《担保权利转让通知》的真实性均无异议。二审中，上诉人房屋公司也没有举出足以否定上述两份文件真实性的证据。因此，对上诉人房屋公司要求鉴定的申请最高人民法院不予采纳。

最高人民法院经审理认为：根据本案当事人的上诉理由和答辩的意见，涉案《债务重组协议》、《最高额抵押合同》、《借款合同》、《保函》等相关协议是否合法有效，装饰公司、房屋公司、娱乐公司是否存在人格混同以及信达成都办对动产也即设备是否享有抵押权和房屋公司应否承担保证责任是本案当事人争议的焦点问题。

1. 关于《债务重组协议》、《最高额抵押合同》、《借款合同》、《保函》等相关协议是否合法有效的问题。首先，上述有关协议的签订系当事人双方的真实意思表示，内容不违反法律法规的强制性规定，且无《中华人民共和国合同法》第52条规定的导致合同无效的情形，上述有关合同及协议合法有效，对双方当事人具有法律约束力。其次，在原审中，三上诉人对《债务重组协议》、《最高额抵押合同》、《借款合同》、《保函》等相关协议的效力以及部分履行的事实均予认可，二审中装饰公司和房屋公司亦没有举证证明上述有关协议存在无效的情形。因此，上诉人装饰公司和房屋公司认为中行蜀都支行存在诱骗行为，本案所涉《最高额抵押合同》、《补充合同》、《保函》等协议是在显失公平、被欺诈的情形下签订的，属于无效的上诉理由，因缺乏事实和法律依据，本院不予支持。

2. 关于装饰公司、房屋公司、娱乐公司是否存在人格混同的问题。根据原审查明的本案事实，装饰公司、房屋公司、娱乐公司股权关系交叉，均为关联公司，实际均为沈氏公司出资设立，沈华源作为公司的董事长，同时身兼三公司的法定代表人，其利用对三公司的控制权，将装饰公司贷款大量投入娱乐公司中国酒城项目；在未办理工商变更登记的情况下，将娱乐公司对装饰公司欠款7392万元和对房屋公司欠款1086万元转为两公司对娱乐公司的投资款，且2003年以后装饰公司对娱乐公司的投资只有2795万元，装饰公司的3597万元投资款去向不明；并将中国酒城项目的经营收益用于支付所谓泰来集团名下所有公司的房租、水电费、员工工资；将沈氏公司对房屋公司的投资用于支付中国酒城项目设计费；装饰公司、房屋公司、娱乐公司还共同为装饰公司贷款还本付息，装饰公司、房屋公司、娱乐公司均认为对"流金岁月"及"茵梦湖"项目的资产享有处分权，以并不存在的泰来集团名义向贷款人出具函件，致使贷款人也无法区分三者间的人员及财产。装饰公司、房屋公司、娱乐公司还存在同一地址办公、联系电话相同、财务管理人员在一段时期内相同的情况。上述事实表明，装饰公司、房屋公司、娱乐公司表面上是彼此独立的公司，但各公司之间已实际构成了人格混同。其行为，违背了法人制度设立的宗旨，违反了诚实信用和公平原则，损害了债权人利益。因此，原审法院判令装饰公司的债务应由娱乐公司和房屋公司承担连带清偿责任并无不当，本院予以维持。

3. 关于信达成都办对动产也即设备是否享有抵押权的问题。本案所涉《债务重组协议》和《保函》中，装饰公司、房屋公司、娱乐公司均表示用"西南名商会所"项目中"流金岁月"西餐厅和"茵梦湖"城市温泉商务套房的经营使用权、全部资产及其他相关权益作为装饰公司借款的抵押物，故在中行蜀都支行与装饰公司《借款合同》签订以前，娱乐公司已有承诺用其所属财产设立抵押的意思表示。装饰公司、房屋公司、娱乐公司的法定代表人均为沈华源，且签订《最高额抵押合同》及《补充合同》的装饰公司和房屋公司系娱乐公司全体股东，故装饰公司、房屋公司将娱乐公司所属财产进行抵押，娱乐公司应当是明知的。故在娱乐公司未作出否认意思表示的情况下，应视为同意对其所属财产进行处分。本案中，双方签订前述抵押合同后，将《补充合同》在四川省工商行政管理局予以登记。《资产评估报告书》所附设备清单为《补充合同》附件，对《补充合同》登记即是对合同附件中设备的登记，故本案的相关设备抵押履行了法定登记手续，符合《中华人民共和国担保法》第42条"以企业的设备和其他动产抵押的，为财产所在地的工商行政管理部门"的规定，信达成都办对该抵押物依法享有抵押权。因此，上诉人房屋公司认为《补充合同》登记不是对抵押物登记，被上诉人信达成都办对动产也即设备不享有抵押权的上诉理由因缺乏事实和法律依据，本院不予支持。

4. 关于房屋公司应否承担保证责任的问题。中行蜀都支行于 2004 年 5 月 17 日发出的《催促尽快履行担保责任通知书》中，房屋公司明确承诺对装饰公司借款承担连带保证责任，保证担保关系自此成立。信达成都办受让涉案债权后，中行蜀都支行于 2004 年 8 月 19 日向房屋公司又发出《担保权利转让通知》，房屋公司予以签收的行为引起保证债权诉讼时效中断。2006 年 6 月 17 日信达成都办登报发布催收公告并在催收公告的担保合同一栏中列有房屋公司，应视为对房屋公司主张了担保债权，也即保证债权诉讼时效期间于 2006 年 6 月 17 日再次中断，故 2007 年 1 月 22 日信达成都办向原审法院起诉要求房屋公司承担保证责任的诉讼时效期间未经过。因此，对于房屋公司在作出特别承诺后以债权人信达成都办行使保证请求权逾期为由否认其允诺的效力并据此要求免责的理由，本院不予支持。

综上，原审判决认定事实清楚，适用法律正确，本院予以维持。

### 97. 公司在设立过程中存在瑕疵，是否应当否定公司的独立人格而判令股东对公司债务承担连带责任？

股东滥用公司人格、利用有限责任的面纱侵犯公司及其债权人利益的实质，应对公司的法人人格予以否认，包括转移财产、逃避债务并以其财产成立新公司，或者新公司成立后抽逃资本，或者将公司财产与股东财产混同，或者股东任意干预公司的事务使公司的经营自主权名存实亡，等等。如果公司在设立过程中虽然存在某些瑕疵，但其设立过程及注册资本的变更均经过政府主管部门的批准，而不存在恶意逃债和抽逃资本的事实，则不应当否认公司的法人人格。

**典型疑难案件参考**

美国矿产金属有限公司与厦门联合发展（集团）有限公司债务纠纷上诉案（《最高人民法院公报》2005 年第 12 期，总第 110 期）

**基本案情**

1983 年 9 月 2 日，经福建省人民政府批准，厦门经济特区建设发展公司、中国银行总行信托咨询公司和五家港澳银行（香港集友银行、香港华侨商业银行、香港南洋商业银行、香港宝生银行、澳门南通信托投资有限公司）三方合资设立厦门经济特区联合发展有限公司，福建省工商行政管理局于同年10月18日核准登记，企业类型为中外合资经营企业，注册资本为2.5亿万元人民币，三方的股权比例为：厦门经济特区建设发展公司占51%，中国银行总行信托咨询公司占34%，五家港澳银行占15%。1993年5月14日，原对外贸易经济合作部（以下简称原外经贸部）以外经贸资审字〔1993〕119号批准证书批准其更名为厦门联合发展（集团）有限公司（以下简称厦门联发公司）并办理了中华人民共和国外商投资企业批准证书，同年5月22日国家工商行政管理局核准其名称变更登记。

1986年6月14日，厦门经济特区联合发展有限公司向福建省厦门市经济贸易委员会（以下简称厦门经贸委）提出成立厦门联发进出口贸易公司的申请报告，报告主要内容为："1984年10月30日业经你委厦经贸〔1984〕097号文件批准成立厦门联发进出口贸易有限公司以来，1985年出口创汇330万美元。业务开展正常。资金来源虽由联发公司拨款，但没有外资股份参加，为了澄清中外合资企业与全民所有制企业的关系，特申请成立'厦门联发进出口贸易公司'，属全民所有制性质，实行独立核算，自负盈亏……"同年6月16日，厦门经贸委以厦经贸商〔1986〕625号批复，同意成立全民所有制性质的"厦门联发进出口贸易公司"。同年6月18日，经厦门市工商行政管理局核准登记并颁发了营业执照。1992年8月10日，原外经贸部批复同意厦门联发进出口贸易公司经营省内外进出口业务。同年8月31日取得部颁的进出口企业资格证书。1993年10月12日，经原外经贸部批复同意，厦门联发进出口贸易公司更名为厦门联发（集团）进出口贸易公司（以下简称联发贸易公司）。1998年12月13日，原外经贸部以〔1998〕外经贸政审函字第1792号文撤销联发贸易公司的进出口经营权。2001年7月5日，厦门市工商行政管理局以未按规定参加年检为由向联发贸易公司公告送达行政处罚，决定对其予以吊销营业执照的行政处罚。

另查明：1992年8、9、10月间，美国矿产金属有限公司（以下简称美国矿产公司）与联发贸易公司签订了9份合同，由美国矿产公司向联发贸易公司出售2000吨铝锭和5000吨电解铜，联发贸易公司收到货物后未及时依约付清全部货款，美国矿产公司遂依据合同中的仲裁条款于1994年10月6日向中国国际经济贸易仲裁委员会申请仲裁。1995年11月6日，中国国际经济贸易仲裁委员会作出裁决，裁决联发贸易公司应于1996年1月30日前归还美国矿产公司7495343.40美元，逾期利息按年息8%计算。裁决生效后，美国矿产公司即向福建省厦门市中级人民法院申请强制执行，因被执行人经营严重亏损，无可供执行的财产，福建省厦门市中级人民法院于 1998 年 11 月 23 日裁定中止执行。

2003 年 11 月 7 日，美国矿产公司向原审法院提起诉讼，请求厦门联发公司对联发贸易公司所欠的 7495343.40 美元以及自 1992 年 2 月 1 日至实际支付日按年息 8% 计算的利息的债务承担连带责任。

### 一审裁判结果

福建省高级人民法院依照《中华人民共和国民法通则》第 36 条第 1 款、《中华人民共和国公司法》第 3 条、《中华人民共和国民事诉讼法》第 64 条第 1 款之规定，判决：驳回美国矿产公司的诉讼请求。案件受理费 320317.22 元人民币，由美国矿产公司负担。

### 一审裁判理由

福建省高级人民法院审理认为：本案主要涉及厦门联发公司作为债务承担的主体是否适格的问题，因厦门联发公司为我国境内法人，双方当事人亦无选择适用外国法，因此应适用中华人民共和国法律作为解决本案纠纷的准据法。

依照《中华人民共和国民法通则》和《中华人民共和国公司法》的有关规定，有限责任公司为企业法人，企业法人是具有民事权利能力和民事行为能力，依法独立享有民事权利，承担民事义务的组织。因此本案被告是否适格，应否为联发贸易公司所欠原告债务承担连带赔偿责任问题，取决于联发贸易公司是否具备企业法人资格。经查，1986 年 6 月 16 日，依被告申请，厦门经贸委批准成立联发贸易公司经营进出口业务，同年 6 月 18 日，经厦门市工商行政管理局核准登记为全民所有制性质、独立核算、自负盈亏的企业，并领取企业法人营业执照。此后原外经贸部于 1992 年 8 月批复同意该公司经营省内外进出口业务，并颁发进出口企业资格证书。因此，从工商企业档案材料看，联发贸易公司与原告进行国际货物贸易往来时，其已经国家有关部门核准登记，取得企业法人资格，应依法独立对外承担民事责任。至于被告作为中外合资经营企业依当时的法律法规能否申请成立全民所有制性质的进出口公司（联发贸易公司）问题，原告认为被告系合资企业性质，其不能设立全民所有制性质的进出口企业，被告对此采取欺骗的手段骗取主管部门的批文，系非法设立，人民法院应对其法人资格不予认定；被告认为其虽然登记为中外合资经营企业，但因外方投资比例不到法律规定的 25%，且以外汇投入，股东全系由中方组成，基于此，主管部门只是将其视为合资企业，享受合资企业待遇，实质上不是合资企业,因此主管部门将联发贸易公司定性为全民所有制企业是合法的,也是符合当时的国家政策的,同时企业性质不影响企业法人责任承担方式。对此,该院认为,对被告企业性质的认定及依当时的法律政策被告能否设立联发贸易公司,应由国家有关行政主管部门依当时法律政策批准核定,原告若对当时主管部门批准设立联发贸易公司的行政行为有异议,可依照行政诉讼程序另案解决。本案中,作为被告的厦门联发公司在申请设立联发贸易公司过程中,并无证据表明其存在隐瞒真实情况、欺骗主管部门的情形,也不存在注册资金不实及日后抽逃资本等可予否认其法人人格的情况,因此被告厦门联发公司在申请设立联发贸易公司的过程中并无过错,依法不应为联发贸易公司的行为承担民事责任。

综上,联发贸易公司系经主管部门核准登记的企业法人,依法应独立对外承担民事责任。厦门联发公司与联发贸易公司系两个独立的法人实体,其在设立联发贸易公司的过程中亦无过错,依法不应为联发贸易公司的债务承担连带赔偿责任。美国矿产公司的诉求无证据支持,依法应予驳回。

## 二审诉辩情况

美国矿产公司不服原审判决,向最高人民法院提起上诉称:(1)原审判决认定事实错误。①原审判决认定被上诉人在"设立联发贸易公司的过程中无过错",而事实上被上诉人在设立联发贸易公司过程中的过错十分明显。第一,依据中国三资企业法的有关规定,全民所有制企业与三资企业在企业性质、设立的主体、财产来源和性质以及设立的条件上是截然不同的,三资企业不可能作为国家或代表国家投资设立全民所有制企业,其再投资设立的全资子公司只能是三资企业性质,而作为中外合资经营企业的被上诉人竟然设立了"全民所有制性质"的联发贸易公司,显然违反了《中华人民共和国民法通则》第37条关于法人应当"依法成立"的规定。第二,被上诉人在向主管机关申请设立联发贸易公司时谎称"没有外资股份",骗取了主管机关的审核批准,属于采用欺诈手段设立企业,是严重的违法行为。第三,被上诉人违反我国有关规定、非法设立联发贸易公司经营进出口贸易侵害了我国的外贸管理制度和外资管理制度,被上诉人设立联发贸易公司的目的严重违法。第四,原外经贸部1998年专门下文,明确指出"根据我国现行的有关外资法规,厦门联发公司不能下设进出口贸易子公司",并撤销了联发贸易公司的外贸进出口业务经营权,说明厦门经贸委同意设立联发贸易公司的批文是错误的,而被上诉人实质是通过欺诈手段骗取了主管部门的批文,随后又以主管部门已批准为由来否认其自身行为的违法性和推卸应承担的责任。②原审判决认定被上诉人对联发贸易公司"不存在注册资金不实"的情形是错误的。在联发贸易公司的工商登记材料中，先后有三份材料证明联发贸易公司的注册资金到位情况，即厦门经贸委于1986年6月17日出具的《资信证明》证实联发贸易公司注册资金500万元人民币、厦门会计师事务所于1989年5月9日出具的《注册资金验证报告》证明联发贸易公司注册资本为100万元人民币且由被上诉人于1987年5月16日以流动资金拨入、厦门市财政局于1990年10月向厦门市工商行政管理局出具的便函称联发贸易公司实有资金100万元人民币。可见，联发贸易公司对其注册资金来源的表述是前后矛盾的，不能以上述三份材料为据来认定被上诉人对联发贸易公司的注册资金是到位的。如被上诉人不能出具银行原始凭证予以证实，应认定被上诉人对联发贸易公司实际上并无注册资金投入。根据最高人民法院法复〔1994〕4号文之规定，被上诉人应对本案债务承担全部责任。（2）原审判决适用法律错误。①联发贸易公司系违法设立，不具备独立法人的条件、不能独立对外承担责任。②被上诉人违法设立联发贸易公司的行为自始无效，依法应当对上诉人承担全部责任。③被上诉人基于非法目的、通过非法手段设立联发贸易公司的行为违反了中国公共利益和社会经济秩序，被上诉人设立联发贸易公司的行为自始无效，依法应对本案债务承担全部责任。（3）在上诉人申请执行仲裁裁决时，福建省厦门市中级人民法院委托厦门敬贤联合会计师事务所对联发贸易公司的货款收回情况进行了审计，该会计师事务所于2003年2月11日出具的厦贤会〔2003〕审字第01723号《专项审计报告》表明，联发贸易公司已收回涉案业务项下的绝大部分货款，但并未对已收回的货款去向作任何说明。被上诉人的董事、副总经理兼任联发贸易公司的法定代表人，从而被上诉人对联发贸易公司存在事实上的控制，而联发贸易公司已被吊销营业执照，在被上诉人不能对已收回的货款去向作出合理说明的情况下，上诉人认为收回的货款已被被上诉人非法转移。此外，上诉人现在无法得知被上诉人与联发贸易公司间是否存在财产、帐户混同的其他情形。故上诉人请求二审法院对联发贸易公司重新进行财务审计。请求：（1）撤销原审判决；（2）依法判令被上诉人向上诉人支付7495343.40美元及该款从1996年2月1日起至实际支付日止按年利率8%计算的利息；（3）由被上诉人承担一、二审诉讼费用、审计费用和其他费用。

厦门联发公司答辩称：（1）联发贸易公司的成立符合法律程序，依法应当独立对外承担民事责任。联发贸易公司成立后，其经营权及随后的更名，均由原外经贸部确认，上诉人与联发贸易公司之间发生的债权债务应由该两公司享受和承担，与其他公司无关。联发贸易公司的设立，亦不违反最高人民法院《关于企业开办的其他企业被撤销或歇业后民事责任承担问题的批复》的精神。(2) 厦门联发公司与联发贸易公司系两个独立的企业法人实体,厦门联发公司在设立联发贸易公司的过程中并无过错,依法不应为联发贸易公司的债务承担连带赔偿责任。而且,上诉人主张厦门联发公司有过错并无任何证据证明。即使原外经贸部作出撤销联发贸易公司的经营权,也未否定联发贸易公司的企业法人资格,只要公司未依法注销,企业法人资格依然存在,并不影响其民事责任的承担。因此请求:驳回上诉,维持原判。

### 二审裁判结果

最高人民法院依照《中华人民共和国民事诉讼法》第153第1款第1项之规定,判决如下:

驳回上诉,维持原判。

二审案件受理费320317.22元人民币,由美国五矿公司承担。

本判决为终审判决。

### 二审裁判理由

上诉人美国矿产公司对于原审判决查明的事实并无实质性的异议,只是对如何适用法律提出了异议。因此,本院确认原审判决查明的事实。

本院经审理认为:

1. 关于本案纠纷的法律适用问题。

本案双方当事人之间并不存在直接的法律关系,美国五矿公司是依据其与联发贸易公司之间的债权债务关系以及联发贸易公司是由厦门联发公司设立的事实对厦门联发公司提起了本案债务纠纷诉讼。根据国际私法的最密切联系原则,由于厦门联发公司是中国法人,因此本案债务纠纷应适用中华人民共和国法律进行处理。双方当事人对此无异议。

2. 关于厦门联发公司应否就联发贸易公司对美国矿产公司的债务承担连带责任问题。

美国矿产公司提起本案诉讼的债权产生于其与联发贸易公司之间的购销合同,该合同纠纷已经经过仲裁裁决。美国矿产公司与厦门联发公司之间并没有直接的合同关系(债权债务关系),美国矿产公司提起本案诉讼的主要理由是厦门联发公司违法设立了联发贸易公司。

《中华人民共和国民法通则》第36条第1款规定,法人是具有民事权利和民事行为能力,依法独立享有民事权利和承担民事义务的组织。《中华人民共和国公司法》第3条第2款规定,有限责任公司的股东以其出资额为限对公司承担责任,公司以其全部资产对公司的债务承担责任。美国矿产公司提起本案诉讼的实质是要否认联发贸易公司的公司人格。股东滥用公司人格、利用有限责任的面纱侵犯公司及其债权人利益的实质时，应对公司的法人人格予以否认，包括转移财产、逃避债务并以其财产成立新公司，或者新公司成立后抽逃资本，或者将公司财产与股东财产混同，或者股东任意干预公司的事务使公司的经营自主权名存实亡，等等。在对公司登记的管理体制上，中国主要是通过工商行政管理部门的企业登记来确定有限责任的适用范围。凡登记为法人的企业，其设立者或者投资人只对企业的债务负有限责任。从公司管理角度看，工商行政管理部门在进行企业法人登记时，无法对所有被申请设立的企业是否具备法人条件进行实质的、严格的审查。防止有限责任被滥用，仅凭形式要件是不够的，还需要具备实质要件。从本案的实际情况看，联发贸易公司的设立过程以及注册资本的变更均经过了政府主管部门的批准，美国矿产公司并没有证据证明厦门联发公司转移财产恶意逃债的事实存在，也没有证据证明厦门联发公司有抽逃资本的事实存在。况且，美国矿产公司是在联发贸易公司成立6年后与联发贸易公司进行的贸易行为。因此，否认联发贸易公司的公司人格缺乏事实依据。

关于本院法复〔1994〕4号《关于企业开办的其他企业被撤销或者歇业后民事责任承担问题的批复》的问题，该批复第1条第2项规定，企业开办的其他企业已经领取了企业法人营业执照，其实际投入的自有资金虽与注册资金不符，但达到了《中华人民共和国企业法人登记管理条例实施细则》第15条第7项或者其他有关法规规定的数额，并且具备了企业法人其他条件的，应当认定其具备法人资格，以其财产独立承担民事责任。但如果该企业被撤销或者歇业后，其财产不足以清偿债务的，开办企业应当在该企业实际投入的自有资金与注册资金差额范围内承担民事责任；第1条第3项规定，企业开办的其他企业虽然领取了企业法人营业执照，但实际没有投入自有资金，或者投入的自有资金达不到《中华人民共和国企业法人登记管理条例施行细则》第15条第7项或其他有关法规规定的数额，或者不具备企业法人的其他条件的，应当认定其不具备法人资格，其民事责任由开办该企业的企业法人承担。究其实质，只有在开办该企业的企业法人注资不足或没有注资时，开办该企业的企业法人才在注资不足的范围内承担民事责任或承担全部民事责任。而本案并不符合上述规定的情形。

关于美国矿产公司请求对联发贸易公司进行财务审计的问题。美国矿产公司依据其主观推测要求对并非本案纠纷当事人的联发贸易公司进行财务审计没有事实和法律依据，本院亦不予支持。

综上，即使联发贸易公司在设立过程中存在某些瑕疵，但美国矿产公司不能提供足够的证据否认联发贸易公司的公司人格。美国矿产公司关于厦门联发公司应对联发贸易公司的债务承担连带赔偿责任的诉讼请求缺乏事实和法律依据，本院不予支持。原审判决认定事实清楚，判决结果正确，应予维持。

> **98. 法人人格否定制度的适用应当具有什么条件？**
>
> 法人人格否定制度应当慎重适用，以防止对法人制度的破坏。在适用法人人格否定制度时，特别是要注意满足下面两个要件：（1）存在滥用法人人格的行为；（2）滥用行为和债权人损失之间的因果关系。在具体适用法人人格否定制度时，还需要注意下面几点：法人人格否定制度适用的前提是法人人格已经依法存在；法人人格的否定必须以利害相关人在司法程序中向人民法院提出请求为依据；法人人格否定的结果仅仅及于滥用公司法人人格的股东个人，而不及于未滥用公司法人人格的其他股东。

### 典型疑难案件参考

四川通信服务公司、四川金融租赁股份有限公司与中国建设银行成都市金河支行、四川金租实业有限公司融资租赁合同纠纷上诉案

**基本案情**

1998年10月5日，四川金融租赁股份有限公司（以下简称金融租赁公司）与四川省移动通信局（以下简称移动通信局）签订〔1998〕年（租）字第（17）号融资租赁合同，约定：金融租赁公司根据移动通信局的需要和委托，按照其提供的租赁物的名称、型号、规格、数量、金额和厂商等要求，购进租赁物件出租给移动通信局。

同月8日，金融租赁公司与四川金租实业有限公司（以下简称金租实业公司）签订委托代理采购协议，约定：根据金融租赁公司与东方通信股份有限公司（以下简称东方通信公司）签订的购货合同和金融租赁公司与移动通信局签订的租赁合同，金融租赁公司向东方通信公司购买价值人民币10380万元的移动通信系统设备，并将所购设备融资租赁给移动通信局。金融租赁公司自愿将设备采购事宜全权委托给金租实业公司代为办理，并由金租实业公司垫付全部购货款。金融租赁公司负责与承租人和供货厂商分别签订租赁合同和购货合同并承担相应的风险。金融租赁公司应及时向金租实业公司提供购货合同

和设备付款计划表,以便于金租实业公司筹措资金,并按时回收租金,及时归还金租实业公司垫付的货款,并将本协议项下的银行筹资利息及时划付到金租实业公司的基本结算账户,以确保金租实业公司按时支付银行贷款利息。金租实业公司应当根据金融租赁公司提供的相关合同及时向供货厂商支付货款。

1998年11月29日,金融租赁公司与金租实业公司签订设备付款协议补充协议,约定:按照双方签订的设备付款协议,金租实业公司同意接受金融租赁公司的委托,从中国人民建设银行成都市分行(1999年2月更名为中国建设银行成都市金河支行,以下统一简称为建行金河支行)办理承兑汇票,用于支付设备采购合同的第一批设备到货款。汇票金额3700万元,其中货款3605.65万元,贴息利息94.35万元。为了金租实业公司按期归还银行贴现的资金,金融租赁公司保证在承兑汇票到期日前一天归还金租实业公司支付的3606.65万元设备到货款,并支付贴息和承兑汇票手续费给金租实业公司。

同年12月3日,金租实业公司、建行金河支行、四川省邮电管理局(以下简称省邮电局)和四川邮政电信局(以下简称省邮政局)签订四份编号分别为成建行承字〔98〕第94、95、96和97号的银行承兑协议。载明:收款人为东方通信公司,出票人为金租实业公司,账号为26193046,到期日为1999年6月2日,金额分别为1000万元、1000万元、1000万元和700万元。约定:申请人于汇票到期日前将应付票据款足额交存承兑银行,交存保证金为票面金额的10%,承兑汇票到期日承兑银行凭票无条件支付票款。如到期日申请人不能足额交存票款时,承兑银行首先扣收保证金,对不足支付部分的票款转作承兑申请人逾期贷款,并按照有关规定计收罚息。省邮电局和省邮政局为该承兑汇票提供连带责任保证。四方当事人均在该协议上签字盖章。同日,省邮电局和省邮政局还向建行金河支行出具了四份相应的第三人不可撤销担保书。

同日,移动通信局和金融租赁公司签订商业承兑汇票保证金存款协议,载明:根据双方签订的融资租赁合同和金融租赁公司与东方通信公司签订的购买合同,金融租赁公司应在1998年12月8日向东方通信公司支付第一笔设备到货款,为保证合同的顺利执行,金融租赁公司向建行金河支行申请了支付设备应付款项的商业承兑汇票,承兑金额为3700万元,移动通信公司同意提供该笔承兑汇票保证金370万元。建行金河支行在金租实业公司同日出具的四张银行承兑汇票上予以承兑,保证到期日由其付款。同月18日,金融租赁公司和东方通信公司签订设备付款备忘录,约定:根据双方签订的购买合同,金融租赁公司应当向东方通信公司支付第一笔设备到货款,该笔款项按照双方约定以银行承兑汇票的方式支付。汇票总金额为3700万元,开票人为金租实业公司,收款人为东方通信公司。

1999年3月19日，金租实业公司与建行金河支行签订了一份编号为99〔20〕的借款合同，约定：金租实业公司向建行金河支行借款人民币9000万元，期限为1999年3月19至2002年3月18日，借款用途为流转资金。贷款利率按月息5.55‰计算。由省邮政局为该合同项下借款本息及费用提供担保。该笔贷款建行金河支行流动资金贷款申请审批书"申请借款理由、用途及还款来源"一栏载明：金融租赁公司与移动通信局签订了租赁合同，金融租赁公司向东方通信公司购买价值10380余万元的通信设备并融资租赁给移动通信局。金融租赁公司全权委托金租实业公司代理设备采购事宜。目前金租实业公司除自筹部分资金外，尚有较大缺口，特向建行金河支行申请流动资金贷款9000万元，用于支付货款。根据金融租赁公司与金租实业公司签订的委托代理协议，金融租赁公司把从移动通信局收取的租金专款专用，并及时划至金租实业公司用于支付贷款本息。金租实业公司保证将用营业收入和上述款项按时偿还贷款本息，并由省邮政局提供全额连带责任担保。同日，建行金河支行与省邮政局（改制后，由四川移动通信公司承接了其保证责任，2002年1月16日更名为四川通信服务公司，以下统一简称为通信公司）签订编号为99〔20〕的保证合同，约定：保证方式为连带责任保证，保证担保的范围为9000万元本息、借款人应支付的违约金（包括罚息）、赔偿金和实现贷款债权的费用，保证期间为自合同生效之日起至借款合同履行期限届满之日后两年内。保证期间保证人机构发生变更、撤销应提前30天书面通知建行金河支行，该合同项下的全部义务由变更后的机构承担或由对保证人作出撤销决定的机构承担。上述借款合同和保证合同均由双方法定代表人或负责人签字并加盖了单位公章。同日，建行金河支行将9000万元贷款划至金租实业公司26193046存款账户。同年6月2日，金租实业公司以到期划转承兑汇票票款为由从26193046账户分4笔将3700万元款项支付到建行金河支行732100应解汇款账户。

2002年3月4日，建行金河支行、四川移动通信公司（以下简称移动通信公司）、金融租赁公司和金租实业公司签订补充协议，载明：受四川省邮电管理的委托，移动通信局与金融租赁公司签订了融资租赁合同，后根据移动通信局分离划分方案及企业发展实际情况，移动通信局由通信公司继承。金租实业公司与建行金河支行签订贷款合同，并将该合同项下取得的9000万元贷款作为存款全额存入金融租赁公司，由金融租赁公司用于其与移动通信局签署的融资租赁合同项下的设备购置。移动通信公司应付金融租赁公司租金余额为1221.020179万元，建行金河支行与金租实业公司签订的贷款合同将于2002年3月18日到期。为妥善解决上述各项事宜，金融租赁公司应迅速筹集资金用于归还金租实业公司在金融租赁公司账户中的存款，保证金租实业公司能够有足够的还贷能力如期归还建行金河支行贷款，在任何情况下，金融租赁公司自愿放弃对金租实业公司拥有或可能拥有的债务抵销权。移动通信公司于2002年2月27日向金融租赁公司支付应收租金余额1221.020179万元到金融租赁公司存款账户，金融租赁公司收到该款后应立即将其中的1220万元支付给金租实业公司在建行金河支行开立的存款账户上，金租实业公司应在资金到达账户时立即将该账户中的资金全部如数支付给建行金河支行，用于归还贷款。建行金河支行应严格按照本协议约定全程监控各方支付资金的时间、流向，保证该资金最终用于归还贷款。建行金河支行确认在移动通信公司支付给金融租赁公司1221.020179万元后，金租实业公司与建行金河支行贷款合同项下的贷款余额为7780万元。同月6日、11日，金融租赁公司分两次向移动通信公司出具付款委托书，委托移动通信公司将应支付其的融资租赁合同项下的租金尾款1220万元和4.399256万元，代其支付给金租实业公司在建行金河支行的账户上，作为其向金租实业公司支付其在金融租赁公司存款中的一部分，金租实业公司存款余额相应减少。同时金租实业公司也向移动通信公司出具付款委托书，委托移动通信公司将金融租赁公司委托其代为支付给金租实业公司在金融租赁公司存款中的款项付至其在建行金河支行账户，用于归还贷款。

另查明，金租实业公司成立于1998年8月24日，企业类型为有限责任公司，注册资本为2000万元，由金融租赁公司出资1000万元、四川方正投资有限公司出资500万元、成都双流友安房地产有限责任公司出资400万元、成都武源实业有限责任公司出资100万元。1998年8月5日上述四家股东召开的股东会议纪要载明：董事会成员由曹建希等五人组成，选举曹建希为公司董事长、法定代表人，并任总经理。当时曹建希系金融租赁公司职员。

1998年10月至2000年12月期间，金租实业公司代金融租赁公司垫付设备款103570238.72元。法院依申请调查收集的金租实业公司"对账单"显示：1998年10月14日、1999年3月19日、1999年3月29日、2000年12月14日分别有10357100.81元、36056500.00元、36981967.45元、20174670.46元（总计金额为103570238.72元）转入金租实业公司账户；2001年12月31日金租实业公司在金融租赁公司开立的21201001010204账户上有8400万元被转出。对该8400万元款项划转情况，法院要求金融租赁公司举证予以说明，金融租赁公司认为其没有提交的责任和义务。

2002年3月8日、11日，通信公司分别将1220万元和53992.56元转到金租实业公司在建行金河支行开立的账户上，偿还了金租实业公司部分贷款，尚有7775万元借款本金及利息未予偿还。同年5月20日，原告建行金河支行以金租实业公司、通信公司未偿还所余借款本金 7775 万元及相应利息为由向四川省高级人民法院提起诉讼，请求判令被告金租实业公司偿还借款本金 7775 万元及利息，被告通信公司对上述债务承担连带清偿责任，并由金租实业公司和通信公司承担案件受理费。同年 8 月 2 日，通信公司向四川省高级人民法院提出追加被告申请书，以该笔款项实际借款人为金融租赁公司为由，申请追加金融租赁公司为本案共同被告。四川省高级人民法院经审查于同年 9 月 10 日依法通知金融租赁公司作为本案第三人参加诉讼。

### ▎一审裁判结果

四川省高级人民法院依照《中华人民共和国民事诉讼法》第 128 条、第 138 条，《中华人民共和国民法通则》第 90 条，《中华人民共和国合同法》第 206 条、第 207 条，《中华人民共和国担保法》第 18 条、第 31 条的规定，判决：

一、金租实业公司与金融租赁公司于判决生效之日起 15 日内，偿还建行金河支行借款本金 7775 万元及相应利息（借款合同约定期内的利息按合同约定的利息计算；逾期利息按中国人民银行同期同类贷款利率计算至债务人清偿完毕时止）；

二、通信公司对金租实业公司与金融租赁公司的上述债务承担连带清偿责任。通信公司承担保证责任后，有权向金租实业公司和金融租赁公司追偿。一审案件受理费 478512.00 元，诉讼保全费 389270.00 元，共计 867782.00 元，由金租实业公司和金融租赁有限公司承担 433891.00 元；由通信公司承担 433891.00 元。

### ▎一审裁判理由

四川省高级人民法院审理认为：1999 年 3 月 19 日建行金河支行与金租实业公司签订的借款合同系当事人双方真实意思表示，不违反法律、法规禁止性规定，应属有效。建行金河支行按照合同约定履行了自己的义务，金租实业公司未能按期偿还借款本息是酿成本案纠纷的原因之一，其应承担偿还借款本息的责任。

金租实业公司工商注册登记虽显示其为一个具有独立财产、经费和健全组织机构的企业法人，但法院调取的有关证据、证词及庭审查明的事实证明，金融租赁公司和金租实业公司是"两块牌子，一套人马"。金租实业公司在诉讼中陈述其自成立起，就没有独立的从业人员，其财务和印鉴保管等人员同时为金融租赁公司的工作人员。且公章、财务专用章、法定代表人印鉴也于 2000

年 3 月由金融租赁公司的工作人员交与通信公司保管。为此，金租实业公司在诉讼中无法向法院提交其财务状况及资金流转等证据。独立的从业人员是企业法人产生独立法人意志的基础，金租实业公司的财务、印鉴保管等工作被金融租赁公司操纵，其法人人格与金融租赁公司混同。对于通信公司与金融租赁公司之间的融资租赁关系、金租实业公司与金融租赁公司之间的委托关系、代付设备款关系、建行金河支行与金租实业公司之间的借款关系以及金租实业公司在向建行金河支行借款申请书中对借款的理由、用途、还款来源的陈述，该案各方当事人均是明知的。金融租赁公司虽承认金租实业公司代其支付设备款 103570238.72 元，但其所举金租实业公司"对账单"、"明细分类账"和"记账凭证"等证据均是其单方面提供的，又未经金租实业公司确认，不能充分证明其已全额偿还了金租实业公司代付的设备款；其提供的"租赁支取凭证"，也只能证明通信公司向其支付融资租赁设备款，亦不能证明其已全额偿还金租实业公司代付的设备款。金租实业公司"对账单"显示：2001 年 12 月 31 日金租实业公司在金融租赁公司开立的 21201001010204 账户上有 8400 万元被转出。鉴于金租实业公司无独立的从业人员，其公章、财务专用章、法定代表人印鉴也由金融租赁公司工作人员交与通信公司保管，金租实业公司已无完全控制其资金的能力，且作为金租实业公司开户行的金融租赁公司拒绝向法院提交相关证据，金融租赁公司应当承担举证不能的民事责任，故金融租赁公司对造成金租实业公司未能按期偿还借款本息负有责任，应与金租实业公司共同偿还建行金河支行借款本息。

通信公司与建行金河支行签订的保证合同依法有效。1999 年 3 月 19 日，金租实业公司向建行金河支行借款 9000 万元，建行金河支行在将该款划至金租实业公司账户时直接扣划了承兑汇票款项 3700 万元及相应利息，对"以新还旧"的事实，通信公司是明知并认可的。金租实业公司的借款申请书、移动通信公司向建行金河支行出具的银行询证函等证据表明通信公司对省邮电局、省邮政局曾为金租实业公司开具 3700 万元银行承兑汇票及借款担保责任的承接亦为明知和认可，故通信公司应对金租实业公司、金融租赁公司偿还剩余借款本息的责任承担连带清偿责任。

综上所述，金租实业公司与建行金河支行签订的借款合同、通信公司与建行金河支行签订的保证合同因主体适格、意思表示真实、且不违反有关法律、法规，为合法有效。建行金河支行按约履行了贷款义务，而金租实业公司、金融租赁公司未偿还所余借款本息，应共同承担清偿责任。通信公司未按保证合同的约定履行其担保义务，亦应承担相应责任。

### 二审诉辩情况

通信公司和金融租赁公司均不服四川省高级人民法院上述民事判决，向最高人民法院提起上诉。

金融租赁公司上诉称：金融租赁公司不是本案争议的借款合同和保证合同的当事人，与本案没有任何法律关系，原审法院将金融租赁公司列为本案第三人缺乏事实和法律依据。原审判决关于借款合同双方当事人具备主体资格和金租实业公司与金融租赁公司人格混同的认定前后矛盾。金租实业公司具备独立财产和健全的组织机构，应为独立法人。保管公章与人格混同系两个概念。建行金河支行和通信公司均能清晰识别金租实业公司，金租实业公司与金融租赁公司并未构成人格混同。金融租赁公司已全额偿还了金租实业公司代其垫付的103570238.72元设备款，一审庭审中金租实业公司除表示对其中一份证据需进一步查证外，对金融租赁公司提交的其他付款凭证并无异议。原审法院以金融租赁公司提交的付款凭证系单方制作无其他证据予以佐证为由，否定金融租赁公司偿还设备款的事实没有依据。8400万元款项的转出与本案无关，即使有关，因当时金租实业公司印章由通信公司保管，举证责任亦应由金租实业公司与通信公司分担，金融租赁公司对此无举证责任。原审法院要求金融租赁公司对此予以举证，并以举证不能为由判决金融租赁公司承担金租实业公司所借款项的偿还责任，不符合法律规定。金融租赁公司并未占用该笔款项。请求依法改判金融租赁公司不承担7775万元借款本息的偿还责任，并由金租实业公司、通信公司承担本案诉讼费用。

通信公司上诉称：建行金河支行与金租实业公司3700万元承兑汇票和9000万元流动资金贷款两笔融资行为的保证人不同，通信公司虽然为上述两笔贷款均提供了担保，但同时为3700万元承兑汇票提供担保的还有另一保证人省邮电局。建行金河支行在发放9000万元贷款时直接扣划承兑汇票项下的3700万元款项，系以新贷偿还旧贷。通信公司作为9000万元贷款的保证人对此并不知晓，故通信公司不应再承担9000万元贷款的保证责任。建行金河支行以与金租实业公司签订借款合同的方式达到向金融租赁公司发放贷款的目的，系以合法形式掩盖非法目的。借贷双方隐瞒贷款真实情况，骗取通信公司提供担保；该案借贷双方均未提供双方签订的借款合同已依法办理公证和金租实业公司申请贷款时已提供年检的证据，且办理贷款未一申请一审查，贷款期限严重超过了规定的最长期限，不符合《贷款通则》的有关规定。故建行金河支行与金租实业公司的借款合同应为无效，通信公司不应承担保证责任。建行金河支行怠于履行附随义务，发放贷款后未及时通知通信公司，使通信公司丧失了对贷款的监控，建行金河支行应当对其行为造成的通信公司损失承担责任。请求依法改判。二审庭审当事人陈述上诉请求和理由时，通信公司仅以金租实业公司"借新还旧"未经其同意为由主张免除其保证责任，未提上诉状中陈述的其他几个上诉理由。

金租实业公司针对金融租赁公司的上诉答辩称：因政策限制非银行金融机构向银行融资，金融租赁公司为开办与通信公司的融资租赁业务，解决资金来源特成立金租实业公司。金租实业公司于1998年成立后除对通信公司开办了两项租赁业务外，未进行任何其他经营活动。金租实业公司法定代表人曹建希系金融租赁公司总经理助理，金融租赁公司成立金租实业公司时指定曹建希兼任金租实业公司法定代表人。曹建希直到2001年7月才辞去金融租赁公司职务。金租实业公司从成立到其所有的经营活动，都是由金融租赁公司操纵的，自始不具有独立性。金租实业公司的董事长、财会人员等均为金融租赁公司工作人员兼任。金租实业公司办理的工商、税务、银行开户、刻章、保管文件资料和财物等，均系金融租赁公司所为。金租实业公司的工商营业执照、印章在金融租赁公司移交给通信公司前一直由金融租赁公司掌管。金租实业公司未发生过任何经费支出，其成本均计入金融租赁公司的经营费用。金融租赁公司利用其与金租实业公司法人人格混同又不为第三方所知的便利，以金租实业公司名义向建行金河支行借款，并将该笔贷款据为已有。款项到期后，金融租赁公司派员与建行金河支行协商还贷方案。金租实业公司与金融租赁公司是典型的"两块牌子，一套人马"。金融租赁公司利用其为金租实业公司开户行的便利，私自将金租实业公司账户上用于偿还建行金河支行借款的8400万元款项转移，导致金租实业公司无法偿还该笔贷款。原审法院判决金融租赁公司偿还建行金河支行该笔借款并无不当，应予维持。

通信公司针对金融租赁公司的上诉未作书面答辩，二审庭审时答辩称：金融租赁公司与通信公司签订的融资租赁合同及金融租赁公司与东方通信公司签订的设备购买合同显示，真正意义上的借款需求人是金融租赁公司，金租实业公司与融资租赁业务无关，没有借款的需要。金融租赁公司为规避非银行金融机构不能向其他银行贷款和同业拆借期限最长不能超过7天等强制性规定，委托金租实业公司代其向建行金河支行贷款。金租实业公司在借款申请中明确表示还款来源是设备租赁款，而真正收取租赁款的是金融租赁公司。金融租赁公司和金租实业公司就购买设备的借款用途和金融租赁公司实际承担还款义务的还款方式均向建行金河支行做出书面承诺，建行金河支行对此予以备案并确认。金融租赁公司不但是事实上的借款人并且实际使用了该笔借款。一审庭审中各方当事人均对该笔借款由金融租赁公司使用无异议。金融租赁公司既未按照其与金租实业公司签订的委托采购协议的约定将相关款项存入金租实业公司基本结算账户，亦未按其承诺向建行金河支行归还借款，其依法应当承担该笔款项的偿还责任。金租实业公司是由金融租赁公司专为其融资设立的公司，其没有独立的财务人员、独立的意志、独立的财产和财务账目，应当依法认定其不具备独立的法人人格。金租实业公司与金融租赁公司系"一套人马，两块牌子"，已构成人格混同，以致金租实业公司无法控制自己的财务和资金，导致金融租赁公司擅自使用金租实业公司资金给其他当事人造成巨额资金损失的后果。金融租赁公司借其对金租实业公司的控制，于2001年12月31日一次性转走金租实业公司8400万元款项，直接导致金租实业公司无法偿还建行金河支行的贷款。尽管金融租赁公司一再强调其已偿还金租实业公司代其垫付的购买设备款，但其不仅未予举证证明，而且即使之前其确实偿还了该笔款项，其划走8400万元款项的后果仍等同于未偿还该笔款项。故金融租赁公司应当承担金租实业公司该笔债务的偿还责任，请求维持原审法院关于金融租赁公司承担本案债务的判项。

建行金河支行针对通信公司的上诉答辩称：建行金河支行与金租实业公司签订借款合同的款项虽然实际用于代金融租赁公司支付设备货款，但这一行为不违反法律、法规禁止性规定，不影响借款合同的效力。即使认定本案所涉借款关系双方当事人为建行金河支行和金融租赁公司，亦未违反法律、法规禁止性规定，故本案借款合同依法有效。通信公司基于该款项所购设备由其承租的原由，为本案借款合同提供担保，且在明确载明该借款用途的《流动资金贷款申请审批书》上盖章予以确认，故其对该笔款项的用途应是明知的。通信公司据以主张借款合同无效的有关办理公证、贷款人资格及贷款申请等规定，不是认定合同无效的法律依据。且建行金河支行发放贷款时已依法履行了审查职责，故该保证合同应为有效。通信公司主张金租实业公司9000万元借款有部分款项属于"借新还旧"缺乏事实依据。金租实业公司在借款合同签订前向建行金河支行申请以承兑汇票方式支付部分货款，在建行金河支行划付9000万元贷款时，金租实业公司的3700万元承兑汇票尚未到期。根据承兑汇票的基本特征，汇票到期后，应以申请人账上的资金支付相应款项，只有申请人账户没有相应款项时，银行才以自有资金向持票人承担兑付责任，也只有银行垫付款项后，申请人与银行之间才形成债权债务关系。因此，在金租实业公司9000万元贷款到账后，建行金河支行将该借款中的部分款项转入金租实业公司开立的承兑汇票账户，用以支付设备货款，并不构成"借新还旧"。因通信公司同为3700万元承兑汇票和9000万元借款合同的保证人，且两笔款项的借款用途均为支付通信公司与金融租赁公司签订的融资租赁合同项下的设备款，即使认定金租实业公司"借新还旧"，通信公司亦应承担保证责任。故请求法院驳回通信公司的上诉请求。

### 二审裁判结果

最高人民法院依照《中华人民共和国民法通则》第4条、第5条、《中华人民共和国合同法》第5条、第6条、《中华人民共和国民事诉讼法》第153条第1款第1项、第2项、第158条、最高人民法院《关于适用〈中华人民共和国担保法〉若干问题的解释》第20条第2款、第39条第1款之规定，判决如下：

一、维持四川省高级人民法院〔2002〕川民初字第17号民事判决主文第一项；

二、变更上述民事判决主文第二项为四川通信服务公司对四川金租实业有限公司与四川金融租赁股份有限公司尚欠中国建设银行成都市金河支行借款本金7775万元中的5925万元及其相应利息承担连带偿还责任。

一审案件受理费478512元，诉讼保全费389270元，共计867782元，由四川金租实业有限公司和四川金融租赁股份有限公司负担433891元，由四川通信服务公司负担433891元。二审案件受理费478512元，由四川金融租赁股份有限公司负担239256元，四川通信服务公司负担119628元，由中国建设银行金河支行负担119628元。

### 二审裁判理由

最高人民法院对一审法院查明的事实予以确认。二审期间，金融租赁公司以保管其划转金租实业公司8400万元款项有关财务凭证的其控股股东拓普集团拒绝提供为由，请求二审法院依职权予以调取。本院委托浙江省绍兴市中级人民法院民二庭对上述证据予以调查。绍兴市中级人民法院于2003年9月18日按照金融租赁公司申请调查取证提供的地址前往浙江拓普软件有限公司进行调查，浙江拓普软件有限公司经查向绍兴市中级人民法院出具了该公司档案室无上述资料的说明。

最高人民法院经审理认为：本案所涉的借款法律关系，虽然从表面形式上看，系金租实业公司向建行金河支行借贷9000万元人民币，但从与该笔借款有关的一系列合同内容看，该笔款项的实际借款人和用款人均为金租实业公司的控股股东金融租赁公司。金融租赁公司与移动通信局签订融资租赁合同，约定由金融租赁公司按照移动通信局的需要和委托，购买租赁物件出租给移动通信局。金融租赁公司为此与东方通信公司签订了购货合同。金融租赁公司为履行上述租赁合同和购货合同，与金租实业公司签订委托代理采购协议，自愿将设备采购事宜全权委托给金租实业公司代为办理，并由金租实业公司垫付全部购货款。明确约定由金融租赁公司负责与供货厂商签订购货合同，并承担相应风险。金融租赁公司负有及时向金租实业公司提供购货合同和设备付款计划表的义务，以便金租实业公司筹措资金，并保证按时收回租金及时归还金租实业公司垫付的货款。该协议虽然名为委托代理采购协议，但从双方协议约定的权利义务看，实际上是金融租赁公司委托金租实业公司代其支付购货款的内容。该租赁物件的采购者实为金融租赁公司。金租实业公司9000万元贷款申请审批书"申请借款理由、用途及还款来源"栏内明确载明：金融租赁公司与移动通信局、东方通信公司分别签订了租赁合同和购货合同，金融租赁公司全权委托金租实业公司代理设备采购事宜，金租实业公司因资金缺口特向建行金河支行申请9000万元贷款，用于支付货款；金融租赁公司把从移动通信局收取的租金专款专用，及时用于支付贷款本息。故该笔贷款实际为金融租赁公司为履行租赁合同和购货合同所使用。

金租实业公司系由金融租赁公司控股50%成立的有限责任公司，董事长曹建希及其财会人员等均由金融租赁公司职员兼任。金租实业公司成立后，除对通信公司办理了两项租赁业务外，未进行其他经营活动。金租实业公司的公章、法定代表人印鉴等在因本案所涉有关合同的履行由金融租赁公司交付通信公司前，均由金融租赁公司负责保管。金租实业公司和金融租赁公司在人员、财产、业务上形成了混同。金融租赁公司作为非银行金融机构，为规避有关金融政策关于融资的限制，将金租实业公司作为其融资的工具，由金租实业公司代其向建行金河支行申请借款并支付购货款。根据诚实信用原则和权利不得滥用原则，金融租赁公司应当对该笔贷款承担偿还责任。且根据金融租赁公司与金租实业公司签订的委托代理采购协议中"金融租赁公司按时回收租金及时归还垫付货款"以及双方签订的设备付款补充协议中"金融租赁公司在承兑汇票到期日前一天归还金租实业公司支付的设备到货款"等约定，承担金租实业公司贷款的偿还责任应系金融租赁公司真实意思表示，也是符合公平原则的。金融租赁公司关于其与本案没有任何法律关系，原审法院将其列为本案当事人不当的上诉理由，于法无据，本院不予支持。金融租赁公司应为本案共同被告，原审法院追加其为本案第三人不当。但鉴于不影响最终实体判决，本院对此不再予以变更。因金融租赁公司对金租实业公司在财物、人员、业务和公章上的过度控制，且其为金租实业公司开立账户的非银行金融机构，故不能仅以金融租赁公司出具的有关偿还垫付款项的对账单证明其已实际偿还了金租实业公司代其垫付的103570238.72元购货款。如果金融租赁公司在1998年至2000年期间已经按照与金租实业公司签订的委托代理采购协议约定的内容偿还了金租实业公司垫付的购货款,因其与金租实业公司之间已经不存在任何法律关系,其没有必要再于2002年3月4日与建行金河支行、通信公司和金租实业公司签订补充协议约定"为解决金租实业公司贷款即将到期,由金融租赁公司迅速筹集资金用于归还金租实业公司在金融租赁公司账户中的存款,保证金租实业公司能够有足够的还贷能力如期归还建行金河支行贷款"等。故金融租赁公司关于其已经偿还了金租实业公司垫付货款的主张,本院不予采信。且金租实业公司对账单显示,2001年12月31日,金租实业公司在金融租赁公司开立的21201001010204账户上有8400万元存款被转出,因金融租赁公司为该笔存款的开户行,其对此款的划转凭证依法负有举证责任。原审法院和二审法院均要求金融租赁公司举证证明金租实业公司该笔款项的划付情况,但一审中金融租赁公司以其无举证责任为由拒绝提供有关证据,二审中金融租赁公司以保管该划款凭证的控股股东拒绝提供,其无法举证为由,请求法院予以调取。本院根据金融租赁公司提供的线索,委托浙江省绍兴市中级人民法院对此予以调查,但未能取得有关凭证。根据《中华人民共和国民事诉讼法》第64条、和最高人民法院《关于民事诉讼证据的若干规定》第2条的规定,对此举证不能的法律后果应由金融租赁公司承担。根据2002年3月4日建行金河支行、通信公司、金融租赁公司和金租实业公司签订的补充协议中关于"金融租赁公司应迅速筹集资金用于归还金租实业公司在金融租赁公司账户中的存款,保证金租实业公司能够有足够的还贷能力如期归还建行金河支行贷款"的约定,金租实业公司在金融租赁公司账户中的存款是用以保障金租实业公司偿还建行金河支行9000万元贷款的。现因金融租赁公司无法举证证明该笔款项的划转系基于金租实业公司的意志,故即使撇开其与金租实业公司人格混同的情由,金融租赁公司亦因对该笔存款流失负有过错而应承担相应的民事赔偿责任。金融租赁公司关于其不应承担偿还金租实业公司该笔贷款的上诉理由,本院不予支持。原审法院关于金融租赁公司与金租实业公司共同偿还该笔借款本息的判决,于法有据,本院予以维持。

  金租实业公司与建行金河支行虽然在9000万元借款合同中约定借款用途为流转资金,但在该笔贷款申请审批书"申请借款理由、用途及还款来源"一栏明确载明该笔款项系用于购买通信设备。金租实业公司将所借9000万元款项中的3700万元支付了其1998年12月3日与建行金河支行签订的银行承兑协议项下3700万元承兑汇票票款,构成了以新贷偿还旧贷的事实。尽管3700万元承兑汇票亦用于支付购买通信设备的款项,但金租实业公司将9000万元直接用于购买设备和用以偿还借款合同签订前已经形成的旧贷,从法律意义上看改变了借款合同约定的借款用途。根据我院《关于适用〈中华人民共和国担保法》若干问题的解释》（以下简称《担保法司法解释》）第39条第一款关于"主合同当事人双方协议以新贷偿还旧贷，除保证人知道或者应当知道的外，保证人不承担民事责任"的规定，因现无充分证据证明9000万元借款合同的保证人通信公司对以新贷偿还旧贷的事实明知或者应当知道，故应免除通信公司的有关民事责任。《担保法司法解释》第39条第2款有关新贷与旧贷系同一保证人的，保证人不免责的规定，是基于此种情况下以新贷偿还旧贷并未加大保证人的担保责任而作出的相关规定。本案通信公司虽然也同时是3700万元承兑汇票的保证人，但因上述承兑汇票同时还有另一民事主体即省邮电局提供了连带责任担保。根据我院《担保法司法解释》第20条第2款关于"连带共同保证的保证人承担保证责任后，向债务人不能追偿的部分，由各连带保证人按其内部约定的比例分担。没有约定的，平均分担"的规定，对3700万元承兑汇票项下的款项，保证人通信公司和省邮电局作为两个连带责任保证人，对债务人金租实业公司不能偿还的债务，一方代为承担偿还责任后，可向另外一个保证人追偿50%。故金租实业公司以9000万元借款中的部分款项支付承兑汇票项下的3700万元票款，增加了通信公司相应的保证责任，故应当免除通信公司旧贷金额50%即1850万元的保证责任，但不能全部免除其保证责任。通信公司关于建行金河支行发放9000万元贷款时直接扣划承兑汇票项下的3700万元款项，系以新贷偿还旧贷，其对此不知，应免除担保责任的上诉理由，有一定法律依据，本院部分予以支持。原审法院关于通信公司应当对该笔贷款本息承担连带清偿责任的判决，本院予以变更。

# 股东损害公司债权人利益责任纠纷
办案依据集成

**中华人民共和国公司法**（2005年10月27日修订）（节录）

第二十条　公司股东应当遵守法律、行政法规和公司章程，依法行使股东权利，不得滥用股东权利损害公司或者其他股东的利益；不得滥用公司法人独立地位和股东有限责任损害公司债权人的利益。

公司股东滥用股东权利给公司或者其他股东造成损失的，应当依法承担赔偿责任。

公司股东滥用公司法人独立地位和股东有限责任，逃避债务，严重损害公司债权人利益的，应当对公司债务承担连带责任。

## 十二、公司关联交易损害责任纠纷

**99. 公司的法定代表人未经股东会决议为公司股东或者实际控制人提供担保的行为是否有效？如果担保合同无效，公司应当对债权人承担什么责任？**

公司在为公司股东或者实际控制人提供担保时，必须经股东会或者股东大会决议，否则将由于违反公司法的强制性规定而致使担保合同无效。此时，导致担保合同无效的原因在于担保人对债权人提供担保的行为未经本公司股东会决议，违反了法律的强制性规定；而债权人由于无义务审查债务人与担保人之间的内部关系，因此担保合同的无效没有过错。因此，按照最高人民法院《关于适用〈中华人民共和国担保法〉若干问题的解释》第7条的规定，担保人与债务人对主合同债权人的经济损失承担连带赔偿责任；如果担保人和债权人都存在过错，则担保人承担的民事责任不超过债务人不能清偿部分的1/2。

### 典型疑难案件参考

宁波远东复合纤维有限公司诉芜湖青禾贸易有限责任公司、芜湖嘉禾食品有限公司买卖合同货款纠纷案

**基本案情**

原告宁波远东复合纤维有限公司与被告芜湖青禾贸易有限责任公司（以下简称青禾公司）存在长期的纤维业务往来，截至2005年12月31日，被告青禾公司累计欠原告货款1776523.24元。2006年1月9日，为解决原告与被告青禾公司之间的历史欠款并继续发展纤维业务，原告与被告青禾公司、被告芜湖嘉禾食品有限公司（以下简称嘉禾公司）分别签订了两被告为甲方、原告为乙方的《流动资金借款合同》（以下简称《借款合同》）及《借款担保合同》（以下简称担保合同）各一份，甲方法定代表人（或委托代理人）栏均有郑存柱签名并加盖两被告公司公章和青禾公司法定代表人私章。《借款合同》约定，合同项下的借款金额为人民币200万元；2005年12月31日前被告青禾公司欠原告的货款1776523.24元转为借款，不足部分在2006年以后纤维业务往来中在总额不突破200万元的原则下，以双方财务账面每季末核实的应付款

作为借款金额；该合同项下借款的月利率为4‰，每季算息，以被告青禾公司所欠原告的季末货款总额为依据；如纤维业务明显不足200万元业务量时，原告有权随时压缩借款额度；到2007年1月9日止，被告青禾公司应按账面应付款全额归还所欠原告的借款。《担保合同》约定被告嘉禾公司对原告依据上述借款合同发放的贷款承担连带保证责任，保证范围包括主合同项下的借款本金、利息、复利、罚息、违约金、赔偿金、实现债权的费用和所有其他应付费用。并且，两份合同均约定双方之间的争议在协商不成时由原告所在地法院管辖。

上述协议达成后，被告青禾公司归还了部分款项。截至2006年12月31日，被告青禾公司尚欠原告货款720342.24元，至今尚未偿还，被告嘉禾公司也未履行其保证义务。

另查明，嘉禾公司的股东为嘉兴纤维制品有限公司、青禾公司、芜湖华伟实业有限公司。

### 诉辩情况

原告宁波远东夏合纤维有限公司诉称：原告与被告青禾公司存在长期的纤维业务往来，截至2005年底，被告青禾公司累计欠原告货款1776523.24元。为解决欠款问题，2006年1月9日，原告与被告青禾公司、被告嘉禾公司分别签订了《借款合同》及《担保合同》。《借款合同》约定，被告青禾公司基于纤维业务向原告通融资金总额不超过200万元，2005年年底前被告青禾公司欠原告的1776523.24元货款转为借款，以后纤维业务往来中季末核实的应付款在总额不突破200万元的前提下亦作为借款金额；对于转为借款的款项，被告青禾公司需按月利率4‰按季支付利息；如纤维业务量明显不足200万元时，原告有权随时压缩借款额度；到2007年1月9日，被告青禾公司应按账面应付款全额归还欠原告的借款。《担保合同》约定被告嘉禾公司对主合同项下被告青禾公司的义务承担连带保证责任，保证范围包括主债务、利息、违约金、赔偿金、实现债权的费用等。同时，两份合同均约定双方之间的争议在协商不成时由原告所在地法院管辖。上述协议达成后，原告与被告青禾公司继续业务往来。在原告的还款要求下，被告青禾公司以现钞和货物抵款归还了部分款项，截至2006年12月31日，被告青禾公司尚欠原告货款720342.24元，应付利息52039.34元。按合同规定，被告青禾公司应在2007年1月9日前还清应付原告的所有款项，但被告青禾公司未按期还款，被告嘉禾公司也未履行保证义务。故诉请：（1）判令被告青禾公司即时支付（货款）720342.24元和利息52039.34元，被告嘉禾公司负连带清偿责任；（2）判令两被告承担原告为实现债权而支出的律师费等费用 16000 元；（3）本案的诉讼费由两被告承担。2007 年 9 月 7 日，原告将第 1 项诉讼请求变更为判令被告青禾公司即时支付（货款）720342.24 元和利息 52039.34 元，被告嘉禾公司负连带赔偿责任。

被告青禾公司未提供书面答辩意见，在本院指定的举证期限内亦未提供证据。

被告嘉禾公司辩称：（1）本案案由是货款纠纷，原告的诉讼请求是支付买卖合同产生的货款，但原告提供的基本证据是《借款合同》，将嘉禾公司列为第二被告的依据也是《借款合同》及其相关的《担保合同》，所以，上述两份合同与本案没有关联；（2）本案《借款合同》因违反我国有关非金融企业之间不得相互拆借资金的金融管理制度而无效，作为《借款合同》从合同的《担保合同》自然因主合同的无效而无效；（3）本案所涉《担保合同》的签订事前未经董事会的决定，事后也未得到董事会的同意，违反了被告嘉禾公司的章程内容，不是答辩人的企业行为，是无效的；（4）本案《担保合同》中所盖的"甲方"印章不是被告嘉禾公司的印章；（5）本案《担保合同》第 1 条第 1.4 款称"甲方（被告嘉禾公司）授权乙方（原告）从甲方在乙方开立的账户上划收"，但原告根本无权为他人开立账户，被告嘉禾公司也从未在原告处开立账户，所以，《担保合同》的这一内容反证了该合同中的甲方并非被告嘉禾公司。（6）诉讼请求的变更应在举证期限内提出。

### ▎裁判结果▎

浙江省慈溪市人民法院依照《中华人民共和国民事诉讼法》第 139 条、《中华人民共和国合同法》第 44 条第 1 款、第 60 条、第 159 条、第 161 条、第 50 条、第 52 条第 5 项、《中华人民共和国公司法》第 16 条第 1 款、《中华人民共和国担保法》第 5 条第 2 款、最高人民法院《关于适用〈中华人民共和国担保法〉若干问题的解释》第 7 条之规定，判决如下：

一、被告芜湖青禾贸易有限责任公司于本判决生效之日支付原告宁波远东复合纤维有限公司货款 720342.24 元、利息 52039.34 元，并赔偿原告为实现债权支出的律师费 16000 元。

二、被告芜湖嘉禾食品有限公司对被告芜湖青禾贸易有限责任公司应支付的上述款项承担连带赔偿责任。

一审宣判后，双方当事人均未上诉，判决已经发生法律效力。

### ▎一审裁判理由▎

浙江省慈溪市人民法院认为：本案存在两大争议焦点：（1）原告与被告

青禾公司签订的《借款合同》是不是借款合同;(2)担保合同中被告嘉禾公司的签章是否真实有效,担保合同是否因未经被告嘉禾公司董事会或股东会决议而无效。

对于第一个争议焦点,根据《中华人民共和国合同法》第196条的规定,"借款合同是借款人向贷款人借款,到期返还借款并支付利息的合同",而本案《借款合同》并非原告向被告青禾公司提供贷款的合同,而是约定将双方基于纤维业务发生的货款转为借款后进行支付的合同,这一合同主要对纤维货款的数额和支付方式进行了约定,实际上是纤维买卖合同的后续合同,而不是借款合同。2007年1月8日,双方对合同项下的欠款性质仍确认为货款,所以,该合同并不违反我国法律关于非金融企业之间不得相互拆借资金的禁止性规定。该合同的内容是双方真实意思的表示,并不违反法律规定,合法有效。故原告要求被告青禾公司即时支付货款720342.24元、利息52039.34元的诉讼请求予以支持。

对于第二个争议焦点中的签章问题,《担保合同》中的"甲方"印章确实与被告嘉禾公司在芜湖市工商局存档的印章存在形状差异,但是,前一印章上所刻的企业名称就是被告嘉禾公司的名称,并且该印章由被告嘉禾公司的法定代表人出示,并有该法定代表人的签名,据此,原告对被告嘉禾公司印章的真实性产生了合理的信赖,不负有进一步审核印章真实性的义务。无论《担保合同》中的"甲方"印章是如何产生的,在本案的《担保合同》中都应视为是被告嘉禾公司的印章。对于担保行为未经董事会决议的问题,被告嘉禾公司认为其法定代表人的担保行为因违反公司章程的规定而无效。《中华人民共和国合同法》第50条的规定:"法人或者其他组织的法定代表人、负责人超越权限订立的合同,除相对人知道或者应当知道其超越权限的以外,该代表行为有效。"本案中的原告对于被告嘉禾公司法定代表人的越权行为并不存在知道或者应当知道的过错,因此,该法定代表人的代表行为有效。但是,此处的代表行为有效是指代表人与被代表人之间的代表关系有效,并不能因此决定代表人所做行为本身的效力。因此,对于《担保合同》本身的效力尚须作进一步考察。

被告青禾公司是被告嘉禾公司的股东,《中华人民共和国公司法》第16条第1款的规定:"公司为公司股东或者实际控制人提供担保的,必须经股东会或者股东大会决议。"这一条款旨在保护公司内部中、小股东的利益不受控股股东的侵害,属于法律上的强制性规定。根据《中华人民共和国合同法》第52条第5项的规定,违反法律、行政法规的强制性规定的合同无效。由于本案中被告嘉禾公司的法定代表人签订担保合同的行为未经该公司股东会的决议，因此，本案担保合同因违反法律的强制性规定而无效。依照最高人民法院《关于适用〈中华人民共和国担保法〉若干问题的解释》第7条的规定："主合同有效而担保合同无效，债权人无过错的，担保人与债务人对主合同债权人的经济损失承担连带赔偿责任；债权人、担保人有过错的，担保人承担民事责任的部分，不应超过债务人不能清偿部分的二分之一。"导致本案保证合同无效的原因在于被告嘉禾公司法定代表人代表本公司对原告债权进行担保的行为未经本公司股东会决议，违反了法律的强制性规定；按照常理，债权人也无需审查债务人与担保人之间的内部关系，原告对担保合同的无效无过错。因此，原告远东公司要求被告嘉禾公司与被告青禾公司赔偿律师费用16000元及要求被告嘉禾公司对被告青禾公司应支付的货款及利息承担连带赔偿责任的诉讼请求符合法律规定，本院予以支持。

# 公司关联交易损害责任纠纷办案依据集成

**中华人民共和国公司法**（2005年10月27日修订）（节录）

**第二十一条** 公司的控股股东、实际控制人、董事、监事、高级管理人员不得利用其关联关系损害公司利益。

违反前款规定，给公司造成损失的，应当承担赔偿责任。

**第二百一十七条** 本法下列用语的含义：

（一）高级管理人员，是指公司的经理、副经理、财务负责人，上市公司董事会秘书和公司章程规定的其他人员。

（二）控股股东，是指其出资额占有限责任公司资本总额百分之五十以上或者其持有的股份占股份有限公司股本总额百分之五十以上的股东；出资额或者持有股份的比例虽然不足百分之五十，但依其出资额或者持有的股份所享有的表决权已足以对股东会、股东大会的决议产生重大影响的股东。

（三）实际控制人，是指虽不是公司的股东，但通过投资关系、协议或者其他安排，能够实际支配公司行为的人。

（四）关联关系，是指公司控股股东、实际控制人、董事、监事、高级管理人员与其直接或者间接控制的企业之间的关系，以及可能导致公司利益转移的其他关系。但是，国家控股的企业之间不仅因为同受国家控股而具有关联关系。

## 十三、公司合并纠纷

### 100. 公司的吸收合并与资产转让有何区别？

公司的吸收合并是指合并方依照法律规定的条件和程序，以吸收的方式合并一个或者多个其他公司，从而使被合并方公司的全部资产和负债由合并方承受，被合并公司的主体资格归于消灭。在吸收合并中，合并协议的主体应当是合并方和被合并方的股东，而在资产转让协议中，转让协议的主体是转让方与受让方，转让方出售资产并不影响其主体资格的存续。

#### 典型疑难案件参考

杭州益辉广告有限公司与杭州博虎网络技术有限公司兼并合同纠纷上诉案（浙江省杭州市中级人民法院〔2010〕浙杭商终字第103号）

##### 基本案情

2008年12月，原告杭州博虎网络技术有限公司（以下简称博虎公司）、被告杭州益辉广告有限公司（以下简称益辉公司）经过充分论证、反复会商，订立公司兼并协议书一份，协议约定：鉴于博虎公司目前资产与债务基本等价的实际情况，益辉公司以现金并购的方式兼并博虎公司，益辉公司支付博虎公司对价费用56万元，付款方式为：协议订立之日支付20万元、2009年4月1日支付16万元、2009年6月1日支付10万元、2009年9月1日支付10万元；益辉公司兼并博虎公司后，企业原所有债务由博虎公司承担，债权由益辉公司承担。博虎公司所有的变更、过户等相关手续，在益辉公司付清2009年6月1日这笔款后一次性办理；如一方违约需向对方支付违约金12万元。2008年12月6日，博虎公司向益辉公司办理了财产交接手续。益辉公司已支付兼并款28万元。另查，博虎公司系自然人独资企业。

##### 一审裁判结果

杭州市萧山区人民法院根据《中华人民共和国合同法》第54条、第58条、第107条、第114条之规定，于2009年11月19日作出判决：

一、益辉公司在判决生效之日起10日内支付博虎公司兼并款28万元；

二、益辉公司在判决生效之日起10日内支付博虎公司违约金6万元；

三、驳回博虎公司的其余诉讼请求；

四、驳回益辉公司的反诉诉讼请求。

如未按判决指定的期间履行给付金钱义务，应当依照《中华人民共和国民事诉讼法》第229条之规定，加倍支付迟延履行期间的债务利息。

本诉案件受理费7300元，博虎公司负担900元，益辉公司负担6400元；反诉案件受理费2800元，由益辉公司负担。

### 一审裁判理由

杭州市萧山区人民法院审理认为：博虎公司、益辉公司签订兼并协议时经过充分论证、反复会商，属双方真实意思的表示，博虎公司系自然人独资企业，故协议主体、内容并没有违反法律的强制性规定，兼并协议应认定为有效。益辉公司未按约履行，应承担违约责任。博虎公司要求益辉公司支付到期的兼并款，符合法律规定，原审法院予以支持。因益辉公司已支付了一半兼并款，故博虎公司主张的约定违约金应酌情予以减少。鉴于兼并时博虎公司的资产与债务基本等价及益辉公司对博虎公司的资产及债权债务应有充分了解的实际情况，益辉公司主张博虎公司在订立兼并协议时存在欺诈情形的依据不足，要求撤销兼并协议的理由不成立，故其反诉请求，不予支持。

### 二审诉辩情况

上诉人益辉公司不服原审法院上述民事判决，向杭州市中级人民法院提起上诉称：（1）基本案件事实。2008年12月，益辉公司与博虎公司签订了公司兼并协议书一份，对双方之间的权利义务等作了约定。2008年12月6日，博虎公司向益辉公司办理财产交接手续，但对于博虎公司2008年12月资产负债表中记载的其他应收款85万元的债权凭证未予移交。益辉公司至今已支付兼并款28万元整。（2）主要上诉理由：①原审法院认为：双方签订兼并协议时经过充分论证、反复会商属双方真实意思表示，博虎公司系自然人独资企业，故兼并协议主体、内容并没有违反法律的强制性规定，兼并协议应认定为有效，属认定事实错误。我国公司法中只有公司合并而没有公司"兼并"的规定，"兼并"是否为法律概念，一直存有争议。本案的事实是一人有限公司与有限责任公司之间的"兼并"，即公司之间的并购，从协议内容判断，应当属于公司法规定的"吸收合并"。协议书第2条明确规定：鉴于博虎公司目前资产与债务基本等价的实际情况，益辉公司将以现金并购的方式"兼并"博虎公司。而原审法院恰恰忽视了公司"兼并"的法律特征。本案的"兼并"本质是一种股份转让的"吸收合并"，其法律后果必然是益辉公司取得公司的全部资产并承担公司的全部债务,但是协议书第3条规定:益辉公司"兼并"博虎公司后,原博虎公司的债务由其自行承担,债权由益辉公司享有,相关告知义务按《中华人民共和国公司法》第184条规定执行。上述约定显然违反了《中华人民共和国公司法》第175条"公司合并时,合并各方的债权、债务,应当由合并后存续的公司或者新设的公司承继"的强制性规定,故应当认定为无效,至少应当撤销该协议书。②原审判决没有对博虎公司是否为本案适格诉讼主体作出审查,直接判令博虎公司有权向益辉公司主张支付兼并款项的权利,属认定事实错误。本案之所谓"兼并"在法律上就是股权转让的公司吸收合并行为,这一行为的权利义务主体应当是双方公司的所有权人即股东,而非公司。因此,关于公司兼并协议书履行纠纷的诉讼主体显然应当是原公司的股东而非公司本身。公司被"兼并"后,"兼并"人成为被"兼并"人的所有权人和实际控制人,取得了公司的全部权利并承担了公司的全部义务,作为"兼并"人的益辉公司拥有对博虎公司的全部权利,因此,不存在再对博虎公司负有支付款项的义务。况且,在益辉公司拥有并完全控制博虎公司的情形下,博虎公司是如何对益辉公司提起本案的诉讼?根据一审庭审调查可以断定博虎公司递交的起诉状上加盖的印章要么是博虎公司的股东私刻,要么是在移交之前预留了加盖印章的空白纸张,否则难以认定博虎公司曾向益辉公司移交印章的事实。③原审判决认为:益辉公司未按约履行,应承担违约责任。博虎公司要求益辉公司支付到期的"兼并"款,符合法律规定,故予以支持,属适用法律错误。协议书第5条规定:本协议签订后,双方凭该协议办理博虎公司资产的变更登记、过户等接收手续,相关费用、税收由益辉公司承担。但是,博虎公司至今未向益辉公司移交2008年12月资产负债表记载的其他应收款85万元的真实有效的债权凭证,致使益辉公司无法行使该债权,益辉公司不向其履行后续分期付款的义务是行使不安抗辩权的合法行为,不存在违约,博虎公司在未履行移交全部资产的情况下,无权要求益辉公司支付后续"兼并"款项。④原审判决认为:鉴于兼并时博虎公司的资产与债务基本等价及益辉公司对博虎公司的资产及债权债务应有充分了解的实际情况,益辉公司主张博虎公司在订立协议时存在欺诈情形的依据不足,要求撤销兼并协议的理由不成立,故对其反诉请求不予支持,属适用法律错误。公司"兼并"时,"兼并"人对于被"兼并"人的资产与债务的充分了解的前提是被"兼并"人提供完整、准确、真实的资产与债务的资料与凭证,本案博虎公司向益辉公司提供的资产负债表上记载的其他应收款85万元,在庭审中博虎公司自认是虚假的,是博虎公司对于其股东抽逃注册资本的虚假财务处理,从博虎公司移交的财务凭证中并无原始债权凭证存在,博虎公司交给益辉公司的所谓债权凭证是一份借款合同，而该合同在庭审时经过调查取证已被证实上面的签字为虚假，合同本身也是虚假至少是无效的。如此重大的资产信息造假，益辉公司在"兼并"时根本无法了解。综上所述，原审判决认定事实不清，适用法律错误，请求二审法院在查明事实的基础上，依法撤销原审判决，驳回博虎公司的一审诉讼请求，支持益辉公司的反诉请求；二审案件受理费由博虎公司承担。

被上诉人博虎公司答辩称：益辉公司的上诉理由不能成立。本案是商事法律关系，关键是双方是否依据原有协议履行了相关交接事项。双方之间签订的协议并未违反公司法的相关规定，应当尊重双方当事人的意思自治。益辉公司与博虎公司的协议约定由博虎公司承担债务，由此可以看出双方的本意并不是公司合并，而仅仅属于一种资产购买的协议。原审判决认定事实清楚，适用法律正确。益辉公司的上诉理由不符合法律规定，也没有事实依据。关于印章与代理资格的问题，博虎公司一审期间已经提交了相关代理资质的说明。合同签订后，博虎公司按约履行了义务，因益辉公司未履行义务，故博虎公司为提起本案诉讼而注销了原公司的公章，并另行刻制了公司印章。综上所述，请求二审法院依法维持原判。

### 二审裁判结果

杭州市中级人民法院依照《中华人民共和国民事诉讼法》第108条第1项、第158条之规定，裁定如下：

一、撤销杭州市萧山区人民法院〔2009〕杭萧商初字第3876号民事判决。

二、驳回杭州博虎网络技术有限公司的起诉。

三、驳回杭州益辉广告有限公司的反诉。

一审本诉案件受理费7300元，退还给杭州博虎网络技术有限公司；反诉案件受理费2800元，退还给杭州益辉广告有限公司；二审案件受理费10100元，退还给杭州益辉广告有限公司。

本裁定为终审裁定。

### 二审裁判理由

杭州市中级人民法院审理查明的事实除与一审法院查明的事实一致外，另查明，公司兼并协议第6条约定："……益辉公司、博虎公司持该协议到工商部门办理博虎公司注销登记和益辉公司变更登记手续……"上述协议签订后，双方办理了财产交接手续，博虎公司同时向益辉公司交付了企业法人营业执照及公司印章、合同专用章、发票专用章、财务专用章等。又查明，协议签订后益辉公司与博虎公司法定代表人王海钢签订了劳动合同，聘请王海钢为益辉公司员工。

杭州市中级人民法院认为：博虎公司与益辉公司在公司兼并协议签订之后办理了财产交接手续，博虎公司亦将企业法人营业执照及公司印章等交付给益辉公司使用，此后，益辉公司还曾聘请博虎公司的法定代表人为其公司员工。根据以上事实以及涉案协议的实际履行情况，可以认定博虎公司已经由益辉公司经营、管理。鉴于涉案协议已实际履行、益辉公司也直接向博虎公司的法定代表人王海钢支付了部分合同对价，以及博虎公司系自然人独资企业的事实，同时结合协议第6条协议生效后双方当事人可以办理博虎公司的注销登记手续的约定，本院认为，益辉公司因履行公司兼并协议尚应支付的对价应由博虎公司的自然人股东享有，即应由王海钢行使权利，而博虎公司因已由益辉公司掌控，其公司债权根据协议约定也由益辉公司享有，因此，就本案诉讼而言，博虎公司的主体资格不适格。同样，益辉公司基于同一法律事实向博虎公司提起的反诉请求亦因博虎公司的主体资格不适格而不成立。益辉公司的部分上诉理由成立，本院予以支持。原审法院认定事实基本清楚，但适用法律不当，应予纠正。

## 公司合并纠纷办案依据集成

**1. 中华人民共和国公司法**（2005年10月27日修订）（节录）

第一百七十四条 公司合并，应当由合并各方签订合并协议，并编制资产负债表及财产清单。公司应当自作出合并决议之日起十日内通知债权人，并于三十日内在报纸上公告。债权人自接到通知书之日起三十日内，未接到通知书的自公告之日起四十五日内，可以要求公司清偿债务或者提供相应的担保。

第一百七十五条 公司合并时，合并各方的债权、债务，应当由合并后存续的公司或者新设的公司承继。

**2. 最高人民法院关于审理与企业改制相关的民事纠纷案件若干问题的规定**（2003年1月3日 法释〔2003〕1号）（节录）

第三十一条 企业吸收合并后，被兼并企业的债务应当由兼并方承担。

第三十二条 企业进行吸收合并时，参照公司法的有关规定，公告通知了债权人。企业吸收合并后，债权人就被兼并企业原资产管理人（出资人）隐瞒或者遗漏的企业债务起诉兼并方的，如债权人在公告期内申报过该笔债权，兼并方在承担民事责任后，可再行向被兼并企业原资产管理人（出资人）追偿。如债权人在公告期内未申报过该笔债权，则兼并方不承担民事责任。人民法院可告知债权人另行起诉被兼并企业原资产管理人（出资人）。

第三十三条 企业新设合并后，被兼并企业的债务由新设合并后的企业法人承担。

第三十四条 企业吸收合并或新设合并后，被兼并企业应当办理而未办理工商注销登记，债权人起诉被兼并企业的，人民法院应当根据企业兼并后的具体情况，告知债权人追加责任主体，并判令责任主体承担民事责任。

## 十四、公司增资纠纷

**101. 公司股东大会在部分股东反对的情况下,以多数决的方式通过由第三人认购公司新增股本的决议是否有效?**

在部分股东表示反对的情况下,公司股东大会以资本多数决的方式通过由第三人认购公司新增股本的决议,如果侵犯了该部分股东的优先认股权,则决议中涉及与该部分优先认股权相对应的新增股本内容无效;由于其他股东放弃其优先认股权,因此决议的其他内容有效。

**102. 股东行使优先认股权的合理期限应当如何确定?**

股东优先认缴公司新增资本的权利属形成权,虽然现行法律没有明确规定该项权利的行使期限,但为维护交易安全和稳定经济秩序,该权利应当在一定合理期间内行使,并且由于这一权利的行使属于典型的商事行为,对于合理期间的认定应当比通常的民事行为更加严格。

### 典型疑难案件参考

绵阳市红日实业有限公司、蒋洋诉绵阳高新区科创实业有限公司股东会决议效力及公司增资纠纷案(《最高人民法院公报》2011年第3期,总第173期)

**基本案情**

绵阳高新区科创实业有限公司(以下简称科创公司)于2001年7月成立。在2003年12月科创公司增资扩股前,公司的注册资金475.37万元。其中蒋洋出资额67.6万元,出资比例14.22%,为公司最大股东;绵阳市红日实业有限公司(以下简称红日公司)出资额27.6万元,出资比例为5.81%。科创公司第一届董事长由蒋洋担任。2003年3月31日,科创公司作为甲方,林大业、陈木高作为乙方,绵阳高新技术产业开发区管理委员会(以下简称高新区管委会)作为丙方,签订了合作开发建设绵阳锦江城市花园的合作协议书（石桥铺项目）。2003年7月2日，全体股东大会通过选举李红为公司董事长，任期两年的决议。此后蒋洋在科创公司的身份为董事。2003年12月5日，科创公司发出召开股东代表大会的通知，该通知主要记载了开会时间、开会地点、参会人员、列席人员及议题。开会时间定于2003年12月16日下午4:00，议题是：（1）关于吸纳陈木高为新股东的问题；（2）关于公司内部股权转让问题；（3）新科创公司的新股东代表、监事、会计提名等。2003年12月16日下午，蒋洋、红日公司的委托代表常毅出席了股东会。该次股东代表会表决票反映，蒋洋对上述三项议题的第2项投了赞成票，对第1项和第3项投了反对票；红日公司的委托代表常毅对第2项和新会计的提名投了赞成票，其余内容投了反对票，并在意见栏中注明："应当按照公司法第39条第二款规定先就增加资本拿出具体框架方案，按公司原股东所占比重、所增资本所占增资扩股后所占比重先进行讨论通过，再决定将来出资，要考虑原股东享有公司法规定的投资（出资）权利。"该次股东会担任记录的梁周平整理了会议纪要，除蒋洋、红日公司和投弃权票的4名股东未在会议纪要上签名外，其余股东在会议纪要上签名。该纪要中记载：应到股东代表23人，实到22人，以记名方式投票表决形成决议；讨论了陈木高的入股协议，同意吸纳陈木高为新股东（经表决75.49%同意，20.03%反对，4.48%弃权）；同意科创公司内部股份转让（经表决100%同意）。纪要还记载了与陈木高合作方式的6点建议和关于新科创公司的新股东代表、监事、会计提名的表决情况及有股东代表建议应由大股东作为公司董事的意见等。此后蒋洋在科创公司的身份为监事。

2003年12月18日，科创公司为甲方，陈木高为乙方签订了《入股协议书》，该协议主要记载：乙方同意甲方股东大会讨论通过的增资扩股方案，即同意甲方在原股本475.37万股的基础上，将总股本扩大至1090.75万股，由此，甲方原股东所持股本475.37万股占总股本1090.75万股的43.6%；乙方出资800万元人民币以每股1.3元认购615.38万股，占总股本1090.75万股的56.4%；科创公司的注册资金相应变更为1090.75万元，超出注册资本的184.62万元列为资本公积金；该项资本公积金不用于弥补上一年的经营亏损，今后如用于向股东转增股本时，乙方所拥有的股份不享有该权利；本协议签字7天内，乙方应将800万元人民币汇入甲方指定账号，款到7个工作日之内，甲方负责开始办理股东、董事及法定代表人和公司章程等变更的工商登记手续，税务等其他有关部门的变更登记手续于一个月办妥；双方同意乙方投资的800万元人民币专项用于支付甲方通过政府挂牌出让程序已购得的绵阳高新区石桥铺376.65亩住宅用地的部分地价款；乙方入股后预计先期投入3000万元人民币开发绵阳高新区石桥铺376.65亩住宅用地项目；甲乙双方与高新区管委会于 2003 年 3 月 31 日签订的合作协议书继续有效，与本协议具有同等法律效力；本协议一式四份，甲、乙双方各执两份，经双方签字且 800 万元人民币到账后生效，该协议还就董事会组成、抵押担保、财务管理、利润分配和盈亏分担等内容作了约定。2003 年 12 月 22 日，陈木高将 800 万元股金汇入科创公司的指定账户。

2003 年 12 月 22 日，红日公司向科创公司递交了《关于要求作为科创公司增资扩股增资认缴人的报告》，该报告的主要内容为：主张蒋洋和红日公司享有优先认缴出资的权利，愿意在增资扩股方案的同等条件下，由红日公司与蒋洋共同或由其中一家向科创公司认缴新增资本 800 万元人民币的出资。2003 年 12 月 25 日，工商部门签发的科创公司的企业法人营业执照上记载：法定代表人陈木高；注册资本壹仟零玖拾万柒仟伍佰元；营业期限自 2003 年 12 月 25 日至 2007 年 12 月 24 日。2003 年 12 月 25 日科创公司变更后的章程记载：陈木高出资额 615.38 万元，出资比例 56.42%，蒋洋出资额 67.6 万元，出资比例 6.20%，红日公司出资额 27.6 万元，出资比例 2.53%。2003 年 12 月 26 日，红日公司向绵阳高新区工商局递交了《请就绵阳高新区科创实业有限公司新增资本、增加新股东作不予变更登记的报告》。此后，陈木高以科创公司董事长的身份对公司进行经营管理。2005 年 3 月 30 日，科创公司向工商部门申请办理公司变更登记，提交了关于章程修正案登记备案的报告、公司章程修正案、股份转让协议书、陈木高出具的将 614.38 万股股份转让给福建省固生投资有限公司（以下简称固生公司）的股份增减变更证明、收据等材料。章程修正案中记载的股东名称、出资额、出资比例是：固生公司出资额 615.38 万元、出资比例 56.42%；陈木高出资额 116.24 万元，出资比例 10.66%；蒋洋出资额 67.6 万元，出资比例 6.20%；红日公司出资额 27.6 万元，出资比例 2.53%。

2005 年 12 月 12 日，蒋洋和红日公司向四川省绵阳市中级人民法院提起诉讼，请求确认科创公司 2003 年 12 月 16 日股东会通过的吸纳陈木高为新股东的决议无效，确认科创公司和陈木高 2003 年 12 月 18 日签订的《入股协议书》无效，确认其对 800 万元新增资本的优先认购权，科创公司承担其相应损失。

▶ 一审裁判结果

四川省绵阳市中级人民法院以〔2006〕绵民初字第 2 号民事判决书判决：驳回红日公司、蒋洋的诉讼请求。第一审案件受理费 50010 元，其他诉讼费 25005 元，合计 75015 元，由红日公司和蒋洋共同负担。

### 一审裁判理由

四川省绵阳市中级人民法院一审认为：关于科创公司2003年12月16日股东会通过的吸纳陈木高为新股东的决议的效力问题，红日公司和蒋洋主张无效的理由是，科创公司只提前11日通知各股东召开股东会，违反了《中华人民共和国公司法》（1999年修订，以下简称1999年《公司法》）第44条第1款"召开股东会议，应当于会议召开十五日以前通知全体股东"的规定，且在增资扩股的问题上通知书也不明确。从本案查明的事实反映，蒋洋在本案中具有多重身份，既是原告红日公司的法定代表人，又在2003年7月2日以前是科创公司的最大股东和董事长，此后至12月16日期间，是科创公司的最大股东和董事。蒋洋在任科创公司董事长期间，科创公司签订了与陈木高等就石桥铺项目进行合作的合作协议，而且参加了2003年12月16日的股东会并对会议议题行使了表决权，对其中"吸纳陈木高先生为新股东"的议题投了反对票。根据1999年《公司法》第39条第2款关于"股东会对公司增加或者减少注册资本、分立、合并、解散或者变更公司形式作出决议，必须经代表三分之二以上表决权的股东通过"的规定，股东会决议的效力不取决于股东会议通知的时间及内容，而决定于股东认可并是否达到公司法的要求。查明的事实反映，2003年12月16日"吸纳陈木高先生为新股东"的决议中涉及科创公司增资扩股800万元和该800万元增资由陈木高认缴的内容已在股东会上经科创公司75.49%表决权的股东通过。因此"吸纳陈木高先生为新股东"的决议符合上述规定，该决议有效。红日公司和蒋洋以通知的时间不符合法律规定，内容讨论不符合议事程序主张"吸纳陈木高先生为新股东"决议无效的理由不成立。

关于科创公司与陈木高于2003年12月18日签订的《入股协议书》的效力问题。红日公司和蒋洋主张该协议是科创公司与陈木高恶意串通损害其股东利益而签订的，但根据一审法院查明的事实，其并未提供证据证明该事实存在。庭审中红日公司和蒋洋提出科创公司于2005年12月25日在工商局办理的科创公司变更登记不真实的主张，这涉及工商部门的具体行政行为是否合法的问题，是另一层法律关系，不属本案审理范围。经审查，该《入股协议书》的主体适格，意思表示真实，不违反法律或者社会公共利益，应为有效协议。故红日公司和蒋洋关于《入股协议书》无效的主张不成立。

关于红日公司和蒋洋能否优先认缴科创公司2003年12月16日股东会通过新增的800万元资本，并由科创公司承担相应损失的问题。按照1999年《公司法》第33条关于"股东按照出资比例分红。公司新增资本时，股东可以优先认缴出资"的规定，蒋洋、红日公司作为科创公司的股东，对公司新增资本享有优先认缴权利。但1999年《公司法》对股东优先认缴权的期间未作规定。2006年5月9日起施行的最高人民法院《关于适用〈中华人民共和国公司法〉若干问题的规定（一）》第2条规定："因公司法实施前有关民事行为或者事件发生纠纷起诉到人民法院的，如当时的法律法规和司法解释没有明确规定时，可以参照适用公司法的有关规定。"2005年修订后的《中华人民共和国公司法》（以下简称新《公司法》）也未对股东优先认缴权行使期间作规定，但新《公司法》第75条第1款规定"有下列情形之一的，对股东会该项决议投反对票的股东可以请求公司按照合理的价格收购其股权"、第2款规定"自股东会会议决议通过之日起六十日内，股东与公司不能达成收购协议的，股东可以自股东会会议决议通过之日起九十日内向人民法院提起诉讼"。该条虽然针对的是异议股东的股权回购请求权，但按照民法精神从对等的关系即公司向股东回购股份与股东向公司优先认缴出资看，后者也应当有一个合理的行使期间，以保障交易的安全和公平。从本案查明的事实看，红日公司和蒋洋在2003年12月22日就向科创公司主张优先认缴新增资本800万元，于2005年12月12日才提起诉讼，这期间，陈木高又将占出资比例56.42%股份转让给固生公司，其个人又陆续与其他股东签订了股权转让协议，全部办理了变更登记，从2003年12月25日起至今担任了科创公司董事长，科创公司的石桥铺项目前景也已明朗。因此，红日公司和蒋洋在2005年12月12日才提起诉讼不合理。2003年12月16日的股东会决议、《入股协议书》合法有效，红日公司和蒋洋主张优先认缴权的合理期间已过，故其请求对800万元资本优先认缴权并赔偿其损失的请求，法院不予支持。

综上所述，2003年12月16日股东会决议和《入股协议书》合法有效。红日公司和蒋洋在2003年12月22日向科创公司主张优先权时，上述两协议已经生效并已在履行过程中，但红日公司和蒋洋没有及时采取进一步的法律措施实现其优先权。本案起诉前，围绕科创公司和公司股权又发生了一系列新的民事、行政关系，形成了一系列新的交易关系，为保障交易安全，红日公司和蒋洋在本案中的主张不能成立。

### 二审诉辩情况

红日公司和蒋洋不服一审判决，向四川省高级人民法院提起上诉称：科创公司只提前11天通知召开股东会违反了1999年《公司法》规定提前15天通知的强制性法定义务，且通知内容没有公司增资扩股的具体方案和《入股协议书》草案，股东会中突袭表决，议事程序违法。股东会上红日公司和蒋洋投了反对票，提出同意增资 800 万元，但不放弃优先出资权。股东会决议中公司增资 800 万元有效，但吸纳陈木高为新股东的决议和《入股协议书》因侵犯其优先认缴出资权而无效。公司法对股东行使优先认缴出资权的诉讼时效没有规定，应适用《中华人民共和国民法通则》规定的两年诉讼时效。红日公司和蒋洋知道权利被侵害的时间是 2003 年 12 月 22 日，诉讼时效从此时起算直至 2005 年 12 月 22 日才届满，本案于 2005 年 12 月 12 日提起诉讼，未超过诉讼时效期间。一审判决参照适用新《公司法》对公司回购股东股份所规定的 90 日，是适用法律错误。陈木高是固生公司法定代表人，固生公司取得股份并非善意，其股东身份也不合法，因此不存在保护交易安全的问题。请求二审法院撤销原判，依法改判。

被上诉人科创公司、固生公司和陈木高答辩称：虽然科创公司召开股东会通知程序不符合公司法关于要提前 15 天通知的规定，但该条款是任意性规范，且公司股东均准时参加，不影响决议效力。科创公司所提"吸纳陈木高先生为新股东"的含义是定向增资扩股，该议题已经 2/3 表决权的股东表决通过，陈木高尽到了合理的注意义务，根据 1999 年《公司法》第 39 条的规定，该议题的决议合法有效。公司增资扩股，由公司与新股东签订入股协议，法律并无禁止性规定，并且代表了公司绝大多数股东的意志，未违反 1999 年《公司法》第 33 条的规定。红日公司和蒋洋提出优先认缴时，《入股协议书》已经成立并在履行过程中，应为有效。科创公司是因公司面临土地价款无法缴纳，土地将被政府收回的困境而吸收陈木高入股，陈木高出资 800 万元，以 1.3 元溢价购股，且承诺成为新股东后不得再以股东身份分享科创公司在合作协议项目中应分得的 35% 的盈利，该决议使公司利益最大化，保证了原股东利益。以后陈木高将股份以赠与和转让方式转给固生公司，陈木高和固生公司均是善意第三人。而红日公司和蒋洋在长达两年时间内多次参加陈木高主持的董事会和股东会，没有就优先出资权进一步采取法律措施，却在公司稍有起色的情况下提起诉讼，缺乏合理性和正当性。请求驳回上诉，维持原判。

### 二审裁判结果

四川省高级人民法院依照《中华人民共和国民事诉讼法》第 153 条第 1 款第 3 项、《中华人民共和国公司法》（1999 年修订）第 33 条、第 38 条第 1 款第 8 项、第 39 条第 2 款、《中华人民共和国民法通则》第 58 条第 1 款第 4 项、第 5 项、第 61 条、第 135 条的规定，经二审法院审判委员会讨论决定，判决如下：

一、撤销四川省绵阳市中级人民法院〔2006〕绵民初字第 2 号民事判决；

二、绵阳高新区科创实业有限公司于2003年12月16日作出的股东会决议中关于吸收陈木高为股东的内容无效；

三、绵阳高新区科创实业有限公司于2003年12月18日与陈木高签订的《入股协议书》无效；

四、蒋洋和绵阳市红日实业有限公司享有以800万元购买绵阳高新区科创实业有限公司2003年12月16日股东会决定新增的615.38万股股份的优先权；

五、蒋洋和绵阳市红日实业有限公司于本判决生效之日起15日内将800万元购股款支付给绵阳高新区科创实业有限公司；

六、在蒋洋和绵阳市红日实业有限公司履行上述第五项判决后15日内，由福建省固生投资有限公司向绵阳高新区科创实业有限公司返还其所持有的该司615.38万股股权，并同时由绵阳高新区科创实业有限公司根据蒋洋和绵阳市红日实业有限公司的认购意愿和支付款项情况将该部分股权登记于蒋洋和绵阳市红日实业有限公司名下；

七、在福建省固生投资有限公司履行上述第六项判决后3日内，由绵阳高新区科创实业有限公司向陈木高返还800万元及利息（从2003年12月23日至付清之日止按中国人民银行流动资金同期贷款利率计算）；

八、驳回蒋洋和绵阳市红日实业有限公司的其他诉讼请求。

第一审案件受理费75015元，第二审案件受理费75015元，保全费5000元，均由绵阳高新区科创实业有限公司负担。

### 二审裁判理由

四川省高级人民法院对一审法院认定的事实予以确认，并补充认定以下事实：2001年7月，科创公司成立，注册资本156万元，股东20人，均为自然人，蒋洋出资52万元，出资比例为33.33%，担任董事长。2003年1月20日，科创公司通过挂牌出让方式取得绵阳高新区石桥铺国际招商区325亩住宅项目用地，但没有支付土地出让金，没有取得土地使用权证。2003年3月31日，科创公司与林大业、陈木高、高新区管委会签订石桥铺项目合作协议书，约定由科创公司负责支付地价款，由陈木高负责项目开发资金及建设。2003年9月，科创公司董事长变更为李红，新增注册资本319.37万元，注册资本变更为475.37万元，变更后股东为23位，增加了自然人股东二人和法人股东红日公司。蒋洋出资从52万元变更为67.6万元，出资比例变为14.22%，红日公司新出资27.6万元，出资比例为5.81%。科创公司的章程规定：公司新增资本时，股东有优先认缴出资的权利；公司召开股东大会，于会议召开15日以前通知全体股东，通知以书面形式发送，并载明会议时间、地点、内容；

股东大会对公司增加减少注册资本作出决议。2003年12月16日,科创公司召开股东会,讨论了陈木高入股的《入股协议书》,通过了吸纳陈木高为新股东的提案,蒋洋和红日公司投反对票。同月18日,科创公司和陈木高签订《入股协议书》,约定由陈木高出资800万元,以每股1.3元认购615.38万股。同月22日,陈木高以付地款名义向科创公司账户汇入购股款800万元,红日公司要求优先认缴新增资本。同月25日,科创公司变更法定代表人为陈木高,注册资本变为1090.75万元,陈木高占56.4%。2003年12月26日,科创公司缴纳土地款800万元。2004年3月5日,科创公司交清全部土地款13020175元,取得土地使用证。2005年2月1日,科创公司召开股东会形成决议,通过陈木高将1万股赠与固生公司的提案,红日公司和蒋洋参加会议,投弃权票。同年3月1日,陈木高将614.38万股转让给固生公司,固生公司持有科创公司股份共计615.38万股。2005年2月至2006年11月,陈木高以每股1.2元的价格收购了其他自然人股东315.71万股。科创公司股东变更为:固生公司615.38万股,占56.42%;陈木高315.71万股,占28.94%;蒋洋67.60万股,占6.20%;红日公司27.60万股,占2.53%;其他自然人股东11人,共64.46万股,占5.91%。目前,科创公司拟开发的石桥铺项目仅修了一条从城区公路通往项目所在地的200米左右的水泥路,整个项目因拆迁和规划等问题尚未破土动工。

　　四川省高级人民法院二审认为:科创公司于2003年12月16日召开的股东会议所通过的关于"吸纳陈木高先生为新股东"的决议,结合股东会讨论的《入股协议书》,其内容包括了科创公司增资800万元和由陈木高通过认缴该800万元新增出资成为科创公司新股东两个方面的内容。根据1999年《公司法》第38条第1款第8项关于股东会行使"对公司增加或者减少注册资本作出决议"的职权,第39条第2款关于"股东会对公司增加或者减少注册资本、分立、合并、解散或者变更公司形式作出决议,必须经代表三分之二以上表决权的股东通过"的规定,科创公司增资800万元的决议获代表科创公司75.49%表决权的股东通过,应属合法有效。根据1999年《公司法》第33条关于"公司新增资本时,股东可以优先认缴出资"的规定以及科创公司章程中的相同约定,科创公司原股东蒋洋和红日公司享有该次增资的优先认缴出资权。在股东会议上,蒋洋和红日公司对由陈木高认缴800万元增资股份并成为新股东的议题投反对票并签注"要考虑原股东享有公司法规定的投资(出资)权利"的意见,是其反对陈木高认缴新增资本成为股东,并认为公司应当考虑其作为原股东所享有的优先认缴出资权,明确其不放弃优先认缴出资权的意思表示。紧接着在同月22日和26日,蒋洋和红日公司又分别向科创公司递交了《关于要求作为科创公司增资扩股增资认缴人的报告》,向绵阳市高新区工商局递交了《请就绵阳高新区科创实业有限公司新增资本、增加新股东作不予变更登记的报告》,进一步明确主张优先认缴出资权。上述事实均表明红日公司和蒋洋从未放弃优先认缴出资权。但是,科创公司在没有以恰当的方式征询蒋洋和红日公司的意见以明确其是否放弃优先认缴出资权,也没有给予蒋洋和红日公司合理期限以行使优先认缴出资权的情况下,即于同月18日与陈木高签订《入股协议书》,并于同月25日变更工商登记,将法定代表人变更为陈木高,将公司注册资本变更为1090.75万元,其中新增资本615.38万元登记于陈木高名下。该系列行为侵犯了法律规定的蒋洋和红日公司在科创公司所享有的公司新增资本时的优先认缴出资权,根据《中华人民共和国民法通则》第58条第1款第5项关于"违反法律或者社会公共利益的"民事行为无效的规定,股东会决议中关于由陈木高认缴新增资本800万元并由此成为科创公司股东的内容无效,科创公司和陈木高签订的《入股协议书》也相应无效。虽然本案所涉股东会决议经代表2/3以上表决权的股东投票通过,但公司原股东优先认缴新增出资的权利是原股东个体的法定权利,不能以股东会多数决的方式予以剥夺。故蒋洋和红日公司所提股东会议决议中关于吸收陈木高为股东的内容、《入股协议书》无效,其享有优先认缴科创公司800万元新增资本的上诉理由依法成立,二审法院予以支持。

  按照《中华人民共和国民法通则》第61条的规定,民事行为被确认为无效或者被撤销后,当事人因该行为取得的财产,应当返还给受损失的一方,因此陈木高依据该部分无效决议和《入股协议书》所取得的股权应当返还。虽然后来陈木高将其名下的股份赠与和转让给了固生公司,但陈木高系固生公司的法定代表人,固生公司知道或者应当知道陈木高认缴出资侵犯了他人的优先认缴出资权,故该司并非善意取得,其间的赠与和转让行为也无效。固生公司应当将其所持有的科创公司615.38万股股份返还给科创公司,由红日公司和蒋洋优先认购;科创公司应当将800万元认股款及其资金占用利息返还给陈木高。

  关于有限责任公司股东请求人民法院保护其认缴新增资本优先权的诉讼时效问题,现行法律无特别规定,应当适用《中华人民共和国民法通则》规定的两年普通诉讼时效。蒋洋和红日公司在2003年12月22日书面要求优先认缴新增资本800万元,至2005年12月19日提起诉讼,符合该法关于两年诉讼时效的规定,其所提应当优先认缴800万元新增资本的请求依法成立,二审法院予以支持。蒋洋和红日公司所提应由科创公司承担其相应损失的请求因无相应证据证明,二审法院不予支持。原判认定事实不清,适用法律有误,应当予以纠正。

### 再审诉辩情况

科创公司、固生公司、陈木高不服四川省高级人民法院上述二审民事判决，向最高人民法院申请再审称：（1）二审判决认定的事实缺乏证据支持，2003年12月16日科创公司作出的"关于吸纳陈木高为新股东"的股东会决议、2003年12月18日陈木高与科创公司签订的《入股协议书》均合法有效。①二审法院将科创公司2003年12月16日股东会关于吸纳陈木高为新股东的决议内容拆分为"科创公司增资800万元"和"由陈木高通过认缴800万元新增出资成为科创公司新股东"两部分，与事实严重不符，这两项内容是不可分的，增资800万元是以吸纳陈木高为新股东为前提的。②红日公司在股东会反对票上的签注不能作为其不放弃优先认缴出资权的意思表示，红日公司的签注援引了原《公司法》第39条第2款的规定，即股东会对公司增资或减资等决议的表决程序，与第33条股东优先认缴权无关。且红日公司2003年12月22日提交的报告上没有蒋洋的签名，不能认为蒋洋主张了优先认缴权。③优先认缴权是形成权，其行使应有合理期限。科创公司是在急于支付石桥铺项目土地出让金的现实情况下吸收陈木高出资的，蒋洋和红日公司行使优先认缴权的期限应不超过科创公司支付土地出让金的最后期限，即2003年12月31日。④固生公司和陈木高取得科创公司的股权没有恶意，签订《入股协议书》时不存在恶意串通的情形。（2）二审判决适用法律错误。二审判决依据《中华人民共和国民法通则》第58条第1款第4项、第5项，在没有证据证明陈木高与科创公司恶意串通、《入股协议书》违反法律或社会公共利益的情况下引用上述条文判决股东会决议及《入股协议书》无效，显属适用法律错误，据此另引用的《中华人民共和国民法通则》第61条及《中华人民共和国合同法》第58条也与事实不符。即使蒋洋和红日公司关于行使优先认缴权的主张能够得到支持，按照《关于适用公司法若干问题的规定（一）》第2条和《中华人民共和国公司法》第35条之规定，也只能按照其实缴的出资比例认缴出资，而不能全部认缴800万元新增出资。且二审法院适用《中华人民共和国民法通则》规定的两年普通诉讼时效也存在错误，股东优先认缴权属形成权，应适用除斥期间的规定，不超过一年。（3）陈木高入股科创公司后投入了大量的资金和智慧，促使公司的经营管理和石桥铺项目都取得了巨大进展，科创公司的股权价值大幅增值，早已超过当年的购买价格，二审判决在未对股权价值进行重新评估的基础上支持红日公司和蒋洋以2003年的价格购买该股权，有违公平原则。综上，请求撤销四川省高级人民法院作出的〔2006〕川民终字第515号民事判决,维持四川省绵阳市中级人民法院作出的〔2006〕绵民初字第2号民事判决,中止对四川省高级人民法院作出的〔2006〕川民终字第515号民事判决的执行,由被申请人红日公司、蒋洋承担本案一、二审全部诉讼费用。

被申请人红日公司、蒋洋答辩称:(1)一、二审判决认定事实清楚、证据确凿。"吸纳陈木高为新股东"这一决议并不是在公司面临无力交款,土地将被收回的严峻形势下作出的。红日公司和蒋洋当时完全有能力进行增资扩股交清土地出让金,未交清的原因是科创公司与高新区管委会之间还有多笔账务没有结算。"吸纳陈木高为新股东"这一决议可以拆分为"科创公司增资800万元"和"由陈木高通过认缴800万元新增出资成为科创公司新股东"来理解。红日公司、蒋洋投反对票并签注的意思表明其同意"科创公司增资800万元"而反对"由陈木高认缴800万元新增出资成为科创公司新股东"。即使红日公司、蒋洋对这两项内容均表示反对;也不会影响"科创公司增资800万元"的法律效力,增资扩股的表决通过是符合公司法规定的,并没有侵犯原股东的优先认缴出资权,只是"由陈木高通过认缴800万元新增出资成为科创公司新股东"这一部分侵犯了原股东的优先认缴出资权。红日公司在表决票上的签注明确表明增资需按《中华人民共和国公司法》第39条第2款的规定进行,并且应按第33条的规定考虑原股东的优先认缴出资权,已表明其没有放弃优先认缴出资权。红日公司和蒋洋在股东会召开当天才知道科创公司即将增资扩股800万元,因此,其行使优先认股权的期限应为从2003年12月16日起算的一个合理期间,而不是当天必须行使权利。红日公司在2003年12月22日就向科创公司递交了《关于要求作为科创公司增资扩股增资认缴人的报告》,作出行使优先认缴权的意思表示,且该时间早于陈木高与科创公司签订的《入股协议书》约定的生效时间。陈木高在科创公司原股东有能力认缴新增出资且主张了优先认缴权的前提下仍然与科创公司订立《入股协议书》,显然侵犯了红日公司和蒋洋的优先认缴权。《入股协议书》中关于公司新一届董事会的组成及陈木高任董事长、总经理的约定,关于800万元新增资本的投资问题、财务人员的安排问题、利润分配问题等,均违反了1999年《公司法》第37条、第38条、第46条及科创公司章程第24条的规定,越权行使了属于股东会和董事会的法定职权,依法也应被认定为无效。固生公司是陈木高及其家人出资设立,陈木高是固生公司的法定代表人,因此该公司可以认定为陈木高自己的公司。陈木高取得的科创公司股份是不合法的,其转让行为属于无权处分,而固生公司作为陈木高个人的公司受让股权显然恶意。(2)二审判决适用法律正确。对《中华人民共和国民法通则》第58条第4项应当理解为,只要行为人意识到了该行为有可能侵犯到第三人利益而故意为之，就构成恶意。科创公司在召开 2003 年 12 月 16 日股东会以前，已经与陈木高达成《入股协议书》和承包经营协议草案，且陈木高在签订《入股协议书》时也清楚红日公司和蒋洋反对其成为科创公司的新股东，因此陈木高与科创公司签订的《入股协议书》应属恶意串通之行为。如果认为优先认缴权是形成权，红日公司和蒋洋在 2003 年 12 月 22 日已经行使了优先认缴权，在这一权利受到侵犯时就应当适用两年普通诉讼时效的规定。（3）本案中陈木高进入科创公司以来，对公司基本没有投入，公司资产基本无增长，公司的石桥铺项目至今基本未进行开发，陈木高的行为引起了当地百姓的不满和一系列社会问题。总之，二审判决事实认定清楚，法律适用正确，再审申请人的申请理由不能成立，应依法予以驳回。

▶ 再审裁判结果 ◀

最高人民法院依照《中华人民共和国民事诉讼法》第 186 条、第 153 条第 1 款第 2 项的规定，判决如下：

一、撤销四川省高级人民法院〔2006〕川民终字第 515 号民事判决，撤销四川省绵阳市中级人民法院〔2006〕绵民初字第 2 号民事判决；

二、绵阳高新区科创实业有限公司 2003 年 12 月 16 日作出的股东会决议中由陈木高出资 800 万元认购绵阳高新区科创实业有限公司新增 615.38 万股股份的决议内容中，涉及新增股份 20.03% 的部分无效，涉及新增股份 79.97% 的部分及决议的其他内容有效；

三、驳回四川省绵阳市红日实业有限公司、蒋洋的其他诉讼请求。

一审案件受理费 75015 元、保全费 5000 元，共 80015 元，由绵阳高新区科创实业有限公司负担 37507.5 元，四川省绵阳市红日实业有限公司、蒋洋负担 42507.5 元；二审案件受理费 75015 元，由绵阳高新区科创实业有限公司负担 37507.5 元，四川省绵阳市红日实业有限公司、蒋洋负担 37507.5 元。

本判决为终审判决。

▶ 再审裁判理由 ◀

最高人民法院经再审审理，对原审法院查明的事实予以确认。

最高人民法院认为：根据本案的事实和双方当事人的诉辩主张，本案再审程序中有以下两个争议焦点：（1）2003 年 12 月 16 日科创公司作出的股东会决议和 2003 年 12 月 18 日科创公司与陈木高签订的《入股协议书》是否有效；（2）红日公司和蒋洋是否能够行使对科创公司 2003 年新增的 615.38 万股股份的优先认缴权。

关于第一个争议焦点。2003年12月16日科创公司作出股东会决议时，新《公司法》尚未实施，根据最高人民法院《关于适用〈中华人民共和国公司法〉若干问题的规定（一）》第2条的规定，当时的法律和司法解释没有明确规定的，可参照适用新《公司法》的规定。1999年《公司法》第33条规定："公司新增资本时，股东可以优先认缴出资。"根据新《公司法》第35条的规定，公司新增资本时，股东的优先认缴权应限于其实缴的出资比例。2003年12月16日科创公司作出的股东会决议，在其股东红日公司、蒋洋明确表示反对的情况下，未给予红日公司和蒋洋优先认缴出资的选择权，径行以股权多数决的方式通过了由股东以外的第三人陈木高出资800万元认购科创公司全部新增股份615.38万股的决议内容，侵犯了红日公司和蒋洋按照各自的出资比例优先认缴新增资本的权利，违反了上述法律规定。新《公司法》第22条第1款规定："公司股东会或者股东大会、董事会的决议内容违反法律、行政法规的无效。"根据上述规定，科创公司2003年12月16日股东会议通过的由陈木高出资800万元认购科创公司新增615.38万股股份的决议内容中，涉及新增股份中14.22%和5.81%的部分因分别侵犯了蒋洋和红日公司的优先认缴权而归于无效，涉及新增股份中79.97%的部分因其他股东以同意或弃权的方式放弃行使优先认缴权而发生法律效力。四川省绵阳市中级人民法院〔2006〕绵民初字第2号民事判决认定决议全部有效不妥，应予纠正。该股东会将吸纳陈木高为新股东列为一项议题，但该议题中实际包含增资800万元和由陈木高认缴新增出资两方面的内容，其中由陈木高认缴新增出资的决议内容部分无效不影响增资决议的效力，科创公司认为上述两方面的内容不可分割缺乏依据，本院不予支持。

2003年12月18日科创公司与陈木高签订的《入股协议书》系科创公司与该公司以外的第三人签订的合同，应适用合同法的一般原则及相关法律规定认定其效力。虽然科创公司2003年12月16日作出的股东会决议部分无效，导致科创公司达成上述协议的意思存在瑕疵，但作为合同相对方的陈木高并无审查科创公司意思形成过程的义务，科创公司对外达成协议应受其表示行为的制约。上述《入股协议书》是科创公司与陈木高作出的一致意思表示，不违反国家禁止性法律规范，且陈木高按照协议约定支付了相应对价，没有证据证明双方恶意串通损害他人利益，因此，该协议不存在《中华人民共和国合同法》第52条所规定的合同无效的情形，应属有效。《入股协议书》对科创公司新一届董事会的组成及董事长、总经理人选等公司内部事务作出了约定，但上述约定并未排除科创公司内部按照法律和章程规定的表决程序作出决定，不导致合同无效。二审法院根据《中华人民共和国民法通则》第58条第1款第5项的规定认定该《入股协议书》无效属适用法律错误，本院予以纠正。

关于第二个争议焦点问题，虽然科创公司2003年12月16日股东会决议因侵犯了红日公司和蒋洋按照各自的出资比例优先认缴新增资本的权利而部分无效，但红日公司和蒋洋是否能够行使上述新增资本的优先认缴权还需要考虑其是否恰当地主张了权利。股东优先认缴公司新增资本的权利属形成权，虽然现行法律没有明确规定该项权利的行使期限，但为维护交易安全和稳定经济秩序，该权利应当在一定合理期间内行使，并且由于这一权利的行使属于典型的商事行为，对于合理期间的认定应当比通常的民事行为更加严格。本案红日公司和蒋洋在科创公司2003年12月16日召开股东会时已经知道其优先认缴权受到侵害，且作出了要求行使优先认缴权的意思表示，但并未及时采取诉讼等方式积极主张权利。在此后科创公司召开股东会、决议通过陈木高将部分股权赠与固生公司提案时，红日公司和蒋洋参加了会议，且未表示反对。红日公司和蒋洋在股权变动近两年后又提起诉讼，争议的股权价值已经发生了较大变化，此时允许其行使优先认缴出资的权利将导致已趋稳定的法律关系遭到破坏，并极易产生显失公平的后果，故四川省绵阳市中级人民法院〔2006〕绵民初字第2号民事判决认定红日公司和蒋洋主张优先认缴权的合理期间已过并无不妥。故本院对红日公司和蒋洋行使对科创公司新增资本优先认缴权的请求不予支持。

红日公司和蒋洋在一审诉讼请求中要求科创公司承担其相应损失，但未明确请求赔偿的损失数额，也未提交证据予以证明，本院对此不予审理。本案再审期间，红日公司一方主张基于新增股权对科创公司进行了投入，该主张不属于本案审理范围，其对此可以另行提起诉讼。

综上，红日公司、蒋洋的诉讼请求部分成立，但四川省高级人民法院〔2006〕川民终字第515号民事判决认定红日公司和蒋洋可以行使优先认缴科创公司2003年新增615.38万股股份的权利，事实根据不足，适用法律不当，应予撤销。

## 公司增资纠纷办案依据集成

### 中华人民共和国公司法（2005年10月27日修订）（节录）

**第三十五条** 股东按照实缴的出资比例分取红利；公司新增资本时，股东有权优先按照实缴的出资比例认缴出资。但是，全体股东约定不按照出资比例分取红利或者不按照出资比例优先认缴出资的除外。

**第一百零四条** 股东出席股东大会会议，所持每一股份有一表决权。但是，公司持有的本公司股份没有表决权。

股东大会作出决议，必须经出席会议的股东所持表决权过半数通过。但是，股东大会作出修改公司章程、增加或者减少注册资本的决议，以及公司合并、分立、解散或者变更公司形式的决议，必须经出席会议的股东所持表决权的三分之二以上通过。

**第一百七十九条** 有限责任公司增加注册资本时，股东认缴新增资本的出资，依照本法设立有限责任公司缴纳出资的有关规定执行。

股份有限公司为增加注册资本发行新股时，股东认购新股，依照本法设立股份有限公司缴纳股款的有关规定执行。

## 十五、公司解散纠纷

**103. 股东依照《中华人民共和国公司法》第 183 条的规定提起公司解散之诉应当符合什么条件？**

公司的管理与运营属于公司自治的范畴，股东依照《中华人民共和国公司法》第 183 条的规定提起公司解散之诉必须坚持穷尽内部救济为原则。只有在公司治理机构之间存在严重僵局，并且在穷尽其他各种可能的途径和手段（如当事人之间达成和解，通过股权转让、减少注册资本实现纠纷股东的分离等）不能解决矛盾时，持股达到法定比例的股东才可以向人民法院提起解散公司之诉。

### 典型疑难案件参考

陈文胜诉福建省连江发利林果开发有限公司等公司解散案

#### 基本案情

被告福建省连江发利林果开发有限公司（以下简称发利公司）成立于 1999 年 12 月 28 日，注册资本为 1505 万元，其中陈发占公司股份的 69.77% 并担任公司法定代表人，陈文胜占公司股份的 30.23% 并担任公司经理。2005 年 6 月，公司法定代表人陈发病故，法定代表人至 2009 年未办理变更登记。被告公司遂由原告陈文胜管理，原告陈文胜从 2006 年起未办理工商年检。在此期间，原告陈文胜与现被告法定代表人及第三人王秀梅曾就 2007 年之前被告公司财务状况进行结算，也曾就公司林地赔偿事务共同对外进行交涉确认。从 2007 年至今，被告公司财务未进行财务决算。

2008 年 9 月 6 日，原告陈文胜未经公司授权及股东会议同意，自行与案外人黄振杰订立一份转让合同，恶意将被告公司的资产进行转让未果。2009 年 4 月，陈发继承人王秀梅等向法院起诉要求确认继承被告公司的股东资格，经过一、二审诉讼，王秀梅于 2009 年 12 月依法进行工商登记并取得法定代表人资格。嗣后，被告公司向法院申请参与全部涉及公司权益的诉讼。

#### 一审诉辩情况

原告陈文胜诉称：公司至今无法召开股东会，更无法作出有效股东会决议，公司经营管理发生严重困难，基本陷于瘫痪。同时，原告也无法与第三人王秀梅继续共同经营管理公司。直到目前为止，公司已欠下巨额债务无力偿还，根本无法正常经营，继续存在会使股东利益受到重大损失。据此请求：（1）依法判令解散被告发利公司；（2）本案诉讼费用由被告承担。

被告发利公司辩称：（1）原告提出解散公司没有法律依据。（2）原告提出解散公司理由没有事实依据。第三人王秀梅取得股东资格后，还积极维护公司利益，根本不存在原告起诉书所称"第三人王秀梅不履行股东职责和公司经营及债务问题承担股东责任"的事实。第三人王秀梅取得股东资格后，立即着手召开股东大会，但原告无理缺席会议，由此产生的股东之间的矛盾过错责任在于原告，根本不存在原告起诉书所称"导致公司至今无法召开股东会，更无法做出有效股东会决议，公司经营管理发生严重困难，基本陷于瘫痪"的事实。请求驳回原告诉讼请求。

第三人王秀梅未作答辩。

▶一审裁判结果◀

福建省连江县人民法院据此依照《中华人民共和国公司法》第183条以及最高人民法院《关于适用〈中华人民共和国公司法〉若干问题的规定》第1条的规定，作出如下判决：驳回原告陈文胜的诉讼请求。案件受理费100元，由原告陈文胜负担。

▶一审裁判理由◀

福建省连江县人民法院认为原告陈文胜主张被告公司欠下巨额债务，经营发生严重困难，因原告未提交其管理期间相关的财务结算报表，仅提供债务状况，不能全面反映被告公司实际经营，其主张缺乏事实依据，依法不予采纳。原告陈文胜主张第三人王秀梅不配合原告管理公司事务承担股东责任，亦与客观事实不符，依法不予采纳。至于被告公司连续多年未办理工商年检是原告管理期间不作为所致，被告公司现有两股东之间的矛盾，主要系原告恶意转让被告公司资产一事引发，其过错责任在于原告，双方可以协商解决。原告依据上述理由请求解散被告公司，未达法定解散条件，不予采纳。

▶二审诉辩情况◀

一审宣判后，陈文胜不服提出上诉。

上诉人陈文胜上诉称：（1）发利公司经营发生严重困难，事实清楚，证据确凿。公司的财务结算报表并不是认定上述客观事实是否存在的唯一依据，一审以此为由认定上诉人该项主张缺乏事实依据是错误的。（2）从2005年至今，公司股东均不能作出有效的股东会或股东大会决议，公司经营管理发生严重困难。（3）一审法院认为被上诉人公司现有两股东之间的矛盾主要系上诉人恶意转让被上诉人公司资产一事引发没有事实依据。（4）被上诉人公司股东之间存在不可调和的矛盾，公司经营管理发生严重困难且已陷入僵局，依法应当予以解散。因此，请求撤销一审判决，改判支持上诉人的一审诉讼请求。

被上诉人发利公司辩称：（1）2007年起，被上诉人获得的林木赔偿款金额达到90万元，公司运营正常，上诉人称公司背负巨额债务不是事实。陈发死亡后，陈文胜实际掌控公司的运营，且从2006年起未办理工商年检。（2）在陈发死亡后，只有上诉人是公司适格股东，不需要召开股东会。上诉人掌控公司期间，遇到经营问题均要求王秀梅参与，但其拒绝为王秀梅办理股权转让手续。（3）上诉人自行与案外人黄振杰订立一份转让合同，恶意转让公司资产，该事实已经法院生效判决确认。（4）股东之间不存在不可调和的矛盾，也没有出现财务困难。

### 二审裁判结果

福州市中级人民法院依照《中华人民共和国民事诉讼法》第153条第1款第1项的规定，判决如下：驳回上诉，维持原判。

### 二审裁判理由

除一审人民法院查明的事实外，福州市中级人民法院另查明：经持有69.77%表决权的股东王秀梅召集，被上诉人发利公司于2009年10月14日召开股东会议，并形成会议决议。

福州市中级人民法院审理认为：《中华人民共和国公司法》第183条规定，公司经营管理发生严重困难，继续存续会使股东利益受到重大损失，通过其他途径不能解决的，持有公司全部股东表决权10%以上的股东，可以请求人民法院解散公司。上诉人陈文胜为持有被上诉人发利公司全部股东表决权10%以上的股东，因而有权提起解散公司之诉，但其所提交的证据并不足以证明发利公司已出现导致公司解散的法定情形。

1. 因发利公司原法定代表人于2005年病故，股东仅剩陈文胜一人，公司运营长期由其掌控，在此期间实无召开股东会之必要。后第三人王秀梅经诉讼取得股东资格，并持有公司69.77%的表决权。根据公司章程的规定，股东会决议应由代表1/2以上表决权的股东表决通过，对公司增加或减少注册资本、修改公司章程等特别事项所作出的决定，则应由代表2/3以上表决权的股东表决通过。虽然两股东之间存在矛盾，但因王秀梅持有公司2/3以上的表决权，完全可以通过资本多数决的方式形成股东会决议，而且事实上其已于2009年10月14日召集股东会议并形成决议，且按照法定程序办理了公司章程及法定代表人的工商变更登记，足以表明公司不存在无法形成有效决议而使股东会运行失效的情形，公司经营管理并未如陈文胜所称发生严重困难。

2. 陈文胜未提供充分证据证明因管理层决策问题导致公司经营出现严重恶化和负债状况，且发利公司所从事的是林业生产，需长期经营方能产生经济效益，若中途解散公司，不仅有损股东权益，也会损害林场发包方的权益。故陈文胜关于公司继续存续会使股东利益遭受重大损失的主张缺乏事实依据。

3. 并无证据表明陈文胜在起诉前已尝试其他救济手段，如通过请求其他股东以公平合理的价格收购自己的股份或请求召开股东会就公司解散问题进行表决等公司内部自治方式来解决问题，在穷尽其他可能的途径之前，对陈文胜要求解散公司的请求，本院不予支持。

综上所述，发利公司目前的状况不符合人民法院判决解散公司的法定情形，陈文胜的诉讼请求缺乏事实和法律依据，一审法院不予支持其诉讼请求是正确的。

### 104. 在公司解散之诉中，公司陷入僵局的标准是什么？

在公司解散之诉中，判断是否出现公司僵局必须坚持两个标准：（1）股东之间因利益冲突已丧失了基本的信任关系，股东大会层面的公司治理机制失灵，无法就公司的经营管理作出决议；（2）公司事务陷入瘫痪，公司的继续存续将使股东的整体利益受到更大损失。如果存在公司僵局，应当尽量通过调解手段寻求当事人之间的和解，或者促使当事人通过转让股权、公司减资等途径实现纠纷股东的分离。只有在穷尽其他救济措施仍不能解决矛盾的情况下，才可以通过司法判决强制解散公司。

#### 典型疑难案件参考

孙建以公司陷入僵局起诉张前虎要求解散公司案

**基本案情**

2004年8月，张前虎、孙建出资成立无锡星博网络服务有限公司（以下简称星博公司)。公司章程记载：星博公司注册资本人民币10万元，其中张前虎出资55000元，占注册资金的55%，孙建出资45000元，占注册资金的45%；星博公司住所地无锡市人民西路45号（金惠大厦588室）；股东有权查阅股东会议记录和公司财务会计报告；股东会每年召开两次定期会议，一般在年中和年末召开；星博公司应当在每一会计年度结束后30日内将财务会计报告送交各股东，财务会计报告应依法经审查验证。星博公司成立后，即召开股东会议，会议选举张前虎为公司执行董事，孙建为公司监事。后孙建、张前虎未召开过股东会议。2004年9月，星博公司与江苏省电信有限公司无锡分公司（以下简称无锡电信公司）签订智能公用电话代理协议，为无锡电信公司代理智能公用电话代理业务。2005年12月，孙建书面通知星博公司，要求公司说明成立后的盈亏等情况，但星博公司未予说明。现星博公司处于停业状态。审理期问，经法院调解，股东张前虎和孙建仍表示无法继续合作经营，星博公司和张前虎亦不愿意受让孙建对公司的出资。

### 诉辩情况

孙建于2005年12月30日以星博公司未按章程召开股东会，未制作年度财务会计报告送达股东查阅，张前虎严重侵害公司利益和其他股东权益为由诉至江苏省无锡市南长区人民法院，请求判令：（1）查阅、复制公司财务账册、股东会决议、资产负债表、损益表、财务状况变动表、财务情况说明书、审验报告及相应原始凭证：（2）解散公司并进行清算。

被告星博公司、张前虎均辩称：对孙建第一项诉请没有异议，但我方不同意解散公司，不应承担诉讼费。孙建已经退股，星博公司支付了转让款，且星博公司不是本案的适格被告。

### 裁判结果

无锡市南长区人民法院依照《中华人民共和国公司法》第34条、第183条、第184条，《中华人民共和国民事诉讼法》第128条之规定，于2006年6月19日作出判决：

一、星博公司于本判决生效后15日内将公司的股东会决议、资产负债表、损益表、时务状况变动表、财务情况说明书、审验报告、财务账册及相关原始凭证提供给孙建查阅、复制；

二、星博公司予以解散，由张前虎、孙建于本判决生效后15日内成立清算组对星博公司进行清算。

案件诉讼费3210元、财产保全费1200元、其他诉讼费650元，合计5060

元,由星博公司、张前虎负担。

### 裁判理由

无锡市南长区人民法院认为:根据本案的事实及原告孙建的诉讼请求和理由,本案的争议焦点,一是孙建是否将其对星博公司的股权转让给他人;二是孙建是否享有股东知情权;三是星博公司是否应予解散。

关于争议焦点一,星博公司和张前虎提供了孙建的股权作价26800元转让的声明、会计刘亚所写"收到张前虎23000元转让款汇给孙建"的收条和张前虎取款23000元的银行业务凭证。对此该院认为:该股权转让声明上仅有刘亚等证明人签名,并无孙建本人的签字,而刘亚等证明人并未出庭作证。会计刘亚的收条和银行业务凭证上所载的金额为23000元,与声明上26800元不符,并不能证明系股权转让款。故依现有证据,不能认定孙建已将其对星博公司的股权予以转让,孙建作为星博公司的股东,其股东地位应予确认。

关于争议焦点二,星博公司的章程明确规定:"股东有权查阅股东会议记录和公司财务会计报告。公司应当在每一会计年度结束后30日内将财务会计报告送交各股东。"我国公司法亦规定了股东享有查阅、复制公司章程、股东会会议记录、财务会计报告和查阅公司财务账册及相关原始凭证的权利。上述规定均体现出股东孙建享有对公司经营状况知情的权利。股东行使知情权的义务主体是公司,故星博公司作为本案被告并无不当。现星博公司对原告孙建要求查阅、复制星博公司的股东会决议、资产负债表、损益表、财务状况变动表、财务情况说明书、审验报告、财务账册及相关原始凭证的诉讼请求,并无异议,故孙建要求行使股东知情权的诉请,予以支持。

关于争议焦点三,《中华人民共和国公司法》第183条规定,公司经营管理发生严重困难,继续存续会使股东利益受到重大损失,通过其他途径不能解决的,持有公司全部股东表决权10%以上的股东,可以请求人民法院解散公司。在本案中,股东孙建和张前虎在星博公司经营管理中出现意见分歧,使星博公司目前的经营管理发生严重困难。公司的一切事务陷入瘫痪,已处于停业状态,公司的继续存续将使股东利益受到更大损失。股东张前虎和星博公司均不愿意收购孙建的股权,且经法院调解仍无法恢复信任关系。孙建作为星博公司股东持股比例达到45%。《中华人民共和国公司法》第183条的规定适用于本案双方当事人之间的情形。故应认定星博公司已陷入公司僵局,股东孙建请求法院解除公司,并进行清算的主张,符合公司法规定,应予支持。

### 105. 对公司进行司法判决解散的法律要件是什么？

根据《中华人民共和国公司法》第183条的规定，法院作出公司解散的司法判决必须具备条件是：（1）提起公司解散之诉的股东必须至少单独或者合并持有公司全部股东表决权的10%，才具有公司解散诉讼的原告主体资格。（2）公司的经营管理发生了严重困难，继续存续会使股东利益受到重大损失。具体表现在：公司股东之间已经失去了最起码的信任，股东之间相互合作的基础已经完全破裂，体现有限责任公司人合性的基本要素已不存在；公司的经营管理处于事实上的瘫痪状态，体现公司自治的公司治理机构处于失灵状态，该状态的继续存续会对公司、股东造成实质性的损害，使股东利益受到重大损失。（3）由于公司股东之间的矛盾冲突，已无法通过协商、转让股权等内部救济手段解决公司经营管理困难。

**典型疑难案件参考**

许承斌等诉广西香江资产经营管理有限公司解散公司案

**基本案情**

被告广西香江资产经营管理有限公司（以下简称香江公司）成立于2005年8月22日。2006年9月28日，香江公司通过参加竞拍，以2230万元转让价款取得了中国信达资产管理公司（南宁）办事处原持有的对广西壮族自治区糖酒副食品总公司和广西壮族自治区食品公司的债权包，债权转让时标的债权的本金为47472050元，利息为18587743.36元，合计为66059793.36元。2006年11月17日，原告许承斌、庞进廷与第三人郑媛媛签订香江公司章程，公司章程载明：香江公司注册资本为500万元人民币；其中第三人郑媛媛出资250万元，占注册资本的50%；原告许承斌出资140万元，占注册资本的28%；原告庞廷进出资110万元，占注册资本的22%；公司住所地在南宁东葛路18—1嘉和自由空间A座818号房；公司经营范围：对不良资产的收购、经营、处置、资产受托管理、资产投资及其咨询服务、国内贸易；股东会为公司权力机构，决定公司经营方针和投资计划、选举和更换董事、决定董事的报酬等；公司由3名董事组成，设董事长1人，副董事长1人，由董事会选举产生，任期3年，连选连任；董事会负责召集股东会，并向股东会报告工作、执行股东会决议、决定公司经营计划和投资方案等；公司经营期限为10年。此外，章程还载明股东的权利义务、转让股权、股东会职权、公司机构及其产生办法、职权、议事规则等内容。香江公司制定该章程后，公司董事会由郑媛媛、许承斌、庞廷进组成，其中许承斌任董事长、法定代表人，公司监事由林东（原告许承斌的母亲、原告庞廷进妻子）担任。

2007年9月24日晚，林东向南宁市公安局110报案，声称两原告的重要文件被郑少克（郑媛媛的叔叔）强行拿走，110出警到事发地点民主路阳光新都A座1601号进行处理。

2007年10月25日，广西江山投资有限公司（由郑少克、许承斌、庞廷进共同投资设立，以下简称江山公司）决定于2007年11月12日上午10点30分至12点30分在南宁市民主路6—6号阳光新都A座1601室召开临时股东会和临时董事会，会议议题为："1. 研究和决定公司债权债务处理方案；2. 研究和决定公司财务制度及资金管理问题；3. 决定公司增加注册资本金事项；4. 推选新的公司法定代表人及聘任公司总经理、财务负责人等事项。"并于2007年10月26日在《法治快报》刊登开会通知，郑少克将会议通知通过国内特快专递分别邮寄两原告及林东，其中邮寄许承斌的地址为"南宁市城北区明秀东路19号学生宿舍"，庞廷进的地址为"广西合浦县廉州镇水洞口4号之左"，林东的地址为"广西合浦县中山路42号"。但邮局改退批条显示：邮寄许承斌的地址"朋秀东路19号无学生宿舍"，邮寄庞廷进的地址"原址查无此人"，邮寄林东的地址"地址欠详"，邮局人员打交寄人提供的联系电话，许承斌、林东的电话没有人接听，庞廷进拒接电话。

2007年11月12日，香江公司召开股东会和董事会，但只有股东郑媛媛一人到会。郑媛媛一人的股东会作出决议：（1）免去庞廷进的公司董事职务，免去林东的公司监事职务；（2）选举郑少克为本公司董事，选举韦春红为本公司监事；（3）由董事会负责对本公司债权及债权项下的资产进行处置，债权及债权资产变现后必须首先用于偿还借款本息；（4）责令许承斌及其全权委托代理人林东立即报账及退还从公司预支的业务活动经费共计373万元，如在3日内仍不报账及退款，公司将依法追究其刑事责任和经济责任；（5）本公司今后不参加本公司债权项下资产的竞买，但本公司各股东可自行参加竞买；（6）自2007年12月开始，公司董事、监事月薪均为3000元。当日郑媛媛、郑少克召开了新的香江公司董事会议，并作出董事会决议：（1）免去许承斌的公司董事长和法定代表人职务；免去郑媛媛的公司副董事长职务；（2）选举郑媛媛为公司董事长和法定代表人，选举许承斌为公司副董事长；（3）聘任郑少克为本公司总经理；（4）由总经理负责对本公司债权及债权项下资产进行处置，处置变现后必须首先用于偿还借款本息；（5）责令许承斌及其全权委托代理人林东立即报账及退还从公司预支的业务活动经费共计373万元，如在3日内仍不报账及退款，公司将依法追究其刑事责任和经济责任；（6）本公司今后不参加本公司债权项下资产的竞买，但本公司各股东可自行参加竞买；（7）自2007年12月开始，总经理月薪8000元，副总经理月薪5000元，财务负责人月薪5000元；（8）提议股东会，建议公司股东对公司进行增资扩股2000万元，各股东按持有股份比例进行增资……增资款用于偿还逾期借款本息。郑少克、郑媛媛、香江公司分别在董事会决议上签名、盖章。

2007年11月12日，郑媛媛出具《授权委托书》，委托郑少克全权代表其处理香江公司的所有事项，郑少克可用自己的名字签署所有文件，也可委托人的名字代签所有文件。委托期限是长期。

2008年3月4日，郑少克以香江公司分别于2006年12月5日向其借款150万元、于2006年11月23日向其借款1000万元、于2006年11月23日向其借款350万元均逾期未还为由，分三个案件向南京中级人民法院起诉，要求香江公司分别偿还其借款本金150万元、1000万元、350万元并支付2008年1月11日以后逾期借款利息（香江公司于2008年1月9日复函郑少克，同意对逾期借款自逾期之日起按中国人民银行规定的逾期贷款利率的4倍支付逾期借款利息），有权从抵押物优先受偿。南京市中级人民法院分别以〔2008〕南市民二初字第70号、第71、第72号民间借贷纠纷立案受理，并于2008年5月4日作出了〔2008〕南市民二初字第70号、第71号、第72号民事判决，分别判决香江公司偿还郑少克借款本金150万元、1000万元、350万元，并分别自2008年1月11日起至生效判决规定的履行期限最后一日止，均按中国人民银行规定的逾期贷款利率的4倍支付逾期借款利息。判决生效后，郑少克将判决书复印寄给两原告并于2008年7月向法院申请执行香江公司对广西壮族自治区糖酒副食品总公司和广西壮族自治区食品公司的债权包。两原告认为香江公司和郑少克按中国人民银行规定的同期逾期贷款利率4倍计付逾期贷款利息损害了两原告的股东利益，不予接受。

2008年6月2日，被告香江公司致函两原告，建议公司各股东对公司进行增资产2000万元，以解决公司债务问题。两原告于2008年6月10日对香江公司的增资意见复函，不同意香江公司增资。

2008年9月8日，香江公司在南宁市民主路6—6号阳光新都A座1601室召开临时股东会和董事会，主要讨论公司解散、股权转让、报账、还款、增资等五个问题。郑少克、庞廷进到会，吴世训代表许承斌参加股东会，郑少克代表郑媛媛参加会议。本次股东会各方均同意解散公司，但如何解散，由于股东之间意见分歧太大，最后未能形成决议。对其他问题，由于股东之间意见分歧太大，亦未能形成决议。董事会也未能形成决议。2008年9月22日，香江山公司再次召开股东会和董事会讨论上述五个问题，由于双方意见分歧太大，亦未能形成决议。

2008年10月6日，郑媛媛与郑少克一起致函两原告，提议于2008年10月21日在南宁市民主路6—6号阳光新都B座901室召开临时股东会和临时董事会，议题：（1）研究和处理林东、庞廷进从公司拿走业务活动经费问题；（2）研究和处理法院对郑少克与公司借款纠纷案强制执行的问题；（3）研究和决定公司增资扩股方案；（4）研究和决定清算公司的问题；（5）筹措公司经费事项。

2008年10月9日，许承斌、庞廷进复函郑少克、郑媛媛，同意郑少克、郑媛媛会期延期，但不同意变更开会地点，并要求将本次会议和以后公司办公地址变更到北海市四川路25号，提议本次股东会议题为：（1）研究讨论江山公司董事的变更问题；（2）研究讨论解散清算江山、香江公司的问题；（3）研究讨论江山、香江公司办公地点变更到北海市四川路25号的问题。郑少克、郑媛媛则不同意许承斌、庞廷进的提议。

因股东之间对香江公司经营管理意见分歧太大，两原告于2008年11月26日向法院起诉请求解散香江公司。

另查明：被告香江公司除了持有对广西壮族自治区糖酒副食品总公司和广西壮族自治区食品公司的债权包外，目前实际上没有经营其他项目。

同时查明：在诉讼期间，郑少克认为林东侵占香江公司款项，构成犯罪，以香江公司的名义向公安机关报案，要求追究林东的刑事责任。

### ▶一审诉辩情况◀

原告许承斌、庞廷进诉称：原告许承斌、庞进廷与第三人郑媛媛于2006年11月17日签订香江公司章程，约定公司注册资本为500万元，其中第三人郑媛媛出资250万元，占注册资本的50%；原告许承斌出资140万元，占注册资本的28%；原告庞廷进出资110万元，占注册资本的22%。但郑媛媛及其叔父郑少克（郑媛媛全权委托代理人）自香江公司成立以来，实际控制了公司，做了一系列严重损害香江公司利益和股东利益的行为，引发了股东之间、董事之间、董事与股东之间的矛盾，造成公司经营陷入僵局，无法继续经营。具体表现在以下几个方面：（1）非法召开董事会，将无效决议付诸实施，损害公司和股东利益。在没有公司董事长许承斌、董事庞廷进参加的情况下，郑媛媛一个人以董事身份与公司非董事郑少克召开董事会，并作出了《董事会决议》，免去原告许承斌董事长、法定代表人职务，选举郑媛媛为公司董事长、法定代表人，聘任郑少克为公司总经理，由总经理负责对公司债权项下的资产进行处置，放弃香江公司对公司债权项下资产的竞买权，调高自己等人的月薪。郑媛媛、郑少克通过这一非法的董事会，将公司董事长、总经理、董事大权独揽于叔侄一方，完全控制了公司，两原告多次要求纠正，郑媛媛、郑少克不但不听，反而非法决议事项部分付诸实施，由此埋下了股东之间、董事之间、董事与股东之间矛盾冲突的祸根。（2）被告香江公司受制于郑少克，完全按照郑少克的意思来任意编造证据，为郑少克用来对香江公司提起债务诉讼，使郑少克在公司获得更多的不当利益，不合理地加重公司负担，直接危及两原告股东的财产权益。郑少克利用其是香江公司董事长全权委托代理人和香江公司债权人的双重身份，拿香江公司的公章，背着两原告擅自在自己出具给被告香江公司的《催款通知》上盖上香江公司签收公章，以香江公司的名义为郑少克出具《复函》，承诺将香江公司向郑少克借款1500万元所约定的月息2%提高到按中国人民银行规定的同期逾期贷款利率4倍计付。然后郑少克以自己为原告，以香江公司为被告提起诉讼。向郑少克的借款本金所约定的月息2%提高到按中国人民银行规定的同期逾期贷款利率4倍计付。南宁市中级人民法院明知郑少克与香江公司进行关联交易，未通知两原告参加诉讼，即以〔2008〕南市民二初字第70号、第71号、第72号民事判决作出支持郑少克的4倍利率的请求。判决生效后，郑少克才将判决书复印给两原告。香江公司、郑媛媛、郑少克的非法行为加重了香江公司的利息、案件受理费、律师费和执行费等负担，严重损害了公司的利益和两原告的股东利益，导致了股东之间、董事之间、董事与股东之间矛盾冲突进一步加深。（3）郑少克利用其与两原告合资成立的江山公司的便利，将江山公司与香江公司合并办公，实际控制着两个公司，抢走原告许承斌保管的香江公司的公章和法定代表人私章，免去许承斌香江公司董事长职务，非法操纵任命郑媛媛为香江公司的董事长，免去庞廷进江山公司总经理职务，聘任郑少克自己为江山公司总经理，进一步造成两原告与郑媛媛、郑少克的利益冲突和矛盾的加剧。（4）郑少克实际控制了香江公司的财产权、经营权、人事权，人为造成香江公司的管理混乱，从中得益。因此，继续维持香江公司的存在只会对公司整体利益及股东利益进一步造成损害。（5）香江公司、郑媛媛、郑少克剥夺了两原告的知情权，造成两原告无法行使股东权利、董事权利，导致股东会、董事会无法研究讨论公司的经营管理等问题。原告要求查看公司的财务账册、报表和财务开支情况，香江公司、郑媛媛、郑少克不准查看。香江公司、郑媛媛、郑少克不经两原告同意，擅自将公司企业执照和档案资料转移出公司办公室，隐藏于两原告不知道的地方。香江公司、郑嫒嫒、郑少克擅自将公司办公室门锁更换，不给两原告开门办公。两原告请求将办公地点临时放在北海。由两原告提供办公室，但郑嫒嫒、郑少克至今不予答复，造成香江公司至今无法开展正常经营管理工作，香江公司的运作处于瘫痪状态。综上，两原告认为香江公司、郑嫒嫒、郑少克的上述行为已严重侵犯了香江公司和两原告的合法权益，股东之间、董事之间、董事和股东之间已不能合作谋事，公司已难以继续经营。为维护两原告的合法权益，请求判决解散香江公司。

被告香江公司答辩称：不同意解散公司。公司一直处于正常经营中，不能因为公司偿还到期正常债务，就认为公司发生严重困难。公司所有重大决策及经营活动、召开股东会、董事会，都是依照法律规定和公司章程进行的，两原告放弃其权利，后果应由其承担。公司有大量资产，继续存在会使股东获得更大的利益。郑少克在香江公司行使相关的权利是公司的委任和法定代表人郑嫒嫒的委托，其行为符合公司章程和法律规定，没有损害公司利益。郑少克作为债权人，借款给香江公司是经过公司股东同意的，从评估报告可以看出，两原告要求解散公司是为了逃避债务。两原告只对公司的增资行为有异议，对其他重大决策、经营活动没有任何异议。香江公司对林东提起刑事控告是因为林东侵害了香江公司的利益，但林东不是公司的股东，故香江公司对林东的控告与本案解散公司纠纷并无关联。原告许承斌、庞廷进诉讼目的就是为了阻止香江公司正常经营及逃避债务，损害香江公司的合法利益，请求法院驳回原告许承斌、庞廷进的诉讼请求。

第三人郑嫒嫒述称：不同意解散香江公司。香江公司一直处在正常经营状态，经营方式、股东会、董事会的召开符合公司章程和法律规定，没有损害股东的利益。两原告的起诉行为严重影响了公司的正常经营活动，对公司所造成的损失，两原告应承担赔偿责任。两原告申请法院对香江公司的财产进行诉讼保全的行为，已严重影响了公司的经营活动，依法应予以撤销。请求驳回原告许承斌、庞廷进的诉讼请求。

▶ 一审裁判结果

南宁市中级人民法院依照《中华人民共和国公司法》第183条、最高人民法院《关于适用〈中华人民共和国公司法〉若干问题的规定（二）》第1条第1款第4项之规定，判决如下：解散被告广西香江资产经营管理有限公司。案件受理费46800元、财产保全费5000元，合计51800元，由被告香江公司负担。

### 一审裁判理由

南宁市中级人民法院认为：司法强制解散公司的目的是通过公权力的介入衡平保护公司各股东及债权人的利益。而公司的正常运行是通过股东行使权力和公司管理机构行使职权实现的。在股东发生冲突和矛盾，彼此不愿妥协，导致公司运行出现障碍，股东大会无法对公司的任何事项作出决议，股东大会因对方的拒绝参会而无法有效召集，或任何一方的提议都不被对方接受和认可，即使举行会议也无法通过任何决议的情况下，即表明公司的运行陷入僵局。《中华人民共和国公司法》第183条规定："公司经营管理发生严重困难，继续存续会使股东利益受到重大损失，通过其他途径不能解决的，持有公司全部股东表决权百分之十以上的股东，可以请求人民法院解散公司。"原告许承斌、庞廷进分别持有香江公司28%和22%的股权，合计持有公司全部股东表决权50%，故具有请求解散江山公司的诉权。最高人民法院《关于适用〈中华人民共和国公司法〉若干问题的规定（二）》（以下简称《公司法解释（二）》）第1条规定列举了人民法院受理解散公司诉讼的4种事由，即：（1）公司持续两年以上无法召开股东会或者股东大会，公司经营管理发生严重困难的；（2）股东表决时无法达到法定或者公司章程规定的比例，持续两年以上不能作出有效的股东会或者股东大会决议，公司经营管理发生严重困难的；（3）公司董事长期冲突，且无法通过股东会或者股东大会解决，公司经营管理发生严重困难的；（4）经营管理发生其他严重困难，公司继续存续会使股东利益受到重大损失的情形。上述4种事由，既是解散公司诉讼案件受理时形式审查的依据，也是判决是否解散公司实体审查的标准。在本案中，虽然香江公司成立时间不长，但香江公司3名股东郑媛媛、许承斌、庞廷进自2007年以来即陷入矛盾冲突之中，其中郑媛媛为一方，许承斌、庞廷进为一方，均持有公司全部股东表决权的50%，双方互不信任，甚至使用刑事控告手段解决股东之间纠纷，任何一方提议召开股东会议，都不能顺利召开，即使召开也形成不了决议，无法解决公司既存问题。特别是2007年11月12日只有郑媛媛一人参加的股东会作出股东会决议，免去庞廷进的公司董事职务，免去林东的公司监事职务，选举郑少克为公司董事，选举韦春红为公司监事，同日郑媛媛、郑少克召开的董事会并作出董事会决议，免去了原告许承斌公司董事长和法定代表人职务，任命郑媛媛为公司董事长和法定代表人，任命郑少克为总经理，以及郑媛媛全权委托郑少克处理郑媛媛在香江山公司经营中的所有事项以后，作为公司股东的原告许承斌、庞廷进二人实际上已无法再参与公司的经营管理，香山公司经营管理便一直处于郑媛媛、郑少克控制状态中。郑少克向本院起诉香江公司的民间借贷纠纷案判决生效后，郑少克申请执行的公司财产是香江公司从中国信达资产管理公司南宁办事处受让的广西壮族自治区糖酒副食品总公司和广西壮族自治区食品公司的债权包，而该债权包是香江公司唯一经营性资产。因郑媛媛、郑少克是香江公司的法定代表人、实际控制人，郑媛媛与郑少克是叔侄关系，郑少克又是香江公司的债权人，故更加深了香江公司股东之间、公司与股东之间的利益冲突。在诉讼中，法院多次组织双方当事人进行调解，希望当事人能够通过股权转让等途径实现纠纷股东的分离，以保持公司作为商事主体的存续，但因双方当事人意见分歧太大，完全处于对抗状态，无法调解。故从本案的情况看，香江公司股东郑媛媛与许承斌、庞廷进之间已经丧失了最起码的信任，相互合作的基础已经完全破裂，体现有限责任公司人合性基本要素不再存续。而香江公司因股东之间的冲突，无法形成有效决策，公司经营管理议事决策机制处于事实上的瘫痪状态，体现公司自治的公司治理结构处于失灵状态，该状况已经对公司、股东造成实质性损害，公司继续存续会使股东利益受到重大损失，故在此情形下，许承斌、庞廷进请求解散江山公司，对自身权益进行保护是适当的，对郑媛媛、郑少克的权益也是一种保护，符合《中华人民共和国公司法》第183条规定解散公司的法定要件。同时，股东之间产生矛盾后，股东之间曾经就是否解散公司进行过讨论并曾经同意过解散公司，只是如何解散意见分歧太大，未能形成决议。故许承斌、庞廷进请求解散江山公司理由成立，法院予以支持。

### 二审诉辩情况

一审判决后，上诉人香江公司不服上述判决，上诉称：（1）许承斌、庞廷进申请解散公司的目的是为了恶意逃避债务，逃避法律的制裁。①香江公司的对外借款，公司的全体股东均在借款合同上签字确认，并以公司全部资产为借款提供担保，依据生效的裁判文书，香江公司负有2000多万元的债务，香江公司要求许承斌、庞廷进增资以偿还到期债务，但许承斌、庞廷进不同意增资，在法院强制执行香江公司的财产以清偿债务时，许承斌、庞廷进用解散公司诉讼来阻碍生效判决的执行，以达到逃避债务的目的。②香江公司原监事林东以需要业务活动经费和支付拍卖佣金为由，从香江公司预支及以非法手段从公司骗取404.5万元巨额赃款，香江公司已对林东以职务侵占罪向公安机关报案控告，如公司解散，控告人不存在，许承斌、庞廷进就可以达到让其直系亲属逃脱控告和法律制裁、长期侵占公司财产的目的。（2）一审法院程序违法，依法应予纠正。①遗漏当事人。香江公司的债权人郑少克在一审诉讼期间，根据《公司法解释（二）》第4条第3款"原告提起解散公司诉讼应当告知其他股东,或者由人民法院通知其参加诉讼。其他股东或者有关利害关系人申请以共同原告或者第三人身份参加诉讼的,人民法院应予准许"的规定,多次申请以第三人身份参加诉讼,但一审法院对郑少克的申请不予答复,剥夺了香江公司债权人参加诉讼的权利,严重违反程序。②香江公司对一审法院作出的财产保全裁定提出复议申请,但一审法院对香江公司的复议申请不做任何回复和裁定,严重损害了香江公司的合法权益。(3)一审法院不顾事实,明显偏袒对方当事人。①许承斌、庞廷进为本案诉讼保全提供的担保物,经香江公司揭露和原评估机构确认,担保物价值远远低于其评估价值,一审法院没有对许承斌、庞廷进的虚假担保进行依法处理,而是继续让其单方找评估公司评估,进而作出财产保全裁定书,并用其对抗已生效的〔2008〕南市民二初字第70、71、72号判决书的执行。②一审判决只查明许承斌、庞廷进没有收到香江公司寄交的29封信件及没有接听或拒绝接听邮寄员电话的事实,故意隐瞒了信件上的地址及电话号码均是许承斌、庞廷进亲自提供及故意拒收的事实,并认定许承斌、庞廷进无法参加公司的经营管理,明显偏袒对方当事人。③郑少克管理公司是基于其职务职权和法定代表人的授权,没有任何越权行为,也没有任何损害许承斌、庞廷进利益的行为。一审判决认为郑少克加深了公司股东之间的利益冲突的认定无事实和法律依据。④2007年11月12日的股东会会议及董事会会议均是按照公司法及公司章程的规定召开的,会议的召开程序合法,决议内容合法有效,有关决议到工商行政管理部门进行了备案登记,一审判决只查明了是一个股东召开和参加会议,故意隐瞒参加股东的股份比例和召开会议的程序及内容的合法性。⑤许承斌、庞廷进故意以诉讼解散公司为由阻止香江公司偿还到期债务,使香江公司的债务利息增加,香江公司要求许承斌、庞廷进承担责任并向一审法院提交异议申请,但一审法院对此未做任何回复和裁定。(4)香江公司经营发生困难是被上诉人许承斌、庞廷进故意造成的。香江公司为了解决经营活动和偿还到期债务等问题,多次通知许承斌、庞廷进到公司召开和参加会议,商议解决办法和对策,但许承斌、庞廷进无故拒不参加会议,恶意造成香江公司经营管理困难。(5)许承斌、庞廷进作为股东要求解散公司属于滥用股东权利,违反了《中华人民共和国公司法》第20条的规定,损害了公司债权人的利益和其他股东的利益,因此,许承斌、庞廷进解散公司的行为应予制止。综上所述,一审判决认定事实不清,程序违法,请求二审法院依法撤销一审判决及一审法院作出的诉讼保全裁定,判令不解散公司,判令许承斌、庞廷进承担一、二审诉讼费用及财产保全费,承担因其阻碍偿还到期债务而产生的利息费用。

被上诉人许承斌、庞廷进答辩称:(1)一审判决解散香江公司既合情、合理，又公平、合法，是正确的。①香江公司的经营管理已陷入僵局，公司的经营管理议事决策机制处于瘫痪状态。②自2007年以来，香江公司的3名股东许承斌、庞廷进、郑媛媛即陷入矛盾冲突之中，股东之间丧失最起码的信任，任何一方提议召开股东会议都不能顺利召开，即使召开也形成不了决议。公司董事之间长期存在矛盾冲突，公司经营管理发生严重困难。③郑媛媛长期授权给郑少克行使股东、董事、董事长权利，香江公司实际被郑少克一人控制，许承斌、庞廷进无法参与公司的经营管理，无法行使股东、董事权利和职责。④在诉讼过程中，一审法院多次组织双方当事人调解，希望当事人能通过股权转让等途径实现纠纷股东的分离，以保持公司作为商事主体的存续，但因双方当事人意见分歧太大，无法形成调解协议。⑤股东之间的相互合作基础已完全破裂，公司的继续存续将会使股东利益和公司利益受到更大的损害，解散公司，对双方当事人是一种有效的保护。一审判决解散公司，符合《中华人民共和国公司法》第183条和《公司法解释（二）》第1条第1款第4项的规定。（2）香江公司上诉所说的一审法院违反法定程序的问题不存在，一审判决没有任何违反法定程序的问题。（3）一审法院作出解散公司的判决结果，认定事实清楚，证据确凿充分，没有任何偏袒一方当事人的行为。综上所述，香江公司的上诉理由无事实和法律依据，请求二审法院依法驳回上诉，维持原判。

一审第三人郑媛媛未提交书面陈述意见，在庭审时口头陈述称：同意上诉人香江公司的上诉意见。郑少克是香江公司的唯一债权人，在香江公司未清偿债务之前，判决解散香江公司，损害了公司债权人郑少克的利益。许承斌、庞廷进起诉解散公司属滥用股东权利，违反了《中华人民共和国公司法》第20条股东不得滥用股东权利损害公司或者其他股东的利益的规定，损害了其他股东的利益。请求二审法院依法撤销一审判决。

### ▶ 二审裁判结果

广西壮族自治区高级人民法院根据《中华人民共和国民事诉讼法》第153条第1款第1项的规定，判决如下：驳回上诉，维持原判。

### ▶ 二审裁判理由

广西壮族自治区高级人民法院对一审查明的事实予以确认，另查明：2008年8月15日和8月19日，郑媛媛和郑少克分别致函香江公司股东和董事，提议于2008年9月8日召开公司临时股东会和临时董事会，函件上注明会议的议题是：（1）研究和处理林东、庞廷进从公司拿走业务活动经费的问题；（2）研究和处理法院对郑少克与公司借款纠纷案强制执行的问题；（3）研究和决定公司增资扩股方案；（4）研究和决定清算公司问题；（5）修改公司章程及其他事项。2008年9月8日，香江公司在南宁市民主路6—6号阳光新都A座1601室召开了临时股东会和临时董事会。郑少克、庞廷进到会，吴世训代表许承斌参加会议，郑少克代表郑媛媛参加会议。由于股东之间意见分歧太大，临时股东会和临时董事会均未形成任何决议。

2007年11月14日，广西壮族自治区南宁市东博公证处分别出具两份《公证书》，证明2007年11月1日至2日《广西香江资产经营管理有限公司股东会决议》上的郑媛媛签名属实；证明2007年11月12日《广西香江资产经营管理有限公司董事会决议》上的郑少克、郑媛媛股东签名均属实。

2007年10月10日至2008年11月28日，香江公司曾按照许承斌、庞廷进提供的地址和电话号码，29次通过邮政快递将有关香江公司的经营情况、到期债务、催款通知、现状、亟须解决的问题及各次股东会和董事会召开的时间、地点及会议议题等内容的信函寄给许承斌、庞廷进，许承斌、庞廷进只接收了2封，其余27封信件均因"原址查无此人"或"地址欠详"等原因被退回。

香江公司成立于2005年8月22日，原股东为许承斌、庞廷进、冯秋霞，后股东变更为许承斌、庞廷进、郑媛媛。现香江公司的债权人只有郑少克。

二审法院认为：

1. 关于一审判决是否程序违法的问题。

上诉人香江公司上诉主张一审程序违法主要是两个方面：一是遗漏案件当事人，香江公司的债权人郑少克应作为第三人参加诉讼；二是一审作出的财产保全裁定损害了香江公司的利益。

法院认为：第一，公司解散诉讼属于变更之诉，其变更的是股东和公司之间的出资与被出资的法律关系，属于有关公司组织方面的诉讼。而债权人与公司之间的债权债务关系属于公司外部法律关系，因此，债权人不属于公司解散诉讼中必须参加诉讼的当事人。公司解散后，债权人可依法向公司清算组申报债权，以公司财产清偿债务，债权人的合法权益在公司清算程序中会得到依法保护，公司解散并不必然对债权人的债权造成损害。而且，一审法院已于2009年3月30日通知郑少克到庭，就其申请作为本案第三人参加诉讼的理由进行询问，并当庭答复其申请作为第三人参加本案诉讼不符合法律规定，法院不予准许。故香江公司认为依据《公司法解释（二）》第4条第3款的规定，香江公司的债权人郑少克应当参加本案诉讼，一审法院未依法通知郑少克参加诉讼且对郑少克的申请不作任何答复，程序违法的理由不成立，法院依法不予支持。第二，依据《中华人民共和国民事诉讼法》第140条的规定，财产保全裁定不属于当事人的上诉范围，香江公司提出一审法院财产保全裁定违法的问题不属于本案上诉审理的范围，法院对此不予审查。且一审法院依据《公司法解释（二）》第3条"股东提起解散公司诉讼时，向人民法院申请财产保全或者证据保全的，在股东提供担保且不影响公司正常经营的情形下，人民法院可予以保全"的规定，根据许承斌、庞廷进的财产保全申请作出财产保全裁定，并不违反法律规定。且一审法院根据许承斌、庞廷进提供的担保财产价值的评估结果对保全的财产价值范围也进行了相应的调整。香江公司上诉认为担保财产价值与保全财产价值不符，没有充分证据证明。综上所述，香江公司上诉认为一审程序违法的理由不成立，法院依法不予支持。

2. 关于许承斌、庞廷进解散公司的诉请应否支持的问题。

依据《中华人民共和国公司法》第183条"公司经营管理发生严重困难，继续存续会使股东利益受到重大损失，通过其他途径不能解决的，持有公司全部股东表决权百分之十以上的股东，可以请求人民法院解散公司"的规定，如果股东之间的利益冲突和矛盾深刻导致公司有效运行失灵，股东会因对打的拒绝参加而无法有效召集，即使勉强召集会议，也因任何一方的提议都不被对方接受或者认可而无法形成有效决议，导致公司无法正常进行经营活动，使公司的事务处于一种瘫痪的状态，继续存续将会给公司的股东造成重大的损失，持有一定股权比例的股东即可提起公司解散诉讼。根据本案查明的事实，许承斌、庞廷进提起诉讼请求解散香江公司符合公司法的上述规定。

（1）许承斌、庞廷进分别持有香江公司28%和22%的股权，合计持有香江公司全部股东表决权的50%，符合公司解散诉讼的原告主体资格。

（2）香江公司的经营管理发生了严重困难，继续存续会使股东利益受到重大损失。表现在：第一，香江公司的股东一方为郑媛媛，另一方为许承斌、庞廷进，双方各自持有50%的公司股东表决权，但自2007年以来，双方在公司的经营管理及决策等方面产生矛盾，导致股东会和董事会不能正常召开，任何一方提议召开股东会或董事会，都不能顺利召开。2008年9月8日和9月22日，虽然召开了两次股东会和董事会，但因双方意见分歧太大，也未能形成任何决议。股东对于公司经营管理中遇到的问题，不是从有利于公司经营管理和公司长远发展的角度出发，而是为了各自利益，互不信任、互不配合，不积极通过召开公司股东会和董事会进行协商解决问题，导致公司经营管理陷入瘫痪状态。第二，2007年11月12日，郑媛媛在通知许承斌、庞廷进未果的情况下，一人召开股东会并作出股东会决议，免去庞廷进的公司董事职务，免去林东的公司监事职务，选举郑少克为公司董事，选举韦春红为公司监事；同日郑媛媛、郑少克召开董事会并作出董事会决议,免去许承斌公司董事长和法定代表人职务,任命郑媛媛为公司董事长和法定代表人,任命郑少克为总经理。在郑媛媛全权委托郑少克处理郑媛媛在香江公司经营中的所有事项以后,作为公司股东的许承斌、庞廷进两人实际上已无法再参与公司的经营管理,香江公司的经营管理一直处于郑媛媛、郑少克控制状态中,股东之间的矛盾进一步加深。而且,郑少克作为香江公司的唯一债权人,又是香江公司的实际控制人,在其起诉香江公司的借款合同纠纷案中,以香江公司名义承诺对逾期借款按逾期贷款利率的4倍支付利息,判决生效后,又申请执行香江公司的唯一资产,即香江公司持有的广西壮族自治区糖酒副食品总公司和广西壮族自治区食品公司的债权包。这些事实又进一步加深了股东与公司之间的利益冲突。第三,郑媛媛先后按照许承斌、庞廷进留下的地址通过邮政快递的形式寄出29封信件,而许承斌、庞廷进只接收了其中2封,对其他信件予以拒收,也拒听电话,不到公司参加公司经营管理,说明公司股东之间的信任与合作基础已经丧失。第四,许承斌的母亲林东作为香江公司原公司监事,从公司处取走大量活动经费,香江公司以林东构成侵占公司财产为由向公安机关报案,要求追究林东的刑事责任,导致双方股东的矛盾进一步升级。上述事实均说明香江公司的股东之间已经失去了最起码的信任,股东之间相互合作的基础已经完全破裂,体现有限责任公司人合性的基本要素已不复存在。香江公司的经营管理处于事实上的瘫痪状态,体现公司自治的公司治理机构处于失灵状态,该状态的继续存续会对公司、股东造成实质性的损害,使股东利益受到重大损失。

3. 通过其他途径不能解决香江公司的经营管理困难。香江公司的股东因矛盾冲突,已无法通过协商、转让股权等内部救济手段解决公司经营管理困难。在本案诉讼过程中,法院多次组织双方当事人进行调解,希望双方当事人能通过股权转让等途径打破公司僵局,实现纠纷股东的分离,以保持公司作为商事主体的存续性,但因双方当事人的意见分歧较大,未能达成任何协议。

综上分析,依据最高人民法院《关于适用〈中华人民共和国公司法〉若干问题的规定(二)》第1条第1款第4项的规定,香江公司因股东之间的矛盾冲突已无法形成有效决议,许承斌、庞廷进请求解散公司,符合《公司法》规定的公司解散条件,依法应予支持。

香江公司上诉主张在公司未清偿债务时,许承斌、庞廷进申请解散公司的目的是为了恶意逃避债务,逃避法律的制裁。法院认为,依据《中华人民共和国公司法》第184条、第185条的规定,司法解散公司后,公司依法要自行组织清算,如公司不自行组织清算的,公司债权人或股东有权向人民法院申请对公司进行强制清算,以公司财产清偿债务。因此,公司解散并不等于逃避债务。香江公司上诉主张许承斌、庞廷进申请解散公司的目的是为了恶意逃避债务、逃避法律的制裁、公司不符合解散条件的理由不成立，依法应予驳回。

### 106. 公司股东被公司免职后，能否以无法参与公司的经营管理为由提起公司解散之诉？

现行公司法并不以公司股东必须进入公司董事会或担任其他管理职务作为股东权利得以充分体现的前提条件。公司股东之间即使存在矛盾，如果公司业务仍能依照公司章程作出董事会或股东会决议而正常运作，则部分股东排挤出公司管理层并没有使公司的经营管理发生严重困难，公司的运行并未陷入僵局，因此，尚不具备解散公司的条件。

#### 典型疑难案件参考

招有枝诉招锦泉等股东请求解散及清算公司纠纷案

##### 基本案情

第三人四会市金利达染整有限公司（下称金利达公司）于2002年5月23日经四会市工商行政管理局核准登记为有限责任公司，股东共两人，其中原告招有枝出资22.5万元，占注册资本的45%；被告招锦泉出资27.5万元，占注册资本的55%，公司董事长为招有枝，招锦泉为董事，并选举招润亨为董事。经四会市工商行政管理局查实，招锦泉在2002年4月18日以我国大陆居民身份申请设立金利达公司，但招锦泉真实身份为中国香港永久居民。四会市工商行政管理局认为招锦泉的行为已构成了《中华人民共和国公司法》（1999年修订）第206条和《中华人民共和国公司登记管理条例》（1994年施行）第59条所指的违法行为，遂于2004年9月1日作出四工商处字〔2004〕第20号《行政处罚决定书》，对金利达公司和招锦泉罚款人民币5万元上缴国库。2004年9月15日，金利达公司向工商局缴纳了5万元罚款。

金利达公司成立后，由招有枝主持日常管理工作。招锦泉认为招有枝经营、管理期间损害了其及公司的利益，于2004年1月15日通过四会市公证处向被告送达了在2004年2月1日召开股东大会及董事会的通知书。2004年2月1日，股东会如期进行，经四会市公证处证明其中参加会议的有招锦泉及其代理人王梦尼、招有枝。但招有枝没有在股东会议签到名册及股东会会议记录上签名。招锦泉及其代理人以控股股东的身份作出了股东会决议，主要内容为：（1）新增如民鎰、薛枝、冯信林为董事会成员。（2）免去招有枝董事长兼法定代表人职权、职务，由新董事薛枝担任董事长。（3）公司行使诉权，追究中鹏会计师事务所出具的虚假审计报告、招有枝及相关人员的民事责任。（4）招锦泉所持股份以1380万元转让予冯二妹、薛枝。2004年2月20日，招锦泉通过四会市公证处向招有枝送达了〔2004〕四证内字第28号公证书、法定代表人职务交接通知、股东会决议（四份）。

上述股东会决议作出后，因招有枝没有履行该决议移交公司的经营管理权，招锦泉、薛枝遂于2004年2月24日向广东省四会市人民法院提起诉讼，要求法院：（1）确认2004年2月1日股东会议合法有效，责令招有枝履行股东会决议，办理公司法定代表人暨董事长的交接手续。（2）招有枝立即交出金利达公司的全部财务凭证、手续等，并依法进行财务审计。（3）招有枝将金利达公司的经营管理工作全面移交给薛枝，并责令招有枝交出公章（包括公司公章、财务用章、行政专用章、合同章等）给薛枝保管。该案经广东省四会市人民法院一审、广东省肇庆市中级人民法院终审认为：（1）虽然工商登记资料显示金利达公司股东招锦泉是大陆居民，而招锦泉实际是中国香港居民，但这只能证实招锦泉的身份存有问题，并不影响其作为金利达公司股东的事实，故可认定招锦泉是适格的诉讼主体，有权代表金利达公司提起诉讼。薛枝不是公司股东，不具备起诉主体资格。（2）金利达公司于2004年2月1日召开的股东会，招锦泉在股东会召开前，已履行了通知义务，各股东也实际参加了股东会并行使了表决权。其表决程序符合法律的规定，程序合法。该股东会决议中关于对外转让出资的内容，招锦泉未在30天前书面向公司提出申请，违反了该公司章程第11条的规定，故该内容无效，但并不影响此次股东大会及其余三个决议的效力。据此，广东省肇庆市中级人民法院于2004年10月13日作出终审判决，判令：（1）招锦泉于2004年2月1日召开的金利达公司股东会决议除对外转让出资内容无效外，其余部分合法有效；（2）招有枝于判决发生法律效力之日起5日内向招锦泉交出金利达公司的全部财务凭证、手续等；（3）招有枝于判决发生法律效力之日起5日内将金利达公司的经营管理工作（包括公司公章、财务用章、行政专用章、合同章等）全面移交给招锦泉；（4）招锦泉在判决发生法律效力之日起5日内到工商行政管理局办理金利达公司法定代表人的变更登记手续，招有枝应予协助。

上述判决生效后，招锦泉全面接管了金利达公司的经营管理工作，招有枝退出了公司的管理层。此后，招有枝多次要求参与金利达公司的管理工作，均遭拒绝，导致双方对金利达公司管理问题上的矛盾日益加剧。

另查明，2004年9月15日，招锦泉向金利达公司出具《对外转让出资通知书》，表示愿意把其在金利达公司持有的55%的股份以人民币1350万元的价格转让给冯二妹，并要求金利达公司召开股东会对该转让事宜作出决议。金利达公司收悉该通知书后，决定于2004年11月11日召开股东会讨论股权转让事宜，并以特快专递方式向股东招有枝送达股东会召开通知书，通知招有枝对招锦泉以1350万元价格把其股份转让给冯二妹事宜作出决议。上述通知书及邮寄送达的过程经四会市公证处公证。2004年11月11日，金利达公司如期召开股东会，招有枝没有出席，股东会同意招锦泉以1350万元的价格把其股份转让给冯二妹、薛枝。2004年12月15日，招锦泉与冯二妹签订《股份转让合同》，约定招锦泉同意以27.5万元的价格将其持有金利达公司55%的股份转让给冯二妹。合同签订后，冯二妹向招锦泉支付了全部股权转让款27.5万元。金利达公司修改了章程把冯二妹记载为公司股东，但至今未能办理股东变更工商登记手续。

此外，在本案审理过程中，被告招锦泉及第三人金利达公司同意保证原告享有参与公司管理权、知情权等股东权利。

▶ 一审诉辩情况 ◀

原告诉称：原、被告共同出资成立第三人金利达公司。在经营金利达公司过程中，被告多次侵犯原告的股东权利，导致原告无法履行股东的合法权利。具体事实与理由如下：（1）被告提交虚假证明文件取得公司登记导致四会市金利达染整有限公司设立无效的事实。2002年4月12日，被告以中国大陆居民身份与原告协商达成成立四会市金利达染整有限公司股东入股协议书，并起草公司章程。2002年5月23日，经四会市工商行政管理局核准设立金利达公司。公司设立后，依法组建了董事会并选举了原告、被告及招润享为公司董事、茹延成为经理、谢佩玲为监事，原告被选举为公司董事长即法定代表人。原告、被告在经营过程中发生争议，被告于2004年1月8日以金利达公司及原告拖欠借款为由向佛山市中级人民法院提起诉前财产保全申请，在佛山市中级人民法院作出〔2004〕佛中法立保字第16—1号及〔2004〕佛中法立保字第16—2号民事裁定书后，被告在法律规定的15日期限内没有起诉，诉前财产保全自动解除。根据其申请书中显示的身份，原告才知道被告不是中国大陆居民，而是中国香港特别行政区居民。被告在金利达公司设立时提供在四会市工商行政管理局的公司设立登记申请书中的地址是在佛山市石湾区张槎镇上朗管理区三村，身份证号码为440601500619381。据佛山市禅城区公安局查询结果显示，没有被告的户籍资料，该户籍资料是谭世民。被告故意隐瞒其真实身份,在未经法定审批机构批准的前提下,以虚假的国内普通居民身份作为股东申请工商登记的行为已经违反了《中华人民共和国中外合资经营企业法实施条例》(2001中修订)第6条之规定,导致原告、被告达成的股东入股协议及公司章程因违反国家强制法律、行政法规而无效,其过错在于被告;且被告以虚假身份向工商行政管理部门申请工商登记的行为,违反了《中华人民共和国中外合资经营企业法》及《中华人民共和国中外合资经营企业法实施条例》的规定,故金利达公司的设立自始无效,依据《中华人民共和国公司法》(1999年修订)第206条之规定应当撤销公司登记并请求人民法院依法组成清算组对金利达公司进行清算。(2)被告不履行股东的继续出资义务,单方面作出的所谓"股东会决议"无效。①原告为实际的大股东,被告单方面作出的所谓"股东会决议"没有经过超过一半以上表决权的股东通过,应为无效。由于金利达公司在投入生产后经营良好,取得了较好的经济效益,原告、被告为扩大生产规模决定对公司继续出资。根据广东肇庆中鹏会计师事务所有限公司的审计报告,招锦泉实际投资为11790226.40元,占投资总额的48.41%;招有枝实际投资为12566223.92元,占总投资额的51.59%,这与公司设立时的出资比例及股东地位发生了变化,招有枝为金利达公司实际上的大股东。在股东会召开时因为原告为实际的大股东而拥有超过一半以上的表决权,根据公司法的规定,被告单方面地召集其他人员作出的所谓"股东会决议"当然无效。②《会议记录》明显缺乏客观、真实性,不具有可信性。股东会会议记录是股东行使权利过程的重要证明文件,应具备客观、真实要件。会议记录员应该是与公司所有股东特别是双方有矛盾分歧的股东无任何利害关系,保持客观公正的立场。《会议记录》记录员冯信林既作为记录员,又被选为董事不符合要求。被告提供的《会议记录》并不是当场的原始记录,而是事后由被告的委托代理人王梦尼(另一个会议记录员)主持缮写,无法反映会议的实际情况。王梦尼是中国台湾人,其作为被告的委托代理人缺乏台湾地区公证机关的公证而无效,更谈不上对其所作的《会议记录》的认可,不具有可信性。王梦尼的名片显示其是金利达公司执行董事,与其作为被告的委托代理人的身份不符。③《股东决议(草案)》所记载的提交股东会讨论的内容与《会议记录》中记载的讨论内容以及之后制作的《股东会决议》内容在主要方面完全不相符合,致使原告丧失了股东知情权。(3)被告通过违法的方式剥夺了招有枝的股东权利和董事长权力的行使,派人强行进入金利达公司,对公司事物及财产进行控制,并拒绝招有枝进入金利达公司实施经营管理,严重损害了招有枝作为股东享有的股东知情权、经营管理权及对公司财产的占有、使用、收益、处分等权利,同时也严重损害了金利达公司的整体利益,导致双方无继续合作的可能性，也使金利达公司失去运作下去的必要性。基于上述原因，原告请求判令：①确认四会市金利达染整有限公司设立无效并撤销公司登记；②解散四会市金利达染整有限公司并由人民法院组织成立清算组对四会市金利达染整有限公司进行清算。

被告招锦泉答辩称：（1）原告向法院提起撤销及解散四会市金利达公司之诉，将我方列为被告，属起诉主体不适格。①我方和原告同为四会市金利达公司的股东，双方在投资及参与管理四会市金利达公司的过程中虽偶有分歧，但从本质上来看双方之间并无矛盾可言。相反，双方所期待的利益和目的恰恰相同。②我方现已经不是金利达公司的股东，原告将我方列为本案的被告不符合民事诉讼法的规定，属起诉主体不适格。（2）原告称我方提交"虚假"的身份证取得公司登记之行为，并不必然导致四会市金利达公司的设立无效。①原告以我方在设立公司登记时提交虚假身份证取得公司登记为由，要求确认该登记行为无效，于法无据。②原告诉称，在公司设立时不知被告是香港居民，并据此主张公司设立无效，无事实及法律依据。③我方在金利达公司设立登记时，提交虚假身份证件（实为原告提交），从程序上确有不合法之处，但并未造成情节严重的后果，依法不应予以撤销。④在我国，公司设立登记的性质是设权性的，但对于工商登记中关于股东登记的内容是否属于设权性，则没有明确的规定。（3）原告在诉状中罗列我方诸如不履行股东继续出资的义务，股东会议无效及剥夺其作为股东应享有的权利等情况与事实不符。①原告在诉状中称我方不履行继续出资义务，限制其股东权利，与事实不符。②原告诉称，我方违法剥夺其作为股东应享有的知情权及对公司财产的占有、使用、收益、处分权等股东权利，纯属捏造事实。③原告诉称，公司现任总经理王梦尼管理公司是一种违法行为，并可能导致股东间持有的人身信赖基础丧失，毫无事实依据。（4）2004年2月1日股东会所形成的股东会决议程序及内容合法有效。①原告以其为"实际大股东"为由进行抗辩是没有事实和法律依据的。②股东会决议的内容合法有效。（5）原告请求解散公司之诉完全无法律依据。①原告作为金利达公司的股东是否享有解散请求权，尚有争议。②原告请求解散四会市金利达公司的理由不符合公司法及《公司章程》的规定。③解散金利达公司并非为最佳的股东退出机制。

第三人金利达公司述称：（1）原告向法院提起撤销及解散金利达公司之诉，就其动机及目的而言，诚属恶意诉讼，尤其观其所举之起诉状所陈述的内容，属于原告杜撰与虚构且虚伪不实的情节。（2）原告向法院提起撤销金利达公司的诉求，是基于其自己的主观认定。事实上，原告是在原、被告达成的入股协议及章程的2002年5月之前就已知道被告是中国香港人。被告隐瞒了其中国香港人身份用假的中国大陆人身份及身份证申请设立公司的行为已被罚款人民币5万元。且此案在法律及司法层面上而言，业已结案。原告要求撤销公司登记的说法，是其对有关工商登记的相关法律及规定的误解及不了解，原告与被告以自然人身份作为股东共同出资设立及登记成立有限责任公司，是完全符合法律规定，金利达公司的设立登记注册系完全合法有效的。(3) 就原告指称"被告提交虚假证明文件取得公司登记导致四会市金利达公司设立无效的事实"一节，并非事实。(4) 原告指称"不履行股东的继续出资义务、单方面作出的所谓'股东会决议'无效"的说法及理由，完全是原告的主观偏见。(5) 原告诉称，公司现任总经理王梦尼管理公司是一种违法行为，并可能导致股东间持有的身份信赖基础丧失，是毫无依据的。(6) 金利达公司于2004年2月1日召开股东会所形成的决议合法有效。(7) 原告请求解散公司之诉无法律依据，请法院依法驳回原告诉讼请求。

第三人冯二妹述称：我方已受让被告招锦泉在金利达公司持有的股份，是金利达公司的股东。我方不同意原告解散公司的请求，所依据理由与被告招锦泉及第三人金利达公司一致。

▶ 一审裁判结果 ◀

广州市中级人民法院依照《中华人民共和国公司法》第72条第3款、第199条、《中华人民共和国合同法》第126条第1款、《中华人民共和国民事诉讼法》第64条第1款、第243条的规定，判决如下：

驳回原告招有枝的诉讼请求。

案件受理费100元由原告招有枝负担。

▶ 一审裁判理由 ◀

广州市中级人民法院认为：被告为中国香港特别行政区居民，故本案属于涉港解散、清算公司纠纷，应参照涉外案件处理。原告请求解散、清算的金利达公司注册地在我国内地，根据《中华人民共和国民事诉讼法》第243条的规定，本院作为金利达公司所在地有涉外、涉港澳台商事案件管辖权的法院，有权对本案行使管辖权。双方当事人没有约定适用法律，依照《中华人民共和国合同法》第126条第1款关于涉外合同的当事人没有选择的，适用与合同有最密切联系的国家的法律规定，故本案应适用金利达公司所在地法律即我国内地法律作为解决双方争议所适用的准据法。

1. 对金利达公司股东构成问题的认定。因被告招锦泉在本案审理期间曾与第三人签订股权转让合同约定把其在金利达公司持有的股权转让给第三人冯二妹。该合同有效与否直接影响到金利达公司的股东构成，而该构成关系决定本案诉讼主体的确定，故解决本案争议的前提条件是如何认定该转让合同的效力。

依照《中华人民共和国公司法》第72条第3款的规定，当股东转让股权时，在同等条件下，其他股东对该股权享有优先购买权。"同等条件"是行使优先购买权的实质性要求，是指转让方对其他股东和对第三人转让条件的相同，不区别对待。在条件相同的前提下，其他股东处于优先于股东之外的第三人购买的地位。本案中，被告招锦泉在2004年11月以特快专递方式向股东招有枝送达的股东会召开通知书中，载明招锦泉是以1350万元价格把其股份转让给冯二妹的。及后金利达公司于2004年11月11日召开股东会议作出的股东会决议中，也是决定招锦泉以1350万元价格转让其股份。但招锦泉在上述股权转让合同中约定以27.5万元的价格转让其股份，冯二妹实际支付股权转让款27.5万元。由此可见，招锦泉转让股权给冯二妹的价格远低于其告知招有枝的价格。该行为直接剥夺了招有枝在同等条件下的股东优先购买权，违反了公司法的上述强制性规定，故该股权转让合同应认定为无效，不发生股权转让的效力。据此，本院确认金利达公司的股东仍旧为招有枝与招锦泉，招有枝与招锦泉是本案适格的主体。

2. 关于被告招锦泉隐瞒中国香港居民身份的行为是否导致金利达公司的设立无效问题。首先，据现有工商登记资料显示，金利达公司登记为国内有限责任公司，其股东招有枝、招锦泉均为内地居民。后经四会市工商局查实，招锦泉实为香港居民。招锦泉隐瞒其真实身份取得公司登记的行为，依照当时施行的《中华人民共和国公司法》(1999年修订)第206条规定，办理公司登记时提交虚假证明文件或者采取其他欺诈手段隐瞒重要事实取得公司登记的，由工商登记机关责令改正，处以1万元以上10万元以下的罚款。情节严重的，撤销公司登记。构成犯罪的，依法追究刑事责任。四会市工商局对招锦泉该行为审查后，认为招锦泉已违反了上述规定，属于违法行为，于2004年9月1日作出《行政处罚通知书》，对招锦泉及金利达公司罚款人民币5万元上缴国库。上述事实表明，关于招锦泉提供虚假身份资料构成违法行为一节，四会市工商局已审查处理。该局认为招锦泉上述违法行为并未达到足以撤销公司登记的严重程度，故仅对当事人作出处罚决定。其次，招有枝未能提交相关证据证明招锦泉利用该虚假身份获取不正当利益。最后，金利达公司成立后一直以国内公司身份进行正常经营活动，未发现其有严重违法情节。综合考虑上述因素，本院认定招锦泉隐瞒身份的行为不足以影响金利达公司设立登记及正常经营活动的合法性。招有枝以此为由要求撤销公司登记，理据不充分，本院不予支持。

3. 关于金利达公司是否因其股东招有枝与招锦泉之间的矛盾而予以解散的问题。招有枝行使公司解散请求权的理由之一是招锦泉在2004年2月1日单方面召开股东会从而形成的罢免招有枝董事长及法定代表人职务等内容的股东会决议违反了程序,侵害了招有枝的股东权利,该决议是无效的。对该决议的效力问题,已经广东省肇庆市中级人民法院终审判决,认定该股东会决议除对外转让出资内容无效外,其余部分合法有效。故招有枝在本案中仍以该决议无效作为招锦泉侵犯其股东合法权益的理由,本院不予采纳。

招有枝请求解散公司的另一主要理由是招锦泉拒绝招有枝进入金利达公司实施经营管理,严重损害了招有枝的股东权利及金利达公司的整体利益,导致双方无继续合作的可能性,也使金利达公司失去运作下去的必要性。经查实,招有枝与招锦泉发生矛盾后,招锦泉在2004年2月1日召开金利达公司股东会决定罢免招有枝董事长及法定代表人职务的内容经终审判决认定为有效。此后,招有枝已全面退出金利达公司的经营管理工作。现金利达公司主要由招锦泉管理,工商登记资料显示招锦泉的出资占金利达公司的55%,公司业务因招锦泉作为大股东仍能在招有枝缺位管理的情况下依照公司章程做出董事会或股东会决议而能正常运作,并未受到招有枝退出管理层的影响。可见,招有枝、招锦泉之间的矛盾未使金利达公司的经营管理发生严重困难,公司的运行并未陷入僵局,尚不具备解散公司的条件。更为关键的是,现行公司法并不以公司股东必须进入公司董事会或担任其他管理职务作为股东权利得以充分体现的前提条件。招有枝要求解散公司的重要原因是其丧失了在公司担任法定代表人的职位从而认为其作为股东管理公司的权利被剥夺。但如上所述,其被免职一节是经公司股东会以合法程序进行,并没有违反公司章程及法律规定。招有枝也未能提交足够证据证明其被免职后,招锦泉存在利用担任公司管理职务之便非法占有公司财产从而损害招有枝股东利益、对其显失公平的行为。即使招有枝被股东会罢免其金利达公司董事长的职务妨碍了其行使作为公司股东所享有的经营管理权、对公司财产的处分权等权利,但其作为公司股东的地位未受到影响,依然享有股东的利润分配请求权、知情权等广泛权利。在金利达公司的治理机制没有失效的情况下,其仍可以通过要求召开股东会等方式了解公司业务情况、表达其意见从而行使其股东权利。如招锦泉拒绝招有枝以上述方式行使权利,招有枝仍可向人民法院起诉招锦泉、金利达公司请求司法救济,寻求法律对其股东权利的保护。可见,在现代公司制度下,招有枝的股东权利可循多方途径寻求保护,解散公司并非唯一可行的方法。况且,被告招锦泉及第三人金利达公司在诉讼中已明确表示同意保障原告享有管理权、知情权等股东权利,原告行使股东权利所遇到的障碍也已消除。综上所述,招有枝要求解散清算金利达公司的主要理由尚不充分,本院不予采纳。

### 二审裁判结果

一审宣判后,原告招有枝不服判决,向广东省高级人民法院提起上诉。广东省高级人民法院经过审理,依照《中华人民共和国民事诉讼法》第153条第1款第1项的规定,判决:驳回上诉,维持原判。

> **107. 提起公司解散之诉的股东在诉讼过程中由于公司增资,持有的股权降至10%以下,已经提起的解散之诉是否应继续审理?**
>
> 公司法规定提起公司解散之诉的原告的持股比例必须在全部股东表决权的10%以上,其目的是防止持股很少的股东恶意滥诉,损害其他股东和公司的整体利益。虽然公司法对持股比例的认定时间未作明确规定,由于第183条规定的公司解散之诉的条件是指股东起诉时的条件,因此,即使股东由于公司后来进行增资导致其持有股权比例不足10%,都应当认定其具有原告主体资格,已经提起的诉讼应当继续审理。

### 典型疑难案件参考

蔡迎迎诉泉州明恒纺织有限公司、何文安解散公司纠纷案

#### 基本案情

泉州明恒纺织有限公司(以下简称明恒公司)于2000年7月11日成立,2004年1月16日明恒公司股东会决定将明恒公司全部股权转让给蔡迎迎和何文安,转让后何文安持有公司90%的股份,蔡迎迎持有公司10%的股份,各方当事人到工商部门办理了股权变更登记。后蔡迎迎作为公司的董事长和总经理参加公司经营。2004年7月16日,股东进行增资,但两股东持有股权的比例不变。2006年4月17日,明恒公司的董事长和总经理更换为何文安。2006年6月29日,蔡迎迎以公司经营过程中遭受排挤,董事长、总经理无故被撤换、损害其合法权益,并且公司已亏损,公司经营陷入混乱为由提起诉讼要求解散公司。2006年7月30日,明恒公司召开股东会和董事会,决定增资250

万元,该资本由何文安出资,并到工商局办理了股权变更登记。变更后,何文安占有明恒公司90.9%的股份,蔡迎迎占有公司9.1%的股份。

另外,蔡迎迎和何文安原系夫妻关系。2002年何文安提起离婚诉讼,双方于2002年8月21日调解离婚,但未对婚后财产进行处理。

## 诉辩情况

原告蔡迎迎认为:(1)蔡迎迎系明恒公司股东,起诉时仍持有明恒公司10%的股权,符合《中华人民共和国公司法》第183条规定的股东提起解散公司诉讼的条件,其诉讼主体资格适格。(2)公司经营过程中,由于公司大股东何文安的不断排挤,何文安逐步对公司管理实行垄断,客观上形成何文安一人控制公司的局面。随着蔡迎迎董事长、总经理和法定代表人的职务被更换,蔡迎迎现已无法参与对公司的经营和管理,其股东权益遭到严重的侵害。现公司已经开始亏损,公司继续经营将可能进一步损害蔡迎迎的股东权益,根据《中华人民共和国公司法》第183条规定,明恒公司应依法解散并进行清算。

被告明恒公司认为:(1)蔡迎迎对公司并没有实际出资,当时股权转让款均由何文安缴纳,蔡迎迎并非公司的真实股东。并且根据工商部门的登记材料,现蔡迎迎所持有的股份已不足10%,不符合《中华人民共和国公司法》第183条规定的条件,其不具有诉讼主体资格。(2)本案股东双方发生纠纷系双方个人感情问题引起,与公司经营无关。明恒公司法定代表人变更、增加注册资本均经董事会正常决议,且依法到工商部门办理了变更登记。并且明恒公司拥有巨额注册资本且仍正常经营,不存在继续经营会损害股东利益的情形,蔡迎迎主张解散公司缺乏事实依据。

被告何文安未出庭参加诉讼,也未提交书面意见。

## 裁判结果

福建省泉州市中级人民法院一审判决:驳回蔡迎迎的诉讼请求。
宣判后各方当事人均未提起上诉,一审判决已经生效。

## 裁判理由

案件审理过程中,各方争议的主要焦点在于:(1)蔡迎迎提起解散公司诉讼主体是否适格;(2)若蔡迎迎有权提起解散公司诉讼,明恒公司是否应该解散。

福建省泉州市中级人民法院经审理认为:(1)蔡迎迎具有诉讼主体资格,理由如下:第一,明恒公司没有证据证明公司股权转让金均由何文安出资,其主张蔡迎迎并非公司真实股东不能成立。第二，蔡迎迎在提起本案诉讼时仍持有明恒公司10%的股权，虽然后来公司进行增资，其占有股权比例已不足10%，但《中华人民共和国公司法》第183条对于股东提起解散公司之诉的条件规定应是指股东起诉时的条件。明恒公司主张蔡迎迎股权比例已不足法定条件，没有法律依据。（2）明恒公司不应解散。现有的证据表明明恒公司并未因股东之间纠纷而导致决策和经营机制陷入瘫痪，公司严重亏损经营管理严重困难的情形，也不存在大股东滥用股东权利对公司财产处理不当危及公司存在或是造成公司资产的重大流失或重大流失危险从而损害全体股东的情形。蔡迎迎若认为其受大股东何文安欺压，股东权受到侵害，可以通过公司法规定的其他退出机制进行解决。

# 公司解散纠纷办案依据集成

**1. 中华人民共和国公司法**（2005年10月27日修订）（节录）

第一百八十一条 公司因下列原因解散：
（一）公司章程规定的营业期限届满或者公司章程规定的其他解散事由出现；
（二）股东会或者股东大会决议解散；
（三）因公司合并或者分立需要解散；
（四）依法被吊销营业执照、责令关闭或者被撤销；
（五）人民法院依照本法第一百八十三条的规定予以解散。

第一百八十三条 公司经营管理发生严重困难，继续存续会使股东利益受到重大损失，通过其他途径不能解决的，持有公司全部股东表决权百分之十以上的股东，可以请求人民法院解散公司。

**2. 最高人民法院关于适用《中华人民共和国公司法》若干问题的规定（二）**（2008年5月12日 法释〔2008〕6号）（节录）

第一条 单独或者合计持有公司全部股东表决权百分之十以上的股东，以下列事由之一提起解散公司诉讼，并符合公司法第一百八十三条规定的，人民法院应予受理：
（一）公司持续两年以上无法召开股东会或者股东大会，公司经营管理发生严重困难的；
（二）股东表决时无法达到法定或者公司章程规定的比例，持续两年以上不能做出有效的股东会或者股东大会决议，公司经营管理发生严重困难的；
（三）公司董事长期冲突，且无法通过股东会或者股东大会解决，公司经营管理发生严重困难的；
（四）经营管理发生其他严重困难，公司继续存续会使股东利益受到重大损失的情形。
股东以知情权、利润分配请求权等权益受到损害，或者公司亏损、财产不足以偿还全部债务，以及公司被吊销企业法人营业执照未进行清算等为由，提起解散公司诉讼的，人民法院不予受理。

第二条 股东提起解散公司诉讼，同时又申请人民法院对公司进行清算的，人民法院对其提出的清算申请不予受理。人民法院可以告知原告，在人民法院判决解散公司后，依据公司法第一百八十四条和本规定第七条的规定，自行组织清算或者另行申请人民法院对公司进行清算。

第三条 股东提起解散公司诉讼时，向人民法院申请财产保全或者证据保全的，在股东提供担保且不影响公司正常经营的情形下，人民法院可予以保全。

第四条 股东提起解散公司诉讼应当以公司为被告。
原告以其他股东为被告一并提起诉讼的，人民法院应当告知原告将其他股东变更为第三人；原告坚持不予变更的，人民法院应当驳回原告对其他股东的起诉。

原告提起解散公司诉讼应当告知其他股东，或者由人民法院通知其参加诉讼。其他股东或者有关利害关系人申请以共同原告或者第三人身份参加诉讼的，人民法院应予准许。

**第五条** 人民法院审理解散公司诉讼案件，应当注重调解。当事人协商同意由公司或者股东收购股份，或者以减资等方式使公司存续，且不违反法律、行政法规强制性规定的，人民法院应予支持。当事人不能协商一致使公司存续的，人民法院应当及时判决。

经人民法院调解公司收购原告股份的，公司应当自调解书生效之日起六个月内将股份转让或者注销。股份转让或者注销之前，原告不得以公司收购其股份为由对抗公司债权人。

**第六条** 人民法院关于解散公司诉讼作出的判决，对公司全体股东具有法律约束力。

人民法院判决驳回解散公司诉讼请求后，提起该诉讼的股东或者其他股东又以同一事实和理由提起解散公司诉讼的，人民法院不予受理。

## 十六、申请公司清算

**108. 公司因吸收合并而解散时，是否必须对公司进行清算？**

《中华人民共和国公司法》第184条规定，当公司出现该条中规定的解散事由而逾期不进行清算的，公司的债权人可以向人民法院申请对公司进行强制清算。但是，由于公司合并时，合并各方的债权债务由合并后存续的公司或者新设立的公司承继，因此，虽然被合并的公司（吸收合并的被吸收方或者新设合并的各方）应当解散，但无论吸收合并还是新设合并都不属于第184条中规定的清算事由。

### 典型疑难案件参考

李智勇等四股东请求兴海有限责任公司强制清算案

#### 基本案情

呼和浩特兴海仓储有限责任公司（以下简称兴海公司）系经改制成立的有限责任公司，原告李智勇、郭丽萍、贾利国、邢月英为该公司股东。2006年7月28日，该公司召开股东大会修订了《公司章程》，其中第12条第6项规定，公司清算时按出资比例分取剩余资产；第18条之（二）第5项规定，股东会会议作出修改公司章程，增加或减少注册资本的决议，以及公司合并、分立、解散或变更公司形式的决议，必须经代表2/3以上表决权的股东通过。2007年4月，兴海公司股东大会决议通过了《关于公司吸收合并后股东的安置方案》，一致同意公司二次改制，与建强公司进行吸收合并，并成立改制领导小组。2007年4月29日，兴海公司股东大会通过了《关于被吸收合并的股东会决议》，同意被建强公司吸收合并。2007年4月30日，兴海公司通过了《关于吸收合并后股东的安置方案》。2007年5月7日通过了《关于公司吸收合并的股东会决议》，主要内容为吸收合并后由吸收公司建房的表决。以上决议签名股东所持表决权均超过了2/3。2007年9月29日，兴海公司在《呼和浩特日报》刊登公告称：经股东会决议，决定被建强公司吸收合并，原公司被吸收合并后注销。2008年12月16日，市土地收储中心刊登土地拍卖《公告》，该公告中有本案兴海公司所称的吸收合并之土地使用权。在兴海公司股东会议决议公司因吸收合并解散的过程中，本案四名原告持不同意见，认为兴海公司作出的是解散决议，应当对公司资产进行清算，而兴海公司在决议解散后并未按照公司法强制清算程序的规定展开工作，致使申请人不能知晓公司财务实际状况，无法主张应得的份额，损害了股东的利益。李智勇等四股东最终向人民法院提出对兴海公司的强制清算申请。

### 裁判结果

一审法院裁定：兴海公司自裁定生效之日起30日内由该院指定清算组进行清算。

### 一审裁判理由

一审法院认为：兴海公司通过吸收合并的形式解散原公司符合公司法的相关规定，且其股东大会决议均超过有2/3以上表决权的股东签名通过，但兴海公司不能举出吸收合并公司的证据，也不能举出是否进行清算的证据，所以兴海公司仅凭在报纸上自行刊登的合并公告，并不能证明是否真实存在与他人合并的事实。既然股东大会通过了公司因合并而解散的决议，那么根据公司法的相关规定即应当进行实际真实的清算。

### 二审裁判结果

兴海公司不服一审裁定提起了上诉，认为对经股东会决议合并的公司，法院接受强制清算的申请是不符合法律规定的。

二审法院经审理，依照《中华人民共和国公司法》第181条、第184条，《最高人民法院关于适用〈中华人民共和国公司法〉若干问题的规定（二）》第7条的规定，撤销一审民事裁定，驳回李智勇等四股东对兴海公司清算的申请。

### 二审裁判理由

二审法院审查后认为：我国公司法将公司因被吸收合并而解散的情况排除在申请法院强制清算的范围之外。本案中兴海公司所作出的是吸收合并解散决议而非解散决议。李智勇等四股东认为兴海公司吸收合并虚假，兴海公司所作的决议就是解散决议，兴海公司既已经解散，就应当进行清算，公司不清算，股东就有权申请强制清算的理由不能成立。如四股东认为公司决议侵害了其股东利益，可以直接针对该决议提起相应的股东权益诉讼。此外，四股东认为作为兴海公司的股东，不能知晓公司的财务状况，属于股东知情权问题，也非强制清算程序启动的理由，可以通过股东知情权的行使维护其合法权益。据此，四股东对兴海公司强制清算的申请，不符合《中华人民共和国公司法》所规定的强制清算的条件，法院不应受理。原审裁定适用法律不当，依法应予纠正。

> **109. 公司解散后逾期不清算的，公司股东是否可以申请人民法院对公司进行强制清算？**
>
> 　　除公司债权人之外，公司的股东等其他利害关系人是否有权申请人民法院进行强制清算，法律没有明确规定。对此，应当对有权申请强制清算的"债权人"作扩大解释，使其包括公司股东等其他利害关系人。

## 典型疑难案件参考

### 刘丽萍诉潘小泽公司清算纠纷案

▶ **基本案情**

　　2004年3月8日，原告刘丽萍与被告潘小泽签订一份《合股协议书》，载明：公司名称"宁海县天马汽车水室开发有限公司"，原告出资35万元，占投资总额的50%，被告出资35万元，占投资总额的50%。因宁海县天马汽车水室开发有限公司未被工商部门核准登记，为此原、被告双方于2004年3月29日又签订了一份章程，载明：公司名称"宁海县赛佳模塑有限公司"，公司住所地为宁海县跃龙街道环南东路48号；原告出资24.5万元，占49%的股权；被告出资25.5万元，占51%的股权。公司经营范围：塑料件、模具、五金件制造、加工。章程同时约定了公司解散的情形。即当公司营业期限届满，股东会决议解散；因合并和分立需要解散的；违反国家法律、行政法规，被依法责令关闭的以及其他法定事由需要解散的，公司应予解散。公司违反国家法律、行政法规被依法责令关闭的，其他法定事由需要解散的，由有关主管机关组织有关人员成立清算组，进行清算。章程同时对其他事项作了规定。章程签订后，2004年4月12日宁海县赛佳模塑有限公司被工商部门核准登记，被告潘小泽为公司执行董事兼总经理，原告刘丽萍为公司监事。2004年9月至10月之间公司在经营等方面遇到一系列问题，公司停止营业。2004年12月双方对公司账目进行清理，在清理过程中，因双方意见不统一，故发生纠纷。

　　另查明：宁海县赛佳模塑有限公司由于未按照规定在法定期限内参加2004年度年检，2005年8月10日宁海县工商行政管理局依法作出了吊销其营业执照的行政处罚决定。

### 诉辩情况

原告刘丽萍诉称：2004年3月29日，原告与被告共同组建设立了宁海县赛佳模塑有限公司，按照章程规定，原、被告股权比例分别为49%、51%，原告单方投入资金316354元。公司成立以来，被告怠于行使股东权利，也不积极履行股东和执行董事的相关义务，置公司的生存于不顾，同时也剥夺原告作为股东的权利，公司一直处于未运作状态，有关的业务分别放在被告妻子开办的企业经营，2005年也故意不参加工商年检，致公司被工商行政管理部门吊销了营业执照，终止了法人资格和经营资格。之后，被告无视原告的合理要求，至今不成立清算小组进行清算，也不按公司法的规定进行分红，严重损害了原告的合法权益。综上所述，原告认为，被告作为公司的执行董事，不尽其职责经营公司，致公司的营业执照被吊销，而后又不清算分配，占用原告巨额投资为其所用，显属恶意侵权。为此，原告依据《中华人民共和国公司法》的相关规定，诉诸法院，请法院依法判令被告立即履行清算义务，对宁海县赛佳模塑有限公司进行清算；根据清算结果，对资金、实物、债权、债务等依股权比例予以分配。

被告潘小泽辩称：在实际经营过程中，被告是负责业务、技术，原告负责财务。9月后，由于原告挪用了公司资金不及时归还，导致公司无法经营，停止了生产经营活动，并且双方矛盾加剧。2004年10月25日，原告从公司协作单位拉回6副模具及6包原料和部分产品，并殴打被告。随后公司的协作单位要求公司搬回放在其处模具，故被告将模具拉回放在范家村，每月保管费200元。至今公司尚欠被告模具款13.5万元，以及差旅费5000元。2005年8月10日，因公司未参加年检，被工商管理部门吊销营业执照。针对原告的诉讼请求，被告提出如下意见：原、被告双方共同设立公司，被工商部门吊销营业执照后，按公司法规定，应当成立清算组进行清算，公司的清算应按照章程和公司法的规定进行清算。原告第二项诉讼请求并非是法院审理范围，依法不能成立。

### 裁判结果

宁海县人民法院依照1999年修订的《中华人民共和国公司法》第190条第1项、第191条、第192条之规定，判决如下：

限被告潘小泽于本判决生效后15日内与原告刘丽萍共同成立清算组对宁海县赛佳模塑有限公司进行清算；逾期未清算，由法院委托清算，有关清算费用先由公司列支，公司财产不足以支付清算费用的，由原告刘丽萍承担50%，被告潘小泽承担50%。

本案受理费10010元，由被告潘小泽负担（此款原告已垫付，本院不作清退）。

> **裁判理由**

宁海县人民法院经审理认为，根据最高人民法院《关于适用〈中华人民共和国公司法〉若干问题的规定》第1条的规定，即（2006年1月1日）《中华人民共和国公司法》实施后，人民法院尚未审结的和新受理的民事案件，其民事行为或事件发生在《中华人民共和国公司法》实施以前的，适用当时的法律规定和司法解释；因此，本案应当适用旧《公司法》的有关规定。1999年修订的《公司法》（以下简称原《公司法》）第190条规定了公司解散情形，而原《公司法》第191条以及2005年修订的《公司法》（以下简称新《公司法》）第184条仅仅规定了"逾期不成立清算组进行清算的，债权人可以申请人民法院指定有关人员组成清算组进行清算"，即在公司应当清算而清算义务人未根据公司法规定清算公司时，赋予债权人申请人民法院指定成立清算组清算公司的权利。这是因为公司解散后，其对外的一切财产关系都处于不确定之中，这种不确定的状况影响债权人债权的实现，严重损害债权人的利益，并且危及社会交易秩序的稳定。因此，公司法规定债权人在公司不依照法律规定开始清算时可以申请法院指定成立清算组清算公司。那么，其他利害关系人如公司的股东、公司职工等，是否有权申请法院指定成立清算组清算公司呢？法律规定不甚明确。从公司利害关系人的角度来看，涉及公司清算利害关系人不仅仅是公司债权人，还包括公司的股东、职工等，如果公司不清算，公司职工就拿不到拖欠的劳动报酬，股东也不清楚公司是否有盈余，所以，公司股东和职工与公司清算有直接的利害关系。同是利益受损人，如果只有债权人有权申请法院指定公司清算，有违法律平等保护的基本原则。故对公司法规定的"债权人"应当作扩大理解，确定股东等其他公司利害关系人也可以申请人民法院指定成立清算组清算公司。本案的原告作为宁海县赛佳模塑有限公司的股东在公司被吊销企业营业执照、无法继续开展经营活动的情况下要求对公司进行清算，符合公司法规定的公司在解散后应当进行清算的原则。被告作为宁海县赛佳模塑有限公司股东，有义务对公司进行清算。故对原告要求对宁海县赛佳模塑有限公司进行清算的诉请，本院应予支持。对于原告要求根据清算结果对资金、实物、债权、债务等依股权比例予以分配的诉讼请求，因公司未经清算，无法确定清算结果，故无法进行分配。

### 110. 关联公司合并破产清算的适用条件是什么？

在破产清算程序中，适用法人人格独立原则的前提条件是：法人及其股东或者实际控制人自身已经遵守法人人格独立原则，在人、财、物等各个方面保证法人的独立运转。如果关联公司之间严重混同，并且已经进入破产清算程序，则法人人格否认和破产撤销权制度均不足以解决法人人格混同问题。此时，需要适用关联公司合并破产清算，即"将已破产之关联企业的资产与债务合并计算并且将它们之间彼此的债权债务全部剔除，然后，将合并后的破产财团依债权额比例分配予该集团之所有债权人，而不细究该债权是由哪一家关联公司所引起的"。为了防止滥用，关联公司合并破产清算制度的适用应当满足下列三个必要条件：（1）会计师事务所等中介机构出具关于关联公司之间的财产难以准确区分的第三方意见；（2）各关联公司的债权人会议分别通过合并破产清算方案；（3）法院对是否应当启动合并破产清算作出独立的判断。

### 典型疑难案件参考

上海美浩电器有限公司等三公司破产清算案

#### 基本案情

上海美浩电器有限公司（以下简称美浩公司）与上海特毅通用动力机械有限公司（以下简称动力公司）系香港亿毅集团有限公司分别于1998年和2002年出资设立的台港澳法人独资性质的有限责任公司，注册经营地分别为上海市闵行区和上海市金山区；上海特毅企业有限公司（以下简称企业公司）系英属维尔京群岛金克莱斯勒有限公司于2004年出资设立的外国法人独资性质的有限责任公司，注册经营地为上海市闵行区。美浩公司、动力公司与企业公司（以下并称三家公司）实际经营地相同，均在上海市金山区。2008年，因拖欠债务，三家公司先后在上海市金山区人民法院被债权人提出宣告破产申请。虽均登记为外商独资企业，但三家公司事实上存在着紧密的联系：第一，实际控制人为同一自然人潘某某。第二，经营范围紧密关联，分别负责通用发动机的生产、销售和管理。第三，人员高度混同，仅设立了一个财务部门，财务总监也为同一人。企业职工在三家公司间调换频繁，难以区分员工究竟隶属于哪家公司。第四，财产高度混同，设备与货物混合存放于仓库内，固定资产台账与实物、卡片无法逐一核对，审计机构无法确定设备与货物的权属；而车辆与房屋等需要登记确权的财产则主要列于动力公司名下。第五，债务高度混同。三家公司相互借款、相互担保，公章交叉使用或同时使用，致使部分债权人难以准确界定债务人的身份。部分债权人取得的债权凭证上甚至载明，"兹有上海特毅通用动力机械有限公司、上海特毅企业有限公司与上海美浩电器有限公司系同一实体控股的三家公司"，并同时加盖三家公司的公章予以确认。

### 裁判结果

考虑到三家公司的高度关联性，上海市金山区人民法院启动关联企业破产实体合并程序。具体包括四个步骤：

1. 通过指定管辖获得完整的管辖权。动力公司的注册经营地在上海市金山区，企业公司和美浩公司的注册经营地均在上海市闵行区。考虑到三家公司的资产主要集中在从事生产活动的动力公司名下，为了提高破产清算效率，上海市金山区人民法院经向上海市第一中级人民法院请示并获得指定管辖权后，于2008年5月14日裁定受理债权人对三家公司提出的破产申请，并指定相同的破产管理人具体负责清算工作。

2. 确认经债权人会议表决通过的实体合并清算方案。破产管理人依据三家公司资产和债务高度混同的实际情况，认为如分别清算，则不但不能实现公平清偿，还会造成清算成本增加，不利于保护债权人的合法权益。为此，破产管理人建议将三家公司的财产合并清算、统一清偿，并将清算方案分别提请三家公司的债权人会议表决。三家公司债权人会议的表决结果分别为：动力公司有表决权的债权人149户，同意清算方案的债权人110户，占无担保债权的比例为57.29%；企业公司有表决权的债权人122户，同意清算方案的债权人99户，占无担保债权的比例为62.81%；美浩公司有表决权的债权人32户，同意清算方案的债权人27户，占无担保债权的比例为53.90%。鉴于清算方案在三家公司均达人数过半、无担保债权金额过半的标准，法院对债权人提出的合并清算方案予以确认。

3. 实质合并关联企业的债权债务。在内部债权债务中，三家公司之间总额为118220929.88元的债权债务直接涤除；在外部债权债务中，同户名债权人予以合并，登记债权人的数量因此从308户减少为235户。

4. 终结破产清算程序。三家公司破产财产经统一清算，在优先拨付破产费用、依法清偿债务人拖欠的职工工资、解除劳动合同补偿金、社会保险费用以及尚欠税款后,剩余破产财产为 32339636.44 元,用于清偿总额为 450316700.09 元的三家公司的全部普通破产债权,清偿率为 7.18%。2010 年 2 月 23 日,在管理人就破产财产分配完毕后,上海市金山区人民法院裁定终结破产清算程序。

### 111. 公司被吊销营业执照后,能否不通过清算程序而将公司财产转让给第三人?

公司因被吊销营业执照而解散的,应当在解散事由出现之日起 15 日内成立清算组进行清算,并停止清算范围外的活动。公司在启动清算程序之前对公司主要财产进行处分,不符合法律规定的债务履行程序,并有可能损害其他债权人的利益。

**典型疑难案件参考**

雷远城与厦门王将房地产发展有限公司、远东房地产发展有限公司财产权属纠纷案(《最高人民法院公报》2007 年第 11 期,总第 133 期)

**基本案情**

2004 年 4 月 16 日,雷远城向福建省高级人民法院提起诉讼称,其与兄长雷远思于 1992 年在中国香港成立了远东地产发展公司(以下简称地产公司),公司性质为无限责任公司。1993 年 3 月,雷远思与张琼月在中国香港成立远东房地产开发有限公司(以下简称远东房地产公司)。1993 年 11 月 22 日,地产公司与厦门海沧建设发展总公司(以下简称海沧公司)签订《合作兴建与经营王将花园新城合同书》,约定海沧公司提供建设用地,地产公司提供全部开发建设资金,双方共同建设、经营王将花园新城(以下简称王将花园)。至 1994 年 8 月,王将花园项目已完成 13 幢楼房的主体及 5 幢楼房的地基基础工程。1994 年 8 月底,海沧公司退出合作项目,王将花园项目完全归属于地产公司所有。1994 年 10 月 12 日,远东房地产公司在厦门设立全资子公司王将公司,地产公司与厦门王将房地产开发有限公司(以下简称王将公司)商定,将尚未办理房屋所有权和土地使用权登记手续的王将花园冠名到王将公司名下进行经营。王将花园项目在王将公司经营期间未再进行大规模投资,该项目至今未建设完毕,因此,王将公司只是王将花园项目名义上的所有权人。王将公司于 1997 年被工商局注销,丧失民事主体资格,故地产公司有权主张冠名到王将公司名下的王将花园项目资产的所有权。雷远思已将其地产公司的股份及王将花园资产的所有权份额全部转给雷远城所有，故雷远城起诉王将公司及王将公司股东远东房地产公司，请求将王将公司名下的王将花园项目所有权和土地使用权确认归其所有。

王将公司在答辩中承认雷远城的所有诉讼请求，表示基于目前王将花园的无序现状，愿意将王将花园判归雷远城所有。

一审法院另查明：地产公司于1992年8月在香港特别行政区登记设立，性质为无限责任公司，股东为雷远思和雷远城。该公司自1992年10月15日后未再进行商业登记，根据香港特别行政区的有关规定，地产公司不得在没有商业登记的情况下以其名义经营业务。

雷远思于2004年6月8日声明，将其在地产公司的所有股份转让给雷远城，并于2005年4月26日再次发表声明，将地产公司的所有股份和王将花园的所有资产转让给雷远城。

王将公司系由远东房地产公司于1994年10月投资设立的独资企业，该公司于2001年被吊销企业法人营业执照，至今尚未清算。

1994年10月25日，厦门海沧杏林台商投资区建设局与王将公司签订《厦门海沧投资区国有土地使用权有偿出让合同》（〔1994〕厦沧地合字〔016〕号），将面积为37371.32平方米的海沧新区01-1C地块出让给王将公司。王将公司于1996年9月26日取得国有土地使用权证（厦国用〔96〕字第255号），其中记载：地址为海沧新区01-C地块，用地面积为7700.24平方米，土地权属来源为有偿出让用地。1996年9月23日，王将公司取得《建设工程规划许可证》，1994年9月13日，厦门海沧杏林台商投资区建设局颁发远东房地产公司《建设用地规划许可证》，王将花园（一期）项目的开发商也为王将公司，预售证号为950135。

▶ 一审裁判结果

一审法院根据《中华人民共和国民法通则》第40条、《中华人民共和国城市房地产管理法》第59条之规定，判决驳回雷远城的诉讼请求。案件受理费170010元，由雷远城负担。

▶ 一审裁判理由

一审法院认为：我国不动产物权的设立和变更以登记为要件。王将公司与厦门海沧杏林台商投资区建设局签订了《厦门海沧投资区国有土地使用权有偿出让合同》，并取得了海沧新区01-C地块土地使用权和王将花园（一期）

项目所有权。王将公司虽已被依法吊销企业法人营业执照，但因未经清算并注销，企业法人主体资格并未丧失，仍是海沧新区 01-C 地块土地使用权人和王将花园（一期）项目所有权人。地产公司即使是王将花园项目的实际投资人，因未进行权属登记，依法不拥有王将花园项目的所有权和土地使用权。故雷远城与王将公司双方提供的证据与雷远城的诉讼请求不具有关联性，不予认定。另在诉讼过程中，王将公司的法定代表人雷远思虽同意将王将花园项目的所有权和土地使用权确认归属雷远城，但根据《中华人民共和国民法通则》第 40 条"法人终止，应当依法进行清算，停止清算范围外的活动"、《中华人民共和国企业法人登记管理条例》第 33 条"企业法人被吊销《企业法人营业执照》……其债权债务由主管部门或者清算组织负责清理"、《国家工商行政管理局关于企业登记管理若干问题的执行意见》第 10 条"公司被依法吊销《企业法人营业执照》的，由股东组织清算组清算"的规定，企业法人在被吊销营业执照的情况下，企业资产只能通过清算程序处理。故王将公司法定代表人雷远思的意思表示不能作为支持雷远城诉讼请求的理由。综上所述，雷远城主张地产公司对王将花园项目实际投资产生的权益应当通过清算程序解决，其以地产公司是王将花园项目实际投资人，王将公司对该项目没有投入资金，只是该项目名义上的所有权人和土地使用权人，且王将公司已停止营业，使王将花园项目处于无人管理的状态为由，主张对王将花园项目享有所有权和土地使用权，没有事实依据和法律依据，不予支持。

### 二审诉辩情况

雷远城不服一审判决，向最高人民法院提起上诉，请求撤销一审判决，确认王将公司名下的王将花园项目房产所有权及土地使用权归雷远城所有；本案诉讼费由王将公司和远东房地产公司承担。主要理由是：

1. 一审判决对雷远城的诉讼请求漏审、漏判，违反法定程序。雷远城的诉讼请求是确认王将花园项目房产的所有权和全部土地的使用权，一审判决所裁判的仅仅是王将花园项目土地使用权其中的一小部分，而对于雷远城明确要求的房产所有权和已登记部分之外的土地使用权均未涉及，属于漏审、漏判，违反法定程序。

2. 一审判决认定事实错误。王将花园不动产的形成、管理、登记均有特殊历史背景，即先有对王将花园不动产的投资和建设，后补办规划许可手续、建设许可手续以及产权登记等手续。雷远城提供的地产公司与海沧公司签订的《协议书》、《合作兴建与经营王将花园新城合同书》证明，王将花园项目的原始开发主体系雷远城，该项目的所有权属于雷远城；雷远城提供的《厦门市海沧投资区工程项目报建申请表》、煤炭工业部西安设计研究院厦门分院、厦门安能建设公司的《情况说明》证明，王将花园项目的实际建设主体系雷远城；雷远城提供的其承包经营管理的南安县第四建筑工程公司第四施工队、第五建筑工程公司第八施工队投资王将花园项目的凭证证明，王将花园项目的投资主体系雷远城；上述证据同时证实，王将花园不动产的产生有其特殊性，即属于投资建设在先，办理规划建设等项目手续及登记手续在后。雷远城提供的证据真实、合法，与其诉讼主张直接关联，均一致地指向雷远城系王将花园项目不动产的投资人、建设人这一基本事实，证明雷远城的诉讼请求具有充分的事实依据和法律依据。一审诉讼期间，王将公司和远东房地产公司均未举出任何证据对雷远城提供的证据进行反驳，也未提出任何异议。依照最高人民法院《关于民事诉讼证据的若干规定》第72条的规定，人民法院依法应当认定雷远城所举证据的证明力，确认雷远城系王将花园项目不动产的投资人、建设人这一基本事实。因此，一审判决没有依照最高人民法院的上述规定对雷远城所举证据进行认证，其关于雷远城所举证据与诉讼请求之间不具有关联性的认定是错误的。

3. 一审判决判令雷远城通过清算程序解决王将花园项目所有权归属，缺乏法律依据，且判决指引根本无法实现。地产公司属中国香港公司，在王将花园项目原所有权人海沧公司解散后，地产公司不能以自己的名义取得产权登记，因此，在王将花园项目不动产已经形成之后，才成立王将公司，由其对上述不动产接管经营。王将公司接管王将花园项目后，由于公司相关董事的侵权行为，该公司放弃了对王将花园项目不动产的经营管理，公司经营资格亦被吊销，王将花园不动产处于无主状态，相关房产被任意侵占。在此情况下，王将公司及该公司名义上的投资人远东房地产公司均没有采取任何行动对王将花园房产进行保护，且不组织对王将公司进行清算，而雷远城并非王将公司的股东，无法对王将公司组织清算。因此，雷远城不可能通过清算之路实现对王将花园项目不动产的相关权利。

由于王将公司已被吊销营业执照，丧失了经营资格，无权再进行任何经营活动，因此，雷远城也不可能通过与该公司签订协议的方式变更王将花园不动产的产权登记，而只能通过请求人民法院确权的方式取回该财产。基于上述情况，雷远城请求人民法院确认其对王将花园不动产的所有权，以恢复对上述不动产的管理。

王将公司当庭答辩，同意雷远城的全部上诉主张。

远东房地产公司未提供答辩意见。

### 二审裁判结果

最高人民法院依照《中华人民共和国民事诉讼法》第153条第1款第1项之规定，判决如下：

驳回上诉，维持原判。

二审案件受理费170010元，由雷远城负担。

本判决为终审判决。

### 二审裁判理由

最高人民法院二审查明：1994年8月31日，远东房地产公司与海沧公司签订《终止合同协议》约定，双方终止原海沧公司与远东房地产公司签订的王将花园合作合同，待双方债权债务清理结束，终止合同生效。

1994年1月20日，地产公司与厦门安能公司签订《合作开发海沧王将花园合同书》约定，地产公司负责王将花园项目的工程施工、经营管理、售楼等全面开发工作，安能公司负责提供施工所需要的营业执照、资质证书等手续，并负责办理施工许可证等手续，双方共同开发王将花园项目。1997年12月25日，安能公司与王将公司签订《关于王将花园抽回投资的协议》，约定王将公司应付安能公司投资款2153874元，以王将花园1794.90平方米房产折抵。后王将公司未交付房产，安能公司起诉到厦门市杏林区人民法院，该院作出〔2000〕杏民初字第813号民事调解书确定，王将公司于2001年1月30日前向安能公司赔偿本息1150000元。

厦门市工商行政管理局公告厦工商公告〔2001〕2号《关于吊销厦门天都娱乐有限公司等541户外商投资企业营业执照的行政处罚决定书送达公告》称，被吊销企业应在3个月内向工商局交营业执照正副本和公章，其债权债务由公司股东组织清算。

雷远思于1998年以张琼月为被告，向福建省高级人民法院提起诉讼，请求确认雷远思在厦门远东公司和王将公司的股东权益。福建省高级人民法院作出〔1998〕闽经初字第04号民事判决，该判决查明：1994年8月25日，远东房地产公司在厦门设立独资企业王将公司，注册资本1800万元人民币，董事长雷远思，副董事长张琼月。公司经营范围为从事海沧投资区房地产开发经营、自建物业管理。1994年11月22日，厦门中民会计师事务所接受王将公司委托，对公司的实收资本进行验证，证明：截至1994年11月21日，公司实际收到远东房地产公司资本14180380.35元，占注册资本的78.8%。1996年12月12日，厦门仲正审计师事务所接受委托，对王将公司的实收资本进行验证，其证明公司实收资本1637419.50美元，外汇均由张琼月在国内以外汇现金投入。

雷远城于2005年8月31日在一审庭审中述称，地产公司在大陆开发房地产，没有考虑到海沧公司会退出合作。后与远东房地产公司约定在大陆成立专门的公司开发王将花园项目，但雷远城不愿加入，双方口头约定开发完成后雷远城有分红就可以。

本院查明的其他事实与一审法院查明的事实相同。

本院认为，本案二审焦点问题有二：一是一审法院是否全面审理了雷远城的诉讼请求；二是雷远城是否为王将公司名下的王将花园项目房地产的所有权人。

1. 关于一审法院是否全面审理了雷远城的诉讼请求问题。本案查明，王将公司取得了海沧新区01-C地块7700.24平方米的土地使用权证及王将花园（一期）项目的商品房预售许可证，上述权证的取得，表明王将花园（一期）项目所有权及海沧新区01-C地块7700.24平方米土地使用权属于王将公司。当事人在诉讼中未提供证据证明王将公司办理了王将花园（一期）之外的项目立项审批手续，依照《中华人民共和国房地产开发经营管理条例》等相关法律规定，王将公司尚未办理审批手续的项目及未取得使用权的土地并非王将公司名下的资产。雷远城起诉请求人民法院确认王将公司名下的王将花园项目所有权和土地使用权归其所有，应为请求确认王将公司名下的王将花园（一期）项目所有权及海沧新区01-C地块7700.24平方米土地使用权。一审法院在查明事实的基础上，对王将花园（一期）项目所有权人和海沧新区01-C地块7700.24平方米土地使用权人作出确定，已针对雷远城的诉讼请求进行了全面审理。雷远城主张一审法院漏审、漏判其诉讼请求与事实不符，本院不予支持。

2. 关于雷远城是否为王将公司名下的王将花园项目房地产的所有权人问题。依据《中华人民共和国城市房地产管理法》的规定，房地产权属证书是确定房地产所有权人的法定凭证。王将公司取得海沧新区01-C地块7700.24平方米的土地使用权证及王将花园（一期）项目的商品房预售许可证后，依法成为王将花园（一期）项目房地产的所有权人。雷远城在不否认王将公司取得王将花园项目诉争房地产权属证书合法性的情形下，认为其为诉争房地产实际所有权人的主张，不符合"一物一权"的物权确权原则，本院不予支持。《中华人民共和国公司法》第184条规定，公司因被吊销营业执照而解散的，应当在解散事由出现之日起15日内成立清算组，开始清算。逾期不成立清算组进行清算的，债权人可以申请人民法院指定有关人员组成清算组进行清算。人民法院应当受理该申请，并及时组织清算组进行清算。《企业法人登记管理条例》第33条规定，企业法人被吊销《企业法人营业执照》，其债权债务由主管部门或者清算组织负责清理。最高人民法院《关于企业法人营业执照被吊销后，其民事诉讼地位如何确定的复函》及最高人民法院经济审判庭《关于人民法院不宜以一方当事人公司营业执照被吊销，已丧失民事诉讼主体资格为由，裁定驳回起诉问题的复函》意见表明，企业被吊销营业执照后，应当依法进行清算。企业未进行清算的，债权人可以起诉企业股东或者开办单位承担清算责任。根据上述法律规定，并参照最高人民法院函复意见，王将公司被吊销营业执照后，应当启动清算程序。雷远城可以通过清算程序确认其所享有的权益，并在确认基础上履行相应义务。如王将公司及其股东远东房地产公司不履行清算义务，雷远城可依法申请人民法院组成清算组进行清算或请求判令王将公司及远东房地产公司承担清算义务。王将公司在诉讼中认可雷远城提出的全部主张，同意将王将花园房地产权属确权给雷远城。本院二审中，王将公司与雷远城主张调解，王将公司同意将王将花园项目确权给雷远城所有。王将公司上述诉讼中的自认及提出的调解意见，均是对王将花园项目房地产的处分，在其未启动清算程序，对雷远城享有权益进行确认前，对公司主要资产进行处分，不符合法律规定的债务履行程序。如果王将公司尚有其他债务，其在清算前将公司主要资产处分给雷远城，必然损害其他债权人利益，不符合公平原则，故王将公司通过自认或调解方式对公司资产进行的处分，本院均不予支持。

综上所述，一审判决认定事实清楚，适用法律正确。

# 申请公司清算办案依据集成

**1. 中华人民共和国公司法**（2005年10月27日修订）（节录）

第一百八十一条　公司因下列原因解散：

（一）公司章程规定的营业期限届满或者公司章程规定的其他解散事由出现；

（二）股东会或者股东大会决议解散；

（三）因公司合并或者分立需要解散；

（四）依法被吊销营业执照、责令关闭或者被撤销；

（五）人民法院依照本法第一百八十三条的规定予以解散。

第一百八十二条　公司有本法第一百八十一条第（一）项情形的，可以通过修改公司章程而存续。

依照前款规定修改公司章程，有限责任公司须经持有三分之二以上表决权的股东通过，股份有限公司须经出席股东大会会议的股东所持表决权的三分之二以上通过。

第一百八十三条　公司经营管理发生严重困难，继续存续会使股东利益受到重大损失，通过其他途径不能解决的，持有公司全部股东表决权百分之十以上的股东，可以请求人民法院解散公司。

第一百八十四条　公司因本法第一百八十一条第（一）项、第（二）项、第（四）项、第（五）项规定而解散的，应当在解散事由出现之日起十五日内成立清算组，开始清算。有限责任公司的清算组由股东组成，股份有限公司的清算组由董事或者股东大会确定的人员组成。逾期不成立清算组进行清算的，债权人可以申请人民法院指定有关人员组成清算组进行清算。人民法院应当受理该申请，并及时组织清算组进行清算。

**2. 最高人民法院关于适用《中华人民共和国公司法》若干问题的规定（二）**（2008年5月12日　法释〔2008〕6号）（节录）

第七条　公司应当依照公司法第一百八十四条的规定，在解散事由出现之日起十五日内成立清算组，开始自行清算。

有下列情形之一，债权人申请人民法院指定清算组进行清算的，人民法院应予受理：

（一）公司解散逾期不成立清算组进行清算的；

（二）虽然成立清算组但故意拖延清算的；

（三）违法清算可能严重损害债权人或者股东利益的。

具有本条第二款所列情形，而债权人未提起清算申请，公司股东申请人民法院指定清算组对公司进行清算的，人民法院应予受理。

第八条　人民法院受理公司清算案件，应当及时指定有关人员组成清算组。

清算组成员可以从下列人员或者机构中产生：

（一）公司股东、董事、监事、高级管理人员；

（二）依法设立的律师事务所、会计师事务所、破产清算事务所等社会中介机构；

（三）依法设立的律师事务所、会计师事务所、破产清算事务所等社会中介机构中具备相关专业知识并取得执业资格的人员。

第九条 人民法院指定的清算组成员有下列情形之一的，人民法院可以根据债权人、股东的申请，或者依职权更换清算组成员：

（一）有违反法律或者行政法规的行为；

（二）丧失执业能力或者民事行为能力；

（三）有严重损害公司或者债权人利益的行为。

第十条 公司依法清算结束并办理注销登记前，有关公司的民事诉讼，应当以公司的名义进行。

公司成立清算组的，由清算组负责人代表公司参加诉讼；尚未成立清算组的，由原法定代表人代表公司参加诉讼。

第十八条 有限责任公司的股东、股份有限公司的董事和控股股东未在法定期限内成立清算组开始清算，导致公司财产贬值、流失、毁损或者灭失，债权人主张其在造成损失范围内对公司债务承担赔偿责任的，人民法院应依法予以支持。

有限责任公司的股东、股份有限公司的董事和控股股东因怠于履行义务，导致公司主要财产、帐册、重要文件等灭失，无法进行清算，债权人主张其对公司债务承担连带清偿责任的，人民法院应依法予以支持。

上述情形系实际控制人原因造成，债权人主张实际控制人对公司债务承担相应民事责任的，人民法院应依法予以支持。

第十九条 有限责任公司的股东、股份有限公司的董事和控股股东，以及公司的实际控制人在公司解散后，恶意处置公司财产给债权人造成损失，或者未经依法清算，以虚假的清算报告骗取公司登记机关办理法人注销登记，债权人主张其对公司债务承担相应赔偿责任的，人民法院应依法予以支持。

第二十条 公司解散应当在依法清算完毕后，申请办理注销登记。公司未经清算即办理注销登记，导致公司无法进行清算，债权人主张有限责任公司的股东、股份有限公司的董事和控股股东，以及公司的实际控制人对公司债务承担清偿责任的，人民法院应依法予以支持。

公司未经依法清算即办理注销登记，股东或者第三人在公司登记机关办理注销登记时承诺对公司债务承担责任，债权人主张其对公司债务承担相应民事责任的，人民法院应依法予以支持。

第二十一条 有限责任公司的股东、股份有限公司的董事和控股股东，以及公司的实际控制人为二人以上的，其中一人或者数人按照本规定第十八条和第二十条第一款的规定承担民事责任后，主张其他人员按照过错大小分担责任的，人民法院应依法予以支持。

## 十七、清算责任纠纷

### 112. 公司清算完毕后，公司的股东是否应当对公司存续期间的债务承担清偿义务？

要旨：有限责任公司股东以其出资额为限对公司承担责任，公司以其全部资产对公司的债务承担责任。有限责任公司经合法清算程序后注销的，其民事主体资格消灭，公司的债权人未获清偿的债权不再予以清偿；股东对公司的债务不再承担清偿责任。股东不是公司债务的承受主体，其并不当然就是公司债权人的被告，但如果公司股东未严格依法履行清算义务或是清算主体在公司注销登记后对遗留的债务承诺负责的，则作为公司清算主体的股东应承担清偿责任。

### 典型疑难案件参考

北京市昌平牧工商总公司诉石玉慧、陈晶晶企业出售纠纷案

#### 基本案情

1998年11月6日，北京市昌平县畜牧局（后变更为北京市昌平区畜牧局，以下简称畜牧局）与北京吉利必胜自动门技术有限公司（以下简称吉利必胜公司）签订了《企业转让出售合同》，约定：畜牧局将其所有北京肉用种鸡场转让出售给吉利必胜公司，包括企业占地面积65.69亩的土地使用权、企业占地面积65.69亩土地上的所有建筑物的所有权、企业供水、电、暖等设施；转让出售企业资产金额共计人民币680万元；转让出售年限为50年，自1998年12月18日至2048年12月18日止；吉利必胜公司在双方签订本合同5日内，向畜牧局交付人民币80万元预定金；畜牧局保证于1998年12月31日前向吉利必胜公司交付已变更登记为吉利必胜公司名称的国有土地使用证（带出字）和已建成房屋的房屋所有权证，吉利必胜公司收到以上两证后，7日内向畜牧局支付人民币300万元，畜牧局在收到此笔付款后3日内，双方交接设施、设备；在前两次付款及设施、设备交接完毕后，吉利必胜公司于1999年3月31日前向畜牧局支付人民币300万元；变更登记土地使用证及办理房屋所有权证须支付的有关手续费双方各承担50%；畜牧局负责缴纳本合同涉及的土地使用权的出让金；如畜牧局未能在1998年12月31日前将变更

登记为吉利必胜公司名称的国有土地使用证（带出字）和已建成房屋的房屋所有权证交付吉利必胜公司，视为违约，畜牧局向吉利必胜公司返还预定金并支付国家规定的同期存款利息，同时向吉利必胜公司支付本合同转让出售金额10%的违约金；吉利必胜公司未能按合同付款约定向畜牧局支付款项，视为违约，吉利必胜公司向畜牧局支付本合同转让出售金额10%的违约金。

1998年11月6日，吉利必胜公司向畜牧局支付了80万元的预付款。之后双方办理了锅炉、压力罐、水井、发电机、变压器等设备、设施的交接。

1998年11月25日，北京市昌平县人民政府发出《关于整体出售北京肉用种鸡场产权的批复》，同意畜牧局向吉利必胜公司出售北京肉用种鸡场。

1999年6月28日，畜牧局与吉利必胜公司签订《补充协议》，对1998年11月6日的合同部分内容作出变更：原合同中"企业占地面积65.69亩的土地使用权"改为"企业占地面积65.69亩的土地使用权，其中60.14亩为北京市房屋土地管理局颁发的土地使用证，5.55亩为昌平县土地管理局颁发的土地使用证，由畜牧局负责为吉利必胜公司办理转让手续"；原合同中"转让出售企业资产金额共计人民币680万元"改为"转让出售企业资产金额共计人民币628.10万元，其中60.14亩土地及房屋建筑物转让金为622.55万元，5.55亩土地及地上物转让金为5.55万元"；原合同中"转让出售年限为50年，自1998年12月18日至2048年12月18日止"改为"转让出售年限为50年，以吉利必胜公司取得国家有关土地管理部门颁发的正式国有土地使用证中规定的年限核算"；原合同中"在上述两次付款及设施、设备交接完毕以后，吉利必胜公司于1999年3月31日前向畜牧局支付人民币300万元"改为"在上述两次付款及设施、设备交接完毕以后，吉利必胜公司向畜牧局支付人民币248.10万元"。补充协议还约定，修改后的条款具有法律效力，原合同中被修改条款同时废止，原合同中其他条款依然有效。

2000年1月20日，畜牧局与吉利必胜公司签订了《补充协议》，约定：（1）为了能让北京市房屋土地管理局批准转让协议，应他们的要求，畜牧局为市房地局出具了吉利必胜公司已经全部足额交付转让金的证明；（2）此转让金交付证明为市房屋土地管理局开具，目的是让其批准双方的转让协议，对双方不具约束力；（3）关于吉利必胜公司给付畜牧局转让金的差额部分，何时给付，由双方协商再定。

2000年3月20日，畜牧局将9942.80平方米及30110.60平方米的土地使用证进行了变更，变更后的土地使用者为吉利必胜公司。

2000年7月25日，吉利必胜公司向畜牧局发出《关于北京肉用种鸡场转让出售金结算备忘》，记载：（1）结算依据：转让出售企业资产金额共计人民币 628.10 万元（其中 60.14 亩土地及房屋建筑物转让金为 622.55 万元，5.55 亩土地及地上物转让金为 5.55 万元）；转让出售年限为 50 年，由吉利必胜公司取得国家有关土地管理部门颁发的正式国有土地使用证中规定的年限核算；变更登记土地使用证及办理房屋所有权证须支付的有关手续费双方各承担 50%；吉利必胜公司在双方签订本合同 5 日内，向畜牧局交付人民币 80 万元的预定金；畜牧局保证于 1998 年 12 月 31 日前向吉利必胜公司交付已变更登记为吉利必胜公司名称的国有土地使用证（带出字）和已建成房屋的房屋所有权证，吉利必胜公司收到以上两证后，7 日内向畜牧局支付人民币 300 万元，畜牧局在收到此笔付款后 3 日内，双方办理设施、设备的交接并在交接书上签字盖章；在上述两次付款及设施、设备交接完毕后，吉利必胜公司向畜牧局支付人民币 248.10 万元；如畜牧局未能在 1998 年 12 月 31 日前将变更登记为吉利必胜公司名称的国有土地使用证（带出字）和已建成房屋的房屋所有权证交付吉利必胜公司，视为违约，畜牧局向吉利必胜公司返还预定金并支付国家规定的同期存款利息，同时向吉利必胜公司支付本合同转让出售金额 10% 的违约金；吉利必胜公司未能按合同付款约定向畜牧局支付款项，视为违约，吉利必胜公司向畜牧局支付本合同转让出售金额 10% 的违约金。（2）吉利必胜公司付款情况：1998 年 11 月 6 日付 80 万元、1999 年 5 月 19 日付 208 万元、1999 年 6 月 10 日付 20 万元，共计 308 万元。（3）结算公式：转让出售总金额 – 已付金额 – 出让至转让时间差额的金额 ± 变更登记土地使用证及办理房屋所有权证需交付的有关手续费 ± 违约金额 = 结算时吉利必胜公司应付金额。（4）变更登记土地使用证及办理房屋所有权证需要支付的有关手续费：畜牧局提出八项费用共计 71116 元，吉利必胜公司提出四项费用，共计 167073.70 元；手续费：（167073.70 元 – 71116 元）×50% = 47978.85 元，畜牧局应承担 47978.85 元。（5）违约罚金：畜牧局在 1998 年 12 月 31 日前未能将变更登记为吉利必胜公司名称的国有土地使用证（带出字）和建成的房屋所有权证交付吉利必胜公司，畜牧局按违约责任返还 80 万元定金 + 利息 15240 元 + 62.81 万元（转让出售金额的 10%）共计 1443340 元给吉利必胜公司。（6）出让期至转让期年限之差的金额：出让合同于 1999 年 5 月 31 日订东场 30110.6 平方米、1999 年 6 月 1 日订西场 9942.80 平方米，转让合同于 2000 年 3 月 6 日签订，时间差为 278 天，时间差金额为 344.164 元×278 = 95677.59 元。（7）计算时吉利必胜公司应付金额：1614003.56 元，公式：628.10 万元（转让金额）– 308 万元（已付款）– 95677.59 元（差额时间金额）– 47978.85 元（手续费用）– 1443340 元（违约罚金）= 1614003.56 元。畜牧局的李兴收到该份文件后签署意见：初阅即感贵方太欠诚意，条件令人无法接受。

2001年7月12日，畜牧局将3479.41平方米的土地使用证变更，变更后的土地使用者为吉利必胜公司。

2001年10月16日，畜牧局与吉利必胜公司签订了《北京肉用种鸡转让出售金结算协议》（以下简称《结算协议》），约定：（1）转让出售总金额为人民币628.10万元，减去吉利必胜公司已付的308万元，再减去35万元（由于多种因素，畜牧局给吉利必胜公司的款项），最终吉利必胜公司再向畜牧局支付人民币285.10万元；（2）本协议生效后，畜牧局向吉利必胜公司交付5.55亩土地使用证的正式文本；（3）在本协议生效后，畜牧局要继续完成原合同的工作内容，办理房屋所有权证手续，其办证所需费用由吉利必胜公司支付；（4）水电设备、设施等过户手续以及原种鸡场拖欠供电局的电费按谁用谁交原则由双方共同办理；（5）支付办法：在本协议生效后，吉利必胜公司先向畜牧局支付100万元结算金；2001年11月再支付100万元结算金；2001年12月最后支付85.10万元结算金。该《结算协议》签订后，吉利必胜公司共向畜牧局支付了200万元。

2002年1月8日，吉利必胜公司召开第二届第一次股东会，股东会决议：注销吉利必胜公司，即日起由石玉慧、陈晶晶二人组成清算组，石玉慧为清算小组负责人，清算后报股东会确认。

2002年1月31日、2002年2月6日、2002年2月12日，吉利必胜公司清算组在《中国工商报》上刊登公告：吉利必胜公司拟向公司登记机关申请注销登记，清算组由石玉慧等人组成，请债权人于2002年1月31日起90日内向本公司清算组申报债权。但吉利必胜公司清算组未在成立之日起10日内书面通知畜牧局申报债权。

2002年3月1日，吉利必胜公司清算组用凯必盛公司的支票向畜牧局支付了50万元的转让款。

2002年4月25日，吉利必胜公司向工商管理部门提交了《公司注销登记申请书》，在公司债权债务清理情况一栏载明：公司债权债务已清理完毕，未尽事宜，由清算组成员负责。股东石玉慧、陈晶晶签字。

2002年5月1日，吉利必胜公司作出注销清算报告，载明：本公司自1998年6月4日成立至今，由于行业竞争激烈，订货合同不多，在整个经营过程中，本公司及时缴纳各种税款，按时支付职工工资及福利，从未出现拖欠情况，本公司的债权、债务现已清理完毕，公司现剩余财产共计31.10万元，可按股东出资比例进行分配完。同日，石玉慧、陈晶晶出具确认报告书，载明：本公司清算组成员石玉慧、陈晶晶二人对公司财产、物品、债权债务等情况进行逐一清理后，现已将清算报告上报股东会研究，经全体股东会成员研究一致予以确认。

2002年5月27日，吉利必胜公司被注销。

2002年7月1日，畜牧局向吉利必胜公司发出《催款通知书》，要求吉利必胜公司支付85.10万元余款及派人协助办理北京肉用种鸡场房产证的相关手续。

另查，2002年5月15日，北京市昌平区人民政府批准畜牧局更名为牧工商公司。吉利必胜公司的企业性质为有限责任公司，股东为石玉慧、陈晶晶。石玉慧、陈晶晶当庭表示，吉利必胜公司的其他债权人的债权均足额受偿。

### 诉辩情况

原告牧工商公司诉称：1998年11月6日，原畜牧与吉利必胜公司签订了企业转让出售合同，合同约定畜牧局将其下属的北京肉用种鸡场转让出售给吉利必胜公司，转让的资产内容为土地使用权、地上建筑物及供水、电、暖设施，转让金额为680万元人民币。后双方又分别于1999年6月28日、2000年1月20日、2001年10月16日签订了补充协议和结算协议，将转让金额最终确定为591.30万元，约定除已支付的转让款之外，剩余未支付的转让款281.50万元于2001年10月16日结算协议生效后支付100万元，于2001年11月支付100万元，2001年12月支付85.10万元。结算协议生效后至2003年3月间，吉利必胜公司共支付200万元转让款，至今尚欠85.10万元。另外，吉利必胜公司已于2002年5月向工商部门申请注销，清算组成员为该公司股东石玉慧、陈晶晶。畜牧局于2001年机构改革时转制为牧工商公司。故起诉要求判令石玉慧、陈晶晶支付转让款85.10万元及按同期存款利率支付自2002年1月1日至实际支付日止的利息，并承担本案诉讼费用。

被告石玉慧、陈晶晶辩称：吉利必胜公司成立于1998年6月，企业性质是有限责任公司，注册资本80万元，其二人系公司股东，分别出资56万元、24万元。2002年5月，吉利必胜公司向工商局提出注销申请，并经核准注销。在注销工作中，其二人根据公司法的规定，在《中国工商报》三次刊登公告，通知债权人于2002年1月31日起90日内向清算组申报债权。但在公告期内，牧工商公司没有向清算组申报债权，应视为其已放弃债权。吉利必胜公司是有限责任公司，其二人作为股东以出资额为限对公司承担责任，其二人出资均全部到位，已完成对公司应尽的责任，对公司的债权人不再负任何财产责任，公司的债权人也不可以直接向其二人主张债权。目前吉利必胜公司已经注销，诉讼主体已不存在，牧工商公司也放弃了债权，其二人不应成为被告，也不应承担支付转让款、利息及诉讼费的责任。故请求法院驳回牧工商公司的诉讼请求。

反诉原告石玉慧、陈晶晶反诉称：牧工商公司未按照合同约定在1998年12月31日前向吉利必胜公司交付变更为吉利必胜公司的国有土地使用证（带出字）和已建成房屋的房屋所有权证，构成违约，应按合同约定承担企业转让出售总金额10%的违约金。反诉要求判令牧工商公司向其二人支付违约金59.31万元及支付自1999年1月1日至实际支付日的同期存款利息，并承担本案诉讼费用。

反诉被告牧工商公司辩称：石玉慧、陈晶晶没有提起反诉的主体资格。石玉慧、陈晶晶在吉利必胜公司清算期间并未清理牧工商公司与吉利必胜公司的债权债务，也未向牧工商公司主张过任何债权，现清算组已解散，石玉慧、陈晶晶实际已经放弃了债权。石玉慧、陈晶晶的反诉请求已经超过诉讼时效期间。吉利必胜公司曾在2000年7月25日向牧工商公司主张过违约责任，时至今日已经3年有余，显然不符合向人民法院请求保护民事权利的诉讼时效期间为2年的法律规定。石玉慧、陈晶晶的反诉请求无事实和法律依据，请求法院予以驳回。

▶ 裁判结果 ◀

海淀区人民法院根据《中华人民共和国公司法》第194条第1款、《中华人民共和国合同法》第8条、第44条第1款、第60条、第107条、第109条、《中华人民共和国民法通则》第135条、第137条之规定，判决如下：

一、被告石玉慧、陈晶晶共同于本判决生效之日起十日内向原告北京市昌平牧工商总公司支付转让金85.10万元，并按照中国人民银行同期活期存款利率支付利息（利息自2002年1月1日起至85.10万元实际付清之日时止）；

二、驳回反诉原告石玉慧、陈晶晶的反诉请求。

本诉案件受理费13520元，原告北京市昌平牧工商总公司已预交，由被告石玉慧、陈晶晶共同负担，于本判决生效之日起7日内交纳。

反诉案件受理费10941元，反诉原告石玉慧、陈晶晶已预交，由二人自行负担。

▶ 裁判理由 ◀

海淀区人民法院基于以上事实和证据，认为本案有以下焦点问题：

1. 关于本诉被告是否适格与原告的本诉请求能否得到支持的问题。

第一，本案是基于牧工商公司与石玉慧、陈晶晶作为股东的吉利必胜公司之间签订的《转让企业出售合同》而产生的纠纷。石玉慧、陈晶晶作为吉利必胜公司的股东，是否为适格被告成为本案的争点之一，换言之，吉利必胜公司的债务基于何种理由转由其股东石玉慧、陈晶晶承担。对此，本院认为，根据我国公司法的规定，有限责任公司股东以其出资额为限对公司承担责任，公司以其全部资产对公司的债务承担责任。有限责任公司经合法清算程序后注销的，其民事主体资格消灭，公司的债权人未获清偿的债权不再予以清偿；股东对公司的债务不再承担清偿责任。股东不是公司债务的承受主体，其并不当然就是公司债权人的被告，但如果公司股东未严格依法履行清算义务或是清算主体在公司注销登记后对遗留的债务承诺负责的，则作为公司清算主体的股东应承担清偿责任。石玉慧、陈晶晶作为吉利必胜公司的股东，在吉利必胜公司清算时是否严格依法履行了清算义务是其应否承担公司债务的关键，也是本诉是否成立与被告是否适格的关键。如果石玉慧、陈晶晶作为清算义务主体在吉利必胜公司清算期间完全依法定程序进行清算，通知了牧工商公司在申报期间内申报其债权，而牧工商公司并未按时申报，则其债权将产生失效的法律效果，无论是吉利必胜公司清算组还是吉利必胜公司的股东，都有权拒绝牧工商公司提出的清偿请求。针对本案，本院认为，石玉慧、陈晶晶未严格依法履行清算义务。主要理由是：《中华人民共和国公司法》第194条第1款规定："清算组应当自成立之日起十日内通知债权人，并于六十日内在报纸上至少公告三次。"本院认为，该条款的立法宗旨是为了在清算过程中最充分地保护债权人的利益，其意系指清算组应当对其明知的确定的债权人采用书面通知的形式，对于其无法确定的债权人采用公告的形式，通知债权人申报债权。从信息的传递与接收的角度而言，由于书面通知比公告通知使债权人更直接、更方便、更经济地获取通知的信息，因而它对债权人来说更为稳妥、适当。因此，清算义务人应首先采用书面的形式通知债权人。其次，从该条款规定所采用"并"字的用词来看，书面通知和公告通知处于并列的地位。由此可见，《中华人民共和国公司法》第194条第1款无论是其立法本意还是从其字面含义去解释，书面和公告两种通知形式是针对不同类型债权人的，不能相互替代，不能用刊登公告的形式代替书面通知。本案中，吉利必胜公司的清算行为是发生在2002年1月至2002年5月间，距离2001年10月16日牧工商公司与吉利必胜公司最后一次就出售企业事宜达成的《结算协议》仅仅不到3个月的时间，并且在清算期间内的2002年3月1日，吉利必胜公司清算组用凯必盛公司的支票向牧工商公司支付了50万元的转让款，由此可见，吉利必胜公司清算组应当完全清楚吉利必胜公司与牧工商公司之间存在着债权债务关系，吉利必胜公司清算组应当以一个善良管理人的标准合理地采用书面通知的形式通知牧工商公司申报债权，而不应当仅仅采用公告通知的方式。因吉利必胜公司清算组未采用书面形式通知牧工商公司申报债权，致使牧工商公司未得到债权清理及受偿，表明吉利必胜公司清算组未严格依法履行清算义务。作为吉利必胜公司清算组成员暨公司股东的石玉慧、陈晶晶,对此应当承担对牧工商公司债权的清偿责任。从这个角度而言,石玉慧、陈晶晶是本案本诉适格被告。另外,石玉慧、陈晶晶在吉利必胜公司注销登记中承诺公司未尽事宜由其二人负责处理,这种承诺具有公示效力。由于石玉慧、陈晶晶未清算牧工商公司的债权,属于吉利必胜公司的"未尽事宜",从这个角度而言,石玉慧、陈晶晶是处理公司未尽事务的义务主体,二人作为本案本诉被告适格。石玉慧、陈晶晶关于二人已尽清算义务、牧工商公司未按时申报债权视为放弃债权、二人非适格被告的抗辩理由不成立,本院不予支持。

第二,牧工商公司对吉利必胜公司享有合法的债权。牧工商公司与吉利必胜公司签订的《转让企业出售合同》是以牧工商公司出售其所有的北京肉用种鸡场、吉利必胜公司支付转让款为主要内容的企业出售合同。该合同出自双方真实意思表示,符合我国法律、行政法规的规定,是有效合同。双方在其后1999年6月28日的《补充协议》及2001年10月16日的《结算协议》也合法有效。《结算协议》是牧工商公司与吉利必胜公司就企业出售事宜最后一次协商一致的结果,双方对合同价款总额、余款的付款时间、数额以及牧工商公司继续履行交付房屋所有权证等问题重新作了约定,是对主合同及补充协议的再一次变更,对牧工商公司与吉利必胜公司均产生约束力,牧工商公司与吉利必胜公司的各自义务应当以该协议的约定为准。需要说明的是,《结算协议》最主要的内容是对吉利必胜公司给付剩余转让款的数额、期限的变更,从而改变了原合同中关于吉利必胜公司在牧工商公司履行了变更土地使用证、房屋所有权证的义务后才继续付款的约定。也就是说,该《结算协议》的内容虽然表明了牧工商公司与吉利必胜公司之间互负债务,但已经没有履行的先后顺序。同时该《结算协议》约定的牧工商公司继续办理房屋所有权证变更义务的时间与吉利必胜公司付款时间并不一致,故双方应当各自严格地履行合同义务。石玉慧、陈晶晶不能继续按照修改前的主合同行使其先履行抗辩权,二人再以牧工商公司未交付房屋所有权证为由拒绝履行《结算协议》约定的吉利必胜公司对牧工商公司的付款义务的抗辩理由显然不成立,本院不予支持。吉利必胜公司应当严格按照该协议的约定向牧工商公司支付剩余转让款,由于该公司仅向牧工商公司支付了200万元,尚有85.10万元没有在2001年12月前支付完毕,其行为已构成违约。牧工商公司由此对吉利必胜公司就享有付款请求权和逾期付款的利息损失赔偿请求权。

如前所述,由于石玉慧、陈晶晶未严格依法履行清算义务,于清算期间,未清算牧工商公司的债权,二人对吉利必胜公司的债务应承担清偿责任,牧工商公司对吉利必胜公司的债权合法有效,故该公司享有对石玉慧、陈晶晶付款请求权和利息赔偿请求权。

第三，关于石玉慧、陈晶晶应向牧工商公司付款的数额。由于石玉慧、陈晶晶未通知牧工商公司申报债权，致使牧工商公司无法参加吉利必胜公司的清算程序，从而失去其与其他债权人平等受偿的机会，其债权至今没有得到清偿。比照其他债权人已全部足额受偿，且石玉慧、陈晶晶仍有剩余财产分配的情形，牧工商公司的债权85.10万元应全部得到清偿。

第四，关于石玉慧、陈晶晶承担责任的方式。由于石玉慧、陈晶晶占有吉利必胜公司的全部股份，均是吉利必胜公司的清算主体，二人都未对牧工商公司的债权尽清算义务，且该二人在吉利必胜公司的注销登记中共同承诺处理吉利必胜公司未尽事宜，故二人应共同承担吉利必胜公司未清偿的债务，对牧工商公司的债权承担连带清偿责任。

综上所述，牧工商公司要求石玉慧、陈晶晶给付85.10万元转让款及利息的诉讼请求，本院予以支持。

2. 关于反诉原告的主体是否适格与反诉的诉讼请求能否得到支持的问题。

第一，如前所述，石玉慧、陈晶晶在吉利必胜公司注销登记中承诺吉利必胜公司未尽事宜由其二人负责处理，该承诺的用语虽然未直接称公司的债权债务由其二人继受，但从这一用语的意义和用意来说，应包括债权债务由其二人继受的意思，该承诺具有公示的意义和对世的效力，因此，石玉慧、陈晶晶享有吉利必胜公司遗留债权的主张权利，因反诉与本诉都是基于同一份的《企业转让出售合同》，故二人作为反诉原告主体是适格的，反诉亦成立。

第二，石玉慧、陈晶晶对牧工商公司享有违约金请求权。理由之一：依照1998年11月6日的《企业转让出售协议》的约定，牧工商公司有在1998年12月31日前向吉利必胜公司交付已变更登记为吉利必胜公司名称的国有土地使用证（带出字）和已建成房屋的所有权证的义务，牧工商公司履行该义务的期限非常明确。但牧工商公司并没有在双方约定的时间内完成该合同义务，三个土地使用证的变更分别是在2000年3月20日、2001年7月12日办理完毕的，而房屋所有权证的变更至今未能办理完毕。牧工商公司在签订《企业转让出售协议》时应当清楚认识到办理上述两类证件所需的时间、条件等，其在合同中保证能在1998年12月31日前办理完毕的约定应当是其真实的意思表示，对其有约束力，其应当严格遵守，否则就会构成违约。从合同履行的实际情况来看，牧工商公司确实没有在合同约定的时间内完成上述两类证件的变更交付义务，已构成违约。理由之二：牧工商公司与吉利必胜公司于1999年6月28日签订的《补充协议》，系双方对原合同的第一次变更，2001年10月16日签订的《结算协议》，系双方对原合同的第二次变更。三份合同共同构成企业出售合同的全部内容。从合同条款的效力来说，已经作了变更的合同条款应以最终的条款为准，没有作出变更的合同条款，依然具有法律效力。《结算协议》虽然约定了牧工商公司继续履行交付房屋所有权证的义务，但吉利必胜公司并没有表示放弃对牧工商公司的违约金请求权，双方也未对原合同的违约责任条款做过变更，该《结算协议》的内容也与原合同的违约责任条款没有冲突，故原合同的违约责任条款依然有效。按照我国合同法的规定，继续履行合同义务与违约金请求权之间并不相互冲突，二者可以并存，故吉利必胜公司要求牧工商公司继续办理已建房屋所有权证的变更并不排除吉利必胜公司另外主张违约金请求权。牧工商公司辩称：土地使用证之所以迟延办理是按照土地管理机关的规定，应当在受让方将土地出让金全部缴纳之后才能办理变更。对此，本院认为：牧工商公司作为土地使用权的出让方，应当清楚或有义务知晓土地使用权转让的相关规定，土地管理机关这方面的规定并不影响合同双方当事人对付款时间和方式约定的效力。故对于牧工商公司的该项抗辩理由不成立，本院不予支持。牧工商公司又辩称：房屋所有权证未办理是因为吉利必胜公司未尽配合义务所致。对此，本院认为，根据合同的约定，办理房屋所有权证是牧工商公司的主义务之一，根据诚信原则的要求和房屋管理机关办理过户手续的相关规定，吉利必胜公司负有协助的义务，在合同约定的期间，牧工商公司可以催告吉利必胜公司予以协助。如吉利必胜公司经催告后仍不协助，并因为吉利必胜公司的行为致使牧工商公司无法完成办理房屋所有权证的过户事宜，则牧工商公司得以免除其违约责任。但本案证据表明牧工商公司的催告行为是在2002年7月1日作出的，已经超出了合同约定的义务履行期限，牧工商公司仍应当为其违约行为承担违约责任。故牧工商公司的该项抗辩理由不成立，本院不予采信。

综上所述，牧工商公司未按合同约定的期限履行完毕办理土地使用证的变更和已建成房屋的所有权证的变更义务，应当按合同的约定承担违约责任。

第三，关于石玉慧、陈晶晶提出的违约金请求权是否已经超过了诉讼时效期间。本院认为，虽然违约金请求权产生于一方对合同主要义务的违反和非违约方因主权利未得以实现，法律赋予非违约方的一种救济权利，但其为一种独立的请求权，非违约方可与其他请求权同时行使，也可单独行使。该项请求权与其他请求权的行使同样受到法律对诉讼时效期间的规定限制，其诉讼时效期间的起算应当严格遵守《中华人民共和国民法通则》第137条的规定，即从知道或者应当知道权利被侵害时起计算。对于双方在合同中明确约定了一方履行义务期限的，对于行为人何时违约，请求权人应当是明确的，故违约金请求权的诉讼时效期间应当从义务履行期限届满之日起计算。如果从双方合同关系终止之时起方才开始计算诉讼时效期间，那么不仅仅是违背法律设计诉讼时效制度的目的，实际上也是改变了双方当事人自己的约定，违反了意思自治的原则。吉利必胜公司与牧工商公司在《企业转让出售合同》中明确约定了牧工商公司应当在1998年12月31日前将变更登记为吉利必胜公司名称的土地使用证（带出字）和已建成房屋的房屋所有权证转让给吉利必胜公司，因此牧工商公司自1999年1月1日起违约，吉利必胜公司明知此时其权利已受到侵害，其应当自牧工商公司违约之日起2年内向牧工商公司提出违约金要求。2000年7月25日双方签订的《关于北京肉用种鸡场转让出售金结算备忘》重申了上述合同违约条款，本院认为是吉利必胜公司主张权利的行为，构成诉讼时效的中断，诉讼时效期间应当自2000年7月26日起重新开始计算。但石玉慧、陈晶晶没有提交任何证据证明在此之后吉利必胜公司或吉利必胜公司清算组或石玉慧、陈晶晶个人曾向牧工商公司主张过违约金请求权，故该请求权的诉讼时效期间已过，对于牧工商公司关于诉讼时效的抗辩，本院予以支持。石玉慧、陈晶晶提出的反诉请求，本院不予支持。

### 113. 公司被吊销营业执照后未依法组织清算而擅自处分公司财产的，公司股东对公司债权人是否应当承担赔偿责任？

公司被吊销营业执照后，应当依照《中华人民共和国公司法》第184条的规定及时对公司组织清算。清算义务人如果不及时组织清算而私自处分公司财产，从而对公司债权人利益造成损害的，应当对债权人承担损害赔偿责任。

**典型疑难案件参考**

株洲市祥瑞置业发展有限公司诉谭升明等四被告股东侵权纠纷案

**基本案情**

1992年8月，株洲高新技术开发区公用事业总公司设立了株洲高新技术开发区公用事业总公司材料供销公司。同年12月，株洲高新技术开发区公用事业总公司材料供销公司更名为株洲高新技术开发区城建发展公司，性质为全民所有制企业。1995年1月，由谭升明、肖永卫、唐石良、朱江武四人出资132.8万元成为股东，株洲高新技术开发区城建发展公司改制为私营有限责任公司，注册资金132.8万元，法定代表人为谭升明。1998年7月，更名为株洲开发区城建发展有限公司。从1993年至1999年期间，株洲高新技术开发区公用事业总公司材料供销公司、株洲高新技术开发区城建发展公司、株洲开发区城建发展有限公司陆续从中国农业银行株洲高新技术开发区支行（以下简称农行株洲高新区支行）贷款。到2000年6月，累计欠银行贷款本金218万元及利息533071.00元。农行株洲高新区支行将上述贷款本息剥离转移至中国长城资产管理公司，并通知了株洲开发区城建发展有限公司。2000年6月15日，株洲开发区城建发展有限公司签收了债权转移确认通知书回执，"对中国农业银行与中国长城资产管理公司本金及利息2713071元债权转移事项不持任何异议，借款人和担保人保证继续履行借款合同、担保合同或协议规定的各项义务"。2001年7月26日、2003年6月25日、2005年6月17日，中国长城资产管理公司三次向株洲开发区城建发展有限公司催收债权。2001年10月，株洲开发区城建发展有限公司被工商部门公告吊销营业执照。2005年12月17日，中国长城资产管理公司刊登债权转移催收公告，将对株洲开发区城建发展有限公司享有的债权218万元及利息转让给株洲市祥瑞置业发展有限公司（以下简称祥瑞公司）。

另查明，1998年9月17日、1999年3月6日，株洲开发区城建发展有限公司以存放于天元区泰山路标准厂房A栋的机器设备估价694,191.52元和307573元作抵押，向农行株洲高新区支行贷款40万元和30万元共计70万元，双方签订了抵押合同，但未办理抵押登记手续。该抵押物于2002年至2003年期间，已经由谭升明等四人处理了，具体金额不详。谭升明等四人认为：抵押物的处理款用于公司支付段名扬的款项，还公司集资的集资款，支付汽车修理费、律师费等开支，但没有提供相关证据。

### 一审裁判结果

株洲市中级人民法院作出〔2006〕株中法民二初字第22号民事判决如下：

驳回祥瑞公司的诉讼请求。案件受理费28910元，其他诉讼费5780元，财产保全费19000元，共计53690元，由祥瑞公司承担。

### 一审裁判理由

株洲市中级人民法院认为：谭升明、肖永卫、唐石良、朱江武出资设立株洲开发区城建发展有限公司，已履行了股东的出资义务，公司股东仅在出资额范围内对公司债务承担责任，公司以其自有财产对外独立承担民事责任。祥瑞公司主张谭升明、肖永卫、唐石良、朱江武四人转移了株洲开发区城建发展有限公司的资产，缺乏证据支持，故不予采纳。谭升明、肖永卫、唐石良、朱江武四人设立的株洲开发区城建发展有限公司被吊销营业执照后，其应依法履行对公司的清算义务。祥瑞公司作为债权人对谭升明、肖永卫、唐石良、朱江武四人不履行清算义务的行为，可依法申请人民法院指定有关人员组成清算组对公司进行清算，以保障其债权的实现。祥瑞公司以谭升明、肖永卫、唐石良、朱江武四人转移公司资产，未履行清算义务，而要求其对公司债务承担连带清偿责任，缺乏事实和法律依据，因此对祥瑞公司的诉讼请求依法不予支持。

### 二审诉辩情况

祥瑞公司不服一审判决，向湖南省高级人民法院上诉称：（1）一审法院没有合理分配当事人的举证责任，违反公平正义原则。四被上诉人是否履行了清算义务，是否侵占了公司资产，依据《最高人民法院关于民事诉讼证据的若干规定》第2条、第7条的规定，法院应责令四被上诉人举证；（2）四被上诉人在公司被吊销营业执照后不履行清算义务，并且于2002年、2003年变卖了公司贷款时的订立的抵押合同的标的物，即公司所有的机器设备，侵害了上诉人的利益，故四被上诉人应当承担连带清偿责任。

被上诉人答辩称：一审法院认定的事实清楚，适用法律正确。

### 二审裁判结果

湖南省高级人民法院二审判决如下：

一、撤销株洲市中级人民法院〔2006〕株中法民二初字第22号民事判决；

二、谭升明、唐石良、朱江武、肖永卫于本判决送达后15日内连带赔偿株洲市祥瑞公司700000元；

三、驳回原告其他诉讼请求。一、二审案件受理费、保全费双方各负担一半。

### 二审裁判理由

湖南省高级人民法院认为：谭升明、肖永卫、唐石良、朱江武等四人出资设立了株洲开发区城建发展有限公司，依据《中华人民共和国公司法》第191条之规定，谭升明等四人作为该被吊销营业执照的公司的股东，应当于被吊销营业执照之日起15日内组成清算组对公司进行清算，谭升明等四人在公司解散事由出现后的长时间内，不仅未依法对其组成清算组进行清算，而且处分了抵押贷款合同的标的物，且对该标的物所出让的价款及其去向，被上诉人未能举证证明。这种无权处分行为严重损害了公司债权人祥瑞公司的权益，谭升明等四人应当对该行为造成的损失承担责任。抵押物估价高达1001764.52元，实际处理价款不明确，但当时该抵押权系为担保70万元的借款而设立的，虽然抵押物未到相关行政部门登记，但抵押合同于签订时已成立。可以认定：被抵押的机器设备属公司所有，但该机器设备在公司被吊销营业执照后已被上诉人处分，且被上诉人不能证明其合理用途。故四被上诉人应向债权人承担70万元的侵权赔偿责任。四被上诉人承担了侵权责任后，祥瑞公司仍有权以株洲开发区城建发展有限公司和四被上诉人为被告，请求法院判令公司承担相应的还款责任并要求股东承担清算责任。

## 114. 集体企业性质的公司解散后而未进行清算的情况下，债务如何承担？

集体企业性质的公司以公司资产整体出售的方式进行改制，如债权人在公告期内未进行债权申报，则买受人对该债权不承担民事责任。出售人在原公司资产整体出售后，应当按照法律的规定对其组织清算、注销。如果出售人怠于履行清算义务导致债权人的利益无法实现，应当根据我国民法规定的过错责任原则，对原公司的债务承担清偿责任。

### 典型疑难案件参考

黄金南诉无为县姚沟建筑安装工程有限公司等公司解散责任承担纠纷案

**基本案情**

2002年7月21日，黄金南作为原无为县姚沟镇建筑公司的项目经理，以公司名义承包安徽鸿绪房地产开发公司锦绣苑小区B7#楼工程。2003年3月20日，安徽鸿绪房地产开发公司为支付锦绣苑小区B7#楼工程而汇款3万元至原无为县姚沟建筑公司账户。当日，无为县法院为执行案外人倪成云与原无为县姚沟建筑公司发生劳动争议的〔2002〕无仲字第27号仲裁调解书，从该公司账户扣划了此款，黄金南因此与公司原法定代表人孙应林交涉。随后，公司为追偿此款而起诉案外人孙宗刚，2003年6月，无为县人民法院〔2003〕无民初字第753号民事判决书判令孙宗刚给付原无为县姚沟建筑公司已垫付款。2003年8月，无为县姚沟镇人民政府决定对原无为县姚沟建筑公司进行改制，李正东通过竞标购买了公司。2003年8月26日，李东正与无为县姚沟镇人民政府签订了协议，其中第2条载明"标的物（原安徽省无为县姚沟建筑公司）现有的债权债务一律由甲方（无为县姚沟镇人民政府）负责处理……乙方（李正东）自竞买标的物之日起，债权债务从零开始"。2003年12月，无为县乡镇企业管理局批准原安徽省无为县姚沟建筑公司改制并更名为安徽省无为县姚沟建筑安装工程有限公司。2004年5月26日，李正东在放弃部分权利后与孙宗刚达成执行和解，原告黄金南得知后，诉至原审法院。

### 一审诉辩情况

原告黄金南诉称：2003年，原告承建安徽鸿绪房地产开发公司锦绣苑小区B7#楼工程，3月20日，该工程款汇至被告安徽省无为县姚沟建筑安装工程有限公司的账户，当日，因被告安徽省无为县姚沟建筑安装工程有限公司的其他诉讼案件，该款被无为县人民法院强制划拨了3万元。此后，被告安徽省无为县姚沟建筑安装工程有限公司通过诉讼向他人追回了此款，故诉请法院判令被告给付欠款3万元，及逾期付款违约金。

被告安徽省无为县姚沟建筑安装工程有限公司辩称：我单位是原无为县姚沟建筑公司改制后成立的法人，改制时与无为县姚沟镇人民政府签订了协议，载明了原无为县姚沟建筑公司债权债务由无为县姚沟镇人民政府负担。

被告无为县姚沟镇人民政府辩称：原无为县姚沟建筑公司已改制，原告所称欠款3万元事实不符，且已过诉讼时效。

### 一审裁判结果

一审法院依照《中华人民共和国民法通则》第117条、第134条第1款第4项、《中华人民共和国合同法》第84条之规定，判决：

一、被告安徽省无为县姚沟建筑安装工程有限公司于判决10日内返还其占有原告黄金南的工程款3万元。

二、被告安徽省无为县姚沟建筑安装工程有限公司自2008年3月24日起按银行同期贷款利率承担利息，息随本清。

案件受理费550元，由被告安徽省无为县姚沟建筑安装工程有限公司负担。

### 一审裁判理由

一审法院认为，黄金南以无为县姚沟建筑公司项目经理名义承包安徽鸿绪房地产开发公司锦绣苑小区B7#楼工程，在无为县姚沟建筑公司内部实质上是项目承包，独立核算，对外利用公司账户进行结算。安徽鸿绪房地产开发公司汇入原无为县姚沟建筑公司的3万元工程款应当归黄金南所有，此款无论是否被人民法院扣划或者被扣划后是否追回，均不能成为拒付的理由。无为县姚沟建筑安装工程有限公司是由原无为县姚沟建筑公司变更而来，理应承继其债务。另外，本案当事人没有约定付款期限，债权人可随时主张债权。至于两被告之间对债权债务的协议，所涉及的债权转让应当通知债务人，所涉及的债务转让应当经过债权人同意，而本案所形成的债权之债，并未得到债权人即原告的同意，因而不能对抗债权人向原债务人主张债权，无为县姚沟建筑安装工程有限公司只能将该协议作为履行义务后能否追偿的依据。

### ▶二审诉辩情况◀

一审宣判后，无为县姚沟建筑安装工程有限公司不服提出上诉称：一审判决认定锦绣苑B7#楼的实际承包主体是被上诉人黄金南个人，证据不足；且该款汇到无为县姚沟建筑公司的账户上，无为县姚沟建筑公司在收到该款后如何支付应当依据双方的约定，而不是简单的债权债务纠纷；黄金南的诉讼已超过诉讼时效；即使无为县姚沟建筑公司欠被上诉人黄金南3万元，该款也不应当由上诉人无为县姚沟建筑安装工程公司承担归还责任，因无为县姚沟建筑公司是属于无为县姚沟镇政府下属的乡镇集体企业，无为县姚沟镇人民政府以公开拍卖的方式决定将企业对外出售，上诉人的法定代表人李正东是以支付现金的方式购买，而不是以承债的方式购买，债务应由无为县姚沟镇人民政府承担。请求二审法院依法改判驳回黄金南对其诉讼请求。

被上诉人黄金南辩称：原判认定事实和适用法律正确，请求维持原判。

被上诉人无为县姚沟镇人民政府辩称：一审判决认定锦绣苑B7#楼的实际承包主体是被上诉人黄金南个人以及无为县姚沟建筑公司系债权债务关系，证据不足；黄金南的诉讼超过诉讼时效；企业改制时，双方约定现有的债权债务一律由无为县姚沟镇人民民政府负责"处理"或"清理"，都表明其无须对上诉人的任何债务承担责任，且改制时企业主体并未发生改变，只是公司名称和法定代表人发生变更。请求二审法院依法公正处理。

### ▶二审裁判结果◀

二审法院依照《中华人民共和国民事诉讼法》第153条第1款第2项、《中华人民共和国民法通则》第106第2款、参照《最高人民法院关于审理与企业改制相关的民事纠纷案件若干问题的规定》第28条的规定，判决如下：

一、撤销无为县人民法院〔2008〕无民初字第692号民事判决；

二、无为县姚沟镇人民政府于本判决生效后10日内给付黄金南3万元，并自 2008 年 3 月 24 日起按中国人民银行规定的同期贷款利率标准给付利息，息随本清；

三、驳回黄金南对无为县姚沟建筑安装有限公司的诉讼请求。

如果未按本判决指定的期间履行给付金钱义务，应当按照《中华人民共和国民事诉讼法》第 229 条之规定，加倍支付延迟履行期间的债务利息。一审案件受理费 550 元、二审案件受理费 550 元，共 1100 元，由无为县姚沟镇人民政府负担。

> 二审裁判理由

二审查明的事实与一审相同。另查明，2003 年 8 月 22 日无为县姚沟镇人民政府发出出卖公告，黄金南未申报债权。2003 年 12 月 12 日，无为县工商局核准登记注册重新设立"安徽省无为县姚沟建筑安装工程有限公司"。但原"安徽省无为县姚沟建筑公司"并未办理注销登记手续。

二审法院认为，本案的争议焦点主要有二：一是黄金南主张权利有无依据；二是无为县姚沟建筑公司改制后对原公司的债务应当由谁承担。

1. 关于黄金南主张权利有无依据的问题，即黄金南与原无为县姚沟建筑公司之间是否属于内部承包合同关系。考虑到我国建筑市场的现状，只要建筑企业能采取措施、分派人员直接参与工程施工、对外实际上也直接向发包人承担合同上的权利义务，宜认定为内部承包。本案中虽然黄金南与原无为县姚沟建筑公司无内部承包合同的约定，但黄金南以原无为县姚沟建筑公司项目经理的名义实际承建锦绣苑 B7#楼工程，无为县姚沟建筑公司原法定代表人一审也出庭作证证实此事实，故宜认定双方系内部承包合同关系。黄金南依据内部承包合同关系向无为县姚沟建筑公司主张工程款，有事实和法律依据。且无为县姚沟建筑公司原法定代表人也证实黄金南一直在主张权利，故本案并未超过诉讼时效。

2. 关于无为县姚沟建筑公司改制后对原公司的债务应当由谁承担的问题。无为县姚沟建筑公司系集体企业，2003 年 8 月，其开办单位和实际控制人无为县姚沟镇人民政府决定对原无为县姚沟建筑公司进行改制，将公司资产整体出让。李正东通过竞标购买了公司，并经工商注册登记，重新设立"安徽省无为县姚沟建筑安装工程有限公司"，该公司与原无为县姚沟建筑公司并无法律上的承继关系，故黄金南不能向新设立的公司主张权利。根据工商部门的登记记载，无为县姚沟建筑公司未办理工商变更和注销登记，其法人人格尚未消灭，黄金南只能向无为县姚沟建筑公司主张权利。但鉴于在本案中追加无为县姚沟建筑公司为当事人只具有程序意义，无实质意义，故原审法院未将无为县姚沟建筑公司追加为当事人并无不当。无为县姚沟建筑公司虽未被注销，但实质上已解散，黄金南已无法向其主张权利。导致黄金南权利无法向该公司主张的原因，正是无为县姚沟镇人民政府作为企业的开办单位未履行法定清算义务所致。李正东与无为县姚沟镇人民政府签订的协议载明"标的物（原安徽省无为县姚沟建筑公司）现有的债权债务一律由甲方（无为县姚沟镇人民政府）负责处理……乙方（李正东）自竞买标的物之日起，债权债务从零开始。"该协议表明，无为县姚沟建筑公司的债权债务一律由无为县姚沟镇人民政府负责"处理"或"清理"，由其履行清算义务。而时隔数年，无为县姚沟镇人民政府急于履行清算义务，应当清算而没有清算，其出售无为县姚沟建筑公司时未组织清算的实质后果已导致债权人的利益无法实现，根据我国民法规定的过错责任原则，无为县姚沟镇人民政府应当对无为县姚沟建筑公司的债务承担清偿责任。最高人民法院《关于审理与企业改制相关的民事纠纷案件若干问题的规定》第28条规定："出售企业时，参照公司法的有关规定，出卖人公告通知了债权人。企业出售后，债权人就出卖人隐瞒或者遗漏的原企业债务起诉买受人的，如债权人在公告期内申报过该债权，买受人在承担民事责任后，可再行向出卖人追偿。如债权人在公告期内未申报过该债权，则买受人不承担民事责任。人民法院可告知债权人另行起诉出卖人。"参照该规定，黄金南在公告期内未申报过该债权，故无为县姚沟总建筑安装工程有限公司作为买受人不承担责任，无为县姚沟镇人民政府作为出卖人应承担民事责任。所以，原判适用法律错误，本院予以纠正。

## 115. 公司解散后，清算义务人未在法定期限内组织清算组对公司债权债务进行清算，其赔偿责任的范围如何确定？

公司解散后，清算义务人如果未在法定期限内成立清算组开始清算，从而导致公司的财产贬值、流失、毁损或者灭失，应当在其造成的损失范围内对公司债务承担赔偿责任。由于清算义务人相对于作为公司外部人员的债权人，更清楚公司的资产状况，因此，在举证责任方面，清算义务人应当就其怠于组织清算给公司财产造成的损失承担举证责任，否则要对公司未能清偿的全部债务承担赔偿责任。

## 典型疑难案件参考

厦门特贸有限公司诉厦门中信房地产有限公司、泉州市土产畜产进出口公司股东不履行清算义务承担侵权赔偿责任案

### 基本案情

厦门国信贸易有限公司（以下简称国信公司）系由被告厦门中信房地产有限公司（以下简称中信公司）和泉州市土产畜产进出口公司（以下简称土产畜产公司）投资成立。2000年4月1日，国信公司被厦门工商行政管理局依法吊销营业执照。2001年12月10日，厦门市思明区法院作出〔2001〕思经初字第31号民事判决，判令被告中信公司、土产畜产公司应于判决生效之日起30日内清理国信公司的资产用于偿还原告厦门特贸有限公司（以下简称特贸公司）2633382.71元及利息。原告依该民事判决向思明区法院申请执行，至今尚有2474657.21元及利息的债权尚未得到清偿。2002年6月15日，思明区法院以〔2002〕思执字第201—1号民事裁定书裁定对该判决书中止执行。

另查，两被告至今尚未组成清算小组，对国信公司进行清算。

### 诉辩情况

原告特贸公司诉称，两被告作为国信公司的股东，未履行清算义务，侵害了原告的合法权益，故请求判令两被告对原厦门国信贸易有限公司的债务承担清偿责任，赔偿原告损失2474657.21元及利息（自1999年11月1日起计至实际还款之日止，按每日万分之二点一计，以50万元为限）。

被告中信公司辩称：原告曾于2000年12月5日向法院起诉，要求两被告清偿原国信公司的欠款，该案已经法院判决生效。现原告又以同一事实和理由提起诉讼，违反了一事不再理的原则，应依法驳回起诉。虽然两被告未对国信公司进行清算，原告亦只能向法院申请指定清算组成员，而不是另行起诉。且国信公司是工商管理部门吊销营业执照，而不是被告办理注销手续的，被告从未承诺国信公司的债权债务已清理完毕，则原告要求被告承担清偿责任于法不合。

被告土产畜产公司辩称：原告以同一事实提起诉讼，违反相关规定，不符合起诉的条件，应依法予以驳回。且在原判决执行过程中，被告积极查找国信公司的法定代表人并了解相关的债权债务，并非拒绝履行清算义务。故被告不应承担清偿责任。

### 裁判结果

厦门市思明区人民法院依据《中华人民共和国民法通则》第106条第2

款规定，判决如下：

被告厦门中信房地产股份有限公司及被告泉州市土产畜产进出口公司，应于本判决生效之日起 10 日内，对原厦门国信贸易有限公司尚欠原告厦门特贸有限公司款项 2474657.21 元及利息（自 1999 年 11 月 1 日起计至实际还款之日止，按每日万分之二点一计，以 50 万元为限）部分承担赔偿责任。

▶ 裁判理由

厦门市思明区人民法院经审理认为：原告以侵权赔偿纠纷为由提起诉讼，要求两被告承担赔偿责任，与其之前以委托代理出口合同纠纷为由提起诉讼要求两被告清理国信公司的资产以清偿债务，是不同的事实与法律关系，并不存在重复起诉的情形。两被告至今未履行对国信公司的清理责任，主观上存在不作为的过错，且违反了法律规定，具有违法性。由于两被告的不作为造成国信公司现有资产下落不明，使原告本应受偿的合法债权得不到清偿，从而给原告的合法权益造成损害。且原告的损害与两被告的不作为存在因果关系。因此，两被告已对原告构成侵权，原告请求两被告承担赔偿责任应依法予以支持。至于赔偿范围，应以两被告的行为给原告造成的损害范围为限，且举证责任应适用倒置的原则。因为被告作为国信公司的股东，对公司的资产情况较债权人更为清楚，获取证据也更为方便，且只有股东组织了清算，债权人才能审查由于股东延误清算造成的实际损失，故两被告应就其延误清算未造成全部损害承担举证责任。现两被告对国信公司解散时的资产数量及现有国信公司的财产减损数量均无法举证，亦无法提供国信公司现有资产的下落，则两被告理应承担举证不能的责任，承担原告未能清偿部分的全部赔偿责任。

> **116. 清算义务人如果怠于履行清算义务，应对公司债权人承担什么法律责任？**
>
> 在公司解散后，有限责任公司的股东、股份有限公司的董事和控股股东作为清算义务人应当按照法律规定及时组织公司的清算。如果清算义务人怠于履行清算义务，导致公司主要财产、账册、重要文件等灭失，无法进行清算的，应当对公司的债务承担连带清偿责任。由于债权人作为公司的外部人员，难于了解公司的内部情况，因此，对于举证责任在清算义务人和公司债权人之间的分配，应当采取部分倒置的原则，即债权人只需要证明其对

> 公司有合法的债权、公司已经解散但未进行清算,而控股股东等清算义务人应当证明其已经积极地组织清算,否则推定其怠于履行清算义务。

## 典型疑难案件参考

厦门特贸有限公司诉苏山良公司清算纠纷案

### 基本案情

被告苏山良与案外人黄向荣、黄庆文均系厦门培尔耕商贸发展有限公司(以下简称培尔耕公司)的股东,出资额各占84%、10%、6%。2001年6月19日,原厦门市开元区法院作出〔2001〕开经初字第750号民事判决书,判决培尔耕公司应偿付原告厦门特贸有限公司(以下简称特贸公司)代垫货款2221270.74元及利息(自2000年8月21日计至实际还款之日止,按每日万分之四计算)。该判决书已依法生效。2004年10月21日,培尔耕公司股东会作出决议,决定解散公司,并在15日内成立清算小组,由被告苏山良担任清算负责人;并在报纸上刊登清算公告,要求债权人在一个月内申报债权。原告按公告要求向培尔耕公司申报债权,但该公司及清算小组并未召开债权人会议,亦未对公司相关债权债务进行有效清理。2006年10月31日,思明区人民法院作出〔2006〕思民初字第3858号民事判决书,判令苏山良、黄向荣及黄庆文应履行对培尔耕公司进行清算的义务,并于判决生效之日起60日内清理完毕该公司资产,依法向特贸公司清偿债务。该判决书已生效。但苏山良及黄向荣、黄庆文至今未履行清算义务,故原告诉至法院。

### 诉辩情况

原告特贸公司诉称:原告对培尔耕公司有合法债权。现因培尔耕公司已解散,并已组成清算小组,但被告作为培尔耕公司的股东,未及时开始清算,致使原告的债权未能得以实现,故诉请判令被告苏山良对厦门市培尔耕商贸发展有限公司拖欠原告的债务本金2221270.74元及利息(自2000年8月21日计至实际还款之日止,按每日万分之四计)承担连带清偿责任。

被告苏山良辩称:原告缺乏证据证明被告怠于履行公司的清算义务。培尔耕公司的股东是三个人,除被告以外的其他股东至今下落不明,致使被告苏山良无法组织清算,因此,被告不应承担责任。且培尔耕公司解散的时间是2004年,原告仅凭2001年培尔耕公司的净资产额不能证明公司在解散当时的资产额，虽然苏山良手中有部分重要资料，但其他股东手中亦同样持有一部分重要资料，不排除是其他股东使公司资料或资产灭失的可能，故应驳回原告的诉求。

### 裁判结果

厦门市思明区人民法院依照《中华人民共和国公司法》第184条，最高人民法院《关于适用〈中华人民共和国公司法〉若干问题的规定》第18条第2款之规定，判决如下：

被告苏山良应于本判决生效之日起10日内对厦门市培尔耕商贸发展有限公司拖欠原告厦门特贸有限公司的债务本金2221270.74元及利息（自2000年8月21日计至实际还款之日止，按每日万分之四计）承担连带清偿责任。

### 裁判理由

厦门市思明区人民法院经审理认为：原告对培尔耕公司享有合法的债权。现培尔耕公司已解散，则被告苏山良对培尔耕公司负有清算义务。但苏山良至今未实质性地开展清算工作，亦缺乏证据证明其已积极地组织进行清算工作，只是由于其他法定原因造成清算工作不能进行，故应当认定苏山良是怠于履行清算义务。现因培尔耕公司在2001年12月的审计报告中，仍记载资产总额为3730462.16元，则在被告未能提供证据证明培尔耕公司在解散当时已无财产的情形下，应视为解散当时培尔耕公司仍有相应的资产，而现在被告已无法提供培尔耕公司财产的下落以及公司账册、重要文件的下落，且培尔耕公司至今无法进行清算，则被告理应对培尔耕公司拖欠原告的债务承担清偿责任。

## 117. 在清算过程中，清算义务人违反债权清算顺序分配公司资产，是否应当承担赔偿责任？

劳动者的债权在清算过程中比其他普通债权具有法定优先权。在进行公司清算时，公司财产在支付清算费用后，应当按比例依次清偿职工的工资、社会保险费用和法定补偿金、所欠税款，清偿公司债务后的剩余财产才可以在股东之间按比例分配。如果清算义务人未按照法定顺序分配公司财产，应当在可分配财产的范围内对受到损害的债权人承担连带赔偿责任。

## 典型疑难案件参考

陈舜伟诉西安空间无线电技术研究所等未依照法定清算顺序支付社会保险费纠纷案

### 基本案情

西安空间无线电技术研究所（简称空间研究所）和多尼尔医疗技术亚洲有限公司（简称多尼尔亚洲公司）是多尼尔医疗系统有限公司上海分公司（以下简称多尼尔医疗上海分公司）的投资股东。

原告陈舜伟于1996年9月16日进入多尼尔医疗上海分公司，双方于该日签订《聘任合同》。从1996年9月16日至2000年10月15日止，双方建立了劳动关系。2000年12月6日，原告因多尼尔医疗上海分公司少缴和漏缴社会保险费而向上海市劳动争议仲裁委员会提起仲裁。2001年4月17日，上海市劳动争议仲裁委员会作出多尼尔医疗上海分公司为原告补缴社会保险费59988元，原告应将个人补缴的社会保险费5932.4元交于多尼尔医疗上海分公司的裁决。上海市劳动争议仲裁委员会裁决后，双方均未提起诉讼。2001年6月11日，原告向上海市静安区人民法院申请执行。2000年11月23日，多尼尔医疗系统有限公司在《陕西日报》上刊登公司进入清算程序的公告，2001年8月28日该公司因清算终止而向陕西省西安市工商行政管理局申请注销登记，同年9月3日被依法注销登记。原、被告之间的劳动争议案件于2005年5月16日经〔2004〕沪二中民一（民）终字第997号民事判决生效。2006年3月27日，原告申请恢复对两被告缴纳社会保险费用执行。

### 诉辩情况

原告诉称：被告空间研究所和多尼尔亚洲公司作为多尼尔医疗系统有限公司的投资股东，在债权债务清算中分配到了剩余财产。两公司应当承担多尼尔上海分公司在清算过程优先偿付的社会保险费，并支付2001年4月17日至付清时止的利息，要求被告多尼尔亚洲公司承担本案翻译费用。

被告空间研究所辩称：本案争议的社会保险纠纷已经上海劳动争议仲裁委员会裁决，该案在执行过程中，原告现在的诉讼系重复诉讼，应当予以驳回。另外，被告在多尼尔医疗系统有限公司的清算过程仅分得45.75万元的剩余财产，但却替其承担了50万余元债务，已超过在清算过程中所获得的财产权益。

被告多尼尔亚洲公司辩称：本案争议的社会保险纠纷已经上海劳动争议仲裁委员会裁决，该案在执行过程中，原告现在的诉讼系重复诉讼，应当予以驳回。多尼尔医疗系统有限公司已于2001年9月3日被依法注销登记，如要求被告承担责任，原告再次诉讼应当在 2003 年 9 月 2 日之前主张，现已超过诉讼时效。

### 裁判结果

上海市静安区人民法院依照《中华人民共和国劳动法》第 3 条第 1 款、第 72 条、《中华人民共和国公司法》第 187 条第 2 款、第 3 款的规定，判令被告空间研究所、被告多尼尔亚洲公司应于本判决生效之日起 15 日内向上海市静安区社会保险事业管理中心为原告陈舜伟补缴社会保险费人民币 59988 元（其中包括代扣代缴个人应缴部分人民币 7763.2 元，原告陈舜伟个人已承担 1830.8 元）；原告陈舜伟要求被告空间研究所、被告多尼尔亚洲公司支付 2001 年 4 月 17 日至付清时止的利息的诉讼请求，不予支持。

本案判决后，双方当事人均表示服判，未提起上诉。

### 裁判理由

上海市静安区人民法院经审理认为，社会保险基金纳入社会保障基金财政专户，专款专用，任何地区、部门、单位和个人均不得挤占挪用。社会保险带有国家强制性、法定性，用人单位应当依照有关法律、法规的规定，负责缴纳各项社会保险费用，并负有代扣、代缴本单位劳动者社会保险费的义务。

根据原告递交的上海市劳动争议仲裁委员会沪劳仲 6〔2000〕办字第 185-1 号裁决书，证明多尼尔医疗公司上海分公司应当为原告补缴社会保险费，原告及多尼尔医疗上海分公司均未对该社会保险费劳动仲裁裁决提出异议。该裁决已发生法律效力。虽然裁决过程中，多尼尔医疗系统有限公司已进入清算公告程序，但尚未进行公司债务清偿、财产分配。原告在社会保险争议仲裁裁决发生法律效力后，依法申请法院执行，多尼尔医疗系统有限公司对欠付原告的社会保险费用理应在清算时予以优先偿付。但由于该公司在清算过程中，未按照清算程序支付相关费用，且后来公司被注销，原告再次申请执行要求两被告承担缴纳义务，两被告予以拒绝，导致原告在申请执行中遇到障碍。现原告为明确义务主体进行诉讼，要求两被告承担缴纳社会保险费用义务的诉讼请求，法院予以准许。关于诉讼时效，因原、被告之间的劳动争议案件直到 2005 年 5 月 16 日判决生效。2006 年 3 月 27 日，原告提出申请要求两被告对社会保险费用恢复执行，但两被告在执行过程中以分配所得财产已承担其他债务为由，拒绝支付社会保险费用。故原告现在提起诉讼系在诉讼时效内主张其权利。

依照公司法规定，公司财产在分别支付清算费用、职工的工资、社会保险费用和法定补偿金，缴纳所欠税款，清偿公司债务后的剩余财产，有限责任公司按照股东的出资比例分配。可见劳动者的债权在清算过程中比其他普通债权具有法定优先权。在清算过程中清算主体未按法定程序先行缴纳社会保险费用，势必会影响劳动者合法权益，更加影响社会保险金的社会统筹支配。现经工商备案的董事会决议及清算报告中已经明确了剩余资产情况及两股东资产分配情况。两被告作为投资股东，在清算后所获得的财产权益分配足以支付原告的社会保险费用，被告空间研究所以所分配财产已承担普通债权来抗辩要求免除公司财产清算前所应承担的法定义务，有违公司清算的基本原则。同理，被告多尼尔亚洲公司的辩称，亦无法律依据。故两被告仍应当为原告缴纳所欠缴的社会保险费用。社会保险费用应当缴纳至指定账号，由社会统筹支付，对原告而言不存在利息损失，故原告要求被告支付利息的诉讼请求，不予支持。

### 118. 清算义务人以虚假的清算报告骗取公司登记机关办理法人注销登记的，是否应当对债权人承担赔偿责任？

公司股东以及实际控制人在公司解散后，恶意处置公司财产给债权人造成损失，或者未经依法清算，以虚假的清算报告骗取公司登记机关办理法人注销登记，应当对公司债权人承担相应赔偿责任。

**典型疑难案件参考**

太仓港百利达投资管理有限公司诉杨仲春等股东不当清算赔偿纠纷案

**基本案情**

1997年1月1日，中国农业银行锡山市陆区办事处（以下简称农行陆区办）与锡山市华阳机电设备成套厂（以下简称锡山华阳厂）签订最高额保证担保借款合同一份，约定自1997年1月1日起至1999年6月30日止，农行陆区办向锡山华阳厂发放最高限额不超过80万元的贷款。合同签订后，农行陆区办分两次向锡山华阳厂发放贷款计61万元，锡山华阳厂收款后未予归还。

另查明：1998年5月13日，锡山华阳厂从集体所有制企业转制为股份合作制企业，其股东成员为本案被告杨仲春、杨旭东、殷萍洁、徐海峰、周国清、杨秋霞6人。后锡山华阳厂更名为无锡市华阳机电设备成套厂（以下简称无锡华阳厂）。2006年12月12日，无锡华阳厂经工商行政管理局核准注销。

2000年3月18日，中国农业银行锡山市支行将上述农行陆区办对锡山华阳厂的债权转让给中国长城资产管理公司南京办事处（以下简称长城公司南京办），锡山华阳厂在债权转移确认通知书回执上盖章确认。2006年4月24日，长城公司南京办又将该债权本金61万元、利息336600元（计算至2005年10月20日）转让给本案原告太仓港百利达投资管理有限公司（以下简称百利达公司），并履行了通知义务。

### ▶一审诉辩情况◀

原告百利达公司诉称：农行陆区办向锡山华阳厂发放贷款61万元。锡山华阳厂收款后未按期还贷，尚欠贷款本金61万元及利息336600元。现该债权已转让给百利达公司，因锡山华阳厂已注销，且工商登记中的企业注销书明确债权债务已清理完毕。百利达公司认为锡山华阳厂的股东清理不当，要求杨仲春、杨旭东、殷萍洁、徐海峰、周国清、杨秋霞对锡山华阳厂所欠61万元贷款承担连带赔偿责任。

被告杨仲春等人辩称：锡山华阳厂于2005年歇业，其债权债务由杨家村小学负责清理，因百利达公司未将锡山华阳厂上述债务告知股东，故请求法院驳回百利达公司的诉讼请求。

### ▶一审裁判结果◀

无锡市惠山区人民法院依照《中华人民共和国民法通则》第108条、《中华人民共和国民事诉讼法》第64条第1款之规定，于2007年5月11日作出判决：

一、原无锡华阳厂应归还百利达公司借款61万元，该款由杨仲春、杨旭东、殷萍洁、徐海峰、周国清、杨秋霞于判决生效后1个月内对原无锡华阳厂的资产进行清理，用清理资产予以偿还；

二、驳回百利达公司其他诉讼请求。

如果未按判决指定的期间履行给付金钱义务，依照《中华人民共和国民事诉讼法》第232条之规定，加倍支付迟延履行期间的债务利息。

诉讼费27330元，由原无锡华阳厂承担，该款已由百利达公司垫付，杨仲春、杨旭东、殷萍洁、徐海峰、周国清、杨秋霞于判决生效后1个月内对原无锡华阳厂的资产进行清理后偿还百利达公司。

### ▶一审裁判理由◀

无锡市惠山区人民法院认为：农行陆区办与锡山华阳厂签订的最高额保证

担保借款合同合法有效，农行陆区办按约放贷，锡山华阳厂应按约还本付息。百利达公司合法受让了上述债权，依法应予保护。无锡华阳厂系股份合作制企业，其注销后，应由其股东进行清理，并用清理的资产归还所欠百利达公司的债务。百利达公司要求杨仲春、杨旭东、殷萍洁、徐海峰、周国清、杨秋霞承担连带赔偿责任缺乏法律依据，法院不予支持。

### 二审诉辩情况

一审宣判后，百利达公司不服，向江苏省无锡市中级人民法院提起上诉称：杨仲春等6名无锡华阳厂的股东在本案诉讼期间，明知百利达公司与无锡华阳厂之间存在债权债务关系，故意将百利达公司的债权排除在外进行清算，并向工商管理机关出具虚假的清算报告，以欺骗的手段办理了无锡华阳厂的注销登记，导致无锡华阳厂丧失法人资格。现杨仲春等6名股东已对无锡华阳厂清算完毕，并已将剩余资产进行了分配，因此，杨仲春等6名股东应对无锡华阳厂的债务承担连带赔偿责任。

被上诉人（原审原告）郑伯荣答辩称：锡山华阳厂向农行陆区办借款时，锡山华阳厂尚未转制，故锡山华阳厂当时的债务与转制后的无锡华阳厂无关。因无锡华阳厂的厂房在办理注销前已被法院查封，导致杨仲春等6名股东在无锡华阳厂注销时对无锡华阳厂的所有资产均无法进行清算。

### 二审裁判结果

无锡市中级人民法院依照《中华人民共和国民事诉讼法》第153条第1款第3项的规定，于2008年5月6日作出判决：

一、撤销无锡市惠山区人民法院〔2006〕惠民二初字第1552号民事判决。

二、杨仲春、杨旭东、殷萍洁、徐海峰、周国清、杨秋霞于本判决生效后10日内向百利达公司连带赔偿借款本金损失61万元、利息损失336600元（计算至2005年10月20日，2005年10月21日起，按中国人民银行公布的同期银行贷款利率计算）。

一审案件诉讼费27330元、二审案件受理费9900元，二项合计37230元，由杨仲春、杨旭东、殷萍洁、徐海峰、周国清、杨秋霞共同负担。

### 二审裁判理由

无锡市中级人民法院经审理，确认一审法院所查明的事实和证据。另查明：根据工商管理机关备案资料显示，2006年10月1日，杨仲春等6名无锡华阳厂的股东形成股东会决议，全体股东同意申请无锡华阳厂歇业，成立清算小组。2006年12月9日，杨仲春等6名股东出具无锡华阳厂清算报告，载明：无锡华阳厂因市场原因，经股东会议决定解散，企业债权债务已全部清算完毕，企业清偿债务后的剩余财产已按股东的出资比例分配完毕。该清算报告未附有具体清算情况的记录。上述事实有工商档案资料及当事人陈述在卷佐证。

　　无锡市中级人民法院认为，杨仲春等无锡华阳厂的6名股东在未对无锡华阳厂的资产及债权债务等进行清算的情况下，向工商管理机关出具了虚假的清算报告，并申请办理无锡华阳厂注销。此行为侵害了百利达公司的债权，杨仲春等无锡华阳厂的股东应对百利达公司因此受到的损失承担连带赔偿责任。

# 清算责任纠纷办案依据集成

**1. 中华人民共和国公司法**（2005年10月27日修订）（节录）

第一百八十五条　清算组在清算期间行使下列职权：

（一）清理公司财产，分别编制资产负债表和财产清单；

（二）通知、公告债权人；

（三）处理与清算有关的公司未了结的业务；

（四）清缴所欠税款以及清算过程中产生的税款；

（五）清理债权、债务；

（六）处理公司清偿债务后的剩余财产；

（七）代表公司参与民事诉讼活动。

第一百八十六条　清算组应当自成立之日起十日内通知债权人，并于六十日内在报纸上公告。债权人应当自接到通知书之日起三十日内，未接到通知书的自公告之日起四十五日内，向清算组申报其债权。

债权人申报债权，应当说明债权的有关事项，并提供证明材料。清算组应当对债权进行登记。

在申报债权期间，清算组不得对债权人进行清偿。

第一百八十七条　清算组在清理公司财产、编制资产负债表和财产清单后，应当制定清算方案，并报股东会、股东大会或者人民法院确认。

公司财产在分别支付清算费用、职工的工资、社会保险费用和法定补偿金，缴纳所欠税款，清偿公司债务后的剩余财产，有限责任公司按照股东的出资比例分配，股份有限公司按照股东持有的股份比例分配。

清算期间，公司存续，但不得开展与清算无关的经营活动。公司财产在未依照前款规定清偿前，不得分配给股东。

第一百八十八条　清算组在清理公司财产、编制资产负债表和财产清单后，发现公司财产不足清偿债务的，应当依法向人民法院申请宣告破产。

公司经人民法院裁定宣告破产后，清算组应当将清算事务移交给人民法院。

第一百八十九条　公司清算结束后，清算组应当制作清算报告，报股东会、股东大会或者人民法院确认，并报送公司登记机关，申请注销公司登记，公告公司终止。

第一百九十条　清算组成员应当忠于职守，依法履行清算义务。

清算组成员不得利用职权收受贿赂或者其他非法收入，不得侵占公司财产。

清算组成员因故意或者重大过失给公司或者债权人造成损失的，应当承担赔偿责任。

**2. 最高人民法院关于适用《中华人民共和国公司法》若干问题的规定（二）**（2008年5月12日　法释〔2008〕6号）（节录）

第十一条　公司清算时，清算组应当按照公司法第一百八十六条的规定，将公司解散清算事宜书面通知全体已知债权人，并根据公司规模和营业地域范围在全国或者公司注册登记地省级有影响的报纸上进行公告。

清算组未按照前款规定履行通知和公告义务，导致债权人未及时申报债权而未获清偿，债权人主张清算组成员对因此造成的损失承担赔偿责任的，人民法院应依法予以支持。

第十二条 公司清算时，债权人对清算组核定的债权有异议的，可以要求清算组重新核定。清算组不予重新核定，或者债权人对重新核定的债权仍有异议，债权人以公司为被告向人民法院提起诉讼请求确认的，人民法院应予受理。

第十三条 债权人在规定的期限内未申报债权，在公司清算程序终结前补充申报的，清算组应予登记。

公司清算程序终结，是指清算报告经股东会、股东大会或者人民法院确认完毕。

第十四条 债权人补充申报的债权，可以在公司尚未分配财产中依法清偿。公司尚未分配财产不能全额清偿，债权人主张股东以其在剩余财产分配中已经取得的财产予以清偿的，人民法院应予支持；但债权人因重大过错未在规定期限内申报债权的除外。

债权人或者清算组，以公司尚未分配财产和股东在剩余财产分配中已经取得的财产，不能全额清偿补充申报的债权为由，向人民法院提出破产清算申请的，人民法院不予受理。

第十五条 公司自行清算的，清算方案应当报股东会或者股东大会决议确认；人民法院组织清算的，清算方案应当报人民法院确认。未经确认的清算方案，清算组不得执行。

执行未经确认的清算方案给公司或者债权人造成损失，公司、股东或者债权人主张清算组成员承担赔偿责任的，人民法院应依法予以支持。

第十六条 人民法院组织清算的，清算组应当自成立之日起六个月内清算完毕。

因特殊情况无法在六个月内完成清算的，清算组应当向人民法院申请延长。

第十七条 人民法院指定的清算组在清理公司财产、编制资产负债表和财产清单时，发现公司财产不足清偿债务的，可以与债权人协商制作有关债务清偿方案。

债务清偿方案经全体债权人确认且不损害其他利害关系人利益的，人民法院可依清算组的申请裁定予以认可。清算组依据该清偿方案清偿债务后，应当向人民法院申请裁定终结清算程序。

债权人对债务清偿方案不予确认或者人民法院不予认可的，清算组应当依法向人民法院申请宣告破产。

第二十二条 公司解散时，股东尚未缴纳的出资均应作为清算财产。股东尚未缴纳的出资，包括到期应缴未缴的出资，以及依照公司法第二十六条和第八十一条的规定分期缴纳尚未届满缴纳期限的出资。

公司财产不足以清偿债务时，债权人主张未缴出资股东，以及公司设立时的其他股东或者发起人在未缴出资范围内对公司债务承担连带清偿责任的，人民法院应依法予以支持。

第二十三条 清算组成员从事清算事务时，违反法律、行政法规或者公司章程给公司或者债权人造成损失，公司或者债权人主张其承担赔偿责任的，人民法院应依法予以支持。

有限责任公司的股东、股份有限公司连续一百八十日以上单独或者合计持有公司百分之一以上股份的股东，依据公司法第一百五十二条第三款的规定，以清算组成员有前款所述行为为由向人民法院提起诉讼的,人民法院应予受理。

公司已经清算完毕注销,上述股东参照公司法第一百五十二条第三款的规定,直接以清算组成员为被告、其他股东为第三人向人民法院提起诉讼的,人民法院应予受理。

**第二十四条** 解散公司诉讼案件和公司清算案件由公司住所地人民法院管辖。公司住所地是指公司主要办事机构所在地。公司办事机构所在地不明确的,由其注册地人民法院管辖。

基层人民法院管辖县、县级市或者区的公司登记机关核准登记公司的解散诉讼案件和公司清算案件;中级人民法院管辖地区、地级市以上的公司登记机关核准登记公司的解散诉讼案件和公司清算案件。

# 第三章　与破产有关的纠纷

> **119. 双方约定以债务人的动产抵债但未实际转移动产占有的，债务人破产后，债权人能否行使破产取回权？**
>
> 动产物权的转让，以交付为公示要件。当事人以占有改定的方式转移物权的，除了达成动产物权变动协议之外，还应当就该动产达成由出让人继续占有该动产的占有改定协议。否则，不构成《中华人民共和国物权法》第 27 条规定的占有改定，不发生物权转移的效力。此时，尽管当事人签订的动产物权变动协议有效，也只产生债权效力，而不发生物权变动效力，债权人在债务人破产时也就不享有取回权。

### 典型疑难案件参考

青岛源宏祥纺织有限公司诉港润（聊城）印染有限公司取回权确认纠纷案（《最高人民法院公报》2012 年第 4 期，总第 186 期）

### 基本案情

原告青岛源宏祥纺织有限公司（以下简称源宏祥纺织公司）与第三人青岛程泉布业有限公司（以下简称程泉布业公司）为被告港润（聊城）印染有限公司（以下简称港润印染公司）供应布匹。截至 2009 年 11 月 4 日，港润印染公司欠源宏祥纺织公司货款 1195139.17 元，欠程泉布业公司货款 1075952.31 元。2009 年 11 月 20 日，三公司达成如下协议：（1）程泉布业公司将港润印染公司所欠货款全部转让给源宏祥纺织公司，港润印染公司和程泉布业公司均同意由港润印染公司直接将欠款支付给源宏祥纺织公司。（2）源宏祥纺织公司同意港润印染公司以其所有的七台机械设备折抵所欠货款，此七台机械设备所有权自本协议生效之日起转移为源宏祥纺织公司所有。（3）港润印染公司应在 2010 年 3 月 31 日前将所折抵的设备交付源宏祥纺织公司，并保证源宏祥纺织公司顺利取得设备，港润印染公司必须严格按照上述时间交付设备，若逾期交付，港润印染公司应按照所欠货款金额的每日1‰向源宏祥纺织公司支付滞纳金。协议签订后，至三方协议中约定的2010年3月31日之前，港润印染公司未向源宏祥纺织公司交付七台设备。

2010年3月17日，山东省聊城市中级人民法院作出民事裁定，受理了恒润热力公司对被告港润印染公司的破产申请，2010年5月6日原告源宏祥纺织公司向港润印染公司申报债权。2010年7月27日，聊城市中级人民法院作出民事裁定宣告港润印染公司破产。

### 一审诉辩情况

原告源宏祥纺织诉称：源宏祥纺织公司与第三人程泉布业公司为被告港润印染公司供应布匹，截至2009年11月4日，港润印染公司共欠源宏祥公司纺织货款1195139.17元，欠程泉布业公司货款1075952.31元。2009年11月20日，三方协商达成协议，程泉布业公司将货款全部转给源宏祥纺织公司，港润印染公司以其所有的七台机械设备折抵所欠货款，七台设备所有权在协议签订时转移给源宏祥纺织公司。但在协议约定的交付时间到期后，港润印染公司并没有按照协议履行。请求：（1）确认港润印染公司七台设备的所有权归源宏祥纺织公司所有；（2）判令港润印染公司交付给源宏祥纺织公司七台设备。（3）诉讼费用由港润印染公司负担。

被告港润印染公司辩称：港润印染公司虽然与原告源宏祥纺织公司签订过协议，约定本案所涉设备的所有权转移给源宏祥纺织公司所有，但由于没有实际交付，所以设备的所有权并未发生转移，所以源宏祥纺织公司的请求不应得到支持。既然设备所有权没有发生转移，按照破产法的规定仍然属于破产财产，所以不应向源宏祥纺织公司交付。另外，在港润印染公司进入破产程序后，源宏祥纺织公司已经申报了债权，说明其认可所享有的是破产债权，而非设备所有权。综上所述，请求依法驳回源宏祥纺织公司的诉讼请求。

第三人程泉布业公司述称：认可原告源宏祥公司主张的转让债权的事实。

### 一审裁判结果

山东省聊城市中级人民法院依照《中华人民共和国物权法》第23条、《中华人民共和国企业破产法》第107条第2款之规定，于2010年12月3日判决：

驳回原告源宏祥纺织公司的诉讼请求。

案件受理费28776元由原告源宏祥纺织公司负担。

### 一审裁判理由

山东省聊城市中级人民法院一审认为：

原告源宏祥纺织公司与被告港润印染公司、第三人程泉布业公司签订的三方协议合法有效，但协议有效并不表示本案所涉七台设备的物权发生转移。《中华人民共和国物权法》第23条规定："动产物权的设立和转让，自交付时发生效力，但法律另有规定的除外。"该条规定排除了当事人的约定。本案中，虽然当事人约定七台设备的所有权自本协议生效之日起转移为源宏祥纺织公司所有，但并未向源宏祥纺织公司交付，且不属于《中华人民共和国物权法》中规定的占有改定、指示交付、简易交付三种例外情形，所以七台设备的物权因未交付并未发生转移。源宏祥纺织公司并不是本案所涉七台设备的所有权人，而是港润印染公司的债权人。港润印染公司被宣告破产，本案所涉七台设备属于港润印染公司的破产财产。

### 二审诉辩情况

源宏祥纺织公司不服一审判决，向山东省高级人民法院提出上诉称：《中华人民共和国物权法》第23条规定："动产物权的设立和转让，自交付时发生效力，但法律另有规定的除外。"而《中华人民共和国合同法》第133条规定："标的物的所有权自标的物交付时转移，但法律另有规定或者当事人另有约定的除外。"而且依据《中华人民共和国物权法》第27条规定："动产物权转让时，双方又约定由出让人继续占有该动产的，物权自该约定生效时发生效力。"本案协议生效期为2009年11月20日，当事人约定七台设备的所有权自本协议生效之日起转移为上诉人所有，并约定由出让人也就是被上诉人港润印染公司继续占有该七台设备。因此该七台设备的交付日为2009年11月20日。依据《中华人民共和国物权法》第27条关于占有改定的规定，原审法院认定七台设备的所有权属于港润印染公司的破产财产是错误的。请求二审法院撤销原判，做出公正判决。

被上诉人港润印染公司答辩称：（1）动产所有权的变动依合同法规定是以交付为原则，以法律规定和当事人约定为例外，而新法物权法规定是以交付为原则，以法律特别规定为例外，排除了当事人约定。（2）动产物权设立和转让，实行不交付不生效的原则，而交付行为必须按照法律规定的形式交付。涉案协议书第2条、第3条均不构成"占有改定"，而是被上诉人港润印染公司在某时间前交付。因此，上诉人源宏祥纺织公司上诉理由不能成立，应予驳回。

原审第三人程泉布业公司陈述称：同意上诉人源宏祥纺织公司的上诉意见。

### 二审裁判结果

山东省高级人民法院依照《中华人民共和国民事诉讼法》153 条第 1 款第 1 项之规定，于 2011 年 5 月 5 日判决：

驳回上诉，维持原判。

二审案件受理费 28 776 元，由上诉人源宏祥纺织公司负担。

### 二审裁判理由

山东省高级人民法院经二审，确认了一审查明的事实。

本案争议的焦点问题是：涉案设备的交付是否已经完成，涉案设备的所有权是否已经发生转移。

山东省高级人民法院二审认为：

首先，涉案的七台设备属于动产，而动产的公示方法原则上是占有与交付。《中华人民共和国物权法》第 6 条规定："动产物权的设立和转让，应当依照法律规定交付。"所谓交付是指转移占有，即将自己占有的物或所有权凭证转移其他人占有的行为。《中华人民共和国物权法》第 23 条规定："动产物权的设立和转让，自交付时发生效力，但法律另有规定的除外。"可见，出于维护交易安全考虑，交付作为动产物权变动的法定方式，具有强制性。该法共规定了现实交付、简易交付、指示交付和占有改定四种交付方式。《中华人民共和国合同法》第 133 条规定："标的物所有权自标的物交付时转移，但法律另有规定或当事人另有约定的除外。"该规定也是以交付作为动产物权变动的生效条件，其中的"法律另有规定和当事人另有约定"所涵盖的内容是现实交付之外的其他法律规定的拟制交付方式。此后实施的《中华人民共和国物权法》进一步明确了当事人只能够在法律规定的四种交付方式中通过约定选择一种具体的交付方式，除此之外，不存在其他基于法律行为而发生的动产物权变动的方式。

其次，关于本案协议中约定的方式是否属于占有改定。所谓占有改定是指让与人与受让人达成动产物权变动协议后，依照当事人之间订立的合同，仍然继续占有该动产使受让人因此取得间接占有，代替现实交付。《中华人民共和国物权法》第 27 条规定："动产物权转让时，双方又约定由出让人继续占有该动产的，物权自该约定生效时发生效力。"从上述规定可以得出，占有改定构成要件表现为：（1）当事人之间达成动产物权变动协议。该协议是发生交付的基础;(2)除了达成物权变动协议,就该动产另外达成让与人继续占有使用该动产的协议。而本案中,虽然双方当事人签订的七台设备物权转让协议包含有所有权变动内容,但没有就被上诉人港润印染公司继续占有使用该七台设备另外达成协议。因此,港润印染公司与上诉人源宏祥纺织公司之间的协议不构成占有改定交付。

综上所述,因该七台设备并未现实交付,尽管当事人签订的协议有效,也只是产生债权效力,并未发生物权变动效力,上诉人源宏祥纺织公司并没有实际取得该七台设备的所有权,故其在被上诉人港润印染公司破产案件中并不享有取回权。源宏祥纺织公司称涉案七台设备物权通过三方协议已经转移给其所有并享有该设备的取回权理由不能成立。

## 取回权纠纷办案依据集成

**中华人民共和国企业破产法**（2006年8月27日主席令第54号公布）（节录）

第三十八条 人民法院受理破产申请后，债务人占有的不属于债务人的财产，该财产的权利人可以通过管理人取回。但是，本法另有规定的除外。

第三十九条 人民法院受理破产申请时，出卖人已将买卖标的物向作为买受人的债务人发运，债务人尚未收到且未付清全部价款的，出卖人可以取回在运途中的标的物。但是，管理人可以支付全部价款，请求出卖人交付标的物。

第六十九条 管理人实施下列行为，应当及时报告债权人委员会：

（一）涉及土地、房屋等不动产权益的转让；

（二）探矿权、采矿权、知识产权等财产权的转让；

（三）全部库存或者营业的转让；

（四）借款；

（五）设定财产担保；

（六）债权和有价证券的转让；

（七）履行债务人和对方当事人均未履行完毕的合同；

（八）放弃权利；

（九）担保物的取回；

（十）对债权人利益有重大影响的其他财产处分行为。

未设立债权人委员会的，管理人实施前款规定的行为应当及时报告人民法院。

第七十六条 债务人合法占有的他人财产，该财产的权利人在重整期间要求取回的，应当符合事先约定的条件。